2020

江西统计年鉴

Jiangxi Statistical Yearbook

江西省统计局 国家统计局江西调查总队 · 编

总第 38 期

图书在版编目（CIP）数据

江西统计年鉴. 2020 = Jiangxi Statistical Yearbook 2020 : 汉英对照 / 江西省统计局, 国家统计局江西调查总队编. -- 北京 : 中国统计出版社, 2020.9
ISBN 978-7-5037-9248-9

Ⅰ. ①江… Ⅱ. ①江… ②国… Ⅲ. ①统计资料－江西－2020－年鉴－汉、英 Ⅳ. ①C832.56-54

中国版本图书馆 CIP 数据核字(2020)第 162392 号

江西统计年鉴—2020

作　　者／江西省统计局 国家统计局江西调查总队
责任编辑／钟　钰
执行编辑／张雪梅
装帧设计／郭利平
出版发行／中国统计出版社有限公司
地　　址／北京市丰台区西三环南路甲 6 号
邮政编码／100073
电　　话／邮购（010)63376909 书店（010)68783171
网　　址／http://www.zgtjcbs.com
印　　刷／江西昌和特种票证有限公司
经　　销／新华书店
开　　本／890mmx1240mm 1/16
字　　数／1200 千字
印　　张／34.75　0.75 彩页
版　　别／2020 年 9 月第 1 版
版　　次／2020 年 9 月第 1 次印刷
定　　价／400.00 元　Price:400.00 yuan (RMB)

本书附同版本 CD-ROM 一张，光盘内容以书面文字为准。
如有印装差错，由本社发行部调换。

《江西统计年鉴—2020》编辑部

Jiangxi Statistical Yearbook 2020 Editorial

经济总量
Economic Aggregate

地区生产总值（亿元）
Gross Domestic Product(100 million yuan)

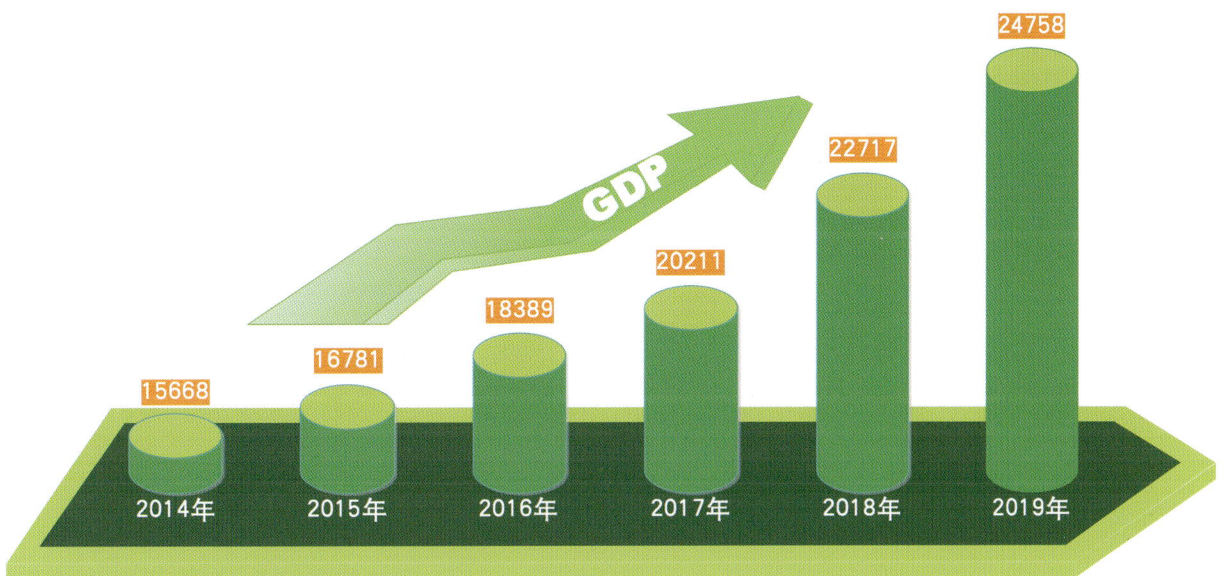

财政总收入（亿元）
Government Revenue(100 million yuan)

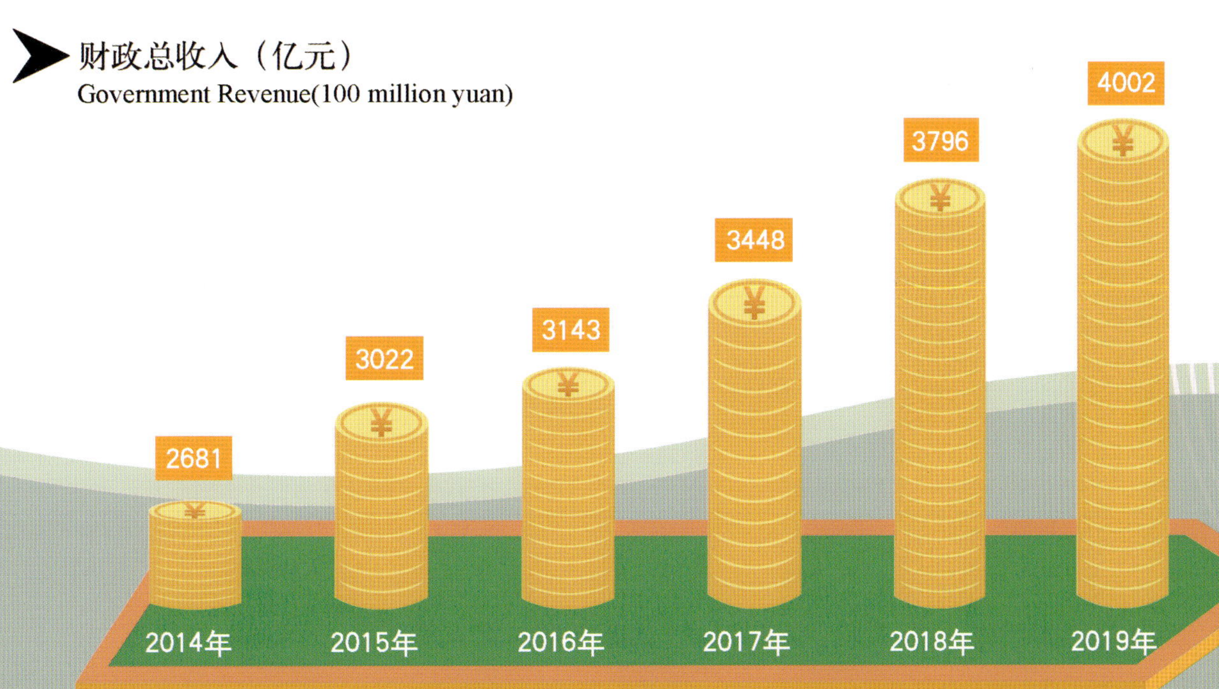

产业结构
Industrial Structure

三次产业结构
Three Industrial Structure

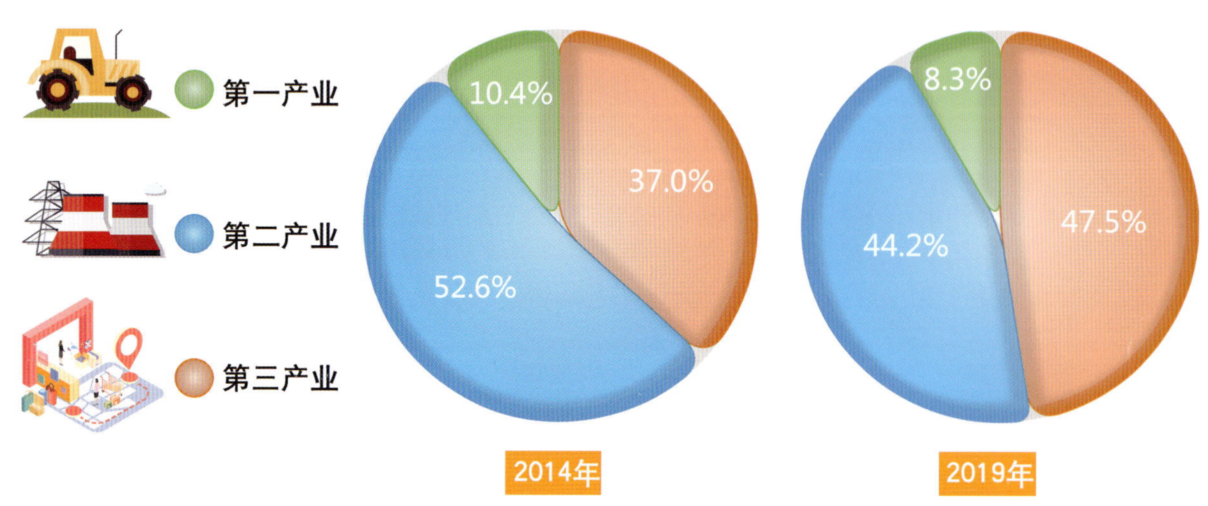

农业总产值及工业增加值(亿元)
Agricultural Output and Value-added of industrial(100 million yuan)

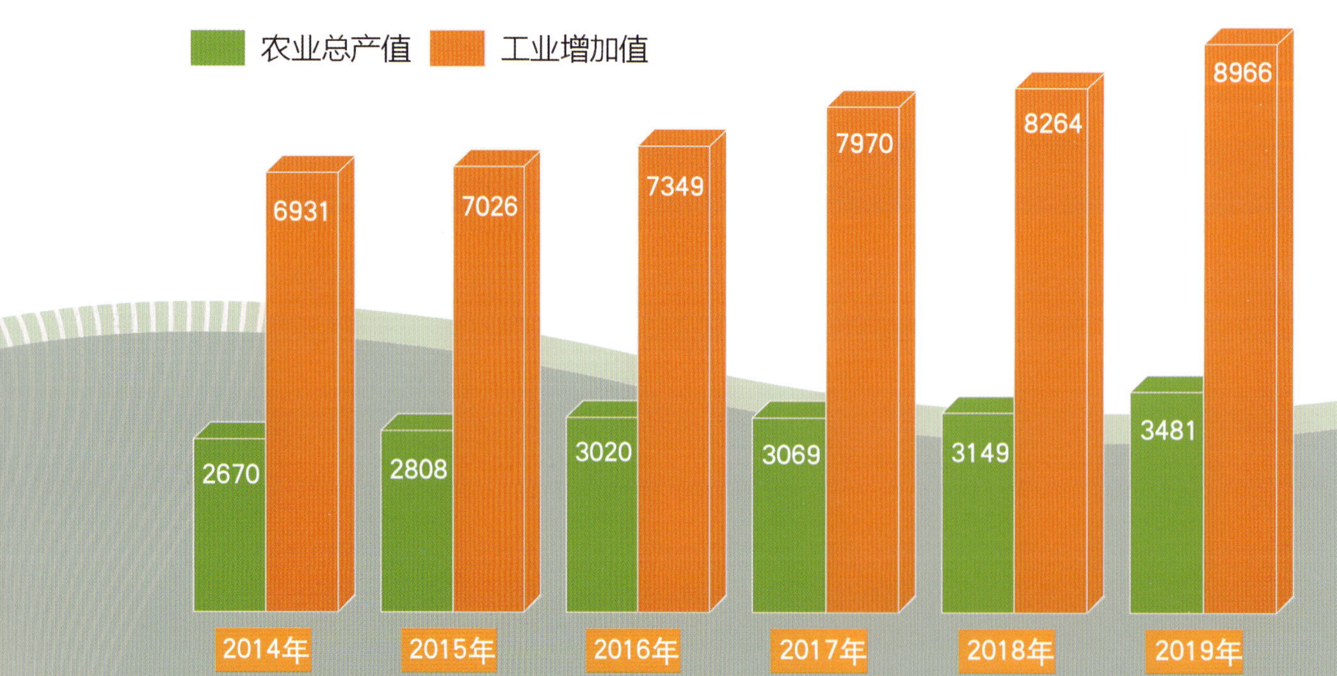

基础设施
Infrastructure Construction

铁路营业里程（公里）
Length of Railways in Operation(km)

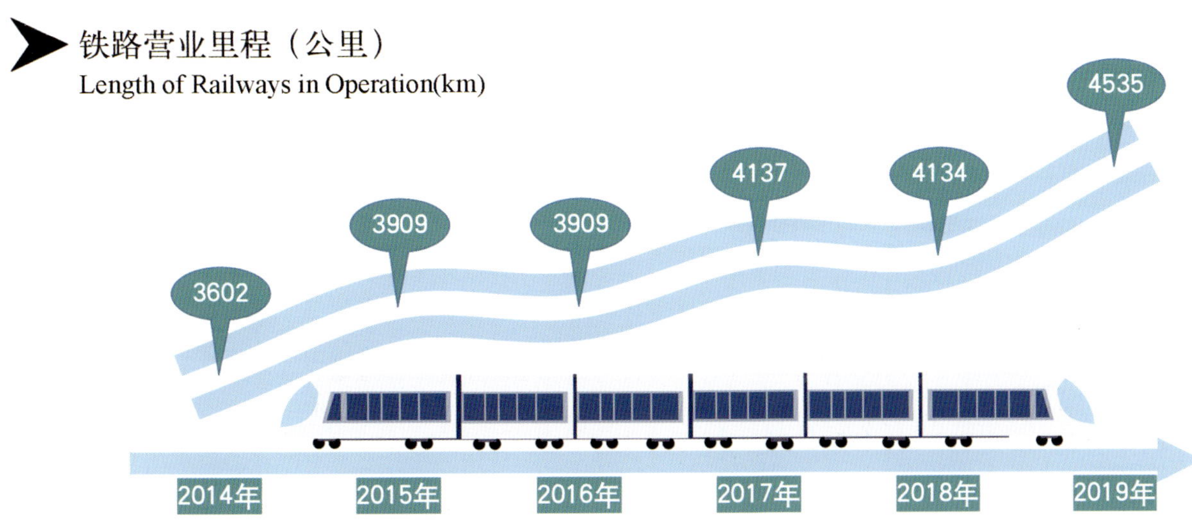

高速公路（公里）
Expressway(km)

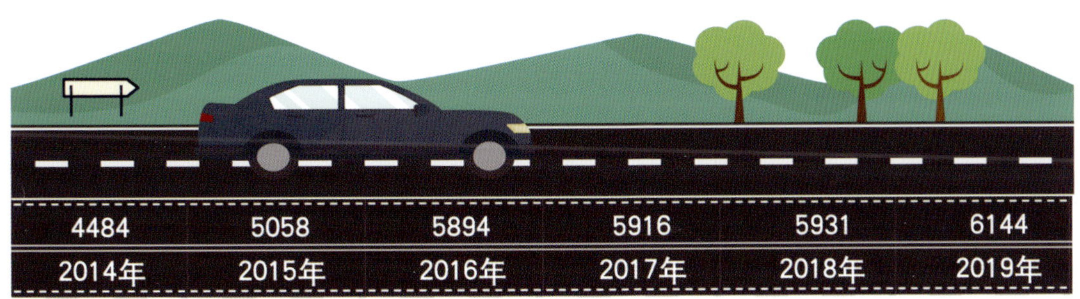

城镇化率（%）
Urbanization Rate(%)

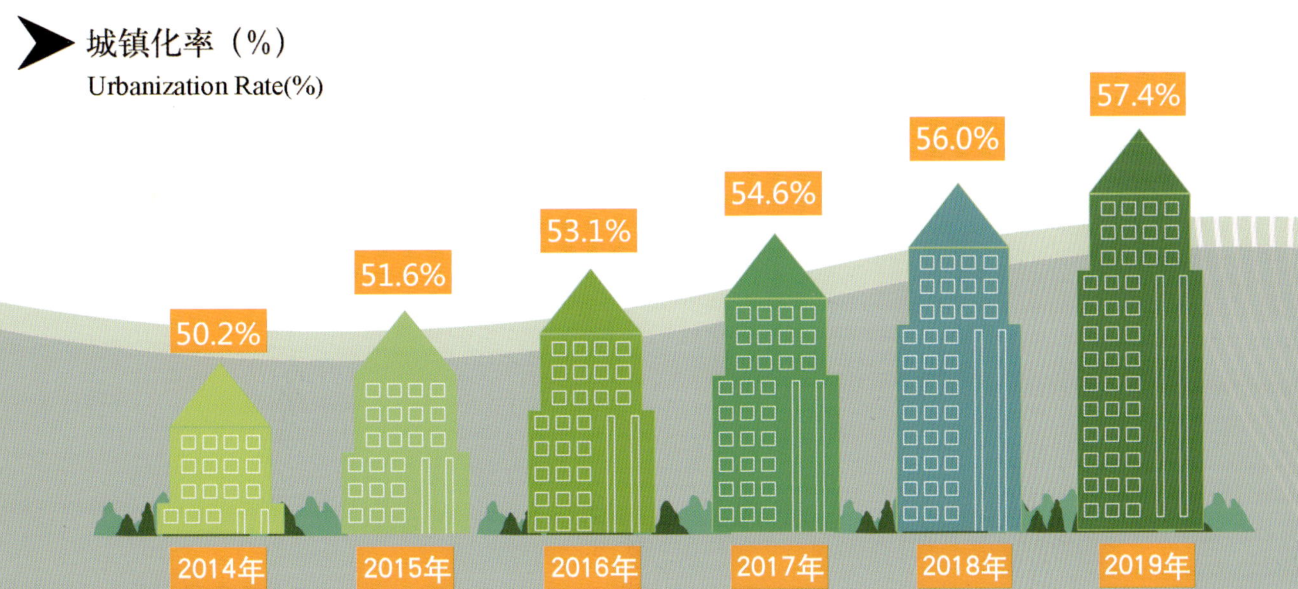

对外开放
Opening to the Outside World

进出口总值（亿元）
Total Value of Imports and Exports(100 million yuan)

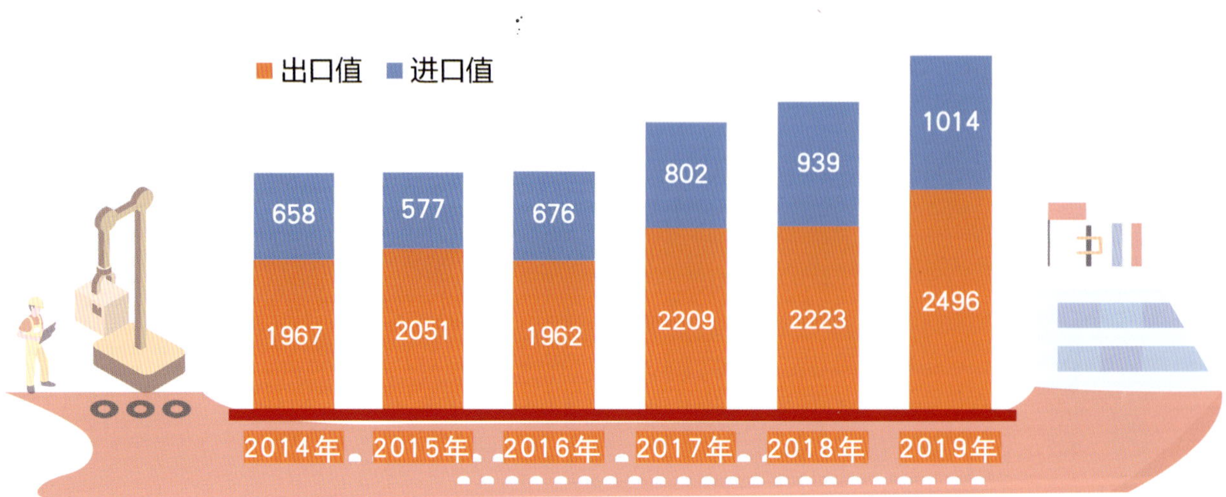

实际利用外商直接投资（亿美元）
Direct Foreign Investments(USD 100 million)

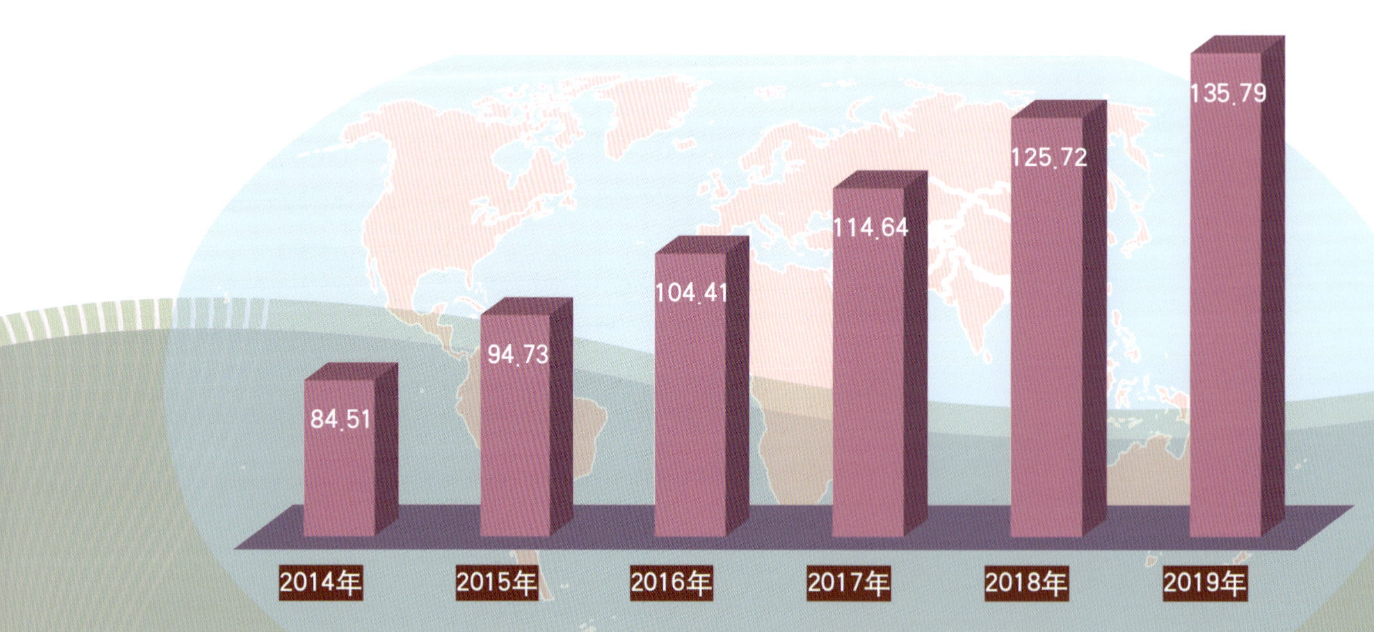

贸易、旅游
Trade and Tourism

社会消费品零售总额（亿元）
Three Industrial Structure(100 million yuan)

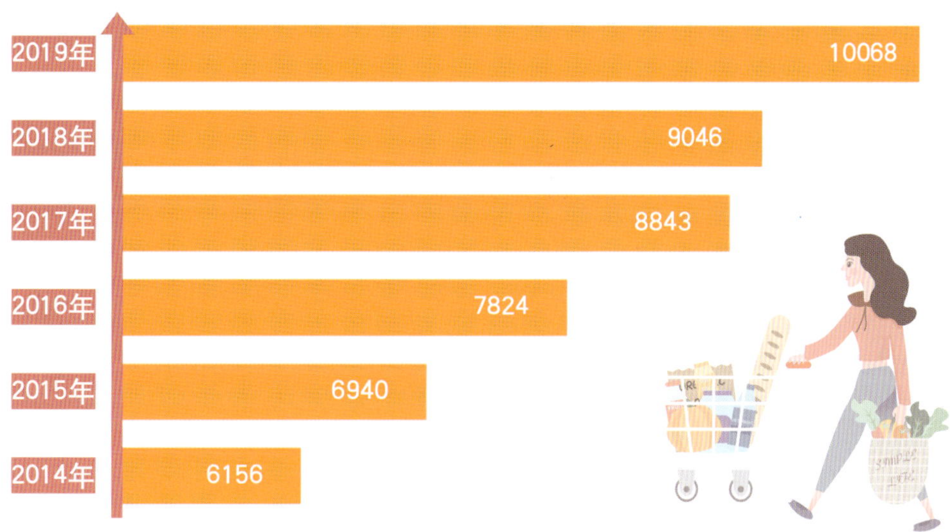

旅游总人数和旅游总收入（亿人次，亿元）
Gross Domestic Product(100 million person-times,100 million yuan)

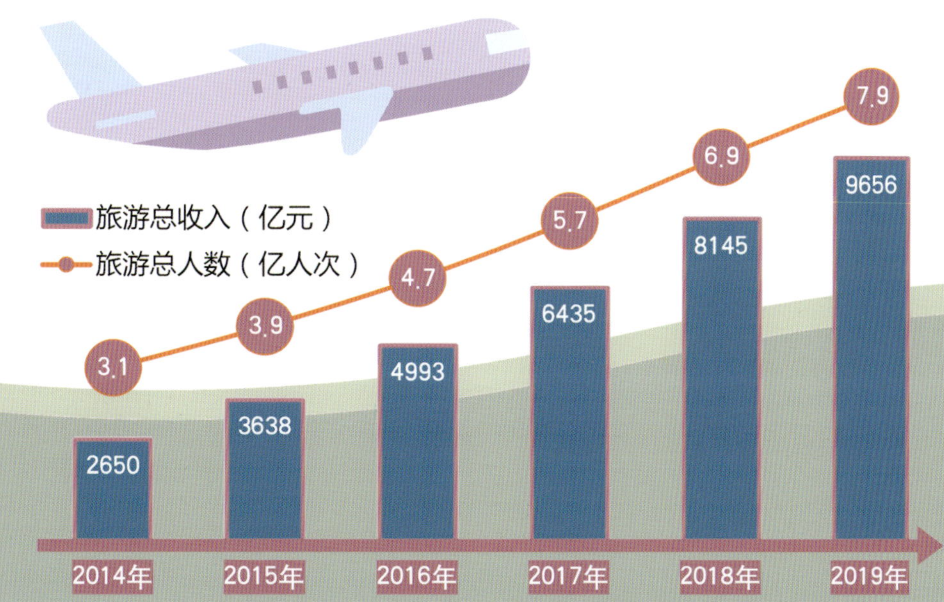

人民生活
People' s Livelihood

城乡居民人均可支配收入（元）
Per-capita Disposable Income of Urban and Rural Households(yuan)

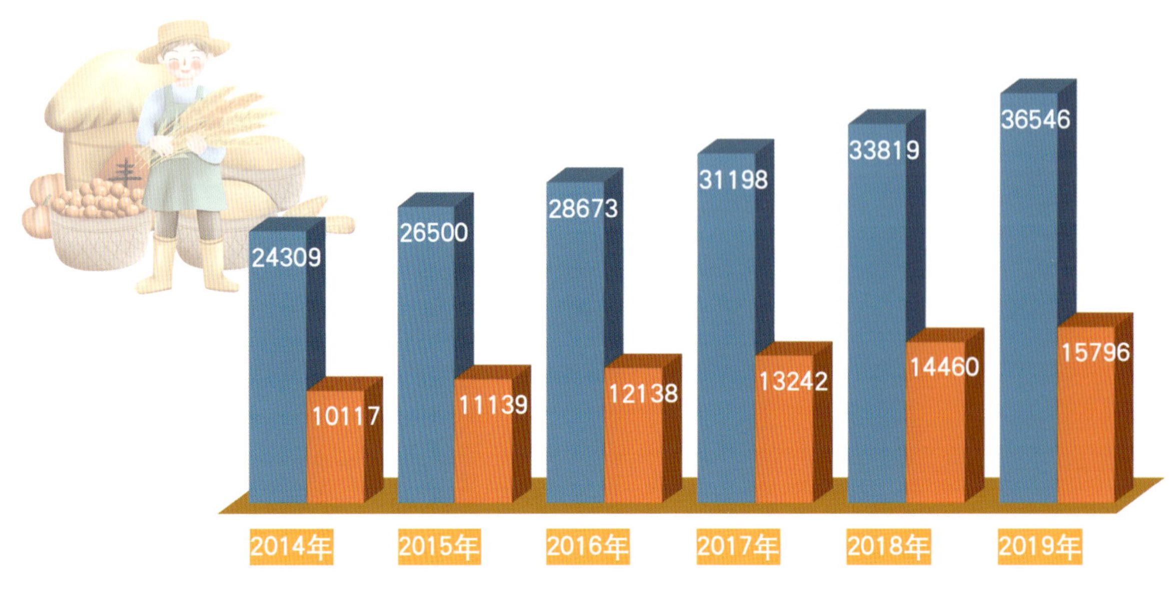

人民币住户存款(亿元)
RMB Savings Deposit(100 million yuan)

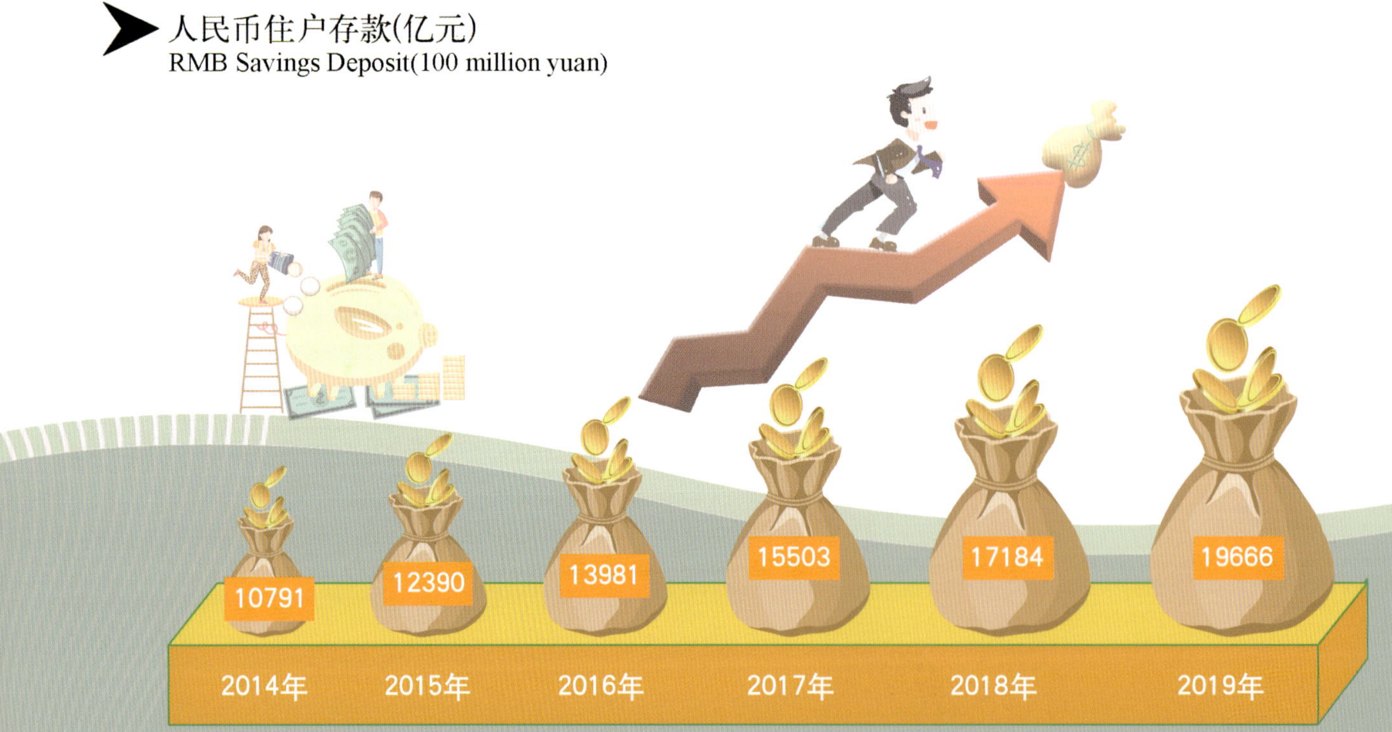

社会事业
Social Undertakings

高等学校在校学生数（万人）
Total Enrollment of Regular Institutions of Higher Eduction(10000 persons)

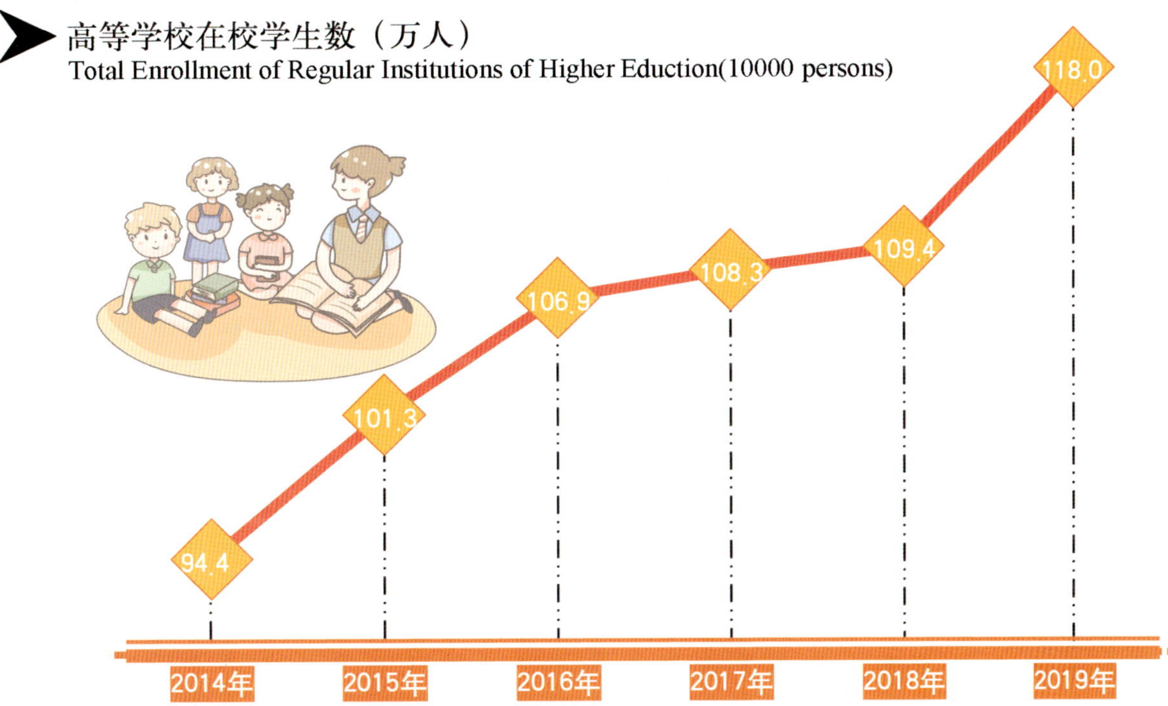

卫生技术人员（万人）
Medical Technical Personne(10000 persons)

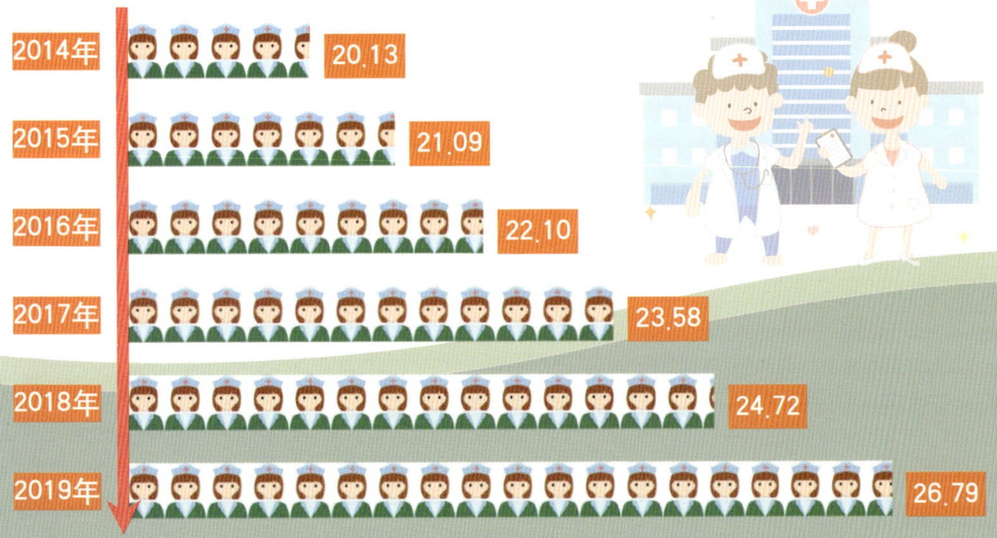

生态建设
Ecological Construction

森林覆盖率（%）
Forest Coverage (%)

单位GDP能耗下降率（%）
Descent Rate of Unit GDP Consumption (%)

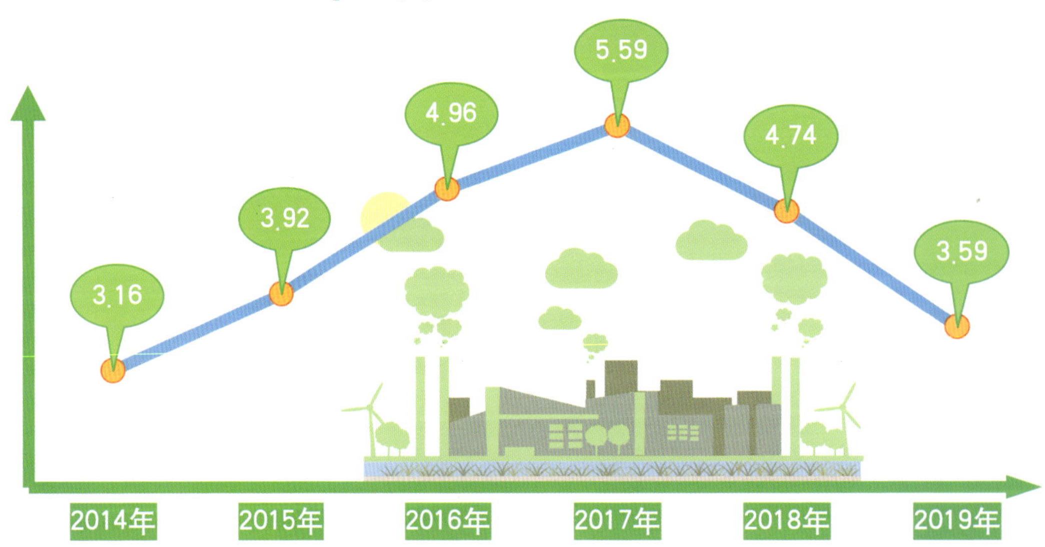

城市污水处理率及生活垃圾无害化处理率（%）
Treatment Rate of Domestic Sewage and Treatment Rate of Urban of Garbage (%)

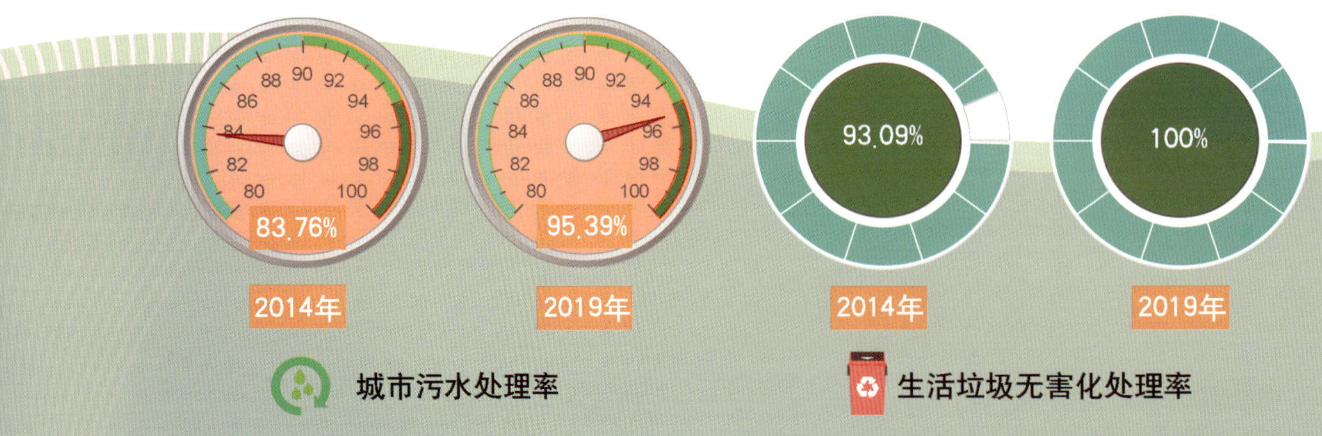

城市污水处理率

生活垃圾无害化处理率

编者说明

一、《江西统计年鉴-2020》系统收录了全省和11个设区市2019年经济、社会各方面的统计数据，改革开放以来和其它重要历史年份的全省主要统计数据，以及全国各省、市、区部分主要指标数据，是一部全面反映江西省经济和社会发展情况的资料性年刊。

二、本年鉴正文内容分为21个篇章，即：综合，人口，就业人员和职工工资，固定资产投资，对外经济贸易，能源，财政，价格指数，人民生活，城市建设，生态环境，农业，工业，建筑业，交通运输、邮电通讯业，国内贸易和旅游，金融业，房地产开发，科技、教育、文化，卫生、体育、社会福利及其他，各省、市、自治区主要经济指标及2019年江西统计调查工作大事记。为方便读者使用，各篇章前设有《简要说明》，对本篇章的主要内容、资料来源、统计范围、统计方法等予以简要概述，篇末附有《主要统计指标解释》。

三、本年鉴对以前发表的统计资料重新予以审核，凡与本年鉴资料有出入的，均以本年鉴为准。

四、本年鉴所使用的度量衡单位，均采用国际统一标准计量单位。

五、本年鉴中部分数据合计数或相对数由于单位取舍不同而产生的计算误差，均未作机械调整。

六、符号使用说明:年鉴各表中的“空格”表示该项统计指标数据不足本表最小单位数、数据不详或无该项数据；“#”表示其中的主要项。

I Editor's Notes

I. *Jiangxi Statistical Yearbook 2020* is an annual statistics publication, which reflects comprehensively the economic and social development of Jiangxi Province. It covers data for 2019 and some selected data series in historically important years and the most recent forty years at level of province and other provinces and municipalities.

II. The yearbook contains the following twenty-one chapters, General Survey; Population; Employment and Wages; Investment in Fixed Assets; Energy; Price Indices; People's Livelihood; General Survey of Cities; Ecological Environment; Agriculture; Industry; Construction; Transport, Post and Telecommunication Services; Domestic Trade; Foreign Trade and Economic Cooperation; Tourism; Financial Intermediation; Insurance; Real Estate; Education, Science and Technology; Culture, Sports and Public Health; Social Welfare and Other Social Activities; Main Statistical Indictors on provinces, autonomous regions and municipalities and Notes of Jiangxi Statistical Events in 2019. For readers' convenience, in Brief Introduction at the beginning of each chapter, main coverage of this chapter, data sources, statistical coverage, statistical methods and historical changes are concerned. In addition, Explanatory Notes on Main Statistical Indicators are provided at the end of each chapter.

III. This yearbook re-audited statistic data published previously, any data different from this yearbook, take this yearbook's as standard data.

IV. The units of measurement used in this yearbook are internationally standard measurement units.

V. Statistical discrepancies due to rounding are not adjusted in the yearbook.

VI. Notations used in the yearbook: blank space indicates that the figure is not large enough to be measured with the smallest unit in the table, or data are unknown or are not available; "#" indicates a major breakdown of the total.

目 录 Contents

一、综 合
CHAPTER 1 GENERAL SURVEY

二、人 口
CHAPTER 2 POPULATION

三、就业人员和职工工资
CHAPTER 3 EMPLOYMENT AND WAGE

四、固定资产投资
CHAPTER 4 INVESTMENT IN FIXED ASSETS

六、能 源
CHAPTER 6 ENERGY

七、财 政
CHAPTER 7 GOVERNMENT FINANCE

八、价格指数
CHAPTER 8 PRICE INDICES

九、人民生活
CHAPTER 9 PEOPLE'S LIVELIHOOD

十、城市建设
CHAPTER 10 MUNICIPAL CONSTRUCTION

十一、生态环境
CHAPTER 11 Ecological Environment

十二、农 业
CHAPTER 12 AGRICULTURE

十三、工 业
CHAPTER 13 INDUSTRY

十四、建筑业
CHAPTER 14 CONSTRUCTION

十五、交通运输、邮电通讯和规上服务业
CHAPTER 15 Transportation, Postal Telecommunications And Above Designated Size In Services

十六、国内贸易和旅游 CHAPTER 16 DOMESTIC TRADE AND TOURISM

十七、金融业 CHAPTER 17 FINANCIAL INDUSTRY

十八、房地产开发
CHAPTER 18 REAL ESTATE DEVELOPMENT

十九、科技、教育、文化
CHAPTER 19 SCI-TECH,EDUCATION AND CULTURE

二十、卫生、体育、社会福利和其他
CHAPTER 20 PUBLIC HEALTH,SPORTS,SOCIAL WELFARE AND OTHERS

二十一、各省、自治区、直辖市主要经济指标

CHAPTER 21 MAIN ECONOMIC INDICATORS OF PROVICES,AUTONOMOUS REGIONS AND MUNICIPALITIES DIRECTLY UNDER THE CENTRAL GOVERNMENT

1

综　合

GENERAL SURVEY

◆ 1/30

资料整理：张雪梅　曹淳隽　王　倩
徐荣开　田仁德

简要说明

本篇章由综合资料及国民经济核算资料两个部分组成。

综合资料主要包括国民经济和社会发展综合资料，通过对各篇章主要统计指标及其速度、结构、比例和效益等的加工计算，来反映国民经济和社会发展的总体情况。

国民经济核算资料主要包括地区生产总值及其有关资料。地区生产总值是根据不同产业部门、不同支出构成的特点和资料来源情况而分别采取不同方法计算的。

分设区市的国民经济核算数据由各设区市统计局提供，由于采取分级核算，各设区市数据相加不等于全省总计。

根据第一次第三产业普查结果，对1992年以前全省地区生产总值的历史数据做了调整；2005年根据全国第一次经济普查结果，对1993-2004年的全省地区生产总值历史数据做了调整，本年鉴的数据为调整后数据。

Brief Introduction

This chapter consists of two parts: The summary data and the data on national accounts.

The summary data on the national economy reflect the overall situation of the economic and social development by presenting further processed statistics including growth, structure, ratio and efficiency data derived from other chapters.

The data on national accounts mainly include Gross Domestic Product (GDP) and related data. Data on GDP are calculated with various approaches in accordance with the features of various sectors, various expenditure structures and the data resources.

The data on national accounts by region are provided by the statistical bureaus of various region. The sum of the city data is not equal to the provincial total due to the decentralized accounting approach.

According to the results of the First Tertiary Industry Census ,the historical data of the province`s regional GDP before 1992 were adjusted .In 2005,based on the results of the First National Economic Census, the historical data of the province`s GDP in 1993-2004 were adjusted. The data in this yearbook are adjusted data.

自然地理资源

位　　置

江西省，简称赣。位于长江中下游交接处的南岸。地处北纬 24° 29′ ~30° 04′、东经 113° 34′ ~118° 28′ 之间，东邻浙江、福建，南连广东，西接湖南，北毗湖北、安徽。北控长江，上接武汉三镇，下通南京、上海，东南与沿海开放城市相邻近。京九铁路和浙赣铁路纵横贯通全境，交通便利，地理位置优越。

地势、面积

全省东南西三面群山环绕，内侧丘陵广亘，中北部平原坦荡，整个地势，由外及里，自南而北，渐次向鄱阳湖倾斜，构成一个向北开口的巨大盆地。全省面积 16.69 万平方公里。全境以山地、丘陵为主，山地占全省总面积的 36%，丘陵占 42%，岗地、平原、水面占 22%。

山脉、河流、湖泊

主要山脉分布于省境边陲，山峰一般海拔 1000 米左右，少数海拔 2000余米。省境东和东北有蜿蜒于赣闽、赣浙之间的武夷山和怀玉山；南有逶迤于赣粤之间的大庾岭和九连山；西有耸峙于赣湘之间的罗霄山脉，雄伟的井冈山就在罗霄山脉的中段；西北有盘亘于赣鄂之间的幕阜山，庐山即是它向东延伸的余脉。

全省有大小河流 2400 多条，总长约 18400 公里，大部分河流汇向鄱阳湖，再注入长江。主要河流有 5 条，即赣江、抚河、信江、修河、饶河。赣江全长 751 公里，为本省第一大川，水量为长江第二大支流，它自南而北流贯全省，从赣州至湖口而入长江，通航里程 5000 余公里。

鄱阳湖是全国最大的淡水湖，它是江西最大的聚水盆，长江水量的巨大调节器，也是沟通省内外各地航道的中转站。

气　　候

江西气候四季变化分明。春季温暖多雨，夏季炎热湿润，秋季凉爽少雨，冬季寒冷干燥。2019 年全省平均气温为 18.9℃，降水量为 1726.5 毫米，日照为 1615.9 小时。全年气候温暖，光照充足，雨量充沛，无霜期长，具有亚热带湿润气候特色。

资　　源

2019 年，全省淡水面已养殖面积 41.15 万公顷。已查明鱼类 155 种，产量较多的有鲤、鲫、青、鲢等 30 余种，名贵鱼类有荷包红鲤鱼、玻璃鲤鱼、银鱼、石鱼、鲥鱼、鳜鱼等。省内还有众多的水禽和珍禽，其中不少是受到世界性保护的珍禽。

江西地下矿藏丰富，是我国矿产资源配套程度较高的省份之一。储量居全国前三位的有铜、钨、银、钽、钪、铀、铷、铯、金、伴生硫、滑石、粉石英、硅灰石等。铜、钨、铀、钽、稀土、金、银被誉为江西的“七朵金花”。

Nature, Geography and Resourcesrief

Position

Jiangxi Province, called Gan for short, lies in the southern bank of the middle and lower reaches of the Yangtze River. It is located at latitude 24° 29′ ～30° 04′ north, longitude 113° 34′ ～118° 28′ east. It borders Zhejiang and Fujian provinces to the east, Guangdong to the south, Hunan to the west, and Hubei and Anhui to the north. Jiangxi dominates the Yangtze River in the north, and connects to three towns of Wuhan in the upper stream, Nanjing and Shanghai in the downstream. And it closes to the coastal opening cities in the southeast. Both Beijing-Kowloon and Zhejiang¬-Jiangxi railways run through the whole province, which provided with the convenient transportation and superior location.

Topography and area

Mountains surround Jiangxi province on three sides. The southern half of the province is hilly with ranges and valleys interspersed; while the middle and northern half is flatter and lower in altitude. Stretching from south to north, the whole land is generally sloping towards Poyang Lake, which has formed a huge basin opening to the north. The total area of the province is 166,900 square kilometers. There are various land forms within it, with mountains and hills dominating. Mountains account for 36% of the province's total area, hills account for 42%, and mounds, plains, and water surface area for 22%.

Mountain ranges, rivers and lakes

The main mountain ranges are distributed by the border of the province, which generally have the altitude of about 1000m, and minority over 2000m. On the east and northeast of Jiangxi there are Wuyi and Huaiyu Mountains winding between Jiangxi and Fujian, Jiangxi and Zhejiang provinces. On the south there are Dayu and Jiulian Mountains wriggling between Jiangxi and Guangdong provinces. In the west there are Luoxiao Ranges standing between Jiangxi and Hunan provinces, where the magnificent Mt. Jinggang is situated at the middle. In the northwest there are Mufu Mountains circling between Jiangxi and Hubei provinces. And its extending part on the east is namely the famous mountain—Mt. Lushan.

There are more than 2,400 rivers of various sizes in Jiangxi province, which have a combined total length of about 18,400 kilometers. Most of them enter Poyang Lake, which in turn empties into the Yangtze River. The five major rivers are Gan River, Fu River, Xin River, Xiu River, and Rao River. The Gan River winds along 751 kilometers, which is the biggest river of the province, and the second tributary of the Yangtze River in water volume. Flowing through the entire length of the province from south to north, it enters Ganzhou to Hukou, and then pours into the Yangtze River, with navigation mileage of over 5000 kilometers.

Poyang Lake is the largest fresh lake in China, and the biggest water assembling basin of Jiangxi province. It is the huge volume moderator of the Yangtze River, and also the intersection of linking up with all shipping lines in-and-out of the province.

Climate

The climate of Jiangxi province is four seasons alternating distinctively: warm with abundant rainfall in spring, hot and humid in summer, cool with little rainfall in autumn, chilly and dry in winter. In 2019, The average temperature of the whole province is about 18.9℃, with the annual precipitation of 1726.5 mm and sunshine hours of 1615.9 h. The whole year of Jiangxi has mild climate, with sufficient sunshine, plentiful rainfall and long frost-free period, which belongs to humid subtropical climate.

Resources

In 2019, the total cultivated freshwater area of the whole province is 41.15 hectares. The identified species of the fishes are 155 and more than 30 types of them occupied the main production, such as carp, crucian carp, black carp, and silver carp etc. The valuable types include lotus red carp, transparent carp, whitebait, reeves shad, and mandarin fish etc. There are also numerous birds and cherished ones in province, most of which are world-protected species.

Jiangxi province has a rich reserve of underground minerals, which is one of the provinces with higher matching degree of mineral resources in China. The reserves of Copper, Tungsten, Silver, Tantalum, Scandium, Uranium, Rubidium, Caesium, Gold, and Associated Pyrite etc, ranking the top three of the nation. Among all these minerals, Copper, Tungsten, Uranium, Tantalum, Rare Earths, Gold and Silver are considered "the seven gold flowers of Jiangxi."

1-1 行 政 区 划 (2019年末)
Divisions of Administrative Areas (end of 2019)

地 区	Region	设区市 Cities at Prefecture Level	县级市 Cities at County Level	县 Countries	市辖区 Districts Under the Jurisdication of Cities	市、县、区名称	Name of Cities at County Level, Countries and Districts Under the Jurisdication of Cities
全 省	**Total**	**11**	**11**	**62**	**27**		
南昌市	Nanchang	1		3	6	东湖区、西湖区、青云谱区、湾里区、青山湖区、新建区、南昌县、安义县、进贤县	Donghu,Xihu,Qingyunpu, Wanli,Qingshanhu,Xinjian, Nanchang,Anyi,Jinxian
景德镇市	Jingdezhen	1	1	1	2	昌江区、珠山区、浮梁县、乐平市	Changjiang,Zhushan,Fuliang, Leping
萍乡市	Pingxiang	1		3	2	安源区、湘东区、莲花县、上栗县、芦溪县	Anyuan,Xiangdong,Lianhua, Shangli,Luxi
九江市	Jiujiang	1	3	7	3	濂溪区、浔阳区、柴桑区、武宁县、修水县、永修县、德安县、都昌县、湖口县、彭泽县、庐山市、瑞昌市、共青城市	Lianxi,Xunyang,Chaisang, Wuning,Xiushui,Yongxiu, De'an,Duchang,Hukou, Pengze,Lushan,Ruichang, Gongqingcheng
新余市	Xinyu	1		1	1	渝水区、分宜县	Yushui,Fenyi
鹰潭市	Yingtan	1	1		2	月湖区、余江区、贵溪市	Yuehu,Yujian,Guixi
赣州市	Ganzhou	1	1	14	3	章贡区、南康区、赣县区、信丰县、大余县、上犹县、崇义县、安远县、龙南县、定南县、全南县、宁都县、于都县、兴国县、会昌县、寻乌县、石城县、瑞金市、	Zhanggong,Nankang,Ganxian, Xinfeng,Dayu,Shangyou, Chongyi,Anyuan,Longnan, Dingnan,Quannan,Ningdu, Yudu,Xingguo,Huichang, Xunwu,Shicheng,Ruijin,
吉安市	Ji'an	1	1	10	2	吉州区、青原区、吉安县、吉水县、峡江县、新干县、永丰县、泰和县、遂川县、万安县、安福县、永新县、井冈山市	Jizhou,Qingyuan,Ji'an, Jishui,Xiajiang,Xingan, Yongfeng,Taihe,Suichuan, Wan'an,Anfu,Yongxin, Jinggangshan
宜春市	Yichun	1	3	6	1	袁州区、奉新县、万载县、上高县、宜丰县、靖安县、铜鼓县、丰城市、樟树市、高安市	Yuanzhou,Fengxin,Wanzai, Shanggao,Yifeng,Jing'an, Tonggu,Fengcheng,Zhangshu, Gao'an
抚州市	Fuzhou	1		9	2	临川区、东乡区、南城县、黎川县、 南丰县、崇仁县、乐安县、 宜黄县、金溪县、资溪县、广昌县	Linchuan,Dongxiang,Nancheng, Lichuan,Nanfeng,Chongren, Le'an,Yihuang,Jinxi, Zixi,Guangchang
上饶市	Shangrao	1	1	8	3	信州区、广丰区、广信区、玉山县、铅山县、横峰县、弋阳县、余干县、鄱阳县、万年县、婺源县、德兴市	Xinzhou,Guangfeng,guangxin Yushan,Yanshan,Hengfeng, Yiyang,Yugan,Poyang, Wannian,Wuyuan,Dexing

1-2 按行业门类和地区分组的法人单位数(2019年)
Number of Legal Entities by Region and Sector (2019)

单位：个 (unit)

项 目	Item	法人单位数 Number of Legal Entities		
		合 计 Total	单产业法人 Single Industry	多产业法人 Multi-Industry
总 计	**Total**	**570202**	**556901**	**13301**
按行业分	**By sector**			
农、林、牧、渔业	Farming, Forestry, Animal Husbandy and Fishery	70862	70720	142
采矿业	Mining	3006	2968	38
制造业	Manufacturing	69192	68273	919
电力、热力、燃气及水生产和供应业	Production and Supply of Electricity, Heat, Gas and Water	7415	7280	135
建筑业	Construction	34744	32512	2232
批发和零售业	Wholesale and Retail Trades	137448	135697	1751
交通运输、仓储和邮政业	Transport, Storage and Post	18705	18166	539
住宿和餐饮业	Hotels and Catering Services	7384	7135	249
信息传输、软件和信息技术服务业	Information Transmission,Software and Information Technology	19119	18959	160
金融业	Financial Intermediation	1670	1227	443
房地产业	Real Estate	15933	15164	769
租赁和商务服务业	Leasing and Business Services	58558	57849	709
科学研究和技术服务业	Scientific Reseach and Technical Services	19028	18560	468
水利、环境和公共设施管理业	Management of Water Conservancy, Public Facilities and Environment	3608	3560	48
居民服务、修理和其他服务业	Services to Households, Repair and Other Services	9237	9116	121
教育	Education	19511	18276	1235
卫生和社会工作	Health and Social Service	8166	7959	207
文化、体育和娱乐业	Culture,Sports and Entertainment	11180	11052	128
公共管理、社会保障和社会组织	Public Management, Social Security and Social Organization	55436	52428	3008
按地区分	**By Region**			
南昌市	Nanchang	82598	80398	2200
景德镇市	Jingdezhen	20145	19802	343
萍乡市	Pingxiang	19379	18751	628
九江市	Jiujiang	71194	70081	1113
新余市	Xinyu	30940	30800	140
鹰潭市	Yingtan	19903	19518	385
赣州市	Ganzhou	97940	95206	2734
吉安市	Ji'an	52588	50940	1648
宜春市	Yichun	56289	54921	1368
抚州市	Fuzhou	50214	49011	1203
上饶市	Shangrao	69012	67473	1539

1-3 各设区市按专业分组一套表法人单位数（2019年）
Number of Qualified Legal Entities by Region and Profession in (2019)

单位：个 (unit)

地区	Region	合计 Total	工业 Industry	建筑业 Construction	批发和零售业 Wholesale and Retail Trade	住宿和餐饮业 Hotel and Catering Services	房地产开发经营业 Real Estate	服务业 Service	其他投资 Other Investment
全省	**Provincial Total**	**37300**	**13022**	**3262**	**5171**	**1319**	**2666**	**4616**	**7244**
南昌市	Nanchang	5959	1517	867	1286	223	538	1033	495
景德镇市	Jingdezhen	1280	372	39	176	69	66	162	396
萍乡市	Pingxiang	1754	574	127	146	50	98	97	662
九江市	Jiujiang	4788	1870	276	494	193	341	428	1186
新余市	Xinyu	1234	422	127	138	36	82	97	332
鹰潭市	Yingtan	1219	324	64	198	48	80	185	320
赣州市	Ganzhou	5565	2186	524	664	163	478	557	993
吉安市	Ji'an	4141	1549	246	607	194	191	574	780
宜春市	Yichun	4225	1718	331	558	139	282	518	679
抚州市	Fuzhou	2489	873	196	273	54	199	362	532
上饶市	Shangrao	4646	1617	465	631	150	311	603	869

注：其他投资是指未纳入规模以上工业、有资质的建筑业、限额以上批发和零售业、限额以上住宿和餐饮业、房地产开发经营业、规模以上服务业，且在报告期内有计划总投资5000万元及以上在建投资项目的法人单位。

a) Other investment refers to legal entities including 50 million yuan and above construction project in the reporting period,while the entities are not included in above scale industry、qualified construction industry、above-norm wholesale and retail trade、above-norm hotel and Catering Services、real estate development business、above scale service industry.

1-4 国民经济和社会发展主要指标与发展速度

指　　标	Item	1978
人口(万人)	**Population (10 000 persons)**	
年末总人口	Population at Year-end	3182.82
#男性人口	Male	1642.78
女性人口	Female	1540.04
#城镇人口	Urban	533.12
乡村人口	Rural	2649.70
就业(万人)	**Employment (10 000 persons)**	
年末社会就业人数	Employment at Year-end	1254.3
#职工人数	Staff and Workers	267.4
年末城镇登记失业人数	Nnmber of Registration Unemployment Persons in Urban Areas at Year-end	21.38
地区生产总值(亿元)	**Gross Domestic Product (100 million yuan)**	**87.00**
第一产业	Primary Industry	36.18
第二产业	Secondary Industry	33.08
第三产业	Tertiary Industry	17.74
人均生产总值(元)	Per Capita GDP (yuan)	276
固定资产投资(亿元)	**Investment in Fixed Assets (100 million yuan)**	
全社会固定资产投资总额	Total Investment in Fixed Assets	8.13
#房地产开发投资	Investment in Real Estate Development	
新增固定资产	Newly Increased Fixed Assets	
财政(亿元)	**Government Finance (100 million yuan)**	
财政总收入	Government Revenue	12.22
一般公共预算收入	General Public Budget Revenue	
一般公共预算支出	General Public Budget Expenditure	16.27
能源生产与消费(万吨标准煤)	**Production and Consumption of Energy (10 000 tons of SCE)**	
能源生产总量	Total Energy Production	
能源消费总量	Total Energy Consumption	
价格指数(上年=100)	**Price Indices (preceding year=100)**	
居民消费价格指数	Consumer Price Index	
商品零售价格指数	Retail Price Index	100.1
工业生产者出厂价格指数	Producer Price Index for Industrial Products	
工业生产者购进价格指数	Producer Price Indices for Purchasing Goods	
固定资产投资价格指数	Investment in Fixed Assets Price Indices	
人民生活	**People's Livelihood**	
城镇非私营单位职工平均工资(元)	Average Wage of Staff and Workers in Urban Non-Private Non-Private Units(yuan)	552
城镇住户人均年可支配收入(元)	Per Capita Annual Disposable Income of Urban Households(yuan)	305
农村住户人均年可支配收入(元)	Per Capita Net Income of Rural Residents (yuan)	141
人民币住户存款年末余额(亿元)	Outstanding Amount of Saving Deposits in Urban and Rural Areas (100 million yuan	4.16
城镇住户人均住宅建筑面积(平方米)	Per Capita Gross Living Space in Cities (sq.m)	
农村居民人均住房面积(平方米)	Per Capita Net Floor Space of Rural Residents (sq.m)	
城市建设、环境保护	**City Construction ,Environmental Protection**	
人工煤气供气量(万立方米)	Coal Gas Supply(10000 cu.m)	
天然气供气量(万立方米)	Natural Gas Supply (10 000 cu.m)	
液化石油气供气量(吨)	Total Liquefied Petroleum Gas Supply (ton)	
道路长度(公里)	Length of Roads (km)	
排水管道长度(公里)	Length of Drainpipes (km)	
公共车辆(汽、电车)运营数(辆)	Operating Public Buses (Buses and Trolley Buses) (unit)	
绿化覆盖面积(公顷)	Coverage Area of Afforestation (hectare)	

注：1.地区生产总值、农业总产值、工业增加值的发展速度均按可比价格计算。
2.自1998年起,职工人数为在岗职工人数。自2012年起，职工人数含劳务派遣人员。
3.从2011年起，固定资产投资项目统计起点由过去的计划投资50万元及以上提高到计划投资500万元及以上。
4.2013年起城乡居民调查指标为新口径调查数据，统一为可支配收入指标。

Major Indicators and Growth Rates on National Economic and Social Development

总量指标		Aggregate Data			速度指标 (%)				Indices and Growth Rates (%)		
					指数 Index (2019为以下各年) (2019 as Percentage of the Following Years)				平均增长速度 Average Annual Growth Rate		
1990	2000	2010	2018	2019	1978	1990	2000	2018	1979-2019	1991-2019	2001-2019
3810.64	4148.54	4462.25	4647.57	4666.13	146.6	122.5	112.5	100.4	0.9	0.7	0.6
1972.77	2157.02	2303.16	2383.56	2392.41	145.6	121.3	110.9	100.4	0.9	0.7	0.5
1837.87	1991.52	2159.08	2264.02	2273.72	147.6	123.7	114.2	100.4	1.0	0.7	0.7
775.47	1148.73	1966.07	2603.57	2679.29	502.6	345.5	233.2	102.9	4.0	4.4	4.6
3035.18	2999.81	2496.18	2044.00	1986.84	75.0	65.5	66.2	97.2	-0.7	-1.5	-2.1
1816.5	2060.9	2498.8	2636.1	2632.0	209.8	144.9	127.7	99.8	1.8	1.3	1.3
386.2	291.6	279.6	400.3	407.1	152.2	105.4	139.6	101.7	1.0	0.2	1.8
10.26	16.68	26.26	35.10	27.49	128.6	267.9	164.8	78.3	0.6	3.5	2.7
428.62	**2003.07**	**9383.16**	**22716.51**	**24757.50**	**5764.7**	**2047.8**	**797.7**	**108.0**	**10.4**	**11.0**	**11.5**
175.96	485.14	1188.26	1877.33	2057.56	788.5	372.3	238.9	103.0	5.2	4.6	4.7
133.56	700.76	5083.08	10081.16	10939.83	13581.3	4341.8	1345.3	108.0	12.7	13.9	14.7
119.10	817.17	3111.82	10758.02	11760.11	8602.0	2246.5	647.1	109.0	11.5	11.3	10.3
1134	4851	21099	49103	53164	3884.5	1654.4	704.4	107.4	9.3	10.2	10.8
70.65	548.20	7164.62	22085.34	-	328983.0	37857.5	4878.9	109.3	21.8	22.7	22.7
2.88	42.37	706.82	2013.98	-		77838.6	5287.5	103.0		25.8	23.2
32.5	453.31	4739.38	12358.13	-		33836.5	2428.4	101.8		22.2	18.3
40.62	171.69	1226.24	3795.79	4001.56	32746.0	9851.2	2330.7	105.4	15.2	17.1	18.0
	111.55	778.09	2373.01	2487.39			2229.8	104.8			17.8
50.76	223.47	1923.26	5667.52	6386.80	39255.1	12582.4	2858.0	112.7	15.7	18.1	19.3
1282.42	1293.23	2312.80	1170.02	1320.31		103.0	102.1	112.8		0.1	0.1
1732.29	2505.00	6280.55	9285.68	9665.15		557.9	385.8	104.1		6.1	7.4
102.1	100.3	103.0	102.1	102.9		305.3	141.8	102.9		3.9	1.9
101.3	98.5	102.7	101.0	101.9	486.8	230.7	135.4	101.9	3.9	2.9	1.6
	101.0	115.3	104.2	98.9			169.4	98.9			2.8
	101.2	111.8	103.2	98.2			189.5	98.2			3.4
	101.4	104.8	106.4	102.4			163.6	102.4			2.6
1729	7014	29092	70772	76131	13791.8	4403.2	1085.4	107.6	12.8	13.9	13.4
1188	5104	15660	33819	36546	11968.2	3076.6	716.1	108.1	12.4	12.5	10.9
670	2135	5987	14460	15796	11226.7	2358.0	739.8	109.2	12.2	11.5	11.1
142.79	1243.15	6113.24	17184.44	19665.87	472737.3	13772.6	1581.9	114.4	22.9	18.5	15.6
	32.4	38.88	48.30	50.00			154.3	103.5			2.3
20.58	27.79	40.26	59.20	62.91		305.7	226.4	106.3		3.9	4.4
1203	39463	58208	-	-							
			145718	169840				116.6			
12182	164698	188847	202716	208151		1708.7	126.4	102.7		10.3	1.2
1108	3033	5742	11222	11909		1074.8	392.6	106.1		8.5	7.5
878	2074	7340	17331	17590		2003.4	848.1	101.5		10.9	11.9
1091.0	4031	7048	13699	13963		1279.8	346.4	101.9		9.2	6.8
7044	20044	48924	75471	77590		1101.5	387.1	102.8		8.6	7.4

a) Growth rates of Gross Domestic Product, gross output value of agriculture and gross industrial value-added are calculated at constant prices.

b) Since 1998,number of staff and workers refers to number of employed staff and workers.Since 2012,number of staff and workers includes dispatched labo

c) The statistical starting point of the fixed assets investment projects from the previous plan to invest 500 000 yuan and above to plans to invest 5,000,000 and above since 2011.

d) Indicators of urban and rural residents survey are adjusted to disposable income since 2013.

1-4 续表1

指标	Item	1978
一般工业固体废物综合利用量(万吨)	General Industrial Solid Wastes Utilized (10 000 tons)	
一般工业固体废物综合利用率(%)	Ratio of General Industrial Solid Wastes Utilized (%)	
农业	**Agriculture**	
农业总产值(亿元)	Gross Output Value of Agriculture (100 million yuan)	49.29
主要农产品产量	Output of Major Farm Products	
粮食(万吨)	Grain (10 000 tons)	1125.74
棉花(万吨)	Cotton (10 000 tons)	3.48
油料折油(万吨)	Oil-bearing Crops Converted Into Oil (10 000 tons)	6.63
油料(万吨)	Oil-bearing Crops (10 000 tons)	13.49
黄红麻(吨)	Jute and Ambary Hemp (10 000 tons)	4800
烟叶(万吨)	Tobacco (10 000 tons)	0.61
茶叶(吨)	Tea (ton)	8878
蚕茧(吨)	Silkworm Cocoons (ton)	143
甘蔗(万吨)	Sugar Cane (10 000 tons)	68.29
水果(万吨)	Fruits (10 000 tons)	2.92
肉类总产量(万吨)	Total Output of Meat (10 000 tons)	26.27
水产品(万吨)	Aquatic Products (10 000 tons)	5.93
生猪年末存栏(万头)	Number of Hogs on Hand at Year-end (10 000 heads)	944.27
生猪当年出栏(万头)	Number of Slaughtered Fattened Hogs of the Year (10 000 heads)	574.00
工业	**Industry**	
主要工业产品产量	Output of Major Industrial Products	
化学纤维(万吨)	Chemical Fiber (10 000 tons)	0.42
布(混合数)(万米)	Cloth (10 000 m)	20173
机制纸及纸板(万吨)	Machine-made Paper and Paperboard (10 000 tons)	9.26
卷烟(万箱)	Cigarettes (10 000 boxs)	19.14
原煤产量(万吨)	Coal (10 000 tons)	1435.50
原油加工量(万吨)	Processed Crude Oil (10 000 tons)	
发电量(亿千瓦时)	Electricity (100 million kwh)	45.31
粗钢 (万吨)	Crude Steel (10 000 tons)	25.64
钢材 (万吨)	Rolled Steel (10 000 tons)	24.50
水泥(万吨)	Cement (10 000 tons)	155.56
汽车(万辆)	Vehicles (10 000 unit)	0.10
照相机(万架)	Cameras (10 000 sets)	1.00
化学肥料(折合100%)(万吨)	Chemical Fertilezers (pure) (10 000 tons)	15.97
化学农药(原药)(吨)	Chemical Pesticide (ton)	13539
规模以上工业企业主要指标(亿元)	Main Indicators of Industrial Enterprises above Designated Size (100 million yuan)	
工业增加值	Gross Industrial Value-added	
资产总计	Total Assets	
主营业务收入	Revenue from Principal Business	
建筑业(资级企业)	**Construction With Grade**	
建筑业企业人数(万人)	Number of Employed Persons (10 000 persons)	
建筑业总产值(亿元)	Gross Output Value (100 million yuan)	
施工房屋面积(万平方米)	Floor Space of Buildings Under Construction (10 000 sq.m)	
竣工房屋面积(万平方米)	Floor Space of Buildings Completed (10 000 sq.m)	
交通运输业	**Transportation**	
铁路营业里程(公里)	Length of Railways in Operation (km)	1184
公路通车里程(公里)	Length of Highways (km)	30245

注：1.2000年及以后工业产品产量为规模以上产量。
2.公路通车里程从2006年开始包括村道。

continued

总量指标 Aggregate Data					速度指标 (%) Indices and Growth Rates (%)						
1990	2000	2010	2018	2019	指数 Index (2019为以下各年) (2019 as Percentage of the Following Years)				平均增长速度 Average Annual Growth Rate		
					1978	1990	2000	2018	1979-2019	1991-2019	2001-2019
	702.24	4379.14	4970.13	-							
	14.64	46.54	42.41	-							
255.24	741.35	1900.58	3148.57	3481.29	769.8	388.8	230.1	103.1	5.1	4.8	4.5
1658.20	1614.60	1954.70	2190.7	2157.5	191.6	130.1	133.6	98.5	1.6	0.9	1.5
5.70	6.80	13.08	7.21	6.57	188.9	115.3	96.7	91.2	1.6	0.5	-0.2
19.61	32.52	36.47	47.22	46.33	698.8	236.3	142.5	98.1	4.9	3.0	1.9
54.89	96.73	107.57	120.80	120.78	895.3	220.0	124.9	100.0	5.5	2.8	1.2
18800	4400	1123	97	68	1.4	0.4	1.5	70.1	-9.9	-17.6	-19.7
2.31	1.82	3.76	3.61	2.26	370.1	97.7	124.0	62.5	3.2	-0.1	1.1
19415	15703	29808	65362	66778	752.2	344.0	425.3	102.2	5.0	4.4	7.9
2639	3266	7550	6177	6340	4433.6	240.2	194.1	102.6	9.7	3.1	3.6
194.29	136.81	59.10	64.57	62.44	91.4	32.1	45.6	96.7	-0.2	-3.8	-4.0
23.30	42.34	297.13	470.21	474.26	16241.9	2035.5	1120.1	100.9	13.2	10.9	13.6
111.74	192.31	308.20	325.68	298.65	1136.8	267.3	155.3	91.7	6.1	3.4	2.3
30.68	127.12	215.34	255.95	258.81	4364.4	843.6	203.6	101.1	9.6	7.6	3.8
1547.26	1473.50	1756.33	1587.25	1006.32	106.6	65.0	68.3	63.4	0.2	-1.5	-2.0
1313.18	1992.27	2897.54	3124.00	2546.82	443.7	193.9	127.8	81.5	3.7	2.3	1.3
2.00	7.08	17.92	54.62	62.92	14981.0	3146.0	888.7	111.9	13.0	12.6	12.2
30566	21710	80517	77928	103052	510.8	337.1	474.7	85.4	4.1	4.3	8.5
25.59	24.02	186.59	214.50	276.24	2983.2	1079.5	1150.0	111.5	8.6	8.5	13.7
47.02	50.99	111.80	127.60	127.60	666.7	271.4	250.2	100.0	4.7	3.5	4.9
2027.11	1813.76	2912.22	530.46	503.61	35.1	24.8	27.8	94.9	-2.5	-4.7	-6.5
155.10	327.62	468.43	766.59	786.60		507.2	240.1	102.6		5.8	4.7
121.41	226.77	637.59	1278.30	1375.90	3036.6	1133.3	606.7	107.6	8.7	8.7	10.0
112.09	319.86	1834.03	2499.18	2524.48	9845.9	2252.2	789.2	101.0	11.8	11.3	11.5
92.32	282.90	1951.55	2571.34	2795.71	11411.1	3028.3	988.2	104.2	12.2	12.5	12.8
469.13	1382.00	6220.54	8813.55	9625.05	6187.4	2051.7	696.5	104.3	10.6	11.0	10.8
0.97	13.36	37.28	55.04	49.11	49556.0	5057.2	367.7	89.0	16.3	14.5	7.1
9.00	17.84	0.58	64.50	74.38	7438.0	826.4	416.9	85.1	11.1	7.6	7.8
31.07	43.43	113.42	10.98	29.18	182.7	93.9	67.2	43.8	1.5	-0.2	-2.1
5146	13796	21213	49306	36829	272.0	715.7	267.0	88.7	2.5	7.0	5.3
	269.81	3101.89	-	-			1742.9	108.5			16.2
	1835.86	8424.86	24085.48	26200.80			1427.2	108.8			15.0
	897.00	14196.68	32077.36	34590.65			3856.2	107.8			21.2
12.58	29.80	86.10	150.69	165.88		1318.6	556.6	110.1		9.3	9.5
13.76	116.41	1691.47	6884.87	7944.78		57738.2	6824.8	115.4		24.5	24.9
487.50	2572.30	13669.67	33362.42	33897.51		6953.3	1317.8	101.6		15.8	14.5
192.50	1359.80	6488.09	15635.20	14869.30		7724.3	1093.5	95.1		16.2	13.4
1581	2197	2734.10	4134	4535	383.0	286.8	206.4	109.7	3.3	3.7	3.9
33203	60292	140597	161941	209131	691.5	629.9	346.9	129.1	4.8	6.6	6.8

a) Output of industrial products are above designated size since 2000.

b) The total length of highways have included the village road since 2006.

1-4 续表2

指标	Item	1978
货物周转量(亿吨公里)	Freight Ton-kilometers (100 million ton-km)	128.63
铁　路(亿吨公里)	Railways (100 million ton-km)	108.48
公　路(亿吨公里)	Highways (100 million ton-km)	5.14
水　运(亿吨公里)	Waterways (100 million ton-km)	15.01
旅客周转量(亿人公里)	Passenger-kilometers (100 million person-km)	44.67
铁　路(亿人公里)	Railways (100 million person-km)	26.73
公　路(亿人公里)	Highways (100 million person-km)	16.83
水　运(亿人公里)	Waterways (100 million person-km)	1.13
邮电通信业	**Postal and Telecommunication Services**	
邮电业务总量(亿元)	Business Volume of Postal and Telecommunication Services (100 million yuan)	0.92
函　件(万件)	Number of Letters (10 000 pcs)	7372
移动电话用户(万户)	Number of Mobile Telephone Subscribers (10 000 subscribers)	
固定电话用户(万户)	Fixed Telephone Subscribers (10 000 Subscribers)	5.59
计算机互联网用户(万户)	Number of Internet Services Subscribers (10 000 subscribers)	
内外贸易和旅游	**Domestic Trade , Foreign Trade and Tourism**	
社会消费品零售总额(亿元)	Total Retail Sales of Consumer Goods (100 million yuan)	33.93
海关进出口总额(万美元)	Total Value of Imports and Exports (USD 10 000)	
出口额	Exports	
进口额	Imports	
外商直接投资合同金额(万美元)	Contracted Foreign Direct Investments (USD 10 000)	
外商直接投资实际使用金额(万美元)	Actually Utilized Foreign Direct Investments (USD 10 000)	
旅游总收入(亿元)	Total Tourism Earnings (100 million yuan)	
入境旅游人数(人次)	Number of International Tourists (person-times)	
旅游收汇收入(万美元)	Foreign Exchange Earnings from International Tourism (USD 10 000)	
金融业(亿元)	**Financial Intermediation (100 million yuan)**	
金融机构人民币存款余额	Deposits of National Banking System	
金融机构人民币贷款余额	Loans of National Banking System	
教育、文化、卫生	**Education,Culture and Health Care**	
高等学校在校学生数(人)	Students Enrollment of Higher Education (person)	21847
中等专业学校在校学生数(人)	Students Enrollment of Specialized Secondary Schools (persons)	28926
普通中学在校学生数(万人)	Students Enrollment of Secondary Schools (10 000 persons)	169.20
小学在校学生数(万人)	Students Enrollment of Primary Schools (10 000 persons)	513.77
报纸出版数量(万份)	Number of Newspapers Published (10 000 copies)	14453
期刊出版数量(万册)	Number of Magazines Published (10 000 copies)	378
图书出版数量(万册)	Number of Books Published (10 000 copies)	8495
卫生机构数(个)	Number of Hospitals (unit)	5178
卫生技术人员(人)	Number of Medical Technical Personnels (person)	70247
#医　生	Number of Doctors	30430
病 床 数(张)	Number of Hospital Beds (bed)	72289

注：1.邮电业务总量2000年以前按1990年不变价格计算，2001年以后按2000年不变价格计算,2011年以后按2010年不变价格计算。
2.卫生机构数1996年开始包括个体机构。
3.2007年卫生年报统计口径变动。
4.交通运输数据2008年开始按新口径计算
5.2009年互联网用户口径变化为宽带用户数。

continued

总量指标		Aggregate Data			速度指标 (%)				Indices and Growth Rates (%)		
1990	2000	2010	2018	2019	指数 Index (2019为以下各年) (2019 as Percentage of the Following Years)				平均增长速度 Average Annual Growth Rate		
					1978	1990	2010	2018	1979-2019	1991-2019	2001-2019
299.06	746.93	2738.70	4528.30	3858.78	2999.9	1290.3	516.6	85.2	8.6	9.2	9.0
204.27	563.82	705.90	530.25	563.08	519.1	275.7	99.9	106.2	4.1	3.6	0.0
62.83	147.19	1850.20	3759.94	3040.32	59150.2	4839.0	2065.5	80.9	16.8	14.3	17.3
31.96	35.81	182.41	238.11	255.38	1701.4	799.1	713.1	107.3	7.2	7.4	10.9
170.37	453.07	912.76	993.73	984.24	2203.4	577.7	217.2	99.0	7.8	6.2	4.2
74.65	271.91	564.80	732.42	739.72	2767.4	990.9	272.0	101.0	8.4	8.2	5.4
93.88	171.33	330.48	260.97	244.25	1451.2	260.2	142.6	93.6	6.7	3.4	1.9
1.11	1.20	0.32	0.34	0.28	24.3	24.8	22.9	80.9	-3.4	-4.7	-7.5
2.85	81.31	698.05	1785.84	3065.78	332622.3	107571.2	3770.5	171.7	21.9	27.2	21.1
17162	14010	17971	2764	1684	22.8	9.8	12.0	60.9	-3.5	-7.7	-10.6
	140.3	1811.3	4043.5	4157.1			2963.2	102.8			19.5
12.6	354.1	709.6	465.4	457.5	8184.3	3628.1	129.2	98.3	11.3	13.2	1.4
	26.95	253.40	1323.4	1448.8			5375.9	109.5			23.3
151.94	704.87	2956.21	9645.74	10068.05	29673.0	6626.3	1428.4	111.3	14.9	15.6	15.0
71934	162399	2160007	4818758	5088978		7074.5	3133.6	105.6		15.8	19.9
58023	119736	1341606	3394269	3619295		6237.7	3022.7	106.6		15.3	19.7
13911	42663	818400	1424490	1469683		10564.9	3444.9	103.2		17.4	20.5
2855	26478	749447	888380	1083541		37952.4	4092.2	122.0		22.7	21.6
621	22724	510084	1257166	1357905		218664.3	5975.6	108.0		30.4	24.0
	134.6	818.32	8145.12	9656.38			7174.1	118.6			25.2
52875	163057	1140792	1917812	1971659		3728.9	1209.2	102.8		13.3	14.0
418	6234	34630	74538	86538		20702.9	1388.2	116.1		20.2	14.8
	1966.78	11846.18	35069.51	38952.53			1980.5	111.1			17.0
	1739.87	7757.12	30358.38	35493.75			2040.0	116.9			17.2
57087	146411	837797	1093672	1179550	5399.1	2066.2	805.6	107.9	10.2	11.0	11.6
61675	160022	238744	209801	241879	836.2	392.2	151.2	115.3	5.3	4.8	2.2
181.06	259.22	273.96	307.83	325.60	192.4	179.8	125.6	105.8	1.6	2.0	1.2
450.44	422.68	426.02	421.22	411.44	80.1	91.3	97.3	97.7	-0.5	-0.3	-0.1
58930	39929	70449	88317	79462	549.8	134.8	199.0	90.0	4.2	1.0	3.7
2714	9060	7060	7435	7589	2007.7	279.6	83.8	102.1	7.6	3.6	-0.9
19216	20300	16039	24587	24955	293.8	129.9	122.9	101.5	2.7	0.9	1.1
5632	8048	7172	8237	8941	172.7	158.8	111.1	108.5	1.3	1.6	0.6
116786	123192	154733	247204	267917	381.4	229.4	217.5	108.4	3.3	2.9	4.2
51994	54437	59264	87277	96437	316.9	185.5	177.2	110.5	2.9	2.2	3.1
92274	90930	127915	249510	267187	369.6	289.6	293.8	107.1	3.2	3.7	5.8

a) Business volume of post and telecommunication services before 2000 are calculated at constant prices of 1990 and at 2000 constant prices since 2000, and at 2011 constant prices since2010.
b) Number of hospitals include individual since 1996.
c) Statistical standards in health report have changed since 2007.
d)The datas of transportation are calculated according to new statistical scope since 2008.
e)Internet subscriber is adjusted to DSL subscriber in 2009.

1-5 国民经济主要比例关系
Composition Indicators on National Economic

单位：%

指　　标	Item	1978	2000	2010	2015	2018	2019
地区生产总值	**Gross Domestic Product**						
第一产业	Primary Industry	41.6	24.2	12.7	10.2	8.3	8.3
第二产业	Secondary Industry	38.0	35.0	54.2	49.9	44.4	44.2
工　业	Industry	26.6	27.2	46.1	41.9	36.4	36.2
建筑业	Construction	11.4	7.8	8.1	8.0	8.0	8.0
第三产业	Tertiary Industry	20.4	40.8	33.2	39.9	47.4	47.5
#交通运输邮电业	Transport,Postal and Telecommunication Services	2.9	9.7	4.8	4.5	4.5	4.4
批零贸易和住宿餐饮业	Wholesale and Retaill Trades,Hotel and Catering Services	5.6	9.1	9.0	9.3	10.3	10.3
金融业	Financial Intermediation	1.4	4.6	2.6	5.1	6.3	6.3
全省总人口	**Province Total Population**						
城镇人口	Urban		27.7	44.1		56.0	57.4
乡村人口	Rural		72.3	55.9		44.0	42.6
社会就业人员	**Total Employed Persons**						
第一产业	Primary Industry	77.2	46.6	35.6		28.5	27.2
第二产业	Secondary Industry	13.0	24.4	29.6		27.5	31.8
第三产业	Tertiary Industry	9.8	29.0	34.8		32.9	41.0
农业总产值	**Gross Agricultural Output Value**						
农　　业	Farming	74.0	46.5	43.1		49.2	46.7
林　　业	Forestry	11.9	7.8	9.6		10.1	9.8
牧　　业	Animal Husbandry	12.8	29.9	29.8		21.3	25.5
渔　　业	Fishery	1.3	13.5	13.5		15.1	13.7
服 务 业	Service in Support of Agriculture		2.3	4.0		4.2	4.3
全社会固定资产投资	**Total Investment in Fixed Assets**						
第一产业	Primary Industry			2.9		3.1	2.3
第二产业	Secondary Industry			57.5		48.0	48.6
第三产业	Tertiary Industry			39.6		48.9	49.1
财政支出	**Government Expenditures**						
一般公共服务	General Public Services					9.3	9.3
教　育	Education	10.6	17.1	15.5		18.6	18.0
科学技术	Science	0.2	0.5	0.9		2.6	2.9
社会保障和就业	Social Seaurity and Employment					13.4	12.8
医疗卫生与计划生育	Medical and Health Care, and Family Planning					10.3	9.9

1-6 主要指标每人年平均水平
Per Capita Average Annual Level of Major Indicators

指标	Item	1978	1980	1990	2000	2010	2018	2019
地区生产总值(元)	**Gross Domestic Product (yuan)**	**276**	**342**	**1134**	**4851**	**21099**	**49013**	**53164**
第一产业	Primary Industry	115	149	466	1175	2672	4050	4418
第二产业	Secondary Industry	105	126	353	1697	11430	21751	23492
第三产业	Tertiary Industry	56	67	315	1979	6997	23211	25253
财政总收入(元)	**Government Revenue (yuan)**	**39**	**38**	**107**	**416**	**2757**	**8167**	**8593**
年末居民储蓄存款余额(元)	**Balance of Savings Deposit of Households at Year-end (yuan)**	**13**	**24**	**375**	**2997**	**13746**	**36957**	**42146**
主要农产品产量(公斤)	**Output of Major Farm Products (kg)**							
粮　　食	Grain	357.33	381.60	438.86	391.04	439.53	471.36	463.29
棉　　花	Cotton	1.10	1.32	1.51	1.65	2.94	1.55	1.41
油料折油	Oil-bearing Crops Converted into oil	2.10	2.09	5.19	7.88	8.20	10.16	9.95
甘　　蔗	Sugar Cane	21.68	26.38	51.42	33.13	13.29	13.89	13.41
水　　果	Fruits	0.93	1.73	6.17	10.25	66.81	101.17	101.84
肉类总产量	Total output of Meat	8.34	11.71	29.57	46.58	69.30	70.08	64.13
水 产 品	Aquatic Products	1.88	2.32	8.12	30.79	48.42	55.07	55.58
主要工业产品产量	**Output of Major Industrial Products**							
化学纤维(公斤)	Chemical Fiber (kg)	0.13	0.41	0.53	1.71	4.03	11.75	13.51
布(混合数)(米)	Cloth (m)	6.40	9.24	8.09	5.26	18.10	16.77	22.13
机制纸及纸板(公斤)	Machine-made Paper and Paperboard (kg)	2.94	3.91	6.77	5.82	41.96	46.15	59.32
原　　煤(公斤)	Coal (kg)	455.65	458.62	536.50	439.28	636.40	114.14	108.14
原油加工量(公斤)	Processed Crude Oil (kg)					1053.31	1649.44	1689.12
发 电 量(千瓦小时)	Electricity (kwh)	143.82	176.05	321.32	486.95	1387.46	2742.77	2954.57
粗钢(公斤)	Crude Steel (kg)	8.14	11.93	29.67	77.47	412.40	537.74	542.10
钢材(公斤)	Rolled Steel (kg)	7.78	14.36	24.43	68.52	438.83	553.27	600.34
水　　泥(公斤)	Cement (kg)	49.38	61.85	124.16	334.71	1398.75	1896.38	2066.86
化学肥料(公斤)	Chemical Fertilezers (kg)	5.07	7.92	8.22	10.52	25.50	2.36	6.27
化学农药(公斤)	Chemical Pesticide (kg)	0.43	0.54	0.14	0.33	0.48	1.06	0.79
主要消费品消费量	**Consumption of Major Consumer Good**							
农村居民食品消费量(公斤)	Living Consumption of Rural Households (kg)							
粮　　食	Grain		314.55	340.85	303.61	213.52	147.57	148.45
植 物 油	Vegetable Oils		2.03	4.76	8.73	6.57	12.09	11.95
猪牛羊肉	Pork, Beef and Mutton		6.60	11.99	12.64	12.71	24.86	23.09
蛋　　类	Eggs		1.04	1.95	3.26	3.28	6.01	7.11
水 产 品	Aquatic Products		1.54	2.02	3.73	5.23	9.49	12.80
城镇居民消费量(公斤)	Purchase of Urban Households (kg)							
粮　　食	Grain						121.25	119.74
油脂类	Oil						14.37	13.36
肉类	Meat						34.46	31.85
禽类	Pouorty						10.36	11.76
蛋类及蛋制品	Eggs and Related Products						8.43	8.32
水 产 品	Aquatic Products						15.97	18.07

注：2013年起城乡居民消费品为新口径调查数据。

a) New statistical caliber is applied in living consumption of urban and rural households since 2013.

1-7 江 西 的 一 天
One Day of Jiangxi

指　　标	Item	1978	2000	2010	2018	2019
全省每天创造的财富	**Province Daily Production**					
地区生产总值(万元)	Gross Domestic Product (10 000 yuan)	2384	54879	257073	622370	678288
第一产业	Primary Industry	991	13292	32555	51434	56372
第二产业	Secondary Industry	907	19199	139262	276196	299721
工业	Industry	635	14901	118556	226417	245639
建筑业	Construction	272	4298	20706	49957	54274
第三产业	Tertiary Industry	486	22388	85255	294740	322195
#交通运输邮电业	Transport,Postal and Telecommunication Services	70	5342	12251	28014	29691
批零贸易和住宿餐饮业	Wholesaleand Retaill Trades,Hotel and Catering Services	135	4985	23222	64402	69882
金融业	Financial Intermediation	32	2547	6616	38976	42671
财政总收入(万元)	Government Revenue (10 000 yuan)	335	4704	33596	103994	109632
财政支出(万元)	Government Expenditures (10 000 yuan)	446	6123	52692	155275	174981
布产量(万米)	Cloth (10 000 meters)	55	59	221	214	282
机制纸及纸板(吨)	Machine-made Paper and Paperboard (ton)	254	658	5112	5877	7568
原煤产量(吨)	Coal (ton)	39329	49692	77540	14533	13798
原油加工量(吨)	Processed Crude Oil (ton)			12834	21002	21551
发电量(万千瓦小时)	Electricity (10 000 kwh)	1241	5508	16905	34924	37696
粗钢(吨)	Crude Steel (ton)	702	8763	50247	68471	69164
钢材(吨)	Rolled Steel (ton)	671	7751	53467	70448	76595
水泥(吨)	Cement (ton)	4262	37863	170426	241467	263700
汽车(辆)	Vehicles (unit)	3	366	1021	1508	1345
照相机(架)	Cameras (set)	27	489	16	1767	2038
全省每天消费	**Province Daily Consumption**					
能源消费(万吨标准煤)	Energy Consumption(10 000 tons of SCE)		6.86	17.41	25.24	26.48
社会消费品零售总额(万元)	Total Retail Sales of Consumer Goods (10 000 yuan)	930	19312	80992	207299	275837
全省每天其他活动	**Province Other Daily Economic Activities**					
货物运输量(万吨)	Freight Traffic (10 000 tons)	12.89	64.66	274.90	477.22	413.32
旅客运输量(万人)	Passenger Traffic (10 000 persons)	17.69	98.14	209.95	171.01	163.57
出版报纸(万份)	Newspapers Published (10 000 copies)	39.60	109.39	193.01	241.96	217.70
出版期刊(万册)	Number of Magazines Published (10 000 copies)	1.03	28.70	19.34	20.37	20.79
出版图书(万册)	Books Published (10 000 copies)	23.27	55.62	43.94	67.36	68.37
邮电业务总量(万元)	Business Volume of Postal and Telecommunication Services (10 000 yuan)	21	2228	19125	48927	83994
邮寄函件(万件)	Letters Delivered (10 000 pieces)	20.20	38.38	49.24	7.57	4.61
邮寄包裹(件)	Packages Delivered (piece)		6767	3321	1373	1178
结婚人数(对)	Number of Marriages (couple)	437	810	989	906	809
离婚人数(对)	Number of Divorces (couple)	28	66	134	294	316

1-8 地区生产总值
Gross Domestic Product

本表按当年价格计算。

Data in this table are calculated at current prices.

单位：亿元 (100 million yuan)

年份 地区 Year Region	地区生产总值 Gross Domestic Product	第一产业 Primary Industry	第二产业 Secondary Industry			第三产业 Tertiary Industry				人均地区生产总值(元) Per Capita GDP (yuan)
				工业 Industry	建筑业 Construction		交通运输仓储和邮政业 Transport, Storage and Post	批发零售和住宿餐饮业 Whlesale and Retail Trades,Hotels and Catering Services	金融业 Financial Intermediation	
1978	87.00	36.18	33.08	23.16	9.92	17.74	2.54	4.91	1.18	276
1980	111.15	48.31	41.00	30.84	10.16	21.84	3.92	5.78	1.39	342
1985	207.89	84.06	76.05	63.13	12.92	47.78	12.27	11.57	5.60	597
1990	428.62	175.96	133.56	116.50	17.06	119.10	25.18	19.74	27.33	1134
1991	479.37	183.27	154.77	135.82	18.95	141.33	26.73	27.86	31.17	1249
1992	572.55	200.81	199.40	168.14	31.26	172.34	31.61	35.80	38.83	1472
1993	723.04	225.58	282.46	233.76	48.70	215.00	39.43	44.68	48.44	1835
1994	948.16	314.35	338.23	269.16	69.07	295.58	55.93	57.76	61.71	2376
1995	1169.73	374.64	403.74	314.49	89.25	391.35	78.32	82.39	71.84	2896
1996	1409.74	440.00	481.30	375.83	105.47	488.44	101.64	108.31	86.32	3452
1997	1605.77	475.18	548.84	438.98	109.86	581.75	115.41	124.66	97.40	3890
1998	1719.87	450.44	608.22	477.15	131.07	661.21	145.40	143.54	100.50	4124
1999	1853.65	464.40	648.82	503.79	145.03	740.43	167.74	161.63	101.15	4402
2000	2003.07	485.14	700.76	543.88	156.88	817.17	194.98	181.96	92.97	4851
2001	2175.68	506.00	786.12	603.23	182.89	883.56	217.94	192.06	82.02	5221
2002	2450.48	535.98	941.77	702.42	239.35	972.73	248.61	214.19	76.51	5829
2003	2812.70	551.51	1204.33	863.31	341.02	1056.87	266.11	243.06	64.31	6636
2004	3398.06	664.52	1505.19	1149.79	355.40	1228.35	259.03	296.37	65.10	7960
2005	3941.23	717.69	1834.65	1468.68	365.97	1388.89	300.97	319.54	69.55	9172
2006	4696.80	775.11	2337.59	1923.00	414.59	1584.10	339.58	360.39	79.75	10859
2007	5777.62	868.60	2950.31	2435.45	514.86	1958.71	372.23	473.70	101.34	13270
2008	6934.20	1014.54	3518.79	2936.92	581.87	2400.87	389.17	596.97	130.57	15816
2009	7629.98	1062.13	3882.65	3232.49	650.16	2685.20	395.74	721.48	165.10	17277
2010	9383.16	1147.59	5083.08	4327.30	755.78	3152.49	447.16	847.60	241.49	21099
2011	11584.52	1320.49	6338.00	5462.31	875.69	3926.03	508.57	1051.33	357.44	25885
2012	12807.69	1439.14	6893.33	5889.24	1004.09	4475.22	631.76	1176.78	413.07	28486
2013	14300.17	1540.65	7661.85	6523.26	1138.59	5097.67	679.48	1324.75	542.83	31686
2014	15667.78	1626.87	8238.65	6930.73	1307.92	5802.26	710.88	1467.43	739.70	34571
2015	16780.89	1714.47	8367.65	7026.22	1343.21	6698.77	754.12	1567.59	861.65	36850
2016	18388.59	1794.12	8732.52	7349.25	1387.49	7861.95	821.42	1771.00	1012.30	40159
2017	20210.78	1835.26	9444.60	7969.59	1480.00	8930.92	895.82	2081.15	1100.12	43868
2018	22716.51	1877.33	10081.16	8264.23	1823.43	10758.02	1022.51	2350.67	1422.64	49013
2019	24757.50	2057.56	10939.83	8965.81	1980.99	11760.11	1083.72	2550.71	1557.50	53164
南昌市 Nanchang	5596.18	212.89	2653.82	1893.25	761.85	2729.47	209.76	482.57	529.90	100415
景德镇市 Jingdezhen	926.11	61.31	409.56	371.39	38.67	455.23	40.99	122.28	46.45	55228
萍乡市 Pingxiang	930.02	68.05	413.89	355.60	58.34	448.08	30.60	103.48	42.58	48007
九江市 Jiujiang	3121.05	212.05	1509.81	1360.22	151.38	1399.19	105.30	407.97	107.93	63584
新余市 Xinyu	971.58	62.73	453.32	378.67	75.00	455.53	36.42	141.86	44.43	81642
鹰潭市 Yingtan	941.26	64.71	496.51	439.80	56.87	380.04	42.29	90.07	32.34	79883
赣州市 Ganzhou	3474.34	376.32	1368.19	1139.31	229.58	1729.83	130.56	366.85	251.23	39968
吉安市 Ji'an	2085.41	214.34	945.43	832.80	112.85	925.64	93.30	171.21	120.96	42060
宜春市 Yichun	2687.57	296.54	1136.61	1004.68	132.51	1254.42	214.87	241.63	150.16	48182
抚州市 Fuzhou	1510.92	215.20	573.88	413.61	160.49	721.85	79.36	133.84	92.35	37272
上饶市 Shangrao	2513.07	273.42	978.82	776.47	203.46	1260.84	100.27	288.96	139.17	36839

1-9 地区生产总值构成
Composition of Gross Domestic Product

本表按当年价格计算。

Data in this table are calculated at current prices.

单位：% (%)

年份 地区 Year Region	地区生产总值 Gross Domestic Product	第一产业 Primary Industry	第二产业 Secondary Industry	工业 Industry	建筑业 Construction	第三产业 Tertiary Industry	交通运输仓储和邮政业 Transport, Storage and Post	批发零售和住宿餐饮业 Whlesale and Retail Trades,Hotels and Catering Services	金融业 Financial Intermediation
1978	100.0	41.6	38.0	26.6	11.4	20.4	2.9	5.6	1.4
1980	100.0	43.5	36.9	27.7	9.1	19.6	3.5	5.2	1.3
1985	100.0	40.4	36.6	30.4	6.2	23.0	5.9	5.6	2.7
1990	100.0	41.1	31.2	27.2	4.0	27.8	5.9	4.6	6.4
1995	100.0	32.0	34.5	26.9	7.6	33.5	6.7	7.0	6.1
1996	100.0	31.2	34.1	26.7	7.5	34.6	7.2	7.7	6.1
1997	100.0	29.6	34.2	27.3	6.8	36.2	7.2	7.8	6.1
1998	100.0	26.2	35.4	27.7	7.6	38.4	8.5	8.3	5.8
1999	100.0	25.1	35.0	27.2	7.8	39.9	9.0	8.7	5.5
2000	100.0	24.2	35.0	27.2	7.8	40.8	9.7	9.1	4.6
2001	100.0	23.3	36.1	27.7	8.4	40.6	10.0	8.8	3.8
2002	100.0	21.9	38.4	28.7	9.8	39.7	10.1	8.7	3.1
2003	100.0	19.6	42.8	30.7	12.1	37.6	9.5	8.6	2.3
2004	100.0	19.6	44.3	33.8	10.5	36.1	7.6	8.7	1.9
2005	100.0	18.2	46.6	37.3	9.3	35.2	7.6	8.1	1.8
2006	100.0	16.5	49.8	40.9	8.8	33.7	7.2	7.7	1.7
2007	100.0	15.0	51.1	42.2	8.9	33.9	6.4	8.2	1.8
2008	100.0	14.6	50.7	42.4	8.4	34.6	5.6	8.6	1.9
2009	100.0	13.9	50.9	42.4	8.5	35.2	5.2	9.5	2.2
2010	100.0	12.2	54.2	46.1	8.1	33.6	4.8	9.0	2.6
2011	100.0	11.4	54.7	47.2	7.6	33.9	4.4	9.1	3.1
2012	100.0	11.2	53.8	46.0	7.8	34.9	4.9	9.2	3.2
2013	100.0	10.8	53.6	45.6	8.0	35.6	4.8	9.3	3.8
2014	100.0	10.4	52.6	44.2	8.3	37.0	4.5	9.4	4.7
2015	100.0	10.2	49.9	41.9	8.0	39.9	4.5	9.3	5.1
2016	100.0	9.8	47.5	40.0	7.5	42.8	4.5	9.6	5.5
2017	100.0	9.1	46.7	39.4	7.3	44.2	4.4	10.3	5.4
2018	100.0	8.3	44.4	36.4	8.0	47.3	4.5	10.3	6.3
2019	100.0	8.3	44.2	36.2	8.0	47.5	4.4	10.3	6.3
南昌市 Nanchang	100.0	3.8	47.4	33.8	13.6	48.8	3.7	8.6	9.5
景德镇市 Jingdezhen	100.0	6.6	44.2	40.1	4.2	49.2	4.4	13.2	5.0
萍乡市 Pingxiang	100.0	7.3	44.5	38.2	6.3	48.2	3.3	11.1	4.6
九江市 Jiujiang	100.0	6.8	48.4	43.6	4.9	44.8	3.4	13.1	3.5
新余市 Xinyu	100.0	6.5	46.7	39.0	7.7	46.9	3.7	14.6	4.6
鹰潭市 Yingtan	100.0	6.9	52.7	46.7	6.0	40.4	4.5	9.6	3.4
赣州市 Ganzhou	100.0	10.8	39.4	32.8	6.6	49.8	3.8	10.6	7.2
吉安市 Ji'an	100.0	10.3	45.3	39.9	5.4	44.4	4.5	8.2	5.8
宜春市 Yichun	100.0	11.0	42.3	37.4	4.9	46.7	8.0	9.0	5.6
抚州市 Fuzhou	100.0	14.2	38.0	27.4	10.6	47.8	5.3	8.9	6.1
上饶市 Shangrao	100.0	10.9	38.9	30.9	8.1	50.2	4.0	11.5	5.5

1-10 地区生产总值指数

Indices of Gross Domestic Product

本表按可比价格计算。

Data in this table are calculated at constant prices.

(1978年=100) (year of 1978=100)

年份 Year	地区生产总值 Gross Domestic Product	第一产业 Primary Industry	第二产业 Secondary Industry	工业 Industry	建筑业 Construction	第三产业 Tertiary Industry	交通运输仓储和邮政业 Transport, Storage and Post	批发零售和住宿餐饮业 Whlesale and Retail Trades,Hotels and Catering Services	金融业 Financial Intermediation	人均地区生产总值 Per Capita GDP
1978	100.0	100.0	100.0	100.0	100.0	100.0	100.0	100.0	100.0	100.0
1979	115.8	115.4	115.9	120.9	104.2	116.6	141.6	108.2	83.3	113.8
1980	120.7	116.4	129.7	138.9	108.1	116.1	147.1	106.1	98.1	117.0
1981	127.4	128.3	127.7	142.2	93.6	126.8	152.0	120.5	107.3	122.1
1982	139.3	144.1	131.5	146.5	96.3	143.4	202.3	131.2	141.7	131.9
1983	153.6	144.2	150.5	165.6	115.3	157.1	221.7	149.2	155.1	139.0
1984	171.0	157.9	182.4	211.1	115.3	185.6	235.9	156.6	314.2	157.9
1985	196.4	169.2	218.2	258.6	123.3	225.9	303.1	182.8	383.0	178.3
1986	209.6	171.0	234.1	284.4	115.9	260.3	312.5	210.6	514.7	187.0
1987	226.8	186.6	250.3	307.8	114.4	284.0	321.0	199.8	761.8	199.2
1988	252.7	191.6	291.3	358.2	133.2	331.9	375.2	233.6	1077.9	218.7
1989	268.1	199.1	305.0	370.8	149.4	368.8	391.0	207.7	1353.8	228.3
1990	280.1	211.8	312.6	389.0	132.7	388.0	439.0	136.4	1368.7	234.5
1991	303.1	219.3	347.0	438.3	131.5	434.9	407.4	190.6	1467.3	249.8
1992	348.0	232.0	423.7	513.3	211.5	518.4	449.0	295.2	1665.3	283.0
1993	395.6	235.7	546.1	652.4	294.8	574.9	489.4	297.6	1981.8	317.5
1994	430.4	249.1	584.4	680.5	357.0	658.3	580.4	309.8	2271.1	341.0
1995	459.7	261.6	601.3	686.6	398.4	748.5	705.2	345.8	2414.2	359.7
1996	513.5	283.8	679.5	781.3	437.4	847.3	777.9	404.5	2575.9	397.5
1997	576.7	303.1	782.8	920.4	456.2	965.9	912.4	490.3	2784.6	441.6
1998	617.6	291.6	865.7	1017.1	506.4	1086.6	1121.4	556.5	2845.8	468.1
1999	665.8	309.1	922.0	1072.0	564.1	1202.9	1321.0	647.7	2905.6	499.5
2000	719.0	330.1	983.8	1147.0	593.5	1328.0	1550.8	730.7	2902.7	550.5
2001	782.3	344.0	1110.7	1270.9	711.0	1432.9	1721.4	850.5	2905.6	593.4
2002	864.5	359.1	1316.2	1500.9	852.5	1531.7	1903.9	912.6	2728.4	649.8
2003	976.8	363.4	1636.0	1793.6	1186.6	1658.9	2061.9	1013.9	2425.5	728.4
2004	1105.8	392.8	1940.3	2121.9	1416.8	1821.4	2294.9	1140.6	2153.9	821.6
2005	1248.4	418.8	2274.0	2556.8	1534.4	2020.0	2577.2	1284.3	2274.5	921.0
2006	1402.0	445.6	2644.7	3042.6	1623.4	2220.0	2899.3	1438.4	2436.0	1062.0
2007	1587.0	463.8	3104.8	3687.7	1633.2	2479.7	3264.6	1606.7	2664.9	1194.7
2008	1798.1	485.6	3635.8	4417.8	1677.3	2764.9	3427.8	1838.1	2952.8	1344.1
2009	2035.5	507.5	4257.5	5226.3	1846.7	3063.5	3465.6	2156.1	3546.3	1509.4
2010	2320.4	527.8	5028.1	6250.6	1994.4	3406.6	3898.7	2438.5	4071.1	1708.6
2011	2608.2	548.9	5792.4	7325.8	2076.2	3784.7	4144.4	2726.3	4514.9	1929.0
2012	2895.1	574.1	6557.0	8307.4	2321.2	4140.5	4496.6	2998.9	4997.9	2131.6
2013	3187.5	621.8	7350.3	9329.2	2571.9	4438.6	4793.4	3142.8	6307.4	2338.3
2014	3496.7	651.0	8158.9	10346.1	2857.3	4838.1	4946.8	3347.1	7613.0	2553.5
2015	3814.9	676.4	8925.8	11277.2	3197.4	5326.7	5060.6	3571.4	9295.5	2773.0
2016	4158.2	704.1	9684.5	12247.1	3437.2	5918.0	5106.1	3846.4	11182.5	3008.8
2017	4524.1	735.1	10469.0	13288.1	3640.0	6557.1	5545.3	4219.5	12323.1	3255.5
2018	4917.7	760.1	11484.5	14510.6	4084.0	7121.0	5828.1	4329.2	13284.3	3515.9
2019	5311.1	782.9	12403.2	15729.5	4320.9	7761.9	6212.7	4606.2	14413.5	3776.1

1-11 地区生产总值指数
Indices of Gross Domestic Product

本表按可比价格计算。

Data in this table are calculated at constant prices.

(上年=100) (preceding year =100)

年份 地区 Year Region	地区生产总值 Gross Domestic Product	第一产业 Primary Industry	第二产业 Secondary Industry	工业 Industry	建筑业 Construction	第三产业 Tertiary Industry	交通运输仓储和邮政业 Transport, Storage and Post	批发零售和住宿餐饮业 Whlesale and Retail Trades,Hotels and Catering Services	金融业 Financial Intermediation	人均地区生产总值 Per Capita GDP
1978	113.3	100.3	126.1	127.7	122.3	128.6	128.3	128.7	122.1	110.6
1980	104.2	100.9	111.9	114.9	103.7	99.6	103.9	98.1	117.8	102.8
1985	114.9	107.1	119.6	122.5	107.0	121.7	128.5	116.7	121.9	112.9
1990	104.5	106.4	102.5	104.9	88.8	105.2	112.3	65.7	101.1	102.7
1991	108.2	103.5	111.0	112.7	99.1	112.1	92.8	139.7	107.2	106.5
1992	114.8	105.8	122.1	117.1	160.8	119.2	110.2	154.9	113.5	113.3
1993	113.7	101.6	128.9	127.1	139.4	110.9	109.0	100.8	119.0	112.2
1994	108.8	105.7	107.0	104.3	121.1	114.5	118.6	104.1	114.6	107.4
1995	106.8	105.0	102.9	100.9	111.6	113.7	121.5	111.6	106.3	105.5
1996	111.7	108.5	113.0	113.8	109.8	113.2	110.3	117.0	106.7	110.5
1997	112.3	106.8	115.2	117.8	104.3	114.0	117.3	121.2	108.1	111.1
1998	107.1	96.2	110.6	110.5	111.0	112.5	122.9	113.5	102.2	106.0
1999	107.8	106.0	106.5	105.4	111.4	110.7	117.8	116.4	102.1	106.7
2000	108.0	106.8	106.7	107.0	105.2	110.4	117.4	112.8	99.9	110.2
2001	108.8	104.2	112.9	110.8	119.8	107.9	111.0	116.4	100.1	107.8
2002	110.5	104.4	118.5	118.1	119.9	106.9	110.6	107.3	93.9	109.5
2003	113.0	101.2	124.3	119.5	139.2	108.3	108.3	111.1	88.9	112.1
2004	113.2	108.1	118.6	118.3	119.4	109.8	111.3	112.5	88.8	112.8
2005	112.9	106.6	117.2	120.5	108.3	110.9	112.3	112.6	105.6	112.1
2006	112.3	106.4	116.3	119.0	105.8	109.9	112.5	112.0	107.1	115.3
2007	113.2	104.1	117.4	121.2	100.6	111.7	112.6	111.7	109.4	112.5
2008	113.3	104.7	117.1	119.8	102.7	111.5	105.0	114.4	110.8	112.5
2009	113.2	104.5	117.1	118.3	110.1	110.8	101.1	117.3	120.1	112.3
2010	114.0	104.0	118.1	119.6	108.0	111.2	112.5	113.1	114.8	113.2
2011	112.4	104.0	115.2	117.2	104.1	111.1	106.3	111.8	110.9	112.9
2012	111.0	104.6	113.2	113.4	111.8	109.4	108.5	110.0	110.7	110.5
2013	110.1	108.3	112.1	112.3	110.8	107.2	106.6	104.8	126.2	109.7
2014	109.7	104.7	111.0	110.9	111.1	109.0	103.2	106.5	120.7	109.2
2015	109.1	103.9	109.4	109.0	111.9	110.1	102.3	106.7	122.1	108.6
2016	109.0	104.1	108.5	108.6	107.5	111.1	100.9	107.7	120.3	108.5
2017	108.8	104.4	108.1	108.5	105.9	110.8	108.6	109.7	110.2	108.2
2018	108.7	103.4	109.7	109.2	112.2	108.6	105.1	102.6	107.8	108.0
2019	108.0	103.0	108.0	108.4	105.8	109.0	106.6	106.4	108.5	107.4
南昌市 Nanchang	108.0	102.9	108.0	108.4	106.4	108.4	104.9	105.8	107.5	106.6
景德镇市 Jingdezhen	107.8	103.1	107.9	108.3	105.4	108.4	104.5	105.5	110.1	107.3
萍乡市 Pingxiang	107.5	102.8	107.6	108.6	101.2	108.4	103.9	103.5	109.1	107.1
九江市 Jiujiang	108.4	102.9	108.0	108.4	105.3	109.5	104.7	105.5	109.1	107.9
新余市 Xinyu	107.6	103.1	107.6	108.1	105.3	108.4	104.9	106.0	108.2	107.1
鹰潭市 Yingtan	108.1	103.2	108.5	108.5	108.7	108.3	104.3	105.2	108.7	107.5
赣州市 Ganzhou	108.5	103.3	108.2	108.6	105.8	110.1	104.3	105.8	108.0	108.1
吉安市 Ji'an	108.1	103.2	108.7	108.9	107.9	109.0	104.4	105.3	109.7	107.9
宜春市 Yichun	107.6	103.0	107.7	108.4	102.3	108.9	104.9	103.8	108.6	107.4
抚州市 Fuzhou	107.9	103.1	108.2	108.7	106.8	109.4	107.6	106.3	107.3	107.5
上饶市 Shangrao	107.7	102.8	106.9	108.5	100.4	109.5	105.6	103.0	108.6	107.3

1-12 收入法地区生产总值
Gross Domestic Product by Income Approach

本表按当年价格计算。

Data in this table are calculated at current prices.

单位：亿元 (100 million yuan)

年 份 地 区 Year Region	地区生产总值 Gross Domestic Product	劳动者报酬 Compensation of Employees	固定资产折旧 Depreciation of Fixed Assets	生产税净额 Net Taxes on Production	营业盈余 Operating Surplus
1978	87.00	57.36	8.19	7.62	13.83
1980	111.15	73.40	9.06	9.05	19.64
1985	207.89	134.11	17.82	19.79	36.17
1990	428.62	265.24	33.85	42.61	86.92
1991	479.37	277.58	44.06	45.52	112.21
1992	572.55	374.80	47.83	60.15	89.77
1993	723.04	462.89	61.49	80.65	118.01
1994	948.16	613.87	97.04	106.10	131.15
1995	1169.73	718.54	123.45	100.37	227.37
1996	1409.74	898.92	140.02	120.04	250.76
1997	1605.77	1044.68	192.38	160.07	208.64
1998	1719.87	1081.83	229.54	166.88	241.62
1999	1853.65	1151.31	282.15	180.32	239.87
2000	2003.07	1218.70	351.87	210.86	221.64
2001	2175.68	1274.14	419.36	280.09	202.09
2002	2450.48	1399.72	497.42	316.47	236.87
2003	2812.70	1555.45	567.25	379.52	310.48
2004	3398.06	1906.98	672.64	460.66	357.78
2005	3941.23	1804.93	474.96	476.13	1185.21
2006	4696.80	2112.78	564.63	596.39	1423.00
2007	5777.62	2557.95	680.76	750.28	1788.63
2008	6934.20	3032.03	1153.58	1251.84	1496.75
2009	7629.98	3161.23	1359.86	1430.49	1678.41
2010	9383.16	4303.09	1174.92	1530.11	2375.03
2011	11584.52	5196.24	1591.00	1841.32	2955.95
2012	12807.69	5596.80	1965.06	1963.65	3282.18
2013	14300.17	6368.40	1927.85	2083.56	3920.36
2014	15667.78	6525.38	2239.00	2384.52	4518.88
2015	16780.89	7243.14	2304.17	2526.75	4706.83
2016	18388.59	8021.93	2481.54	2570.78	5314.34
2017	20210.78	8802.77	2734.24	2916.08	5757.69
2018	22716.51	9741.32	3307.93	3220.78	6446.48
2019	24757.50	10616.54	3605.14	3510.15	7025.67

1-13 支出法地区生产总值
Gross Domestic Product by Expenditure Approach

本表按当年价格计算

Data in this table are calculated at current prices

单位：亿元 (100 million yuan)

年份 地区 Year Region	支出法地区生产总值 Gross Domestic Product by Expenditure Approach	最终消费支出 Final Consumption Expenditures	居民消费支出 Household Consumption Expenditures	农村居民 Rural Household	城镇居民 Urban Household	政府消费支出 Government Consumption Expenditures	资本形成总额 Gross Capital Formation	固定资本形成总额 Gross Fixed Capital Formation	存货增加 Change in Inventories	货物和服务净出口 Net Exports of Goods and Services
1978	87.00	56.88					34.52	29.71	4.81	-4.40
1980	111.15	81.02	68.45	49.22	19.23	12.57	36.34	31.28	5.06	-6.21
1985	207.89	151.31	126.30	90.76	35.54	25.01	68.83	52.05	16.78	-12.25
1990	428.62	310.12	250.02	172.83	77.19	60.10	126.99	78.87	48.12	-8.88
1991	479.37	341.79	270.89	185.27	85.62	70.90	147.60	86.56	61.04	-10.02
1992	572.55	381.98	299.37	196.36	103.01	82.61	219.50	136.93	82.57	-28.93
1993	723.04	460.22	349.29	222.92	126.37	110.93	298.34	222.47	75.87	-35.52
1994	944.75	597.07	471.91	291.17	180.74	125.16	368.62	282.84	85.78	-20.94
1995	1177.26	769.98	629.78	401.86	227.92	140.20	425.44	325.55	99.89	-18.16
1996	1413.70	919.59	758.36	495.80	262.56	161.23	507.63	395.85	111.78	-13.52
1997	1596.56	989.60	796.77	504.29	292.48	192.83	617.03	477.30	139.73	-10.07
1998	1719.01	1053.66	823.03	516.98	306.05	230.63	672.85	520.82	152.03	-7.50
1999	1831.25	1122.56	865.87	532.56	333.31	256.69	715.49	552.67	162.82	-6.80
2000	1982.17	1269.58	989.20	574.63	414.57	280.38	718.29	605.54	112.75	-5.70
2001	2161.75	1357.47	1041.96	578.29	463.67	315.51	800.83	696.70	104.13	3.45
2002	2460.49	1459.65	1114.58	602.72	511.86	345.07	999.28	931.80	67.48	1.56
2003	2815.35	1525.90	1171.27	628.50	542.77	354.63	1321.68	1269.92	51.76	-32.23
2004	3398.06	1780.41	1398.96	727.58	671.38	381.45	1670.97	1608.93	62.04	-53.32
2005	3941.23	2045.59	1587.00	789.38	797.62	458.59	1931.90	1874.03	57.87	-36.26
2006	4696.80	2303.41	1752.49	867.16	885.33	550.92	2444.90	2374.39	70.51	-51.51
2007	5777.62	2770.53	2031.05	968.98	1062.07	739.48	3066.78	2988.76	78.01	-59.69
2008	6934.20	3243.69	2495.33	797.99	1697.34	748.36	3759.11	3675.23	83.89	-68.60
2009	7629.98	3511.91	2725.59	869.72	1855.87	786.33	4171.60	4091.60	80.00	-53.54
2010	9383.16	4432.08	3501.02	1083.87	2417.15	931.06	4845.53	4742.27	103.27	105.54
2011	11584.52	5492.92	4182.23	1401.26	2780.97	1310.69	5969.38	5774.59	194.79	122.22
2012	12807.69	6205.68	4666.10	1498.80	3167.30	1539.58	6485.56	6288.79	196.77	116.45
2013	14300.17	6977.15	5340.70	1700.87	3639.84	1636.44	7249.68	6893.54	356.14	73.34
2014	15667.78	7731.14	5954.94	1915.29	4039.64	1776.20	7950.24	7319.54	630.70	-13.60
2015	16780.89	8390.44	6578.11	2088.12	4489.99	1812.33	8412.41	7820.64	591.77	-21.96
2016	18388.59	9311.32	7284.86	2409.35	4875.51	2026.46	9253.63	8999.49	254.14	-176.36
2017	20210.78	10327.70	8047.13	2579.33	5467.80	2280.57	10127.60	9837.94	289.66	-244.52
2018	22716.51	11689.83	9242.37	2985.61	6256.76	2447.46	11421.12	11092.93	328.19	-394.44
2019	24757.50	12824.41	10474.18	3309.74	7164.44	2350.23	12304.48	11921.40	383.08	-371.39

注：支出法生产总值不等于前表生产总值是由于计算误差的影响。

a) The Gorss Domestic Product by expenditure approach is not equal to Gross Domestic Product by income approach due to statistical discrepancies.

1-14 支出法地区生产总值结构
Components of Gross Domestic Product by Expenditure Approach

本表按当年价格计算

Data in this table are calculated at current prices

单位：% (%)

年份 地区 Year Region	最终消费率 (消费率) Final Consumption Rate	资本形成率 (投资率) Capital Formation Rate	最终消费支出=100 Final Consumption Expenditures=100		资本形成总额=100 Gross Capital Formation=100		居民消费支出=100 Household Consumption Expenditures=100	
			居民消费支出 Household Consumption Expenditures	政府消费支出 Government Consumption Expenditures	固定资本形成总额 Gross Fixed Capital Formation	存货增加 Change in Inventories	农村居民 Rural Household	城镇居民 Urban Household
1978	65.38	39.68			86.1	13.9		
1980	72.89	32.69	84.5	15.5	86.1	13.9	71.9	28.1
1985	72.78	33.11	83.5	16.5	75.6	24.4	71.9	28.1
1990	72.35	29.63	80.6	19.4	62.1	37.9	69.1	30.9
1991	71.30	30.79	79.3	20.7	58.6	41.4	68.4	31.6
1992	66.72	38.34	78.4	21.6	62.4	37.6	65.6	34.4
1993	63.65	41.26	75.9	24.1	74.6	25.4	63.8	36.2
1994	63.20	39.02	79.0	21.0	76.7	23.3	61.7	38.3
1995	65.40	36.14	81.8	18.2	76.5	23.5	63.8	36.2
1996	65.05	35.91	82.5	17.5	78.0	22.0	65.4	34.6
1997	61.98	38.65	80.5	19.5	77.4	22.6	63.3	36.7
1998	61.29	39.14	78.1	21.9	77.4	22.6	62.8	37.2
1999	61.30	39.07	77.1	22.9	77.2	22.8	61.5	38.5
2000	64.05	36.24	77.9	22.1	84.3	15.7	58.1	41.9
2001	62.79	37.05	76.8	23.2	87.0	13.0	55.5	44.5
2002	59.32	40.61	76.4	23.6	93.2	6.8	54.1	45.9
2003	54.20	46.95	76.8	23.2	96.1	3.9	53.7	46.3
2004	52.39	49.17	78.6	21.4	96.3	3.7	52.0	48.0
2005	51.90	49.02	77.6	22.4	97.0	3.0	49.7	50.3
2006	49.04	52.05	76.1	23.9	97.1	2.9	49.5	50.5
2007	47.95	53.08	73.3	26.7	97.5	2.5	47.7	52.3
2008	46.78	54.21	76.9	23.1	97.8	2.2	32.0	68.0
2009	46.03	54.67	77.6	22.4	98.1	1.9	31.9	68.1
2010	47.23	51.64	79.0	21.0	97.9	2.1	31.0	69.0
2011	47.42	51.53	76.1	23.9	96.7	3.3	33.5	66.5
2012	48.45	50.64	75.2	24.8	97.0	3.0	32.1	67.9
2013	48.79	50.70	76.5	23.5	95.1	4.9	31.8	68.2
2014	49.34	50.74	77.0	23.0	92.1	7.9	32.2	67.8
2015	50.00	50.13	78.4	21.6	93.0	7.0	31.7	68.3
2016	50.64	50.32	78.2	21.8	97.3	2.7	33.1	66.9
2017	51.10	50.11	77.9	22.1	97.1	2.9	32.1	67.9
2018	51.46	50.28	79.1	20.9	97.1	2.9	32.3	67.7
2019	51.80	49.70	81.7	18.3	96.9	3.1	31.6	68.4

1-15 支出法地区生产总值指数

Indices of Gross Domestic Product by Expenditure Approach

本表按可比价格计算.

Data in this table are calculated at constant prices.

(1980=100) (year of 1980=100)

年份 Year	支出法地区生产总值 Gross Domestic Product by Expenditure Approach	最终消费支出 Final Consumption Expenditures	居民消费支出 Household Consumption Expenditures	农村居民 Rural Household	城镇居民 Urban Household	政府消费支出 Government Consumption Expenditures	资本形成总额 Gross Capital Formation	固定资本形成总额 Gross Fixed Capital Formation	存货增加 Change in Inventories
1980	100.0	100.0	100.0	100.0	100.0	100.0	100.0	100.0	100.0
1981	105.6	106.4	107.1	102.6	118.6	104.3	87.8	80.0	105.2
1982	115.4	122.8	121.9	121.8	122.2	129.2	113.0	105.2	145.7
1983	123.2	130.0	129.5	131.3	124.9	133.9	125.1	128.0	77.7
1984	142.2	146.6	141.5	143.5	136.6	180.0	149.0	140.9	163.0
1985	163.2	159.1	154.1	154.0	154.4	192.8	198.5	161.9	315.2
1986	174.1	168.3	158.6	156.0	165.5	233.9	216.4	212.4	204.6
1987	188.6	176.4	166.7	161.1	182.2	240.7	221.2	182.0	324.1
1988	210.1	187.5	177.5	166.4	208.4	252.7	291.8	145.6	815.8
1989	222.9	205.7	181.6	172.4	195.9	362.4	397.7	211.3	904.7
1990	232.9	219.5	193.9	184.8	207.5	385.6	371.8	205.8	811.5
1991	253.6	234.9	205.3	194.8	222.0	430.7	414.6	212.2	1018.4
1992	291.1	257.5	221.9	207.3	248.6	498.3	589.1	313.8	1367.7
1993	331.0	282.0	238.1	220.1	273.0	588.0	705.7	453.8	1131.1
1994	358.8	298.1	255.2	233.3	300.0	588.6	767.1	516.4	1079.1
1995	386.8	318.4	275.6	252.0	324.3	601.0	825.4	568.0	1081.3
1996	430.1	360.7	312.8	293.3	348.6	676.7	884.0	607.2	1164.6
1997	480.4	389.2	330.0	304.4	381.0	793.8	1035.2	700.7	1431.3
1998	516.9	412.6	338.9	310.5	397.0	935.1	1129.4	756.8	1610.2
1999	554.7	441.1	357.2	324.5	426.0	1042.6	1217.5	814.3	1742.2
2000	599.6	498.4	408.3	360.5	514.2	1137.5	1226.0	903.1	1210.8
2001	654.8	534.8	432.0	365.5	575.4	1280.8	1368.2	1040.4	1120.0
2002	726.8	566.9	455.3	375.4	626.0	1385.8	1637.7	1333.8	698.9
2003	821.3	592.4	478.5	389.3	641.7	1420.4	2088.1	1751.3	520.7
2004	929.7	645.7	530.7	424.7	724.5	1458.8	2516.2	2122.6	547.3
2005	1051.5	703.8	585.3	458.3	819.4	1518.6	2928.8	2487.7	507.3
2006	1181.9	777.7	635.7	492.7	898.9	1775.2	3359.3	2855.8	561.6
2007	1337.9	871.1	693.5	523.7	1005.8	2151.5	3839.7	3272.8	595.8
2008	1515.8	971.2	801.7	450.9	1437.3	2142.9	4400.3	3753.9	667.9
2009	1714.4	1080.0	906.7	500.0	1642.9	2247.9	5042.8	4305.7	748.8
2010	1954.4	1212.9	1021.9	565.0	1848.2	2495.2	5753.8	4917.1	826.6
2011	2196.8	1365.7	1149.6	619.3	2103.3	2819.6	6467.3	5531.8	899.4
2012	2438.4	1517.3	1276.0	692.4	2326.2	3146.7	7178.7	6134.7	1022.6
2013	2684.7	1672.0	1408.7	764.4	2568.2	3451.9	7903.7	6760.5	1092.1
2014	2945.1	1839.2	1558.1	843.1	2845.5	3717.7	8670.4	7382.4	1458.0
2015	3213.1	2012.1	1707.6	924.0	3118.7	4044.8	9450.7	8076.4	1369.1
2016	3502.3	2195.2	1869.9	1014.6	3411.9	4348.2	10329.7	9239.4	580.5
2017	3810.5	2390.6	2036.3	1105.9	3715.5	4730.8	11228.3	10052.4	606.6
2018	4142.0	2603.3	2217.5	1203.2	4046.2	5142.4	12205.2	10927.0	657.6
2019	4473.4	2816.8	2403.8	1301.9	4386.1	5538.4	13181.6	11801.1	718.1

1-16 支出法地区生产总值指数
Indices of Gross Domestic Product by Expenditure Approach

本表按可比价格计算.
Data in this table are calculated at constant prices.

(上年=100) (preceding year=100)

年份 地区 Year Region	支出法地区生产总值 Gross Domestic Product by Expenditure Approach	最终消费支出 Final Consumption Expenditures	居民消费支出 Household Consumption Expenditures	农村居民 Rural Household	城镇居民 Urban Household	政府消费支出 Government Consumption Expenditures	资本形成总额 Gross Capital Formation	固定资本形成总额 Gross Fixed Capital Formation	存货增加 Increase in Inventories
1980	104.2	100.2	99.8	97.9	105.3	100.3	93.7	99.3	57.5
1985	114.8	108.5	108.9	107.3	113.0	107.1	133.2	114.9	193.4
1990	104.5	106.7	106.8	107.2	105.9	106.4	93.5	97.4	89.7
1991	108.9	107.0	105.9	105.4	107.0	111.7	111.5	103.1	125.5
1992	114.8	109.6	108.1	106.4	112.0	115.7	142.1	147.9	134.3
1993	113.7	109.5	107.3	106.2	109.8	118.0	119.8	144.6	82.7
1994	108.4	105.7	107.2	106.0	109.9	100.1	108.7	113.8	95.4
1995	107.8	106.8	108.0	108.0	108.1	102.1	107.6	110.0	100.2
1996	111.2	113.3	113.5	116.4	107.5	112.6	107.1	106.9	107.7
1997	111.7	107.9	105.5	103.8	109.3	117.3	117.1	115.4	122.9
1998	107.6	106.0	102.7	102.0	104.2	117.8	109.1	108.0	112.5
1999	107.3	106.9	105.4	104.5	107.3	111.5	107.8	107.6	108.2
2000	108.1	113.0	114.3	111.1	120.7	109.1	100.7	110.9	69.5
2001	109.2	107.3	105.8	101.4	111.9	112.6	111.6	115.2	92.5
2002	111.0	106.0	105.4	102.7	108.8	108.2	119.7	128.2	62.4
2003	113.0	104.5	105.1	103.7	106.9	102.5	127.5	131.3	74.5
2004	113.2	109.0	110.9	109.1	112.9	102.7	120.5	121.2	105.1
2005	113.1	109.0	110.3	107.9	113.1	104.1	116.4	117.2	92.7
2006	112.4	110.5	108.6	107.5	109.7	116.9	114.7	114.8	110.7
2007	113.2	112.0	109.1	106.3	111.9	121.2	114.3	114.6	106.1
2008	113.3	111.5	115.6	86.1	142.9	99.6	114.6	114.7	112.1
2009	113.1	111.2	113.1	110.9	114.3	104.9	114.6	114.7	112.1
2010	114.0	112.3	112.7	113.0	112.5	111.0	114.1	114.2	110.4
2011	112.4	112.6	112.5	109.6	113.8	113.0	112.4	112.5	108.8
2012	111.0	111.1	111.0	111.8	110.6	111.6	111.0	110.9	113.7
2013	110.1	110.2	110.4	110.4	110.4	109.7	110.1	110.2	106.8
2014	109.7	110.0	110.6	110.3	110.8	107.7	109.7	109.2	133.5
2015	109.1	109.4	109.6	109.6	109.6	108.8	109.0	109.4	93.9
2016	109.0	109.1	109.5	109.8	109.4	107.5	109.3	114.4	42.4
2017	108.8	108.9	108.9	109.0	108.9	108.8	108.7	108.8	104.5
2018	108.7	108.9	108.9	108.8	108.9	108.7	108.7	108.7	108.4
2019	108.0	108.2	108.4	108.2	108.4	107.7	108.0	108.0	109.2

1-17 各县(市、区)地区生产总值(2019年)
Gross Domestic Product by County (County-level City) (2019)

地　区	Region	绝对值(万元) Value (10000 yuan)				比上年增长(%) Rate of Increase over Preceding Year (%)			
		地　区 生产总值 Gross Domestic Product	第一产业 Primary Industry	第二产业 Secondary Industry	第三产业 Tertiary Industry	地　区 生产总值 Gross Domestic Product	第一产业 Primary Industry	第二产业 Secondary Industry	第三产业 Tertiary Industry
东湖区	Donghu	3666911	6809	361562	3298540	7.5	1.5	12.5	7.1
西湖区	Xihu	6145603		1472213	4673390	5.0	-	-1.3	6.8
青云谱区	Qingyunpu	3665137		2504809	1160328	6.5	-	7.2	4.9
青山湖区	Qingshanhu	5301180	2892	3656004	1642284	7.3	-36.1	8.0	5.0
新建区	Xinjian	3751409	624987	1501030	1625392	8.5	3.7	9.2	9.4
红谷滩区	Honhgutan	6694572	14906	557565	6122101	9.5	-4.3	5.4	10.1
南昌县	Nanchang	10277640	639117	5706474	3932049	8.0	3.2	8.4	8.0
安义县	Anyi	836602	135752	306963	393887	8.4	3.4	9.6	8.7
进贤县	Jinxian	2387285	634018	862025	891242	8.1	3.0	9.4	10.1
昌江区	Changjiang	2319661	52409	1328466	938786	7.6	2.3	7.3	8.5
珠山区	Zhujiang	2180533	7411	452681	1720441	7.7	0.1	5.1	8.6
浮梁县	Fuliang	1360907	185975	692548	482384	7.9	3.3	8.2	9.5
乐平市	Leping	3399957	367342	1621910	1410705	7.8	3.2	8.8	7.9
安源区	Anyuan	2213912	49811	606029	1558072	7.2	1.3	4.1	8.7
湘东区	Xiangdong	1212610	156370	476977	579263	6.9	3.7	8.0	7.3
莲花县	Lianhua	606994	101506	167833	337655	8.6	2.5	10.1	9.8
上栗县	Shangli	1633764	165357	838970	629437	7.2	4.5	7.5	7.8
芦溪县	Luxi	1086697	200014	450903	435780	6.7	4.3	7.7	6.8
濂溪区	Lianxi	2908975	56810	1262050	1590115	8.5	2.5	8.8	8.4
浔阳区	Xunyang	3371696	1316	498155	2872225	7.8	-12.6	-1.9	9.5
柴桑区	Chaishang	1700274	195610	761894	742770	9.0	2.8	7.6	12.0
武宁县	Wuning	1682167	211129	727508	743530	8.2	3.0	10.0	7.4
修水县	Xiushui	2470033	255700	1024496	1189837	8.7	3.0	9.2	9.3
永修县	Yongxiu	2427512	243501	1319005	865006	8.4	3.0	8.4	9.6
德安县	De'an	1433507	91178	888876	453453	8.3	3.0	7.3	11.3
都昌县	Duchang	2087359	299375	820202	967782	8.1	3.1	9.4	8.2
湖口县	Hukou	2351662	153925	1580618	617119	8.3	3.0	8.3	9.4
彭泽县	Pengze	1676435	243018	820676	612741	8.8	3.1	9.3	10.0
瑞昌市	Ruichang	2577831	196441	1500190	881200	8.4	3.0	8.4	9.5
共青城市	Gongqingcheng	1474495	70445	845759	558291	8.6	3.0	7.0	11.8
庐山市	Lushan	1385276	96108	509873	779295	8.2	2.8	9.2	8.0
渝水区	Yushui	7932426	422953	3932976	3576497	7.5	3.0	7.4	8.2
分宜县	Fenyi	1783339	204351	600211	978777	8.3	3.2	9.1	9.2
月湖区	Yuehu	2987578	98134	1210346	1679098	8.3	2.2	8.3	8.8
余江区	Yujiang	1518643	201420	752215	565008	8.6	3.8	9.9	8.4
贵溪市	Guixi	4906358	347554	3002532	1556272	7.8	3.3	8.2	7.9
章贡区	Zhanggong	5020012	35309	1765369	3219334	8.2	2.6	8.2	8.2
南康区	Nankang	3385597	234353	1473553	1677691	9.4	3.2	8.8	11.0
赣县区	Ganxian	1916494	218086	616891	1081517	9.1	3.4	7.8	11.2
信丰县	Xinfeng	2349066	379236	879160	1090670	8.3	3.5	8.8	9.4
大余县	Dayu	1055729	129858	442221	483650	8.5	3.3	7.7	10.8
上犹县	Shangyou	883456	138242	331693	413521	9.1	3.4	8.6	11.5
崇义县	Chongyi	845693	100978	338789	405926	8.2	3.2	7.3	11.0
安远县	Anyuan	877799	197253	224547	455999	7.2	3.4	7.7	8.6
龙南县	Longnan	1640711	141742	863627	635342	8.2	3.2	8.4	9.0
定南县	Dingnan	825266	115110	284500	425656	9.3	3.3	7.9	12.1
全南县	Quannan	818769	143643	323410	351716	8.8	3.4	8.7	10.7
宁都县	Ningdu	2091410	411035	589722	1090653	8.5	3.5	6.9	11.0
于都县	Yudu	2662332	292212	1057370	1312750	8.3	3.2	8.3	9.4
兴国县	Xingguo	1915773	316401	609666	989706	8.4	3.4	7.9	10.5
会昌县	Huichang	1285611	234760	465909	584942	8.6	3.3	7.7	11.1
寻乌县	Xunwu	975734	221884	305227	448623	8.3	3.5	8.0	10.8
石城县	Shicheng	800708	164807	237446	398455	8.6	3.4	7.6	11.3
瑞金市	Ruijin	1659203	248702	620590	789911	8.5	3.2	7.9	10.4

1-17 续表 continued

地 区	Region	绝对值(万元) Value (10000 yuan)				比上年增长(%) Rate of Increase over Preceding Year(%)			
		地 区 生产总值 Gross Domestic Product	第一产业 Primary Industry	第二产业 Secondary Industry	第三产业 Tertiary Industry	地 区 生产总值 Gross Domestic Product	第一产业 Primary Industry	第二产业 Secondary Industry	第三产业 Tertiary Industry
吉州区	Jizhou	2257703	87642	790266	1379795	8.8	2.9	8.0	9.8
青原区	Qingyuan	1221019	79624	596860	544535	7.7	3.0	7.8	8.5
吉安县	Ji'an	1997927	262463	1106351	629113	8.5	3.1	9.4	9.9
吉水县	Jishui	1745957	242185	660300	843472	8.2	3.4	9.3	8.9
峡江县	Xiajiang	746290	112212	284098	349980	7.7	3.2	8.9	8.5
新干县	Xingan	1670492	188802	793454	688236	8.3	3.0	8.9	9.6
永丰县	Yongfeng	1818149	213170	808643	796336	8.1	3.3	8.8	8.9
泰和县	Taihe	1987530	275561	922001	789968	7.3	2.9	8.2	8.1
遂川县	Suichuan	1645187	145392	706534	793261	8.1	3.2	8.8	8.7
万安县	Wan'an	885849	124826	310195	450828	8.6	3.3	9.5	9.9
安福县	Anfu	1561615	195456	700006	666153	8.4	3.3	9.4	9.4
永新县	Yongxin	1090753	161043	280270	649440	7.4	3.2	8.4	8.3
井冈山市	Jinggangshan	678597	55048	116964	506585	8.1	3.3	7.9	8.6
袁州区	Yuanzhou	4361747	378466	1510535	2472746	8.6	3.1	7.7	10.4
奉新县	Fengxin	1855403	211164	864532	779706	8.0	3.2	8.8	8.2
万载县	Wanzai	2032694	193050	962445	877199	7.8	3.2	8.1	8.5
上高县	Shanggao	2195637	247472	1034491	913674	7.4	2.3	7.8	8.3
宜丰县	Yifeng	1485913	227683	689004	569226	6.7	3.2	5.9	9.9
靖安县	Jing'an	642540	77737	243065	321738	8.1	3.2	6.7	11.3
铜鼓县	Tonggu	552319	75680	192900	283739	6.8	3.0	4.4	10.3
丰城市	Fengcheng	5175737	729218	2375708	2070812	7.3	3.2	8.2	7.5
樟树市	Zhangshu	4085869	406625	1867870	1811374	7.6	3.3	8.2	7.9
高安市	Gaoan	4487829	418348	1625544	2443937	7.2	2.9	6.6	9.0
临川区	Linchuan	4695730	480301	2161524	2053905	7.5	2.9	7.5	8.9
东乡区	Dongxiang	1762292	250793	761133	750366	8.3	3.1	8.6	9.8
南城县	Nancheng	1483916	186853	543824	753239	8.3	3.3	9.6	8.8
黎川县	Nanfeng	820251	115653	277906	426692	8.5	3.2	8.7	10.0
南丰县	Nanfeng	1378760	326312	342849	709599	7.3	3.1	8.1	9.1
崇仁县	Chongren	1285656	277011	425995	582650	7.9	3.3	8.5	9.6
乐安县	Le'an	714906	112656	215554	386696	7.8	3.1	8.9	8.7
宜黄县	Yihuang	821324	100815	334116	386393	8.2	3.2	8.3	9.8
金溪县	Jinxi	933302	138453	304137	490712	8.0	3.1	8.7	9.1
资溪县	Zixi	432125	43425	118524	270176	7.6	3.4	8.8	7.8
广昌县	Guangchang	780986	119726	253223	408037	8.4	3.1	9.1	9.7
信州区	Xinzhou	3332761	81215	767417	2484129	7.0	2.4	4.1	7.8
广丰区	Guangfeng	4383766	247416	2282392	1853958	7.2	3.0	4.8	11.6
广信区	Guangxin	2788850	208572	1455750	1124528	8.7	3.0	8.6	10.6
玉山县	Yushan	2162833	185154	919264	1058415	8.0	3.2	8.5	8.4
铅山县	Yanshan	1529346	179427	592268	757651	8.4	2.7	7.5	10.8
横峰县	Hengfeng	774843	61774	399009	314060	7.4	2.6	7.9	7.6
弋阳县	Yiyang	1218742	222212	358256	638274	7.3	2.9	7.4	9.0
余干县	Yugan	1986348	445683	590189	950476	8.0	2.6	8.1	10.9
鄱阳县	Poyang	2436010	624874	735040	1076096	6.8	3.0	3.7	12.0
万年县	Wannian	1655549	181463	818381	655705	7.8	3.1	8.5	8.1
婺源县	Wuyaun	1315044	103826	299684	911534	8.6	3.3	8.4	9.3
德兴市	Dexing	1546612	192546	570526	783540	7.5	2.8	8.7	7.7

主要统计指标解释

生产总值　指按市场价格计算的一个国家（或地区）所有常住单位在一定时期内生产活动的最终成果。地区生产总值有三种表现形态，价值形态、收入形态和产品形态。从价值形态看，它是所有常住单位在一定时期内所生产的全部货物和服务价值超过同期投入的全部非固定资产货物和服务价值的差额，即所有常住单位的增加值之和；从产品形态看，它是最终使用的货物和服务减去进口货物和服务。在实际核算中，国内（或地区）生产总值的有三种计算方法，即生产法，收入法和支出法。三种方法分别从不同的方面反映国内（或地区）生产总值及其构成。

地区收入总值　即国民生产总值，指一个国家（或地区）所有常住单位在一定时期内收入初次分配的最终成果，它等于地区生产总值加上来自国外的劳动者报酬和财产收入减去支付给国外的劳动者报酬和财产收入，与地区生产总值不同，地区生产总值是一个生产概念，而地区收入总值是一个收入概念。

支出法地区生产总值　是从最终使用的角度反映一个国家（或地区）一定时期内生产活动最终成果的一种方法，包括最终消费支出、资本形成总额及货物和服务净出口三部分。计算公式为：

支出法地区生产总值=最终消费支出+资本形成总额+货物和服务净出口

最终消费支出　指常住单位为满足物质、文化和精神生活的需要，从本国经济领土和国外购买的货物和服务的支出。它不包括非常住单位在本国经济领土内的消费支出。最终消费支出分为居民消费支出和政府消费支出。

居民消费支出　指常住住户在一定时期内对于货物和服务的全部最终消费支出。居民消费支出除了直接以货币形式购买的货物和服务的消费支出外，还包括以其他方式获得的货物和服务的消费支出，即所谓的虚拟消费支出。居民虚拟消费支出包括如下几种类型：单位以实物报酬及实物转移的形式提供给劳动者的货物和服务；住户生产并由本住户消费了的货物和服务，其中的服务仅指住户的自有住房服务；金融机构提供的金融媒介服务；保险公司提供的保险服务。

政府消费支出　指政府部门为全社会提供的公共服务的消费支出和免费或以较低的价格向居民住户提供的货物和服务的净支出，前者等于政府服务的产出价值减去政府单位所获得的经营收入的价值；后者等于政府部门免费或以较低价格向居民住户提供的货物和服务的市场价值减去向居民住户收取的价值。

资本形成总额　指常住单位在一定时期内获得减去处置的固定资本和存货的净额，包括固定资本形成总额和存货增加两部分。

固定资本形成总额　指常住单位在一定时期内获得的固定资产减处置的固定资产的价值总额。固定资产是通过生产活动生产出来的，且其使用年限在一年以上，单位价值在规定标准以上的资产，不包括自然资产。可分为有形固定资本形成总额和无形固定资本形成总额。有形固定资本形成总额包括一定时期内完成的建筑工程、安装工程和设备器具购置（减处置）价值，以及土地改良、新增役、种、奶、毛、娱乐用牲畜和新增经济林木价值。无形固定资本形成总额包括矿藏的勘探、计算机软件等获得减处置。

存货增加　指常住单位在一定时期内存货实物量变动的市场价值，即期末价值减期初价值的差额，再扣除当期由于价格变动而产生的持有收益。存货增加可以是正值，也可以是负值，正值表示存货上升，负值表示存货下降。包括生产单位购进的原材料、燃料和储备物资等存货，以及生产单位生产的产成品、在制品和半产品等存货。

货物和服务净出口　指货物和服务出口减货物和服务进口的差额。出口包括常住单位向非常住单位出售或无偿转让的各种货物和服务的价值；进口包括常住单位从非常住单位购买或无偿得到的各种货物和服务的价值。由于服务活动的提供与使用同时发生，一般把常住单位从非常住单位得到的服务作为进口，非常住单位从常住单位得到的服务作为出口。货物的出口和进口都按离岸价格计算。

三次产业　三产业的划分是世界上较为常用的产业结构分类，但各国的划分不尽一致。我国的三次产业划分是：

第一产业是指农业、林业、畜牧业、渔业和农林牧渔服务业。

第二产业是指采矿业、制造业、电力、煤气及水的生产和供应业，建筑业。

第三产业是指除第一、二产业以外的其他行业。

固定资产折旧　指一定时期内为弥补固定资产损耗按照规定的固定资产折旧率提取的固定资产折旧，或按国民经济核算统一规定的折旧率虚拟计算的固定资产折旧。它反映了固定资产在当期生产中的转移价值。各类企业和企业化管理的事业单位的固定资产折旧是指实际计提的折旧费。不计提折旧的政府机关、非企业化管理的事业单位和居民住房是按照统一规定的折旧率和固定资产原值计算的虚拟折旧。原则上，固定资产折旧应按固定资产当期的重置价值计算，但是目前我国尚不具备对全社会固定资产进行重估价的基础，所以暂时只能采用上述办法。

劳动者报酬　指劳动者因从事生产活动而获得的全部报酬。包括劳动者获得的各种形式的工资、奖金和津贴，既包括货币形式的，也包括实物形式的，还包括劳动者所享受的公费医疗和医药卫生费、上下班交通补贴、单位支付的社会保险费、住房公积金等。对于个体经济来说，其所有者所获得的劳动报酬和经营利润不易区分，这两部分统一作为劳动者报酬处理。

生产税净额　指生产税减生产补贴后的余额，生产税是指政府对生产单位从事生产、销售和经营活动以及因从事生产活动使用某些生产要素（如固定资产、土地、劳动力）所征收的各种税、附加贯和规费。生产补贴与生产税相反，指政府对生产单位的单方面转移支出，因此视为负生产税，包括政策亏损补贴、价格补贴等。

营业盈余　指常住单位创造的增加值扣除固定资产折旧、劳动者报酬和生产税净额后的余额，它相当于企业的营业利润加上生产补贴，但要扣除利润中开支的工资、福利等。

Explanatory Notes on Main Statistical Indicators

Gross Domestic Product (GDP) refers to the final products at market prices produced by all resident units in a country (or a region) during a certain period of time. Gross Domestic Product is expressed in three different perspectives, namely value, income, and products respectively. GDP in its value perspective refers to the total value of all goods and services produced by all resident units during a certain period of time, minus the total value of input of goods and services of the nature of non-fixed assets; in other words, it is the sum of the value-added of all resident units. GDP from the perspective of income includes the primary income created by all resident units and distributed to resident and non-resident units. GDP from the perspective of products refers to the value of all goods and services for final consumption by all resident units minus the net exports of goods and services during a given period of time. In the practice of national accounting, gross domestic product is calculated from three approaches, namely production approach, income approach and expenditure approach, which reflect gross domestic product and its composition from different angles.

Gross National Income (GNI) also known as Gross National Product, refers to the final result of the primary distribution of the income created by all the resident units of a country (or a region) during a certain period of time. The value-added created by the resident units of a country engaged in production activities is distributed, during the primary distribution, mainly to the resident units of that country, while part of it is distributed to the non-resident units in the form of production tax and import duties (minus subsidies to production and import), labourers remuneration and property income. In the meantime, a part of the value-added created abroad is distributed to the resident units of the country in the form of production tax and import duties (minus subsidies to production and import), labourers remuneration and property income. The concept of Gross National Income is thus developed, which equals to Gross Domestic Product plus the net factor income from abroad. Unlike GDP which is a concept of production, GNP is a concept of income.

GDP by Expenditure Approach refers to the method of measuring the final results of production activities of a country (region) during a given period from the perspective of final uses. It includes final consumption expenditure, gross capital formation and net export of goods and services. The formula for computation is.:

GDP by expenditure approach = final consumption expenditure + gross capital formation + net export of goods and services

Final Consumption Expenditure refers to the total expenditure of resident units for purchases of goods and services from both the domestic economic territory and abroad to meet the needs of material, cultural and spiritual life. It does not include the expenditure of non-resident units on consumption in the economic territory of the country. The final consumption expenditure is broken down into household consumption expenditure and government consumption expenditure.

Household Consumption Expenditure refers to the total expenditure of resident households on the final consumption of goods and services. In addition to the consumption of goods and services bought by the households directly with money, the household consumption expenditure also includes expenditure on goods and services obtained by the households in other ways, i.e. the so-called imputed consumption expenditure, which includes the following: (a) the goods and services provided to households by employers in the form of payment in kind and transfer in kind; (b) goods and services produced and consumed by the households themselves, in which the services refer only to the owner-occupied housing; (c) financial intermediate services provided by financial institutions; (d) insurance services provided by insurance companies.

Government Consumption Expenditure refers to the consumption expenditure spent for the provision of public services provided by the government to the whole country and the net expenditure on the goods and services provided by the government to households free of charge or at reduced prices. The former equals to the output value of the government services minus the value of operating income obtained by the government departments. The latter equals to the market value of the goods and services provided by the government free of charge or at reduced prices to the households minus the value received by the government from the households.

Gross Capital Formation refers to the fixed assets acquired less disposals and the net value of inventory, thus including gross fixed capital formation and changes in inventories.

Gross Fixed Capital Formation refers to the value of acquisitions less those disposals of fixed assets during a given period. Fixed assets are the assets produced through production activities with unit value above a specified amount and which could be used for over one year. Natural assets are not included. Gross fixed capital formation can be categorized into total tangible fixed capital formation and total intangible fixed capital formation. Total tangible fixed capital formation includes the value of the construction projects and installation projects completed and the equipment, apparatus and instruments purchased (less those disposed) as well as the value of land improved, the value of draught animals, breeding stock and animals for milk, for wool and for recreational purposes and the newly increased forest with economic value. Total intangible fixed capital formation includes the prospecting of minerals and the acquisition of computer software minus the disposal of them.

Changes in Inventories refers to the market value of the change in the physical volume of inventory of resident units during a given period, i.e. the difference between the values at the beginning and at the end of the period minus the gains due to the change in prices. The changes in inventories can have a positive or a negative value. A positive value indicates an increase in inventory while a negative value indicates a decrease in inventory. The inventory includes raw materials, fuels and reserve materials purchased by the production units as well as the inventory of finished products, semi-finished products and work-in-progress.

Net Export of Goods and Services refers to the exports of goods and services subtracting the imports of goods and services. Exports include the value of various goods and services sold or gratuitously transferred by resident units to non-resident units. Imports include the value of various goods and services purchased or gratuitously acquired resident units from non-resident units. Because the provision of services and the use of them happen simultaneously, the acquisition of services by resident units from abroad is usually treated as import while the acquisition of services by non-resident units in this country is usually treated as export. The exports and imports of goods are calculated at FOB.

Three Strata of Industry Classification of economic activities into three strata of industry is a common practice in the world, although the grouping varies to some extent form country to country. In China economic activities are categorized into the following three strata of industry:

Primary industry refers to agriculture, forestry, animal husbandry and fishery and services in support of these industries.

Secondary industry refers to mining and quarrying, manufacturing, production and supply of electricity, water and gas, and construction.

Tertiary industry refers to all other economic activities not included in the primary or secondary industries.

Labourers Remuneration refers to the total payment of various forms to labourers for the productive activities they are engaged in. It includes wages, bonuses and allowances, which the labourers earn in cash and in kind. It also includes the free medical services provided to the labourers and the medicine expenses, transport subsidies and social insurance, and housing fund paid by the employers. As regards the individual economy, since labourers remuneration is not easily distinguishable from the operating profit, both parts are treated as labourer remuneration.

Net Taxes on Production refers to taxes on production less subsidies on production. The taxes on production refers to the various taxes, extra charges and fees levied on the production units on their production, sale and business activities as well as on the use of some factors of production, such as fixed assets, land and labour in the production activities they are engaged in. In contrast to taxes on production, subsidies on production refer to the unilateral government transfer to the production units and are therefore regarded as negative taxes on production. They include subsidies on the loss due to implementation of government policies, price subsidies, etc.

Depreciation of Fixed Assets refers to the depreciation of fixed assets in a given period, drawn in accordance with the stipulated depreciation rate for the purpose of compensating the wear-and-tear loss of the fixed assets or the depreciation of fixed assets imputed in accordance with the stipulated unified depreciation rate in the national economic accounting system. It reflects the value of transfer of the fixed assets in the production of the current period. The depreciation of fixed assets in various enterprises and institutions managed as enterprises refers to the depreciation expenses actually drawn. In government agencies and institutions not managed as enterprises which do not draw the depreciation expenses, as well as for the houses of residents, the depreciation of fixed assets is the imputed depreciation, which is calculated in accordance with the stipulated unified depreciation rate. In principle, the depreciation of fixed assets should be calculated on the basis of the re-purchased value of the fixed assets. However, currently the conditions in China do not facilitate the revaluation of all the fixed assets. Therefore, only the above-mentioned methods can be adopted at present.

Operating Surplus refers to the balance of the value added created by the resident units after deducting the labourers remuneration, net taxes on production and the depreciation of fixed assets. It is equivalent to the business profit of the enterprises plus subsidies to production, but the wages and welfare expenses paid from the profits should be deducted.

人　口

POPULATION

资料整理：冷　晴

Ⅰ 简要说明

一、本篇资料的主要内容

本篇资料反映全省2019年及历年人口方面的基本情况，包括全省及11个设区市的主要人口统计数据，如：全省历年人口数、城镇人口、乡村人口、男性人口、女性人口、分年龄人口、人口密度、人口受教育程度、婚姻状况；2019年各设区市人口数、出生率、死亡率、自然增长率、家庭户规模等。

二、本篇的资料来源

本篇资料由省统计局人口和就业统计处整理。资料来源为人口普查和年度人口变动情况抽样调查数据。

三、本篇的统计调查方法

2019 年全省人口变动情况抽样调查是以全省为总体，各设区市为次总体，采用分层、多阶段、整群概率比例抽样方法，在全省 11 个设区市抽取了 100 个县（市、区）1076 个调查小区的约 30 万人，调查样本占全省总人口的 0.60%。经加权后汇总，2019 年全省人口出生率为 12.59‰、死亡率为 6.03‰、自然增长率为 6.56‰。按此推算，2019 年全省总人口为 4666.13 万人，出生人口为 58.63 万人，死亡人口为 28.08 万人，考虑迁移流动情况，全省净增人口 18.56 万人。

Ⅰ Brief Introduction

Ⅰ.Main Contents

Data in this chapter show the basic condition of population in 2019 as well as previous years for the whole province and 11 municipalities. They include the sizes of the provincial population, urban population and rural population , male population and female population ,Population density over the years, as well as age population, education attainment of the population and Marriage; Birth rates, death rates, natural growth rate, dependency ratio, household size by region in 2019.

Ⅱ.Sources of Data

Data in this chapter are prepared by the Division of Population and occupation, Jiangxi Provincial Bureau of Statistics. The data sources from statistics of Population Census and Annual Sample Survey on Population Changes.

Ⅲ.Methodology of Survey

The 2019 Provincial Sample Survey on Population Change adopted a Stratified multi-stage systematic PPS cluster sampling scheme. A total of 300 000 people were selected from 1076 survey districts in 100 counties (cities and districts of 11 municipalities. The size of the sample was thus 0.60% of the provincial population. The weighted estimation procedure suggested that the birth rate was 12.59 per thousand, the death rate was 6.03 per thousand and the natural growth rate was 6.56 per thousand for the whole province in 2019. Based on these rates, it was further estimated that the whole Province had a total population of 46.6613 million, with 0.5863 million births, 0.2808 million deaths and a net increase of 0.1856 million people during the yea.

2-1 人口自然变动情况
Population Natural Change

年 份 地 区 Year Region	年平均人口(人) Average Population (person)	人口出生率 (‰) Birth Rate (‰)	人口死亡率 (‰) Death Rate (‰)	人口自然增长率 (‰) Natural Growth Rate(‰)	人口密度 (人/平方公里) Population Density (person/sq.km)
1978	31504121	27.01	7.39	19.62	191
1980	32495869	18.57	6.38	12.19	196
1985	34838425	20.29	5.39	14.90	210
1990	37784307	24.59	7.54	17.05	228
1991	38376396	21.20	7.13	14.07	231
1992	38888651	19.53	7.07	12.46	234
1993	39395666	20.33	6.89	13.44	238
1994	39907432	19.38	7.00	12.38	241
1995	40389933	18.94	7.28	11.66	243
1996	40840020	17.53	7.02	10.51	246
1997	41278987	17.43	6.56	10.87	249
1998	41707706	16.85	7.05	9.80	251
1999	42111908	16.51	7.02	9.49	253
2000	41289734	15.55	6.07	9.48	249
2001	41671562	15.44	6.06	9.38	251
2002	42040975	14.74	6.02	8.72	253
2003	42383264	14.07	5.98	8.09	255
2004	42688961	13.61	5.99	7.62	257
2005	42974053	13.79	5.96	7.83	258
2006	43251863	13.80	6.01	7.79	260
2007	43537706	13.86	5.99	7.87	262
2008	43842582	13.92	6.01	7.91	264
2009	44161310	13.87	5.98	7.89	266
2010	44472035	13.72	6.06	7.66	267
2011	44753428	13.48	5.98	7.50	269
2012	44961844	13.46	6.14	7.32	270
2013	45130395	13.19	6.28	6.91	271
2014	45321538	13.24	6.26	6.98	272
2015	45538962	13.20	6.24	6.96	273
2016	45789480	13.45	6.16	7.29	275
2017	46071640	13.79	6.08	7.71	277
2018	46348182	13.43	6.06	7.37	278
2019	46568523	12.59	6.03	6.56	279
南 昌 市 Nanchang	5573050	11.99	5.98	6.01	778
景德镇市 Jingdezhen	1676868	12.79	5.89	6.90	319
萍 乡 市 Pingxiang	1937240	12.45	6.16	6.29	507
九 江 市 Jiujiang	4908561	12.41	6.04	6.37	258
新 余 市 Xinyu	1190077	11.84	5.49	6.35	378
鹰 潭 市 Yingtan	1178289	12.12	6.13	5.99	332
赣 州 市 Ganzhou	8692813	12.96	6.14	6.82	221
吉 安 市 Ji'an	4958146	12.67	5.84	6.83	196
宜 春 市 Yichun	5577931	12.82	6.04	6.78	299
抚 州 市 Fuzhou	4053738	12.72	6.03	6.69	216
上 饶 市 Shangrao	6821812	12.62	6.13	6.49	301

2-2 户数和人口数（年末数）
Households and Population (Year-end)

年 份 地 区 Year Region	总户数 (户) Total Number of Households (household)	总人口 (人) Total Population (person)	按性别分 By Sex		以年末总人口为100 Total Population at Year-end=100	
			男 Male	女 Female	男 Male	女 Female
1978	6153908	31828203	16427779	15400424	51.61	48.39
1980	6364176	32701960	16866769	15835191	51.58	48.42
1985	6986097	35097971	18155525	16942446	51.73	48.27
1990	8524926	38106418	19727708	18378710	51.77	48.23
1991	8748781	38646374	19978326	18668148	51.69	48.31
1992	8877008	39130927	20259917	18871010	51.77	48.23
1993	8987115	39660405	20500789	19159616	51.69	48.31
1994	9165092	40154459	20586009	19568450	51.27	48.73
1995	9422399	40625406	20837093	19788313	51.29	48.71
1996	9611344	41054635	21184192	19870443	51.60	48.40
1997	9784924	41503338	21345274	20158064	51.43	48.57
1998	10040894	41912074	21364925	20547149	50.98	49.02
1999	10318396	42311742	21810874	20500868	51.55	48.45
2000	10645841	41485447	21570202	19915245	51.99	48.01
2001	10934368	41857676	21840587	20017089	52.18	47.82
2002	11226475	42224273	21813059	20411214	51.66	48.34
2003	11524786	42542255	21807160	20735095	51.26	48.74
2004	11808762	42835667	22064652	20771015	51.51	48.49
2005	12084036	43112439	21935609	21176830	50.88	49.12
2006	12375753	43391287	22194643	21196644	51.15	48.85
2007	12664544	43684125	22388114	21296011	51.25	48.75
2008	12794161	44001038	22584130	21416908	51.33	48.67
2009	12925542	44321581	22717106	21604475	51.26	48.74
2010	11887821	44622489	23031644	21590845	51.61	48.39
2011	12097969	44884367	23133750	21750617	51.54	48.46
2012	12316056	45039321	23186034	21853287	51.48	48.52
2013	12530776	45221468	23265848	21955620	51.45	48.55
2014	12681522	45421607	23346565	22075042	51.40	48.60
2015	12668476	45656316	23436968	22219348	51.33	48.67
2016	12807837	45922644	23560227	22362417	51.30	48.70
2017	12848772	46220636	23706134	22514502	51.29	48.71
2018	12987331	46475728	23835564	22640164	51.29	48.71
2019	13069386	46661318	23924101	22737217	51.27	48.73

2-3 按城乡分的人口数（年末数）
Population by Residence (End of 2019)

年份 地区 Year Region	总人口 (人) Total Population (person)	按城乡分 By Residence		以年末总人口为100 Total Population at Year-end=100	
		城镇人口 Urban Population	乡村人口 Rural Population	城镇人口 Urban Population	乡村人口 Rural Population
1978	31828203	5331228	26496975	16.75	83.25
1980	32701960	6145928	26556032	18.79	81.21
1985	35097971	6942379	28155592	19.78	80.22
1990	38106418	7754656	30351762	20.35	79.65
1991	38646374	8148201	30498173	21.08	78.92
1992	39130927	8537586	30593341	21.82	78.18
1993	39660405	8944215	30716190	22.55	77.45
1994	40154459	9350367	30804092	23.29	76.71
1995	40625406	9689159	30936247	23.85	76.15
1996	41054635	10092871	30961764	24.58	75.42
1997	41503338	10507815	30995523	25.32	74.68
1998	41912074	10918934	30993140	26.05	73.95
1999	42311742	11333623	30978119	26.79	73.21
2000	41485447	11487320	29998127	27.69	72.31
2001	41857676	12728919	29128757	30.41	69.59
2002	42224273	13596216	28628057	32.20	67.80
2003	42542255	14472875	28069380	34.02	65.98
2004	42835667	15240930	27594737	35.58	64.42
2005	43112439	15994715	27117724	37.10	62.90
2006	43391287	16783750	26607537	38.68	61.32
2007	43684125	17386282	26297843	39.80	60.20
2008	44001038	18198829	25802209	41.36	58.64
2009	44321581	19138059	25183522	43.18	56.82
2010	44622489	19660669	24961820	44.06	55.94
2011	44884367	20512156	24372211	45.70	54.30
2012	45039321	21398181	23641140	47.51	52.49
2013	45221468	22099731	23121737	48.87	51.13
2014	45421607	22810731	22610876	50.22	49.78
2015	45656316	23567790	22088526	51.62	48.38
2016	45922644	24384924	21537720	53.10	46.90
2017	46220636	25236447	20984189	54.60	45.40
2018	46475728	26035703	20440025	56.02	43.98
2019	46661318	26792929	19868389	57.42	42.58

2-4 各地区户数和人口数（2019年末）
Households and Population by Region (end of 2019)

地　　区	Region	总户数（户）Total Number of Households (household)	总人口（人）Total Population (person)	按性别分 By Sex 男 Male	女 Female	以年末总人口为100 Total Population at Year-end=100 男 Male	女 Female
全　　省	**Provincial Total**	**13069386**	**46661318**	**23924101**	**22737217**	**51.27**	**48.73**
南 昌 市	Nanchang	1608488	5600556	2887869	2712687	51.56	48.44
景德镇市	Jingdezhen	484957	1680523	862155	818368	51.30	48.70
萍 乡 市	Pingxiang	543071	1941326	981035	960291	50.53	49.47
九 江 市	Jiujiang	1364826	4920275	2503147	2417128	50.87	49.13
新 余 市	Xinyu	375971	1193423	616499	576924	51.66	48.34
鹰 潭 市	Yingtan	332091	1181566	611794	569772	51.78	48.22
赣 州 市	Ganzhou	2375902	8708023	4439275	4268748	50.98	49.02
吉 安 市	Ji'an	1380576	4959723	2539235	2420488	51.20	48.80
宜 春 市	Yichun	1575877	5582618	2877905	2704713	51.55	48.45
抚 州 市	Fuzhou	1142301	4060323	2094570	1965753	51.59	48.41
上 饶 市	Shangrao	1885326	6832962	3510617	3322345	51.38	48.62

2-5 各地区按城乡分的人口数（2019年末）
Population by Region and Region (End of 2019)

地　　区	Region	总人口（人）Total Population (person)	按城乡分 By Residence 城镇人口 Urban Population	乡村人口 Rural Population	以年末总人口为100 Total Population at Year-end=100 城镇人口 Urban Population	乡村人口 Rural Population
全　　省	**Provincial Total**	**46661318**	**26792929**	**19868389**	**57.42**	**42.58**
南 昌 市	Nanchang	5600556	4209348	1391208	75.16	24.84
景德镇市	Jingdezhen	1680523	1143588	536935	68.05	31.95
萍 乡 市	Pingxiang	1941326	1359113	582213	70.01	29.99
九 江 市	Jiujiang	4920275	2793709	2126566	56.78	43.22
新 余 市	Xinyu	1193423	836345	357078	70.08	29.92
鹰 潭 市	Yingtan	1181566	733038	448528	62.04	37.96
赣 州 市	Ganzhou	8708023	4515065	4192958	51.85	48.15
吉 安 市	Ji'an	4959723	2604823	2354900	52.52	47.48
宜 春 市	Yichun	5582618	2859393	2723225	51.22	48.78
抚 州 市	Fuzhou	4060323	2084955	1975368	51.35	48.65
上 饶 市	Shangrao	6832962	3653552	3179410	53.47	46.53

2-6　各地区家庭户数和家庭户规模（2019年末）

Family Households Number and Family Households Size by Region (End of 2019)

地　区	Region	户　数（户）Number of Households (household)	#家庭户 Number of Family Households	人口数（人）Population (person)	#家庭户人口数 Family Households Population	家庭户规模（人/户）Average Family Household Size (person/household)
全　省	**Provincial Total**	**13069386**	**12558007**	**46661318**	**44078605**	**3.51**
南昌市	Nanchang	1608488	1473525	5600556	4833162	3.28
景德镇市	Jingdezhen	484957	472134	1680523	1605255	3.40
萍乡市	Pingxiang	543071	528411	1941326	1854724	3.51
九江市	Jiujiang	1364826	1321181	4920275	4663769	3.53
新余市	Xinyu	375971	358962	1193423	1102014	3.07
鹰潭市	Yingtan	332091	325805	1181566	1143575	3.51
赣州市	Ganzhou	2375902	2295391	8708023	8240452	3.59
吉安市	Ji'an	1380576	1346574	4959723	4753405	3.53
宜春市	Yichun	1575877	1529114	5582618	5321315	3.48
抚州市	Fuzhou	1142301	1125557	4060323	3950706	3.51
上饶市	Shangrao	1885326	1846432	6832962	6610228	3.58

2-7　各地区按年龄分的人口数（2019年末）

Population by Age and Region (End of 2019)

地　区	Region	总人口(万人) Total Population (ten thousand people)	0-14岁人口 Aged 0-14		15-64岁人口 Aged 15-64		65岁及以上人口 Aged 65 and Over	
			人口数 Population	比重(%) Proportion	人口数 Population	比重(%) Proportion	人口数 Population	比重(%) Proportion
全　省	**Provincial Total**	**4666.13**	**947.69**	**20.31**	**3206.10**	**68.71**	**512.34**	**10.98**
南昌市	Nanchang	560.06	97.62	17.43	400.01	71.42	62.42	11.15
景德镇市	Jingdezhen	168.05	35.23	20.96	112.75	67.09	20.07	11.95
萍乡市	Pingxiang	194.13	36.69	18.90	136.14	70.13	21.30	10.97
九江市	Jiujiang	492.03	95.60	19.43	342.71	69.65	53.72	10.92
新余市	Xinyu	119.34	21.64	18.13	84.77	71.03	12.93	10.84
鹰潭市	Yingtan	118.16	23.82	20.16	81.37	68.87	12.96	10.97
赣州市	Ganzhou	870.80	191.83	22.03	582.96	66.95	96.01	11.02
吉安市	Ji'an	495.97	101.10	20.38	341.01	68.76	53.86	10.86
宜春市	Yichun	558.26	113.05	20.25	384.70	68.91	60.51	10.84
抚州市	Fuzhou	406.03	84.63	20.84	278.36	68.56	43.04	10.60
上饶市	Shangrao	683.30	146.48	21.44	461.30	67.51	75.52	11.05

2-8 各地区人口抚养比（2019年末）
Dependency Ratio of Population by Region (End of 2019)

单位：% (%)

地 区	Region	少儿抚养比 Children Dependency Ratio	老年抚养比 Old Dependency Ratio	总抚养比 Gross Dependency Ratio
全 省	**Provincial Total**	**29.56**	**15.98**	**45.54**
南昌市	Nanchang	24.40	15.60	40.00
景德镇市	Jingdezhen	31.24	17.80	49.04
萍乡市	Pingxiang	26.95	15.65	42.60
九江市	Jiujiang	27.90	15.68	43.58
新余市	Xinyu	25.52	15.25	40.77
鹰潭市	Yingtan	29.28	15.93	45.21
赣州市	Ganzhou	32.91	16.47	49.38
吉安市	Ji'an	29.65	15.80	45.45
宜春市	Yichun	29.39	15.73	45.12
抚州市	Fuzhou	30.40	15.46	45.86
上饶市	Shangrao	31.75	16.37	48.12

2-9 分年龄、性别的人口构成（2019年末）
Population Composition by Age and Sex (End of 2019)

单位：% (%)

年 龄(岁) Age (year old)	人口构成合计 Population Composition Total	男 Male	女 Female	性别比 (女=100) Sex Ratio (Female=100)
总 计 Total	**100.00**	**51.27**	**48.73**	**105.22**
0—4	6.84	3.65	3.19	114.37
5—9	7.34	4.07	3.27	124.45
10—14	6.13	3.41	2.72	125.35
15—19	6.61	3.60	3.01	119.71
20—24	8.37	4.22	4.15	101.79
25—29	6.77	3.38	3.39	99.62
30—34	6.76	3.38	3.38	100.04
35—39	8.21	4.25	3.96	107.32
40—44	8.35	4.30	4.05	106.21
45—49	7.47	3.77	3.70	101.89
50—54	5.82	2.88	2.94	97.79
55—59	5.79	2.88	2.91	99.27
60—64	4.56	2.33	2.23	104.48
65—69	3.96	1.95	2.01	96.93
70—74	2.97	1.43	1.54	93.40
75—79	1.93	0.86	1.07	80.36
80—84	1.33	0.61	0.72	85.83
85—89	0.56	0.21	0.35	60.00
90+	0.23	0.08	0.15	53.33

2-10 6岁及以上人口的文化构成
Educational Attainment Composition of Population Aged 6 and Over

单位：%、万人 (%，10 000 persons)

年 份 Year	不识字或识字很少 Illiterate	小 学 Primary School	初 中 Junior Secondary School	高 中 Senior Secondary School	大专及以上 Junior College and Above	6岁及以上人口 Population Aged 6 and Over
2010	4.16	33.16	41.54	13.58	7.56	4046.37
2011	3.88	32.40	41.78	14.02	7.92	4083.63
2012	3.72	31.59	42.06	14.42	8.21	4108.94
2013	3.59	30.92	42.18	14.90	8.41	4152.23
2014	3.44	30.29	42.28	15.36	8.63	4172.43
2015	3.39	29.89	42.07	15.77	8.88	4187.14
2016	3.35	29.48	41.54	16.33	9.30	4217.07
2017	3.30	29.09	40.88	16.86	9.87	4239.82
2018	3.28	28.97	40.12	17.25	10.38	4261.82
2019	3.25	28.91	39.45	17.57	10.82	4281.18

2-11 15岁及以上人口的婚姻构成
Marital Composition of Population Aged 15 and Over

单位：% (%)

年 份 Year	未 婚 Never Married		有配偶 Married		离 婚 Divorced		丧 偶 Widowed	
	男 Male	女 Female	男 Male	女 Female	男 Male	女 Female	男 Male	女 Female
2010	12.45	9.02	35.36	36.41	0.66	0.42	1.55	4.13
2011	10.25	7.13	37.33	38.72	0.64	0.41	1.53	3.99
2012	10.37	7.21	37.27	38.62	0.63	0.39	1.57	3.94
2013	10.54	7.24	37.24	38.42	0.64	0.41	1.59	3.92
2014	10.49	7.20	37.28	38.31	0.72	0.47	1.57	3.96
2015	10.86	7.38	36.81	38.12	0.82	0.50	1.46	4.03
2016	11.08	7.83	36.77	37.69	0.92	0.63	1.37	3.71
2017	10.93	7.77	36.72	37.77	0.93	0.66	1.38	3.84
2018	10.82	7.68	36.70	37.70	0.94	0.75	1.43	3.98
2019	10.83	7.70	36.72	37.74	0.94	0.76	1.39	3.92

2-12 育龄妇女分年龄的生育状况（2019年末）
Age-specific Fertility Rate of Childbearing Women by Age of Mother (End of 2019)

年 龄(岁) Age (year old)	平均育龄妇女比重(%) Average Proportion of Childbearing Women (%)	出生人口比重(%) Birth Proportion (%)	育龄妇女生育率(‰) Fertility Rate of Childbearing Women (‰)	一 孩 1st Birth	二 孩 2nd Birth	三孩及以上 3rd Birth and Above
总 计 Total	**100.00**	**100.00**	**49.01**	**22.60**	**22.31**	**4.10**
15-19	11.74	1.57	6.57	6.17	0.39	0.00
25-29	13.23	40.79	151.12	74.48	70.02	6.62
30-34	13.18	24.17	89.87	21.47	53.54	14.87
35-39	15.45	7.72	24.51	4.13	14.63	5.75
40-44	15.79	2.53	7.86	0.92	5.34	1.60
45-49	14.43	0.33	1.11	0.20	0.91	0.00

2-13 老年人口数及构成(2019年末)
Population and Composition of the Elderly (End of 2019)

单位：万人、%　　　　(10 000 person, %)

年 龄(岁) Age (year old)	老年人口数 population of the Elderly			占总人口数的比重 Proportion of Total Population			性别比 (女=100) Sex Ratio (Female=100)
	小计 Subtotal	男 Male	女 Female	小计 Subtotal	男 Male	女 Female	
60+	725.12	348.92	376.20	15.54	7.48	8.06	92.75
65+	512.34	240.20	272.14	10.98	5.15	5.83	88.26
70+	327.56	149.25	178.31	7.02	3.20	3.82	83.70
80+	98.92	42.20	56.72	2.12	0.90	1.22	74.40
90+	10.73	3.73	7.00	0.23	0.08	0.15	53.29

主要统计指标解释

人口数 指一定时点，一定地区范围内有生命的个人总和。

城镇人口和乡村人口 城镇人口是指居住在城镇范围内的全部常住人口；乡村人口是除上述人口以外的全部人口。

出生率（又称粗出生率） 指在一定时期内（通常为一年）一定地区的出生人数与同期内平均人数（或期中人数）之比，用千分率表示。本资料中的出生率指年出生率，其计算公式为：

$$出生率=\frac{年出生人数}{年平均人数}\times 1000‰$$

式中：出生人数指活产婴儿，即胎儿脱离母体时（不管怀孕月数），有过呼吸或其他生命现象。年平均人数指年初、年底人口数的平均数，也可用年中人口数代替。

死亡率（又称粗死亡率） 指在一定时期内（通常为一年）一定地区的死亡人数与同期平均人数（或期中人数）之比，用千分率表示。本资料中的死亡率指年死亡率，其计算公式为：

$$死亡率=\frac{年死亡人数}{年平均人数}\times 1000‰$$

人口自然增长率 指在一定时期内（通常为一年）人口自然增加数（出生人数减死亡人数）与该时期内平均人数（或期中人数）之比，用千分率表示。计算公式为：

$$人口自然增长率=\frac{本年出生人数-本年死亡人数}{年平均人数}\times 1000‰$$

$$=人口出生率-人口死亡率$$

Explanatory Notes on Main Statistical Indicators

Total Population refers to the total number of people alive at a certain point of time within a given area.

Urban Population and Rural Population Urban population refers to all people residing in cities and towns, while rural population refers to population other than urban population.

Birth Rate (or Crude Birth Rate) refers to the ratio of the number of births to the average population (or mid-period population) during a certain period of time (usually a year), expressed in ‰. Birth rate in the chapter refers to annual birth rate. The following formula is used:

$$\text{Birth Rate}=\frac{\text{Number of Births}}{\text{Annual Average Population}}\times 1000‰$$

Number of births in the formula refers to live births, i.e. when a baby has breathed or showed any vital phenomena regardless of the length of pregnancy. Annual average population is the average of the number of population at the beginning of the year and that at the end of the year. Sometimes it is substituted by the mid-year population.

Death Rate (or Crude Death Rate) refers to the ratio of the number of deaths to the average population (or mid-period population) during a certain period of time (usually a year), expressed in ‰. Death rate in the chapter refers to annual death rate. The following formula is used:

$$\text{Death Rate}=\frac{\text{Number of Deaths}}{\text{Annual Average Population}}\times 1000‰$$

Natural Growth Rate of Population refers to the ratio of natural increase in population (number of births minus number of deaths) in a certain period of time (usually a year) to the average population (or mid-period population) of the same period, expressed in ‰. The following formula is applied:

$$\text{Natural Growth Rate of Population}=\frac{\text{Number of Births-Number of Deaths}}{\text{Annual Average Population}}\times 1000‰$$

=Natural Growth Rate of Population = Birth Rate-Death Rate.

3

就业人员和职工工资

EMPLOYMENT AND WAGE

◆ 43/64

资料整理：韩　梅　黄　琰

I 简要说明

一、本篇资料的主要内容

本篇资料反映全省劳动经济方面的基本情况，包括 11 个设区市的主要劳动统计数据。如：就业人员数，城镇登记失业人数，就业人员工资总额，平均工资及指数变化情况等。

二、本篇资料的统计范围

《劳动工资统计报表制度》的调查范围为城镇地区全部法人单位；劳动力资源、全社会就业人员统计范围为城镇和乡村 16 岁以上人口;私营企业及个体工商业统计范围为全社会。2002 年及以后的社会就业人员、城镇和乡村就业人员的总计资料，是根据人口变动抽样调查及历年劳动力调查资料推算的，因此分地区、分类型、分行业的资料相加不等于总计。1998 年及以后城镇单位就业人员、工资总额、平均工资等指标中不再包括离开本单位仍保留劳动关系的职工及其生活费。

三、本篇资料来源

1.就业基本情况及分组资料、工资总额等资料，是省统计局根据《劳动工资统计报表制度》、《人口变动情况抽样调查制度》等资料，加工整理。

2. 城镇登记失业人数根据省人力资源和社会保障厅报表整理。

3. 个体劳动者根据省市场监督管理局报表整理。

四、本篇的统计调查方法

劳动工资统计中，城镇非私营单位采用全面调查方法，城镇私营单位采用抽样调查方法；就业统计及个体工商统计利用行政登记资料加工汇总。

I Brief Introduction

I. Main Contents

Data in this chapter show the basic conditions of labor economy in the whole province, including main labor statistics on the whole province and 11 municipalities, such as the number of employed persons, number of registered unemployed persons in urban areas, total wage bills and average wages of employed persons and the changes in index.

II. Scope of Statistics

The Reporting Form System on Labor Wage Statistics covers corporate units in all urban area. The scope of statistics on labor force and the whole society employment refers to the population above age 16 in urban and rural areas. The scope of statistics on private enterprises and self-employed individuals covers the whole province. Data on employed persons and employed persons by urban and rural areas since 2002 are estimated on the Sample Survey on Population Changes and the annual Sample Survey on Labor Force, so sums of these data by region, by type of ownership and by industry do not add up to the totals. The scope of statistics on employed persons in urban areas, total wage bills, average wages do not include the persons who had left their working units and while keeping their labor contract/employment relation unchanged and their living expenses since 1998.

III. Sources of Data

(1) Data on basic conditions of employment, data by groups, total wage bills of staff and workers are collected and compiled through The Reporting Form System on Labor Wage Statistics and the Sample Survey System on Demographic Changes by Jiangxi Provincial Bureau of Statistics.

(2) Data on the number of registered unemployed persons in urban areas are provided by Jiangxi Department of Human Resources and Social Security.

(3) Data on the number of employed persons in self-employed individuals are provided by the Provincial Administration for Market Regulation.

IV. Methodology of Survey

A complete survey is used in the labor wage statistics of urban non-private enterprises, the sample survey methods is used in the statistics of urban private enterprises. Statistics on employment and self-employed individuals are collected and compiled on the basis of administrative registering records.

3-1 劳动力资源
Labor Force Resources

单位：万人 (10 000 persons)

年份 Year	劳动力资源总数 Total Number of Labor Force Resources	社会就业人数 Number of Employed Persons in Society	#职工人数 Number of Staff and Workers	国有经济单位 State-owned Units	城镇集体经济单位 Urban Collective-owned Units	其他各种经济单位 Units of Other Types of Ownership	劳动力资源总数占人口数的比重(%) Percentage of Total Number of Labor Force Resources to Population(%)	劳动力资源利用率(%) Utilization Ratio of Labor Force Resources (%)
1978	1448.1	1254.3	267.4	221.0	46.4		45.5	86.6
1979	1503.5	1307.0	269.6	219.6	50.0		46.6	86.9
1980	1559.6	1356.3	286.7	233.0	53.7		47.7	87.0
1981	1610.2	1409.8	301.9	242.2	59.7		48.7	87.6
1982	1638.9	1434.0	311.9	249.3	62.6		49.0	87.5
1983	1731.4	1498.2	311.1	245.6	65.5		51.2	86.5
1984	1824.8	1537.3	324.9	247.0	77.9		53.4	84.3
1985	1887.1	1584.8	341.6	261.4	80.1	0.1	54.5	84.0
1986	1934.6	1622.6	351.9	269.4	82.3	0.2	55.1	83.9
1987	1981.4	1668.4	365.3	281.4	83.7	0.2	55.7	84.2
1988	2055.3	1723.0	379.2	293.8	85.0	0.4	56.6	83.8
1989	2107.2	1760.4	380.1	298.3	81.3	0.5	57.0	83.5
1990	2175.3	1816.5	386.2	304.0	81.6	0.6	57.1	83.5
1991	2248.8	1874.5	398.9	313.9	83.9	1.1	58.2	83.4
1992	2354.0	1870.4	408.4	322.0	84.4	2.0	60.2	79.5
1993	2418.7	1903.7	412.0	326.9	80.4	4.7	61.0	78.7
1994	2636.1	2007.7	413.5	328.6	79.2	5.7	65.6	76.2
1995	2653.3	2100.5	411.3	332.7	71.4	7.2	63.3	79.2
1996	2735.4	2107.2	412.0	336.0	68.8	7.2	66.6	77.0
1997	2768.8	2120.6	409.4	334.0	67.6	7.8	66.7	76.6
1998	2809.1	2094.3	322.5	254.9	41.0	26.6	67.0	74.6
1999	2830.2	2089.0	305.9	242.8	36.3	26.8	66.9	73.8
2000	2898.2	2060.9	291.6	231.8	33.0	26.8	69.8	71.1
2001	2898.5	2054.8	279.3	222.2	27.9	29.2	69.2	70.9
2002	2911.6	2130.6	261.9	206.8	22.8	32.3	69.0	73.2
2003	3016.6	2168.2	256.7	196.1	20.0	40.6	70.9	71.9
2004	3073.5	2214.0	258.4	192.4	17.5	48.5	71.8	72.0
2005	3130.0	2276.7	264.8	191.3	17.6	55.9	72.6	72.7
2006	3210.4	2321.1	271.9	191.9	16.0	64.0	74.0	72.3
2007	3290.6	2369.6	275.0	190.5	16.3	68.2	75.3	72.0
2008	3353.0	2404.5	275.2	186.6	13.9	74.7	76.2	71.7
2009	3413.8	2445.2	273.8	187.4	12.6	73.8	77.0	71.6
2010	3417.6	2498.8	279.6	187.8	12.5	79.3	76.6	73.1
2011	3480.5	2532.6	311.3	185.3	15.7	110.2	77.5	72.8
2012	3495.5	2556.0	360.9	195.2	15.6	150.1	77.6	73.1
2013	3524.7	2588.7	410.0	173.0	12.6	224.4	77.9	73.4
2014	3551.6	2603.3	426.0	175.7	12.4	238.0	78.2	73.3
2015	3577.6	2615.8	440.1	180.8	11.8	247.5	78.4	73.1
2016	3606.8	2637.6	431.8	172.3	9.9	249.6	78.5	73.1
2017	3624.2	2645.6	427.5	171.2	9.0	247.3	78.4	73.0
2018	3639.1	2636.1	400.3	158.3	8.8	233.2	78.3	72.4
2019	3655.0	2632.0	407.1	152.3	7.4	247.3	78.3	72.0

注：自1998年起,职工人数为在岗职工人数。自2012年起，职工人数含劳务派遣人员。

a) Since 1998,number of staff and workers refer to number of employed staff and workers.Since 2012,number of staff and workers include dispatched laborers.

3-2 三次产业社会就业人员数(年末数)

Number of Employed Persons by Three Strata of Industry (year-end)

年份 地区 Year Region	合计 (万人) Total (10 000 persons)				构成(以合计数为100) Composition (Total=100)		
		第一产业 Primary Industry	第二产业 Secondary Industry	第三产业 Tertiary Industry	第一产业 Primary Industry	第二产业 Secondary Industry	第三产业 Tertiary Industry
1978	1254.3	968.7	163.4	122.2	77.2	13.0	9.8
1980	1356.3	1053.8	166.9	135.6	77.7	12.3	10.0
1985	1584.8	1057.2	320.5	207.1	66.7	20.2	13.1
1990	1816.5	1193.1	368.6	254.8	65.7	20.3	14.0
1991	1874.5	1224.2	388.7	261.6	65.3	20.7	14.0
1992	1870.4	1186.2	412.9	271.3	63.4	22.0	14.6
1993	1903.7	1085.9	462.5	355.3	57.3	24.3	18.4
1994	2007.7	1127.2	493.3	387.2	56.1	24.6	19.3
1995	2100.5	1071.7	525.1	503.7	51.0	25.0	24.0
1996	2107.2	1049.7	539.7	517.8	49.8	25.6	24.6
1997	2120.6	1000.9	549.8	569.9	47.2	25.9	26.9
1998	2094.3	975.5	548.8	570.0	46.6	26.2	27.2
1999	2089.0	969.3	530.7	589.0	46.4	25.4	28.2
2000	2060.9	960.9	502.8	597.2	46.6	24.4	29.0
2001	2054.8	949.6	482.6	622.6	46.2	23.5	30.3
2002	2130.6	964.5	483.8	682.3	45.3	22.7	32.0
2003	2168.2	910.7	568.0	689.5	42.0	26.2	31.8
2004	2214.0	907.7	598.4	707.9	41.0	27.0	32.0
2005	2276.7	907.5	619.5	749.7	39.9	27.2	32.9
2006	2321.1	907.4	639.5	774.2	39.1	27.5	33.4
2007	2369.6	900.8	663.3	805.5	38.0	28.0	34.0
2008	2404.5	900.1	675.0	829.4	37.4	28.1	34.5
2009	2445.2	892.6	710.1	842.5	36.5	29.0	34.5
2010	2498.8	888.6	741.1	869.1	35.6	29.6	34.8
2011	2532.6	870.5	763.3	898.8	34.4	30.1	35.5
2012	2556.0	841.0	792.3	922.7	32.9	31.0	36.1
2013	2588.7	820.9	824.1	943.8	31.7	31.8	36.5
2014	2603.3	801.4	837.6	964.3	30.8	32.2	37.0
2015	2615.8	786.0	849.3	980.5	30.0	32.5	37.5
2016	2637.6	773.4	853.7	1010.5	29.3	32.4	38.3
2017	2645.6	753.1	864.2	1028.3	28.5	32.7	38.9
2018	2636.1	725.2	867.0	1043.9	27.5	32.9	39.6
2019	2632.0	700.8	867.3	1063.8	26.6	33.0	40.4
南昌市 Nanchang	332.2	54.5	124.2	153.5	16.4	37.4	46.2
景德镇市 Jingdezhen	106.1	28.1	35.7	42.3	26.5	33.7	39.8
萍乡市 Pingxiang	120.6	26.4	47.7	46.4	21.9	39.6	38.5
九江市 Jiujiang	308.7	88.7	104.5	115.6	28.7	33.8	37.4
新余市 Xinyu	67.5	22.6	23.9	21.1	33.4	35.3	31.2
鹰潭市 Yingtan	80.7	22.7	24.2	33.8	28.2	30.0	41.9
赣州市 Ganzhou	592.9	166.8	184.6	241.5	28.1	31.1	40.7
吉安市 Ji'an	300.4	102.5	80.1	117.8	34.1	26.7	39.2
宜春市 Yichun	337.7	106.3	97.5	133.9	31.5	28.9	39.7
抚州市 Fuzhou	231.1	82.1	55.3	93.7	35.5	23.9	40.5
上饶市 Shangrao	438.5	119.2	139.6	179.7	27.2	31.8	41.0

注：就业人员总计是根据人口变动抽样调查资料推算，因此，分地区、分经济类型、分行业资料相加不等于总计。下表同。

a) The total mumber of employed persons have been estimated in accordance with the data from the national sample survey on population changes. As a result,the sum of the data by region,by ownership and by sector is not equal to the total.The same applies to the following tables.

3-3 社会就业人员数（年末数）
Number of Employed Persons in Society (year-end)

单位：万人 (10 000 persons)

类别	Type	2018	2019
总计	**Total**	**2636.13**	**2631.95**
按经济类型分	**Classifed by Types of Ownership**		
城镇	Urban	1165.69	1206.59
#国有	State-owned	171.08	164.71
集体	Collective-owned	10.92	9.20
股份合作	Cooperative	1.80	1.52
联营	Joint Ownership	0.19	0.31
有限责任公司	Limited Liability Corporations	173.66	188.66
股份有限公司	Share-holding Corporations Ltd.	35.12	41.06
港澳台投资	Funds from Hong Kong, Macao & Taiwan	26.45	24.00
外商投资	Foreign Funded	11.83	12.38
私营和个体	Private Enterprises and Self-employed Individuals	651.82	732.76
乡村	Rural	1470.44	1425.36
私营和个体	Private Enterprises and Self-employed Individuals	276.11	292.06
按国民经济行业分	**Classified by Sector**		
农、林、牧、渔业	Agriculture, Forestry, Animal Husbandry and Fishery	725.18	700.78
采矿业	Mining	39.18	38.81
制造业	Manufacturing	534.59	538.52
电力、热力、燃气及水生产和供应业	Production and Supply of Electricity, Heat, Gas and Water	16.89	17.33
建筑业	Construction	276.37	272.68
批发和零售业	Wholesale and Retail Trades	405.48	406.27
交通运输、仓储和邮政业	Transport, Storage and Post	105.65	105.97
住宿和餐饮业	Hotels and Catering Services	95.43	95.71
信息传输、软件和信息技术服务业	Information Transmission, Software and Information Technology	38.96	39.07
金融业	Financial Intermediation	16.13	21.56
房地产业	Real Estate	39.35	39.90
租赁和商务服务业	Leasing and Business Services	41.16	41.68
科学研究和技术服务业	Scientific Research and Technical Services	15.89	16.25
水利、环境和公共设施管理业	Management of Water Conservancy, Environment and Public Faciliti	11.58	11.13
居民服务、修理和其他服务业	Services to Households, Repair and Other Services	98.53	98.89
教育	Education	61.04	66.20
卫生和社会工作	Health and Social Service	38.36	39.69
文化、体育和娱乐业	Culture, Sports and Entertainment	18.42	18.96
公共管理、社会保障和社会组织	Public Management, Social Security and Social Organization	57.94	62.55

3-4 各地区城镇就业人员数(年末数)
Number of Employed Persons in Urban Areas by Region (year-end)

单位: 万人 (10 000 persons)

地 区	Region	2015	2016	2017	2018	2019
全 省	**Provincial Total**	**1030.62**	**1077.99**	**1123.35**	**1165.69**	**1206.59**
南 昌 市	Nanchang	200.14	207.53	215.44	224.33	233.08
景德镇市	Jingdezhen	49.13	51.60	51.79	52.02	52.17
萍 乡 市	Pingxiang	51.20	54.04	55.56	56.91	57.33
九 江 市	Jiujiang	122.40	127.97	133.52	138.09	142.57
新 余 市	Xinyu	38.74	40.79	40.91	41.03	41.16
鹰 潭 市	Yingtan	34.40	36.51	36.56	36.72	36.89
赣 州 市	Ganzhou	134.11	140.40	154.30	168.32	182.98
吉 安 市	Ji'an	97.91	102.74	105.54	108.01	110.37
宜 春 市	Yichun	108.84	113.84	119.11	122.15	124.82
抚 州 市	Fuzhou	84.30	88.00	91.12	94.09	96.51
上 饶 市	Shangrao	109.45	114.57	119.50	124.02	128.71

3-5 各地区城镇个体劳动者数(年末数)
Number of Self-employed Workers in Urban Areas by Region (year-end)

单位: 万人 (10 000 persons)

地 区	Region	2015	2016	2017	2018	2019
全 省	**Provincial Total**	**255.62**	**267.8**	**284.25**	**311.18**	**346.16**
南 昌 市	Nanchang	43.62	46.37	42.55	45.63	49.15
景德镇市	Jingdezhen	11.16	11.86	13.13	11.88	13.15
萍 乡 市	Pingxiang	14.29	14.38	15.35	16.16	17.38
九 江 市	Jiujiang	25.16	25.76	30.22	34.42	38.02
新 余 市	Xinyu	11.32	7.62	6.73	7.27	7.97
鹰 潭 市	Yingtan	7.11	8.61	9.66	9.78	9.34
赣 州 市	Ganzhou	48.36	55.75	65.82	73.60	81.95
吉 安 市	Ji'an	21.37	21.67	22.21	25.32	29.12
宜 春 市	Yichun	30.04	34.95	35.65	39.30	42.45
抚 州 市	Fuzhou	23.71	20.04	19.43	20.54	23.96
上 饶 市	Shangrao	19.48	20.79	23.51	27.29	33.66

3-6 城镇登记失业人数及登记失业率

Unemployed Persons and Unemployment Rate in Urban Areas

年份 地区 Year Region	城镇登记失业人数 (万人) Unemployed Persons in Urban Areas (10 000 persons)	#失业青年 Unemployed-Youth	占城镇登记失业人数(%) Percentage to Unemployed Persons in Urban Areas(%)	登记失业率 (%) Unemployment Rate (%)
1978	21.38			7.39
1979	15.17	13.35	88.0	5.31
1980	17.03	14.43	84.7	5.59
1981	14.58	11.61	79.6	4.57
1982	14.81	11.63	78.5	4.47
1983	13.26	10.60	79.9	3.98
1984	7.57	6.10	80.6	2.21
1985	5.21	4.74	91.0	1.45
1986	5.42	4.98	91.9	1.46
1987	5.56	4.83	86.9	1.45
1988	6.17	5.57	90.3	1.53
1989	6.95	6.60	95.0	1.69
1990	10.26	9.60	93.6	2.44
1991	10.56	10.14	96.0	2.40
1992	8.65	7.92	91.6	1.92
1993	8.65	8.29	95.8	1.82
1994	8.85	7.13	80.6	1.79
1995	8.66	7.48	86.3	1.57
1996	10.10	6.36	63.1	2.20
1997	14.22	8.52	60.0	2.32
1998	14.45	8.26	57.2	2.47
1999	15.50	5.95	38.4	2.60
2000	16.68	5.45	32.7	2.90
2001	17.28	3.39	19.6	3.30
2002	17.76	3.86	21.7	3.40
2003	21.62	4.21	19.5	3.80
2004	22.42	4.39	19.5	3.56
2005	22.84	3.87	16.90	3.48
2006	25.27	3.83	15.20	3.64
2007	24.34	2.41	9.90	3.37
2008	25.99	2.12	8.15	3.42
2009	27.30	1.36	4.98	3.44
2010	26.26	0.94	3.58	3.31
2011	24.64	1.44	5.84	3.20
2012	25.72	1.03	4.00	3.00
2013	27.42	1.19	4.34	3.17
2014	29.41	1.25	4.25	3.27
2015	29.95	1.35	4.51	3.35
2016	31.33	1.38	4.40	3.35
2017	32.33	0.81	2.51	3.34
2018	35.10	0.83	2.36	3.44
2019	27.49	0.78	2.84	2.93

注：自1999年起失业青年为长期失业者。

a) Unemployed youth are the long-term umemployed since 1999.

3-7 城镇非私营单位就业人员年末人数、工资（2019年）

Number and Wage of Employed Persons in Urban Non-Private Units at Year-end (2019)

类别	Type	就业人员人数（人）Number of Employed Persons (person)	就业人员平均工资（元）Average Wage of Employed Persons (yuan)
总计	**Total**	**4517245**	**73725**
按经济类型分	**Classified by Types of Ownership**		
国有单位	State-owned	1647100	85804
城镇集体单位	Collective-owned	92035	55915
其他单位	Others	2778110	67092
#股份合作	Cooperative	15172	76390
联营	Joint Ownership	3069	61021
有限责任公司	Limited Liability Corporations	1886558	66182
股份有限公司	Share-holding Corporations Ltd.	410604	80887
其他内资	Other Domestic Enterprises	98937	60121
港澳台商投资	Funds from Hong Kong, Macao & Taiwan	240017	56658
外商投资	Foreign Funded	123753	60573
按国民经济行业分	**Classified by Sector**		
农、林、牧、渔业	Agriculture, Forestry, Animal Husbandry and Fishery	21353	47217
采矿业	Mining	30402	60070
制造业	Manufacturing	1075153	64009
电力、热力、燃气及水生产和供应业	Production and Supply of Electricity, Heat, Gas and Water	94250	85041
建筑业	Construction	834108	60087
批发和零售业	Wholesale and Retail Trades	159695	62094
交通运输、仓储和邮政业	Transport, Storage and Post	183204	87032
住宿和餐饮业	Hotels and Catering Services	35608	44047
信息传输、软件和信息技术服务业	Information Transmission, Software and Information Technology	54661	88865
金融业	Financial Intermediation	202209	95100
房地产业	Real Estate	94151	65562
租赁和商务服务业	Leasing and Business Services	72558	61645
科学研究和技术服务业	Scientific Research and Technical Services	63819	97846
水利、环境和公共设施管理业	Management of Water Conservancy, Environment and Public Facilities	50664	43321
居民服务、修理和其他服务业	Services to Households, Repair and Other Services	8830	50235
教育	Education	600572	80709
卫生和社会工作	Health and Social Service	280304	96226
文化、体育和娱乐业	Culture, Sports and Entertainment	30167	80511
公共管理、社会保障和社会组织	Public Management, Social Security and Social Organization	625537	86107
按地区分	**By Region**		
南昌市	Nanchang	1250904	84196
景德镇市	Jingdezhen	141605	68461
萍乡市	Pingxiang	166059	72830
九江市	Jiujiang	413605	73795
新余市	Xinyu	126801	75506
鹰潭市	Yingtan	148395	74216
赣州市	Ganzhou	565964	68972
吉安市	Ji'an	405009	65235
宜春市	Yichun	437942	64442
抚州市	Fuzhou	344209	65479
上饶市	Shangrao	409073	67049

3-8 城镇非私营单位在岗职工年末人数、工资（2019年）
Number and Wage of Employed Staff and Workers in Urban Non-Private Units at Year-end (2019)

类　别	Type	在岗职工人数（人）Number of Employed Staff and Workers (person)	在岗职工平均工资（元）Average Wage of Employed Staff and Workers(yuan)
总　计	**Total**	**4071000**	**76131**
按经济类型分	**Classified by Types of Ownership**		
国有单位	State-owned	1523353	89791
城镇集体单位	Collective-owned	74370	57636
其他单位	Others	2473277	68231
#股份合作	Cooperative	14576	77639
联营	Joint Ownership	2992	61867
有限责任公司	Limited Liability Corporations	1664539	66495
股份有限公司	Share-holding Corporations Ltd.	348496	87408
其他内资	Other Domestic Enterprises	94863	60953
港澳台商投资	Funds from Hong Kong, Macao & Taiwan	238456	56518
外商投资	Foreign Funded	109355	64549
按国民经济行业分	**Classified by Sector**		
农、林、牧、渔业	Agriculture, Forestry, Animal Husbandry and Fishery	17092	49458
采矿业	Mining	29569	61188
制造业	Manufacturing	1060806	64283
电力、热力、燃气及水生产和供应业	Production and Supply of Electricity, Heat, Gas and Water	79889	89178
建筑业	Construction	629575	58207
批发和零售业	Wholesale and Retail Trades	153443	63212
交通运输、仓储和邮政业	Transport, Storage and Post	176647	88614
住宿和餐饮业	Hotels and Catering Services	34657	44163
信息传输、软件和信息技术服务业	Information Transmission, Software and Information Technology	50376	91086
金融业	Financial Intermediation	130179	127387
房地产业	Real Estate	90543	66416
租赁和商务服务业	Leasing and Business Services	68020	62755
科学研究和技术服务业	Scientific Research and Technical Services	60497	99941
水利、环境和公共设施管理业	Management of Water Conservancy, Environment and Public Facilities	40834	47067
居民服务、修理和其他服务业	Services to Households, Repair and Other Services	8538	50744
教育	Education	568425	83476
卫生和社会工作	Health and Social Service	266604	98613
文化、体育和娱乐业	Culture, Sports and Entertainment	28018	84221
公共管理、社会保障和社会组织	Public Management, Social Security and Social Organization	577288	90350
按地区分	**By Region**		
南 昌 市	Nanchang	1027192	88470
景德镇市	Jingdezhen	135591	69628
萍 乡 市	Pingxiang	150892	76607
九 江 市	Jiujiang	380139	77121
新 余 市	Xinyu	119753	78069
鹰 潭 市	Yingtan	137280	77230
赣 州 市	Ganzhou	533017	70640
吉 安 市	Ji'an	378035	67605
宜 春 市	Yichun	418120	65679
抚 州 市	Fuzhou	320492	67544
上 饶 市	Shangrao	375458	69145

注：在岗职工含劳务派遣人员。

a)Number of employed staff and workers include dispatched laborers.

3-9 城镇非私营单位各种分组的就业人员人数（2019年末）

Number of Employed Persons in Urban Non-Private Units by Type of Group (end of 2019)

单位：人 (person)

类别	Type	合计 Total	国有单位 State-owned Units	城镇集体单位 Urban Collective-owned Units	其他单位 Units of Other Types of Ownership
总计	**Total**	**4517245**	**1647100**	**92035**	**2778110**
按国民经济行业分	**Grouped by Sector**				
农、林、牧、渔业	Agriculture, Forestry, Animal Husbandry and Fishery	21353	19573	254	1526
采矿业	Mining	30402	1596	394	28412
制造业	Manufacturing	1075153	6282	7277	1061594
电力、热力、燃气及水生产和供应业	Production and Supply of Electricity, Heat, Gas and Water	94250	7564	276	86410
建筑业	Construction	834108	46105	64788	723215
批发和零售业	Wholesale and Retail Trades	159695	17105	1411	141179
交通运输、仓储和邮政业	Transport, Storage and Post	183204	33612	1668	147924
住宿和餐饮业	Hotels and Catering Services	35608	5728	187	29693
信息传输、软件和信息技术服务业	Information Transmission, Software and Information Technology	54661	4530	361	49770
金融业	Financial Intermediation	202209	25831	119	176259
房地产业	Real Estate	94151	3222	607	90322
租赁和商务服务业	Leasing and Business Services	72558	23197	1880	47481
科学研究和技术服务业	Scientific Research and Technical Services	63819	36262	687	26870
水利、环境和公共设施管理业	Management of Water Conservancy, Environment and Public Facilities	50664	16836	405	33423
居民服务、修理和其他服务业	Services to Households, Repair and Other Services	8830	1187	105	7538
教育	Education	600572	518427	5778	76367
卫生和社会工作	Health and Social Service	280304	243564	4796	31944
文化、体育和娱乐业	Culture, Sports and Entertainment	30167	19135	394	10638
公共管理、社会保障和社会组织	Public Management, Social Security and Social Organization	625537	617344	648	7545

3-10 城镇非私营单位各种分组的在岗职工人数（2019年末）
Number of Employed Staff and Workers in Urban Non-Private Units by Type of Group (end of 2019)

单位：人 (person)

类　　别	Type	合计 Total	国有单位 State-owned Units	城镇集体单位 Urban Collective-owned Units	其他单位 Units of Other Types of Ownership
总　计	**Total**	**4071000**	**1523353**	**74370**	**2473277**
按国民经济行业分	**Grouped by Sector**				
农、林、牧、渔业	Agriculture, Forestry, Animal Husbandry and Fishery	17092	15398	243	1451
采矿业	Mining	29569	1500	394	27675
制造业	Manufacturing	1060806	6017	7194	1047595
电力、热力、燃气及水生产和供应业	Production and Supply of Electricity, Heat, Gas and Water	79889	7069	271	72549
建筑业	Construction	629575	29541	48499	551535
批发和零售业	Wholesale and Retail Trades	153443	16551	1346	135546
交通运输、仓储和邮政业	Transport, Storage and Post	176647	31042	1643	143962
住宿和餐饮业	Hotels and Catering Services	34657	5329	180	29148
信息传输、软件和信息技术服务业	Information Transmission, Software and Information Technology	50376	4440	361	45575
金融业	Financial Intermediation	130179	25246	114	104819
房地产业	Real Estate	90543	2815	515	87213
租赁和商务服务业	Leasing and Business Services	68020	21951	1771	44298
科学研究和技术服务业	Scientific Research and Technical Services	60497	34714	654	25129
水利、环境和公共设施管理业	Management of Water Conservancy, Environment and Public Facilities	40834	12589	386	27859
居民服务、修理和其他服务业	Services to Households, Repair and Other Services	8538	1120	105	7313
教育	Education	568425	488887	5425	74113
卫生和社会工作	Health and Social Service	266604	231102	4375	31127
文化、体育和娱乐业	Culture, Sports and Entertainment	28018	18053	360	9605
公共管理、社会保障和社会组织	Public Management, Social Security and Social Organization	577288	569989	534	6765

3-11 城镇非私营单位职工工资总额和平均工资
Total Wage Bill and Average Wage of Staff and Workers in Urban Non-Private Units

年 份 Year	工资总额 (万元) Total Wage Bill (10 000 yuan)	国有经济单位 State-owned Units	城镇集体经济单位 Urban Collective-owned Units	其他各种经济单位 Units of Other Types of Ownership	平均工资 (元) Average Wage (yuan)	国有经济单位 State-owned Units	城镇集体经济单位 Urban Collective-owned Units	其他各种经济单位 Units of Other Types of Ownership
1978	145123	122929	22194		552	562	500	
1979	161102	135538	25564		603	624	512	
1980	199674	167220	32454		713	733	625	
1981	210974	175632	35342		719	745	613	
1982	223632	185973	37659		732	758	625	
1983	230035	190050	39985		747	774	640	
1984	284282	230178	54067	37	894	949	716	949
1985	329858	266560	63213	86	997	1052	817	1132
1986	394647	321560	72890	197	1147	1215	919	1190
1987	431756	352660	78895	202	1215	1286	974	1312
1988	533074	440107	92403	564	1446	1539	1121	1675
1989	583499	486785	95917	798	1562	1658	1205	1809
1990	656975	551602	104213	1160	1729	1843	1300	2079
1991	719291	598920	118234	2137	1842	1946	1446	2329
1992	860275	724646	131368	4261	2154	2295	1606	2414
1993	1042007	883776	144510	13720	2580	2753	1842	3114
1994	1407031	1207665	176282	23084	3450	3720	2268	4214
1995	1621603	1393677	189980	37946	4211	4427	2990	5623
1996	1858269	1588203	218857	51209	4852	5050	3562	7275
1997	1944011	1666516	219199	58297	5089	5303	3636	7843
1998	1739295	1400368	152032	186895	5384	5473	3720	7104
1999	2057811	1675969	170518	211325	6749	6930	4692	7913
2000	2047372	1681669	151720	213983	7014	7249	4676	7798
2001	2255433	1864519	144576	246339	8026	8346	5149	8349
2002	2437527	2001095	133577	302855	9262	9607	5859	9444
2003	2710865	2161536	137779	411551	10521	10918	6905	10359
2004	3054546	2367213	136642	550691	11860	12291	7873	11569
2005	3583091	2726459	157004	699628	13688	14276	8952	13140
2006	4170749	3136396	160449	873904	15590	16491	10102	14220
2007	4994197	3703412	203353	1087433	18400	19624	12574	16344
2008	5732519	4204570	192028	1335921	21000	22608	13934	18247
2009	6713864	4900030	205362	1608472	24696	26247	16624	22088
2010	8071398	5796975	223793	2050630	29092	30985	18194	26272
2011	9970075	6256416	378133	3335526	34055	36939	24265	30939
2012	12823272	7891818	455102	4476352	39651	40712	30608	39030
2013	17789724	8248934	435385	9105405	43582	47238	36185	41101
2014	19882093	8981797	491409	10408887	47299	51406	41022	44550
2015	22796952	10470884	529037	11797031	52137	58565	46734	47734
2016	24553020	11513470	481493	12558057	57470	67536	50045	50815
2017	26478273	12879242	459114	13139917	63069	76018	52596	54369
2018	27995956	12865039	494381	14636535	70772	81872	58143	63654
2019	30647348	13568230	421702	16657417	76131	89791	57636	68231

注:自1998年起,职工工资为在岗职工工资。自2012年起，平均工资含劳务派遣人员工资。

a) Since 1998,wage of staff and workers refers to wage of employed staff and workers.Since 2012,average wage includes dispatched laborers' wage.

3-12 城镇非私营单位职工平均工资指数

Average Wage Indices of Staff and Workers in Urban Non-Private Units

(以上年为100) (preceding year=100)

年 份 Year	货币工资指数 Money Wage Indices	国有经济单位 State-owned Units	城镇集体经济单位 Urban Collective-owned Units	其他各种经济单位 Units of Other Types of Ownership	实际工资指数 Real Wage Indices	国有经济单位 State-owned Units	城镇集体经济单位 Urban Collective-owned Units	其他各种经济单位 Units of Other Types of Ownership
1978	106.8	105.4	102.0		106.6	105.2	101.8	
1979	109.2	111.0	102.4		107.0	108.7	100.3	
1980	118.2	117.5	122.1		112.0	111.4	115.7	
1981	100.8	101.6	98.1		97.1	97.9	94.5	
1982	101.8	101.7	102.0		98.7	98.6	98.9	
1983	102.0	102.1	102.4		100.1	100.2	100.5	
1984	119.7	122.6	111.9		116.7	119.5	109.1	
1985	111.5	110.9	114.1	119.3	102.5	101.9	104.9	109.7
1986	115.0	115.5	112.5	105.1	108.5	108.7	106.1	99.2
1987	105.9	105.8	106.0	108.0	98.1	98.1	98.2	100.1
1988	119.0	119.7	115.1	127.7	96.2	96.8	93.0	103.2
1989	108.0	107.7	107.5	108.0	92.2	91.9	91.7	92.2
1990	110.7	111.2	107.9	114.9	109.1	109.6	106.3	113.2
1991	106.5	105.6	111.2	112.0	102.0	101.1	106.5	107.3
1992	116.9	117.9	111.1	103.6	108.7	109.7	103.3	96.4
1993	115.9	115.9	111.5	127.8	100.1	100.1	96.3	110.4
1994	138.2	139.8	126.1	136.6	108.9	110.2	99.4	107.6
1995	122.1	119.0	131.8	133.4	104.4	101.8	112.7	114.1
1996	115.2	114.1	105.8	129.4	106.6	105.5	97.9	119.7
1997	104.9	105.0	102.1	107.8	101.8	101.9	99.1	104.7
1998	105.8	103.2	102.3	90.6	104.8	102.2	101.3	89.7
1999	125.4	126.6	126.1	111.4	127.2	128.4	127.9	112.9
2000	103.9	104.6	99.7	98.5	103.5	104.2	99.4	98.2
2001	114.4	115.1	110.1	107.0	114.9	115.7	110.7	107.5
2002	115.4	115.1	113.8	113.1	115.3	114.9	113.7	112.9
2003	113.6	113.6	117.9	109.7	112.7	112.7	117.0	108.8
2004	112.7	112.6	114.0	111.7	108.9	108.8	110.1	107.9
2005	115.4	116.2	113.7	113.6	113.5	114.3	111.8	111.7
2006	113.9	115.5	112.8	108.2	112.5	114.1	111.5	106.9
2007	118.0	119.0	124.5	114.9	112.6	113.5	118.8	109.6
2008	114.1	115.2	110.8	111.6	107.5	108.7	104.5	105.3
2009	117.6	116.1	119.3	121.1	118.4	116.9	120.1	122.0
2010	117.8	118.1	109.4	118.9	114.4	114.7	106.2	115.4
2011	117.1	119.2	133.4	117.8	111.3	113.3	126.8	112.0
2012	116.3	110.7	125.7	124.1	113.2	107.8	122.4	120.8
2013	109.9	116.0	118.2	105.3	107.2	113.2	115.3	102.7
2014	108.5	108.8	113.4	108.4	106.1	106.4	110.9	106.0
2015	110.2	113.9	113.9	107.1	108.6	112.2	112.2	105.5
2016	110.2	115.3	107.1	106.5	108.0	113.0	105.0	104.4
2017	109.7	112.6	105.1	107.0	107.5	110.4	103.0	104.9
2018	112.2	107.7	110.5	117.1	109.9	105.5	108.2	114.7
2019	107.6	109.7	99.3	107.2	104.6	106.6	96.5	104.2

3-13 城镇非私营单位各种分组的就业人员工资总额（2019年）
Total Wage Bill of Employed Persons by Type of Group in Urban Non-Private Units (2019)

单位：万元 (10 000 yuan)

类别	Type	工资总额 Total Wage Bill	国有单位 State-owned Units	城镇集体单位 Urban Collective-owned Units	其他单位 Units of Other Types of Ownership
总计	**Total**	**32848553**	**14017020**	**507901**	**18323633**
按国民经济行业分	**Grouped by Sector**				
农、林、牧、渔业	Agriculture, Forestry, Animal Husbandry and Fishery	100846	92487	995	7365
采矿业	Mining	197493	6653	1710	189129
制造业	Manufacturing	6787388	36051	53350	6697986
电力、热力、燃气及水生产和供应业	Production and Supply of Electricity, Heat, Gas and Water	803576	52263	1025	750289
建筑业	Construction	4827348	219482	340136	4267730
批发和零售业	Wholesale and Retail Trades	988515	162207	5903	820405
交通运输、仓储和邮政业	Transport, Storage and Post	1608583	265310	6264	1337010
住宿和餐饮业	Hotels and Catering Services	155357	24493	678	130186
信息传输、软件和信息技术服务业	Information Transmission, Software and Information Technology	488697	47818	2437	438442
金融业	Financial Intermediation	1915680	299440	961	1615279
房地产业	Real Estate	612077	21958	2725	587393
租赁和商务服务业	Leasing and Business Services	442529	144106	9575	288847
科学研究和技术服务业	Scientific Research and Technical Services	624550	360862	4530	259159
水利、环境和公共设施管理业	Management of Water Conservancy, Environment and Public Facilities	212452	89821	1013	121618
居民服务、修理和其他服务业	Services to Households, Repair and Other Services	41514	7438	400	33676
教育	Education	4774700	4294096	38261	442344
卫生和社会工作	Health and Social Service	2669569	2431073	31997	206499
文化、体育和娱乐业	Culture, Sports and Entertainment	241388	164865	1974	74548
公共管理、社会保障和社会组织	Public Management, Social Security and Social Organization	5356292	5296598	3965	55729

3-14 城镇非私营单位各种分组的在岗职工工资总额（2019年）

Total Wage Bill of Employed Staff and Workers by Type of Group in Urban Non-Private Units (2019)

单位：万元 (10 000 yuan)

类别	Type	工资总额 Total Wage Bill	国有单位 State-owned Units	城镇集体单位 Urban Collective-owned Units	其他单位 Units of Other Types of Ownership
总计	**Total**	**30647348**	**13568230**	**421702**	**16657417**
按国民经济行业分	**Grouped by Sector**				
农、林、牧、渔业	Agriculture, Forestry, Animal Husbandry and Fishery	84727	76640	971	7116
采矿业	Mining	194738	6480	1710	186547
制造业	Manufacturing	6720383	35088	53209	6632087
电力、热力、燃气及水生产和供应业	Production and Supply of Electricity, Heat, Gas and Water	712741	49686	1022	662033
建筑业	Construction	3579283	162357	258068	3158859
批发和零售业	Wholesale and Retail Trades	967022	159874	5717	801431
交通运输、仓储和邮政业	Transport, Storage and Post	1570882	249178	6218	1315485
住宿和餐饮业	Hotels and Catering Services	151170	22767	653	127750
信息传输、软件和信息技术服务业	Information Transmission, Software and Information Technology	453726	47393	2437	403897
金融业	Financial Intermediation	1660290	295285	940	1364065
房地产业	Real Estate	595928	20453	2543	572932
租赁和商务服务业	Leasing and Business Services	421026	139011	8957	273058
科学研究和技术服务业	Scientific Research and Technical Services	603823	352915	4442	246466
水利、环境和公共设施管理业	Management of Water Conservancy, Environment and Public Facilities	189638	77175	973	111490
居民服务、修理和其他服务业	Services to Households, Repair and Other Services	40428	7112	400	32916
教育	Education	4677420	4205741	37409	434270
卫生和社会工作	Health and Social Service	2600972	2367590	30457	202925
文化、体育和娱乐业	Culture, Sports and Entertainment	234632	161564	1882	71185
公共管理、社会保障和社会组织	Public Management, Social Security and Social Organization	5188519	5131920	3694	52905

3-15 城镇非私营单位各种分组的就业人员平均工资（2019年）

Average Wage of Employed Persons by Type of Group in Urban Non-Private Units (2019)

单位：元 (yuan)

类　　别	Type	平均工资 Average Wage	国有单位 State-owned Units	城镇集体单位 Urban Collective-owned Units	其他单位 Units of Other Types of Ownership
总　计	**Total**	**73725**	**85804**	**55915**	**67092**
按国民经济行业分	**Grouped by Sector**				
农、林、牧、渔业	Agriculture, Forestry, Animal Husbandry and Fishery	47217	47429	39177	45914
采矿业	Mining	60070	42029	43411	61207
制造业	Manufacturing	64009	57243	73475	63984
电力、热力、燃气及水生产和供应业	Production and Supply of Electricity, Heat, Gas and Water	85041	70029	37127	86485
建筑业	Construction	60087	48132	53336	61493
批发和零售业	Wholesale and Retail Trades	62094	94609	42713	58322
交通运输、仓储和邮政业	Transport, Storage and Post	87032	79209	37422	89338
住宿和餐饮业	Hotels and Catering Services	44047	42156	35894	44475
信息传输、软件和信息技术服务业	Information Transmission, Software and Information Technology	88865	105188	65505	87557
金融业	Financial Intermediation	95100	116085	80083	92027
房地产业	Real Estate	65562	68235	44822	65607
租赁和商务服务业	Leasing and Business Services	61645	61502	50987	62147
科学研究和技术服务业	Scientific Research and Technical Services	97846	98585	66612	97626
水利、环境和公共设施管理业	Management of Water Conservancy, Environment and Public Facilities	43321	53901	25204	38035
居民服务、修理和其他服务业	Services to Households, Repair and Other Services	50235	63788	38481	48150
教育	Education	80709	83985	67719	59253
卫生和社会工作	Health and Social Service	96226	100867	66826	65306
文化、体育和娱乐业	Culture, Sports and Entertainment	80511	86222	52371	71107
公共管理、社会保障和社会组织	Public Management, Social Security and Social Organization	86107	86284	60723	73920

3-16 城镇非私营单位各种分组的在岗职工平均工资（2019年）
Average Wage of Employed Staff and Workers by Type of Group in Urban Non-Private Units (2019)

单位：元 (yuan)

类　　别	Type	平均工资 Average Wage	国有单位 State-owned Units	城镇集体单　位 Urban Collective-owned Units	其他单位 Units of Other Types of Ownership
总　　计	**Total**	**76131**	**89791**	**57636**	**68231**
按国民经济行业分	**Grouped by Sector**				
农、林、牧、渔业	Agriculture, Forestry, Animal Husbandry and Fishery	49458	49896	39942	46571
采矿业	Mining	61188	43550	43411	62299
制造业	Manufacturing	64283	58082	74097	64251
电力、热力、燃气及水生产和供应业	Production and Supply of Electricity, Heat, Gas and Water	89178	71336	37701	91080
建筑业	Construction	58207	56148	54410	58652
批发和零售业	Wholesale and Retail Trades	63212	96437	43445	59327
交通运输、仓储和邮政业	Transport, Storage and Post	88614	80539	37710	90921
住宿和餐饮业	Hotels and Catering Services	44163	42611	35857	44505
信息传输、软件和信息技术服务业	Information Transmission, Software and Information Technology	91086	106381	65505	89783
金融业	Financial Intermediation	127387	116958	82412	129944
房地产业	Real Estate	66416	72761	49291	66312
租赁和商务服务业	Leasing and Business Services	62755	62861	50605	63199
科学研究和技术服务业	Scientific Research and Technical Services	99941	100686	68025	99727
水利、环境和公共设施管理业	Management of Water Conservancy, Environment and Public Facilities	47067	61760	24821	40685
居民服务、修理和其他服务业	Services to Households, Repair and Other Services	50744	64712	38481	48663
教育	Education	83476	87144	70476	59980
卫生和社会工作	Health and Social Service	98613	103588	69665	65831
文化、体育和娱乐业	Culture, Sports and Entertainment	84221	89594	52144	75208
公共管理、社会保障和社会组织	Public Management, Social Security and Social Organization	90350	90514	68525	78332

3-17 城镇私营单位就业人员年末人数、工资（2019年）
Number and Wage of Employed Persons in Urban Private Units at Year-end (2019)

类别	Type	就业人员人数（人）Number of Employed Persons (person)	就业人员平均工资（元）Average Wage of Employed Persons (yuan)
总计	**Total**	**4267529**	**46341**
按国民经济行业分	**Classified by Sector**		
农、林、牧、渔业	Agriculture, Forestry, Animal Husbandry and Fishery	55137	31905
采矿业	Mining	81854	47519
制造业	Manufacturing	1896688	47429
电力、热力、燃气及水生产和供应业	Production and Supply of Electricity, Heat, Gas and Water	28421	45417
建筑业	Construction	737493	49223
批发和零售业	Wholesale and Retail Trades	563797	39761
交通运输、仓储和邮政业	Transport, Storage and Post	172221	47134
住宿和餐饮业	Hotels and Catering Services	84724	37875
信息传输、软件和信息技术服务业	Information Transmission, Software and Information Technology	65589	53049
金融业	Financial Intermediation	9259	54617
房地产业	Real Estate	118573	53462
租赁和商务服务业	Leasing and Business Services	188273	44688
科学研究和技术服务业	Scientific Research and Technical Services	47025	51284
水利、环境和公共设施管理业	Management of Water Conservancy, Environment and Public Facilities	19333	40713
居民服务、修理和其他服务业	Services to Households, Repair and Other Services	70425	41444
教育	Education	53098	47713
卫生和社会工作	Health and Social Service	31245	49152
文化、体育和娱乐业	Culture, Sports and Entertainment	44374	44446
按地区分	**By Region**		
南昌市	Nanchang	764033	51910
景德镇市	Jingdezhen	127611	49135
萍乡市	Pingxiang	314285	46018
九江市	Jiujiang	488572	49522
新余市	Xinyu	125483	45963
鹰潭市	Yingtan	61005	42421
赣州市	Ganzhou	993831	43898
吉安市	Ji'an	281145	43843
宜春市	Yichun	409374	39845
抚州市	Fuzhou	305168	45648
上饶市	Shangrao	397022	47202

注：本表为城镇私营抽样调查资料整理。

a)Data on the table are estimated from the sample survey on urban private employment.

主要统计指标解释

劳动力 指在16周岁及以上，有劳动能力，参加或要求参加社会经济活动的人口。包括就业人员和失业人员。

就业人员 指在一定年龄以上，有劳动能力，为取得劳动报酬或经营收入而从事一定社会劳动的人员。具体指年满16周岁，为取得报酬或经营利润，在调查周内从事了1小时（含1小时）以上劳动的人员；或由于学习、休假等原因在调查周内暂时处于未工作状态，但有工作单位或场所的人员；或由于临时停工放假、单位不景气放假等原因在调查周内暂时处于未工作状态，但不满三个月的人员。

单位就业人员 指报告期末最后一日在本单位工作，并取得工资或其他形式劳动报酬的人员数。该指标为时点指标，不包括最后一日当天及以前已经与单位解除劳动合同关系的人员，是在岗职工、劳务派遣人员及其他就业人员之和。就业人员不包括：

(1)离开本单位仍保留劳动关系，并定期领取生活费的人员；

(2)在本单位实习的各类在校学生；

(3)本单位以劳务外包形式使用的人员，如：建筑业整建制使用的人员。

城镇私营和个体就业人员 城镇私营就业人员指在工商管理部门注册登记，其经营地址设在县城关镇(含县城关镇)以上的私营企业就业人员，包括私营企业投资者和雇工。城镇个体就业人员指在工商管理部门注册登记，并持有城镇户口或在城镇长期居住，经批准从事个体工商经营的就业人员，包括个体经营者和在个体工商户劳动的家庭帮工和雇工。

在岗职工 指在本单位工作且与本单位签订劳动合同，并由单位支付各项工资和社会保险、住房公积金的人员，以及上述人员中由于学习、病伤、产假等原因暂未工作仍由单位支付工资的人员。在岗职工还包括：

(1)应订立劳动合同而未订立劳动合同人员(如使用的农村户籍人员)；

(2)处于试用期人员；

(3)编制外招用的人员，如临时人员；

(4)派往外单位工作，但工资仍由本单位发放的人员(如挂职锻炼、外派工作等情况)。

工资总额 指根据《关于工资总额组成的规定》(1990年1月1日国家统计局发布的一号令)进行修订，本单位在报告期内(季度或年度)直接支付给本单位全部就业人员的劳动报酬总额。包括计时工资、计件工资、奖金、津贴和补贴、加班加点工资、特殊情况下支付的工资，是在岗职工工资总额、劳务派遣人员工资总额和其他就业人员工资总额之和。

工资总额是税前工资，包括单位从个人工资中直接为其代扣或代缴的房费、水费、电费、住房公积金和社会保险基金个人缴纳部分等。工资总额不论是计入成本的还是不计入成本的，不论是以货币形式支付的还是以实物形式支付的，均应列入工资总额的计算范围。

平均工资 指单位就业人员在一定时期内平均每人所得的工资额。它表明一定时期工资收入的高低程度，是反映就业人员工资水平的主要指标。计算公式为：

$$\text{平均工资}=\frac{\text{报告期就业人员工资总额}}{\text{报告期就业人员平均人数}}$$

平均货币工资指数 指报告期就业人员平均工资与基期就业人员平均工资的比率，是反映不同时期就业人员货币工资水平变动情况的相对数。计算公式为：

$$\text{平均货币工资指数}=\frac{\text{报告期就业人员平均工资}}{\text{基期就业人员平均工资}}\times 100\%$$

平均实际工资指数 就业人员平均实际工资指扣除物价变动因素后的就业人员平均工资。就业人员平均实际工资指数是反映实际工资变动情况的相对数，表明就业人员实际工资水平提高或降低的程度。计算公式为：

$$\text{平均实际工资指数}=\frac{\text{报告期就业人员平均工资}}{\text{报告期城镇居民价格消费指数}}\times 100\%$$

城镇登记失业人员 指有非农业户口，在一定的劳动年龄内(16周岁至退休年龄)，有劳动能力，无业而要求就业，并在当地劳动保障部门进行失业登记的人员。

城镇登记失业率 城镇登记失业人员与城镇单位就业人员(扣除使用的农村劳动力、聘用的离退休人员、港澳台及外方人员)、城镇单位中的不在岗职工、城镇私营业主、个体户主、城镇私营企业和个体就业人员、城镇登记失业人员之和的比。

Explanatory Notes on Main Statistical Indicators

Labor Force refers to the population aged 16 and over who are capable of working, are participating in or willing to participate in economic activities, including employed persons and unemployed persons.

Employed Persons refers to persons above a specified age who had labor capacity and performed some social work for compensation or business gains. Specifically, it refers to persons, aged 16 and over, who performed some work for compensation or business gains for one hour or more during the reference period; or persons who do not work for the reasons of study or on holiday, but had work units or sites during the reference period; or persons temporary absence from a job for disorganization or suspension of work, recession, etc., but not exceeding three months during the reference period.

Persons Employed in Various Units refer to the total number of employees who work at his unit and obtain wages or other forms of payment at the end of the reporting period. This indicator is a kind of time point index and it equals to the sum of the number of employed staff and workers, labor dispatch personnel and other employed persons. Employed persons do not include:

1) persons who have left their working units while keeping their labor contract (employment relation) unchanged and receiving regular alimony;

2) all kinds of enrolled students who do internship in various units;

3) persons employed due to labor outsourcing, for example, persons employed in the organizational system of construction industry.

Persons Employed in Private Enterprises and Self-Employed Individuals in Urban Areas Persons employed in private enterprises refer to the persons employed in the private enterprises which have been registered at the departments of industrial and commercial administration for which the business operation are situated at a county town (i.e. a town where the county government is located), or at urban areas with administrative hierarchy higher than a county town. The self-employed individuals in urban areas refer to persons who hold the certificates of residence in urban areas or have resided in the urban areas for a long time and have been registered at the departments of industrial and commercial administration and approved to be engaged in individual industrial or commercial business, including self-employed persons as well as helpers and hired laborers who work in individual households.

Employed Staff and Workers refer to persons who signed labor contracts with working units and working units would pay wages, social insurance and housing funds for them. Persons who have their work posts but are temporarily absent from work for reasons of study or on sick, injury or maternal leave and still receive wages from their working units are also included. Employed staff and workers also include:

1) Persons who should have signed the labor contracts but not (like people with rural household registration);

2) Employees on probation;

3) Employees beyond the staffing quota, for example, temporary employees;

4) Employees who are sent to other working units but still obtain wages from their original units (situations like on-the-job placement, expatriated assignment, etc.)

Total Wage Bill It is revised according to the "Provision of Composition of Total Wages" (Order No.1 by National Bureau of Statistics on January, 1st, 1990), total wage bill refers to the total remuneration payment to all employed persons in various units during the reporting period (by quarter or by year), including hourly-paid wages, piece-rate wages, bonuses, allowance and subsidies, overtime wages and wages paid under special circumstances. It equals to the sum of total wages of employed staff and workers, dispatch labors and other employed persons.

Total wage bill is pre-tax wages, including the room charges, utility bills, housing funds and social insurance paid or withheld by employee's units.

Total wage bill, whether or not included in cost, whether or not paid in money or in kind, shall be included in the calculation of total wage.

Average Wage refers to the average per capita wage during a certain period of time for employed persons. It shows the general level of wage income during a certain period of time, one major indicator to reflect the wage level. It is calculated as follows:

$$\text{Average wage}=\frac{\text{Total Wage Bill of Employed Persons at Reference Time}}{\text{Average Nnmber of Persons Employed at Reference Time}}\times 100\%$$

Average Money Wage Indices refers to the ratio of average wage of employed persons the reporting period to that at the base period, which reflects the change of money wage of employed persons at the different period. It is calculated as follows:

$$\text{Average Money Wage Indices}=\frac{\text{Average Wage of Employed Persons at Reference Time}}{\text{Average Wage of Persons Employed at Base Period}}\times 100\%$$

Average Real Wage Indices average real wage of employed persons refers to the average wage of employed persons after removing the effects of the price changes and average real wage indices of employed persons refers to the change of real wage, which reflects the relative increasing or decreasing level of real wage of employed persons ,which is calculated as follows:

$$\text{Average Rea Wage Indices}=\frac{\text{Average Wage Indices of Employed Persons at Reference Time}}{\text{Urban Consumer Price Indices at Reference Time}}\times 100\%$$

Registered Unemployed Persons in Urban Areas refer to the persons with non-agricultural household registration at certain working ages (16 years old to retirement age), who are capable of working, unemployed and willing to work, and have been registered at the local employment service agencies to apply for a job.

Registered Unemployment Rate in Urban Areas refers to the ratio of the number of the registered unemployed persons to the sum of the number of persons employed in various units (minus the employed rural labor force, re-employed retirees, and Hong Kong, Macao, Taiwan or foreign employees), laid-off staff and workers in urban units, owners of private enterprises in urban areas, owners of self-employed individuals in urban areas, employees of private enterprises in urban areas, employee of self-employed individuals in urban areas, and the registered unemployed persons in urban areas.

4

固定资产投资

INVESTMENT IN FIXED ASSETS

资料整理：石　磊

Ⅰ 简要说明

一、本篇资料的主要内容

本篇资料通过对一定时期全社会建造和购置固定资产活动的数量描述，反映报告期内固定资产投资的速度、固定资产投资的结构和比例关系、固定资产投资的资金来源及固定资产投资的效果等。

二、本篇资料的统计范围

全社会固定资产投资统计的范围包括：建设项目固定资产投资、房地产开发投资、农村农户固定资产投资。

三、本篇的资料来源

农户固定资产投资资料来自国家统计局江西调查总队；除此以外的固定资产投资统计资料均来自省统计局固定资产投资统计处统计调查。

四、本篇的统计调查方法

除农户固定资产投资统计采用抽样调查方法外，其他均为全面统计报表。

I Brief Introduction

I. Main Contents

Statistics in this chapter describe activities on the construction and purchase of fixed assets of the whole country during a given period of time, and reflect the growth, structure, ratio financing and results of the investment in fixed assets during the reference period.

II. Scope of Statistics

Statistics on the total investment in fixed assets in the whole country cover construction project investments in fixed assets, investments in real estate development and investments in fixed assets by rural households.

III. Sources of Data

Data on investments in fixed assets by individuals in rural areas are provided by Survey Office of the National Bureau of Statistics of Jiangxi. Other data on investments in fixed assets come from surveys conducted by the Department of Investment &Construction Statistics of Jiangxi Provincial Bureau of Statistics.

IV. Methodology of Data Collection

All data on investments in fixed assets are collected by the system of reporting form with complete enumeration, except data on individual investments in fixed assets in rural areas, which are collected through sample surveys.

4-1 全社会固定资产投资发展速度
Development speed of Total Investment in Fixed Assets in the Whole Country

年 份 Year	发展速度(上年=100) Development Speed(preceding year=100)			
	合 计 (%) Total (%)	固定资产 投 资 Investment in Fixed Assets	#房地产 开发投资 Investment in Real Estate Development	农村农户 投 资 Rural Households Investment in Fixed Assets
1978	157.7	157.7		
1979	103.3	103.3		
1980	224.1	194.3		
1981	90.8	82.6		144.0
1982	143.4	148.1		125.8
1983	114.7	102.7		167.7
1984	125.3	127.5		119.3
1985	125.1	121.7		134.8
1986	121.2	116.0		134.8
1987	110.2	110.3	96.9	109.8
1988	133.0	127.9	215.1	144.5
1989	93.7	96.4	115.0	88.5
1990	96.4	111.8	125.1	63.0
1991	128.9	126.8	166.6	137.2
1992	137.6	139.9	159.5	129.4
1993	148.0	151.9	179.2	132.9
1994	128.0	133.5	136.8	103.7
1995	119.7	110.2	138.0	173.4
1996	125.2	120.2	102.1	143.4
1997	108.0	110.6	95.2	100.0
1998	118.3	120.3	107.9	111.8
1999	108.1	107.0	123.8	112.0
2000	111.5	120.4	126.1	81.2
2001	120.5	123.3	149.9	106.3
2002	140.0	146.3	163.2	102.7
2003	149.3	154.9	171.2	102.0
2004	131.9	133.6	149.9	109.4
2005	119.2	119.7	113.2	111.4
2006	123.7	124.2	114.9	115.5
2007	123.0	123.7	125.9	110.3
2008	131.6	132.0	125.8	123.6
2009	131.0	131.0	115.9	130.6
2010	125.8	126.0	111.4	121.6
2011	122.0	122.5	122.7	109.3
2012	123.3	123.5	111.8	118.6
2013	119.3	119.8	121.1	104.9
2014	117.3	117.8	112.6	104.2
2015	115.3	116.0	114.9	91.1
2016	113.3	114.0	116.5	80.0
2017	112.1	112.3	113.7	99.8
2018	110.8	111.1	108.0	98.0
2019	109.3	109.2	103.0	112.1

注：1.本篇章各表均不含跨省中央项目投资。
　　2.全社会固定资产投资=固定资产投资+农村农户投资，后同。
　　3.固定资产投资=计划投资500万元及以上项目固定资产投资+房地产开发投资，后同。

a) Central project transprovincially project don't add up to the total.
b)Total Investment in Fixed Assets in the Whole Country= Investment in Fixed Assets+Rural Households Investment in Fixed Assets.
c) Investment in fixed assets = Construction Project Investments in Fixed Assets plans to invest 5 miliion yuan and above + Investments in real Estate Development.

4-2 全社会固定资产投资增速

Growth Rates of Total Investment in Fixed Assets in the Whole Country

单位：% (%)

指　　标	Item	2018	2019
全社会固定资产投资	**Total Investment in Fixed Assets in the Whole Country**	**10.8**	**9.3**
#工　业	Industry	13.1	10.9
固定资产投资	Total Investment	11.1	9.2
农户投资	Rural Households	-2.0	12.1
按登记注册类型分	Grouped by Status of Registration		
内　资	Domestic Funds	11.2	9.6
国　有	State-owned	0.0	18.2
集　体	Collective-owned	28.1	34.4
股份合作	Cooperative	-19.1	6.4
联　营	Joint-ownership	-80.0	89.4
有限责任公司	Limited Liability Corporations	5.8	6.2
股份有限公司	Share Holding Corporations	14.1	-11.0
私　营	Private	22.4	11.0
其他内资	Others	29.0	9.1
港、澳、台投资	Funds from Hong Kong，Macao and Taiwan	2.9	-5.4
外商投资	Foreign Funded	31.5	-3.6
个体经营	Individuals	-67.8	64.6
按构成分	Grouped by Use of Funds		
建筑安装工程	Construction and Installation	10.4	6.2
设备、工器具购置	Purchase of Equipment and Instruments	3.9	34.4
其他费用	Other Expenses	25.1	3.5
按建设性质分	Grouped by Type of Construction		
#新　建	New Construction	10.2	4.6
扩　建	Expansion	3.7	2.6
改建和技术改造	Reconstruction and Technical Transformation	24.5	41.9
按产业分	Grouped by Industry		
第一产业	Primary Industry	16.7	-18.2
第二产业	Secondary Industry	13.1	10.7
第三产业	Tertiary Industry	8.3	9.7

4-2 续表 continued

单位：% (%)

指　　标	Item	2018	2019
按行业分	Grouped by Sector		
农、林、牧、渔业	Agriculture, Forestry, Animal Husbandry and Fishery	16.7	-18.2
采矿业	Mining	-23.8	22.1
制造业	Manufacturing	18.2	10.9
电力、热力、燃气及水生产和供应业	Production and Supply of Electricity, Heat, Gas and Water	-25.1	8.5
建筑业	Construction	4.3	-49.1
批发和零售业	Wholesale and Retail Trade	-12.2	17.6
交通运输、仓储和邮政业	Transport, Storage and Post	0.2	9.7
住宿和餐饮业	Hotels and Catering Services	0.1	-1.5
信息传输、软件和信息技术服务业	Information Transmission,Software and Information Technology	-6.0	43.8
金融业	Financial Intermediation	-38.4	-9.8
房地产业	Real Estate	3.6	8.6
租赁和商务服务业	Leasing and Business Services	12.4	14.8
科学研究和技术服务业	Scientific Reseach and Technical Services	62.1	-1.8
水利、环境和公共设施管理业	Management of Water Conservancy, Environment and Public Facilities	19.4	8.0
居民服务、修理和其他服务业	Services to Households, Repair and Other Services	-39.9	86.1
教　育	Education	42.2	46.4
卫生和社会工作	Health and Social Services	-11.2	32.8
文化、体育和娱乐业	Culture, Sports and Entertainment	37.3	-3.1
公共管理、社会保障和社会组织	Public Management,Social Security and Social Organizations	-5.0	-9.4
资金来源合计	**Total Source of Funds**		
上年末结余资金	Balance at last Year-end	3.0	4.3
本年资金来源小计	Subtotal Sources of Funds This Year	-1.2	0.4
国家预算内资金	State Budget	-25.5	8.4
国内贷款	Domestic Loans	-7.0	-10.8
债券	Bonds	-52.0	198.6
利用外资	Foreign Investment	118.2	82.4
自筹资金	Self-raising Funds	-2.5	-2.6
其他资金	Others	12.5	9.7
新增固定资产	**Newly Increased Fixed Assets**	**-12.5**	**1.8**
施工房屋建筑面积	**Floor Space of Buildings under Construction**	**3.8**	**10.3**
#住宅	Residential Buildings	5.9	14.5
竣工房屋建筑面积	**Floor Space of Buildings Completed**	**-8.2**	**7.4**
#住宅	Residential Buildings	-2.2	14.2

4-3 全社会固定资产投资构成
Composition of Total Investments in Fixed Assets

单位：%　　(%)

指　　标	Item	2018	2019
全社会固定资产投资	**Total Investment in Fixed Assets in the Whole Country**	**100.0**	**100.0**
#工　业	Industry	47.8	48.5
固定资产投资	Total Investment	97.7	97.7
农户投资	Rural Households	2.3	2.3
按登记注册类型分	Grouped by Status of Registration		
内　资	Domestic Funds	95.0	95.3
国　有	State-owned	15.6	16.9
集　体	Collective-owned	0.1	0.1
股份合作	Cooperative	0.1	0.1
联　营	Joint-ownership	0.0	0.1
有限责任公司	Limited Liability Corporations	36.6	35.6
股份有限公司	Share Holding Corporations	3.1	2.5
私　营	Private	37.1	37.7
其他内资	Others	2.3	2.3
港、澳、台投资	Funds from Hong Kong，Macao and Taiwan	1.7	1.5
外商投资	Foreign Funded	1.0	0.8
个体经营	Individuals	0.0	0.1
按构成分	Grouped by Use of Funds		
建筑安装工程	Construction and Installation	79.1	76.8
设备、工器具购置	Purchase of Equipment and Instruments	11.9	14.6
其他费用	Other Expenses	9.0	8.6
按建设性质分	Grouped by Type of Construction		
#新　建	New Construction	79.7	76.3
扩　建	Expansion	6.2	5.8
改建和技术改造	Reconstruction and Technical Transformation	11.0	14.2
按产业分	Grouped by Industry		
第一产业	Primary Industry	3.1	2.3
第二产业	Secondary Industry	48.0	48.6
第三产业	Tertiary Industry	48.9	49.1
按行业分	Grouped by Sector		
农、林、牧、渔业	Agriculture, Forestry, Animal Husbandry and Fishery	3.1	2.3
采矿业	Mining	0.7	0.8
制造业	Manufacturing	44.1	44.7
电力、热力、燃气及水生产和供应业	Production and Supply of Electricity,Heat, Gas and Water	3.0	3.0
建筑业	Construction	0.2	0.1
批发和零售业	Wholesale and Retail Trade	1.8	2.0
交通运输、仓储和邮政业	Transport, Storage and Post	0.5	4.0
住宿和餐饮业	Hotels and Catering Services	0.5	0.5
信息传输、软件和信息技术服务业	Information Transmission, Software and Information Technology	0.4	0.5
金融业	Financial Intermediation	0.2	0.2
房地产业	Real Estate	20.2	20.1
租赁和商务服务业	Leasing and Business Services	2.2	2.3
科学研究和技术服务	Scientific Reseach and Technical Services	0.6	0.6
水利、环境和公共设施管理业	Management of Water Conservancy, Environment and Public Facilities	13.1	13.0
居民服务、修理和其他服务业	Services to Households,Repair and Other Services	0.2	0.3
教　育	Education	1.3	1.7
卫生和社会工作	Health and Social Services	0.8	1.0
文化、体育和娱乐业	Culture, Sports and Entertainment	1.3	1.1
公共管理、社会保障和社会组织	Public Management, Social Security and Social Organizations	2.2	1.8

4-4 固定资产投资增速
Growth Rate of Investment in Fixed Assets

单位: % (%)

指　　标	Item	2018	2019
固定资产投资	**Total Investment**	**11.1**	**9.2**
#工　业	Industry	13.1	10.9
按登记注册类型分	Grouped by Status of Registration		
内　资	Domestic Funds	11.2	9.6
国　有	State-owned	0.0	18.2
集　体	Collective-owned	28.1	34.4
股份合作	Cooperative	-19.1	6.4
联　营	Joint-ownership	-80.0	89.4
有限责任公司	Limited Liability Corporations	5.8	6.2
股份有限公司	Share Holding Corporations	14.1	-11.0
私　营	Private	22.4	11.0
其他内资	Others	29.0	9.1
港、澳、台投资	Funds from Hong Kong，Macao and Taiwan	2.9	-5.4
外商投资	Foreign Funded	31.5	-3.6
个体经营	Individuals	-67.8	64.6
按构成分	Grouped by Use of Funds		
建筑安装工程	Construction and Installation	10.8	6.1
设备、工器具购置	Purchase of Equipment and Instruments	4.2	34.6
其他费用	Other Expenses	25.1	3.5
按建设性质分	Grouped by Type of Construction		
#新　建	New Construction	10.2	4.6
扩　建	Expansion	3.7	2.6
改建和技术改造	Reconstruction and Technical Transformation	24.5	41.9
按产业分	Grouped by Industry		
第一产业	Primary Industry	17.2	-22.5
第二产业	Secondary Industry	13.1	10.7
第三产业	Tertiary Industry	8.9	9.5
资金来源合计	**Total Source of Funds**		
上年末结余资金	Balance at last Year-end	3.0	4.3
本年资金来源小计	Subtotal Sources of Funds This Year	-1.2	0.1
国家预算内资金	State Budget	-25.5	8.4
国内贷款	Domestic Loans	-7.0	-10.9
债券	Bonds	-52.0	198.6
利用外资	Foreign Investment	118.2	82.4
自筹资金	Self-raising Funds	-2.6	-3.1
其他资金	Others	12.7	9.7
新增固定资产	**Newly Increased Fixed Assets**	**-13.5**	**1.1**
施工房屋建筑面积	**Floor Space of Buildings under Construction**	**3.3**	**11.5**
#住宅	Residential Buildings	5.4	16.8
竣工房屋建筑面积	**Floor Space of Buildings Completed**	**-12.6**	**0.2**
#住宅	Residential Buildings	-4.3	9.2

4-5 固定资产投资构成
Composition of Investment in Fixed Assets

单位：%　　　(%)

指　　标	Item	2018	2019
固定资产投资	**Total Investment**	**100.0**	**100.0**
#工　业	Industry	48.9	49.7
按登记注册类型分	Grouped by Status of Registration		
内　资	Domestic Funds	97.2	97.6
国　有	State-owned	16.0	17.3
集　体	Collective-owned	0.1	0.1
股份合作	Cooperative	0.1	0.1
联　营	Joint-ownership	0.0	0.1
有限责任公司	Limited Liability Corporations	37.4	36.4
股份有限公司	Share Holding Corporations	3.2	2.6
私　营	Private	37.9	38.5
其他内资	Others	2.4	2.4
港、澳、台投资	Funds from Hong Kong，Macao and Taiwan	1.8	1.5
外商投资	Foreign Funded	1.0	0.9
个体经营	Individuals	0.0	0.1
按构成分	Grouped by Use of Funds		
建筑安装工程	Construction and Installation	79.0	76.7
设备、工器具购置	Purchase of Equipment and Instruments	11.8	14.6
其他费用	Others	9.2	8.7
按建设性质分	Grouped by Type of Construction		
#新　建	New Construction	81.6	78.1
扩　建	Expansion	6.3	5.9
改建和技术改造	Reconstruction and Technical Transformation	11.2	14.6
按产业分	Grouped by Industry		
第一产业	Primary Industry	2.7	1.9
第二产业	Secondary Industry	49.1	49.7
第三产业	Tertiary Industry	48.2	48.4

4-6 分行业固定资产投资增速和构成

Growth Rate and composition of investment in fixed assets by Sector

行业	Sector	增速(%) Grawth Rates (%)		构成(%) Composition (%)	
		2018	2019	2018	2019
总计	**Total**	**11.1**	**9.2**	**100.0**	**100.0**
农、林、牧、渔业	**Agriculture, Forestry, Animal Husbandry and Fishery**	**17.2**	**-22.5**	**2.7**	**1.9**
采矿业	**Mining**	**-23.8**	**22.1**	**0.7**	**0.8**
#煤炭开采和洗选业	Mining and Washing of Coal	-49.8	-72.2	0.1	0.0
黑色金属矿采选业	Mining and Processing of Ferrous Metal Ores	-53.1	162.7	0.0	0.1
有色金属矿采选业	Mining and Processing of Non-Ferrous Metal Ores	-34.2	27.1	0.2	0.2
非金属矿采选业	Mining and Processing of Non-metal Ores	-19.9	23.3	0.4	0.4
制造业	**Manufacturing**	**18.2**	**10.9**	**45.1**	**45.8**
#石油加工、炼焦加工业	Processing of Petroleum, Coking	12.9	35.3	0.2	0.2
非金属矿物制品业	Manufacture of Non-metallic Mineral Products	21.7	14.1	4.6	4.8
黑色金属冶炼及压延加工业	Smelting and Pressing of Ferrous Metals	-21.3	-33.7	0.4	0.2
有色金属冶炼及压延加工业	Smelting and Pressing of Non-ferrous Metals	16.7	4.0	1.6	1.5
计算机、通信和其他电子设备制造业	Manufacture of ,Computers,Communication Equipment and Other Electronic Equipment	36.3	17.6	5.7	6.2
电力、热力、燃气及水生产和供应业	**Production and Supply of Electricity, Heat, Gas and Water**	**-25.1**	**8.5**	**3.1**	**3.1**
#电力、热力的生产和供应业	Production and Supply of Electric Power and Heat Power	-27.8	6.0	2.1	2.0
水的生产和供应业	Production and Supply of Water	-24.2	4.3	0.8	0.8
建筑业	**Construction**	**1.6**	**-51.4**	**0.2**	**0.1**
批发和零售业	**Wholesale and Retail Trades**	**-12.7**	**18.3**	**1.8**	**2.0**
交通运输、仓储和邮政业	**Transport, Storage and Post**	**14.1**	**10.0**	**4.0**	**4.0**
#铁路运输业	Railway Transport	1.8	-20.4	0.8	0.6
道路运输业	Road Transport	19.8	13.3	2.7	2.8
邮政业	Post	-31.2	-44.6	0.0	0.0
住宿和餐饮业	**Hotels and Catering Services**	**0.1**	**-1.3**	**0.5**	**0.5**
信息传输、软件和信息技术服务业	**Information Transmission, Software and Information Technology**	**-6.0**	**43.8**	**0.4**	**0.6**
#电信、广播电视和卫星传输服务	Telecommunications, Radio and Television and Satellite Transmission Services	271.2	-1.7	0.0	0.0
金融业	**Financial Intermediation**	**-38.4**	**-9.8**	**0.2**	**0.2**
房地产业	**Real Estate**	**4.4**	**8.0**	**19.0**	**18.8**
租赁和商务服务业	**Leasing and Business Services**	**12.4**	**14.8**	**2.3**	**2.4**
科学研究和技术服务业	**Scientific Reseach and Technical Services**	**62.1**	**-1.8**	**0.6**	**0.6**
水利、环境和公共设施管理业	**Management of Water Conservancy, Environment and Public Facilities**	**19.4**	**8.0**	**13.4**	**13.3**
水利管理业	Management of Water Conservancy	14.4	28.7	0.6	0.8
生态保护和环境治理业	Ecological Protection and Environmental Treatment	51.0	-9.5	0.5	0.4
公共设施管理业	Management of Public Facilities	18.9	7.7	12.2	12.0
居民服务、修理和其他服务业	**Services to Households, Repair and Other Services**	**-40.4**	**86.1**	**0.2**	**0.3**
教育	**Education**	**42.2**	**46.5**	**1.3**	**1.7**
卫生和社会工作	**Health and Social Services**	**-11.2**	**32.8**	**0.9**	**1.0**
#卫生	Health	-20.5	30.3	0.7	0.8
文化、体育和娱乐业	**Culture, Sports and Entertainment**	**37.3**	**-3.1**	**1.3**	**1.2**
公共管理、社会保障和社会组织	**Public Management, Social Security and Social Organizations**	**-5.0**	**-9.4**	**2.3**	**1.9**

4-7 按行业和登记注册类型分固定资产投资增速（2019年）

单位：%

行业	Sector	合计 Total	内资 Domestic Funds	国有 State-owned
总计	**Total**	**9.2**	**9.6**	**18.2**
农、林、牧、渔业	Agriculture, Forestry, Animal Husbandry and Fishery	-22.5	-21.0	-13.3
采矿业	Mining	22.1	21.9	155.8
制造业	Manufacturing	10.9	11.7	16.2
电力、热力、燃气及水生产和供应业	Production and Supply of Electricity, Heat, Gas and Water	8.5	3.2	1.5
建筑业	Construction	-51.4	-51.4	-86.2
批发和零售业	Wholesale and Retail Trades	18.3	17.6	-0.5
交通运输、仓储和邮政业	Transport, Storage and Post	10.0	9.6	26.2
住宿和餐饮业	Hotels and Catering Services	-1.3	-1.6	-45.3
信息传输、软件和信息技术服务业	Information Transmission, Software and Information Technology	43.8	42.7	-41.6
金融业	Financial Intermediation	-9.8	-9.8	-41.8
房地产业	Real Estate	8.0	8.8	94.6
租赁和商务服务业	Leasing and Business Services	14.8	13.9	63.4
科学研究和技术服务业	Scientific Reseach and Technical Services	-1.8	-1.9	11.9
水利、环境和公共设施管理业	Management of Water Conservancy, Environment and Public Facilities	8.0	8.3	19.3
居民服务、修理和其他服务业	Services to Households Repair and Other Services	86.1	86.1	70.1
教育	Education	46.5	46.3	46.6
卫生和社会工作	Health and Social Services	32.8	33.7	37.8
文化、体育和娱乐业	Culture, Sports and Entertainment	-3.1	-3.7	-22.3
公共管理、社会保障和社会组织	Public Management, Social Security and Social Organizations	-9.4	-9.4	-12.4

Growth Rates of Investment in Fixed Assets by Sector and Registration Status (2019)

(%)

集 体 Collective-owned	股份合作 Cooperative	联 营 Joint ownership	有限责任公司 Limited Liability Corporations	股份有限公司 Share Holding Corporations	私 营 Private	其 他 Others	港澳台商投 资 Funds from Hong Kong, Macao and Taiwan	外商投资 Foreign Funded	个体经营 Individuals
34.4	**6.4**	**89.4**	**6.2**	**-11.0**	**11.0**	**9.1**	**-5.4**	**-3.6**	**64.6**
54.4	-21.3	330.0	-57.0	-53.9	4.0	-45.0	-91.1	-18.3	-65.5
			87.7	-77.0	0.3	36.7		-8.9	
6.5	24.8	152.2	5.1	15.3	17.8	-24.2	-16.1	2.1	268.4
1018.5			-0.9	360.2	3.1	-57.1	76.6	525.7	
			-58.7		-14.8	18.6			
	-48.1		-18.6	-88.7	44.7	198.4	4900.0	-100.0	669.0
681.2		-63.1	17.4	-25.0	-12.2	1.2	175.1		
	-100.0		-10.1	-92.2	-10.8	335.2	-37.3		98.2
			20.0	-7.9	83.1	402.0			
	2.5		-43.4	21.5	15.5	1926.7			
191.1	-100.0	-79.1	23.7	-13.7	-13.0	136.5	11.2	-84.7	
-90.8	-100.0		1.8	-69.0	48.6	33.6	-0.4	427.1	
-55.7		-100.0	2.9	-95.7	-9.7	8.7			
-19.6		-52.6	-7.9	59.9	23.7	17.8	-73.0	-87.2	
			-35.4	-100.0	98.9	573.4			
-100.0	49.0	2578.6	120.4		-5.8	41.1			
-78.3		-9.4	3.8		53.4	72.2			-100.0
			-0.8	-22.5	18.5	-27.5		196.7	
-68.1		-89.8	60.3	-100.0	4349.7	78.8			

4-8 固定资产投资资金来源（2019年）

单位：万元

行　　　业	Sector	上年末结余资金 Balance of Funds from the Previous Year	本年资金来源小计 Subtotal Sources of Funds This Year
总　计	**Total**	**15693468**	**120132225**
按行业分	**By sector**		
农、林、牧、渔业	Agriculture, Forestry, Animal Husbandry and Fishery	59519	2110332
采矿业	Mining	23263	796257
制造业	Manufacturing	1551366	47982024
电力、热力、燃气及水生产和供应业	Production and Supply of Electricity, Heat, Gas and Water	77101	3089817
建筑业	Construction		60088
批发和零售业	Wholesale and Retail Trades	47867	772793
交通运输、仓储和邮政业	Transport, Storage and Post	642403	4425732
住宿和餐饮业	Hotels and Catering Services	9385	338475
信息传输、软件和信息技术服务业	Information Transmission,Software and Information Technology	56308	201515
金融业	Financial Intermediation	1356	87325
房地产业	Real Estate	12397089	38410568
租赁和商务服务业	Leasing and Business Services	123651	2191928
科学研究和技术服务业	Scientific Reseach and Technical Services	5334	510023
水利、环境和公共设施管理业	Management of Water Conservancy, Public Facilities and Environment	438883	12881839
居民服务、修理和其他服务业	Services to Households, Repair and Other Services	430	189951
教　育	Education		22663
卫生和社会工作	Health and Social Services	149246	2571394
文化、体育和娱乐业	Culture,Sports and Entertainment	24151	760577
公共管理、社会保障和社会组织	Public Management, Social Security and Social Organizations	86116	2728924
按地区分	**By Region**		
南 昌 市	Nanchang	6148761	22815268
景德镇市	Jingdezhen	232446	5232980
萍 乡 市	Pingxiang	164066	6033163
九 江 市	Jiujiang	1395400	18347783
新 余 市	Xinyu	256828	5056094
鹰 潭 市	Yingtan	398417	3196975
赣 州 市	Ganzhou	2654210	17136764
吉 安 市	Ji'an	964889	10267549
宜 春 市	Yichun	1165430	11985211
抚 州 市	Fuzhou	589851	8929772
上 饶 市	Shangrao	1569683	10455483
不分地区	Not Classified by Region	153487	675183

Investment in Fixed Assets by Sources of Funds (2019)

(10 000 yuan)

国家预算内资金 State Budget	国内贷款 Domestic Loans	债券 Bonds	利用外资 Foreign Investment	自筹资金 Self-raising Funds	其他资金 Others
5878560	**9668772**	**187456**	**1308711**	**74669297**	**28419429**
143536	79219	9445	36079	1690960	151093
2560	9350	600	2030	736778	44939
163946	2213560	8500	584722	42578751	2432545
339322	425256	28390	98084	2000792	197973
	1000			18322	40766
29121	7433	2500	1500	645971	86268
727127	1386873	5500	13407	1884211	408614
13271	9362		25	291617	24200
6630	12522		1361	168693	12309
	600			83625	3100
408674	4585250	90622	208281	11115601	22002140
128260	139307	400	22329	1664699	236933
7512	19902		48763	408769	25077
2632531	546675	6252	234330	7718069	1743982
11060			20574	121937	36380
926	1761	330		11646	8000
613599	117801	21000	7482	1404073	407439
79961	26400	1500	2500	535103	115113
570524	86501	12417	27244	1589680	442558
812920	4069351	1279	624093	9365700	7941925
80872	103992	10800	8147	4254879	774290
213215	194383		9535	4847443	768587
674757	1051736	1250	105575	13873300	2641165
131705	171911	20100	17351	4222590	492437
318030	84744	11417	25142	2147715	609927
1412961	920108	50674	81821	9389865	5281335
801895	455162	58309	41738	7175659	1734786
289048	948210	23527	9487	7531251	3183688
482750	455775	3000	154472	5572459	2261316
640407	628877	7100	231350	6288436	2659313
20000	584523				70660

4-9 固定资产投资建设项目情况（2019年）
Investment in fixed assets and construction projects (2019)

行业	Sector	施工项目（个） Number of Projects under Construction (unit)	#新开工（个） Started this Year (unit)	全部建成投产（个） Number of Projects Completed and Put into Use (unit)
总计	**Total**	**18786**	**8833**	**10343**
农、林、牧、渔业	**Agriculture, Forestry, Animal Husbandry and Fishery**	**687**	**295**	**316**
农业	Agriculture	352	160	139
林业	Forestry	60	18	32
畜牧业	Animal Husbandry	102	40	46
渔业	Fishery	58	25	28
农、林、牧、渔服务业	Services in Support of Agriculture	115	52	71
采矿业	**Mining**	**192**	**91**	**103**
#煤炭开采和洗选业	Mining and Washing of Coal	4	1	3
黑色金属矿采选业	Mining and Processing of Ferrous Metal Ores	16	7	11
有色金属矿采选业	Mining and Processing of Non-Ferrous Metal Ores	35	11	13
非金属矿采选业	Mining and Processing of Non-metal Ores	131	71	73
制造业	**Manufacturing**	**8628**	**4408**	**5381**
农副食品加工业	Processing of Food from Agricultural Products	357	197	231
食品制造业	Manufacture of Foods	241	157	189
酒、饮料和精制茶制造业	Manufacture of Liquor,Beverages and Refined Tea	111	57	72
烟草制品业	Manufacture of Tobacco	3	2	3
纺织业	Manufacture of Textile	287	155	182
纺织服装、服饰业	Manufacture of Textile, Wearing Apparel and Accessories	422	314	315
皮革、毛皮、羽毛及其制品和制鞋业	Manufacture of Leather, Fur, Feather and Related Products and Footwear	163	106	94
木材加工及木、竹、藤、棕、草制品业	Processing of Timber, Manufacture of Wood, Bamboo, Rattan, Palm and Straw Products	177	84	114
家具制造业	Manufacture of Furniture	284	141	199
造纸及纸制品业	Manufacture of Paper and Paper Products	132	68	87
印刷和记录媒介复制业	Printing, Reproduction of Recording Media	71	36	57
文教、美工、体育和娱乐用品制造业	Manufacture of Articles For Culture, Education,Art and Crafts, Sport Sport and Entertainmetn Activities	127	72	78
石油、煤炭及其他燃料加工业	Processing of Petroleum, Coal, and Other Fuels	49	20	33
化学原料及化学制品制造业	Manufacture of Raw Chemical Materials and Chemical Products	571	216	336
医药制造业	Manufacture of Medicines	208	69	117
化学纤维制造业	Manufacture of Chemical Fibers	27	13	16
橡胶和塑料制品业	Manufacture of Rubber and Plastics Products	328	159	224
非金属矿物制品业	Manufacture of Non-metallic Mineral Products	1006	515	617
黑色金属冶炼及压延加工业	Smelting and Pressing of Ferrous Metals	76	32	49
有色金属冶炼及压延加工业	Smelting and Pressing of Non-ferrous Metals	282	144	151
金属制品业	Manufacture of Metal Products	516	270	335
通用设备制造业	Manufacture of General Purpose Machinery	481	252	346

4-9 续表1 continued

行 业	Sector	施工项目(个) Number of Projects under Construction (unit)	#新开工(个) Started this Year (unit)	全部建成投产(个) Number of Projects Completed and Put into Use (unit)
专用设备制造业	Manufacture of Special Purpose Machinery	556	292	350
汽车制造业	Manufacture of Antomobiles	362	199	211
铁路、船舶、航空航天和其他运输设备制造业	Manufacture of Railroads, Ships, Aerospace and Other Transportation Equipment	77	44	43
电气机械和器材制造业	Manufacture of Electrical Machinery and Apparatus	688	344	411
计算机、通信和其他电子设备制造业	Manufacture of Computers, Communication and Other Electronic Equipment	673	276	304
仪器仪表及制造业	Manufacture of Measuring Instruments and Machinery	113	58	69
其他制造业	Other Manufacture	102	47	64
废弃资源综合利用业	Utilization of Waste Resources	126	60	74
金属制品、机械和设备修理业	Repair Service of Metal Products, Machinery and Equipment	12	9	10
电力、热力、燃气及水生产和供应业	**Production and Supply of Electricity, Heat, Gas and Water**	**543**	**231**	**243**
电力、热力的生产和供应业	Production and Supply of Electric Power and Heat Power	306	126	146
燃气生产和供应业	Production and Supply of Gas	34	19	17
水的生产和供应业	Production and Supply of Water	203	86	80
建筑业	**Construction**	**23**	**16**	**18**
房屋建筑业	Construction of Buildings	3	2	1
土木工程建筑业	Construction of Civil Engineering	9	6	7
建筑安装业	Building Installation	3	2	2
建筑装饰业和其他建筑业	Building Decoration and Other Consteuctions	8	6	8
批发和零售业	**Wholesale and Retail Trades**	**696**	**446**	**595**
批发业	Wholesale Trade	449	315	401
零售业	Retail Trade	247	131	194
交通运输、仓储和邮政业	**Transport, Storage and Post**	**664**	**250**	**262**
铁路运输业	Railway Transport	12	2	4
道路运输业	Road Transport	543	209	205
水上运输业	Water Transport	8	2	3
航空运输业	Air Transport	10	1	4
管道运输业	Transport Via Pipelines			
装卸搬运和其他运输服务业	Loading, Unloading and Other Transport Services	9	3	7
仓储业	Storage	75	28	36
邮政业	Post	7	5	3
住宿和餐饮业	**Hotels and Catering Services**	**170**	**82**	**115**
住宿业	Hotels	111	49	62
餐饮业	Catering Services	59	33	53
信息传输、软件和信息技术服务业	**Information Transmission, Software and Information Technology**	**160**	**102**	**138**
电信、广播电视和卫星传输服务	Telecommunication, Radio and Television and Satellite Transmission Services	11	6	7
互联网和相关服务	Internet and Related Services	43	23	30
软件和信息技术服务业	Software and Information Technology Services	106	73	101

4-9 续表2 continued

行业	Sector	施工项目（个）Number of Projects under Construction (unit)	#新开工（个）Started this Year (unit)	全部建成投产（个）Number of Projects Completed and Put into Use (unit)
金融业	**Financial Intermediation**	**53**	**27**	**44**
货币金融服务	Monetary and Financial Services	24	6	18
资本市场服务	Capital Market Services	9	6	7
保险业	Insurance			
其他金融活动	Other Financial Activities	20	15	19
房地产业	**Real Estate**	**580**	**202**	**222**
租赁和商务服务业	**Leasing and Business Services**	**474**	**213**	**276**
租赁业	Leasing	28	17	33
商务服务业	Business Services	446	196	243
科学研究和技术服务业	**Scientific Reseach and Technical Services**	**147**	**68**	**96**
研究与试验发展	Research and Experimental Development	16	10	8
专业技术服务业	Professional Technical Services	81	33	61
科技推广和应用服务业	Science and Technology Popularization and Application Services	50	25	27
水利、环境和公共设施管理业	**Management of Water Conservancy, Environment and Public Facilities**	**3701**	**1602**	**1597**
水利管理业	Management of Water Conservancy	234	96	106
生态保护和环境治理业	Ecological Protection and Environmental Management	138	57	49
公共设施管理业	Management of Public Facilities	3313	1441	1432
居民服务、修理和其他服务业	**Services to Households, Repair and Other Services**	**150**	**90**	**98**
居民服务业	Services to Households	83	51	46
机动车、电子产品和日用产品修理业	Repair to Motor,Electronic Products and Household Products	38	20	33
其他服务业	Other Services	29	19	19
教　育	**Education**	**664**	**267**	**296**
卫生和社会工作	**Health and Social Services**	**318**	**108**	**132**
卫　生	Health	201	55	75
社会工作	Social Services	117	53	57
文化、体育和娱乐业	**Culture, Sports and Entertainment**	**303**	**125**	**139**
新闻和出版业	Journalism and Publishing Activities	3	1	1
广播、电视、电影和影视录音制作业	Radio, Television, Movies and Video Reccording	18	8	12
文化艺术业	Cultural and Art Activities	94	38	41
体　育	Sports Activities	50	12	24
娱乐业	Entertainment	138	66	61
公共管理、社会保障和社会组织	**Public Management, Social Security and Social Organizations**	**633**	**210**	**272**
#中国共产党机关	Organs of Communist Party of China	4		4
国家机构	Government Agencies	592	196	250
社会保障	Social Security	1	1	
群众团体、社会团体和其他成员组织	Mass Organizations, Social Organizations and Other Organizations	7	3	2
基层群众自治组织	Grass Roots Self-Governing Organizations	28	10	16

4-10 各地区固定资产投资增速（2019年）
Growth Rate of Investment in Fixed Assets by Region (2019)

单位：% (%)

地区	Region	合计 Total	#工业 Industry	第一产业 Primary Industry	第二产业 Secondary Industry	第三产业 Tertiary Industry
全省	**Provincial Total**	**9.2**	**10.9**	**-22.5**	**10.7**	**9.5**
南昌市	Nanchang	10.2	15.7	-6.9	14.1	8.7
景德镇市	Jingdezhen	10.4	5.5	-17.4	5.5	16.8
萍乡市	Pingxiang	9.7	15.9	-23.9	15.9	3.8
九江市	Jiujiang	8.7	4.9	-14.4	4.9	23.1
新余市	Xinyu	10.0	14.1	-13.4	14.4	4.2
鹰潭市	Yingtan	8.8	18.8	13.4	18.5	-0.1
赣州市	Ganzhou	10.5	13.4	-22.4	13.4	8.7
吉安市	Ji'an	8.9	10.7	20.8	10.7	5.4
宜春市	Yichun	9.5	9.7	-73.9	9.8	23.4
抚州市	Fuzhou	9.2	11.2	3.2	11.3	7.8
上饶市	Shangrao	9.4	9.1	-17.9	9.0	11.4

4-11 各地区固定资产投资构成（2019年）
Composition of Investments in Fixed Assets by Region (2019)

单位：%　　(%)

地　区	Region	合　计 Total	#工　业 Industry	第一产业 Primary Industry	第二产业 Secondary Industry	第三产业 Tertiary Industry
全　省	**Provincial Total**	**100.0**	**100.0**	**100.0**	**100.0**	**100.0**
南昌市	Nanchang	24.4	16.0	12.1	16.1	33.3
景德镇市	Jingdezhen	4.0	3.7	3.8	3.7	4.2
萍乡市	Pingxiang	4.1	4.8	3.4	4.8	3.5
九江市	Jiujiang	13.0	19.0	10.0	18.9	7.1
新余市	Xinyu	5.3	6.9	7.0	6.9	3.5
鹰潭市	Yingtan	2.9	2.9	4.5	2.9	2.8
赣州市	Ganzhou	12.1	12.1	7.1	12.1	12.4
吉安市	Ji'an	7.8	9.1	14.5	9.1	6.3
宜春市	Yichun	9.4	10.1	8.1	10.1	8.8
抚州市	Fuzhou	7.2	6.9	19.2	6.9	6.9
上饶市	Shangrao	9.2	8.5	10.3	8.5	9.9

4-12 各地区按登记注册类型分的固定资产投资增速（2019年）
Growth Rates of Investment in Fixed Assets by Region and Status of Registration (2019)

单位：% (%)

地区	Region	合计 Total	内资 Domestic Funds	国有 State-owned	集体 Collective-owned	股份合作 Cooperative	联营 Joint ownership
全省	**Provincial Total**	**9.2**	**9.6**	**18.2**	**34.4**	**6.4**	**89.4**
南昌市	Nanchang	10.4	11.8	35.6	85.0	94.9	853.3
景德镇市	Jingdezhen	10.4	10.1	20.3	17.9		
萍乡市	Pingxiang	9.7	10.2	35.0		52.3	
九江市	Jiujiang	8.7	8.2	30.2	8.4	-53.9	-88.5
新余市	Xinyu	10.0	9.7	24.2	34.5		
鹰潭市	Yingtan	7.8	7.6	18.4			
赣州市	Ganzhou	8.6	7.7	-7.4	-56.4	-5.3	10.6
吉安市	Ji'an	8.9	8.4	9.3	-96.7		
宜春市	Yichun	9.5	8.8	65.2	-93.8		
抚州市	Fuzhou	9.2	9.3	18.6		-16.4	
上饶市	Shangrao	9.4	13.3	6.5	-47.5	-56.3	

4-12 续表 continued

地区	Region	有限责任公司 Limited Liability Corporations	股份有限公司 Share Holding Corporations	私营 Private	其他 Others	港澳台商投资 Funds from Hong Kong, Macao and Taiwan	外商投资 Foreign Funded	个体经营 Individuals
全省	**Provincial Total**	**6.2**	**-11.0**	**11.0**	**9.1**	**-5.4**	**-3.6**	**64.6**
南昌市	Nanchang	-5.2	-2.3	41.7	62.8	-18.4	-43.6	
景德镇市	Jingdezhen	12.4	-28.6	4.9	-25.9	-84.7	784.0	
萍乡市	Pingxiang	-0.6	-32.5	11.3	40.1	-34.6	11.0	
九江市	Jiujiang	2.9	67.7	9.6	-24.8	41.2	-10.1	
新余市	Xinyu	18.4	-46.1	8.2	-24.3	-2.4	49.4	
鹰潭市	Yingtan	8.7	13.0	10.2	-67.5	799.1	-71.3	
赣州市	Ganzhou	21.0	-57.3	13.1	-1.8	23.0	57.6	
吉安市	Ji'an	-5.8	-9.1	16.6	-33.4	22.6	219.2	
宜春市	Yichun	34.0	3.1	-12.2	-41.4	80.5	79.2	-48.5
抚州市	Fuzhou	12.1	10.2	3.1	-8.2	164.3	-80.8	86.1
上饶市	Shangrao	21.0	132.5	5.8	65.0	-70.7	-62.6	

4-13 各地区按行业分固定资产投资增速（2019年）

单位：%

行　业	Sector	全　省 Total	南昌市 Nanchang	景德镇市 Jingdezhen
总　计	**Total**	**9.2**	**10.2**	**10.4**
农、林、牧、渔业	Agriculture, Forestry, Animal Husbandry and Fishery	-22.5	-6.9	-17.4
采矿业	Mining	22.1	-6.2	1.6
制造业	Manufacturing	10.9	16.0	6.4
电力、热力、燃气及水生产和供应	Production and Supply of Electricity, Heat, Gas and Water	8.5	8.0	-9.2
建筑业	Construction	-51.4	-72.4	
批发和零售业	Wholesale and Retail Trades	18.3	77.5	228.6
交通运输、仓储和邮政业	Transport, Storage and Post	10.0	24.3	46.5
住宿和餐饮业	Hotels and Catering Services	-1.3	19.7	-60.6
信息传输、软件和信息技术服务业	Information Transmission,Software and Information Technology	43.8	54.4	
金融业	Financial Intermediation	-9.8	-1.9	
房地产业	Real Estate	8.0	5.2	4.2
租赁和商务服务业	Leasing and Business Services	14.8	-0.1	24.4
科学研究和技术服务业	Scientific Reseach and Technical Services	-1.8	19.9	473.0
水利、环境和公共设施管理业	Management of Water Conservancy, Environment and Public Facilities	8.0	-8.3	34.5
居民服务、修理和其他服务业	Services to Households, Repair and Other Services	86.1	90.0	
教　育	Education	46.5	41.1	140.2
卫生和社会工作	Health and Social Services	32.8	26.2	2.1
文化、体育和娱乐业	Culture, Sports and Entertainment	-3.1	-11.5	-20.2
公共管理、社会保障和社会组织	Public Management, Social Security and Social Organizations	-9.4	-5.5	-96.4

注：本表全省数据含跨地区项目数。

Growth Rate of Investment in Fixed Assets by Region and Sector (2019)

(%)

萍乡市 Pingxiang	九江市 Jiujiang	新余市 Xinyu	鹰潭市 Yingtan	赣州市 Ganzhou	吉安市 Ji'an	宜春市 Yichun	抚州市 Fuzhou	上饶市 Shangrao
9.7	**8.7**	**10.0**	**8.8**	**10.5**	**8.9**	**9.5**	**9.2**	**9.4**
-23.9	-14.4	-13.4	13.4	-22.4	20.8	-73.9	3.2	-17.9
67.0	-8.3	56.3	139.4	2.4	-23.0	7.6	112.5	30.9
15.2	5.5	15.7	19.2	17.4	12.6	3.4	10.5	6.8
15.0	-4.1	-26.6	-64.9	-6.8	-6.2	92.1	14.6	43.4
			-17.4			57.7		
-20.6	-21.1	-24.8	-50.2	-42.1	5.8	-47.6	-68.1	0.3
-28.0	32.2	-1.8	3.4	26.2	69.0	41.6	-9.8	69.9
-93.0	259.6	-65.6	-91.9	24.0	-7.2	-26.3		-5.2
-35.3	-53.2	-31.8		174.9		481.0	-39.4	-46.0
			-91.0	11.7	-92.4			199.4
7.2	3.2	14.4	0.4	3.0	12.8	30.5	-1.4	16.3
107.8	7.7	48.2	-22.1	133.1	54.2	94.9	13.0	-7.7
312.1	-34.8	-33.8	-53.3	-34.0	-47.4	323.0	-66.4	-12.5
-3.2	105.7	7.8	31.4	1.8	-4.9	17.3	18.9	3.3
27.7	-20.4	234.6		75.6	544.7	-50.6	90.0	298.1
21.1	20.9	22.8	20.5	63.0	23.2	46.2	46.0	54.1
72.7	54.6	25.6	24.4	67.0	-7.6	23.1	92.7	-15.0
35.7	-7.8	-32.8	163.7	21.6	0.0	41.5	-29.9	30.8
46.1	-5.1	522.3	-26.3	188.9	-31.3	-11.7	263.1	6.7

a) The data of this table containing trans-regional project data.

4-14 各地区按构成分固定资产投资增速（2019年）
Growth Rate of Investment in Fixed Assets by Region and Use of Funds (2019)

单位：% (%)

地 区	Region	合 计 Total	建筑、安装工程 Construction and Installation	设备、工器具购置 Purchase of Equipment and Instruments	其他费用 Others
全 省	**Provincial Total**	**9.2**	**6.1**	**34.6**	**3.5**
南昌市	Nanchang	10.2	-7.4	124.2	41.8
景德镇市	Jingdezhen	10.4	15.6	-3.5	-12.9
萍乡市	Pingxiang	9.7	14.2	13.9	-26.4
九江市	Jiujiang	8.7	7.9	35.1	-32.8
新余市	Xinyu	10.0	10.0	4.7	108.8
鹰潭市	Yingtan	8.8	5.4	26.4	13.0
赣州市	Ganzhou	10.5	10.6	26.5	-9.2
吉安市	Ji'an	8.9	7.8	16.6	8.8
宜春市	Yichun	9.5	9.9	18.6	-6.6
抚州市	Fuzhou	9.2	13.0	22.5	-33.6
上饶市	Shangrao	9.4	19.7	-11.9	-22.3

4-15 各地区按建设性质分固定资产投资增速（2019年）
Growth Rate of Investment in Fixed Assets by Region and Type of Construction (2018)

单位：% (%)

地 区	Region	合 计 Total	#新 建 New Construction	#扩 建 Expansion	#改建和技术改造 Reconstruction Technical Transformation
全 省	**Provincial Total**	**9.2**	**4.6**	**2.6**	**41.9**
南昌市	Nanchang	10.2	-5.3	93.7	48.6
景德镇市	Jingdezhen	10.4	9.7	-16.9	42.8
萍乡市	Pingxiang	9.7	11.3	3.3	-9.3
九江市	Jiujiang	8.7	7.1	0.1	25.3
新余市	Xinyu	10.0	4.9	2.4	52.4
鹰潭市	Yingtan	8.8	1.6	4.0	287.0
赣州市	Ganzhou	10.5	9.1	-32.4	62.1
吉安市	Ji'an	8.9	-1.4	36.4	55.1
宜春市	Yichun	9.5	12.2	-43.2	89.4
抚州市	Fuzhou	9.2	9.0	6.6	9.9
上饶市	Shangrao	9.4	13.1	-11.9	-3.0

4-16 各地区工业投资增速（2019年）
Growth Rates of Investment in Industry by Region (2019)

单位：% (%)

地 区	Region	合 计 Total	采矿业 Mining	制造业 Manufacturing	电力、燃气及水的生产和供应业 Production and Supply of Electricity, Gas and Water
全 省	**Provincial Total**	**10.9**	**22.1**	**10.9**	**8.5**
南昌市	Nanchang	15.7	-6.2	16.0	8.0
景德镇市	Jingdezhen	5.5	1.6	6.4	-9.2
萍乡市	Pingxiang	15.9	67.0	15.2	15.0
九江市	Jiujiang	4.9	-8.3	5.5	-4.1
新余市	Xinyu	14.1	56.3	15.7	-26.6
鹰潭市	Yingtan	18.8	139.4	19.2	-64.9
赣州市	Ganzhou	13.4	2.4	17.4	-6.8
吉安市	Ji'an	10.7	-23.0	12.6	-6.2
宜春市	Yichun	9.7	7.6	3.4	92.1
抚州市	Fuzhou	11.2	112.5	10.5	14.6
上饶市	Shangrao	9.1	30.9	6.8	43.4

4-17 各地区固定资产投资施工和投产项目个数（2019年）
Number of Projects under Construction and Put into use by Region (2019)

地 区	Region	施工项目（个） Number of Projects under Construction (unit)	#新开工 Started this Year	全部建成投产（个） Number of Projects Completed and Put into Use (unit)
全 省	**Provincial Total**	**18786**	**8833**	**10343**
南昌市	Nanchang	4676	3097	3902
景德镇市	Jingdezhen	648	245	158
萍乡市	Pingxiang	960	434	235
九江市	Jiujiang	2112	849	787
新余市	Xinyu	1270	486	993
鹰潭市	Yingtan	555	259	342
赣州市	Ganzhou	2097	590	528
吉安市	Ji'an	1473	592	684
宜春市	Yichun	1621	669	836
抚州市	Fuzhou	1406	684	815
上饶市	Shangrao	1965	928	1062

主要统计指标解释

全社会固定资产投资 是以货币形式表现的在一定时期内全社会建造和购置固定资产的工作量以及与此有关的费用的总称。该指标是反映固定资产投资规模、结构和发展速度的综合性指标,又是观察工程进度和考核投资效果的重要依据。全社会固定资产投资按登记注册类型可分为国有、集体、个体、联营、股份制、外商、港澳台商、其他等。按统计方式可分为建设项目固定资产投资和房地产开发投资(全面统计)、农村农户固定资产投资(抽样调查)。建设项目投资不同的时期有不同的统计起点。1995-1996 年，项目投资统计的起点为计划总投资 5 万元及以上；自 1997 年起，项目投资统计的起点由 5 万元提高到 50 万元及以上；自 2011 年起，项目投资的统计起点由 50 万元提高至 500 万元及以上。为便于比较，2010 年调整为 500 万元以上起点数。

固定资产投资 指各种登记注册类型的企业、事业、行政单位及个体户进行的建设项目投资、房地产开发投资。

房地产开发投资 指各种登记注册类型的房地产开发公司、商品房建设公司及其他房地产开发法人单位和附属于其他法人单位实际从事房地产开发或经营活动的单位统一开发的包括统代建、拆迁还建的住宅、厂房、仓库、饭店、宾馆、度假村、写字楼、办公楼等房屋建筑物和配套的服务设施，土地开发工程(如道路、给水、排水、供电、供热、通讯、平整场地等基础设施工程)的投资；不包括单纯的土地交易活动。

固定资产投资的资金来源 根据固定资产投资的资金来源不同，分为国家预算内资金、国内贷款、利用外资、自筹资金和其他资金。

(1)国家预算内资金：分为财政拨款和财政安排的贷款两部分。包括中央财政的基本建设基金(分经营性基金和非经营性基金两部分)、专项支出(如煤代油专项等)、收回再贷、贴息资金，财政安排的挖潜改造和新产品试制支出、城建支出、商业部门简易建筑支出、不发达地区发展基金等资金中用于固定资产投资的资金；地方财政中由国家统筹安排的资金等。

(2)国内贷款：指报告期固定资产投资单位向银行及非银行金融机构借入的用于固定资产投资的各种国内借款，包括银行利用自有资金及吸收的存款发放的贷款、上级主管部门拨入的国内贷款、国家专项贷款、地方财政专项资金安排的贷款、国内储备贷款、周转贷款等。

(3)利用外资：指报告期收到的用于固定资产建造和购置的国外资金(包括设备、材料、技术在内)。包括对外借款(外国政府、国际金融组织贷款、出口信贷、外国银行商业贷款、对外发行债券和股票)、外商直接投资及外商其他投资。不包括我国自有外汇资金(国家外汇、地方外汇、留成外汇、调剂外汇和中国银行自有资金发行的外汇贷款等)。计算利用外资时，需要折算成人民币，折算中所使用的外汇汇率按现汇计算，即按使用外汇时的汇率计算。

(4)自筹资金：指固定资产投资单位报告期收到的，由各地区、各部门及企、事业单位筹集用于固定资产投资的预算外资金，包括中央各部门、各级地方和企、事业单位的自筹资金。

(5)其他资金：指在报告期收到的除以上各种资金之外其他用于固定资产投资的资金，包括企业或金融机构通过发行各种债券筹集到的资金、群众集资、个人资金、无偿捐赠的资金及其他单位拨入的资金等。

固定资产投资按国民经济行业分 根据建设项目建成投产后的主要产品或主要用途及社会经济活动性质来确定国民经济行业。一般情况下，一个建设项目或一个企业、事业单位只能属于一种国民经济行业。

固定资产投资按建设性质分 根据整个建设项目情况来确定。建设项目的性质一般分为新建、扩建、改建和技术改造、迁建、恢复。

(1)新建：一般指从无到有开始建设的企业、事业和行政单位或建设项目。现有企业、事业、行政单位一般不属于新建。但如有的单位原有基础很小，经过建设后新增的固定资产价值超过该企、事业、行政单位原有固定资产价值(原值)三倍以上的也应作为新建。

(2)扩建：指在厂内或其他地点，为扩大原有产品的生产能力(或效益)或增加新的产品生产能力，而增建主要的生产车间(或主要工程)、分厂、独立的生产线。行政、事业单位在原单位增建业务用房(如学校增建教学用房、医院增建门诊部、病房等)也作为扩建。

现有企、事业单位为扩大原有主要产品生产能力或增加新的产品生产能力，增建一个或几个主要生产车间(或主要工程)、分厂，同时进行一些更新改造工程的，也应作为扩建。

(3)改建和技术改造：指现有企业、事业单位，对原有设施进行技术改造或更新(包括相应配套的辅助性生产、生活福利设施)的建设项目。现有企业、事业单位为适应市场变化的需要，而改变企业的主要产品种类(如军工企业转产民用品等)的建设项目，应作为改建。原有产品生产作业线由于各工序(车间)之间能力不平衡，为填平补齐充分发挥原有生产能力而增建不增加本企业主要产品设计能力的车间，也应作为改建。技术改造是指企业、事业单位在现有基础上，用先进的技术代替落后的技术，用先进的工艺和装备代替落后的工艺和装备，以改变企业落后的技术经济面貌，实现以内涵为主的扩大再生产，达到提高产品质量、促进产品更新换代、节约能源、降低消耗、扩大生产规模、全面提高社会经济效益的目的。技术改造具体包括以下内容：机器设备和工具的更新改造；生产工艺改革、节约能源和原材料的改造；厂房建筑和公共设施的改造；劳动条件和生产环境的改造等。

固定资产投资按构成分 固定资产投资活动按其工作内容和实现方式分为建筑安装工程，设备、工具、器具购置，其他费用三个部分。

(1)建筑安装工程(建筑安装工作量)：指各种房屋、建筑物的建造工程和各种设备、装置的安装工程。包括各种房屋建造工程；各种用途设备基础和各种工业窑炉的砌筑工程及金属结构工程；为施工而进行的各种准备工作和临时工程以及完工后的清理工作等；铁路、道路的铺设，矿井的开凿及石油管道的架设等；水利工程；防空地下建筑等特殊工程；列入房屋工程预算内的暖气、卫生、通风、照明、煤气等设备的价值及装设油饰工程；列入建筑工程预算内的各种管道(蒸汽、压缩空气、石油、给排水等管道)、电力、电讯电缆导线等的敷设工程；以及各种机械设备的安装工程；为测定安装工程质量，对设备进行的试运工作；房地产开发单位进行的商品房屋开发建设工程、土地开发工程。

在安装工程中，不包括被安装设备本身的价值。

(2)设备、工具、器具购置：指建设单位或企、事业单位购置或自制的，达到固定资产标准的设备、工具、器具的价值。新建单位及扩建单位的新建车间，按照设计或计划要求购置或自制的全部设备、工具、器具，不论是否达到固定资产标准均计入“设备、工具、器具购置”中。

(3)其他费用：指在固定资产建造和购置过程中发生的，除上述几项内容以外的各种应分摊计入固定资产的费用。

施工项目 指报告期内进行过建筑或安装施工活动的项目。凡是报告期内施过工的建设项目，不论施工时间长短，均作为施工项目统计。施工项目个数可以反映一定时期固定资产投资的实际规模，与同期全部建成投产项目个数相比，可以从建设速度的角度反映固定资产投资的效果。根据建设项目施工活动的不同性质，施工项目又分为：本年正式施工项目、本年收尾项目和以前年度全部停缓建项目。

全部建成投产项目 工业项目指设计文件规定形成生产能力的主体工程及其相应配套的辅助设施全部建成，经负荷试运转，证明具备生产设计规定合格产品的条件，并经过验收鉴定合格或达到竣工验收标准，与生产性工程配套的生活福利设施可以满足近期正常生产的需要，正式移交生产的建设项目。非工业项目指设计文件规定的主体工程和相应的配套工程全部建成，能够发挥设计规定的全部效益，经验收鉴定合格或达到竣工验收标准，正式移交使用的建设项目。

房屋建筑面积 指房屋建筑物勒脚以上外墙外围的水平截面面积，包括房屋建筑物的有效面积和结构面积。该指标是从实物形态上反映建设规模和建设成果的重要指标之一，也是检查工程形象进度、计算工程造价、分析投资效果、研究施工任务和建筑材料之间平衡情况的重要依据。

住宅建筑面积 指施工和竣工房屋建筑面积中供居住用的房屋建筑面积。

施工面积 指报告期内施工的全部房屋建筑面积。包括本期新开工的面积和上期开工跨入本期继续施工的房屋面积，以及上期已停建在本期恢复施工的房屋面积。本期竣工和本期施工后又停缓建的房屋，其建筑面积仍计入本期房屋施工面积中。

竣工面积 指在报告期内房屋建筑按照设计要求已经全部完工，达到住人和使用条件，经验收鉴定合格(或达到竣工验收标准)，正式移交使用单位的各栋房屋建筑面积的总和。

新增固定资产 指报告期内已经完成建造和购置过程，并已交付生产或使用单位的固定资产价值。该指标是表示固定资产投资成果的价值指标，也是反映建设进度，计算固定资产投资效果的重要指标。

Explanatory Notes on Main Statistical Indicators

Total Investment in Fixed Assets in the Whole Country refers to the volume of activities in construction and purchases of fixed assets of the whole country and related fees, expressed in monetary terms during the reference period. It is a comprehensive indicator which shows the size, structure and growth of the investment in fixed assets, providing a basis for observing the progress of construction projects and evaluating results of investment. Total investment in fixed assets in the whole country includes, by type of ownership, the investment by State-owned units, collective-owned units, individuals, joint ownership units, share-holding units, as well as investments by entrepreneurs from foreign countries and from Hong Kong, Macao and Taiwan, and by other units. According to statistical methods can be divided into construction project investments in fixed assets and investments in real estate development (Comprehensive Statistics), investments in fixed assets by rural households (sampling survey).Construction project investment of different periods have different starting point of statistics. From 1995 to 1996 the cut-off point of project investment was 50000 yuan and above; Since 1997 the cut-off point of project investment had changed from 50000 yuan to 500000 yuan and above; Since 2011,the cut-off point of project investment had changed from 500000 yuan to 5 million yuan and above. For the convenience of comparison, relevant data of 2010 were adjusted to 5 million yuan and above.

Investment in Fixed Assets refers to enterprises of various types of ownership, institutions, administrative units and individuals in the construction project investment, investments in real estate development.

Investment in Real Estate Development refers to investment by real estate development companies, commercialized buildings construction companies and other real estate development units of various types of ownership in the construction of buildings, such as residential buildings, factory buildings, warehouses, hotels, guesthouses, holiday villages, office buildings, and the complementary service facilities and land development projects, such as roads, water supply, water drainage, power supply, heating supply, telecommunications, land leveling and other infrastructural projects. It does not include activities in pure land transactions.

Sources of Funds for Investment in Fixed Assets are categorized as funds from the State budget, domestic loans, foreign investment, self-raised funds, and others, depending on the sources of investment.

(1) Fund from the State budget consists of budgetary appropriation and loans from the State budget. More specifically, it includes, from the budget of the central government, capital construction fund (operation fund and non-operational fund), special expenses (e.g. expenses on substituting

petroleum with coal), loans from repayment, discount fund, expenses on innovation and trial production of new products, expenses on urban construction, expenses on temporary construction from business departments, development fund for less developed areas, as well as local budgetary fund transferred from the central budget.

(2) Domestic loans refer to loans of various forms borrowed by investing units from banks and non-bank financial institutions during the reference period for the purpose of investment in fixed assets, including loans issued by banks from their self-owned funds and deposit, loans appropriated by higher authorities, special loans by government, loans arranged by local government from special funds, domestic reserve loan, and working loan.

(3) Foreign investment refers to foreign funds received during the reference period for the construction and purchase of investment in fixed assets (covering equipment, materials and technology), including foreign borrowings (loans from foreign governments and international financial institutions, export credit, commercial loans from foreign banks, issue of bonds and stocks overseas), foreign direct investment and other foreign investments. Excluded from this category is capital in foreign exchanges owned by China (foreign exchanges owned by the central and local governments, foreign exchanges retained by enterprises, foreign exchanges by enterprises through the regulating mechanism, loans in foreign exchanges issued by the Bank of China with its own fund, etc.). In calculating the utilization of foreign capital, foreign currencies are converted into Chinese Renminbi applying the current exchange rate when the foreign capitals are actually used.

(4) Self-raised funds refer to extra-budgetary funds for investment in fixed assets received during the reference period by investing units from central government ministries, local governments, enterprises and institutions, including their self-raised funds.

(5) Others refer to funds for investment in fixed assets received from sources other than those listed above, including capital raised through issuing bonds by enterprises or financial institutions, funds raised from individuals and through donations, and funds transferred from other units.

Investment in Fixed Assets by Sector The classification of construction projects by sector is determined by the major products or the purpose of the projects when they are put into production or use, and by the nature of their social economic activities. In general, one project or one enterprise or institution can only be classified into one sector.

Investment in Fixed Assets by Type of Construction Construction projects in general can be classified, by the type of construction, into new construction, expansion, reconstruction and technical transformation, moving and restoration.

(1) New construction in general refers to construction projects, which start from scratch, of enterprises, institutions, administrative agencies. Construction in existing enterprises, institutions or agencies is generally not considered as new construction. In case the size of the existing unit is quite small, and the value of newly added fixed assets is more than three times of the original value, the expansion will be considered as new construction.

(2) Expansion refers to construction of new major production workshop, branch factory or independent production line within a factory or in other locations, for the purpose of increasing the production capacity (or improving efficiency) or adding new production capacity. Newly constructed accommodation for the operation of institutions and administrative organizations (such as newly constructed buildings for teaching in schools, buildings for clinics or wards in hospitals, etc.) are also classified as expansion.

Also included in expansion are investments by existing enterprises or institutions in building major production line(s) or branch factory (ies) along with some work on innovation, for the purpose of expanding the production capacity of original products or producing new products.

(3) Reconstruction and technical transformation refers to construction projects by existing enterprises or institutions in innovation or technical transformation of the old facilities (including auxiliary production equipment and welfare facilities). Also considered as reconstruction is the construction of new workshops by the existing enterprises or institutions to change the variety of products to meet the market demand (such as the production of civil products by defence industries), or to bring the designed production capacity into full play through a more balanced production process on production lines. Technical transformation refers to replacement of old technology or equipment by new technology or equipment, in order to expand the reproduction through improvement of technology contents in production, to improve product quality, to promote new products, to save energy, to reduce consumption, to expand the production scale and to improve overall social-economic efficiency. Contents of technical transformation include: updating of machinery, equipment and tools; reforming production process by using energy or materials saving technology; construction of factory workshops and transformation of public facilities; improvement of working conditions and environment, etc.

Investment in Fixed Assets by Structure By their contents and the mode of implementation, investment activities are classified into 3 categories, i.e. construction and installation, purchase of equipment and instrument, and other expenses.

(1) Construction and installation (work volume of construction and installation) refers to the construction of houses and buildings and the installation of various kinds of equipment and instruments. They include construction of houses; equipment foundations, industrial kilns and stoves, and metal structure work; preparation works and temporary works for project construction, and clearing up works post project construction; pavement of railways and roads, drilling of mines and putting up of oil pipes; construction of water conservancy; construction of underground air-raid shelters and construction of other special projects; value of equipment for heating, sanitation, ventilation, lighting, gas, painting, etc. that are covered by the budget of housing projects; laying out of various pipelines (for steam, compressed air, petroleum, tap water and sewage) and wiring and cabling for electric power and for communications; installation of various machinery and equipment; testing operation for pre-testing the quality of installation projects, and land and other development work conducted by real estate developers for commercialized housing. The value of equipment installed is itself not included in the value of installation projects.

(2) Purchase of equipment and instruments refers to the total value of equipment, tools, and instruments purchased or self-produced which come up to the cut-off point for fixed assets by the construction units or investing enterprises or institutions. Equipment, tools and instruments purchased or

self-produced for new workshops by newly established or expanded units are categorized as "purchase of equipment and instruments" no matter whether they come up to the cut-off point for fixed assets.

(3) Other expenses refer to expenses arising during the construction or purchase of fixed assets other than those mentioned above.

Projects under Construction refer to projects with construction and installation activities undertaken in the reference period. All projects that have construction activities undertaken during the reference period are reported as projects under construction irrespective of the length of construction work. The number of projects under construction can reflect the actual size of investment in fixed assets during a given period, and when compared with the number of projects completed and put into use during the same period, it demonstrates the results of investment in fixed assets from the angle of the speed of the construction. Depending on the nature of construction activities, projects under construction can also be classified into projects beginning construction in current year, winding-up projects in current year and stopped or suspended projects in previous years (with resumption of work in current year).

Projects Completed and Put into Use Industrial projects refer to the major projects and anxilliary facilities having been completed in accordance with the design documents, resulting in forming production capacity and having checked and accepted after relevant tests, while the living and welfare facilities having been completed and being capable of ensuring normal production. Non-industrial projects refer to the major projects and anxilliary facilities which have been completed in accordance with the design documents ; have been checked, accepted after relevant examination; and have been formally delivered for use..

Floor Space of Buildings under Construction refers to the total floor space of the horizontal section of outer walls above the plinth of the building, including the effective area and the area occupied by the structure. This indicator is one of the important indicators in physical terms to reflect the scale and accomplishment of the construction industry and also an important basis for monitoring the progress, calculating the cost, analyzing the efficiency and studying the supply of building materials in relation to the construction projects.

Floor Space of Residential Buildings refers to the floor space of the residential buildings among the total space of buildings under construction or completed.

Floor Space under Construction refers to total floor space of all buildings under construction during the reference period, including floor space of newly started buildings during the reference period, floor space of construction extended from the previous period to the current period, and floor space of construction suspended during the previous period and resumed in the current period. Floor space of construction completed in the current period, and floor space of construction started and then suspended in the current period are also included in the floor space under construction of the current year.

Floor Space Completed refers to the floor space of all buildings completed in the reference period, which have been appraised and accepted (or come up to the designed standards) and have been transferred to owner units.

Newly Increased Fixed Assets refer to the newly increased value of fixed assets, constructed or purchased, that have been transferred to the investors. This is an indicator that demonstrates the results of investment in fixed assets in monetary terms, and an important indicator to reflect the speed of construction and to calculate the efficiency of investment.

5

对外经济贸易

FOREIAN ECONOMIC RELATIONS AND TRADE

◆ 93/120

简要说明

本篇资料综合反映全省货物对外贸易、利用外资、对外经济合作、与国外结成友好城市的历年概况，重点反映对外经济贸易的近期发展状况。

一、货物对外贸易部分

货物对外贸易统计的主要内容包括：进出口货物的金额、品种、国别(地区)、收发货人所在地、贸易方式、类别等项目。

货物对外贸易统计的范围是按照联合国的国际贸易统计原则制定的，即凡能引起中华人民共和国关境内物质资源存量增加或减少的进出口货物，除制度另有规定者外，均列入该项统计。

货物对外贸易统计的资料来源于南昌海关，调查方法是全面调查。

历年出口商品分类金额和历年进口商品分类金额按照联合国《国际贸易标准分类》(SITC)进行统计。进出口商品目录是在海关合作理事会制定的《商品名称和编码协调制度》(HS)的基础上，结合我国进出口实际情况制定的。

全省对各国(地区)进出口总值表中，出口货物按中华人民共和国关境外最终目的国(地区)统计，进口货物按中华人民共和国关境外原产国(地区)统计。各地区进出口商品总值按境内收发货人所在地列示。收发货人所在地是指中华人民共和国关境内进出口企业报关注册的登记地。

二、利用外资统计部分

利用外资统计的主要内容包括：外商直接投资、外商投资企业登记注册情况。

统计范围是凡经工商行政管理机关核准登记，在江西所有利用外资的单位和部门，经批准设立的中外合资经营企业、合作经营企业、外资企业、外商投资股份制企业、合作开发项目等具有法人资格的独立核算企业(包括港澳台地区投资企业)，在江西从事经营活动的外国及港澳台地区企业和外国公司在江西境内设立的分支机构。

利用外资统计的资料来源于省商务厅，其中，外商投资企业的登记注册情况资料来源于省市场监督管理局登记注册局，调查方法是全面调查。

三、对外直接投资和经济合作部分

对外直接投资和经济合作统计的主要内容包括：对外直接投资额、中方协议投资额、对外承包工程的合同数、合同金额、完成营业额及对外劳务合作的合同工资总额、实际收入总额等。

对外直接投资统计范围主要包括境内投资者通过直接投资方式在境外拥有或控制10%或以上股权、投票权或其他等价陆毅的各类公司型和非公司型的境外直接投资企业。统计范围是发生对外承包工程业务的企业或单位、有结外劳务合作经营资格的企业。

资料来源于省商务厅，调查方法是全面调查。

四、其他

与国外结成友好城市部分的统计资料来源于省外侨办。

Brief Introduction

Data in this chapter provide summary data of the whole provinces foreign trade, utilization of foreign capital, Contracted projects and labour cooperation with foreign countries forming friendship cities over the Years with foreign countries, focusing on the recent situation of foreign trade and economic cooperation.

I. Foreign Trade in Goods or Commodities

Data on foreign trade in goods include: value, varieties, countries（regions）, imports and exports corporations, trade method, category of imports and exports, and so on.

The scope of foreign trade in goods statistics are designed according to United Nations' Principles on international trade statistics, that is: all imports or exports that will lead to stock changes of material resources with the territory of People's Republic of China; excluding goo ds by escape clause.

Sources of data on foreign trade in goods or commodities are from Customs of Nanchang through a comprehensive reporting system.

Customs statistics in value terms for both imports and exports are compiled according to the classifications of UN Standard International Trade Classification (SITC).The list of import and export commodities is compiled based on the Harmonized Commodity Description and Coding System (HS) stipulated by the Customs Cooperation Council and China`s reality of imports and exports.

In the table on provincial total imports and exports with related countries and regions, the export commodities are calculated at the customs of the countries (regions) of destination and the import commodities are calculated at the customs of the countries (regions) of origin. The total values of the import and export commodities by region are calculated respectively at the place where the import or export corporations are situated within the boundary of the People's Republic of China. The province where the import or export corporations are situated refers to the province where the import or export corporations have applied to and have been registered at the customs. The province of origin within the border of the People's Republic of China refers to the province where the export commodities are produced or originally delivered.

II. Statistics on Utilization of Foreign Capitals

Utilization of foreign capitals includes: foreign direct investments and the basic condition of registration of foreign funded enterprises.

The statistics cover all the units and departments which have utilized foreign capitals, all the Sino-foreign joint ventures, Sino-foreign cooperative enterprises, ventures exclusively with foreign investment, foreign-funded stock companies, Sino-foreign cooperative development projects (including the enterprises funded by the entrepreneurs from Hong Kong, Macao and Taiwan) with independent accounting system which have been approved by the Jiangxi provincial government to set up in the border of Jiangxi.

Data on utilization of foreign capitals are from Department of Commerce of Jiangxi Province, of which, data on basic condition of registration of foreign funded enterprises are from Jiangxi Administration for Market Regulation through Enterprise Registration Bureau

III. Direct Foreign Investment and Foreign Economic Cooperation

Data on direct foreign investment and foreign economic cooperation include: direct foreign investment, Chinese-side agreement investment, number, volume and turnover of foreign project-contracting, total wages of contract, complete business turnover of foreign labor service cooperation.

Statistics cover all types of overseas corporations and non-corporations that domestic investors own or control 10% or more equity, voting rights or other equivalent interests through direct investment.

Data on foreign economic cooperation are from Department of Commerce of Jiangxi Province through a comprehensive reporting system.

IV. Others

Statistical of data on Foreign sister city with foreign countries are from Overseas Chinese Affairs of Jiangxi Province.

5-1 海关货物进出口总值
Total Value of Imports and Exports of Goods

年份 地区 Year Region	人民币（万元）10 000 yuan				美元（万美元）USD 10 000			
	进出口总值 Total Imports & Exports	出口值 Total Exports	进口值 Total Imports	差额 Balance	进出口总值 Total Imports & Exports	出口值 Total Exports	进口值 Total Imports	差额 Balance
1989	232715	174932	57783	117149	62487	46948	15539	31409
1990	322283	257970	64313	193657	71934	58023	13911	44112
1991	408347	270925	137422	133503	76568	50814	25754	25060
1992	531711	355773	175938	179835	96533	64707	31826	32881
1993	665418	350031	315387	34644	116740	61409	55331	6078
1994	1126963	690113	436850	253263	130457	80014	50443	29571
1995	1080209	845224	234985	610239	129044	101035	28009	73026
1996	928914	709206	219708	489498	111672	85243	26429	58814
1997	1105121	924093	181028	743065	133284	111438	21846	89592
1998	1033368	844234	189134	655100	124720	101870	22850	79020
1999	1087884	750259	337625	412634	131387	90611	40776	49835
2000	1344664	991414	353250	638164	162399	119736	42663	77073
2001	1267519	860333	407186	453147	153119	103930	49189	54741
2002	1402687	871005	531682	339323	169468	105232	64236	40996
2003	2092670	1246410	846260	400150	252799	150569	102230	48339
2004	2923218	1651484	1271734	379750	353195	199539	153656	45883
2005	3338761	2005931	1332830	673101	405938	244004	161934	82070
2006	4948598	3000716	1947882	1052834	619356	375307	244049	131258
2007	7230425	4168726	3061698	1107028	944886	544473	400413	144060
2008	9545118	5412965	4132153	1280812	1361793	772666	589127	183539
2009	8727529	5033213	3694316	1338897	1277878	736849	541029	195820
2010	14629821	9079759	5550062	3529697	2160529	1341606	818923	522683
2011	20387440	14160957	6226483	7934474	3146881	2187606	959275	1228331
2012	21086322	15846515	5239807	10606708	3341383	2511279	830104	1681175
2013	22844979	17525434	5319545	12205889	3674663	2816665	857998	1958667
2014	26243484	19666525	6576959	13089566	4273082	3202532	1070550	2131982
2015	26285359	20514912	5770447	14744465	4239961	3311674	928287	2383387
2016	26384489	19621927	6762562	12859365	4002841	2979840	1023001	1956839
2017	30111172	22090111	8021061	14069050	4433898	3248827	1185072	2063755
2018	31617435	22229519	9387916	12841603	4818758	3394269	1424490	1969779
2019	35099686	24960542	10139144	14821398	5088978	3619295	1469683	2149612
南昌市 Nanchang	10624262	6465150	4159112	2306038	1538172	935687	602486	333201
景德镇市 Jingdezhen	643046	632159	10887	621272	92955	91388	1567	89821
萍乡市 Pingxiang	1176273	1162934	13339	1149595	171633	169702	1932	167770
九江市 Jiujiang	3497523	2911764	585759	2326005	511849	426776	85073	341703
新余市 Xinyu	1491508	754697	736811	17886	216617	109594	107022	2572
鹰潭市 Yingtan	2975295	813669	2161626	-1347957	431893	118155	313739	-195584
赣州市 Ganzhou	3973660	3384521	589140	2795381	575493	489928	85565	404363
吉安市 Ji'an	4908440	3538602	1369839	2168763	706965	509015	197950	311065
宜春市 Yichun	2082085	1908524	173562	1734962	301490	276362	25129	251233
抚州市 Fuzhou	1524088	1398797	125291	1273506	221620	203361	18260	185101
上饶市 Shangrao	2203504	1989725	213779	1775946	320290	289329	30961	258368

5-2 海关进出口货物分类金额（2019年）
Value of Imports and Exports of Goods by HS Section and Division (2019)

单位：万元 (RMB 10 000 yuan)

商品类别	Section & Division	进出口总值 Total Imports & Exports	出口值 Total Exports	进口值 Total Imports
总计	**Total**	**35099686**	**24960542**	**10139144**
活动物;动物产品	**Live Animals & Animal Products**	**52846**	**44085**	**8761**
活动物	Live Animals	35552	35371	182
肉及食用杂碎	Meat and Meat Offal	709	640	70
鱼、甲壳动物、软体动物及其他水生无脊动物	Fish and Crustaceans Molluscs and Other Aquatic Invertebrates	2066	708	1358
乳品；蛋品；天然蜂蜜;其他食用动物产品	Dairy Products;Birds'Eggs;Natural Honey;Edible Products of Animal Origin,not Elsewhere Specified or Included	4042	65	3976
其他动物产品	Products of Animal Origin,not Elsewhere Specified or Included	10477	7301	3176
植物产品	**Vegetable Products**	**120612**	**100999**	**19614**
活树及其他活植物;鳞茎、根及类似品;插花及装饰用簇叶	Live Trees and Other Plants;Bulbs;Roots and the Like; Cut Flowers and Ornamental Foliage	1400	1400	
食用蔬菜、根及块茎	Edible Vegetables and Certain Roots and Tubers	10496	7627	2869
食用水果及坚果;甜瓜或柑桔属水果的果皮	Edible Fruit and Nuts; Peel of Citrus Fruits or Melons	27270	23482	3788
咖啡、茶、马黛茶及调味香料	Coffee; Tea Mate and Spices	60762	60630	132
谷物	Cereals	9943		9943
制粉工业产品;麦芽;淀粉;菊粉;面筋	Products of the Milling Industry; Malt; Starches; Inulin ; Wheat Gluten	452	83	369
含油子仁及果实;杂项子仁及果实;工业用或药用植物;稻草、秸秆及饲料	Oil Seeds and Oleaginous Fruits;Miscellaneous Grains, Seeds and Fruits; Industrial or Medicinal Plants; Straw and Fodder	4776	2612	2165
虫胶;树胶、树脂及其他植物液、汁	Lac; Gums; Resins and Other Vegetable Saps and Extracts	4605	4256	349
编结用植物材料;其他植物产品	Vegatable Plaiting Materials; Vegatable Products Not Elsewhere Specified or Included	908	908	…
动植物油、脂及其分解产品;精制的食用油脂;动、植物蜡	**Animal or Vegetable Fats and Oils and their Cleavage Products;Prepared Edible Fats;Animal or Vegetable Waxes**	**1241**	**1191**	**50**
食品；饮料、酒及醋;烟草、烟草及烟草代用品的制品	**Prepared Foodstuffs;Beverages,Spirits And Vinegar; Tobacco and Manufactured Tobacco Substitutes**	**224508**	**192002**	**32506**
肉、鱼、甲壳动物、软体动物及其他水生无脊椎动物的制品	Preparations of Meat,of Fish or of Crustaceans	72634	72634	
糖及糖食	Sugars and Sugar Confectionery	1879	930	949
可可及可可制品	Cocoa and Cocoa Preparations	2366	2366	
谷物、粮食粉、淀粉或乳的制品;糕饼点心	Preparations of Cereals; Flour; Starch or Milk ; Pastry -Cooks' Products	21647	20629	1018
蔬菜、水果、坚果或植物其他部分的制品	Preparations of Vegetables; Fruits , Nuts or Other Parts of Plants	67018	66915	103
杂项食品	Miscellaneous Edible Preparations	16472	14645	1827
饮料、酒及醋	Beverages;Spirits and Vinegar	9111	4035	5076
食品工业的残渣及废料;配制的动物饲料	Residues and Waste from the Food Industries ; Prepared Animal Fodder	33357	9823	23534
烟草及烟草代用品的制品	Tobacco and Manufactured Tobacco Substitutes	24	24	
矿产品	**Mineral Products**	**1892225**	**51062**	**1841163**
盐;硫酸;泥土及石料;石膏料、石灰及水泥	Salt; Sulphur;Earth and Stone;Plastering Materials,Lime and Cement	341764	41470	300294
矿砂、矿渣及矿灰	Ore; Slag and Ash	1486258	6186	1480072
矿物燃料、矿物油及其 蒸馏产品;沥青物质;矿物蜡	Mineral Fuels; Mineral Oils and Products of Their Distillation;Bituminous Substances;Mineral Waxes	64203	3406	60797

5-2 续表1 continued

单位: 万元 (RMB 10 000 yuan)

商品类别	Section & Division	进出口总值 Total Imports & Exports	出口值 Total Exports	进口值 Total Imports
化学工业及其相关工业的产品	**Products of The Chemical or Industries Allied**	**2690596**	**2348224**	**342372**
无机化学品;贵金属、稀土金属、放射性元素及其同位素的有机及无机化合物	Inorganic Chemicals;Organic or Inorgance Compounds of Precious Metals,of Rare-Earth Metals,of Radioactive Elements of Isotopes	992937	877118	115819
有机化学品	Organic Chemicals	675691	653756	21935
药品	Pharmaceutical Products	57205	40043	17163
肥料	Fertilizers	23270	23270	
鞣料浸膏及染料浸膏;鞣酸及其他衍生物;染料、颜料及其他着色料;油漆及清油灰及其他类似胶粘剂;墨水、油墨	Tanning and Dyeing Extracts;Tannics and Their Derivatives; Dyes,pigments and Other Colouring Matter; Paints and Varnishes; Putty and Other Mastics;Inks	108722	103722	4999
精油及香膏;芳香料制品及化妆盥洗品	Essential Oils and Retinoid; Perfumery; Cosmetics or Toilet Preparations	103188	80105	23084
肥皂、有机表面活性剂、洗涤剂、润滑剂、人造蜡、调制蜡、光洁剂、蜡烛及类似品、塑型用膏、"牙科用蜡"及牙科用熟石膏制剂	Soap;Organic Surface-Active Agents,Washing Preparations, Lubricating Preparations,Artificial Waxes,Prepared Waxes,Polishing or Scouring Preparations,Candles and Similar Articles,Modelling Pastes,"Dental Waxes" And Dental Preparations With a Basis of	37126	26459	10667
蛋白类物质;改性淀粉;胶;酶	Albuminoidal Substances; Modified Starches;Glues;Enzymes	45595	30127	15468
烟火制品;火柴;引火合金;易燃材料制品	Pyrotechnic Products;Matches;Pyrophoric Alloys;Certain Combustible Preparations	174751	171882	2869
照相及电影用品	Photographic or Cinematographic Goods	30267	3666	26601
杂项化学产品	Miscellaneous Chemical Products	441844	338077	103767
塑料及其制品;橡胶及其制品	**Plastics and Articles Thereof Rubber and Srticles Thereof**	**1101853**	**893502**	**208350**
塑料及其制品	Plastics and Articles Thereof	1019734	841305	178428
橡胶及其制品	Rubber and Articles Thereof	82119	52197	29922
生皮、皮革、毛皮及其制品;鞍具及挽具;旅行用品、手提包及类似品;动物肠线(蚕胶丝除外)制品	**Raw Hides and Skins; Leather; Fur Skins and Articles Thereof; Saddlery and Harness;Travel Goods,Handbags and Similar Containers;Articles of Animal Gut(Other Than Silk-Worm Gut)**	**544257**	**517874**	**26382**
生皮及皮革	Raw Hides and Skins and Leather	34151	8447	25703
皮革制品;鞍具及挽具;旅行用品、手提包及类似容器;动物肠线制品	Articles of Leather,Saddlery and Harness;Travel Goods; Handbags and Similar Containers	490663	490062	601
毛皮、人造毛皮及其制品	Fur skins and Artificial Fur; Manufactures Thereof	19444	19365	79
木及木制品;木炭;软木及软木制品;稻草、秸秆、针茅或其他编结材料制品;蓝筐及柳条编结品	**Wood and Articles of Wood; Wood Charcoal; Cork and Articles of Cork;Manufactures of Straw,of Esparto or of Other Plaiting Materials;Basket Ware and Wickerwork**	**249734**	**135560**	**114174**
木及木制品;木炭	Wood and Articles of Wood , Wood Charcoal	244969	130816	114153
软木及软木制品	Cork and Articles of Cork	39	39	…
稻草、秸秆、针茅或其他编结材料制品;篮筐及柳条编结品	Manufactures of Straw,of Esparto or of Other Plainting Materials; Basket Ware and Wickerwork	4726	4704	22
木浆及其他纤维状纤维素浆;纸及纸板的废碎品;纸、纸板及其制品	**Pulp of Wood or of Other Fibrous Cellulosic Material; Waste and Scrap of paper or Paperboard;Paper and Paperboard and Articles Thereof**	**813301**	**454871**	**358430**
木浆及其他纤维状纤维;纸及纸板的废碎品	Pulp of Wood or of Other Fibrous Cellulosic Material; Waste and Scrap of paper or Paperboard	341797	813	340984

5-2 续表2 continued

单位: 万元 (RMB 10 000 yuan)

商品类别		进出口总值 Total Imports & Exports	出口值 Total Exports	进口值 Total Imports
纸及纸板;纸浆、纸或纸板制品	Paper and Paperboard; Articles of Paper Pulp or Paper and Paperboard	448866	432339	16527
书籍、报纸、印刷图画及其他印刷品;手稿、打字稿及设计图纸	Printed Books,Newspapers, Pictures and Other Products of the Printing Industry;Manuscripts,Typescripts and Plants	22638	21718	920
纺织原料及纺织制品	**Textiles and Textile Article**	**2295280**	**2211547**	**83733**
蚕丝	Silk	870	820	50
羊毛、动物细毛或粗毛;马毛纱线及其机织物	Wool; Fine or Coarse Animal Hair;Horsehair Yarn and Woven Fabric	512	407	105
棉花	Cotton	60071	48957	11114
其他植物纺织纤维;纸纱线及其机织物	Other Vegrtable Textile Fibres;Paper Yarn and Woven Fabrics of Paper Yarn	52056	42981	9076
化学纤维长丝	Man-Made Filaments	76129	63886	12243
化学纤维短纤	Man-Made Short Fibres	55842	52099	3743
絮胎、毡呢及无纺织物;特种纱线;线、绳、索、缆及其制品	Wadding; Felt and Nonwovend; Special Yarn;Twine Cordage, Ropes and Other Textile Floor Coverings , Special Woven Fabrics;	47678	43312	4366
地毯及纺织材料的其他铺地制品	Lace;Tapestries;Trimmings; Embroidery	32936	32936	…
特种机织物;簇绒织物;花边;装饰毯;装饰带;刺绣品		40270	31955	8314
浸渍、涂布、包覆或层压的纺织物;工业用纺织制品	Impregnated，Coated Covered or Laminated Textile Fabrics; Textile Articles of a kind Suitable for Industrial Use	39784	24655	15130
针织物及钩编织物	Knitted or Crocheted Fabrics	88319	73295	15024
针织或钩编的服装及衣着附件	Articles of Apparel and Clothing Accessories, Knitted or Crocheted	1134032	1133811	221
非针织或非钩编的服装及衣着附件	Articles of Apparel and Clothing Accessories, not Knitted or	499639	498162	1477
其他纺织制成品;旧衣着及旧纺织品;碎织物	Crocheted Other Made Up Textile Articles; Sets;Worn Clothing And Worn Textile Articles ;Rags Articles;Rags	167141	164271	2870
鞋、帽、伞、杖、鞭及其零件;已加工的羽毛及其制品;人造花;人发制品	**Footwear; Headgear; Umbrellas; Sun Umbrellas,Walking -Sticks, B39Seat-Sticks,Whips,Riding-Crops and Parts Thereof;** Prepared Feathers and Articles Made Therewith;Artificial Flowers;Articles of Human Hair	**1234195**	**1168467**	**65728**
鞋靴、护腿和类似品及其零件	Footwear; Gaiters and The Like;Parts of Such Articles	972156	906811	65345
帽类及其零件	Headgear And Parts Thereof	20497	20468	29
雨伞、阳伞、手仗、鞭子、马鞭及其零件	Umbrellas;Sun Umbrellas; Walking-Sticks,Seat-Stick,Whips, Riding-Crops And Parts Thereof	14991	14991	
已加工羽毛、羽绒及其制品;人造花;人发制品	Prepared Feathers and Down and Article,Made of Feathers or of Down; Artificial Flowers;Articles of Human Hair	226550	226197	354
石料、石膏、水泥、石棉、云母及类似材料的制品;陶瓷产品;玻璃及其制品	**Articles of Stone,Plaster,Cement,Asbestos,Mica or Similar Materials;Ceramic Products;Glass and Glassware**	**1206050**	**1172601**	**33449**
石料、石膏、水泥、石棉、云母及类似材料的制品	Articles of Stone,Plaster,Cement,Asbestos,Mica or Similar	250559	245478	5080
陶瓷产品	Ceramics Products	683673	681996	1676
玻璃及其制品	Glass and Glassware	271819	245127	26693
天然或养殖珍珠、宝石或半宝石、贵金属、包贵金属及其制品;仿首饰;硬币	**Natural or Cultivated Pearls;Precious or Semi-Precious Stones; Precious Metals, Metals Clad with Precious Metal and Artificial Thereof;Imitation Jewellery;Coin**	**269482**	**89531**	**179950**

5-2 续表3 continued

单位: 万元 (RMB 10 000 yuan)

商 品 类 别	Section & Division	进出口总值 Total Imports & Exports	出口值 Total Exports	进口值 Total Imports
贱金属及其制品	**optical; Photographic; Film; Measuring and Checking and Medical**	**3890779**	**2448640**	**1442139**
钢铁	Iron and Steel	395485	389258	6227
钢铁制品	Articles of Iron and Steel	791758	774186	17572
铜及其制品	Copper and Articles Thereof	1760399	503977	1256421
镍及其制品	Nickel and Articles Thereof	2493	1124	1369
铝及其制品	Aluminum and Articles Thereof	143926	140042	3884
铅及其制品	Lead and Articles Thereof	1430	911	519
锌及其制品	Zinc and Articles Thereof	4497	3711	785
锡及其制品	Tin and Articles Thereof	262	58	205
其他贱金属、金属陶瓷及其制品	Other Base Metals ;Cermets; Articles Thereof	229667	82154	147513
贱金属工具、器具、利口器、餐匙、餐叉及其零件	Tools;Implements,Cutlery,Spoons and Forks,of Base Metal; Parts Thereof of Base Metal	195664	192469	3196
贱金属杂项制品	Miscellaneous Articles of Base Metals	365199	360751	4448
机器、机械器具、电气设备及其零件;录音机及放声机、电视图像、声音的录制和重放设备及其零件、附件	**Machinery and Machinical Appliances;Electrical Equipment;Parts Thereof;Sound Recorders and Reproducers;and Parts and Accessories of Such Articles**	**14015138**	**9117159**	**4897979**
锅炉、机器机械器具及其零件等	Boilers;Machinery and Machinical Appliances;Parts Thereof	1930282	1487502	442781
电机、电气设备及其零件;录音机及放声机、电视图像、声音的录制和重放设备及其零件、附件	Electric Machinery and Equipment and Parts Thereof;Sound Recorders and Reproducers,and Parts and Accessories of Such Articles	12084856	7629658	4455198
车辆、船舶及有关运输设备	**Vehicles; Aircraft ,Vessels And Associated Transport Equipment**	**561888**	**487962**	**73925**
光学、照相、电影、计量、检验、医疗或外科用仪器及设备、精密仪器及设备;上述物品的零件、附件	**Optical; Photographic; Cinematographic; Measuring, Checking, Precision, Medical or Surgical Instruments and Apparatus;Clocks And Watches;Musical Instruments;Parts and Accessories Thereof**	**826738**	**433502**	**393236**
光学、照相、电影、计量、检验、医疗或外科用仪器及设备、精密仪器及设备;零件、附件	Optical; Photographic; Cinematographic; Measuring, Checking, Precision, Medical or Surgical Instruments and Apparatus;Clocks And Watches;Musical Instruments;Parts and Accessories Thereof	784318	391413	392905
钟表及其零件	Clocks and Watches and Parts Thereof	27647	27471	176
乐器及其零件、附件	Musical Instruments; Parts and Accessories of Such Articles	14612	14458	154
其它及其零件、附件	Other parts and Accessories of Such Articles	161	161	
杂项制品	**Miscellaneous Manufactured Articles**	**3030759**	**3013645**	**17115**
家具、寝具、褥垫、弹簧床垫、软座垫及类似的填充制品;未列名灯具及照明装置;发光标志、发光名牌及类似品;活动房屋	Furniture ;Bedding,Mattresses,Mattress Supports,Cushions and Similar Stuffed Furnishing;Lamps and Lighting Fittings,not Elsewhere Specified or Included;Illuminated Signs,Illuminated Toys,Games and Sports Requisites;Parts and Accessories Thereof	1662123	1660517	1606
玩具、游戏品、运动用品及其零件、附件	Toys, Games and Sports Requisites; Parts and Accessories Thereof	1218989	1208067	10921
杂项制品	Miscellaneous Manufactured Articles	149648	145061	4587
艺术品、收藏品及古物	**Works of Art, Collectors' Pieces and Antiques**	**10620**	**10620**	
特殊交易品及未分类商品	**Commodities and Transactions not Classified According to Kind**	**67584**	**67498**	**86**

5-3 海关进出口货物分类金额（2019年）
Value of Imports and Exports by HS Section and Division (2019)

单位：万美元 (USD 10 000)

商品类别	Section & Division	进出口总值 Total Imports & Exports	出口值 Total Exports	进口值 Total Imports
总计	**Total**	**5088978**	**3619295**	**1469683**
活动物;动物产品	**Live Animals & Animal Products**	**7648**	**6384**	**1264**
活动物	Live Animals	5149	5122	27
肉及食用杂碎	Meat and Meat Offal	101	91	10
鱼、甲壳动物、软体动物及其他水生无脊动物	Fish and Crustaceans Molluscs and Other Aquatic Invertebrates	299	103	196
乳品；蛋品；天然蜂蜜;其他食用动物产品	Dairy Products;Birds'Eggs; Natural Honey;Edible Products of Animal Origin,not Elsewhere Specified or Included	582	10	572
其他动物产品	Products of Animal Origin,not Elsewhere Specified or Included	1518	1059	459
植物产品	**Vegetable Products**	**17498**	**14637**	**2861**
活树及其他活植物;鳞茎、根及类似品;	Live Trees and Other Plants; Bulbs;Roots and the Like;	204	204	
插花及装饰用簇叶	Cut Flowers and Ornamental Foliage	1525	1107	419
食用蔬菜、根及块茎	Edible Vegetables and Certain Roots and Tubers	3924	3366	558
食用水果及坚果;甜瓜或柑桔属水果的果皮	Edible Fruit and Nuts; Peel of Citrus Fruits or Melons	8838	8819	19
咖啡、茶、马黛茶及调味香料	Coffee; Tea Mate and Spices	1440		1440
谷物	Cereals	66	12	54
制粉工业产品;麦芽;淀粉;菊粉;面筋	Products of the Milling Industry; Malt; Starches; Inulin ; Wheat Gluten			
含油子仁及果实;杂项子仁及果实;工业用或药用植物;稻草、秸秆及饲料	Oil Seeds and Oleaginous Fruits; Miscellaneous Grains, Seeds and Fruits; Industrial or Medicinal Plants; Straw and Fodder	697	377	319
虫胶;树胶、树脂及其他植物液、汁	Lac; Gums; Resins and Other Vegetable Saps and Extracts	670	620	51
编结用植物材料;其他植物产品	Vegatable Plaiting Materials; Vegatable Products Not Elsewhere Specified or Included	133	133	…
动植物油、脂及其分解产品;精制的食用油脂;动、植物蜡	**Animal or Vegetable Fats and Oils and their Cleavage Products;Prepared Edible Fats;Animal or Vegetable Waxes**	**180**	**173**	**7**
食品；饮料、酒及醋;烟草、烟草及烟草代用品的制品	**Prepared Foodstuffs;Beverages,Spirits And Vinegar; Tobacco and Manufactured Tobacco Substitutes**	**32609**	**27860**	**4749**
肉、鱼、甲壳动物、软体动物及其他水生无脊椎动物的制品	Preparations of Meat, of Fish or of Crustaceans	10581	10581	
糖及糖食	Sugars and Sugar Confectionery	273	135	137
可可及可可制品	Cocoa and Cocoa Preparations	343	343	
谷物、粮食粉、淀粉或乳的制品;糕饼点心	Preparations of Cereals; Flour; Starch or Milk; Pastry -Cooks' Products	3137	2990	146
蔬菜、水果、坚果或植物其他部分的制品	Preparations of Vegetables; Fruits , Nuts or Other Parts of Plants	9684	9669	15
杂项食品	Miscellaneous Edible Preparations	2390	2129	261
饮料、酒及醋	Beverages;Spirits and Vinegar	1315	581	734
食品工业的残渣及废料;配制的动物饲料	Residues and Waste from the Food Industries; Prepared Animal Fodder	4882	1427	3455
烟草及烟草代用品的制品	Tobacco and Manufactured Tobacco Substitutes	4	4	
矿产品	**Mineral Products**	**275172**	**7454**	**267718**
盐;硫酸;泥土及石料;石膏料、石灰及水泥	Salt; Sulphur; Earth and Stone; Plastering Materials, Lime and Cement	49771	6046	43725
矿砂、矿渣及矿灰	Ore; Slag and Ash	216121	910	215212
矿物燃料、矿物油及其 蒸馏产品;沥青物质;矿物蜡	Mineral Fuels; Mineral Oils and Products of Their Distillation; Bituminous Substances; Mineral Waxes	9280	498	8781

5-3 续表1 continued

单位: 万美元 (USD 10 000)

商品类别	Section & Division	进出口总值 Total Imports & Exports	出口值 Total Exports	进口值 Total Imports
化学工业及其相关工业的产品	**Chemicals and Related Products**	**391126**	**341496**	**49630**
无机化学品;贵金属、稀土金属、放射性元素及其同位素的有机及无机化合物	Inorganic Chemicals; Precious Metals; Rare Earth; Radioactive Elements and Isotopes of Organic and Inorganic Compounds	144270	127452	16818
有机化学品	Organic Chemicals	98212	95013	3199
药品	Medicinal and Pharmaceutical Products	8322	5827	2495
肥料	Fertilizers	3377	3377	
鞣料浸膏及染料浸膏;鞣酸及其他衍生物;染料、颜料及其他着色料;油漆及清漆;油灰及其他类似胶粘剂;墨水、油墨	Tanning and Dyeing Extracts; Tannic Acid; Coloring and Dyeing Materials; Paint and Lacquer; Putty and other similar Adhesive; Ink and Printing Ink	15814	15088	726
精油及香膏;芳香料制品及化妆盥洗品	Essential Oils and Perfumed Materials; Cosmetics Washing Goods	15003	11651	3351
肥皂、有机表面活性剂、洗涤剂、润滑剂、人造蜡、调制蜡、光洁剂、蜡烛及类似品、塑型用膏、“牙科用蜡”及牙科用熟石膏制剂	Soap; Organic Surfactant; Detergent;Lubricant; Man-made Wax; Modulated Wax, Lacquer; Candles and Similar Goods; Remodeling Paste; "Dental Wax"and Plaster Preparation of Dental Use	5398	3851	1547
蛋白类物质; 改性淀粉;胶; 酶	Protein like Substances; Modified Starch; Gel and Enzymes	6619	4378	2240
烟火制品; 火柴;引火合金; 易燃材料制品	Explosives and Matches Products; Inflammable Material Products	25395	24979	416
照相及电影用品	Photographic and Film Supplies	4380	534	3846
杂项化学产品	Miscellaneous Chemical Products	64337	49346	14991
塑料及其制品; 橡胶及其制品	**Plastics and Related Products; Rubber and Related Products**	**160182**	**129941**	**30240**
塑料及其制品	Plastics and Related Products	148244	122339	25905
橡胶及其制品	Rubber and Related Products	11938	7602	4335
生皮、皮革、毛皮及其制品;鞍具及挽具;旅行用品、手提包及类似品; 动物肠线(蚕胶丝除外)制品	**Raw Hides; Leather; Furs and Related Products; Saddle;Travel Articles; Handbags and Similar Containers**	**79016**	**75187**	**3830**
生皮及皮革	Raw Hides and Leather	4954	1224	3730
皮革制品;鞍具及挽具;旅行用 品、手提包及类似容器;动物肠线制品	Leather Products;Saddle; Travel Articles; Handbags and Similar Containers	71261	71172	89
毛皮、人造毛皮及其制品	Furs; Artificial Furs and Related Products	2802	2791	11
木及木制品;木炭;软木及软木制品;稻草、秸秆、针茅或其他编结材料制品;蓝筐及柳条编结品	**Wood and Wooden Products; Charcoal; Cork and Related Products; Straws; Plaited Products; Baskets and Wickerwork**	**36309**	**19691**	**16618**
木及木制品;木炭	Wood and Wooden Products, Charcoal	35617	19003	16614
软木及软木制品	Cork and Related Products	6	6	…
稻草、秸秆、针茅或其他编结材料制品;篮筐及柳条编结品	Straws; Plaited Products; Baskets and Wickerwork	686	683	3
木浆及其他纤维状纤维素浆;纸及纸板的废碎品;纸、纸板及其制品	**Paper Pulp and Cellulose Pulp; Paper and Waste Paper; Paperboard and Related Products**	**118310**	**66157**	**52154**
木浆及其他纤维状纤维;纸及纸板的废碎品	Paper Pulp and Cellulose Pulp; Paper and Paper Board Waste	49739	120	49619

5-3 续表2 continued

单位: 万美元 (USD 10 000)

商品类别	Section & Division	进出口总值 Total Imports & Exports	出口值 Total Exports	进口值 Total Imports
纸及纸板;纸浆、纸或纸板制品	Paper and Paperboard; Articles of Paper Pulp or Paper and Paperboard Products	65274	62872	2402
书籍、报纸、印刷图画及其他印刷品;手稿、打字稿及设计图纸	Books,Newspaper and Other Prints; Manuscript,Design Drawings	3297	3165	133
纺织原料及纺织制品	**Textile Materials and Products**	**333287**	**321122**	**12165**
蚕丝	Natural Silk	126	119	7
羊毛、动物细毛或粗毛;马毛纱线及其机织物	Wool; Wool Yarn and Woolen Woven Fabrics	75	59	15
棉花	Cotton	8696	7081	1615
其他植物纺织纤维;纸纱线及其机织物	Other Textile Fibres Yarn and Related Woven Fabrics	7590	6272	1318
化学纤维长丝	Man-Made Filament	11049	9274	1775
化学纤维短纤	Man-Made Short Fibres	8126	7580	546
絮胎、毡呢及无纺织物;特种纱线;线、绳、索、缆及其制品	Wadding; Felt and Adhesive-Bond Fabrics;Special Yarn; Thread; Rope; Cable and Related Products	6921	6285	636
地毯及纺织材料的其他铺地制品	Carpets and Related Products	4783	4783	…
特种机织物; 簇绒织物; 花边; 装饰毯; 装饰带; 刺绣品	Special Woven Fabrics; Lace; Embroidery	5846	4637	1209
浸渍、涂布、包覆或层压的纺织物; 工业用纺织制品	Coated Textiles; Textile Products for Industrial Use	5782	3584	2198
针织物及钩编织物	Knitwear and Crocheted Fabrics	12801	10620	2181
针织或钩编的服装及衣着附件	Knitted or Crocheted Garments&Clothing Accessories	164668	164636	32
非针织或非钩编的服装及衣着附件	Garments Not Knitted or Crocheted	72553	72338	215
其他纺织制成品; 旧衣着及旧纺织品; 碎织物	Other Textile Products; Secondhand Garments	24270	23853	417
鞋、帽、伞、杖、鞭及其零件; 已加工的羽毛及其制品; 人造花; 人发制品	**Footwear; Headgear; Umbrellas; Canes; Whips;Processed Feather; Artificial Flowers; Wigs**	**179322**	**169766**	**9556**
鞋靴、护腿和类似品及其零件	Parts of Footwear; Gaiters	141285	131786	9499
帽类及其零件	Headgear And Accessories	2988	2984	4
雨伞、阳伞、手仗、鞭子、马鞭及其零件	Umbrellas; Canes; Whips and Accessories	2175	2175	…
已加工羽毛、羽绒及其制品; 人造花; 人发制品	Processed Feathers and Related Products;Artificial Flowers; Wigs	32872	32820	52
石料、石膏、水泥、石棉、云母及类似材料的制品; 陶瓷产品; 玻璃及其制品	**Gypsum; Cement; Asbestos; Mica; Ceramic Glass**	**175192**	**170330**	**4863**
石料、石膏、水泥、石棉、云母及类似材料的制品	Gypsum; Cement; Asbestos; Mica and Related Products	36502	35765	737
陶瓷产品	Ceramics	99099	98859	240
玻璃及其制品	Glass and Glassware	39592	35706	3886
天然或养殖珍珠、宝石或半宝石、贵金属、包贵金属及其制品; 仿首饰; 硬币	**Natural or Cultivated Pearls;Precious or Semi-Precious Stones; Jewelry of Precious Metal or Rolled Precious Metal; Artificial Jewelry; Coins**	**39326**	**13000**	**26326**

5-3 续表3 continued

单位：万美元 (USD 10 000)

商品类别	Section & Division	进出口总值 Total Imports & Exports	出口值 Total Exports	进口值 Total Imports
贱金属及其制品	**Base Metals and Related Products**	**565150**	**356160**	**208991**
钢铁	Iron and Steel	57571	56665	906
钢铁制品	Iron and Steel Products	115309	112762	2546
铜及其制品	Copper and Related Products	255261	73234	182028
镍及其制品	Nickel and Related Products	362	164	198
铝及其制品	Aluminum and Related Products	20912	20349	564
铅及其制品	Lead and Related Products	208	132	75
锌及其制品	Zinc and Related Products	654	540	114
锡及其制品	Tin and Related Products	38	8	30
其他贱金属、金属陶瓷及其制品	Other Base Metals and Related Products	33399	11979	21420
贱金属工具、器具、利口器、餐匙、餐叉及其零件	Tools and Apparatus of Base Metals; Spoon and Accessories	28415	27949	465
贱金属杂项制品	Miscellaneous Products of Base Metals and Accessories	53022	52377	645
机器、机械器具、电气设备及其零件;录音机及放声机、电视图像、声音的录制和重放设备及其零件、附件	**Machinery; Electric Equipment and Accessories; Recorders; Video Recorder and Accessories**	**2026023**	**1317536**	**708488**
锅炉、机器机械器具及其零件等	Boilers;Machinery and Accessories	280077	215761	64316
电机、电气设备及其零件;录音机及放声机、电视图像、声音的录制和重放设备及其零件、附件	Electric Equipment and Accessories; Recorders; Video Recorder and Accessories	1745946	1101775	644171
车辆、船舶及有关运输设备	**Locomotives; Vehicles; Ship and Related Transportation Equipment**	**81679**	**70961**	**10718**
光学、照相、电影、计量、检验、医疗或外科用仪器及设备、精密仪器及设备;上述物品的零件、附件	**Optical; Photographic; Film; Measuring and Checking and Medical Instruments and Equipment; Precision Instruments and Equipment; (Clocks; Musical Instruments;) Related Parts and Accessories**	**119879**	**62883**	**56996**
光学、照相、电影、计量、检验、医疗或外科用仪器及设备、精密仪器及设备;零件、附件	Optical; Photographic; Film; Measuring and Checking and Medical Instruments and Equipment; Precision Instruments and Equipment; Clocks; Musical Instruments; Related Parts and Accessories	113725	56777	56948
钟表及其零件	Clocks and Accessories	4011	3986	25
乐器及其零件、附件	Musical Instruments; Related Parts and Accessories	2119	2097	22
其它及其零件、附件	Other parts and Accessories	24	24	
杂项制品	**Miscellaneous Products**	**440058**	**437560**	**2499**
家具、寝具、褥垫、弹簧床垫、软座垫及类似的填充制品;未列名灯具及照明装置;发光标志、发光名牌及类似品;活动房屋	Furniture and Lighting Fixtures; Luminous Signs&similar Goods; Prefabricated Houses	241624	241392	231
玩具、游戏品、运动用品及其零件、附件	Toys, Games and Sports Requisites; Parts and Accessories Thereof	176681	175079	1602
杂项制品	Miscellaneous Products	21754	21088	665
艺术品、收藏品及古物	**Works of Art, Collectibles and Antiques**	**1544**	**1544**	
特殊交易品及未分类商品	**Special and Uncategorized Products**	**9467**	**9454**	**12**

5-4 按国别(地区)分海关货物进出口总值（2019年）
Value of Imports and Exports by Country or Region (2019)

单位: 万元 (RMB 10 000yuan)

国别（地区）	Country (Region)	进出口总值 Total	出口值 Exports	进口值 Imports
合计	**Total**	**35099686**	**24960542**	**10139144**
亚洲	**Asia**	**19321257**	**13273508**	**6047749**
#孟加拉国	Bangladesh	118691	116689	2001
中国香港	Hong Kong, China	2740786	2700222	40564
中国澳门	Macao, China	20803	20801	2
中国台湾	Taiwan, China	1772432	369273	1403159
印度	India	790067	767369	22698
印度尼西亚	Indonesia	900687	655369	245319
伊朗	Iran	116107	115968	140
以色列	Israel	142568	134515	8053
日本	Japan	2485259	1050752	1434507
马来西亚	Malaysia	1173790	1035490	138300
蒙古	Mongolia	23993	13244	10749
巴基斯坦	Pakistan	182906	139887	43020
菲律宾	Philippines	521021	390485	130535
沙特阿拉伯	Saudi Arabia	376166	366083	10083
新加坡	Singapore	1144558	1006996	137562
韩国	Korea Rep.	2462666	1112385	1350281
斯里兰卡	Sri Lanka	50777	50499	278
叙利亚	Syria	12214	12214	
泰国	Thailand	680777	574715	106061
土耳其	Turkey	199291	191460	7831
阿联酋	United Arab Emirates	699834	692743	7090
也门	Republic of Yemen	27845	27845	
越南	Vietnam	1125345	941730	183615
非洲	**Africa**	**2215074**	**1117428**	**1097647**
#阿尔及利亚	Algeria	30030	30015	15
埃及	Egypt	114111	113516	594
科特迪瓦	Cote d'lvoire	17661	17661	
尼日利亚	Nigeria	183062	172101	10961
南非	South Africa	478305	234349	243956
多哥	Togo	28792	28792	
刚果(金)	Congo DR	214476	28203	186273

5-4 续表 continued

单位: 万元 (RMB 10 000 yuan)

国 别（地 区）	Country (Region)	进出口总值 Total	出口值 Exports	进口值 Imports
欧 洲	**Europe**	**5236439**	**4565262**	**671177**
#比利时	Belgium	241218	233325	7893
丹 麦	Denmark	29624	27919	1705
英 国	United Kingdom	713388	693916	19473
德 国	Germany	855245	636731	218514
法 国	France	336334	201789	134545
意大利	Italy	364214	338587	25627
荷 兰	Netherlands	772019	755642	16377
希 腊	Greece	90059	90031	28
西班牙	Spain	455682	416090	39592
奥地利	Austria	30130	23723	6408
芬 兰	Finland	37229	14384	22846
波 兰	Poland	170652	167607	3045
瑞 典	Sweden	94484	69821	24663
瑞 士	Switzerland	26444	16101	10344
爱沙尼亚	Estonia	4439	3457	981
俄罗斯联邦	Russia	381881	343760	38122
乌克兰	Ukraine	85145	80544	4601
捷 克	Czech	203932	169877	34055
拉丁美洲	**Latin America**	**2970266**	**1541863**	**1428404**
#阿根廷	Argentina	65375	60563	4812
巴 西	Brazil	546759	387275	159484
智 利	Chile	1108628	195878	912750
古 巴	Cuba	2508	2508	
危地马拉	Guatemala	22267	22259	8
牙买加	Jamaica	9433	9433	
墨西哥	Mexico	495979	392117	103861
巴拿马	Panama	88641	88640	1
秘 鲁	Peru	336753	94193	242560
委内瑞拉	Venezuela	9930	9608	322
北美洲	**North America**	**4200250**	**3986488**	**213762**
#加拿大	Canada	469194	423778	45416
美 国	United States	3731024	3562678	168346
大洋洲及太平洋群岛	**Oceanic and Pacific Islands**	**1156382**	**475994**	**680389**
#澳大利亚	Australia	1072072	416297	655775
新西兰	New Zealand	61936	40394	21542
巴布亚新几内亚	Papua New Guinea	5363	5363	
其他	**Others**	**18**	**…**	**17**

5-5 按国别(地区)分海关货物进出口总值（2019年）
Value of Imports and Exports by Country or Region (2019)

单位：万美元 (USD 10 000)

国别（地区）	Country (Region)	进出口总值 Total	出口值 Exports	进口值 Imports
合　计	**Total**	**5088978**	**3619295**	**1469683**
亚　洲	**Asia**	**2800559**	**1924795**	**875763**
#孟加拉国	Bangladesh	17250	16959	291
中国香港	Hong Kong, China	396691	390795	5896
中国澳门	Macao, China	3050	3049	…
中国台湾	Taiwan, China	256914	53627	203288
印　度	India	114690	111407	3284
印度尼西亚	Indonesia	130520	94912	35608
伊　朗	Iran	16933	16913	20
以色列	Israel	20664	19499	1165
日　本	Japan	360701	152483	208218
马来西亚	Malaysia	170772	150661	20112
蒙　古	Mongolia	3507	1930	1577
巴基斯坦	Pakistan	26571	20344	6227
菲律宾	Philippines	75498	56589	18910
沙特阿拉伯	Saudi Arabia	54739	53274	1465
新加坡	Singapore	166022	146164	19858
韩　国	Korea Rep.	356562	161588	194974
斯里兰卡	Sri Lanka	7347	7307	40
叙利亚	Syria	1772	1772	
泰　国	Thailand	98727	83337	15390
土耳其	Turkey	28818	27688	1130
阿联酋	United Arab Emirates	100692	99658	1034
也　门	Republic of Yemen	4035	4035	
越　南	Vietnam	163291	136747	26543
非　洲	**Africa**	**321387**	**162343**	**159044**
#阿尔及利亚	Algeria	4371	4369	2
埃　及	Egypt	16557	16472	86
科特迪瓦	Cote d'lvoire	2563	2563	
尼日利亚	Nigeria	26642	25046	1596
南　非	South Africa	69580	34006	35574
多　哥	Togo	4178	4178	…
刚果(金)	Congo DR	31143	4125	27018

5-5 续表 continued

单位: 万美元 (USD 10 000)

国别（地区）	Country (Region)	进出口总值 Total	出口值 Exports	进口值 Imports
欧洲	**Europe**	**759402**	**662151**	**97251**
#比利时	Belgium	35041	33895	1146
丹麦	Denmark	4306	4058	248
英国	United Kingdom	103374	100537	2837
德国	Germany	124026	92484	31541
法国	France	48687	29302	19386
意大利	Italy	52672	48940	3732
荷兰	Netherlands	111939	109553	2386
希腊	Greece	13075	13071	4
西班牙	Spain	66472	60668	5804
奥地利	Austria	4317	3393	924
芬兰	Finland	5442	2091	3350
波兰	Poland	24835	24392	443
瑞典	Sweden	13735	10155	3580
瑞士	Switzerland	3836	2338	1498
爱沙尼亚	Estonia	645	502	143
俄罗斯联邦	Russia	55323	49731	5591
乌克兰	Ukraine	12340	11664	677
捷克	Czech	29341	24381	4960
拉丁美洲	**Latin America**	**430870**	**223206**	**207664**
#阿根廷	Argentina	9519	8808	711
巴西	Brazil	79152	55954	23198
智利	Chile	160892	28303	132589
古巴	Cuba	363	363	
危地马拉	Guatemala	3222	3221	1
牙买加	Jamaica	1368	1368	
墨西哥	Mexico	71753	56735	15019
巴拿马	Panama	12891	12891	
秘鲁	Peru	49052	13618	35434
委内瑞拉	Venezuela	1442	1395	47
北美洲	**North America**	**608836**	**577732**	**31104**
#加拿大	Canada	68155	61530	6624
美国	United States	540677	516198	24480
大洋洲及太平洋群岛	**Oceanic and Pacific Islands**	**167922**	**69067**	**98855**
#澳大利亚	Australia	155672	60416	95256
新西兰	New Zealand	8987	5845	3142
巴布亚新几内亚	Papua New Guinea	781	781	
其他	**Others**	**3**	**0**	**3**

5-6 海关主要商品出口值
Main Exported Goods Value

单位: 万元 (RMB 10 000 yuan)

品名	Item	2018	2019
活猪	Live Hogs	28787	35316
蔬菜	Vegetables	35287	41860
鲜、干水果及坚果	Fresh and Dry Fruits,Nuts	38085	23480
茶叶	Tea	45332	60233
制作或保藏的鳗鱼	River Eels Processed or Preserved	109412	72230
钨品	Tungsten & its Compounds	192692	102304
医药品	Medical and Pharmaceutical Products	323479	311339
烟花、爆竹	Fireworks and Firecrackers	172075	169708
新的充气橡胶轮胎	New Pneumatic	9039	5281
家用或装饰用木制品	Wood Products for Household Use or Decoration	43385	48788
纸及纸板(未切成形的)	Paper and Paperboard in Rolls	122813	174232
纺织纱线、织物及制品	Textilw yarrs, Fabrics and the Articles	645911	608485
玻璃制品	Glass Products	90498	91938
陶瓷产品	Porcelain and Pottery Ware Products	590155	681996
铁合金	Ferroalloy	55595	43840
钢材	Rolled Steel	589667	429324
未锻轧铜及铜材	Unwrought Copper and Its Alloys	427492	475383
未锻轧铝及铝材	Unwrought Aluminium and Aluminium Products	29090	35629
太阳能电池	Solar Cells	816068	1131697
二极管及类似半导体器件	Diode and Semi Conductors	937594	1336075
家具及其零件	Furniture and Parts	765251	858870
床垫、寝具及类似品	Mattess, Bedclothing and Analogs	41992	81834
灯具、照明装置及零件	Lamps and Lighting Fittings	715993	721764
箱包及类似容器	Luggage and Similar Cintainers	534746	479995
体育用品及设备	Articles and Equipment of Sports	156662	178245
服装及衣着附件	Clothing and Accessories	1942154	1712342
鞋类	Shoes	986293	906811
塑料制品	Plastic Articles	510081	513654
玩具	Toys	509874	749013
打火机	Porket lighters,gas-filled	25434	26353
伞	Umbrellas	19962	14708
农产品	Agriculture Products	386486	369057
机电产品	Mechanical and Electrical Products	9271611	12643304
高新技术产品	High and New-tech Products	3570617	7093242

5-7 海关主要商品出口值
Main Exported Goods Value

单位：万美元 (USD 10 000)

品名	Item	2018	2019
活猪	Live Hogs	4338	5114
蔬菜	Vegetables	5400	6033
鲜、干水果及坚果	Fresh and Dry Fruits,Nuts	5681	3365
茶叶	Tea	6842	8761
制作或保藏的鳗鱼	River Eels Processed or Preserved	16643	10522
钨品	Tungsten & its Compounds	29456	14919
医药品	Medical and Pharmaceutical Products	49151	45267
烟花、爆竹	Fireworks and Firecrackers	26125	24662
新的充气橡胶轮胎	New Air-filled Rubber Tyres	1397	771
家用或装饰用木制品	Wood Products for Household Use or Decoration	6623	7079
纸及纸板(未切成形的)	Paper and Paperboard in Rolls	18784	25352
纺织纱线、织物及制品	Spinning Yarn,Fabric and the Products	98494	88350
玻璃制品	Glass Ware	13901	13371
陶瓷产品	Ceramic Products	90717	98859
铁合金	Ferroalloy	8458	6376
钢材	Rolled Steel	90576	62530
未锻轧铜及铜材	Unwrought Copper and Its Alloys	64954	69066
未锻轧铝及铝材	Unwrought Aluminium and Aluminium Products	4439	5195
太阳能电池	Solar Cells	123993	164754
二极管及类似半导体器件	Diode and Semi Conductors	142322	194444
家具及其零件	Furniture and Parts	116740	124821
床垫、寝具及类似品	Mattess, Bedclothing and Analogs	6446	11859
灯具、照明装置及零件	Lamps and Lighting Fittings	110148	104984
箱包及类似容器	Articles, Chests and Bags for Travel	82248	69715
体育用品及设备	Articles and Equipment of Sports	23947	25888
服装及衣着附件	Clothing and Accessories	295785	248624
鞋类	Shoes	150322	131786
塑料制品	Plastic Articles	78695	74710
玩具	Toys	77923	108563
打火机	Porket lighters,gas-filled	3855	3825
伞	Umbrellas	3089	2136
农产品	Agriculture Products	58601	53526
机电产品	Mechanical and Electrical Products	1413731	1830032
高新技术产品	High and New-tech Products	540287	1023522

5-8 海关主要商品进口值
Main Imported Goods Value

品 名	Item	人民币(万元)(10 000 yuan)		美元(万美元)(USD 10 000)	
		2018	2019	2018	2019
天然橡胶(包括胶乳)	Natural Rubber	5981	11780	906	6981
合成橡胶(包括胶乳)	Synthetic Rubber	11245	10804	1708	1699
纸浆	Paper Pulp	328045	334447	49759	48665
棉花	Cotton, not Carded or Combed	17180	2720	2639	391
铁矿砂及其精矿	Iron Ore	475324	388617	72330	56439
铜矿砂及其精矿	Copper Ores	1176984	897977	178964	130706
煤及褐煤	Coal and Lignite	69574	34735	10540	4993
成品油	Petroleum Products Refined	702		107	
医药品	Medical and Pharmaceutical Products	17298	25246	2603	3674
废纸	Waste Paper	15921	6537	2390	955
纺织纱线、织物及制品	Spinning Yarn,Fabric and the Products	82653	67735	12522	9843
钢材	Rolled Steel	7054	5374	1077	782
未锻轧铜及铜材	Unwrought Copper and its Alloys	1148916	1078977	173420	156111
废铜	Scrap Copper	186949	164322	28361	24001
二极管及类似半导体器件	Diode and Semi Conductors	114112	53886	17375	7797
集成电路	Integrated Circuit	1801416	3177050	273004	459432
服装及衣着附件	Clothing and Accessories	6356	2559	951	372
初级形状的塑料	Plastics of Primary Pattern	73304	78738	11153	11425
塑料制品	Plastic Articles	22500	21286	3417	3089
牛皮革及马皮革	Bovine or equine leather	13123	19044	1991	2765
机电产品	Mechanical and Electrical Products	4024200	5404085	610892	781860
高新技术产品	High and New-tech Products	2997441	4539431	454547	656808

5-9 按贸易方式分海关货物进出口总值（2019年）
Total Value of Imports and Exports by Trade Form (2019)

贸易方式	Trade Form	人民币(万元)(10 000 yuan) 进出口总值 Total	出口值 Exports	进口值 Imports	美元(万美元)(USD 10 000) 进出口总值 Total	出口值 Exports	进口值 Imports
总　计	**Total**	**35099686**	**24960542**	**10139144**	**5088978**	**3619295**	**1469683**
一般贸易	Ordinary Trade	25847708	20100347	5747360	3750832	2916900	833932
国家间、国际组织无偿援助和赠送的物资	Aid and Donation between Countries and from International Associations	3203	3203		463	463	
其他捐赠物资	Other Donations						
来料加工装配贸易	Trade for Processing and Assembling with Customer's Materials	545794	334780	211014	79251	48601	30650
进料加工贸易	Trade for Processing with Imported Materials	8329456	4259865	4069591	1204670	615711	588959
边境小额贸易	Border Trade						
加工贸易进口设备	Processing Equipments	2370		2370	346		346
对外承包工程出口货物	Goods for Contracted Foreign Projects	119021	119021		17297	17297	
租赁贸易	Lease Trade						
外商投资企业作为投资进口的设备、物品	Foreign Funded Equipments and Goods	13415		13415	1936		1936
出料加工贸易	Give Makings Treatment						
保税监管场所进出境货物	Inbound and Outbound Goods in Bonded Supervision Area	19917	3475	16442	2894	504	2390
海关特殊监管区域物流货物	Logistic Good Customs in Particular Supervision Areas	77604	68908	8697	11126	9863	1262
海关特殊监管区域进口设备	Imported Equipment in Particular Supervision Areas	41979		41979	6071		6071
其　他	Others	99219	70942	28277	14094	9956	4137

5-10 对外直接投资和经济合作
Foreign Direct Investment and Economic Cooperation

指　标	Item	2000	2005	2010	2015	2017	2018	2019
对外直接投资(非金融类)	**Overseas Direct Investment(Non-Finance)**							
新设境外投资企业和机构(家)	Enterprise Newly Established Investing Overseas (unit)		3	46	77	74	97	68
中方协议投资额(万美元)	Contractual Foreign Investment (USD 10 000)		35	21747	190600	207000	297218	314770
对外直接投资额(万美元)	Overseas Direct Investment(USD 10 000)		630	21280	105062	71000	83513	184507
对外承包工程	**Contracted Projects**							
合同数（份）	Number of Contracts (unit)	27	32	102	230	284	121	170
合同额（万美元）	Contracted Value (USD 10 000)	5149	19963	135697	404131	411064	324140	375428
营业额（万美元）	Value of Turnover Fulfilled (USD 10 000)	6382	14817	104334	351093	426287	446745	449005
对外劳务合作	**Labor Services**							
合同工资总额(万美元)	Contracted Wage in Total (USD 10 000)	4354	8555	3531	5966	3020	2776	835
实际收入总额(万美元)	Real Income in Total (USD 10 000)	4567	6350	6582	5286	3622	2461	1684

注：从2002年始，商务部和国家统计局制订了《对外直接投资统计制度》。

a) State Department of Commerce and State Statistical Bureau drafted statistical system of foreign direct investment in 2002. The statistical system has been applied since then.

5-11 外商直接投资情况
Foreign Direct Investments

年份 地区 Year Region	项目数 (个) Number of Projects (unit)	合同外资金额 (万美元) Con-tracted Foreign Investment (USD 10 000)	实际使用外资 (万美元) Foreign Investment Actually Utilized (USD 10 000)
1984	18	708	80
1985	29	2781	517
1986	8	2093	458
1987	15	1990	394
1988	35	1760	563
1989	24	513	587
1990	54	2855	621
1991	162	5562	1949
1992	906	58990	9653
1993	1293	90983	20817
1994	536	39158	26168
1995	522	53966	28818
1996	369	39485	30068
1997	395	64444	47768
1998	334	41919	46493
1999	245	35136	32080
2000	272	26478	22724
2001	308	52660	39575
2002	591	153387	108725
2003	759	233094	161234
2004	964	311289	205238
2005	940	387645	242258
2006	982	403068	280657
2007	867	544615	310358
2008	689	492550	360368
2009	821	490484	402354
2010	1092	749447	510084
2011	812	844545	605881
2012	789	816170	682431
2013	847	913261	755096
2014	822	1072711	845074
2015	640	736757	947321
2016	568	748776	1044056
2017	495	1012521	1146373
2018	594	888380	1257166
2019	544	1083541	1357905
南昌市 Nanchang	43	140675	377156
景德镇市 Jingdezhen	13	27380	23675
萍乡市 Pingxiang	46	58727	42602
九江市 Jiujiang	47	113310	234697
新余市 Xinyu	67	59570	50944
鹰潭市 Yingtan	103	38457	34122
赣州市 Ganzhou	43	69256	201182
吉安市 Ji'an	106	389810	126637
宜春市 Yichun	18	45192	90763
抚州市 Fuzhou	31	65493	41192
上饶市 Shangrao	27	75671	134935

5-12 外商在赣直接投资情况（2019年）
Foreign Direct Investments in Jiangxi (2019)

类 别	Type	项目数（个）Number of Projects (unit)	合同外资金额（万美元）Total Amount of Contracted Foreign Investment (USD10 000)	实际使用外资（万美元）Total Amount of Foreign Investment Actually Utilized (USD 10 000)
总 计	**Total**	**544**	**1083541**	**1357905**
按投资方式分	**By Form**			
合资经营企业	Equity Joint Venture	107	366289	160633
合作经营企业	Cooperative Operation Enterprises			58
外资企业	Contractual Joint Venture	437	716107	1149510
外商投资股份制企业	FDI Shareholding Inc.		1145	47704
按国民经济行业分	**By Sector**			
农、林、牧、渔业	Agriculture, Forestry, Animal Husbandry and Fishery	26	37659	64256
采矿业	Mining	2	2458	2938
制造业	Manufacturing	318	749169	780347
#食品制造业	Manufacture of Foods	6	2984	1907
酒、饮料和精制茶制造业	Manufacture of Beverages	2	1237	7503
纺织业	Manufacture of Textile	6	5676	19394
纺织服装、服饰业	Manufacture of Textile Wearing Apparel, Footware and Caps	38	42857	54294
家具制造业	Manufacture of Furniture	6	11739	13120
文教、工美、体育和娱乐用品制造业	Manufacture of Articles for Culture, Education and Sport Activties	8	3937	6003
化学原料和化学制品制造业	Manufacture of Raw Chemical Materials and Chemical Products	5	-1735	27229
医药制造业	Manufacture of Medicines	2	47409	7614
橡胶和塑料制品业	Manufacture of Plastics	3	1236	1730
非金属矿物制品业	Manufacture of Non-metallic Mineral Products	7	28198	26742
有色金属冶练及压延加工业	Smelting and Pressing of Non-ferrous Metals		497	1058
金属制品业	Manufacture of Metal Products	7	16770	12736
通用设备制造业	Manufacture of General Purpose Machinery	9	230324	63624
专用设备制造业	Manufacture of Special Purpose Machinery	38	25872	82820
汽车制造业	Automotive Industry	1	13971	14902
电气机械和器材制造业	Manufacture of Electrical Machinery and Equipment	50	84735	150210
计算机、通信和其他电子设备制造业	Manufacture of Communication Equipment,Computers and Other Electronic Equipment	100	181452	186667
电力、热力、燃气及水生产和供应业	Production and Supply of Electric Power,Heat Power and Water	5	21035	37354
建筑业	Construction	5	5743	13046
批发和零售业	Wholesale and Retail Trades	95	53825	102421
批发业	Wholesale Trade	81	45735	65117
零售业	Retail Trade	14	8090	37304
交通运输、仓储和邮政业	Transport, Storage and Post	2	2073	14222
#装卸搬运和仓储业	Handling and Warehousing Industry	2	2073	4191
住宿和餐饮业	Hotels and Catering Services	4	5377	3300
住宿业	Hotels	2	5364	3300
餐饮业	Catering Services	2	13	
信息传输、软件和信息技术服务业	Information Transmission, Computer Services and Software	18	9570	45477
#互联网和相关服务	Internet and Related Services	1	-14000	14240
软件和信息技术服务业	Software and Information Technology Services	17	23570	31238
金融业	Financial Intermediation	1	5292	
房地产业	Real Estate	13	66660	179010

5-12 续表 continued

类 别	Type	项 目 数 (个) Number of Projects (unit)	合同外资金额 (万美元) Total Amount of Contracted Foreign Investment (USD 10 000)	实际使用外资 (万美元) Total Amount of Foreign Investment Actually Utilized (USD 10 000)
租赁和商务服务业	Leasing and Business Services	26	76080	78791
#商务服务业	Business Services	26	76080	60133
科学研究和技术服务业	Scientific Research, and Technical Service and Geologic Prospecting	20	40146	21328
水利、环境和公共设施管理业	Management of Water Conservancy, Environment and Public Facilities	4	2346	8952
居民服务、修理和其他服务业	Services to Households, Repair and Other Services		667	348
教育	Education	4	248	
卫生和社会工作	Health and Social Service			2167
文化、体育和娱乐业	Culture, Sports and Entertainment	1	5193	3948
公共管理、社会保障和社会组织	Public Management, Sicial Security and Social Organization			
国际组织	International Organizations			
按投资国别(地区)分	**By Country (Region)**			
亚 洲	**Asia**	**508**	**971652**	**1176662**
#中国香港	Hong Kong, China	405	676746	1080141
中国澳门	Macao, China	29	9622	11861
中国台湾	Taiwan, China	53	57483	59775
印 度	India	2	150	140
日 本	Japan	4	61	7336
马来西亚	Malaysia	2	281	192
新加坡	Singapore	4	16969	13185
韩 国	Korea Rep.	2	-8536	4
泰 国	Thailand	2	1000	1955
非 洲	**Africa**	**4**	**496**	**4932**
欧 洲	**Europe**	**11**	**12771**	**58863**
#英 国	United Kingdom	3	1495	999
德 国	Germany	1	2486	5435
法 国	France	1	7543	24689
意大利	Italy	1	4987	2403
荷 兰	Netherlands		-5890	20166
西班牙	Spain	1	682	
拉丁美洲	**Latin America**	**4**	**8056**	**63735**
#英属维尔京群岛	The British Virgin Islands	4	8047	63020
北美洲	**North America**	**10**	**18268**	**22345**
#加拿大	Canada	4	12852	1984
美 国	United States	6	5416	20361
大洋洲及太平洋群岛	**Oceanic and Pacific Islands**	**5**	**1859**	**9910**
#澳大利亚	Australia	2	178	5150
萨摩亚	Samoa	3	1681	4760
其他	**Others**	**4**	**70439**	**21458**

注：利用外资项目中，存在多个国家投资同一项目，故按投资国别、地区分的项目个数之和不等于合计数。

a) Among the projects of utilization of foreign investments,there exists the same project with investments from different countries,so the number of projects by country or region is not equal to the total.

5-13 外商投资企业年底注册登记情况（2019年）

Registration Status of Foreign Funded Enterprises at Year-end (2019)

类　　别	Type	外商投资企业数(户) Number of Enterprises Corporate (unit)	投资总额（万美元） Total Investment (USD 10 000)	注册资本（万美元） Registered Capital (USD 10 000)	#外方 Foreign Investor
总　　计	**Total**	**6791**	**10118654**	**7258331**	**5669730**
按投资方式分	**By Form**				
合资经营企业	Equity Joint Venture	914	4119758	2929535	1623124
合作经营企业	Cooperative Operation Enterprises	48	189292	94031	60383
外资企业	Contractual Joint Venture	2771	5415861	3905205	3903896
外商投资股份制企业	FDI Shareholding Inc.	33	364340	303378	70370
其他外商投资企业	Other Foreign Investment Enterprise	76	29402	26182	11956
外商投资企业分支机构	Branches of Foreign Investment Enterprise	2949			
按国民经济行业分	**By Sector**				
农、林、牧、渔业	Agriculture, Forestry, Animal Husbandry and Fishery	250	516320	450122	308856
采矿业	Mining	21	84697	61543	28053
制造业	Manufacturing	2211	5144519	3668738	3192966
#金属制品、机械和设备修理业	Repairing Maintenance of Metal Products, Machines and Equipments	1	2000	1000	1000
电力、热力、燃气及水生产和供应业	Production and Supply of Electric Power, Heat Power and Water	116	395593	139784	98918
建筑业	Construction	76	196039	190127	145776
批发和零售业	Wholesale and Retail Trades	2271	497681	366072	319447
交通运输、仓储和邮政业	Transport, Storage and Post	62	78266	39745	38919
住宿和餐饮业	Hotels and Catering Services	294	49126	31000	25588
信息传输、软件和信息技术服务业	Information Transmission, Computer Services and Software	306	158021	134705	128546
金融业	Financial Intermediation	129	276835	213074	71357
房地产业	Real Estate	280	1286797	545740	399522

5-13 续表 continued

类 别	Type	外商投资企业数(户) Number of Enterprises Corporate (unit)	投资总额(万美元) Total Investment (USD 10 000)	注册资本(万美元) Registered Capital (USD 10 000)	#外 方 Foreign Investor
租赁和商务服务业	Leasing and Business Services	468	814879	883069	477241
科学研究和技术服务业	Scientific Research and Technical Services	144	403561	308533	273720
水利、环境和公共设施管理业	Management of Water Conservancy, Environment and Public Facilities	32	75909	143947	115410
居民服务、修理和其他服务业	Services to Households ,Repair and Other Services	49	52246	33588	18595
教育	Education	10	692	672	417
卫生和社会工作	Health and Social Service	8	26414	9722	6353
文化、体育和娱乐业	Culture, Sports and Entertainment	64	61059	38152	20045
其他	Others				
按投资国别(地区)分	**By Country (Region)**				
亚 洲	**Asia**	**3092**	**8472738**	**5880851**	**4579057**
中国香港	Hong Kong, China	2132	5875828	4069341	3298210
中国澳门	Macao, China	77	59803	74810	67864
中国台湾	Taiwan, China	432	452672	357994	312680
日 本	Japan	51	276240	145584	76978
韩 国	Korea Rep.	28	41395	16867	7839
亚洲其他国家(地区)	Other Asia Countries (Regions)	372	1766799	1216256	815486
非 洲	**Africa**	**50**	**95885**	**48906**	**46370**
埃 及	Egypt	2	75	55	55
南 非	South Africa	1	500	500	500
毛里求斯	Mauritius	11	21464	10662	8395
塞舌尔	Seychelles	20	65104	32071	31286
非洲其他国家(地区)	Other Africa Countries (Regions)	16	8742	5618	6133
欧 洲	**Europe**	**110**	**100381**	**61109**	**44123**
英 国	United Kingdom	23	10187	6627	5344
德 国	Germany	19	30523	19389	13334
法 国	France	7	6290	2857	2295
俄罗斯联邦	Russian Federation	7	721	697	323
欧洲其他国家(地区)	Other Europe Countries (Regions)	54	52661	31540	22827
拉丁美洲	**Latin America**	**141**	**467320**	**281915**	**237675**
巴 西	Brazil	2	9712	3347	3347
开曼群岛	Cayman Islands	8	131347	54469	43559
英属维尔京群岛	British Virgin Islands	125	317230	218481	185159
拉丁美洲其他国家(地区)	Other Latin America Countries (Regions)	6	9031	5618	5610
北美洲	**North America**	**112**	**200684**	**106516**	**55263**
加拿大	Canada	24	11373	7395	5753
美 国	United States	86	188802	98834	49267
百慕大群岛	Bermuda	2	509	287	243
大洋洲及太平洋群岛	**Oceanic and Pacific Islands**	**91**	**100537**	**60001**	**51832**
澳大利亚	Australia	27	8849	4506	3309
新 西 兰	New Zealand	3	5172	1856	966
萨 摩 亚	Samoa	60	86217	53429	47347
大洋洲其他国家(地区)	Other Oceanic Countries (Regions)	1	300	210	210
其他	**Others**	**157**	**580368**	**730060**	**582323**

注：按投资国别(地区)分的外商投资企业数、投资总额、注册资本、其中外方注册资本等指标不包括其他外商投资企业和外商投资企业分支机构数。

a) Number of foreign-invested enterprises, total investment, registered captial, foreign investor by country (region) do not include other foreign-invested enterprises or branchs of foreign-invested enterprises.

16-14 入境旅游情况
Condition of Oversea Visitor Arrivals

指　　标	Item	2005	2010	2015	2017	2018	2019
旅游人数(人次)	**Number of Oversea Visitor Arrivals (person-time)**	**372513**	**1140792**	**1552833**	**1746871**	**1917812**	**1971659**
外国人	Foreigners	136270	399449	448810	570542	572490	611402
#印度尼西亚	Indonesia	1982	12251	11954	17006	20098	18003
日本	Japan	23945	34956	25124	46708	47576	44414
马来西亚	Malaysia	3639	12113	15124	20955	25746	24271
菲律宾	Philippines	1794	8320	7156	13317	15857	15213
新加坡	Singapore	8271	20249	22060	30132	31375	30698
韩国	Korea Rep.	10809	36240	49150	45548	53260	64087
泰国	Thailand	1716	4271	22337	24217	19992	24303
英国	United Kingdom	11543	21613	23449	40208	35048	33103
德国	Germany	5943	21689	18913	24664	22011	22442
法国	France	6488	15299	21765	29643	29117	28871
意大利	Italy	3320	9132	11883	15469	14772	15703
西班牙	Spain	3757	5551	5219	7467	7181	9228
瑞典	Sweden	1131	6705	6704	7304	5720	7072
瑞士	Switzerland	364	6748	7505	9408	7840	8783
俄罗斯	Russia	2329	16502	17110	14579	12132	16271
加拿大	Canada	4380	10886	20105	21547	23579	23558
美国	United States	27235	52339	43509	49174	47011	47445
澳大利亚	Australia	4622	11888	15616	17815	16351	19515
新西兰	New Zealand	1486	2911	8428	10382	10869	12458
港澳同胞	Chinese Compatriots from Hong Kong and Macao	154885	534537	825395	855234	988287	965430
台湾同胞	Chinese Compatriots fromTaiwan Province	81358	206806	278628	321095	357035	394827
旅游外汇收入(万美元)	**Foreign Exchange Earnings from International Tourism (USD 10 000)**	**10395**	**34630**	**56700**	**62992**	**74538**	**86538**

注：外国人包括了华侨人数。2015年后入境旅游者人数为入境过夜游客人数，不包括一日游人数。

a) Overseas Chinese are included in oversea vistors.Since 2015, the number of oversea visitors refers to overnight visitors, excluding one-day-tour visitors.

5-14 续表 continued

国别	Country Region	友好城市(州、县)	Sister City (State, Prefecture)	缔结日期 Date of Conclusion
巴西	Brazil	南马托格罗索州	Mato Grosso do Sul	2009.10.23
匈牙利	Hugary	蒂萨新城	Tiszaujvaros	2009.12.02
美国	United States	罕斯维尔市	Hansiweier	2009.12.07
美国	United States	不伦瑞克市	Brunswick	2010.04.03
美国	United States	威斯康星州门县市	Men of Wisconsin	2010.06.01
法国	France	图尔市	Tours	2010.06.18
埃塞俄比亚	Ethiopia	阿姆哈拉州	Amhara	2010.07.02
美国	United States	奥林匹亚市	Olympia	2010.08.18
塞拉利昂	Sierra Leone	弗里敦市	Freetown	2010.09.21
津巴布韦	Zimbabwe	穆塔雷市	Mutare	2010.09.21
荷兰	Holland	代尔夫特市	Delfe	2010.10.18
巴西	Brazil	基玛多斯市	Jimaduosi City	2011.02.24
韩国	Korea Rep.	太白市	Taebaek	2011.10.10
英国	United Kingdom	红桥市	Redbridge	2011.11.07
希腊	Greece	中希腊大区	Vea tia	2011.11.23
法国	France	香槟阿登大区	Champagne-Ardenne	2011.11.23
德国	Germany	沃尔泽伦市	Wall Zelen City	2011.11.29
墨西哥	Mexico	科阿韦拉州蒙克罗瓦市	Monk Luova, Coahuila	2012.02.29
韩国	Korea Rep.	全罗南道	Jeollanam-do	2012.04.17
意大利	Italy	卡乃利市	Kanaili	2012.06.29
南非	South Africa	自由州省	Free State	2012.07.19
俄罗斯	Russia	苏兹达里市	Suzy Dario	2012.09.10
南非	South Africa	新堡市	Newcastle	2012.11.29
匈牙利	Hugary	包尔绍德—奥包乌伊—曾普伦州	Borsod-Abauj-Zemplén	2013.01.18
南非	South Africa	德拉肯斯汀市	De Lakin Steen	2013.01.23
乌克兰	Ukraine	伊久姆市	Izyum	2013.02.16
西班牙	Spain	阿尔巴塞特市	Albacete	2013.04.22
博茨瓦纳	Botswana	塞罗韦市	Serowe	2013.09.05
意大利	Italy	法恩扎市	Faenza	2013.10.18
柬埔寨	Cambodia	暹粒省	Siem Reap	2013.11.29
加纳	Republic of Ghana	北部省	Tamale	2014.07.09
巴西	Brazil	伊塔佩瓦市	Itapeva	2015.02.04
英国	United Kingdom	林肯市	Lincoln City	2015.03.27
韩国	Korea Rep.	忠州市	Chungju	2015.05.25
埃及	Egypt	卢克索省	Luxor	2015.06.08
俄罗斯	Russia	巴什科尔托斯坦共和国	Republic of Bashkortostan	2015.11.10
英国	United Kingdom	卡尔德达尔市	Calder	2015.11.16
澳大利亚	Australia	怀昂市	Wyong	2015.11.20
泰国	Thailand	南邦府	Lampang	2016.02.24
柬埔寨	Cambodia	磅清扬省	Kampong Chhnang	2016.03.08
英国	United Kingdom	斯特拉福德区	Stratford District	2016.03.08
斯里兰卡	Sri Lanka	马塔拉市	Matara	2016.03.17
西班牙	Spain	阿尔卡拉德埃纳雷斯市	Alcal de Henares	2016.03.25
韩国	Korea Rep.	旌善郡	Jeongseon	2016.03.29
斯洛文尼亚	Slovenia	马里博尔市	Maribor	2016.07.06
刚果（金）	Congo (Kinshasa)	金沙萨市	Kinshasa	2016.09.02
俄罗斯	Russia	乌法市	Ufa	2016.09.08
俄罗斯	Russia	托斯诺区	Tosnenskiy Rayon	2017.02.22
美国	United States	利文斯顿市	Livingston	2017.08.28
乌克兰	Ukraine	敖德萨州	Odessa	2018.08.29
俄罗斯	Russia	彼尔姆边疆区	Perm Krai	2018.09.28
俄罗斯	Russia	丘索沃伊地区	Chusovoy	2018.09.28
韩国	Korea Rep.	南海郡	Namhae	2018.11.12
匈牙利	Hungary	豪特万市	Hatvan	2019.10.25
土耳其	Turkey	伊兹尼克	Nicaea	2019.12.02

主要统计指标解释

货物进出口总值 指实际进出我国关境的货物总金额。包括对外贸易实际进出口货物，来料加工装配进出口货物，国家间、联合国及国际组织无偿援助物资和赠送品，华侨、港澳台同胞和外籍华人捐赠品，租赁期满归承租人所有的租赁货物，进料加工进出口货物，边境地方贸易及边境地区小额贸易进出口货物，中外合资企业、中外合作经营企业、外商独资经营企业进出口货物和公用物品，到、离岸价格在规定限额以上的进出口货样和广告品(无商业价值、无使用价值和免费提供出口的除外)，从保税仓库提取在中国境内销售的进口货物以及其他进出口货物。该指标可以观察一个国家在货物贸易方面的总规模。我国规定出口货物按离岸价格统计，进口货物按到岸价格统计。

商品收发货人所在地进、出口值 指在所在地海关注册登记的有进出口经营权的企业实际进、出口值。

外商直接投资 是指外国投资者在我国境内通过设立外商投资企业、合伙企业、与中方投资者共同进行石油资源的合作勘探开发以及设立外国公司分支机构等方式进行投资。外国投资者可以用现金、实物、无形资产、股权等投资，还可以用从外商投资企业获得的利润进行再投资。

对外承包工程 根据《对外承包工程管理条例》，对外承包工程是指中国的企业或者其他单位承包境外建设工程项目的活动。

对外劳务合作 指组织劳务人员赴其他国家或地区为国外的企业或机构工作的经营性活动。

对外直接投资 指境内投资者以控制国(境)外企业的经营管理权为核心的经济活动，主要体现在一经济体通过投资于另一经济体而实现其持久利益的目标。

Explanatory Notes on Main Statistical Indicators

Total Import and Export of Goods refer to the real value of commodities imported and exported across the border of China. They include the actual imports and exports through foreign trade, imported and exported goods under the processing and assembling trades and materials, supplies and gifts as aid given gratis between governments and by the United Nations and other international organizations, and contributions donated by overseas Chinese, compatriots in Hong Kong and Macao and Chinese with foreign citizenship, leasing commodities owned by tenant at the expiration of leasing period, the imported and exported commodities processed with imported materials, commodities trading in border areas, the imported and exported commodities and articles for public use of the Sino-foreign joint ventures, cooperative enterprises and ventures with sole foreign investment. Also included are import or export of samples and advertising goods for whice CIF or FOB value are beyond the permitted ceiling (excluding goods of no trading or use value and free commodities for export), imported goods sold in China from bonded warehouses and other imported or exported goods. The indicator of the total imports and exports at customs can be used to observe the total size of external trade in a country. In accordance with the stipulation of the Chinese government, imports are calculated at CIF, while exports are calculated at FOB.

Import or Export Value by Location of China's Foreign Trade Managing Units refers to actual value of imports and exports carried out by corporations which have been registered by the local Customs house and are vested with right to run import export business.

Foreign Direct Investment refers to foreign investment in China through the establishment of foreign invested enterprises, cooperative exploration and development of petroleum resources with domestic investors and the establishment of branch organizations of foreign enterprises. Foreign investment can be made in forms of cash, physical investment, intangible assets and equy, in addition with reinvestment of the foreign enterprises with the profits gained from the investment.

Overseas Contracted Projects refer to activities of contracting overseas construction projects by Chinese enterprises or any other units, which are stipulated in the Regulations on Administration of Foreign Contracted Project.

Overseas Labour Services refer to operational activities of organizing labour force to go abroad providing services to foreign enterprises or agencies.

Overseas Direct Investment refers to operational activities of domestic investors, centering on operation and management of those enterprises are under the control of domestic investors. The content of overseas direct investment mainly reflects one economic entity by investing in another economic entity to achieve its goal of lasting interest.

6

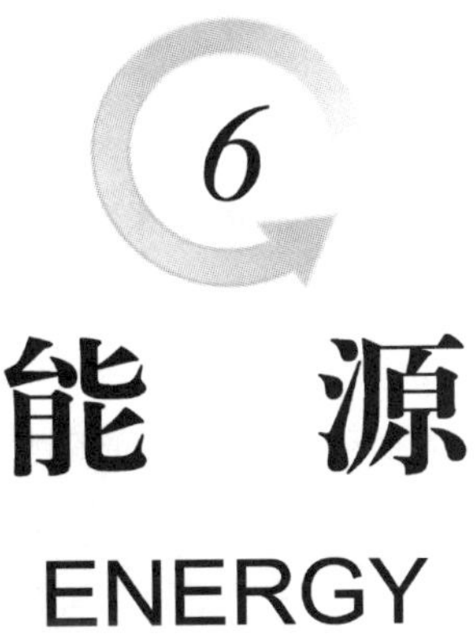

能　源

ENERGY

◆ 121/150

资料整理：陈梦捷　邹　晔

简要说明

一、本篇资料的主要内容

本篇包括的主要内容有能源生产、消费及品种构成，能源生产和消费弹性系数，综合能源平衡表和主要能源品种的单项平衡表，分行业、分主要能源品种的消费量，生活用能源消费量等。

二、本篇资料的来源

本篇资料来源于全省能源平衡表和规模以上工业企业能源报表。能源平衡表的编制范围为辖区内除军队系统以外的全部能源生产和消费活动的单位。

三、关于数据口径与计算的说明

1.一次能源生产量与能源产品产量统计数字一致。

2.能源生产与消费弹性系数分别以能源生产、消费增长速度与国内生产总值增长速度相比求得。

3.能源平衡表中的库存量、进口量、出口量和消费量，根据有关部门和企业提供的数据综合评估得出。电力折算标准煤系数按平均发电煤耗计算。

Brief Introduction

I. Main Contents

Data in this chapter cover mainly the energy production and consumption and their composition, the elasticity ratio of energy production and consumption, the overall balance of energy and the balance by different types of energy, the consumption of energy by sector and by types of energy, efficiency of energy conversion and the consumption of energy for non-production use.

II. Source of Data

Date in this chapter come from the province energy balance and energy-scale industrial enterprises above designated size. Energy balance for the establishment of the area in addition to the military system other than the total energy production and consumption activities of the units.

III. Notes on Coverage and Calculation of Data:

(a) The data on the production of primary energy are the same as the corresponding data on output of energy products.

(b) The elasticity ratio of energy production is calculated as the quotient of the growth rate of energy production divided by the growth rate of GDP; and the elasticity ratio of energy consumption is calculated as the quotient of the growth rate of energy consumption divided by the growth rate of GDP.

(c) The storage, import and export in the energy balance tables are comprehensively evaluated based on data from related departments and enterprises. The coefficient for conversion of electric power into the standard coal equivalent is calculated according to the average consumption of coal for generating electricity.

6-1 能源生产总量及构成
Total Production of Energy and Its Composition

年 份 Year	能源生产总量 (万吨标准煤) Total Energy Production (10 000 tons of SCE)	占能源生产总量的比重 (%) As Percentage of Total Energy Production(%)			
		原 煤 Raw Coal	原 油 Crude Oil	天然气 Natural Gas	一次电力 Primary Power
1995	1868.8	88.0			12.0
1996	1573.2	88.5			11.5
1997	1410.0	83.7			16.3
1998	1394.7	78.6			21.4
1999	1154.5	85.7			14.3
2000	1293.2	81.5			18.5
2001	1242.7	80.5			19.5
2002	1252.2	77.0			23.0
2003	1505.4	83.5			16.5
2004	1902.5	81.9			18.1
2005	2010.5	86.0			14.0
2006	2241.0	84.6		0.1	15.3
2007	2253.3	87.9		0.3	11.8
2008	2395.0	87.0		0.2	12.8
2009	2528.8	89.1		0.2	10.7
2010	2312.8	82.8		0.2	12.9
2011	2581.6	88.3		0.7	11.0
2012	2601.2	81.0		0.5	18.5
2013	2558.8	83.3		0.8	15.9
2014	2451.9	82.0		0.2	17.8
2015	2356.9	66.9		0.2	26.6
2016	2000.9	55.1		0.1	35.3
2017	1525.2	43.3		0.2	44.0
2018	1170.0	33.2		0.2	53.1
2019	1320.3	27.0			62.8

注：1、根据第四次经济普查，对2015年以来的数据进行了调整。
2、电力折算标准煤的系数根据当年平均发电煤耗计算。下表同。

a) Data since 2015 have been adjusted according to the Fourth Economic Census.

b) The coefficient for conversion of electric power into SCE (standard coal equivalent) is calculated on the basis of the data on average coal consumption in generating electric power in the same year. The same applies to the tables following.

6-2 能源消费总量及构成
Total Consumption of Energy and Its Composition

年 份 Year	能源消费总量 (万吨标准煤) Total Energy Composition (10 000 tons of SCE)	占能源消费总量的比重（%） As Percentage of Total Energy Composition(%)			
		煤 炭 Coal	石 油 Crude Oil	天然气 Natural Gas	一次电力 Primary Power
1995	2391.7	79.8	10.0		10.2
1996	2154.7	78.4	12.0		9.6
1997	2132.4	75.2	12.9		11.9
1998	2028.4	73.3	16.3		10.4
1999	2123.3	73.6	17.8		8.7
2000	2505.0	70.5	17.3		12.2
2001	2628.0	71.5	17.0		11.5
2002	2933.0	68.7	21.8		9.5
2003	3426.0	74.5	22.2		3.2
2004	3814.0	72.6	16.9		10.5
2005	4286.0	74.0	17.0		6.6
2006	4660.1	73.8	16.9	0.2	7.4
2007	5052.5	74.9	16.9	0.3	5.3
2008	5383.0	71.7	16.7	0.6	5.7
2009	5812.5	72.0	16.0	0.5	4.7
2010	6280.6	71.0	16.3	1.0	4.7
2011	6847.1	74.0	15.6	1.2	4.1
2012	7148.3	69.5	15.8	1.9	6.8
2013	7582.9	70.5	17.5	2.4	5.4
2014	8055.4	68.0	16.9	2.5	5.4
2015	8423.4	66.6	17.5	2.7	7.4
2016	8730.1	65.2	17.6	3.0	8.1
2017	8971.9	64.4	18.1	3.1	7.5
2018	9285.7	64.4	18.5	3.5	6.7
2019	9665.2	62.4	18.7	3.4	8.6

注：2010年开始，能源消费总量不包括回收能，下表同。

a) From 2010, the total energy consumption does not include the total amount of the recycled energy.The same applies to the tables following.

6-3 平均每天能源消费量
Average Daily Energy Consumption by Type of Energy

能源品种	Type of Energy	1990	2000	2010	2015	2016	2017	2018	2019
合计(吨标准煤)	**Total (ton of SCE)**	**47460**	**68630**	**172071**	**230779**	**239180**	**245805**	**254402**	**264799**
煤炭(吨)	Coal (ton)	62079	67634	171140	209828	206389	210177	215829	219067
焦炭(吨)	Coke (ton)	4308	5642	21167	24430	23009	23625	25154	25738
原油(吨)	Crude Oil (ton)	4249	9073	12875	15232	19884	19161	21041	21588
燃料油(吨)	Fuel Oil (ton)	641	937	648	482	412	327	322	336
汽油(吨)	Gasoline (ton)	1159	1602	4253	7781	8593	9631	10260	11106
煤油(吨)	Kerosene (ton)	145	62	233	277	342	433	491	529
柴油(吨)	Diesel Oil (ton)	1245	2871	10103	14726	14978	15249	16115	16406
电力(万千瓦小时)	Electricity (10 000 kwh)	3497	6407	19192	29788	32397	35452	39144	42074

6-4 人均生活能源消费量
Annual per Capita Energy Consumption of Households

能源品种	Type of Energy	1990	2000	2010	2015	2016	2017	2018	2019
生活消费能源(千克标准煤)	**Consumption for Households (kg of SCE)**	**59.68**	**82.71**	**147.52**	**221.29**	**252.53**	**276.44**	**299.13**	**313.00**
煤 炭(千克)	Coal (kg)	80.97	42.66	42.27	41.66	55.17	56.43	58.58	53.71
汽 油(千克)	Gasoline (kg)		0.97	6.39	16.47	18.78	19.73	20.93	24.48
天然气(立方米)	Natural Gas (cu.m)			4.09	8.59	8.71	11.29	13.59	11.60
液化石油气(千克)	Liquefied Petroleum Gas (kg)	0.89	4.94	8.95	10.10	10.48	13.35	13.59	14.07
煤气(立方米)	Coal Gas (cu.m)	0.24	1.52	4.61	0.66	1.09	1.30	0.91	0.84
电力(千瓦小时)	Electricity (kwh)	22.57	56.26	249.19	404.91	458.82	501.41	566.54	617.50

6-5 综合能源平衡表

单位：万吨标准煤

指　　标	Item	1990	2000
可供消费的能源总量	**Total Energy Available for Consumption**	**1704.54**	**2371.75**
一次能源生产量	Primary Energy Output	1282.42	1293.23
外省(区、市)调入量	Transferred in from Other Provinces	808.97	1157.24
进口量	Imports	0.09	229.73
本省(区、市)调出量(-)	Sent Out to Other Provinces (-)	303.53	225.80
出口量(-)	Exports (-)	8.15	
年初年末库存差额	Stock Changes in the Year	-75.26	-82.65
能源消费总量	**Total Energy Consumption**	**1732.29**	**2505.00**
在总量中	Consumption by Sector		
农、林、牧、渔、水利业	Agriculture, Forestry, Animal Husbandry, Fishery and Water Conservancy	132.87	151.00
工　业	Industry	1264.22	1751.76
建筑业	Construction	8.88	7.72
交通运输、仓储和邮政业	Transport, Storage and Post	65.93	177.97
批发、零售业和住宿、餐饮业	Wholesale and Retail Trades,Hotels and Catering Services	10.81	30.59
其他	Other Sectors	25.60	44.46
生活消费	Household Consumption	223.98	341.50
在总量中	Consumption by Usage		
终端消费	End-use Consumption	1617.12	2320.40
#工　业	Industry	1149.05	1567.16
加工转换损失量	Losses During the Process of Energy Conversion	74.40	130.64
#炼　焦	Coking	9.71	24.88
炼　油	Petroleum Refining	2.46	24.91
回收能(-)	Recovery Energy		
损失量	Energy Losses	40.77	53.96
#输变电损失量	Losses in Transmission	40.68	53.96
平衡差额	**Balance**	**-27.75**	**-133.25**

注：1、电力、热力按等价热值计算，因此加工转换损失量中不包括发电、供热损失量。下表同。

Overall Energy Balance Sheet

(10 000 tons of SCE)

2010	2015	2016	2017	2018	2019
6280.55	**8423.44**	**8730.05**	**8971.87**	**9285.68**	**9665.15**
2312.84	2356.86	2000.89	1525.19	1170.02	1320.31
4601.12	5750.79	6579.83	6968.51	7685.09	7661.51
328.98	942.82	1237.84	1146.11	994.31	1003.13
888.31	660.64	1082.74	692.52	454.99	355.73
21.61	33.60	-5.78	24.59	-108.75	35.92
6280.55	**8423.44**	**8730.05**	**8971.87**	**9285.68**	**9665.15**
139.58	131.21	139.44	143.21	147.93	152.44
4635.41	5874.46	5896.05	5886.03	5856.92	5998.81
57.15	109.16	114.34	122.71	140.44	157.76
468.94	767.26	814.67	843.63	929.66	1002.58
140.70	232.54	265.62	304.07	350.61	384.24
182.70	301.20	343.55	398.64	473.70	511.72
656.07	1007.71	1156.34	1273.59	1386.42	1457.60
6294.25	8655.38	8962.93	9318.80	9622.66	10005.63
4651.30	6106.96	6130.03	6233.88	6194.93	6340.32
252.24	162.69	166.14	82.83	86.14	114.88
62.64	53.39	70.41	14.74	39.17	63.56
4.13	0.12	3.81	3.61	1.20	4.08
446.33	597.61	603.28	658.46	655.59	674.45
180.40	202.98	204.26	228.70	232.47	219.09
178.27	202.33	203.20	227.76	231.44	218.11

a) Electric power and heat are converted on the basis of equal caloric value. Therefore, losses during the process of energy conversion do not include losses in power generation and heating. The same applies to the tables following.

6-6 煤炭平衡表

单位：万吨

指标	Item	1990	2000
可供量	**Total Energy Available for Consumption**	**2218.37**	**2245.84**
生产量	Output	2027.11	1813.76
外省(市、区)调入量	Transferred in from Other Provinces	491.22	649.08
进口量	Imports		
本省(市、区)调出量(-)	Sent Out to Other Provinces (-)	178.29	111.96
出口量(-)	Exports (-)	4.78	
年初年末库存差额	Stock Changes in the Year	-116.89	-105.04
消费量	**Total Energy Consumption**	**2265.87**	**2468.63**
在消费量中	Consumption by Sector		
农、林、牧、渔、水利业	Agriculture, Forestry, Animal Husbandry, Fishery and Water Conservancy	54.20	12.10
工　业	Industry	1852.93	2263.78
建筑业	Construction	2.29	
交通运输、仓储和邮政业	Transport, Storage and Post	38.66	11.42
批发、零售业和住宿、餐饮业	Wholesale and Retail Trades,Hotel and Catering Services	11.41	5.20
其他	Other Sectors	2.51	
生活消费	Household Consumption	303.87	176.13
在消费量中	Consumption by Usage		
终端消费	End-use Consumption	1254.79	1076.66
#工　业	Industry	841.85	871.81
中间消费(用于加工转换)	Intermediate Consumption (Consumed in Conversion)	882.27	1261.89
#发　电	Power Generation	720.53	906.11
炼　焦	Coking	161.74	247.94
洗选损耗	Losses in Coal Washing and Dressing	128.81	130.08
平衡差额	**Balance**	**-47.50**	**-222.79**

注：生产量为原煤产量。

Coal Balance Sheet

(10 000 tons)

2010	2015	2016	2017	2018	2019
6246.61	**7658.74**	**7533.19**	**7671.45**	**7877.77**	**7995.94**
2912.22	2270.70	1556.80	938.92	550.62	503.61
3829.74	5372.87	6176.42	7004.66	7415.50	7347.70
	201.80	285.10	216.24	192.65	138.66
389.23	221.78	528.71	501.74	178.74	46.09
-106.12	35.15	43.58	13.37	-102.26	52.05
6246.61	**7658.74**	**7533.19**	**7671.45**	**7877.77**	**7995.94**
23.00	18.00	20.00	21.00	21.00	20.00
5989.55	7396.51	7203.60	7321.45	7521.26	7670.83
3.00	2.00	2.50	3.00	3.00	3.00
3.06	5.00	5.50	15.00	15.00	8.03
16.00	23.00	24.00	25.00	24.00	24.00
24.00	24.50	25.00	26.00	22.00	20.00
188.00	189.72	252.60	260.00	271.50	250.10
2272.99	3188.14	3144.12	3165.16	2834.38	2766.23
2015.93	2925.92	2814.52	2815.16	2477.88	2441.09
3973.62	4470.60	4389.07	4506.29	5043.39	5229.71
2648.31	3001.81	3113.32	3506.89	4005.75	4100.70
920.48	1123.75	1036.86	824.99	849.43	938.30
291.59	243.17	118.59	57.71	67.47	42.95

a) Data on output refer to the output of raw coal.

6-7 石油平衡表

单位：万吨

指　　标	Item	1990	2000
可供量	**Total Energy Available for Consumption**	**132.89**	**297.33**
外省(市、区)调入量	Transferred In from Other Provinces	244.24	249.59
进口量	Imports	0.06	160.81
本省(市、区)调出量(-)	Send Out to Other Provinces (-)	109.04	103.36
出口量(-)	Exports (-)	3.06	
年初年末库存差额	Stock Changes in the Year	0.69	-9.71
消费量	**Total Energy Consumption**	**133.09**	**304.46**
在消费量中:	Consumption by Sector		
农、林、牧、渔、水利业	Agriculture, Forestry, Animal Husbandry, Fishery and Water Conservancy	25.82	61.25
工　业	Industry	62.96	105.96
建筑业	Construction	2.27	1.48
交通运输、仓储和邮政业	Transport, Storage and Post	26.27	105.17
批发、零售业和住宿、餐饮业	Wholesale and Retail Trades,Hotels and Catering Services	0.18	2.12
其他	Other Sectors	8.01	4.08
生活消费	Non-Production Consumption	7.58	24.40
在消费量中:	Consumption by Usage		
终端消费	End-use Consumption	119.34	253.08
#工　业	Industry	49.21	54.58
中间消费(用于加工转换)	Intermediate Consumption (Consumed in Conversion)	8.63	28.56
#发　电	Power Generation	8.63	11.56
供　热	Heating		17.00
炼油损失量	Losses in Petroleum Refining	5.06	19.26
损 失 量	Other Losses	0.06	3.56
平衡差额	**Balance**	**-0.20**	**-7.13**

Petroleum Balance Sheet

(10 000 tons)

2010	2015	2016	2017	2018	2019
713.89	**1025.97**	**1077.29**	**1130.34**	**1199.99**	**1257.20**
837.82	611.92	607.49	529.07	729.65	733.39
230.28	561.93	725.08	695.70	600.92	634.04
354.02	153.92	232.29	97.63	115.02	111.53
-0.19	6.04	-22.99	3.20	-15.56	1.30
713.89	**1025.97**	**1077.29**	**1130.34**	**1199.99**	**1257.21**
55.00	59.00	61.00	61.00	66.00	66.50
232.68	242.55	249.57	259.54	252.24	231.93
23.43	37.71	39.50	43.00	45.50	48.00
288.73	460.98	481.07	494.23	540.87	591.21
17.06	43.50	46.60	46.10	54.31	57.40
20.57	40.03	43.05	44.06	49.07	50.17
76.42	142.20	156.50	182.41	192.00	212.00
707.66	1010.62	1047.09	1105.13	1171.16	1225.43
227.94	227.66	220.11	234.99	224.13	200.84
4.74	14.89	29.46	24.55	28.11	31.09
0.86	2.79	1.62	0.46	1.10	1.10
7.00	3.69	4.20	4.41	3.77	4.90
3.12	8.41	23.64	19.68	23.24	25.09
1.49	0.46	0.74	0.66	0.72	0.69

6-8 电力平衡表

单位：亿千瓦小时

指标	Item	1990	2000
可供量	**Total Energy Available for Consumption**	**127.65**	**233.85**
发电量	Output	121.41	226.77
一次电力	Primary Power	27.77	77.96
火电	Thermal Power	93.64	148.81
外省(市、区)调入量	Transferred in from Other Provinces	6.51	7.12
本省(市、区)调出量(-)	Sent Out to Other Provinces (-)	0.27	0.04
消费量	**Total Energy Consumption**	**127.65**	**233.85**
在消费量中	Consumption by Sector		
农、林、牧、渔、水利业	Agriculture,Forestry,Animal Husbandry, Fishery and Water Conservancy	14.34	21.92
工　业	Industry	99.05	173.98
建 筑 业	Construction	0.93	0.80
交通运输、仓储和邮政业	Transport, Storage and Post	1.19	3.42
批发、零售业和住宿、餐饮业	Wholesale and Retail Trades,Hotels and Catering Services	0.90	2.98
其他	Other Sectors	2.77	7.52
生活消费	Household Consumption	8.47	23.23
在消费量中	Consumption by Usage		
终端消费	End-use Consumption	118.55	221.67
#工　业	Industry	89.95	161.80
输配损失量	Losses in Transmission	9.10	12.18

Electricity Balance Sheet

(100 million kwh)

2010	2015	2016	2017	2018	2019
700.51	**1087.25**	**1182.50**	**1293.98**	**1428.77**	**1535.70**
637.59	982.05	1085.40	1157.83	1278.30	1375.90
87.84	201.58	228.40	218.41	204.90	274.94
549.75	780.47	857.00	939.42	1073.40	1100.96
62.92	105.20	97.10	136.15	150.47	159.80
700.51	**1087.25**	**1182.50**	**1293.98**	**1428.77**	**1535.70**
13.00	10.51	11.72	12.83	12.13	13.71
496.72	729.93	772.16	840.66	904.06	951.41
6.69	17.79	18.60	19.73	24.66	29.39
13.28	28.46	34.06	34.96	36.08	38.45
21.73	45.87	54.31	61.15	72.53	83.88
38.27	70.30	81.56	93.64	116.73	131.30
110.82	184.39	210.09	231.01	262.58	287.56
648.14	1022.06	1116.79	1219.79	1352.44	1463.33
444.35	664.74	706.45	766.47	827.73	879.04
52.37	65.19	65.71	74.19	76.33	72.37

6-9 能源消费量

单位：万吨标准煤

行　　业	Sector	2000
消费总量	**Total Consumption**	**2505.00**
农、林、牧、渔、水利业	**Agriculture, Forestry, Animal Husbandry, Fishery and Water Conservancy**	**151.00**
工　业	**Industry**	**1751.76**
#煤炭开采和洗选业	Mining and Washing of Coal	165.95
黑色金属矿采选业	Mining and Processing of Ferrous Metal Ores	5.41
有色金属矿采选业	Mining and Processing of Non-Ferrous Metal Ores	46.01
非金属矿采选业	Mining and Processing of Non-metal Ores	20.86
农副食品加工业	Processing of Food from Agricultural Products	27.87
食品制造业	Manufacture of Foods	17.70
酒、饮料和精制茶制造业	Manufacture of Liquor, Beverages and Refined Tea	10.34
烟草制品业	Manufacture of Tobacco	2.49
纺织业	Manufacture of Textile	37.07
纺织服装、服饰业	Manufacture of Textile,Wearing Apparels and Accessories	0.68
皮革、毛皮、羽毛及其制品和制鞋业	Manufacture of Leather, Fur, Feather and Related Products and Footwear	1.04
木材加工及木、竹、藤、棕、草制品业	Processing of Timber, Manufacture of Wood, Bamboo, Rattan, Palm, and Straw Products	14.83
家具制造业	Manufacture of Furniture	0.93
造纸及纸制品业	Manufacture of Paper and Paper Products	35.57
印刷业和记录媒介的复制	Printing and Reproduction of Recording Media	1.77
文教、工美、体育和娱乐用品制造业	Manufacture of Articles for Culture, Education, Arts and Crafts, Sport and Entertainment Activities	0.38
石油加工、煤炭及其他燃料加工业	Processing of Petroleum, Coal and other fuel processing industries	145.55
化学原料及化学制品制造业	Manufacture of Raw Chemical Materials and Chemical Products	171.93
医药制造业	Manufacture of Medicines	20.31
化学纤维制造业	Manufacture of Chemical Fibres	32.57
橡胶和塑料制品业	Manufacture of Rubber and Plastics Products.	4.45
非金属矿物制品业	Manufacture of Non-metallic Mineral Products	313.35
黑色金属冶炼及压延加工业	Smelting and Pressing of Ferrous Metals	323.10
有色金属冶炼及压延加工业	Smelting and Pressing of Non-ferrous Metals	102.17
金属制品业	Manufacture of Metal Products	5.20
通用设备制造业	Manufacture of General Purpose Machinery	10.95
专用设备制造业	Manufacture of Special Purpose Machinery	10.38
汽车制造业	Manufacture of Automobiles	14.39
铁路、船舶、航空航天和其他运输设备制造业	Manufacture of Railway, Ship, Aerospace and Other Transport Equipments	2.95
电气机械及器材制造业	Manufacture of Electrical Machinery and Apparatus	7.69
通信设备、计算机及其他电子设备制造业	Manufacture of Communication Equipment, Computers and Other Electronic Equipment	6.68
仪器仪表制造业	Manufacture of Measuring Instruments and Machinery	3.61
其他制造业	Other Manufacture	6.83
废弃资源综合利用业	Utilization of Waste Resources	
电力、热力的生产和供应业	Production and Supply of Electric Power and Heat Power	164.68
燃气生产和供应业	Production and Supply of Gas	1.37
水的生产和供应业	Production and Supply of Water	13.70
建筑业	**Construction**	**7.72**
交通运输、仓储和邮政业	**Transport, Storage and Post**	**177.97**
批发、零售业和住宿、餐饮业	**Wholesale, Retail Trade and Hotel,Restaurants**	**30.59**
其他	**Others**	**44.46**
生活消费	**Residential Consumption**	**341.50**
城　镇	Urban	231.33
乡　村	Rural	110.17

Consumption of Energy by Sector

(10 000 tons of SCE)

2010	2015	2016	2017	2018	2019
6280.55	**8423.44**	**8730.05**	**8971.87**	**9285.68**	**9665.15**
139.58	**131.21**	**139.44**	**143.21**	**147.93**	**152.44**
4635.41	**5874.46**	**5896.05**	**5886.03**	**5856.92**	**5998.81**
219.43	100.16	76.03	44.77	33.78	39.48
32.33	37.26	30.42	19.42	15.38	14.55
38.53	37.14	33.15	29.92	98.11	97.21
45.57	52.76	53.66	48.84	44.96	61.65
46.58	66.93	71.93	70.23	64.94	68.85
57.19	53.63	48.27	52.87	42.37	47.18
19.59	22.44	23.34	22.41	18.70	15.94
3.60	4.32	3.78	3.59	3.84	3.42
77.99	80.40	83.38	83.91	69.68	75.45
15.45	39.70	42.02	42.48	37.56	34.25
13.91	24.24	23.22	21.78	15.90	17.76
42.12	31.98	39.77	36.76	32.16	33.41
4.51	9.74	11.40	12.74	16.28	18.73
76.49	108.08	136.01	139.29	85.06	87.91
5.63	21.01	20.50	25.50	5.90	6.20
5.61	20.65	30.93	28.78	12.94	15.76
236.28	229.37	298.43	210.17	237.98	265.17
309.13	349.83	380.98	414.55	209.02	234.33
54.94	94.85	78.12	74.45	71.72	64.46
25.87	59.59	89.28	52.32	69.01	68.72
39.22	55.29	52.25	56.89	55.08	66.42
1313.16	1633.25	1567.65	1517.14	1544.48	1526.42
1002.98	1461.89	1337.34	1365.14	1370.46	1354.71
287.01	409.79	399.18	471.83	263.25	275.95
26.45	57.95	50.08	50.34	129.22	135.06
24.78	26.79	35.84	31.07	17.87	19.22
13.92	25.87	25.89	22.75	13.05	15.66
54.60	79.10	84.17	90.63	51.84	47.97
11.25	11.29	4.34	3.53	17.07	19.75
64.00	119.95	153.85	149.85	89.71	95.83
22.18	59.52	69.03	77.09	123.14	156.23
2.92	6.60	8.30	9.35	3.86	4.87
9.62	36.74	33.79	32.28	65.68	71.45
1.85	8.51	8.59	11.00	19.17	20.88
408.51	405.78	450.90	520.58	856.53	856.43
5.32	4.51	5.07	3.58	3.21	4.60
15.97	14.90	22.35	22.63	30.23	36.91
57.15	**109.16**	**114.34**	**122.71**	**140.44**	**157.77**
468.94	**767.26**	**814.67**	**843.63**	**929.66**	**1002.58**
140.70	**232.54**	**265.62**	**304.07**	**350.61**	**384.24**
182.70	**301.20**	**343.55**	**398.64**	**473.70**	**511.72**
656.07	**1007.71**	**1156.34**	**1273.59**	**1386.42**	**1457.60**
364.10	526.51	606.37	688.17	751.32	793.62
291.97	481.20	549.97	585.41	635.10	663.98

6-10 煤炭消费量

单位：万吨

行业	Sector	2000
消费总量	**Total Consumption**	**2468.63**
农、林、牧、渔、水利业	**Agriculture, Forestry, Animal Husbandry, Fishery and Water Conservancy**	**12.10**
工业	**Industry**	**2263.78**
#煤炭开采和洗选业	Mining and Washing of Coal	200.13
黑色金属矿采选业	Mining and Processing of Ferrous Metal Ores	0.86
有色金属矿采选业	Mining and Processing of Non-Ferrous Metal Ores	4.76
非金属矿采选业	Mining and Processing of Non-metal Ores	22.40
其他采矿业	Mining of Other Ores	
农副食品加工业	Processing of Food from Agricultural Products	18.59
食品制造业	Manufacture of Foods	7.72
酒、饮料和精制茶制造业	Manufacture of Liquor, Beverages and Refined Tea	14.48
烟草制品业	Manufacture of Tobacco	2.23
纺织业	Manufacture of Textile	32.80
纺织服装、服饰业	Manufacture of Textile,Wearing Apparels and Accessories	0.03
皮革、毛皮、羽毛及其制品和制鞋业	Manufacture of Leather, Fur, Feather and Related Products and Footwear	0.64
木材加工及木、竹、藤、棕、草制品业	Processing of Timber, Manufacture of Wood, Bamboo, Rattan, Palm, and Straw Products	18.09
家具制造业	Manufacture of Furniture	0.07
造纸及纸制品业	Manufacture of Paper and Paper Products	60.49
印刷业和记录媒介的复制	Printing and Reproduction of Recording Media	0.25
文教、工美、体育和娱乐用品制造业	Manufacture of Articles for Culture, Education, Arts and Crafts, Sport and Entertainment Activities	0.12
石油加工、煤炭及其他燃料加工业	Processing of Petroleum, Coal and other fuel processing industries	125.50
化学原料及化学制品制造业	Manufacture of Raw Chemical Materials and Chemical Products	179.20
医药制造业	Manufacture of Medicines	19.20
化学纤维制造业	Manufacture of Chemical Fibres	20.32
橡胶和塑料制品业	Manufacture of Rubber and Plastics Products.	5.76
非金属矿物制品业	Manufacture of Non-metallic Mineral Products	360.31
黑色金属冶炼及压延加工业	Smelting and Pressing of Ferrous Metals	290.36
有色金属冶炼及压延加工业	Smelting and Pressing of Non-ferrous Metals	24.17
金属制品业	Manufacture of Metal Products	2.39
通用设备制造业	Manufacture of General Purpose Machinery	4.99
专用设备制造业	Manufacture of Special Purpose Machinery	2.32
汽车制造业	Manufacture of Automobiles	5.68
铁路、船舶、航空航天和其他运输设备制造业	Manufacture of Railway, Ship, Aerospace and Other Transport Equipments	1.18
电气机械及器材制造业	Manufacture of Electrical Machinery and Apparatus	12.90
通信设备、计算机及其他电子设备制造业	Manufacture of Communication Equipment, Computers and Other Electronic Equipment	2.03
仪器仪表制造业	Manufacture of Measuring Instruments and Machinery	0.66
其他制造业	Other Manufacture	8.04
废弃资源综合利用业	Utilization of Waste Resources	
电力、热力的生产和供应业	Production and Supply of Electric Power and Heat Power	857.12
燃气生产和供应业	Production and Supply of Gas	1.83
水的生产和供应业	Production and Supply of Water	0.04
建筑业	**Construction**	
交通运输、仓储和邮政业	**Transport, Storage and Post**	**11.42**
批发、零售业和住宿、餐饮业	**Wholesale, Retail Trade and Hotel,Restaurants**	**5.20**
其他	**Others**	
生活消费	**Residential Consumption**	**176.13**
城镇	Urban	95.64
乡村	Rural	80.49

Consumption of Coal by Sector

(10 000 tons)

2010	2015	2016	2017	2018	2019
6246.61	**7658.74**	**7533.19**	**7671.45**	**7877.77**	**7995.94**
23.00	**18.00**	**20.00**	**21.00**	**21.00**	**20.00**
5989.55	**7396.51**	**7203.60**	**7321.45**	**7521.26**	**7670.83**
367.29	261.19	132.44	63.32	122.25	122.54
5.81	6.18	1.83	1.61	0.97	0.97
3.91	3.49	1.66	0.99	1.23	1.22
15.18	49.99	47.90	44.34	41.00	60.92
11.40	19.42	20.57	22.10	19.43	26.57
61.64	51.19	45.55	53.12	49.86	40.89
12.04	9.76	8.05	8.52	10.38	6.29
1.31	0.53	0.37	0.36	0.10	
12.30	10.88	6.39	7.39	4.90	4.40
3.68	2.23	1.16	1.13	1.60	1.54
1.01	1.78	1.79	1.75	2.14	2.10
3.41	1.54	0.47	0.35	0.16	0.16
0.42	0.22	0.17	0.16	0.26	0.26
60.18	109.98	141.77	147.38	117.96	142.92
0.34	2.83	1.46	1.78	0.45	0.43
0.67	2.67	1.22	1.73	1.01	0.76
387.56	623.10	649.45	457.76	408.83	472.57
152.40	215.52	266.34	293.27	149.35	132.15
20.71	18.29	28.39	28.38	27.36	11.53
28.50	64.98	114.07	62.18	92.16	101.09
8.14	8.95	5.91	6.84	12.42	19.62
1031.44	1673.93	1551.16	1547.46	1453.40	1438.82
1083.66	1157.94	1023.33	1008.83	1052.59	1044.20
63.89	153.93	150.76	156.14	70.82	58.37
3.39	5.07	3.26	2.10	1.12	0.82
4.07	2.86	1.77	1.18	0.26	0.24
1.73	2.89	1.46	0.80	0.22	0.21
7.43	3.31	1.35	1.43	0.31	0.31
1.54	0.56	0.12	0.15	0.17	0.17
7.90	6.44	5.63	3.98	1.38	2.47
1.13	2.71	0.50	0.50	3.14	3.12
0.16	0.06	0.01	0.02		
1.57	9.40	3.42	3.56	0.29	0.05
0.34	3.00	1.58	0.48	5.09	4.02
2613.88	2909.57	2982.25	3390.30	3868.67	3969.10
9.11					
0.03					
3.00	**2.00**	**2.50**	**3.00**	**3.00**	**3.00**
3.06	**5.00**	**5.50**	**15.00**	**15.00**	**8.03**
16.00	**23.00**	**24.00**	**25.00**	**24.00**	**24.00**
24.00	**24.50**	**25.00**	**26.00**	**22.00**	**20.00**
188.00	**189.72**	**252.60**	**260.00**	**271.50**	**250.10**
35.00	30.00	53.60	57.50	61.50	53.60
153.00	159.72	199.00	202.50	210.00	196.50

6-11 电力消费量

单位：亿千瓦小时

行业	Sector	2000
消费总量	**Total Consumption**	**233.85**
农、林、牧、渔、水利业	**Agriculture, Forestry, Animal Husbandry, Fishery and Water Conservancy**	**21.92**
工业	**Industry**	**173.98**
#煤炭开采和洗选业	Mining and Washing of Coal	7.54
黑色金属矿采选业	Mining and Processing of Ferrous Metal Ores	0.07
有色金属矿采选业	Mining and Processing of Non-Ferrous Metal Ores	2.88
非金属矿采选业	Mining and Processing of Non-metal Ores	0.90
农副食品加工业	Processing of Food from Agricultural Products	4.26
食品制造业	Manufacture of Foods	1.01
酒、饮料和精制茶制造业	Manufacture of Liquor, Beverages and Refined Tea	0.89
烟草制品业	Manufacture of Tobacco	0.32
纺织业	Manufacture of Textile	5.00
纺织服装、服饰业	Manufacture of Textile,Wearing Apparels and Accessories	0.15
皮革、毛皮、羽毛及其制品和制鞋业	Manufacture of Leather, Fur, Feather and Related Products and Footwear	0.17
木材加工及木、竹、藤、棕、草制品业	Processing of Timber, Manufacture of Wood, Bamboo, Rattan, Palm, and Straw Products	1.52
家具制造业	Manufacture of Furniture	0.19
造纸及纸制品业	Manufacture of Paper and Paper Products	3.00
印刷业和记录媒介的复制	Printing and Reproduction of Recording Media	0.33
文教、工美、体育和娱乐用品制造业	Manufacture of Articles for Culture, Education, Arts and Crafts, Sport and Entertainment Activities	0.07
石油加工、煤炭及其他燃料加工业	Processing of Petroleum, Coal and other fuel processing	4.05
化学原料及化学制品制造业	Manufacture of Raw Chemical Materials and Chemical	16.76
医药制造业	Manufacture of Medicines	1.52
化学纤维制造业	Manufacture of Chemical Fibres	1.95
橡胶和塑料制品业	Manufacture of Rubber and Plastics Products.	0.70
非金属矿物制品业	Manufacture of Non-metallic Mineral Products	16.34
黑色金属冶炼及压延加工业	Smelting and Pressing of Ferrous Metals	26.37
有色金属冶炼及压延加工业	Smelting and Pressing of Non-ferrous Metals	18.25
金属制品业	Manufacture of Metal Products	1.78
通用设备制造业	Manufacture of General Purpose Machinery	1.78
专用设备制造业	Manufacture of Special Purpose Machinery	1.94
汽车制造业	Manufacture of Automobiles	2.07
铁路、船舶、航空航天和其他运输设备制造业	Manufacture of Railway, Ship, Aerospace and Other Transport Equipments	0.66
电气机械及器材制造业	Manufacture of Electrical Machinery and Apparatus	1.10
通信设备、计算机及其他电子设备制造业	Manufacture of Communication Equipment, Computers and Other Electronic Equipment	0.62
仪器仪表制造业	Manufacture of Measuring Instruments and Machinery	0.29
其他制造业	Other Manufacture	0.15
废弃资源综合利用业	Utilization of Waste Resources	
电力、热力的生产和供应业	Production and Supply of Electric Power and Heat Power	45.68
燃气生产和供应业	Production and Supply of Gas	0.03
水的生产和供应业	Production and Supply of Water	3.04
建筑业	**Construction**	**0.80**
交通运输、仓储和邮政业	**Transport, Storage and Post**	**3.42**
批发、零售业和住宿、餐饮业	**Wholesale, Retail Trade and Hotel,Restaurants**	**3.08**
其他	**Others**	**7.52**
生活消费	**Residential Consumption**	**23.23**
城镇	Urban	15.68
乡村	Rural	7.55

Electricity Consumption by Sector

(100 million kwh)

2010	2015	2016	2017	2018	2019
700.51	**1087.25**	**1182.50**	**1293.98**	**1428.77**	**1535.70**
13.00	**10.51**	**11.72**	**12.83**	**12.13**	**13.71**
496.72	**729.93**	**772.16**	**840.66**	**904.06**	**951.41**
11.70	8.35	6.53	5.65	5.56	6.40
6.12	7.59	6.62	4.65	3.69	3.99
8.79	10.34	9.84	8.98	31.55	32.09
3.35	6.61	6.67	6.19	8.15	8.23
8.05	15.84	16.52	16.26	14.13	14.58
5.91	7.54	7.56	8.78	5.59	7.33
2.75	4.53	4.61	4.23	2.69	2.61
0.53	0.77	0.74	0.76	0.95	0.86
17.41	22.36	24.07	24.63	20.68	22.44
3.18	9.62	9.76	9.16	5.56	5.97
3.21	6.47	6.68	6.49	4.58	5.11
8.19	8.35	9.77	10.21	9.12	9.58
1.04	2.96	3.34	3.72	4.86	5.74
14.08	19.69	20.57	21.09	13.99	10.68
1.24	3.41	3.63	3.79	1.56	1.64
1.43	5.92	9.41	8.63	3.82	4.56
5.93	10.35	13.57	12.06	9.30	10.80
49.75	59.06	57.65	69.80	37.32	41.87
6.44	20.34	13.62	13.41	9.64	11.02
2.59	5.84	5.80	5.96	5.92	6.42
7.96	14.73	14.30	15.64	14.13	16.35
57.69	87.65	82.08	86.53	152.64	149.11
58.61	58.87	65.13	61.82	62.53	66.20
46.04	68.05	66.53	86.99	41.92	44.72
5.80	9.91	10.88	10.68	36.12	39.25
5.50	7.10	10.17	9.06	4.99	5.28
3.20	6.56	6.40	6.37	3.32	4.37
8.67	15.22	16.07	18.07	6.85	7.71
2.74	3.25	1.30	1.08	5.56	6.49
15.34	29.22	39.45	37.91	19.79	22.91
5.85	18.23	21.82	24.47	37.95	48.94
0.73	2.10	2.51	2.86	1.10	1.31
2.21	6.72	6.97	6.33	21.39	23.48
	1.34	1.63	2.62	3.40	4.05
109.14	155.22	177.51	212.52	276.92	279.89
0.76	1.03	1.21	0.94	1.03	1.51
4.39	4.77	7.20	7.30	9.92	12.21
6.69	**17.79**	**18.60**	**19.73**	**24.66**	**29.39**
13.28	**28.46**	**34.06**	**34.96**	**36.08**	**38.45**
21.73	**45.87**	**54.31**	**61.15**	**72.53**	**83.88**
38.27	**70.3**	**81.56**	**93.64**	**116.73**	**131.3**
110.82	**184.39**	**210.09**	**231.01**	**262.58**	**287.56**
61.48	98.33	112.13	125.01	141.79	154.93
49.34	86.06	97.96	106.00	120.79	132.63

6-12 规模以上工业主要能源分行业消费量（2019年）

单位：吨

行业	sector	原煤 Raw Coal	洗精煤 Cleaned Coal
总计	**Total**	**63583268**	**9383013**
煤炭开采和洗选业	Mining and Washing of Coal	1404997	791398
黑色金属矿采选业	Mining and Processing of Ferrous Metal Ores	11715	
有色金属矿采选业	Mining and Processing of Non-Ferrous Metal Ores	10135	
非金属矿采选业	Mining and Processing of Non-metal Ores	594359	
农副食品加工业	Processing of Food from Agricultural Products	106409	
食品制造业	Manufacture of Foods	371610	
酒、饮料和精制茶制造业	Manufacture of Liquor, Beverages and Refined Tea	45205	
烟草制品业	Manufacture of Tobacco		
纺织业	Manufacture of Textile	35474	
纺织服装、服饰业	Manufacture of Textile,Wearing Apparels and Accessories	6055	
皮革、毛皮、羽毛及其制品和制鞋业	Manufacture of Leather, Fur, Feather and Related Products and Footwear	14164	
木材加工及木、竹、藤、棕、草制品业	Processing of Timber, Manufacture of Wood, Bamboo, Rattan, Palm, and Straw Products	1867	
家具制造业	Manufacture of Furniture	2411	
造纸及纸制品业	Manufacture of Paper and Paper Products	1352380	
印刷和记录媒介复制业	Printing and Reproduction of Recording Media	4133	
文教、工美、体育和娱乐用品制造业	Manufacture of Articles for Culture, Education, Arts and Crafts, Sport and Entertainment Activities	5706	
石油加工、煤炭及其他燃料加工业	Processing of Petroleum, Coal and other fuel processing industries	954800	3988297
化学原料及化学制品制造业	Manufacture of Raw Chemical Materials and Chemical Products	1192086	

Main Energy Consumption of Industrial Enterprises Above Designated Size by Sector (2019)

(ton)

其他洗煤 Other Washed Coal	焦　炭 Coke	原　油 Crude Oil	汽　油 Gasoline	煤　油 Kerosene	柴　油 Diesel Oil	燃料油 Fuel Oil
580986	**9394543**	**7872707**	**23322**	**469**	**218153**	**72393**
			384		1553	
			100		2476	
	24		746	29	9420	
	32548		118		25049	
			292		1628	
			278		1229	
			78		29	
			67		966	
			392		417	11
			403		170	
904			158		140	
	452		263		962	
			2439		2576	77
			168		1435	563
			222		406	
			390		899	6
		7872707	90		338	4507
19600	399		609	69	2691	

6-12 续表

单位：吨

行　　业	sector	原　煤 Raw Coal	洗精煤 Cleaned Coal
医药制造业	Manufacture of Medicines	77526	
化学纤维制造业	Manufacture of Chemical Fibres	883041	
橡胶和塑料制品业	Manufacture of Rubber and Plastics Products.	159329	
非金属矿物制品业	Manufacture of Non-metallic Mineral Products	12999881	
黑色金属冶炼及压延加工业	Smelting and Pressing of Ferrous Metals	3197175	4603318
有色金属冶炼及压延加工业	Smelting and Pressing of Non-ferrous Metals	311137	
金属制品业	Manufacture of Metal Products	4992	
通用设备制造业	Manufacture of General Purpose Machinery	2155	
专用设备制造业	Manufacture of Special Purpose Machinery	4145	
汽车制造业	Manufacture of Automobiles	1672	
铁路、船舶、航空航天和其他运输设备制造业	Manufacture of Railway, Ship, Aerospace and Other Transport Equipments	1004	
电气机械及器材制造业	Manufacture of Electrical Machinery and Apparatus	21937	
计算机、通信和其他电子设备制造业	Manufacture of Communication Equipment, Computers and Other Electronic Equipment	24255	
仪器仪表制造业	Manufacture of Measuring Instruments and Machinery		
其他制造业	Other Manufacture	349	
废弃资源综合利用业	Utilization of Waste Resources	13373	
电力、热力的生产和供应业	Production and Supply of Electric Power and Heat Power	39767793	
燃气生产和供应业	Production and Supply of Gas		
水的生产和供应业	Production and Supply of Water		

continued

(ton)

其他洗煤 Other Washed Coal	焦　炭 Coke	原　油 Crude Oil	汽　油 Gasoline	煤　油 Kerosene	柴　油 Diesel Oil	燃料油 Fuel Oil
			1038		920	88
					387	
			556		1003	
32493	113		876	8	83155	1338
523868	9258458		168		9961	
4121	74127		856	54	49855	46729
	3613		1260	264	992	
	960		622	33	1104	39
	7464		360	3	1123	
			1951	10	4700	
			87		27	
			1583		1825	11889
			487		370	
			19			
			35		192	
	16384		183		2160	7146
			5484		7024	
			235		414	
			325		560	

6-13 能源生产量

能源品种	Type of Energy	1990	2000
一次能源生产量(万吨标准煤)	**Primary Energy Output (10 000 tons of SCE)**	**1282.42**	**1293.23**
原煤(万吨)	Raw Coal (10 000 tons)	2027.11	1813.76
洗精煤(万吨)	Cleaned Coal (10 000 tons)	144.84	125.84
其他洗煤(万吨)	Other Washed Coal (10 000 tons)	189.72	52.10
焦炭(万吨)	Coke (10 000 tons)	119.96	177.5
燃料油(万吨)	Fuel Oil (10 000 tons)	42.36	54.27
汽油(万吨)	Gasoline (10 000 tons)	47.82	81.75
煤油(万吨)	Kerosene (10 000 tons)	1.10	2.41
柴油(万吨)	Diesel Oil (10 000 tons)	46.12	125.82
液化石油气(万吨)	Liquefied Petroleum Gas (10 000 tons)	4.53	16.92
炼厂干气(万吨)	Refinery Gas (10 000 tons)	3.98	9.43
焦炉煤气(亿立方米)	Coke Oven Gas (100 million cu.m)	3.72	7.03
电力(亿千瓦小时)	Electricity (100 million kwh)	121.41	226.77

Energy Production

2010	2015	2016	2017	2018	2019
2312.84	**2356.86**	**2000.89**	**1525.19**	**1170.02**	**1320.31**
2912.22	2270.70	1556.80	938.92	550.62	503.61
126.10	470.30	111.68	52.55	65.04	64.40
429.78	99.69	244.37	118.79	72.08	32.81
678.44	815.44	749.11	593.60	607.72	660.78
20.89	0.20		0.24	1.41	8.09
108.07	192.76	217.99	203.91	238.06	244.35
	34.17	54.95	57.47	67.15	70.73
190.85	211.92	307.32	288.26	289.44	293.81
24.27	32.18	42.02	40.61	42.81	42.70
14.84	22.08	24.97	24.97	30.29	31.40
15.71	24.76	21.75	17.92	19.16	19.02
637.59	982.05	1085.40	1157.83	1278.30	1375.90

6-14 能源生产弹性系数
Elasticity Ratio of Energy Production

年 份 Year	能源生产比上年增长(%) Growth Rate of Energy Production over Preceding Year (%)	电力生产比上年增长(%) Growth Rate of Electricity Production over Preceding Year (%)	地区生产总值比上年增长(%) Growth Rate of Gross Domestic Product (GDP) over Preceding Year (%)	能源生产弹性系数 Elasticity Ratio of Energy Production	电力生产弹性系数 Elasticity Ratio of Electricity Production
1985	2.52	15.43	14.8	0.17	1.04
1990	-2.86	1.42	4.5		0.32
1995	22.50	3.45	14.5	1.55	0.24
2000	12.02	7.73	8.0	1.50	0.97
2001	-3.91	6.85	8.8		0.78
2002	0.76	14.73	10.5	0.07	1.40
2003	20.22	22.64	13.0	1.55	1.74
2004	26.37	13.85	13.2	2.00	1.05
2005	5.68	1.89	12.8	0.44	0.15
2006	11.47	16.68	12.3	0.93	1.36
2007	0.55	13.42	13.2	0.04	1.02
2008	6.29	-0.21	13.2	0.48	
2009	5.59	6.33	13.1	0.43	0.48
2010	-8.54	21.58	14.0		1.54
2011	11.62	16.41	12.5	0.93	1.31
2012	0.76	2.34	11.0	0.07	0.21
2013	-1.63	15.25	10.1		1.51
2014	-4.18	-0.24	9.7		
2015	-3.88	12.45	9.1		1.37
2016	-15.10	10.52	9.0		1.17
2017	-23.77	6.67	8.8		0.76
2018	-23.29	10.40	8.7		1.20
2019	12.85	7.64	8.0	1.61	0.96

6-15 能源消费弹性系数
Elasticity Ratio of Energy Consumption

年 份 Year	能源消费比上年增长(%) Growth Rate of Energy Consumption over Preceding Year (%)	电力消费比上年增长(%) Growth Rate of Electricity Consumption over Preceding Year (%)	地区生产总值比上年增长(%) Growth Rate of Gross Domestic Product (GDP) over Preceding Year (%)	能源消费弹性系数 Elasticity Ratio of Energy Consumption	电力消费弹性系数 Elasticity Ratio of Electricity Consumption
1985	4.75	14.11	14.8	0.32	0.95
1986	11.19	11.10	6.7	1.67	1.66
1987	8.07	11.53	8.3	0.97	1.39
1988	8.75	11.76	11.4	0.77	1.03
1989	0.76	4.61	6.1	0.12	0.76
1990	-2.08	4.10	4.5		0.91
1991	3.53	6.22	8.2	0.43	0.76
1992	4.35	9.37	14.8	0.29	0.63
1993	3.99	6.20	13.7	0.29	0.45
1994	6.45	10.37	17.0	0.38	0.61
1995	15.50	4.30	14.5	1.07	0.30
1996	-9.90	4.97	13.4		0.37
1997	-1.03	-2.18	11.5		
1998	-4.88	0.83	8.2		0.10
1999	5.23	3.35	7.8	0.67	0.42
2000	4.01	7.98	8.0	0.50	1.00
2001	4.91	6.23	8.8	0.56	0.71
2002	11.61	11.32	10.5	1.11	1.08
2003	16.81	15.54	13.0	1.29	1.20
2004	11.33	21.80	13.2	0.86	1.65
2005	12.38	6.37	12.8	0.97	0.50
2006	8.73	13.83	12.3	0.71	1.12
2007	8.42	14.54	13.2	0.64	1.10
2008	6.54	6.98	13.2	0.50	0.53
2009	7.98	11.42	13.1	0.61	0.87
2010	8.05	14.98	14.0	0.58	1.07
2011	9.02	19.21	12.5	0.72	1.54
2012	4.40	3.90	11.0	0.40	0.36
2013	6.08	9.16	10.1	0.60	0.91
2014	6.23	7.54	9.7	0.64	0.78
2015	4.78	6.75	9.1	0.53	0.74
2016	3.64	8.76	9.0	0.40	0.97
2017	2.77	9.43	8.8	0.31	1.07
2018	3.50	10.42	8.7	0.40	1.20
2019	4.09	7.48	8.0	0.51	0.94

6-16 各地区能源消费总量及用电量（2019年）
The Energy Consumption and Electricity Consumption by Region (2019)

地 区	Region	能源消费总量（万吨标准煤） Total Energy Composition (10 000 tons of SCE)	规模以上工业能源消费量（当量值）（万吨标准煤） Energy Consumption of Industrial Enterprises above Designated Size by Region (equivalent value) (10 000 tons of SCE)	全社会用电量（亿千瓦时） Society Electricity Consumption (100 million kwh)	工业用电量（亿千瓦时） Industrial Electricity Consumption (100 million kwh)	居民生活用电量（亿千瓦时） Residential Electricity Consumption (100 million kwh)
全 省	**Provincial Total**	**9665.15**	**5615.01**	**1535.70**	**951.41**	**287.55**
南昌市	Nanchang	1603.62	621.37	247.20	123.37	49.33
景德镇市	Jingdezhen	438.17	258.17	60.34	37.93	11.91
萍乡市	Pingxiang	764.70	520.65	76.61	51.68	14.23
九江市	Jiujiang	1421.14	1164.76	213.65	152.47	31.82
新余市	Xinyu	965.28	628.74	90.93	74.94	7.39
鹰潭市	Yingtan	269.60	259.86	51.90	35.89	7.13
赣州市	Ganzhou	1075.98	365.51	208.95	108.62	52.98
吉安市	Ji'an	559.67	319.60	119.24	72.81	23.80
宜春市	Yichun	1164.26	783.85	202.79	141.32	30.70
抚州市	Fuzhou	532.59	303.07	94.27	51.55	20.88
上饶市	Shangrao	825.46	389.43	169.84	99.91	37.51

6-17 各地区规模以上工业主要能源消费量（2019）
Main Energy Consumption of Industrial Enterprises above Designated Size by Region (2019)

单位：吨 (ton)

地 区	Region	原 煤 Raw Coal	洗精煤 Cleaned Coal	其他洗煤 Other Washed Coal	焦 炭 Coke	原 油 Crude Oil	汽 油 Gasoline	煤 油 Kerosene	柴 油 Diesel Oil	燃料油 Fuel Oil
全 省	**Provincial Total**	**63583268**	**9383013**	**580986**	**9394543**	**7872707**	**23322**	**469**	**218153**	**72393**
南昌市	Nanchang	3803646	1289385	513739	1310892		10092	10	25692	173
景德镇市	Jingdezhen	3795246	2611943				105		8918	2510
萍乡市	Pingxiang	4874426	791398	1230	2257294		719	6	9769	1997
九江市	Jiujiang	12916765			2383446	7872707	1947	4	17944	88
新余市	Xinyu	3592763	3313933	10129	3308244		968	4	12884	
鹰潭市	Yingtan	4163249			12651		414		49507	27254
赣州市	Ganzhou	4214415			7349		3725	72	30424	16227
吉安市	Ji'an	4775363			7564		421	7	3099	1
宜春市	Yichun	10716760	1284805	32167	42215		1906	81	23517	1752
抚州市	Fuzhou	5411307	91549		8703		601	272	6425	4541
上饶市	Shangrao	5319327		23721	56186		2425	14	29976	17850

主要统计指标解释

能源生产总量　指一定时期内，全国或地区一次能源生产量的总和。该指标是观察全国或地区能源生产水平、规模、构成和发展速度的总量指标。一次能源生产量包括原煤、原油、天然气、水电、核能及其他动力能(如风能、地热能等)发电量，不包括低热值燃料生产量、生物质能、太阳能等的利用和由一次能源加工转换而成的二次能源产量。

能源消费总量　指一定时期内，全国或地区各行业和居民生活消费的各种能源的总和。该指标是观察能源消费水平、构成和增长速度的总量指标。能源消费总量包括原煤和原油及其制品、天然气、电力，不包括低热值燃料、生物质能和太阳能等的利用。能源消费总量分为终端能源消费量、能源加工转换损失量和能源损失量三部分。

(1)终端能源消费量：指一定时期内，全国或地区生产和生活消费的各种能源在扣除了用于加工转换二次能源消费量和损失量以后的数量。

(2)能源加工转换损失量：指一定时期内，全国或地区投入加工转换的各种能源数量之和与产出各种能源产品之和的差额。该指标是观察能源在加工转换过程中损失量变化的指标。

(3)能源损失量：指一定时期内，能源在输送、分配、储存过程中发生的损失和由客观原因造成的各种损失量，不包括各种气体能源放空、放散量。

能源生产弹性系数　是研究能源生产增长速度与国民经济增长速度之间关系的指标。计算公式：

$$\text{能源生产弹性系数}=\frac{\text{能源生产总量年平均增长速度}}{\text{国民经济年平均增长速度}}$$

国民经济年平均增长速度，可根据不同的目的或需要，用国民生产总值、国内生产总值等指标来计算，本年鉴是采用国内生产总值指标计算的。

电力生产弹性系数　是研究电力生产增长速度与国民经济增长速度之间关系的指标。一般来说，电力的发展应当快于国民经济的发展，也就是说电力应超前发展。计算公式为：

$$\text{电力生产弹性系数}=\frac{\text{电力生产总量年平均增长速度}}{\text{国民经济年平均增长速度}}$$

能源消费弹性系数　反映能源消费增长速度与国民经济增长速度之间比例关系的指标。计算公式为：

$$\text{能源消费弹性系数}=\frac{\text{能源消费总量年平均增长速度}}{\text{国民经济年平均增长速度}}$$

电力消费弹性系数　反映电力消费增长速度与国民经济增长速度之间比例关系的指标。计算公式为：

$$\text{电力消费弹性系数}=\frac{\text{电力消费总量年平均增长速度}}{\text{国民经济年平均增长速度}}$$

一次电力　是指核电、水电、风电以及太阳能发电所发出的电力。

Explanatory Notes on Main Statistical Indicators

Total Energy Production　refers to the total production of primary energy by all energy producing enterprises in the country or region in a given period of time. It is a comprehensive indicator to show the level, scale, composition and pace of development of energy production of the country or region. The production of primary energy includes that of coal, crude oil, natural gas, hydro-power and electricity generated by nuclear energy and other means such as wind power and geothermal power. However, it does not include the production of fuels of low calorific value, bio-energy, solar energy and secondary energy converted from primary energy.

Total Energy Consumption　refers to the total consumption of energy of various kinds by the production sectors and the households in the country or region in a given period of time. It is a comprehensive indicator to show the scale, composition and pace of increase of energy consumption. Total energy consumption includes that of coal, crude oil and their products, natural gas and electricity. However, it does not include the consumption of fuel of low calorific value, bio-energy and solar energy. Total energy consumption can be divided into three parts: end-use energy consumption; loss during the process of energy conversion; and energy loss.

(1)End-use Energy Consumption: It refers to the total energy consumption by the production sectors and the households in the country or region in a given period of time. It does not include the consumption during the conversion of primary energy into secondary energy and the loss in the process of energy conversion.

(2)Loss During the Process of Energy Conversion: It refers to the total input of various kinds of energy for conversion, minus the total output of various kinds of energy in the country or region in a given period of time. It is an indicator to show the loss that occurs during the process of energy conversion.

(3)Energy Loss: It refers to the total of the loss of energy during the course of energy transport, distribution and storage and the loss caused by any objective reason in a given period of time. The loss of various kinds of gas due to gas discharges and stocktaking is not included.

Elasticity Ratio of Energy Production is an indicator to show the relationship between the growth rate of energy production and the growth rate of the national economy. The formula is:

$$\text{Elasticity Ratio of Energy Production} = \frac{\text{Average Annual Growth Rate of Energy Production}}{\text{Average Annual Growth Rate of National Economy}}$$

The average annual growth rate of the national economy can be measured by indicators such as the Gross National Product and the Gross Domestic Product, depending on the purposes or needs. The Gross Domestic Product has been used in the calculation of the ratio in this Yearbook.

Elasticity Ratio of Electricity Production is an indicator to show the relationship between the growth rate of electricity production and the growth rate of the national economy. Generally speaking, the growth rate of electricity production should be higher than that of the national economy.

Its formula is:

$$\text{Elasticity Ratio of Electricity Production} = \frac{\text{Average Annual Growth Rate of Electricity Production}}{\text{Average Annual Growth Rate of National Economy}}$$

Elasticity Ratio of Energy Consumption is an indicator to show the relationship between the growth rate of energy consumption and the growth rate of the national economy. The formula is:

$$\text{Elasticity Ratio of Energy Consumption} = \frac{\text{Average Annual Growth Rate of Energy Consumption}}{\text{Average Annual Growth Rate of National Economy}}$$

Elasticity Ratio of Electricity Consumption is an indicator to show the relationship between the growth rate of electricity consumption and the growth rate of the national economy. The formula is:

$$\text{Elasticity Ratio of Electricity Consumption} = \frac{\text{Average Annual Growth Rate of Electricity Consumption}}{\text{Average Annual Growth Rate of National Economy}}$$

Primary Power It refers to electricity generated by nuclear power, hydropower, wind power and solar power.

7

财　政

GOVERNMENT FINANCE

资料整理：梅　岩

简要说明

一、主要内容

本篇包括全省财政收支和预算外资金收支资料。

二、统计口径

2007 年起，财政收支科目实施了较大改革，特别是财政支出项目口径变化很大，与往年数据不可比。

三、资料来源

资料来源于省财政厅的财政总决算报表，由省统计局国民经济核算处编辑整理。

Brief Introduction

I. Main Contents

The data in this chapter present provincial government revenue and expenditure situation, the extra-budgetary revenue and expenditure.

II. Scope of Statistics

Due to the adjustment on classifications of revenue and expenditure accounts since 2007, the relative data are imcomparable with previous years` data.

III. Sources of Data

The data are based on final provincial financial accounts, which are provided by the Department of National Accounts of the provincial Bureau of Statistics.

7-1 财 政 收 入
Government Revenue

单位：万元 (10 000 yuan)

年 份 Year	财政总收入 Total Government Revenue	一般公共预算收入 General Public Budget Revenue	税收收入 Taxes Revenue	#增值税 Value-added Tax	#营业税 Business Tax	#企业所得税 Corporate Income Tax	非税收入 Non-tax Receipts	上交中央收入 Revenue Handed in the Central Government	财政总收入占GDP比重(%) Ratio to Gross Domestic Product (%)
1994	886126	492907	421932	106344	111482	38491	70975	393219	9.4
1995	1052156	641328	524945	110526	151464	56004	116383	410828	9.0
1996	1235752	770936	635070	126810	194011	63139	135866	464816	8.8
1997	1349161	905924	712721	119902	216962	81443	193203	443237	8.4
1998	1456586	971561	769453	123145	250849	73469	202108	485025	8.5
1999	1549806	1051371	812280	125302	249255	86842	239091	498435	8.4
2000	1716931	1115536	856481	150826	263986	95048	259055	601395	8.6
2001	2001639	1319790	1021023	172324	266187	226086	298767	681849	9.2
2002	2345064	1405457	1040551	187248	334960	105994	364906	939607	9.6
2003	2858087	1681670	1230510	230683	431628	97428	451160	1176417	10.2
2004	3508081	2057667	1450860	254350	553126	135045	606807	1450414	10.1
2005	4259007	2529236	1707228	338739	628395	173966	822008	1729771	10.5
2006	5186139	3055214	2087123	411759	755107	246651	968091	2130925	10.7
2007	6652189	3898510	2818573	530534	973988	379803	1079937	2753679	11.4
2008	8169872	4886476	3579635	642916	1181937	474319	1306841	3283396	11.7
2009	9288753	5813012	4300204	667374	1534987	462744	1512808	3475741	12.1
2010	12262376	7780922	5851073	847892	2043822	637192	1929849	4481454	12.9
2011	16450001	10534342	7770948	1058993	2727856	979220	2763394	5915659	14.0
2012	20461475	13719940	9780836	1074123	3634642	1241189	3939104	6741535	15.8
2013	23584319	16212358	11787426	1464306	4235034	1367065	4424932	7371961	16.3
2014	26809635	18818315	13811325	2195983	4435692	1524704	5006990	7991320	17.0
2015	30218303	21657362	15170279	2406292	4984378	1572137	6487083	8560941	18.0
2016	31430214	21514670	14711012	3788124	2828829	1662639	6803658	9715544	17.1
2017	34477187	22470624	15150122	6157167	67732	1822263	7320502	12006563	17.2
2018	37957936	23730080	16631502	7129087	23197	2226212	7098578	14227856	17.3
2019	40015608	24873857	17476297	8008554		2446552	7397560	15141751	16.2

注：1.1994-2009年企业所得税含退税。
2.1994-1997年国有资产经营收益体现为国有企业上缴利润。
3.1997年地方财政收入和非税收入包含当年纳入基金预算收入的城市教育附加费、矿产资源补偿费、排污费和城市水资源费收入。
4.从2002年开始，上交中央收入包含上划所得税。
5.农业税收包含农业税、农业特产税(2006年含烟叶税部分)、耕地占用税、契税。
6.以上数据根据江西省历年财政总决算整理得出。

a) From 1994 to 2009,Corporate income tax indudes tax the return.
b) From 1994 to 1997,the operating income of State-owned enterprises reflects the profits the state-owned enterprises handed in.
c) In 1997,the local government revenue and non-tax income indude extra-charges for urban education,compensation for mineral resources,fee on sewage treatment and on urban water resource,which has brought into the income of funds budget at current year.
d) Since 2002,revenue handed in the central government has induded income tax divided above.
e) Agricultural tax includes Agricultural tax,tax on special Agricultural,products(inducle tobacco tax in 1996),tax on the occupancy of cultivated land, and contract tax.
f) Data above are collected according to Jiangxi annual general final budget of public finance.

7-2 一般公共预算收入
General Public Budget Revenue

单位：万元 (10 000 yuan)

项　　目	Item	2015	2016	2017	2018	2019
总　　计	**Total**	**21657362**	**21514670**	**22470624**	**23730080**	**24873857**
税收收入	**Tax revence**	**15170279**	**14711012**	**15150122**	**16631502**	**17476297**
#增值税	Value Added Tax	2406292	3788124	6157167	7129087	8008554
营业税	Business Tax	4984378	2828829	67732	23197	
企业所得税	Corporate Income Tax	1572137	1662639	1822263	2226212	2446552
个人所得税	Individual Income Tax	424055	497850	696417	890121	566183
资源税	Resource Tax	479727	566191	596392	448827	304981
城市维护建设税	City Maintenance and Construction Tax	708553	768612	893434	1041146	1091390
房产税	House Property Tax	342884	343730	402352	398202	413791
印花税	Stamp Tax	151963	179592	219525	224986	216961
城镇土地使用税	Urban Land Use Tax	441153	462585	554839	489271	506526
土地增值税	Land Appreciation Tax	1288367	1187488	1180500	1339023	1388614
车船税	Tax on Vehicles and Boat Operation	117776	132333	139312	162254	184064
烟叶税	Tobacco Leaf Tax	25494	29470	26033	15328	11018
耕地占用税	Farm Land Occupation Tax	863027	860363	780138	441224	365764
契　税	Deed Tax	1363298	1402864	1681750	1778899	1926924
非税收入	**Non Tax Revenue**	**6487083**	**6803658**	**7320502**	**7098578**	**7397560**
#国有资本经营收入	Operating Income from Government Capital	32104	41862	31175	28515	21587
行政性收费收入	Charge of Administrative and Institutional Units	1904960	1816461	1759765	1522872	1522887
罚没收入	Penalty Receipts	699636	663414	972193	1065352	1221874
专项收入	Special Program Receipts	1280946	1207807	1228799	1459183	1448788
国有资源(资产)有偿使用收入	Income from Use of State-owned Resources (Assets)	2123854	2564127	2615552	2514452	2699408
其他收入	Other Revenue	445583	509987	713018	508204	483016

7-3 一般公共预算支出
General Public Budget Expenditure

单位：万元 (10 000 yuan)

项 目	Item	2015	2016	2017	2018	2019
总 计	**Total**	**44125491**	**46174022**	**51114673**	**56675207**	**63868022**
一般公共服务	General Public Services	4108277	4165957	4771658	5252659	5963708
国防	National Defence	71337	58717	56800	66356	81535
公共安全	Public Security	1954372	2291422	2557445	3006038	3156466
教育	Education	7932675	8488828	9405702	10544090	11485039
科学技术	Science and Technology	747884	831178	1200857	1470936	1829194
文化体育与传媒	Culture,Sport and Media	688996	704876	746545	791029	875979
社会保障和就业	Social Security and Employment	5101847	5822353	6639343	7610648	8177559
医疗卫生与计划生育	Medical and Health Care, and Family Planning	3987901	4387151	4925890	5854720	6309928
节能环保	Energy Conservation and Environment Protection	874337	1178772	1434042	1625457	1942833
城乡社区事务	Urban and Rural Community Affairs	3314359	3801211	5160581	6761472	10463845
农林水事务	Agriculture,Forestry and Water Conservancy	5572959	5808964	6077087	5994078	6198025
交通运输	Transportation	2471769	2234891	2289087	2307388	2248187
资源勘探电力信息等	Affairs of Resource Exploration and Information	2757931	2583299	2158014	1668544	1391127
商业服务业等	Affairs of Commerce and Services	557026	412219	346045	370914	190594
金融	Financial Affairs	102179	40668	71153	23451	43412
援助其他地区	Othre Regional Assistance	10000	30000	31000	31020	28010
国土海洋气象等	Affairs of Land, Ocean and Westher	368368	283964	400948	384423	365611
住房保障支出	Affairs of Housing Security	2413843	1716465	1510369	1375948	1432372
粮油物资储备	Affairs of Managemetn of Grain & Oil Reserves	172305	221834	171073	168238	216788
国债还本付息支出	Expenditure for National Debt Repay Capital with Interest		486612	575689	735103	982914
其他支出	Other Expenditure	704307	624641	578682	626039	159739

7-4 财政收支总额及增长速度
Government Revenue and Expenditure and Growth Rates

年 份 Year	财政总收入 (万元) Government Revenue (10 000 yuan)	一般公共预算支出(万元) General Public Budget Expenditure (10 000 yuan)	收支差额 (万元) Balance of Revenue and Expenditure (10 000 yuan)	比上年增长(%) Growth Rate over preceding year(%) 财政总收入 Government Revenue	一般公共预算支出 General Public Budge Expenditure
1978	122246	162701	-40455	60.4	35.5
1979	117771	176302	-58531	-3.7	8.4
1980	124667	159884	-35217	5.9	-9.3
1981	131822	140292	-8470	5.7	-12.3
1982	123283	155407	-32124	-6.5	10.8
1983	135281	174677	-39396	9.7	12.4
1984	150126	219439	-69313	11.0	25.6
1985	211843	297263	-85420	41.1	35.5
1986	240552	366258	-125706	13.6	23.2
1987	282110	377878	-95768	17.3	3.2
1988	322931	423518	-100587	14.5	12.1
1989	374886	487126	-112240	16.1	15.0
1990	406155	507559	-101404	8.3	4.2
1991	448050	603651	-155601	10.3	18.9
1992	493882	683826	-189944	10.2	13.3
1993	656721	818983	-162262	33.0	19.8
1994	886707	920290	-33583	35.0	12.4
1995	1052172	1103381	-51209	18.7	19.9
1996	1235752	1318475	-82693	17.5	19.5
1997	1349161	1526026	-176866	9.2	15.7
1998	1456586	1752605	-296021	8.0	14.8
1999	1549806	2078293	-528484	6.4	18.6
2000	1716931	2234722	-517779	10.8	7.5
2001	2001639	2837144	-835506	16.6	27.0
2002	2345064	3413843	-1068779	17.1	20.3
2003	2858087	3820981	-962859	21.9	11.9
2004	3508081	4540598	-1032502	22.7	18.8
2005	4259007	5639525	-1380518	21.4	24.2
2006	5186139	6964361	-1778222	21.8	23.5
2007	6652189	9050582	-2398393	28.3	30.0
2008	8169872	12100730	-3930858	22.8	33.7
2009	9288753	15623742	-6334989	13.7	29.1
2010	12262376	19232633	-6970257	32.0	23.1
2011	16450001	25345989	-8895988	34.2	31.8
2012	20461475	30192244	-9730769	24.4	19.1
2013	23584319	34703013	-11118694	15.3	14.9
2014	26809635	38827011	-12017376	13.7	11.9
2015	30218303	44125491	-13907188	12.7	13.6
2016	31430214	46174022	-14743808	4.0	4.6
2017	34477187	51114673	-16637486	9.7	10.7
2018	37957936	56675207	-18717271	10.1	10.8
2019	40015608	63868022	-23852414	5.4	12.7

7-5 各地区一般公共预算收入（2019年）

Main Items of General Public Budget Revenue of Local Goverment by Region (2019)

单位：万元 (10 000 yuan)

地区	Region	一般公共预算收入 General Public Budget Revenue	增值税 Value-added Tax	企业所得税 Corporate Income Tax	个人所得税 Individual Income Tax	其他收入 Other Receipts
全省	**Provincial Total**	**24873857**	**8008554**	**2446552**	**566183**	**13852568**
南昌市	Nanchang	4769998	1537786	628295	133804	2470113
景德镇市	Jingdezhen	996919	184868	50797	19824	741430
萍乡市	Pingxiang	1050209	369885	67251	18129	594944
九江市	Jiujiang	2838617	864967	222187	64345	1687118
新余市	Xinyu	779580	344318	105306	38328	291628
鹰潭市	Yingtan	879070	369928	54985	10387	443770
赣州市	Ganzhou	2803678	840922	257538	57871	1647347
吉安市	Ji'an	1779561	608814	146735	28670	995342
宜春市	Yichun	2461558	888513	165934	36116	1370995
抚州市	Fuzhou	1292424	457661	97835	13971	722957
上饶市	Shangrao	2324068	769092	116821	31502	1406653

注：本表财政收入不含中央两税收入。
The local Government Revenue in the table do not include the Value-added tax and consumption tax of the central Government.

7-6 各地区一般公共预算支出（2019年）
Main Items of General Public Budget Expenditure of Local Goverment by Region (2019)

单位：万元 (10 000 yuan)

地区	Region	一般公共预算支出 General Public Budget Expenditure	一般公共服务 General Public Services	教育 Education	社会保障和就业 Social Security and Employment Effort	医疗卫生 Health Care and Medical	农林水事务 Agriculture, Forestry and Water Consenvancy	其他支出 Other Expenditure
全省	**Provincial Total**	**63868022**	**5963708**	**11485039**	**8177559**	**6309928**	**6198025**	**25733763**
南昌市	Nanchang	8341066	796143	1264296	672780	802690	471801	4333356
景德镇市	Jingdezhen	2361873	266831	360764	349949	183641	158068	1042620
萍乡市	Pingxiang	2757979	335022	427829	479384	234095	208680	1072969
九江市	Jiujiang	6517998	694194	1154744	1031173	613737	588080	2436070
新余市	Xinyu	1581810	126313	236202	207888	130563	147713	733131
鹰潭市	Yingtan	1549301	119528	267638	213031	140355	131318	677431
赣州市	Ganzhou	10074419	818242	2062474	1276824	1254491	936611	3725777
吉安市	Ji'an	5427662	500787	1025944	741124	611533	636938	1911336
宜春市	Yichun	6207195	632037	1133573	858065	628685	650417	2304418
抚州市	Fuzhou	4748730	484637	768167	594242	535893	618973	1746818
上饶市	Shangrao	7319409	648089	1247450	975524	881629	799509	2767208

7-7 县(市、区)一般公共预算收支表 (2019年)

General Public Financial Revenue and Expenditure of Local Government by County (County-level City) (2019)

单位：万元　　(10 000 yuan)

地 区	Region	一般公共预算收入 General Public Government Budget Revenue	税收收入 Tax Revenue	增值税 Value-added Tax	非税收入 Non-tax Revenue	一般公共预算支出 General Public Budget Expenditure
东湖区	Donghu	137031	117344	35371	19687	288958
西湖区	Xihu	186636	150938	45731	35698	336210
青云谱区	Qingyunpu	109755	90401	43514	19354	162260
湾里区	Wanli	95960	87695	34572	8265	188787
青山湖区	Qingshanhu	168523	143674	50399	24849	299917
新建区	Xinjian	334499	238050	102151	96449	905186
南昌县	Nanchang	744527	558928	219373	185599	1619731
安义县	Anyi	116300	79681	38493	36619	326350
进贤县	Jinxian	197126	151147	94724	45979	624184
昌江区	Changjiang	64262	30065	14630	34197	168363
珠山区	Zhushan	69221	44023	18977	25198	234684
浮梁县	Fuliang	82665	71989	25296	10676	314200
乐平市	Leping	316339	232208	61192	84131	660634
安源区	Anyuan	279943	202130	110831	77813	508925
湘东区	Xiangdong	123598	84518	55685	39080	437283
莲花县	Lianhua	61428	42759	24133	18669	267512
上栗县	Shangli	155133	109962	47762	45171	420508
芦溪县	Luxi	116628	83330	35807	33298	344128
濂溪区	Lianxi	146171	111273	46938	34898	274506
浔阳区	Xunyang	124552	68837	36161	55715	198511
柴桑区	chaisang	144929	114931	52746	29998	395726
武宁县	Wuning	134563	109145	48262	25418	340317
修水县	Xiushui	170119	127907	53212	42212	678726
永修县	Yongxiu	174771	135048	68066	39723	523151
德安县	De’an	137421	109379	53656	28042	293476
都昌县	Duchang	89957	79845	45595	10112	558503
湖口县	Hukou	211290	169070	73146	42220	353418
彭泽县	Pengze	175378	129544	63376	45834	412015
瑞昌市	Ruichang	257843	157789	67674	100054	479107
共青城市	Gongqingcheng	149922	118841	34258	31081	293855
庐山市	Lushan	150105	101759	32327	48346	287565
渝水区	Yushui	221805	188224	94415	33581	393423
分宜县	Fenyi	134341	109669	71649	24672	304958
月湖区	Yuehu	121404	90334	42774	31070	153383

7-7 续表 continued

单位：万元 (10 000 yuan)

地　区	Region	一般公共预算收入 General Public Government Budget Revenue	税收收入 Tax Revenue	增值税 Value-added Tax	非税收入 Non-tax Revenue	一般公共预算支出 General Public Budget Expenditure
余江县	Yujiang	133069	94773	63853	38296	361663
贵溪市	Guixi	373860	287768	184890	86092	560479
章贡区	Zhanggong	236501	188571	94322	47930	464142
南康区	Nankang	233346	181429	72095	51917	800188
赣县区	Ganxian	167150	107515	40464	59635	652544
信丰县	Xinfeng	126762	103229	42791	23533	549725
大余县	Dayu	92735	66993	22069	25742	365800
上犹县	Shangyou	68949	51082	19959	17867	351996
崇义县	Chongyi	94818	70220	24040	24598	305316
安远县	Anyuan	61180	45680	16003	15500	385456
龙南县	Longnan	151417	100063	50969	51354	365900
定南县	Dingnan	86351	57004	20533	29347	326973
全南县	Quannan	68241	48912	22665	19329	329309
宁都县	Ningdu	88559	60652	21903	27907	606157
于都县	Yudu	147458	94653	38816	52805	734585
兴国县	Xingguo	90010	72770	31306	17240	652200
会昌县	Huichang	103168	61738	21116	41430	492912
寻乌县	Xunwu	57855	45687	19502	12168	385000
石城县	Shicheng	58943	47407	22442	11536	336825
瑞金市	Ruijin	140104	114982	59819	25122	668138
吉州区	Jizhou	118928	81184	36731	37744	365120
青原区	Qingyuan	69741	47132	24114	22609	195687
吉安县	Ji’an	187679	106629	51789	81050	426449
吉水县	Jishui	120401	82902	41923	37499	465070
峡江县	Xiajiang	80856	57851	40087	23005	250745
新干县	Xingan	113890	92645	58283	21245	324188
永丰县	Yongfeng	130001	89275	48256	40726	412543
泰和县	Taihe	145400	96005	45671	49395	516778
遂川县	Suichuan	111864	74264	36048	37600	536985
万安县	Wan an	83060	52986	30336	30074	377294
安福县	Anfu	120513	79883	48493	40630	380037
永新县	Yongxin	76247	50799	27513	25448	374137
井冈山市	Jinggangshan	68047	43844	18888	24203	244542

7-7 续表2 continued

单位：万元 (10 000 yuan)

地 区	Region	一般公共预算收入 General Public Government Budget Revenue	税收收入 Tax Revenue	增值税 Value-added Tax	非税收入 Non-tax Revenue	一般公共预算支出 General Public Budget Expenditure
袁州区	Yuanzhou	233753	179749	83699	54004	798768
奉新县	Fengxin	159280	126732	63830	32548	372907
万载县	Wanzai	165629	126120	68877	39509	477538
上高县	Shanggao	177107	146048	90744	31059	387506
宜丰县	Yifeng	121425	90261	52662	31164	309772
靖安县	Jing'an	64248	45647	25148	18601	227531
铜鼓县	Tonggu	48346	34809	18495	13537	197011
丰城市	Fengcheng	496626	346669	205708	149957	1050088
樟树市	Zhangshu	363272	274461	88316	88811	665445
高安市	Gaoan	304249	254162	115338	50087	687512
临川区	Linchuan	147645	116276	59291	31369	726208
东乡区	Dongxiang	170715	111730	59343	58985	532464
南城县	Nancheng	102761	81263	44633	21498	348416
黎川县	Lichuan	73443	50569	25479	22874	285199
南丰县	Nanfeng	79409	58934	33678	20475	334312
崇仁县	Chongren	82407	58508	25296	23899	384437
乐安县	Le'an	55131	43710	19206	11421	367361
宜黄县	Yihuang	67689	53078	26170	14611	238288
金溪县	Jinxi	66008	48526	24283	17482	292584
资溪县	Zixi	31625	26064	14027	5561	161122
广昌县	Guangchang	60428	49841	24887	10587	356418
信州区	Xinzhou	175328	145632	68460	29696	332953
广丰区	Guangfeng	303327	189894	106819	113433	777238
广信区	Guangxin	170533	131273	70987	39260	546680
玉山县	Yushan	173121	122024	65540	51097	503889
铅山县	Yanshan	155110	97790	60057	57320	460625
横峰县	Hengfeng	72915	59918	40368	12997	301602
弋阳县	Yiyang	115285	80775	39978	34510	441733
余干县	Yugan	120016	84987	48005	35029	681342
鄱阳县	Poyang	135335	94976	37759	40359	987426
万年县	Wannian	150767	107922	41434	42845	479465
婺源县	Wuyuan	110802	67264	34694	43538	364835
德兴市	Dexing	291244	160806	82562	130438	575321

主要统计指标解释

财政收入 国家财政参与社会产品分配所取得的收入，是实现国家职能的财力保证。财政收入所包括的内容几经变化，目前主要包括：

1. 各项税收：包括增值税、营业税、消费税、土地增值税、城市维护建设税、资源税、城市土地使用税、印花税、固定资产投资方向调节税、个人所得税、企业所得税、关税和耕地占用税等。

2. 专项收入：包括征收排污费、征收城市水资源费收入、教育费附加收入等。

3. 其他收入：包括基本建设贷款归还收入、国家能源交通重点建设基金收入、国家预算调节基金等。

4. 国有企业计划亏损补贴：这项为负收入，冲减财政收入。

财政支出 国家财政将筹集起来的资金进行分配使用，以满足经济建设和各项事业的需要，主要包括一般公共服务、外交、国防、教育、公共安全、科学技术、文化体育与传媒、社会保障和就业、医疗卫生、环境保护、城乡社区事务、农林水事务、交通运输、工业商业金融等事务和其他支出等科目。

Explanatory Notes on Main Statistical Indicators

Government Revenue refers to income for the government finance through participating in the distribution of social products. It is the financial guarantee to ensure government functioning. The contents of government revenue have changed several times. Now it includes the following main items:

(1) Various tax revenues, including value added tax, business tax, consumption tax, land value added tax, tax on city maintenance and construction, resources tax, land appreciation tax, stamp tax, Fixed asset investment direction adjustment tax individual income tax, income tax, tariff, and tax on occupancy of cultivated land, etc.

(2) Special revenues, including revenues from the fee on sewage treatment, fee on urban water resources and extra-charges for education, etc.

(3) Other revenues, including revenue from the repayment of capital construction loan, funds for national key construction projects in energy industry and transportation, and national budget adjustment funds.

(4) Subsidies for the losses of State-owned enterprises. This is an item of negative revenue, counteracting revenues.

Government Expenditure refers to the distribution and use of the funds the government finance has raised, so as to meet the needs of economic construction and various causes. It includes expenditure for capital construction, innovation funds of the enterprises, geological prospecting expenses, expenditures for science and technology promotion, expenditure for supporting rural production, operating expenses of the departments of farming, forestry, water conservancy and meteorology etc., operating expenses of the departments of industry, transport and commerce, operating expenses of the departments of culture, education, science and public health, pension for the disabled or for the families of the bereaved and relief funds for social welfare, expenditures for national defence, administrative expenses, expenditure for price subsidies.

8

价格指数

PRICE INDICES

◆ 163/178

资料整理：万俊刚 徐玉冰

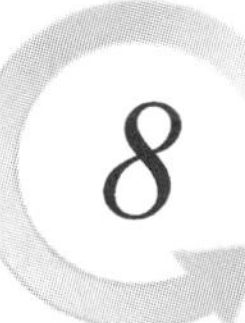

简要说明

一、本篇资料的主要内容

本篇资料反映了全省生产、投资、流通、消费等环节价格变动状况，主要包括居民消费、商品零售、生产资料、工业品出厂、原材料燃料动力购进、固定资产投资等价格指数。

二、本篇资料的来源

1.居民消费、商品零售和农业生产资料价格指数来源于消费价格统计调查年报，由国家统计局江西调查总队消费价格调查处整理提供。

2.工业品出厂、原材料燃料动力购进、固定资产投资等价格指数来源于生产价格统计调查年报，由国家统计局江西调查总队生产投资价格调查处整理提供。

Brief Introduction

I. Main Content

Data on the price indices in this chapter show the changing trend in production, investment, circulation and consumption, inc luding mainly consumer price indices of residents, retail price indices, price indices of means of production, production price indices of industrial products, purchasing price indices of raw materials, fuels and power, price indices of investment in fixed assets.

II. Source of Data

(1) Data on consumer price indices of residents, retail price indices and price indices of agric ultural means of production are based on yearly report on consumer price and are provided by the Division of Consumer Price Survey of Survey Office of the National Bureau of Statistics in Jiangxi.

(2) Data on production price indices of industrial products, purchasing price indices of raw materials, fuels and power, price indices of investment in fixed assets are based on yearly report on production price and are provided by the Division of Production Investment Price Survey of Survey Office of the National Bureau of Statistics in Jiangxi.

8-1 各 种 价 格 指 数
Price Indices

(上年=100) (preceding year=100)

年 份 Year	商品零售价格指数 Retail Price Index	城 市 Urban Areas	农 村 Rural Areas	居民消费价格指数 Consumer Price Index	城 市 Urban Areas	农 村 Rural Areas
1978	100.1	100.2	100.1		100.2	
1980	104.3	106.6	102.9		106.0	
1985	108.3	109.0	107.8	109.0	108.8	109.1
1990	101.3	100.3	102.2	102.1	101.5	102.8
1991	102.4	104.0	101.2	102.8	104.4	101.3
1992	105.6	107.2	103.9	105.7	107.5	103.5
1993	111.1	112.6	110.1	114.6	115.8	112.5
1994	123.9	122.9	125.4	126.9	126.9	126.7
1995	115.9	115.0	116.9	116.9	116.9	117.0
1996	106.6	106.4	106.7	108.4	108.1	108.6
1997	99.6	100.1	99.3	102.0	103.0	102.1
1998	98.8	98.5	98.9	101.0	101.0	101.0
1999	96.8	97.3	96.3	98.6	99.1	98.1
2000	98.5	98.6	98.5	100.3	102.1	99.1
2001	98.4	98.3	98.4	99.5	99.8	99.2
2002	100.2	100.1	100.3	100.1	100.2	99.9
2003	100.1	99.4	100.7	100.8	100.9	100.6
2004	103.0	101.9	104.0	103.5	103.3	103.5
2005	100.9	100.3	101.4	101.7	101.5	102.2
2006	101.2	101.0	101.4	101.2	100.9	101.6
2007	104.0	103.5	105.1	104.8	104.4	105.8
2008	106.1	106.0	106.4	106.0	105.9	106.3
2009	99.1	99.1	99.0	99.3	99.4	99.2
2010	102.7	102.6	102.9	103.0	102.9	103.3
2011	104.8	104.8	105.0	105.2	105.1	105.6
2012	102.1	101.9	102.5	102.7	102.6	103.0
2013	101.5	101.2	101.9	102.5	102.4	102.9
2014	101.2	101.1	101.4	102.3	102.4	102.2
2015	100.5	100.4	100.6	101.5	101.5	101.5
2016	100.6	100.5	100.8	102.0	102.0	101.9
2017	101.0	101.0	101.0	102.0	102.0	101.9
2018	101.0	101.0	100.8	102.1	102.1	102.2
2019	101.9	102.0	101.4	102.9	102.9	102.8

8-2 各 种 价 格 指 数 (2019年)
Price Indices (2019)

类 别	Type	以1978年价格为100 year of 1978=100	以1980年价格为100 year of 1980=100	以1990年价格为100 year of 1990=100	以1995年价格为100 year of 1995=100	以2005年价格为100 year of 2005=100	以2010年价格为100 year of 2010=100	以2015年价格为100 year of 2015=100
商品零售价格指数	Retail Price Index	486.4	462.4	230.7	133.9	130.4	115.0	106.0
城 市	Urban Areas	506.8	468.5	229.4	129.5	128.5	114.4	106.0
农 村	Rural Areas	464.7	450.4	235.9	139.1	133.5	115.8	105.8
居民消费价格指数	Consumer Price Index			305.3	165.2	141.8	124.1	111.3
城 市	Urban Areas	719.3	666.2	325.6	169.0	140.1	123.5	111.1
农 村	Rural Areas			289.6	165.4	145.5	125.4	111.6

注：1990-1993年零售、消费价格指数中城市、农村口径为城镇、农村。

a) Statistic standards of retail and consumer price index from 1990-1993 are urban and rural areas.

8-3 商品零售价格分类指数（2019年）
Retail Price Indices by Category (2019)

（上年=100） (preceding year=100)

类　别	Item	全　省 Province Indices	城　市 Urban Areas	农　村 Rural Areas
商品零售价格总指数	**Retail Price Index**	**101.9**	**102.0**	**101.4**
食品类	**Food**	**108.9**	**108.7**	**109.5**
粮食	Grain	100.8	100.7	101.2
薯类	Potatoes	106.6	107.0	105.0
豆类	Beans	103.0	102.0	106.7
食用油	Edible oil	99.9	99.4	101.9
菜	Vegetables	110.0	110.5	107.1
畜肉类	Meat of Livestock	129.9	129.4	132.3
禽肉类	Meat of Poultry	108.0	108.7	104.8
水产品	Aquatic products	98.3	98.1	98.9
蛋类	Eggs	105.4	104.3	110.5
奶类	Milk	101.4	101.5	100.8
干鲜瓜果类	Dried and Fresh Melons and Fruits	112.3	112.4	111.5
糖果糕点类	Cangy and Cake	100.6	100.5	100.7
调味品	Flavoring	99.7	99.1	101.8
其他食品类	Other Foods	102.1	102.7	99.0
在外餐饮	Dining Out	102.9	102.6	104.5
饮料、烟酒	**Beverages, Tobacco and Liquor**	**100.6**	**100.7**	**100.4**
茶及饮料	Tea and Beverages	100.0	99.6	101.7
烟草	Tobacco	100.0	100.0	100.1
酒类	Liquor	101.8	102.1	100.2
服装、鞋帽类	**Garments, Shoes and Hats**	**101.2**	**101.7**	**98.7**
服装	Garments	101.1	101.6	98.7
鞋袜帽	Footgear and Hats	101.4	102.2	98.5
其它	Others	99.1	98.9	100.0
纺织品类	**Textiles**	**100.4**	**100.3**	**100.9**
衣着材料	Clothing	103.4	103.6	102.8
床上用品	Bedding	99.6	99.4	100.0
家用电器及音像器材	**Household Appliances, Music and Video Equipment**	**98.4**	**98.8**	**96.4**
家庭设备	Household Appliances	98.6	98.8	97.5
文娱用耐用消费品	Cultural and Recreat Durable Consumable	97.8	98.5	94.4
专业音像器材	Professional Music and Video Equipment	99.3	99.8	94.6
文化办公用品	**Cultural and Office Appliances**	**100.2**	**100.1**	**100.5**
日用品	**Articles for Daily Use**	**100.7**	**100.6**	**101.4**
日用百货	General Merchandise for Daily Use	100.4	100.2	101.3
厨具餐具茶具	Kitchenware tableware and Tea set	100.4	100.2	101.8
清洗用品	Cleaning Supplies	102.3	102.5	101.5
其它日用品	Other Daily Necessities	100.2	100.0	101.1
体育娱乐用品	**Sports and Recreation Articles**	**100.0**	**99.9**	**100.6**

8-3 续表 continued

(上年=100) (preceding year=100)

类　　别	Item	全　省 Province Indices	城　市 Urban Areas	农　村 Rural Areas
体育用品	Sports Articles	100.8	100.9	99.7
娱乐用品	Recreation Articles	99.5	99.3	101.0
交通、通信用品	**Transportation and Communication Appliances**	**98.2**	**98.3**	**97.9**
交通运输机械	Transportation Equipments	98.8	98.9	98.5
通信器材类	Communication Equipments	95.8	95.7	96.3
家具	**Furniture**	**101.4**	**101.6**	**100.0**
化妆品类	**Cosmetics**	**100.9**	**101.0**	**100.0**
金银珠宝类	**Gold, Silver and Jewelry**	**107.6**	**107.7**	**107.2**
中西药品及医疗保健用品类	**Traditional Chinese and Western Medicines and Health Care Articles**	**101.7**	**101.6**	**102.2**
医疗器具及用品	Medical Apparatus and Articles	101.6	101.8	100.7
中药	Traditional Chinese and Medicines	102.2	101.7	104.9
西药	Western Medicines	101.8	101.8	102.2
保健器具及用品	Medical Apparatus and Articles	100.7	101.2	97.2
书报杂志及电子出版物类	**Books, Newspapers, Magazines and Electronic Publications**	**104.2**	**105.0**	**100.0**
教材及参考书	Teaching Material and Reference Book	102.4	102.7	101.2
书报杂志	Books and Magazines	107.4	108.6	98.8
计算机办公软件	Computer office software	99.6	99.6	99.3
燃料类	**Fuels**	**95.7**	**96.1**	**93.5**
煤炭及制品类	Coal and Coal Products	100.2	100.1	100.5
石油及制品类	Petroleum and Related Products	94.9	95.4	92.1
建筑材料及五金电料类	**Building Materials and Hardware**	**101.0**	**101.4**	**99.4**
建筑装璜材料	Building Decoration Materials	100.8	101.3	98.9
五金水暖	Hardware Plumbing	101.7	101.8	101.0
农业生产资料价格指数	**Price Indices for Means of Agricultural Production**	**105.5**		**105.5**
农用手工工具	Farm Handtools	100.7		100.7
饲料	Forage	98.7		98.7
仔畜幼崽及产品畜	Newborn Animals and Poultry Commodity Animals	177.5		177.5
半机械化农具	Semi-mechanized Farm Tools	101.9		101.9
机械化农具	Mechanized Farm Machinery	101.3		101.3
化学肥料	Chemical Fertilizer	102.7		102.7
农药及农药器械	Pesticide and Its Appliances	102.2		102.2
化学农药	Chemical Pesticides	102.2		102.2
农药器械	Pesticides Appliances	102.3		102.3
农用机油	Oil for Farm Machinery	94.8		94.8
其他农业生产资料	Other Means of Agricultural Production	100.0		100.0
农业生产服务	Service for Agricultural Production	104.7		104.7

8-4 居民消费价格分类指数（2019年）

Consumer Price Indices by Category (2019)

（上年=100） (preceding year=100)

类别	Item	全省 Province Indices	城市 Urban Areas	农村 Rural Areas
居民消费价格总指数	**Consumer Price Index**	**102.9**	**102.9**	**102.8**
服务项目价格指数	**Price Index of Services**	**101.7**	**101.7**	**101.7**
食品烟酒	**Food, tobacco and Liquor**	**107.8**	**107.4**	**108.4**
食品	**Food**	**110.6**	**110.3**	**111.1**
粮食	Grain	101.0	100.8	101.2
薯类	Potatoes	108.7	109.1	105.2
豆类	Beans	103.3	102.1	105.4
食用油	Edible oil	100.6	100.2	101.3
菜	Vegetables	109.2	109.6	107.9
畜肉类	Meat of Livestock	131.5	130.9	132.3
禽肉类	Meat of Poultry	107.5	108.4	105.6
水产品	Aquatic products	98.7	98.5	99.0
蛋类	Eggs	105.7	103.7	109.5
奶类	Milk	101.3	101.1	101.5
干鲜瓜果	Dried and Fresh Melons and Fruits	111.8	111.8	112.0
糖果糕点类	Candy and Cake	100.8	100.9	100.8
调味品	Flavoring	100.5	99.6	101.9
其他食品类	Other foods	101.0	102.0	99.7
茶及饮料	Tea and drinks	100.8	100.1	102.0
烟酒	**Tobacco and Liquor**	**100.5**	**100.9**	**100.0**
烟草	Tobacco	100.0	100.1	99.9
酒类	Liquor	101.5	102.4	100.2
在外餐饮	Dinning Out	103.2	102.7	105.1
衣着	**Clothing**	**100.9**	**101.6**	**99.2**
服装	Garments	100.7	101.3	99.3
男式服装	Clothing for Men	100.5	101.1	99.2
女式服装	Clothing for Women	101.4	101.7	100.8
儿童服装	Clothing for Children	98.3	100.4	93.4
服装材料	Clothing Material	103.3	103.0	103.5
其他衣着及配件	Other clothing and accessories	100.6	100.0	102.2
衣着加工服务费	Clothing Manufacturing service fee	103.7	104.6	101.6
鞋类	Footwear	101.1	102.7	98.0
鞋	Shoes	101.1	102.7	98.0
鞋类加工服务	Footwear processing services	101.4	102.5	99.9
居住	**Residence**	**101.0**	**101.1**	**100.9**
租赁房房租	Rent of Rental Housing	100.7	100.5	101.7

8-4 续表 continued

(上年=100) (preceding year=100)

类　　别	Item	全　省 Province Indices	城　市 Urban Areas	农　村 Rural Areas
住房保养维修及管理	Housing maintenance and management	103.0	103.8	102.0
水电燃料	Water,Electricity and Fuels	99.2	99.9	97.9
自有住房	Private Housing	101.3	100.9	102.2
生活用品及服务	**Articles for Daily Use and services**	**100.3**	**100.3**	**100.2**
家具及室内装饰品	Furniture and Interior Decorations	101.2	101.3	100.9
家用器具	Household Appliances	98.3	98.5	97.9
家用纺织品	Home Textiles	100.6	100.5	101.0
家庭日用杂品	Household Articles for Daily Use	101.2	100.9	101.6
个人护理用品	Personal-care Supplies	100.3	100.3	100.2
家庭服务	Household Services	102.1	102.1	102.1
交通和通信	**Transport and Communications**	**97.8**	**97.9**	**97.6**
交通	Transport	97.2	97.5	96.7
通信	Communications	98.9	98.8	99.3
教育文化和娱乐	**Education, Culture and Recreation**	**102.4**	**102.5**	**102.3**
教育	Education	102.6	102.2	103.2
教育用品	Education Articles	102.1	102.8	100.8
教育服务	Education Services	102.7	102.2	103.3
文化娱乐	Cultural and Recreational Articles	102.1	102.8	98.8
文娱耐用消费品	Durable Consumer Goods for Culture Recreation Use and Services	97.7	98.4	95.5
其他文娱用品	Other Articles	102.6	103.3	100.6
文化娱乐服务	Cultural and recreational services	100.2	100.1	100.3
旅游	Touring and Outing	105.1	105.5	99.5
医疗保健	**Health Care**	**101.0**	**101.0**	**101.0**
药品及医疗器具	Medical Instrument and Articles	101.8	101.6	102.0
中药	Traditional Chinese Medicine	102.4	101.6	104.5
西药	Western Medicine	101.8	101.5	102.6
滋补保健品	Nourishing Health Care Products	101.0	102.0	97.7
医疗卫生器具	Medical and Health Equipment	101.9	102.2	100.8
保健器具	Health Care Equipment	99.2	99.2	99.2
医疗服务	Medical Service	100.7	100.7	100.7
综合医疗类	Comprehensive Medical Category	100.5	100.2	101.1
诊断类	Diagnostic Class	99.1	98.6	99.8
治疗类	Treatment Class	101.7	102.5	100.7
康复类	Rehabilitation Class	101.0	101.6	99.7
中医医疗服务类	Chinese Medicine Medical Services Category	103.5	102.1	106.1
其他医疗服务	Other Medical Services	100.5	100.5	100.5
其他用品和服务	**Other Supplies and Services**	**102.9**	**103.5**	**101.2**
其他用品类	Other Supplies	104.5	104.9	103.7
首饰手表	Jewelry Watch	106.7	107.0	105.9
其他杂项用品	Other Miscellaneous Supplies	100.6	100.5	100.9
其他服务类	Other Services	101.4	102.4	98.6
旅馆住宿	Hotel Accommodation	98.9	99.5	96.4
美容美发洗浴	Beauty Salon and Bath	100.9	102.5	96.8
养老服务	Old Age Service	102.5	102.8	101.4
金融保险	Financial Insurance	101.5	101.9	100.3
其他服务类	Other Services	105.0	107.6	99.7

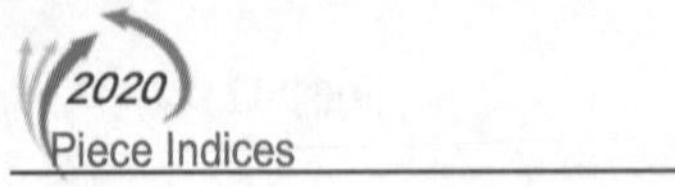

8-5 各市、县商品零售价格分类指数（2019年）

（上年=100）

类　　别	Item	南昌市 Nan chang	景德镇市 Jing dezhen	萍乡市 Ping xiang	九江市 Jiu jiang	新余市 Xin yu
商品零售价格总指数	**Retail Price Index**	**101.3**	**102.1**	**101.6**	**102.5**	**102.3**
食品类	Food	108.0	107.5	109.5	108.3	110.5
饮料、烟酒	Beverages, Tobacco and Liquor	99.9	103.9	100.4	102.4	101.3
服装、鞋帽类	Garments, Shoes and Hats	100.3	101.8	100.9	101.5	100.6
纺织品类	Textiles	100.6	103.2	101.6	103.7	100.0
家用电器及音像器材	Household Appliances, Music and Video Equipment	97.1	97.7	96.2	101.4	99.4
文化办公用品	Cultural and Office Appliances	100.1	97.4	98.3	100.0	102.3
日用品	Articles for Daily Use	100.6	102.9	101.0	99.8	101.1
体育娱乐用品	Sports and Recreation Articles	99.8	100.8	100.4	100.8	100.9
交通、通信用品	Transportation and Communication Appliances	98.6	99.6	98.0	98.8	96.9
家具	Furniture	99.8	100.0	98.3	104.3	101.0
化妆品类	Cosmetics	100.7	101.4	99.2	99.2	99.8
金银珠宝类	Gold, Silver and Jewelry	108.3	110.7	108.7	108.3	110.7
中西药品及医疗保健用品类	Traditional Chinese and Western Medicines and Health Care Articles	101.2	103.8	101.1	102.3	101.4
书报杂志及电子出版物类	Books, Newspapers, Magazines and Electronic Publications	100.2	100.9	109.4	110.1	105.1
燃料类	Fuels	96.4	93.0	96.0	98.6	95.8
建筑材料及五金电料类	Building Materials and Hardware	99.7	101.5	98.5	100.7	103.0
农业生产资料价格指数	**Price Indices of Agricultural Means of Production**					

8-6 各市、县居民消费价格分类指数（2019年）

（上年=100）

类　　别	Type	南昌市 Nan chang	景德镇市 Jing dezhen	萍乡市 Ping xiang	九江市 Jiu jiang	新余市 Xin yu
居民消费价格总指数	**Consumer Price Index**	**102.8**	**102.9**	**103.0**	**102.5**	**103.0**
服务项目价格指数	Price Index of Services	102.4	101.6	101.7	100.8	100.9
食品烟酒	Food ,Tobacco and Liquor	106.6	106.6	108.0	107.0	109.2
衣着	Clothing	100.2	102.1	101.1	101.7	100.7
居住	Residence	102.1	101.2	101.3	101.7	101.3
生活用品及服务	Household Facilities, Articles and Services	99.9	100.2	99.5	101.2	100.5
交通和通信	Transport and Communications	97.9	99.1	96.8	98.5	97.6
教育文化和娱乐	Education,Cultural and Recreation	103.3	102.0	102.7	100.9	100.6
医疗保健	Health Care and Medical Services	101.6	102.2	102.3	99.2	100.0
其他用品和服务	Miscellaneous Goods and services	103.1	105.4	103.5	102.9	104.6

Retail Price Indices by Category and Region (2019)

(preceding year=100)

鹰潭市 Ying tan	赣州市 Gan zhou	吉安市 Ji'an	宜春市 Yi chun	抚州市 Fuzhou	上饶市 Shang rao	瑞昌市 Rui chang	信丰县 Xin feng	宁都县 Ning du	上高县 Shang gao	铅山县 Yan shan	泰和县 Taihe	南城县 Nan cheng
102.0	**101.2**	**102.1**	**102.3**	**101.6**	**101.6**	**101.8**	**102.4**	**102.6**	**101.2**	**101.9**	**102.4**	**102.6**
108.1	107.1	107.9	109.0	110.7	107.7	108.5	110.4	111.0	109.4	110.0	110.2	110.8
101.0	99.0	100.6	101.9	101.2	100.9	99.7	100.5	101.0	100.2	100.3	100.1	100.5
101.9	100.0	100.6	101.0	100.1	101.8	101.7	98.1	102.5	100.3	102.4	100.8	102.4
98.9	100.3	98.7	92.1	102.4	101.3	108.4	96.6	102.0	97.8	102.8	102.9	99.7
98.8	96.9	100.8	100.6	97.3	98.2	95.5	98.4	99.4	93.7	98.1	97.9	100.3
101.5	101.7	98.8	100.9	101.3	101.0	99.6	101.5	100.5	99.6	97.3	100.8	100.6
100.8	101.6	100.4	100.8	99.6	101.3	99.6	100.0	100.6	100.5	103.1	100.1	100.0
100.7	96.9	101.2	100.6	100.4	99.6	101.1	103.0	100.5	100.3	99.9	100.6	97.8
100.0	96.9	99.3	100.2	95.9	97.9	97.4	99.5	99.4	97.2	94.8	98.9	97.7
99.9	105.5	104.4	99.2	99.7	101.2	102.3	104.6	103.7	97.3	100.0	103.2	98.7
102.4	102.3	98.8	102.0	98.9	100.5	100.6	99.5	99.5	100.5	100.3	100.0	103.3
103.9	108.5	107.6	104.3	105.5	100.1	106.0	104.0	106.5	104.5	108.3	101.9	102.7
102.7	99.8	101.5	102.7	100.6	103.9	101.6	105.4	100.5	103.1	102.0	104.2	102.8
99.6	109.9	102.6	99.2	101.5	105.0	102.7	99.5	100.6	103.0	104.1	99.5	101.3
94.9	95.6	97.1	96.8	95.0	93.6	97.2	97.3	90.2	95.5	93.7	96.4	94.6
101.0	102.0	103.6	100.8	100.9	101.6	102.4	100.2	106.6	100.8	102.3	100.0	102.8
						104.7	**103.3**	**103.8**	**106.4**	**101.4**	**112.4**	**104.8**

Consumer Price Indices by Category and Region (2019)

(preceding year=100)

鹰潭市 Ying tan	赣州市 Gan zhou	吉安市 Ji'an	宜春市 Yi chun	抚州市 Fuzhou	上饶市 Shang rao	瑞昌市 Rui chang	信丰县 Xin feng	宁都县 Ning du	上高县 Shang gao	铅山县 Yan shan	泰和县 Taihe	南城县 Nan cheng
102.8	**102.5**	**102.4**	**102.9**	**102.6**	**102.4**	**102.9**	**103.1**	**103.1**	**103.7**	**102.9**	**103.6**	**103.6**
101.6	102.4	100.8	101.2	100.8	101.3	102.1	101.5	101.0	104.4	102.0	102.5	102.4
107.0	106.0	106.7	107.7	108.9	106.3	107.1	108.8	109.5	108.1	108.5	108.8	109.5
102.1	100.6	100.9	101.1	100.1	101.8	101.8	98.0	102.4	100.3	102.5	100.7	102.6
100.2	101.0	100.3	101.1	100.3	100.8	100.5	101.3	98.6	103.5	99.3	103.3	100.7
101.1	101.3	101.1	100.1	99.3	100.4	100.4	100.5	101.3	98.2	101.1	100.7	101.1
99.1	97.6	98.5	98.9	96.8	98.7	98.1	99.0	98.7	97.8	96.8	98.4	97.8
102.7	104.0	102.3	101.3	101.5	101.4	104.1	100.7	102.2	105.3	102.9	101.4	104.5
101.5	100.1	100.5	101.3	100.1	101.1	102.2	102.1	100.4	101.4	101.1	100.9	100.7
102.3	104.6	102.4	101.8	100.8	100.3	102.2	104.5	103.2	101.0	102.4	100.6	100.4

8-7 工业生产者出厂价格指数
Producer Price Indices for Industrial Products

(上年=100) (preceding year=100)

类别	Item	2005	2010	2015	2017	2018	2019
总指数	**General Index**	**108.8**	**115.3**	**93.7**	**107.9**	**104.2**	**98.9**
按轻重工业分	**Grouped by Light & Heavy Industries**						
轻工业	Light Industry	99.2	104.3	99.1	101.4	100.3	98.6
以农产品为原料	Agricultural Products as Raw Materials	100.6	105.4	99.8	101.4	102.2	99.8
以非农产品为原料	Non-agricultural Products as Raw Materials	98.0	103.2	97.9	101.4	96.7	96.1
重工业	Heavy Industry	113.3	121.3	91.7	110.9	105.9	99.1
采　　掘	Mining	145.5	123.0	91.2	109.7	106.9	98.9
原 材 料	Raw Materials	115.6	123.7	90.0	114.1	107.6	97.2
加　　工	Processing	104.2	118.8	92.7	109.4	105.0	100.0
按部类分	**Grouped by Category of Industry**						
生产资料	Means of Production	110.8	117.9	91.9	110.5	105.3	98.8
采　　掘	Mining	142.2	121.5	91.2	109.7	106.9	98.9
原 材 料	Raw Materials	115.1	124.3	90.0	114.3	107.6	97.0
加　　工	Processing	101.7	113.8	92.9	108.9	104.2	99.5
生活资料	Consumer Goods	100.5	103.1	100.3	100.5	100.9	99.3
食　　品	Food	100.3	103.5	101.3	102.0	100.9	102.1
衣　　着	Clothing	100.7	103.3	100.9	97.5	101.7	98.1
一般日用品	Articles for Daily Use	101.6	102.4	99.0	101.2	100.5	97.0
耐用消费品	Durable Consumer Goods	99.7	102.1	98.9	100.0	100.2	99.8
按工业部门分	**Grouped by Industrial Department**						
冶金工业	Metallurgical Industry	120.7	131.8	84.8	120.7	108.5	98.5
电力工业	Power Industry	104.6	102.2	96.3	99.4	100.2	98.9
煤炭及炼焦工业	Coal Industry and Coking Industry	125.0	115.4	88.7	144.4	109.4	100.4
石油工业	Petroleum Industry	122.8	115.4	77.5	111.1	112.4	94.8
化学工业	Chemical Industry	106.1	108.4	97.4	105.8	103.1	95.2
机械工业	Machine Building Industry	100.3	103.4	97.7	101.9	98.5	97.9
建筑材料工业	Building Materials Industry	93.0	104.9	97.9	105.7	111.3	105.9
森林工业	Timber Industry	102.9	104.1	100.7	101.1	102.5	101.5
食品工业	Food Industry	100.9	103.9	100.4	101.2	100.9	101.7
纺织工业	Textile Industry	98.7	117.4	94.9	107.4	104.8	98.2
缝纫工业	Tailoring Industry	101.0	103.4	100.7	96.6	102.5	97.2
皮革工业	Leather Industry	100.4	102.7	101.6	100.5	99.1	101.3
造纸工业	Paper Industry	102.8	103.5	100.1	105.5	106.3	94.2
文教艺术用品工业	Industry of Cultural, Educational & Handicrafts Articles	99.8	103.8	99.9	96.1	100.5	100.4
其他工业	Other Industry	105.7	105.3	100.4	101.6	102.0	100.8

备注：2018年工业生产者价格调查工业行业分类按2017年《国民经济行业分类标准》，部分分类指标与2017年不同。2019年和2018年目录相同。

a)The industrial industry classification of the Industrial Producer Price Survey in 2018 is based on the <National Economic Industry Classification Standard> in 2017, and some of the classification indicators are different from those in 2017. The contents in 2019 and 2018 are the same.

8-8 按工业行业分工业生产者出厂价格指数
Producer Price Indices for Industrial Products by Sector

(上年＝100) (preceding year=100)

行　　业	Sector	2017	2018	2019
煤炭开采和洗选业	**Mining and Washing of Coal**	**124.8**	**106.1**	**104.7**
烟煤和无烟煤的开采洗选	Mining and Washing of Bituminous Coal and Anthracite	124.8	106.1	104.7
黑色金属矿采选业	**Mining and Processing of Ferrous Metal Ores**	**102.8**	**100.5**	**100.4**
铁矿采选	Mining and Processing of Iron Ores	102.9	100.4	100.3
锰矿、铬矿采选	Mining and Processing of Manganese and Chrome Ores	100.9	102.6	101.8
有色金属矿采选业	**Mining and Processing of Non-Ferrous Metal Ores**	**113.8**	**109.7**	**92.2**
常用有色金属矿采选	Mining and Processing of Frequently Used Non-Ferrous Metal Ores	118.2	105.8	94.3
贵金属矿采选	Mining and Processing of Precious Metal Ores	104.7	97.7	107.9
稀有稀土金属矿采选	Mining and Processing of Rare Earth and Rare Metals Ores	111.2	114.5	88.5
非金属矿采选业	**Mining and Processing of Non-metal Ores**	**104.4**	**106.3**	**105.9**
土砂石开采	Mining of Soil,Sand and Stone	105.8	108.6	108.4
采盐	Mining and Processing of Salt Ores	100.6	101.2	88.4
石棉及其它非金属矿采选产品	Mining and Processing of Asbestos and Other Nonmetal Ores	100.3	99.1	99.8
农副食品加工业	**Processing of Food from Agricultural Products**	**101.4**	**100.7**	**102.2**
谷物磨制	Polishing of Grain	102.9	98.6	96.4
饲料加工	Processing of Feed	100.0	103.0	96.3
植物油加工	Processing of Vegetables,Fungi,Fruits and Nuts	106.7	102.5	104.5
屠宰及肉类加工	Slaughtering and Processing if Meat	94.8	95.2	129.1
水产品加工	Processing of Aquatic Products	108.7	102.1	100.8
蔬菜、菌类、水果和坚果加工	Processing of Vegetable,Fungi,Fruits and Nuts	100.5	100.8	100.3
其他农副食品加工	Processing of Other Food from Agricultural Products	99.2	99.3	100.3
食品制造业	**Manufacture of Foodstuff**	**100.5**	**101.3**	**100.7**
焙烤食品制造	Manufacture of Baking Foodstuff	99.3	102.3	101.4
糖果、巧克力及蜜饯制造	Manufacture of Sweet,Chocolate and Candied Fruit	102.8	102.7	101.1
方便食品制造	Manufacture of Convenience Food	100.3	100.6	98.8
乳制品制造	Manufacture of Dairy Products	100.1	100.3	101.8
罐头食品制造	Manufacture of Cans Food	99.0	97.8	101.5
调味品、发酵制品制造	Manufacture of Condiments and Fermentation Products	101.2	100.3	94.9
其他食品制造	Manufacture of Other Foodstuff	100.9	102.1	102.4
酒、饮料及精制茶制造业	**Manufacture of Wine, Beverages and Refined Tea**	**101.6**	**101.6**	**99.6**
酒的制造	Manufacture of Liquor	105.1	101.8	98.4
饮料制造	Manufacture of Beverages	98.8	101.7	100.9
精制茶加工	Processing of Refined Tea	98.9	99.4	98.9
烟草制品业	**Manufacture of Tobacco**	**100.0**	**100.5**	**102.1**
卷烟制造	Manufacture of Cigarettes	100.0	100.5	102.1
纺织业	**Manufacture of Textile**	**107.4**	**104.8**	**98.2**
棉纺织及印染精加工	Processing and Dyeing of Cotton and Textile	107.6	103.9	96.4
毛纺织及染整精加工	Processing and Dyeing of Wool Textile	86.5	101.6	100.0
麻纺织及染整精加工	Processing and Dyeing of Flax Textile	118.8	129.9	130.5
丝绢纺织及印染精加工	Processing and Dyeing of Silk Textile	111.0	108.1	96.0
化纤织造及印染精加工	Processing and Dyeing of Chemical Fiber	110.8	105.1	97.5
家用纺织制成品制造	Manufacture of Household Textile Products	101.7	104.2	105.0
产业用纺织制成品制造	Manufacture of Household Industrial Textile Products	100.3	98.5	99.4
纺织服装、服饰业	**Manufacture of Textile Wearing Apparel, Dress**	**96.6**	**102.6**	**97.0**
机织服装制造	Manufacture of Woven Garments	95.4	104.7	95.3
针织或钩针编织服装制造	Manufacture of Knitted or Crocheted Garments	100.4	98.3	101.0
服饰制造	Manufacture of Clothing	93.7	96.9	99.9
皮革、毛皮、羽毛及其制品和制鞋业	**Manufacture of Leather, Fur, Feather and Related Products and Footwear**	**100.6**	**100.2**	**101.5**

8-8 续表1 continued

(上年=100) (preceding year=100)

行　　业	Sector	2017	2018	2019
皮革鞣制加工	Processing of Leather	100.1	101.3	100.3
皮革制品制造	Manufacture of Leather Products	100.3	100.1	100.4
毛皮鞣制及制品加工	Manufacture and Processing of Fur Products	95.9	97.8	100.5
羽毛(绒)加工及制品制造	Manufacture and Processing of Feather Products	104.7	106.8	102.0
制鞋业	Manufacture of Shoes	100.2	98.8	101.9
木材加工及木、竹、藤、棕、草制品业	**Processing of Timber,Manufacture of Wood,Bamboo,Rattan,Palm, and Straw Products**	**101.0**	**102.8**	**101.2**
木材加工	Processing of Wood	104.9	112.9	91.0
人造板制造	Manufacture of Plywood	100.7	100.7	101.4
木制品制造	Manufacture of Wood Products	103.4	103.4	103.3
竹、藤、棕、草等制品制造	Manufacture of Wood, Bamboo, Rattan, Palm and Straw Products	98.7	102.1	103.3
家具制造业	**Manufacture of Furniture**	**101.0**	**102.2**	**102.3**
木质家具制造	Manufacture of Wood Furniture	101.3	101.7	102.0
金属家俱制造	Manufacture of Metal Furniture	106.6	109.4	97.1
其他家具制造	Manufacture of Other Furniture	92.9	99.8	109.5
造纸及纸制品业	**Manufacture of Paper and Paper Products**	**105.5**	**106.3**	**94.2**
造纸	Manufacture of Paper	107.4	105.4	89.6
纸制品制造	Manufacture of Paper Products	103.0	107.4	100.3
印刷和记录媒介复制业	**Printing, Reproduction of Recording Media**	**92.4**	**100.7**	**99.4**
印刷	Printing	92.2	100.7	99.4
记录媒介复制	Copy of Record Media Reproduction of Recording Media	100.0	100.0	100.0
文教、工美、体育和娱乐用品制造业	**Manufacture of Articles For Culture,Education, Artwork, Sport Activity and Amusement**	**102.2**	**101.3**	**100.9**
文教办公用品制造	Manufacture of Office Supplies For Culture,Education	108.5	102.3	101.2
乐器制造	Manufacture of Music Instruments	102.4	100.5	101.1
工艺美术及礼仪用品制造	Manufacture of Arts and Crafts and Etiquettes	102.5	102.0	100.2
体育用品制造	Manufacture of Sport Articles	100.1	101.1	104.1
玩具制造	Manufacture of Toys	99.3	96.4	99.5
游艺器材及娱乐用品制造	Manufacture of Recreational Equipment and Entertainmtng Products	102.7	102.9	101.9
石油、煤炭及其他燃料加工业	Processing of Petroleum,Coal and Other Fuel		**113.7**	**94.3**
精炼石油产品制造	Manufacture of Refined Petroleum Products	114.0	115.2	93.0
煤炭加工	Processing of Coal		112.1	96.6
化学原料和化学制品制造业	**Manufacture of Raw Chemical Materials and Chemical Products**	**108.8**	**102.2**	**92.4**
基础化学原料制造	Manufacture of Basic Chemical Material	110.9	108.8	92.2
肥料制造	Manufacture of Fertilizers	105.0	114.6	101.4
农药制造	Manufacture of Pesticides	103.5	103.7	103.4
涂料、油墨、颜料及类似产品制造	Manufacture of Coating,Ink and Paint Products	101.7	101.4	104.2
合成材料制造	Manufacture of Synthetic Materials	115.5	110.1	85.8
专用化学产品制造	Manufacture of Specialized Chemical Products	111.7	95.0	86.1
炸药、火工及焰火产品制造	Manufacture of Explosives, pyrotechnics and fireworks	100.5	101.1	100.1
日用化学产品制造	Manufacture of Daily Used Chemical Products	102.5	100.4	97.6
医药制造业	**Manufacture of Medicines**	**102.4**	**107.6**	**98.4**
化学药品原料药制造	Manufacture of Chemical Original Drug	102.4	104.3	97.2
化学药品制剂制造	Manufacture of Chemical Agents	102.1	129.0	102.1
中药饮片加工	Manufacture of Herbal Medicine	108.4	102.5	100.0
中成药生产	Manufacture of Proprietary Chinese Medicine	101.2	101.5	95.6
兽用药品制造	Manufacture of Veterinary Drugs	100.0	102.7	100.0
生物药品制品制造	Manufacture of Biopharmaceutical Products	113.6	112.0	100.8
卫生材料及医药用品制造	Manufacture of Sanitation Materials and Medical Supplies	98.6	99.6	99.6
药用辅料及包装材料	Pharmaceutical Excipients and Packaging Materials		99.6	99.6
化学纤维制造业	**Manufacture of Chemical Fibers**	**107.5**	**94.4**	**90.0**
纤维素纤维原料及纤维制造	Manufacture of Cellulose Fibers and Fibers	109.4	92.5	85.3
合成纤维制造	Manufacture of Synthetic Fibers	101.0	101.2	106.0
生物基材料制造	Manufacture of Biological Material		92.5	85.3
橡胶和塑料制品业	**Manufacture of Rubber and Plastics**	**101.7**	**100.3**	**99.6**
橡胶制品业	Manufacture of Rubber	101.5	99.3	98.5
塑料制品业	Manufacture of Plastics	101.8	100.6	99.9

8-8 续表2 continued

(上年=100) receding year=100)

行 业	Sector	2017	2018	2019
非金属矿物制品业	**Manufacture of Non-metallic Mineral Products**	**105.4**	**111.0**	**105.4**
水泥、石灰和石膏制造	Manufacture of Cement, Lime and Gypsum	112.0	126.9	98.4
石膏、水泥制品及类似制品制造	Manufacture of Cement and Gypsum	110.1	122.8	108.4
砖瓦、石材等建筑材料制造	Manufacture of Brick, Stone	102.1	108.6	109.6
玻璃制造	Manufacture of Glass	111.4	101.8	101.8
玻璃制品制造	Manufacture of Glass Products	95.5	104.6	100.0
玻璃纤维和玻璃纤维增强塑料制品制造	Manufacture of Glass Fiber and Glass Fiber Reinforced Plastic Products	107.8	100.3	97.4
陶瓷制品制造	Manufacture of Ceramic Products	101.5	102.5	108.4
耐火材料制品制造	Manufacture of Refractory Products	101.0	100.3	99.5
石墨及其他非金属矿物制品制造	Manufacture of Graphite and Other Non-metallic Mineral Products	99.2	99.3	95.9
黑色金属冶炼和压延加工业	**Smelting and Pressing of Ferrous Metals**	**137.6**	**109.3**	**97.8**
炼钢	Steelmaking	94.8	105.3	102.3
钢压延加工	Smelting and Pressing of Steel	141.9	109.7	97.6
铁合金冶炼	Smelting of Alloy Iron	100.3	91.5	100.1
有色金属冶炼和压延加工业	**Smelting and Pressing of Non-ferrous Metals**	**117.7**	**106.0**	**98.0**
常用有色金属冶炼	Smelting of Frequently Used Non-Ferrous Metal	117.4	104.5	96.9
贵金属冶炼	Smelting of Precious Metal	110.3	101.9	121.3
稀有稀土金属冶炼	Smelting of Rare Earth and Rare Metals	120.5	110.8	91.3
有色金属合金制造	Manufacture of Non-Ferrous Metaling Alloy	103.5	102.7	91.6
有色金属压延加工	Pressing of Non-Ferrous Metal	119.3	106.4	101.0
金属制品业	**Manufacture of Metal Products**	**112.3**	**108.4**	**100.8**
结构性金属制品制造	Manufacture of Structural Metal Products	111.9	110.6	100.9
金属工具制造	Manufacture of Metal Tools	101.8	105.6	104.9
集装箱及金属包装容器制造	Manufacture of Containers and Metal Packaging	102.3	116.7	100.2
金属丝绳及其制品制造	Manufacture of Metal Wire, Ropes and Its Products	134.2	110.8	100.5
建筑、安全用金属制品制造	Manufacture of Metal Products for Construction and Safety	112.2	105.7	100.4
金属表面处理及热处理加工	Processing of Metal Surface Treatment and Heat Treatmeng	118.7	100.8	98.9
搪瓷制品制造	Manufacture of Enamel Products	101.8	100.3	99.2
金属制日用品制造	Manufacturing of Metal Commodities	101.2	108.1	107.4
锻造及其他金属制品制造	Forging and Manufacture of Other Metal Products		105.2	98.9
通用设备制造业	**Manufacture of General Purpose Machinery**	**104.0**	**102.6**	**99.8**
锅炉及原动设备制造	Manufacture of Boilers and Original Motivation	99.6	102.2	98.8
金属加工机械制造	Manufacture of Metal Processing Machinery	101.0	102.5	101.2
物料搬运设备制造	Manufacture of Material Handling Equipment	101.1	102.3	100.0
泵、阀门、压缩机及类似机械制造	Manufacture of Pumps, Valves, Compressors	105.8	103.3	100.5
轴承、齿轮和传动部件制造	Manufacture of Bearings, Gears and Transmission Components	107.5	101.8	100.5
烘炉、风机、包装等设备制造	Manufacture of Dyring Furnace,Fan,Packing and Other Equipment	97.9	99.7	101.1
通用零部件制造	Manufacture of General Components	108.6	104.0	97.4
其他通用设备制造	Manufacture of Other General Equipment	103.8	101.1	100.0
专用设备制造业	**Manufacture of Special Purpose Machinery**	**100.6**	**101.3**	**101.4**
采矿、冶金、建筑专用设备制造	Manufacture of Special Equipment for Mining,Metallurgy, Constructior	100.1	101.1	102.8
化工、木材、非金属加工专用设备制造	Manufacture of Special Equipment for Chemicals, Wood, Non-metallic Processing	100.7	103.4	103.3
食品、饮料、烟草及饲料生产专用设备制造	Manufacture of Special Equipment for Food, Beverage,Tobacco and Feed Production	99.1	100.2	100.3
印刷、制药、日化及日用品生产专用设备制造	Manufacture of Special Equipment for Printing, Pharmaceuticals, Cosmetics and Daily Production	100.0	100.0	100.0
纺织、服装和皮革加工专用设备制造	Manufacture of Special Equipment for Textiles, Clothing and Leather Industry	101.8	101.1	103.8
农、林、牧、渔专用机械制造	Manufacture of Special Equipment for Agriculture,Forestry, Animal Husbandry, Fishery	101.2	105.4	102.8
医疗仪器设备及器械制造	Manufacture of Medical Equipment and Instrument	100.9	101.8	100.9
环保、邮政、社会公共服务及其他专用设备制造	Manufacture of Environmental Protection,Postal Service,Public Service and Other Special Equipment	100.6	99.5	96.6

8-8 续表3 continued

(上年=100) (preceding year=100)

行 业	Sector	2017	2018	2019
汽车制造业	**Manufacture of Automobiles**	**99.9**	**100.2**	**99.8**
汽车整车制造	Manufacture of Automobiles	99.0	99.9	100.5
汽车用发动机制造	Manufacture of Automotive Engine		99.9	100.5
改装汽车制造	Manufacture of Refit Automobiles	102.7	100.5	101.8
汽车车身、挂车制造	Manufacture of Automobiles and Trailers	101.3	105.9	97.8
汽车零部件及配件制造	Manufacture of Auto parts and accessories	100.4	100.5	99.1
铁路、船舶、航空航天和其他运输设备制造业	**Manufacture of Railway,Shipping,Aerospace and Other Transport Equipment**	**100.2**	**99.6**	**112.7**
铁路运输设备制造	Manufacture of Equipment for Railway Transport	99.5	96.5	99.2
船舶及相关装置制造	Manufacture of Shipping and Related Devices	100.5	99.4	118.2
摩托车制造	Manufacture of Motorcycles	98.9	101.0	100.0
助动车制造	Manufacture of Moped Bicycle	100.0	100.0	100.0
非公路休闲车及零配件制造	Manufacture of Off-highway Leisure Vehicles and Parts	100.1	99.9	95.4
电气机械及器材制造业	**Manufacture of Electrical Machinery and Equipment**	**103.0**	**94.8**	**93.2**
电机制造	Manufacture of Electrical Motors	101.9	101.1	99.2
输配电及控制设备制造	Manufacture of Power Distribution and Control Equipment	100.6	83.7	81.2
电线、电缆、光缆及电工器材制造	Manufacture of Wires, Cables,Fiber-optic Cables and Electrical Equipment	106.2	101.7	99.1
电池制造	Manufacture of Electric Cells	106.0	105.2	101.2
家用电力器具制造	Manufacture of Household Electrical Apparatus	100.6	97.7	96.6
非电力家用器具制造	Manufacture of Household Nonelectrical Apparatus	100.0	100.0	100.1
照明器具制造	Manufacture of Lighting Devices	102.4	103.4	103.3
其他电气机械及器材制造	Manufacture of Other Electrical Machinery and Equipment	102.4	94.5	95.1
计算机、通信和其他电子设备制造业	**Manufacture of Computers,Communications and Other Electronic Equipment**	**100.8**	**99.8**	**100.3**
计算机制造	Manufacture of Computers	**99.7**	**100.3**	**103.7**
通信设备制造	Manufacture of Communication Equipment	99.8	99.1	99.1
广播电视设备制造	Manufacture of Communication Broadcasting and TV Equipment	101.3	100.6	103.0
视听设备制造	Manufacture of Audio-visual Equipment	101.3	100.2	99.8
智能消费设备制造	Manufacture of Inelligent Consumption Equipment		99.3	99.9
电子器件制造	Manufacture of Electronic Devices	103.1	99.3	99.6
电子元件及电子专用材料制造	Manufacture of Electronic Components and Electronic Specialized Materials	99.2	100.5	100.4
其他电子设备制造	Manufacture of Other Electeical Equipment	100.8	99.3	99.9
仪器仪表制造业	**Manufacture of Measuring Instruments**	**99.7**	**103.7**	**100.2**
通用仪器仪表制造	Manufacture of General Measuring Instruments and Machinery	100.2	100.6	101.0
专用仪器仪表制造	Manufacture of Special Measuring Instruments and Machinery	96.9	106.1	96.2
钟表与计时仪器制造	Manufacture of Clocks and Timing Equipment	100.0	100.0	100.0
光学仪器制造	Manufacture of Optical Instruments	100.1	96.4	93.1
衡器制造	Manufacture of Weighing Instruments		112.8	102.2
其他制造业	**Manufacture of Other**	**101.6**	**98.9**	**107.5**
日用杂品制造	Manufacture of Groceries for Daily Use	101.7	96.9	109.2
其他未列明制造业	Other Unspecified Manufacturing Industries	101.3	107.7	99.9
废弃资源综合利用业	**Comprehensive Utilization of Waste Resources**	**142.1**	**185.1**	**109.7**
金属废料和碎屑加工处理	Metal Waste and Fragment Treatment and Processing	148.1	190.5	109.6
非金属废料和碎屑加工处理	Processing and Disposal of Non-metallic Waste and Debris	77.9	93.0	100.3
金属制品、机械和设备修理业	**Repair of Metal Products, Machinery and Equipment**	**91.4**	**99.5**	**100.4**
其他机械和设备修理业	Other Machinery and Equipment Repair Industries	91.4	99.5	100.4
电力、热力生产和供应业	**Production and Supply of Electric Power and Heat Power**	**99.4**	**100.2**	**98.8**
电力生产	Production of Electric Power	100.9	102.1	100.6
电力供应	Supply of Electric Power	98.8	99.4	98.0
热力生产和供应	Production and Supply of Heat Power	96.0	119.0	121.7
燃气生产和供应业	**Production and Supply of Gas**	**96.5**	**99.3**	**103.5**
燃气生产和供应业	Production and Supply of Gas		99.3	103.5
生物质燃气生产和供应业	Production and Supply of Biomass Gas		99.3	103.5
水的生产和供应业	**Production and Supply of Water**	**102.6**	**108.4**	**104.6**
自来水生产和供应	Production and Supply of Water	103.0	109.4	103.5
污水处理及其再生利用	Sewage Treatment and Recycling	100.0	102.3	111.9

8-9 工业生产者购进价格指数
Purchasing Price Indices for Industrial Producers

(上年=100) (preceding year=100)

类别	Type	2005	2010	2015	2017	2018	2019
总指数	**General Index**	**110.0**	**111.8**	**93.6**	**107.2**	**103.2**	**98.2**
燃料、动力类	Fuel and Power	112.8	106.6	89.6	110.2	105.6	97.4
黑色金属材料类	Ferrous Metals	105.3	108.0	87.8	112.1	104.3	104.2
钢材	Steel	106.9	105.3	91.6	111.0	106.9	99.5
其他	Others	103.7	111.4	77.9	114.5	98.7	114.6
有色金属材料及电线类	Nonferrous Metals and Wire	125.7	135.0	88.4	110.4	104.3	95.7
化工原料类	Raw Chemical Materials	109.0	111.9	94.9	105.8	98.8	89.3
木材及纸浆类	Timber and Paper Pulp	107.7	106.6	99.0	106.9	103.8	99.0
建筑材料及非金属类	Building Materials and Nonmetal Ores	113.1	104.5	95.1	108.4	107.6	100.5
其它工业原材料及半成品类	Other Industrial Raw Materials and Semifinished Products	103.6	108.3	97.7	102.9	101.9	100.2
农副产品类	Agricultural Products	100.6	119.8	99.1	101.3	99.8	100.6
纺织原料类	Textile Materials	102.4	112.7	97.8	103.4	102.8	102.0

8-10 固定资产投资价格指数
Price Indices of Investment in Fixed Assets

(上年=100) (preceding year=100)

类别	Type	2005	2010	2016	2017	2018	2019
固定资产投资	**Investment in Fixed Assets**	**100.5**	**104.8**	**100.0**	**106.1**	**106.4**	**102.4**
建筑安装工程	**Construction and Installation**	**99.2**	**105.6**	**100.3**	**108.6**	**109.2**	**102.6**
人工费	Labor Costs	107.6	106.7	103.6	105.1	105.4	103.6
材料费	Material Costs	97.1	105.6	98.5	111.6	111.7	102.4
钢材	Steel	96.5	105.1	98.1	123.1	114.5	
木材	Wood	98.2	104.3	102.5	99.9	104.1	
水泥	Cement	92.1	106.5	96.5	106.5	113.5	
地方建筑材料	Local Building Materials	102.2	106.0	100.7	105.0	111.1	
化工材料	Chemical Materials	105.9	113.7	98.2	105.7	106.0	
电料	Electric Materials	102.4	107.7	100.2	102.4	104.7	
其他材料	Other Materials	102.2	102.3	100.5	106.4	103.0	
机械使用费	Machinery Costs	100.7	103.2	101.2	101.6	102.8	101.9
设备、工器具购置	**Purchase of Equipment,Tools and Instruments**	**100.3**	**102.0**	**98.7**	**100.8**	**100.1**	**99.5**
其他费用	**Others**	**107.2**	**105.4**	**100.5**	**100.7**	**101.0**	**104.4**

注：2019年固定资产投资价格统计报表制度改革，部分统计指标调整。
a)In2049,investment in fixed assets system reform, part of thestatistical indicators were adjusted.

主要统计指标解释

居民消费价格指数 是反映一定时期内城乡居民所购买的生活消费品价格和服务项目价格变动趋势和程度的相对数，是对城市居民消费价格指数和农村居民消费价格指数进行综合汇总计算的结果。该指数可以观察和分析消费品的零售价格和服务项目价格变动对城乡居民实际生活费支出的影响程度。

商品零售价格指数 是反映一定时期内城乡商品零售价格变动趋势和程度的相对数。商品零售价格的变动直接影响到城乡居民的生活支出和国家的财政收入，影响居民购买力和市场供需的平衡，影响到消费与积累的比例关系。因此，该指数可以从一个侧面对上述经济活动进行观察和分析。

工业生产者价格指数 是反映工业产品价格变化趋势和变动幅度的统计指标，是工业企业的产品价格在不同时间和空间条件下平均变动的相对数，包括工业品第一次出售时的出厂价格和企业作为中间投入的原材料、燃料、动力购进价格。该指数是进行国民经济核算和经济管理的重要依据。

固定资产投资价格指数 是反映一定时期内固定资产投资品及项目的价格变动趋势和程度的相对数。固定资产投资额是由建筑安装工程投资完成额、设备工器具购置投资完成额和其他费用投资完成额三部分组成的。编制固定资产投资价格指数应首先分别编制上述三部分投资的价格指数，然后采用加权算术平均法求出固定资产投资价格总指数。

该指数可以准确地反映固定资产投资中涉及的各类投资品和取费项目价格变动趋势和变动幅度，消除按现价计算的固定资产投资指标中的价格变动因素，真实地反映固定资产投资的规模、速度、结构和效益，为国家科学地制定、检查固定资产投资计划并提高宏观调控水平，为完善国民经济核算体系提供科学的、可靠的依据。

Explanatory Notes on Main Statistical Indicators

Consumer Price Indices reflect the trend and degree of changes in prices of consumer goods and services purchased by urban and rural households during a given period. They are obtained by combining the Urban Consumer Price Indices and the Rural Consumer Price Indices. The Indices enable the observation and analysis of the degree of impact of the changes in the prices of retailed goods and services on the actual living expenses of urban and rural residents.

Retail Price Indices reflect the trend and degree of change in retail prices of commodities during a given period. The change in retail prices of commodities directly affect the living expenses of urban and rural residents, government revenue, purchasing power of residents and the equilibrium of market supply and demand, and the ratio of consumption to accumulation. Therefore, the retail price indices are useful from an oblique perspective for observing and analyzing the changes of the above economic activities.

Industry producer price index measures the trend and degree of variance of industry producer price. It is a relative figure of average variance in different time and space, which includes factory price of first sale and intermediate inputs of raw materials, fuel and power. It is a important base of national economic accounting and economic governance.

Price Indices of Investment in Fixed Assets reflect the trend and degree of changes in prices of investment goods and projects in fixed assets during a given period. The investment in fixed assets consists of three components, namely the investment in construction and installation, the investment in purchases of equipment and instrument, and the investment in other items. Price indices of investment in fixed assets are calculated as the weighted arithmetic mean of the price indices of the three components of investment in fixed assets.

Removing the factor of price change in the aggregates of investment at current prices, this indicator shows the changes in the prices of commodities and fees involved in the investment of fixed assets, and can be used to observe the actual size, growth, structure, and efficiency of investment in fixed assets and provides reliable and scientific data for government planning, management, decision-making, and further improving the current national accounting system.

人民生活

PEOPLE`S LIVELIHOOD

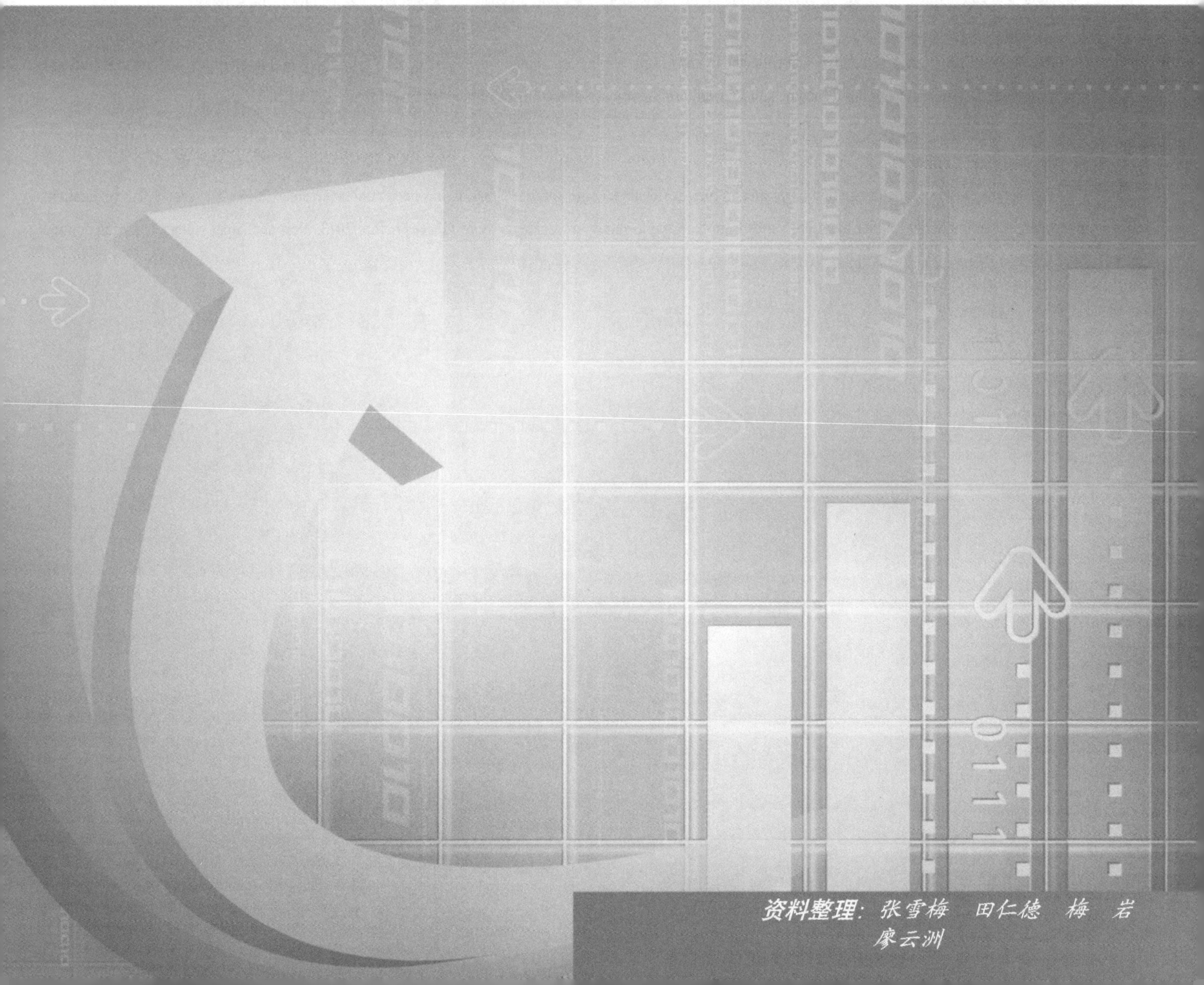

资料整理：张雪梅　田仁德　梅　岩
廖云洲

简要说明

一、本篇资料的主要内容

本篇资料反映了全省城镇、农村居民的家庭收支、人口就业、居住、耐用消费品拥有、生产和生活等方面的情况。

二、本篇资料的来源

本篇资料中城镇、农村居民家庭相关资料来源于居民收支调查年报，由国家统计局江西调查总队居民收支调查处整理提供。

三、本篇资料的调查口径

从2013年起，国家统计局开展了城乡一体化住户收支与生活状况抽样调查，与2013年前的分城镇和农村住户抽样调查的调查范围、调查方法、指标口径有所不同。2013年前城镇和农村住户调查的指标为老口径数据，2013年后城镇和农村居民调查的指标为新口径数据。

Brief Introduction

I. Content

Data in this chapter show the basic condition of the people's livelihood of the whole province, including income and expenditure of the households, population and employment, housing condition, consumption, possession of the major consumer goods, production, and living condition.

II. Source of Data

Data in this chapter are based on the data collected by the sample survey on income and expenditure of urban and rural households, and are prepared and provided by the Division of Household Income and Expenditure Survey of Survey Office of the National Bureau of Statistics in Jiangxi.

Ⅲ Statistical Caliber

The sample survey of the integration of urban and rural residents income and life situation has been conducted since 2013. The scope of investigation, investigation method, index caliber therefore varies from the sample survey of residents by residences before 2013. New statistical caliber has been applied since 2013.

9-1 人民物质文化生活情况
People's Material and Cultural Life

指标	Item	1978	2000	2010	2018	2019
就业(人)	**Employment (person)**					
城镇居民每一劳动力负担人口	Number of Dependents per Employee of Urban Households		1.79	1.87	1.65	1.71
农村居民每一劳动力负担人口	Number of Dependents per Laborer of Rural Households	2.50	1.46	1.35	2.06	2.16
收入(元)	**Income (yuan)**					
城镇非私营单位在岗职工平均工资	Average Wage of Employed Staff and Workers in Urban Nonprivate Units	552	7014	29092	70772	76131
城镇居民人均可支配收入	Per Capita Annual Disposable Income of Urban Households	305	5104	15481	33819	36546
农村居民人均可支配收入	Per Capita Annual Disposable Income of Rural Households	141	2135	5789	14460	15796
储蓄(元)	**Saving (yuan)**					
平均每人住户存款年末余额	Per Capita Balance of Saving Deposit at Year-end	13	2997	13746	36975	42146
居住(平方米)	**Residence (sq.m)**					
城镇居民人均建筑面积	Per Capita Building Space of Urban Households			38.9	48.3	50.0
农村居民人均建筑面积	Per Capita Living Space of Rural Households		27.8	40.3	59.2	62.9
交通、通讯	**Traffic and Communication**					
城镇居民每百户汽车拥有量(辆)	Number of Automobiles per 100 Urban Households (unit)		0.39	5.31	30.73	33.67
城镇居民每百户摩托车拥有量(辆)	Number of Motorcycles per 100 Urban Households (unit)		12.96	20.77	34.71	34.08
城镇居民每百户拥有移动电话(部)	Number of Mobile Telephones per 100 Urban Households (unit)		14.37	181.18	257.27	261.85
农村居民每百户汽车拥有量(辆)	Number of Automobiles per 100 Rural Households (unit)				19.79	21.52
农村居民每百户摩托车拥有量(辆)	Number of Motorcycles per 100 Rural Households (unit)		17.47	60.49	67.42	63.09
农村居民每百户拥有移动电话(部)	Number of Mobile Telephones per 100 Rural Households (unit)		1.43	140.98	274.55	276.83
教育	**Education**					
每万人中有普通高等学校在校学生(人)	Students Enrollment of Regular Higher Education Institutions per 10 000 Population (person)	6.9	35.3	188.0	277.1	243.7
每万人中有中等学校在校学生(人)	Students Enrollment of Secondary Schools per 10 000 Population (person)	540.7	702.4	788.7	771.1	699.2
每万人中有小学在校学生(人)	Students Enrollment of Primary Schools per 10 000 Population (person)	1614.2	1018.9	955.9	911.3	883.5
卫生	**Health**					
每万人中有卫生技术人员(人)	Number of Medical Technical Personnels per 10 000 Population (person)	22.1	29.7	34.7	53.2	57.5
#医生	Doctors	9.6	13.1	13.3	18.8	20.7
每万人中有病床数(张)	Number of Hospital Beds per 10 000 Population (bed)	22.7	21.9	28.7	53.8	57.4
#医院卫生院	Urban and Township Hospitals	20.5	20.1	23.1	49.47	53.0
文化(台/套)	**Culture (set)**					
城镇居民每百户拥有彩色电视机	Number of Color TV per 100 Urban Households		106.01	148.00	130.34	131.48
城镇居民每百户拥有照相机	Number of Cameras per 100 Urban Households		25.48	33.82	10.00	10.00
城镇居民每百户拥有计算机	Number of Computers per 100 Urban Households		4.56	59.91	58.16	58.22
农村居民每百户拥有计算机	Number of Computers per 100 Rural Households		2.00	5.22	23.67	25.83
农村居民每百户拥有彩色电视机	Number of Color TV per 100 Rural Households		30.16	106.86	126.67	127.61
农村居民每百户拥有照相机	Number of Cameras per 100 Rural Households		2.08	2.69	1.63	1.87

注：2013年之前为农村居民人均纯收入指标，2013年之后所有调查指标为新口径调查数据，无纯收入指标，统一为可支配收入指标。后同。

a) Rural per capita net income has been adjusted to per capita disposable income of rural residents since 2013. The same applies to the tables following.

9-2 居民消费水平
Household Consumption Expenditure

本表绝对数按当年价格计算，指数按可比价格计算.

Level in this table are calculated at current prices, while indices are calculated at constant prices

年 份 Year	绝对数(元) Level (yuan)			指数(上年=100) Index (preceding year=100)			指数(1978=100) Index (year of 1978=100)		
	全体居民 All Households	农村居民 Rural Household	城镇居民 Urban Household	全体居民 All Households	农村居民 Rural Household	城镇居民 Urban Household	全体居民 All Households	农村居民 Rural Household	城镇居民 Urban Household
1978	181	161	281	115.7	115.7	109.7	100.0	100.0	100.0
1979	203	179	323	110.7	109.7	113.4	110.7	109.7	113.4
1980	211	183	340	99.7	98.0	101.0	110.4	107.5	114.5
1981	230	194	394	104.1	101.3	110.8	114.9	108.9	126.9
1982	266	235	403	112.4	117.7	99.5	129.1	128.2	126.3
1983	282	253	410	104.5	106.1	100.3	135.0	136.0	126.6
1984	311	279	448	107.6	107.6	106.6	145.2	146.3	135.0
1985	367	327	535	108.7	107.9	109.7	157.8	157.9	148.1
1986	395	346	590	101.6	101.0	101.6	160.4	159.5	150.5
1987	427	365	675	103.7	101.7	107.0	166.3	162.2	161.0
1988	506	421	842	104.7	101.7	111.7	174.1	164.9	179.8
1989	580	480	971	100.0	101.6	96.5	174.1	167.6	173.5
1990	666	577	1017	104.5	104.8	103.6	182.0	175.6	179.8
1991	706	605	1105	103.6	103.2	104.6	188.5	181.2	188.1
1992	770	634	1295	106.7	105.1	110.0	201.1	190.5	206.9
1993	887	712	1566	105.9	105.0	107.8	213.0	200.0	223.0
1994	1182	923	2165	105.8	105.2	106.3	225.4	210.4	237.1
1995	1559	1266	2632	106.8	107.6	104.2	240.7	226.4	247.0
1996	1857	1553	2942	112.2	115.7	104.4	270.0	262.0	257.9
1997	1930	1569	3200	104.4	103.1	106.7	281.9	270.1	275.2
1998	1973	1599	3267	101.6	101.4	101.7	286.4	273.9	279.8
1999	2056	1637	3482	104.4	103.9	105.0	299.0	284.5	293.8
2000	2396	1793	4488	116.6	114.9	117.2	348.7	326.9	344.4
2001	2500	1801	4845	104.8	101.2	108.0	365.4	330.9	371.9
2002	2651	1879	5138	106.0	104.3	106.0	387.3	345.1	394.2
2003	2739	1964	5127	102.9	104.0	99.6	398.6	358.9	392.7
2004	3277	2289	6157	111.6	109.8	110.8	444.8	394.1	435.1
2005	3693	2489	7083	109.6	108.1	109.5	487.5	426.0	476.4
2006	4052	2729	7720	125.0	120.1	129.2	609.4	511.6	615.5
2007	4665	3037	9128	108.4	105.9	110.3	660.6	541.8	678.9
2008	5692	3063	9539	114.8	105.4	93.4	758.3	571.0	634.1
2009	6172	3412	9941	112.3	113.4	108.9	851.6	647.5	690.5
2010	7873	4323	12460	111.9	114.8	108.3	938.3	732.5	737.6
2011	9345	5681	13845	111.8	111.4	109.9	1049.0	816.0	810.7
2012	10378	6243	15114	110.5	114.9	106.0	1159.1	937.6	859.3
2013	11834	7275	16736	110.0	113.4	106.3	1275.1	1063.3	913.4
2014	13139	8376	17990	110.1	112.8	107.3	1403.8	1199.4	980.1
2015	14445	9343	19362	109.1	112.1	106.1	1531.6	1344.5	1039.9
2016	15909	11045	20335	109.0	112.5	105.8	1669.4	1512.6	1100.2
2017	17467	12132	22038	108.2	111.8	105.2	1806.3	1691.1	1157.4
2018	19941	14414	24406	108.2	111.6	105.4	1954.4	1887.2	1219.9
2019	22447	16658	26740	107.6	112.8	103.7	2103.0	2128.8	1265.1

9-3 各地区住户存款年末余额（2019年）
Balance of Household Deposits at Year-end by Region (2019)

单位：亿元 (100 million yuan)

地区	Region	本外币 RMB and Foreign Currency			人民币 RMB		
		年末余额 Balance	比年初 Over Beginning of Year	比年初增长(%) Growth Rate (%)	年末余额 Balance	比年初 Over Beginning of Year	比年初增长(%) Growth Rate (%)
全　省	**Provincial Total**	**19736.53**	**2476.39**	**14.3**	**19665.87**	**2481.43**	**14.4**
南昌市	Nanchang	3659.00	483.55	15.2	3618.06	486.02	15.5
景德镇市	Jingdezhen	822.45	141.70	20.8	820.37	141.87	20.9
萍乡市	Pingxiang	711.90	87.90	14.1	709.90	88.03	14.2
九江市	Jiujiang	1913.08	250.41	15.1	1908.56	250.38	15.1
新余市	Xinyu	638.84	85.46	15.4	637.25	85.66	15.5
鹰潭市	Yingtan	531.88	79.28	17.5	530.52	79.41	17.6
赣州市	Ganzhou	3385.00	330.26	10.8	3379.54	330.75	10.9
吉安市	Ji'an	2008.28	253.87	14.5	2005.54	254.13	14.5
宜春市	Yichun	2152.82	269.44	14.3	2149.46	269.99	14.4
抚州市	Fuzhou	1488.10	181.36	13.9	1485.38	181.69	13.9
上饶市	Shangrao	2422.81	312.28	14.8	2418.92	312.63	14.8

9-4 各地区住户贷款年末余额（2019年）
Balance of Household Loan at Year-end by Region (2019)

单位：亿元 (100 million yuan)

地区	Region	本外币 RMB and Foreign Currency			人民币 RMB		
		年末余额 Balance	比年初 Over Beginning of Year	比年初增长(%) Growth Rate (%)	年末余额 Balance	比年初 Over Beginning of Year	比年初增长(%) Growth Rate (%)
全　省	**Provincial Total**	**14372.44**	**2232.60**	**18.4**	**14372.04**	**2232.46**	**18.4**
南昌市	Nanchang	4045.18	623.80	18.2	4045.03	623.73	18.2
景德镇市	Jingdezhen	345.41	51.13	17.4	345.40	51.13	17.4
萍乡市	Pingxiang	329.72	54.96	20.0	329.70	54.95	20.0
九江市	Jiujiang	1521.76	304.45	25.0	1521.73	304.44	25.0
新余市	Xinyu	338.66	36.71	12.2	338.65	36.70	12.2
鹰潭市	Yingtan	252.10	25.61	11.3	252.09	25.60	11.3
赣州市	Ganzhou	2699.99	387.99	16.8	2699.94	387.98	16.8
吉安市	Ji'an	1224.48	190.28	18.4	1224.46	190.27	18.4
宜春市	Yichun	1220.09	194.96	19.0	1220.07	194.95	19.0
抚州市	Fuzhou	1044.25	156.51	17.6	1044.23	156.51	17.6
上饶市	Shangrao	1333.97	204.33	18.1	1333.94	204.32	18.1

9-5 城镇居民基本情况
Basic Condition of Urban Households

年 份 地 区 Year Region	平均每户家庭人口数(人) Average Household Size (person)	平均每户劳动力人口数(人) Average Number of Labour Force per Household (person)	平均每人每年可支配收入(元) Per Capita Annual Disposable Income (yuan)	可支配收入指数 Index of Disposable Income 以上年为100 (preceding year=100)	以1978年为100 (year of 1978=100)	平均每人每年消费支出(元) Per Capita Annual Consumption Expenditure (yuan)
1986	4.02		729.80	118.0	171.9	630.96
1987	3.98		791.90	100.6	172.9	703.20
1988	3.72		937.80	95.7	165.5	876.48
1989	3.65		1081.90	98.4	161.2	977.88
1990	3.60		1188.00	107.5	173.3	983.76
1991	3.54		1295.00	104.5	181.0	1110.24
1992	3.45		1585.00	113.8	206.0	1275.96
1993	3.37		1985.00	108.1	222.8	1585.68
1994	3.28		2777.00	110.2	245.6	2201.04
1995	3.20		3376.51	104.0	255.5	2712.48
1996	3.18		3780.20	103.6	264.6	2942.16
1997	3.13		4071.32	104.6	276.7	3199.56
1998	3.08		4254.88	103.4	286.0	3266.76
1999	3.06		4728.51	112.0	320.3	3482.28
2000	3.08		5116.46	105.9	339.2	3623.52
2001	3.04		5524.56	108.1	366.7	3894.48
2002	2.97		6362.67	114.8	421.0	4549.32
2003	2.97		6936.75	108.0	454.7	4914.60
2004	2.91		7604.82	106.0	482.0	5337.84
2005	2.89		8678.88	112.3	541.3	6109.44
2006	2.86		9625.05	110.0	595.4	6645.54
2007	2.85		11551.12	112.5	669.8	7810.73
2008	2.90		12989.51	108.3	725.4	8717.37
2009	2.88		14168.14	109.6	795.0	9739.99
2010	2.84		15655.93	107.3	853.0	10618.69
2011	2.87		17692.42	107.5	917.0	11747.21
2012	2.86		20084.62	110.6	1014.2	12775.65
2013	3.35	2.32	22120.00	107.8	1093.3	13843.00
2014	3.32	2.31	24309.00	107.3	1173.1	15142.00
2015	3.23	2.27	26500.12	107.4	1259.9	16731.81
2016	3.25	2.22	28673.28	106.1	1336.8	17695.65
2017	3.23	2.22	31198.06	106.7	1425.9	19244.46
2018	3.71	2.25	33819.40	106.2	1513.9	20760.02
2019	3.78	2.21	36545.90	105.02	1589.9	22714.27

注：可支配收入指数均按可比价计算。

a) Disposable income index is calculated at comparable price.

9-6 城镇居民按收入高低五等份分组基本情况（2019年）
Basic Indicators of Urban Households by Income Qunintile (2019)

指　　标	Item	低收入组 Low Income Households	中低收入组 Lower Middle Income Households
占调查总户数比重(%)	Percentage of Households (%)	20	20
平均每户家庭人口数(人)	Average Household Size (person)	4.41	4.36
平均每户劳动力人口数(人)	Average Number of Labour Force per Household (person)	2.24	2.31
平均每户家庭劳动力人口比重(%)	Percentage of Labours Force per Household	50.86	52.95
平均每一劳动力负担人口(人)	Average Number of Dependent per Labour Force (person)	1.97	1.89
平均每人每年可支配收入(元)	Per Capita Annual Disposable Income (yuan)	13379.31	23744.43
平均每人每年消费支出(元)	Per Capita Annual Expenditure (yuan)	12175.42	17391.95

9-6 续表 continued

指　　标	Item	中等收入组 Middle Income Households	中高收入组 Upper Middle Income Households	高收入组 High Income Households
占调查总户数比重(%)	Percentage of Households (%)	20	20	20
平均每户家庭人口数(人)	Average Household Size (person)	3.83	3.30	3.03
平均每户劳动力人口数(人)	Average Number of Labours Force per Household (person)	2.27	2.16	2.07
平均每户家庭劳动力人口比重	Percentage of Labour Force per Household	59.29	65.64	68.23
平均每一劳动力负担人口(人)	Average Number of Dependent per Labour Force (person)	1.69	1.52	1.47
平均每人每年可支配收入(元)	Per Capita Annual Disposable Income (yuan)	32746.42	45730.56	85435.98
平均每人每年消费支出(元)	Per Capita Annual Expenditure (yuan)	20935.05	28331.22	42696.06

9-7 城镇居民平均每人每年收支
Per Capita Annual Income and Expenditure of Urban Households

单位：元 (yuan)

指　　标	Item	2018	2019
可支配收入	**Disposable Income**	**33819.40**	**36545.90**
工资性收入	Income from Wages and Salaries	21451.08	23167.59
#工资	Wages	20772.29	22367.38
经营净收入	Net Business Income	2824.21	3055.25
财产净收入	Net Income from Properties	2950.54	3187.89
转移净收入	Net Income from Transfers	6593.56	7135.17
#养老金或离退休金	Pension or Retirement Annuities	5221.44	5516.11
总支出	**Total Expenditure**	**28252.36**	**32682.53**
#消费支出	Consumption Expenditure	20760.02	22714.27
生产经营费用支出	Production and Operation	1317.62	1593.38
财产性支出	Property	160.80	182.28
转移性支出	Transfer	1395.59	1614.82
个人所得税	Individual Income Tax	64.54	87.44
部分商业保险支出	Part of the Commercial Insurance Payments	163.19	120.81
购置资产及非经常性转移支出	Purchase of Assets and Non-regular Payments	3178.11	4931.22
借贷性支出	Loan	1277.03	1525.76
#存入储蓄款	Money Deposited in Bank	104.18	27.80
借出款	Lending Money	54.60	4.87
归还借款	Money Returned to the Borrower	55.13	71.82
归还住房贷款	Housing Loan Returned	820.64	1175.67

9-8 城镇居民平均每人每年收支（2019年）
Per Capita Annual Cash Income and Expenditure of Urban Households (2019)

单位：元 (yuan)

指标	Item	合计 Total	低收入户 Low Income Households	中等偏下户 Lower Middle Income Households	中等收入户 Middle Income Households	中等偏上户 Upper Middle Income Households	高收入户 High Income Households
可支配收入	**Disposable Income**	**36545.90**	**13379.31**	**23744.43**	**32746.42**	**45730.56**	**85435.98**
工资性收入	Income from Wages and Salaries	23167.59	8475.21	13889.15	20205.60	25922.69	59965.37
#工资	Wages	22367.38	8425.84	13703.18	19700.79	24995.04	56885.91
经营净收入	Net Business Income	3055.25	1286.64	2192.46	2373.79	4058.33	6785.75
财产净收入	Net Income from Properties	3187.89	974.42	1710.05	2745.83	4300.06	8061.82
转移净收入	Net Income from Transfers	7135.17	2643.04	5952.79	7421.20	11449.49	10623.04
#养老金或离退休金	Pension or Retirement Annuities	5516.11	1495.13	4734.36	6250.49	10369.00	6525.65
总支出	**Total Expenditure**	**32682.53**	**18636.52**	**23487.85**	**27790.18**	**36272.68**	**69884.07**
#消费支出	Consumption Expenditure	22714.27	12175.42	17391.95	20935.05	28331.22	42696.06
生产经营费用支出	Production and Operation	1593.38	2747.05	1269.91	676.29	996.20	2098.78
财产性支出	Property	182.28	65.80	99.17	120.47	145.65	601.86
转移性支出	Transfer	1614.82	733.07	897.20	1380.53	1756.76	4151.23
个人所得税	Individual Income Tax	87.44	47.98	14.64	29.50	57.12	360.55
部分商业保险支出	Part of the Commercial Insurance Payments	120.81	121.43	24.56	81.19	122.92	305.54
购置资产及非经常性	Purchase of Assets and Non-regular Payment	4931.22	1918.52	2834.80	3221.97	3231.04	16689.31
借贷性支出	Loan	1525.76	875.23	970.26	1374.69	1688.88	3341.30
#存入储蓄款	Money Deposited in Bank	27.80	11.31	34.44	59.50	29.51	1.64
借出款	Lending Money	4.87	3.87	0.02	2.06	17.51	2.83
归还借款	Money Returned to the Borrower	71.82	94.19	40.30	53.89	25.12	157.16
归还住房贷款	Housing Loan Returned	1175.67	448.86	776.96	1154.53	1379.82	2674.18

9-9 城镇居民平均每人每年消费支出（2019年）
Per Capita Consumption Expenditure of Urban Households (2019)

单位：元 (yuan)

指　标	Item	合 计 Total	低收入户 Low Income Households	中等偏下户 Lower Middle Income Households	中等收入户 Middle Income Households	中等偏上户 Upper Middle Income Households	高收入户 High Income Households
消费支出	**Consumption Expenditure**	**22714.27**	**12175.42**	**17391.95**	**20935.05**	**28331.22**	**42696.06**
食品烟酒	Food, Cigarette and Liquor	6604.43	4299.81	5625.35	6725.49	8225.44	9620.76
#食品	Food	4535.98	3253.63	4107.14	4681.06	5652.39	5709.97
烟酒	Cigarette and Liquor	519.80	362.97	376.19	513.74	675.22	802.91
饮料	Beverage	90.91	52.34	67.66	99.90	109.01	152.41
饮食服务	Service	1457.74	630.87	1074.36	1430.79	1788.81	2955.48
衣着	Clothing	1568.86	670.39	1022.90	1437.18	1815.70	3637.87
#衣类	Clothes	1315.11	546.85	842.11	1190.13	1524.39	3110.87
鞋类	Footwears	253.75	123.54	180.79	247.06	291.31	527.00
居住	Residence	5370.43	2558.13	3835.43	4841.28	7702.59	10004.89
生活用品及服务	Household Appliances and Services	1507.00	629.63	844.41	1344.86	2049.24	3418.75
交通通信	Transport and Communications	2771.55	1205.31	2931.55	2133.13	3208.23	5303.60
#交通	Transport	2150.50	822.79	2462.14	1539.28	2455.18	4207.85
通信	Communications	621.05	382.52	469.41	593.85	753.04	1095.75
教育、文化娱乐	Education, Cultural and Recreation Services	2781.40	1654.46	1836.25	2595.24	2617.79	6304.16
#教育	Education	1886.36	1343.13	1401.30	1709.50	1479.94	4103.58
文化娱乐	Cultural and Recreation Services	895.05	311.33	434.94	885.74	1137.85	2200.58
医疗保健	Health Care and Medical Services	1559.33	993.93	961.47	1384.80	2022.81	2997.41
#医疗器具及药品	Instruments, Apparatuses and Medicines	378.01	207.13	254.95	366.13	563.93	626.91
医疗服务	Service	1181.33	786.80	706.51	1018.67	1458.88	2370.50
其他用品和服务	Other Goods and Services	551.27	163.77	334.60	473.07	689.42	1408.61
#其他用品	Other Goods	273.03	86.61	155.42	240.07	378.77	654.79
其他服务	Other Services	278.23	77.16	179.17	233.00	310.65	753.82

9-10 城镇居民平均每人每年消费支出和构成
Per Capita Consumption Expenditure and Expenditure Percentage of Urban Households

类别	Type	消费性支出（元）Consumption Expenditure (yuan)		构成（%）Percentage (%)	
		2018	2019	2018	2019
消费支出	**Consumption Expenditure**	**20760.02**	**22714.27**	**100.00**	**100.00**
食品烟酒	Food, Cigarette and Liquor	6232.56	6604.43	30.02	29.08
#食品	Food	4406.84	4535.98	21.23	19.97
烟酒	Cigarette and Liquor	585.89	519.80	2.82	2.29
饮料	Beverage	83.73	90.91	0.40	0.40
饮食服务	Service	1156.10	1457.74	5.57	6.42
衣着	Clothing	1628.83	1568.86	7.85	6.91
#衣类	Clothes	1346.18	1315.11	6.48	5.79
鞋类	Footwears	282.65	253.75	1.36	1.12
居住	Residence	4561.68	5370.43	21.97	23.64
生活用品及服务	Household Appliances and Services	1493.73	1507.00	7.20	6.63
交通通信	Transport and Communications	2537.63	2771.55	12.22	12.20
#交通	Transport	1850.45	2150.50	8.91	9.47
通信	Communications	687.18	621.05	3.31	2.73
教育、文化娱乐	Education, Cultural and Recreation Services	2490.55	2781.40	12.00	12.25
#教育	Education	1425.86	1886.36	6.87	8.30
文化娱乐	Cultural and Recreation Services	1064.69	895.05	5.13	3.94
医疗保健	Health Care and Medical Services	1218.86	1559.33	5.87	6.86
#医疗器具及药品	Instruments, Apparatuses and Medicines	396.77	378.01	1.91	1.66
医疗服务	Service	822.09	1181.33	3.96	5.20
其他用品和服务	Other Goods and Services	596.18	551.27	2.87	2.43
#其他用品	Other Goods	380.81	273.03	1.83	1.20
其他服务	Other Services	215.37	278.23	1.04	1.22

9-11 城镇居民平均每百户主要耐用消费品年末拥有量
Ownership of Major Consumer Good Per 100 Urban Households at Year-end

品　　名	Item	2005	2010	2018	2019
摩托车(辆)	Motorcycle (unit)	24.38	20.77	34.71	34.08
家用汽车(辆)	Family Vehicle (unit)	0.73	5.31	30.73	33.67
洗衣机(台)	Washing Machine (unit)	95.29	93.84	90.19	91.77
电冰箱(台)	Refrigerator (unit)	90.66	96.57	98.19	98.92
彩色电视机(台)	Color Television Set (unit)	139.31	148.00	130.34	131.48
计算机(台)	Computer (unit)	32.03	59.91	58.16	58.22
照相机(台)	Camera (unit)	37.35	33.82	10.00	10.00
中高档乐器(架)	Medium and High Grade Musical Instruments (piece)	8.67	6.70	6.96	8.19
微波炉(台)	Microwave Oven (unit)	38.93	55.86	43.46	42.70
空调(台)	Air Conditioner (unit)	72.41	107.67	134.80	139.74
热水器(台)	Shower Heater (unit)	81.77	92.28	96.58	98.33
健身器材(台)	Body-building Equipment (unit)	1.77	3.17	5.72	5.85
移动电话(部)	Mobile Telephone (unit)	136.26	181.18	257.27	261.85

9-12 农村居民家庭基本情况
Basic Statistics on Rural Households

年 份 Year	平均每户家庭人口(人) Average Permanent Population Per Household (person)	平 均 每 户 整半劳动力(人) Average Number of Full Semi Labour Force Per Household (person)	平均每个劳动力负 担 人 口(人) Average Number of Dependents Per Laborer Force (person)	平均每人可支配收入(元) Per Capita Disposable Income (yuan)	平均每人住房面积(平方米) Per Capita Floor Space of Residential Buildings (sq.m)
1978	5.68	2.77	2.50	140.70	
1979	5.67	2.26	2.50	156.50	
1980	5.91	2.50	2.36	180.94	9.09
1981	6.06	2.78	2.18	226.87	10.05
1982	5.97	2.63	2.27	269.7	11.57
1983	5.92	2.9	2.04	301.76	13.92
1984	5.94	3.02	1.97	334.11	15.55
1985	5.79	3.09	1.87	377.31	16.20
1986	5.72	3.04	1.88	395.63	17.50
1987	5.61	3.02	1.85	429.29	18.47
1988	5.48	3.01	1.82	488.16	19.35
1989	5.38	3.02	1.78	558.64	19.94
1990	5.28	3.00	1.76	669.90	20.58
1991	5.09	2.92	1.74	702.53	20.08
1992	5.01	2.94	1.70	768.41	20.70
1993	4.92	3.02	1.63	869.81	22.91
1994	4.86	3.10	1.57	1218.19	21.61
1995	4.79	3.12	1.54	1537.36	22.70
1996	4.71	3.02	1.56	1869.63	24.00
1997	4.61	3.00	1.54	2107.28	24.33
1998	4.56	2.99	1.52	2052.87	25.31
1999	4.50	2.99	1.50	2139.95	26.90
2000	4.44	3.03	1.46	2151.09	27.79
2001	4.43	3.01	1.47	2253.85	28.25
2002	4.39	3.01	1.46	2335.40	29.24
2003	4.36	3.05	1.43	2494.78	30.55
2004	4.33	3.08	1.41	2836.93	31.35
2005	4.34	3.14	1.38	3193.94	34.10
2006	4.30	3.15	1.37	3541.00	35.91
2007	4.29	3.17	1.35	4151.80	36.78
2008	4.29	3.16	1.36	4835.27	37.56
2009	4.29	3.17	1.35	5238.02	39.53
2010	4.29	3.18	1.35	5991.17	40.26
2011	4.25	3.06	1.39	7132.77	46.82
2012	4.24	3.04	1.40	8103.39	47.61
2013	4.20	2.40	1.75	9089.00	49.11
2014	4.20	2.31	1.82	10117.00	50.20
2015	4.11	2.24	1.83	11139.08	51.80
2016	4.05	2.18	1.86	12137.72	54.20
2017	4.06	2.19	1.85	13241.82	54.90
2018	4.30	2.09	2.06	14459.89	59.20
2019	4.39	2.03	2.16	15796.29	62.91

注：2013年之后人均常住人口指标为人均家庭人口，人均纯收入指标为人均可支配收入，2013年之后所有数据为新口径调查数据。后同。

a) Average permanent population per household has been adjusted to average family population per household, per capita net income to per capita disposable income since 2013. The new statistic standard has been applied since. The same applies as following tables.

9-13 平均每百户农村居民主要生产用固定资产拥有量
Ownership of Major Fixed Assets for Production Per 100 Rural Households

指标	Item	2018	2019
生产性固定资产原值（元）	**Productive Original Value of Fixed Assets (yuan)**	**1233957**	**1707296**
农业	Agriculture	504343	929331
林业	Forestry	958	9087
牧业	Animal Husbandry	130951	104790
渔业	Fishing	7000	20413
采矿业	Mining	1667	-
制造业	Manufacturing	78467	45261
电力、热力、燃气及水的生产和供应业	Production and Supply of Electricity, Gas & Water	129	2174
建筑业	Construction	39977	68396
批发和零售业	Wholesale and Retail Trade	117993	183235
交通运输、仓储和邮政业	Traffic, Transport, Storage and Post	212021	200664
住宿和餐饮业	Hotels and Catering Services	8340	41135
居民服务与其他服务业	Services to Households and Other Services	83524	46978
其他	Others	48588	55833
主要生产性固定资产数量	**Amount of Major Productive Fixed Assets**		
房屋及建筑物（平方米）	Housing and Building (sq.m)	894.23	1157.47
大中型农用拖拉机（台）	Large and Medium Agrimotor (unit)	0.71	0.87
小型农用拖拉机（台）	Small and Walking Agrimotor (unit)	10.83	10.83
农用排灌动力机械(台)	Power-driven Irrigation and Drainage Equipment (unit)	8.29	8.35
插秧机(台)	Rice Transplanter (unit)	0.29	0.52
收割机（台）	Harvester (unit)	1.96	1.78
脱粒机（台）	Thresher (unit)	5.54	5.26
产品畜（头）	Commodity Animal (head)	70.23	51.65

9-14 农村居民人口与就业情况
Population and Employment of Rural Households

单位：人 (person)

指　　标	Item	2018	2019
农村居民人口状况	**Population of Rural Households**		
家庭常住人口	Number of Permanent Residents	8200	7655
5岁及以下	5 and Below	605	532
6-15岁	Aged 6 - 15	1587	1520
16-19岁	Aged 16 - 19	409	387
20-24岁	Aged 20 - 24	298	270
25-29岁	Aged 25 - 29	272	195
30-34岁	Aged 30 - 34	300	243
35-40岁	Aged 35 - 40	403	366
41-50岁	Aged 41 - 50	1301	1128
51-60岁	Aged 51 - 60	1442	1416
61-65岁	Aged 61 - 65	645	634
66岁及以上	66 and Over	938	964
在校学生人数	Students Enrollment	2038	1973
农村住户劳动力素质状况	**Labour Force Quality of Rural Households**		
整半劳动力数	Number of Full/Semi Labour Force	5022	4664
#男劳动力人数	Number of Male Labour Force	2535	2329
整劳动力	Number of Full Labour Force	2036	1715
劳动力文化程度	Education of Labour Force		
未上过学	Un-Schoolled	276	237
小学程度	Primary School	2076	1930
初中程度	Junior High School	2109	1958
高中程度	Senior High School	403	379
大专及以上	Junior College and Over	158	160

9-14 续表 continued

单位：人 (person)

指　　　标	Item	2018	2019
农村居民就业情况	**Employment of Rural Households**		
家庭常住从业人数	Resident Labor Force	4320	3813
就业类型	Type of Employment		
雇主	Employer	60	36
公职人员	Public Employee	24	24
事业单位人员	Institution Personnel	64	55
国有企业雇员	Employee of State-owned Enterprises	13	9
其他雇员	Other Employee	1684	1712
农业自营	Agricultural Self-run	2099	1640
非农自营	Non-agricultural Self-run	376	337
行业分布	Sector of Employment		
第一产业就业人数	Primary Industry	2133	1703
第二产业就业人数	Secondary Industry	1194	1149
采矿业	Mining and Quarrying	23	21
制造业	Manufacturing	548	517
电力、热力、燃气及水生产供应业	Production and Supply of Electricity, Gas & Water	27	31
建筑业	Construction	596	580
第三产业就业人数	Tertiary Industry	993	961
批发和零售业	Wholesale and Retail Trades	229	212
交通运输、仓储和邮政业	Transport, Storage and Post	117	111
住宿和餐饮业	Hotels and Catering Services	97	102
居民服务、修理和其他服务业	Services to Households and Other Services	278	245
教　育	Education	61	59
卫生和社会工作	Health and Social Affairs	53	69
文化、体育和娱乐业	Culture, Sports and Entertainment	15	10
其　他	Others	143	153

9-15 平均每百户农村居民主要耐用消费品年末拥有量
Ownership of Major Durable Consumer Goods Per 100 Rural Households

品　　名	Item	2018	2019
家用汽车(辆)	Family Vehicle (unit)	19.79	21.52
摩托车(辆)	Motorcycle (unit)	67.42	63.09
洗衣机(台)	Washing Machine (unit)	62.54	68.43
电冰箱(台)	Refrigerator (unit)	94.62	97.43
彩色电视机(台)	Color TV Set (unit)	126.67	127.61
排油烟机(台)	Smoke Absorber (unit)	29.50	35.70
空调(台)	Air Conditioner (unit)	63.59	70.09
热水器(台)	Water Heater (unit)	76.71	81.48
微波炉(台)	Oven (unit)	12.83	15.09
固定电话(线)	Fixed-line Telephone (line)	12.25	7.74
移动电话(部)	Mobile Telephone (unit)	274.55	276.83
照相机(台)	Camera (unit)	1.63	1.87
计算机(台)	Computer (unit)	23.67	25.83
中高档乐器(架)	Medium and High Grade Musical Instrument (unit)	1.96	1.96

9-16 农村居民人均食品消费量
Per Capita Food Consumption of Rural Households

单位：公斤 (kg)

类　　别	Type	2018	2019
粮食	Grain	147.57	148.45
#谷物	Rice	140.11	138.90
薯类	Tubers	1.34	1.35
豆类	Soybeans	6.12	8.20
蔬菜及菜制品	Fresh Vegetable and Related Products	87.09	85.40
油脂类	Oil	12.82	12.50
#植物油	Vegetable Oil	12.09	11.95
肉类	Meat	26.71	24.54
#猪肉	Pork	23.52	21.39
牛肉	Beef	1.15	1.53
羊肉	Mutton	0.18	0.17
禽类	Poultry	7.08	9.33
水产品	Aquatic Products	9.49	12.80
蛋类及蛋制品	Eggs and Related Products	6.01	7.11
奶和奶制品	Milk and Dairy Products	5.92	6.12
食糖	Sugar	1.03	1.01
酒	Liquor and Beverages	10.94	10.95
干鲜瓜果类	Dry and Fresh Melon and Fruits	29.18	34.67

9-17 农村居民平均每人总收入
Per Capita Total Income of Rural Households

单位：元 (yuan)

指　　标	Item	2018	2019
全年总收入（未扣除生产费用）	**Annual Total Income**	**18216.60**	**21849.73**
工资性收入	Income from Wages and Salaries	6120.98	6699.20
经营性收入	Business Income	8548.50	11234.00
第一产业	Primary Industry	5906.29	7374.40
#农业	Agriculture	3695.97	5248.47
林业	Forestry	189.50	207.83
牧业	Animal Husbandry	1848.81	1713.50
渔业	Fishery	172.01	204.61
第二产业	Secondary Industry	818.71	1259.95
第三产业	Tertiary Industry	1823.51	2599.66
财产性收入	Income from Properties	264.12	291.92
转移性收入	Income from Transfers	3282.99	3624.60

9-18 农村居民平均每人现金收入
Per Capita Cash Income of Rural Households

单位：元 (yuan)

指　　标	Item	2018	2019
全年现金收入(未扣除生产费用)	**Annual Total Cash Income (Operating Expenses Undeducted)**	**17348.44**	**21051.61**
#现金工资性收入	Income from Wages and Salaries	6114.21	6687.53
#工资	Wages	6074.11	6663.63
其他工资性收入	Other Wage Incomes	40.11	23.90
现金经营性收入	Operational Income in Cash	7832.61	10656.30
第一产业	Primary Industry	5190.39	6796.69
#农业	Agriculture	3133.65	4789.73
林业	Forestry	98.06	133.40
牧业	Animal Husbandry	1794.41	1672.13
渔业	Fishery	164.27	201.43
第二产业	Secondary Industry	818.71	1259.95
#采矿业	Mining	-	-
制造业	Manufacturing	325.30	347.29
建筑业	Construction	485.00	911.34
第三产业	Tertiary Industry	1823.51	2599.66
#批发和零售业	Wholesale and Retail Trade	781.22	1468.72
交通运输、仓储和邮政业	Traffic Transport, Storage and Post	511.54	465.36
住宿和餐饮业	Hotels and Catering Services	106.71	165.67
居民服务、修理和其他服务业	Domestic Service, Repair and Other Services	321.45	315.74
其他行业	Other Sectors	28.52	31.01
现金财产性收入	Income from Properties	264.12	291.92
现金转移性收入	Income from Transfers	3137.49	3415.86

9-19 农村居民家庭平均每人总支出
Per Capita Total Expenditure of Rural Households

单位：元 (yuan)

指　　标	Item	2018	2019
全年总支出	**Annual Total Expenditure**	**17373.14**	**21216.30**
#生产经营费用支出	Expenditure on Production and Management	3010.84	4721.78
第一产业	Primary Industry	2291.60	3029.38
第二产业	Secondary Industry	332.92	716.51
第三产业	Tertiary Industry	386.32	975.90
购置资产及非经常性转移	Acquisition of Assets and Non-recurrent Transfer	2345.22	2928.94
#购置资产支出	Acquisition of Assets	1110.57	1396.14
非经常转移支出	Non-recurrent Transfer	1234.64	1532.80
消费支出	Living Expenditure	10885.20	12496.71
#食品烟酒	Food, Cigarette and Liquor	3403.00	3801.24
衣　着	Clothing	526.13	577.71
居　住	Residence	3038.16	3409.98
生活用品及服务	Articles and Service of Daily Use	607.24	743.39
交通通信	Transportation and Communications	1214.69	1425.29
教育文化娱乐	Education, Culture and Entertainment	1143.73	1394.70
医疗保健	Medical Articles	783.78	964.43
其他用品和服务	Miscellaneous Commodities and Services	168.47	179.97
财产性支出	Property Expenditure	28.66	34.55
转移性支出	Transfer Expenditure	451.40	486.07

9-20 农村居民平均每人生活消费支出
Per Capita Living Expenditure of Rural Households

单位：元 (yuan)

指 标	Item	2018	2019
全年生活消费支出(不含自产自用)	**Annual Living Expenditure for Consumption (Excluding Self-produced and Self-used Consumption)**	**10442.02**	**12041.23**
#货币性消费	Consumption Paid in Money	8235.45	9611.02
食品烟酒	Food, Cigarette and Liquor	3053.27	3433.14
#货币性消费	Consumption Paid in Money	3046.00	3421.00
衣着	Clothing	526.09	577.57
#货币性消费	Consumption Paid in Money	525.98	577.42
居住	Residence	2946.81	3337.63
#货币性消费	Consumption Paid in Money	892.37	1127.17
生活用品及服务	Articles for Daily Use and Services	604.53	737.80
#货币性消费	Consumption Paid in Money	603.69	736.42
交通通信	Transportation and Communications	1214.69	1425.29
#货币性消费	Consumption Paid in Money	1214.65	1424.73
教育文化娱乐	Education, Culture and Entertainment	1143.73	1394.70
#货币性消费	Consumption Paid in Money	1143.67	1394.48
医疗保健	Health Care	784.44	955.14
#货币性消费	Consumption Paid in Money	641.17	750.53
其他用品和服务	Miscellaneous Commodities and Services	168.47	179.96
#货币性消费	Consumption Paid in Money	167.92	179.27

9-21 农村居民家庭平均每人可支配收入
Per Capita Annual Disposable Income of Rural Households

单位：元 (yuan)

指　　标	Item	2018	2019
全年可支配收入	**Annual Disposable Income**	**14459.89**	**15796.29**
工资性收入	Income from Wages and Salaries	6120.98	6699.20
#工资	Wages	6074.11	6663.63
经营净收入	Net Business Income	5271.87	5701.18
第一产业	Primary Industry	3477.39	3742.11
农业收入	Agriculture	2582.09	2803.27
林业收入	Forestry	167.54	178.53
牧业收入	Animal Husbandry	620.63	650.57
渔业收入	Fishery	107.13	109.73
第二产业	Secondary Industry	464.65	506.70
第三产业	Tertiary Industry	1329.84	1452.37
财产净收入	Net Income from Properties	235.46	257.38
转移净收入	Net Income from Transfers	2831.58	3138.53

9-22 农村居民平均每人按收入水平分组的户数构成
Composition of Rural Households by Annual Household Income

单位：% (%)

分　　组	Group	2018	2019
600元以下的户	600 yuan and Below	1.30	0.52
600-1000元的户	600-1000 yuan	0.29	0.17
1000-1500元的户	1000-1500 yuan	0.30	0.26
1500-2000元的户	1500-2000 yuan	0.38	0.09
2000-2500元的户	2000-2500 yuan	0.54	0.17
2500-3000元的户	2500-3000 yuan	0.75	0.57
3000-3500元的户	3000-3500 yuan	1.43	0.61
3500-4000元的户	3500-4000 yuan	1.84	0.78
4000-5000元的户	4000-5000 yuan	3.38	3.52
5000-6000元的户	5000-6000 yuan	5.04	4.09
6000-7000元的户	6000-7000 yuan	5.96	4.57
7000-8000元的户	7000-8000 yuan	5.33	5.39
8000元以上的户	8000 yuan and Over	73.46	79.26

9-23 按收入高低五等份分组农村居民家庭基本情况（2019年）
Basic Indicators of Rural Households by Income Quintile (2019)

指标	Item	低收入组 Low Income Households	中低收入组 Lower Middle Income Households	中等收入组 Middle Income Households	中高收入组 Upper Middle Income Households	高收入组 High Income Households
占调查总户数比重(%)	Percentage of Households (%)	20	20	20	20	20
平均每户家庭人口(人)	Family Members Per Household (person)	4.99	4.69	4.47	4.12	3.70
平均每户劳动力人口数(人)	Labourer per Household (person)	1.98	1.90	2.08	2.09	2.09
平均每一劳动力负担人口(人)	Average Number of Dependent per Labour Force (person)	2.52	2.47	2.15	1.97	1.77
平均每人可支配收入(元)	Per Capita Disposable Income (yuan)	4699.25	9278.80	13101.92	18622.14	39483.04
工资性收入	Income from Wages and Salaries	2198.48	3871.63	6775.45	9504.21	13210.35
经营净收入	Net Income from Operations	1004.20	2300.70	3107.42	5530.54	19931.23
第一产业	Primary Industry	853.79	1326.19	1885.59	2999.99	13959.63
第二产业	Secondary Industry	-11.25	732.65	79.09	224.79	1766.86
第三产业	Tertiary Industry	161.66	241.86	1142.75	2305.76	4204.74
财产净收入	Net Income from Properties	7.33	61.74	74.96	167.49	1180.47
转移净收入	Net Income from Transfers	1489.25	3044.73	3144.09	3419.89	5160.99
平均每人消费支出(元)	Per Capita Living Expenditure (yuan)	9868.38	11041.61	11548.89	13716.54	17767.38
食品烟酒	Food Expenditure	2889.12	3374.43	3624.65	4287.81	5264.99
衣着	Clothing Expenditure	409.41	510.00	532.47	600.20	924.71
居住	Residence Expenditure	3149.63	2918.63	3026.99	3747.83	4507.26
生活用品及服务	Articles for Daily Use and Services	466.17	725.29	573.25	900.76	1179.70
交通通信	Transport and Communication	856.16	1210.22	1376.61	1560.82	2382.13
教育、文化娱乐	Education, Culture and Entertainment	1184.11	1373.43	1408.78	1437.15	1640.83
医疗保健	Health Care	798.60	794.87	853.04	996.51	1513.76
其他用品和服务	Miscellaneous Commodities and Services	115.17	134.74	153.10	185.46	354.00

9-24 各地区城乡居民人均可支配收入和消费支出(2019年)
Per Capita Annual Income and Consumption Expenditure of Urban and Rural Residents by Region (2019)

单位：元 (yuan)

地区	Region	城镇居民可支配收入 Per Capita Annual Disposable Income of Urban Households	农村居民可支配收入 Per Capita Disposable Income of Rural Households	城镇居民消费支出 Per Capita Consumption Expenditure of Urban Households	农村居民消费支出 Per Capita Consumption Expenditure of Rural Households
全 省	**Total**	**36546**	**15796**	**22714**	**12497**
南昌市	Nanchang	44136	19498	28532	13088
景德镇市	Jingdezhen	40143	17985	24878	14010
萍乡市	Pingxiang	38502	19536	25490	14291
九江市	Jiujiang	38076	15772	23496	12446
新余市	Xinyu	40610	19481	25571	14464
鹰潭市	Yingtan	37151	17668	23824	13948
赣州市	Ganzhou	34826	11941	22292	10609
吉安市	Ji'an	37543	15227	22224	12079
宜春市	Yichun	34831	16362	21632	13114
抚州市	Fuzhou	34518	16081	20103	10879
上饶市	Shangrao	37456	14670	20734	11043

9-25 居民人均收入和消费支出(2019年)
Per Capita Annual Disposable Income and Consumption Expenditure (2019)

单位：元 (yuan)

指标	Item	2018	2019
全省居民人均可支配收入	**Per Capita Annual Disposable Income of Total Residents**	**24079.68**	**26262.45**
工资性收入	Income from Wages and Salaries	13738.55	15005.90
经营净收入	Net Business Income	4055.62	4366.57
财产净收入	Net Income from Properties	1584.59	1735.53
转移净收入	Net Income from Transfers	4700.92	5154.45
全省居民人均消费支出	**Per Capita Consumption Expenditure of Total Residents**	**15792.02**	**17650.47**
食品烟酒	Food,Tobacco and Liquor	4809.01	5215.18
衣着	Clothing	1074.06	1077.65
居住	Residence	3795.20	4398.84
生活用品及服务	Articles for Daily Use and Services	1047.74	1128.56
交通通信	Transport and Communications	1872.06	2104.35
教育文化娱乐	Education, Culture and Recreation	1812.97	2094.16
医疗保健	Health Care	999.97	1264.50
其他用品和服务	Miscellaneous Goods and Services	381.00	367.25

9-26 各县(市、区)城乡居民人均可支配收入

Per Capita Disposable Income of Urban and Rural Households by Region

单位：元 (yuan)

地 区	Region	城镇居民人均可支配收入 Per Capita Disposable Income of Urban Households		农村居民人均可支配收入 Per Capita Disposable Income of Rural Households	
		2018	2019	2018	2019
全 省	**Provinvial Total**	**33819**	**36546**	**14460**	**15796**
南昌市	**Nanchang**	**40844**	**44136**	**17866**	**19498**
东湖区	Donghu	42632	45941		
西湖区	Xihu	41865	45277		
青云谱区	Qingyunpu	41197	44431		
湾里区	Wanli	36927	39866	13770	15016
青山湖区	Qingshanhu	41551	44692	20388	22113
新建区	Xinjian	36696	39871	17887	19577
南昌县	Nanchang	36943	40106	19629	21504
安义县	Anyi	32509	35321	15950	17437
进贤县	Jinxian	34525	37446	18352	20077
景德镇市	**Jingdezhen**	**37183**	**40143**	**16510**	**17985**
昌江区	Changjiang	38496	41564	17142	18646
珠山区	Zhushan	39158	42271		
浮梁县	Fuliang	30293	32708	16521	18014
乐平市	Leping	34319	37074	16477	17919
萍乡市	**Pingxiang**	**35763**	**38502**	**18012**	**19536**
安源区	Anyuan	37910	40935	20715	22425
湘东区	Xiangdong	35937	38672	18214	19757
*莲花县	Lianhua	25074	27060	10671	11786
上栗县	Shangli	33428	35921	17762	19279
芦溪县	Luxi	33066	35721	18143	19616
九江市	**Jiujiang**	**35265**	**38076**	**14482**	**15772**
濂溪区	Lianxi	37869	40785	18171	19661
浔阳区	Xunyang	38860	41813		
柴桑区	Caisang	33541	36274	15682	17102
武宁县	Wuning	32902	35583	15412	16784
*修水县	Xiushui	28565	30913	10437	11564
永修县	Yongxiu	33591	36279	16497	17949
德安县	De'an	34219	37008	16567	18025
庐山市	Lushan	32645	35224	15393	16702
都昌县	Duchang	26518	28586	8722	9664
湖口县	Hukou	34657	37602	15920	17353
彭泽县	Pengze	32153	34726	15390	16745
瑞昌市	Ruichang	33167	36019	15741	17095
共青城市	Gongqingcheng	34933	37728	16418	17830

注：*号为贫困县区。

a) Counties marked "*" are nationally-designated poverty-stricken counties.

9-26 续表1 continued

单位：元 (yuan)

地 区	Region	城镇居民人均可支配收入 Per Capita Disposable Income of Urban Households		农村居民人均可支配收入 Per Capita Disposable Income of Rural Households	
		2018	2019	2018	2019
新余市	**Xinyu**	**37592**	**40610**	**17993**	**19481**
渝水区	Yushui	38763	41856	18445	19952
分宜县	Fenyi	32017	34620	17540	19024
鹰潭市	**Yingtan**	**34263**	**37151**	**16145**	**17668**
月湖区	Yuehu	37969	41162	17324	18963
余江县	Yujiang	32070	34754	16656	18278
贵溪市	Guixi	34530	37458	16139	17646
赣州市	**Ganzhou**	**32163**	**34826**	**10782**	**11941**
章贡区	Zhanggong	38142	41663	15565	17148
*南康区	Nankang	30633	33378	11308	12452
*赣县区	Ganxian	29137	31558	10546	11754
信丰县	Xinfeng	30210	32525	13076	14388
大余县	Dayu	28199	30457	11712	12886
*上犹县	Shangyou	26461	28629	10406	11478
崇义县	Chongyi	27257	29561	10412	11471
*安远县	Anyuan	25105	26920	10348	11381
龙南县	Longnan	29991	32555	11591	12760
定南县	Dingnan	28727	30896	9703	10892
全南县	Quannan	26678	28751	8593	9654
*宁都县	Ningdu	24679	26532	10515	11618
*于都县	Yudu	28875	31373	10775	11930
*兴国县	Xingguo	28172	30248	10712	11909
*会昌县	Huichang	27122	29333	10751	11829
*寻乌县	Xunwu	26237	28493	10599	11872
*石城县	Shicheng	25056	27328	9573	10738
*瑞金市	Ruijin	30042	32659	11355	12510
吉安市	**Ji'an**	**34692**	**37543**	**13820**	**15227**
吉州区	Jizhou	37290	40348	16836	18503
青原区	Qingyuan	37296	40160	13597	14943
*吉安县	Ji'an	32451	35242	11411	12565
吉水县	Jishui	29336	31903	16646	18261
峡江县	Xiajiang	27595	29802	12692	14025
新干县	Xingan	32317	35063	15536	17043
永丰县	Yongfeng	31270	33818	16203	17904
泰和县	Taihe	29059	31529	15067	16536
*遂川县	Suichuan	27632	29835	10648	11804
*万安县	Wan'an	26910	29181	10585	11710
安福县	Anfu	29200	31741	14604	16028
*永新县	Yongxin	24836	26798	10458	11614
*井冈山市	Jinggangshan	34469	37295	10583	11643

9-26 续表2 continued

单位：元 (yuan)

地　区	Region	城镇居民人均可支配收入 Per Capita Disposable Income of Urban Households		农村居民人均可支配收入 Per Capita Disposable Income of Rural Households	
		2018	2019	2018	2019
宜春市	**Yichun**	**32248**	**34831**	**14975**	**16362**
袁州区	Yuanzhou	35892	38801	14669	16052
奉新县	Fengxin	32428	34923	16642	18168
万载县	Wanzai	28506	30759	12180	13364
上高县	Shanggao	32289	34771	17567	19152
宜丰县	Yifeng	31827	34270	15339	16731
靖安县	Jing'an	30000	32281	14380	15661
铜鼓县	Tonggu	25761	27949	10142	11100
丰城市	Fengcheng	34205	36834	16919	18496
樟树市	Zhangshu	34736	37510	16972	18531
高安市	Gaoan	32968	35673	16400	17907
抚州市	**Fuzhou**	**31976**	**34518**	**14767**	**16081**
临川区	Linchuan	39150	42356	18033	19697
东乡区	Dongxiang	34992	37963	17294	18842
南城县	Nancheng	34072	36836	16783	18338
黎川县	Lichuan	28124	30458	13918	15147
南丰县	Nanfeng	32377	35081	21774	23571
崇仁县	Chongren	29024	31247	17574	19097
*乐安县	Le'an	24290	26233	9800	10804
宜黄县	Yihuang	27043	29169	14097	15352
金溪县	Jinxi	30237	32634	14875	16160
资溪县	Zixi	26035	28053	13762	14987
*广昌县	Guangchang	26511	28566	10399	11481
上饶市	**Shangrao**	**34656**	**37456**	**13346**	**14670**
信州区	Xinzhou	37724	40474	17146	18744
*广信区	GuangXin	28404	30855	10498	11592
广丰区	Guangfeng	36903	39803	16541	18117
玉山县	Yushan	31773	34639	15424	16969
铅山县	Yanshan	26659	28915	13079	14353
*横峰县	Hengfeng	25165	27282	10470	11542
弋阳县	Yiyang	31734	34225	13812	15132
*余干县	Yugan	25169	27137	10546	11661
*鄱阳县	Poyang	24241	26186	10467	11599
万年县	Wannian	31797	34478	13659	14952
婺源县	Wuyaun	25914	28330	12977	14304
德兴市	Dexing	34195	36783	15414	16857

主要统计指标解释

一、城镇住户

城镇家庭人口 指居住在一起，经济上合在一起共同生活的家庭成员。凡计算为家庭人口的成员其全部收支都包括在本家庭中。

城镇就业面 指就业人口占家庭人口的百分比。

城镇就业者负担人数 指家庭人口与就业人口之比。

城镇家庭总收入 指家庭成员在调查期得到的工资性收入、经营净收入、财产性收入、转移性收入之和，不包括出售财物收入和借贷收入。

城镇家庭可支配收入 指家庭成员可用于最终消费支出和其它非义务性支出以及储蓄的总和，即居民家庭可以用来自由支配的收入。它是家庭总收入扣除交纳的所得税、个人交纳的社会保障支出以及记账补贴后的收入。计算公式为：

可支配收入=家庭总收入-交纳所得税-个人交纳的社会保障支出-记账补贴

城镇家庭总支出 指除借贷支出以外的全部家庭支出。包括消费性支出、购房建房支出、转移性支出、财产性支出、社会保障支出。

城镇家庭消费性支出 指家庭用于日常生活的支出，包括食品、衣着、家庭设备用品及服务、医疗保健、交通和通信、娱乐教育文化服务、居住、其他商品和服务等八大类支出。

城镇家庭服务性消费支出 指家庭用于支付社会提供的各种文化和生活方面的非商品性服务费用。

二、农村住户

农村住户 指农村常住户。农村常住户指长期(一年以上)居住在乡镇(不包括城关镇)行政管理区域内的住户，以及长期居住在城关镇所辖行政村范围内的农村住户。户口不在本地而在本地居住一年及以上的住户也包括在本地农村常住户范围内；有本地户口，但举家外出谋生一年以上的住户，无论是否保留承包耕地都不包括在本地农村住户范围内。

常住人口 指全年经常在家或在家居住6个月以上，而且经济和生活与本户连成一体的人口。外出从业人员在外居住时间虽然在6个月以上，但收入主要带回家中，经济与本户连为一体，仍视为家庭常住人口；在家居住，生活和本户连成一体的国家职工、退休人员也为家庭常住人口。但是现役军人、中专及以上(走读生除外)的在校学生、以及常年在外(不包括探亲、看病等)且已有稳定的职业与居住场所的外出从业人员，不算家庭常住人口。家庭常住人口主要作为计算农村住户平均每人收入、消费和积累水平及分析家庭人口状况的依据。

整、半劳动力 整劳动力指男子18周岁到50周岁，女子18周岁到45周岁；半劳动力指男子16周岁到17周岁，51周岁到60周岁；女子16周岁到17周岁，46周岁到55周岁，同时具有劳动能力的人。虽然在劳动年龄之内，但已丧失劳动能力的人，不应算为劳动力；超过劳动年龄，但能经常参加劳动，计入半劳动力数内。常住人口中的职工，若这些职工为劳动力，就包括在本户的整半劳动力中。

总收入 指调查期内农村住户和住户成员从各种来源渠道得到的收入总和。按收入的性质划分为工资性收入、家庭经营收入、财产性收入和转移性收入。

工资性收入 指农村住户成员受雇于单位或个人，靠出卖劳动而获得的收入。

家庭经营收入 指农村住户以家庭为生产经营单位进行生产筹划和管理而获得的收入。农村住户家庭经营活动按行业划分为农业、林业、牧业、渔业、工业、建筑业、交通运输业邮电业、批发和零售贸易餐饮业、社会服务业、文教卫生业和其他家庭经营。

财产性收入 指金融资产或有形非生产性资产的所有者向其他机构单位提供资金或将有形非生产性资产供其支配，作为回报而从中获得的收入。

转移性收入 指农村住户和住户成员无须付出任何对应物而获得的货物、服务、资金或资产所有权等，不包括无偿提供的用于固定资本形成的资金。一般情况下，是指农村住户在二次分配中的所有收入。

现金收入 指农村住户和住户成员在调查期内得到以现金形态表现的收入。按来源分成工资性收入、家庭经营现金收入、财产性收入、转移性收入。

纯收入 指农村住户当年从各个来源得到的总收入相应地扣除所发生的费用后的收入总和。计算方法：

纯收入=总收入-税费支出-家庭经营费用支出-生产性固定资产折旧-赠送农村亲友支出

纯收入主要用于再生产投入和当年生活消费支出，也可用于储蓄和各种非义务性支出。“农民人均纯收入”按人口平均的纯收入水平，反映的是一个地区或一个农户农村居民的平均收入水平。

总支出 指农村住户用于生产、生活和再分配的全部支出。家庭经营费用支出、购置生产性固定资产支出、生产性固定资产折旧、税费支出、生活消费支出、财产性支出和转移性支出。

可支配收入(新口径) 指调查户在调查期内获得的、可用于最终消费支出和储蓄的总和，即调查户可以用来自由支配的收入。可支配收入既包括现金，也包括实物收入。按照收入的来源，可支配收入包含五项，分别为：工资性收入、经营净收入、财产净收入、转移净收入和自有住房折算净租金。计算公式为：可支配收入=工资性收入+经营净收入+财产净收入+转移净收入+自有住房折算净租金。

I Explanatory Notes on Main Statistical Indicators

I. Urban Households

Population of Urban Households refer to members of households living and sharing economically together in the urban areas. All the income and expenditure of all the members of such households are included in the income and expenditure of the household.

Proportion of Urban Employment refers to the proportion of employed population to the population of urban households.

Number of Dependents per Urban Employee refers to the ratio between number of persons in an urban household and the number of employed persons.

Total Income of Urban Households refers to the sum of wage and salary; net business income; income from properties; and income from transfers of members of the households. Income from selling of properties and income from borrowing are not included..

Disposable Income of Urban Households refers to the actual income at the disposal of members of the households which can be used for final consumption, other non-compulsory expenditure and savings. This equals to total income minus income tax, personal contribution to social security and subsidy for keeping diaries in being a sample household. The following formula is used:

Disposable income = total household income - income tax - personal contribution to social security - subsidy for keeping diaries for a sampled household

Total Expenditure of Urban Households refers to all expenditure of households except expenditure on lending. It includes expenditure on consumption; on purchasing or building houses; on transfers; on properties; and on social security.

Consumption Expenditure of Urban Households refers to total expenditure of households for consumption in daily life, including expenditure on the eight categories of food; clothing; household appliances and services; health care and medical services; transport and communications; recreation, education and cultural services; housing; and miscellaneous goods and services.

Expenditure of Urban Households on Consumption of Services refers to expenditure of households on various kinds of non-commercial services provided in life and culture by society.

II. Rural Household

Rural Households refer to usual resident households in rural areas. Usual resident households in rural areas are households residing on a long term basis(for more than one year) in the areas under the administration of township governments (not including county towns), and in the areas under the administration of villages in county towns. Households residing in the current addresses for over one year with their household registration in other places are still considered as resident households of the locality. For households with their household registration in one place but all members of the households having moved away to make a living in another place for over one year, they will not be included in the rural households of the area where they are registered, irrespective of whether they still keep their contracted land.

Usual Resident Population refers to persons staying at home regularly or for over 6 months during a year and integrated with the household economically and in terms of living.. Members of the household staying away from the household for over 6 months but keeping a close economic relation with the household by sending the majority of income to the household are regarded as usual resident of the household. Government staff and workers or retirees living as close members of the household are also considered as usual resident. However, servicemen, students of secondary technical schools or schools of higher education and persons with stable jobs and residence outside the household (excluding those visiting relatives or seeking medical service) are not included as resident population of the household. Resident population is used in calculating income, consumption, accumulation on per capita basis of rural households and in analyzing composition of rural households.

Full/Semi Labour Force Full labour force refers to persons capable of work, aged 18-50 for males and 18-45 for females. Semi labour force refers to persons capable of work, aged 16-17 and 51-60 for males and 16-17 and 46-55 for females. Persons at their working ages but not capable of work are not to be included as labour force. Persons not at working ages but participating regularly in work are included in semi labour force. For staff and workers who are usual residents, are included as full or semi labour force of the household if they are in the labour force.

Total Income refers to the sum of income earned from various sources by the rural households and their members during the reference period, and is classified as income from wages and salaries, income from household operations, income from properties and income from transfers.

Income from Wages and Salaries refers to income from labour earned by the members of rural households employed by other units or individuals.

Income from Household Operations refers to income by the rural households as units of production and operation. Operations by rural households are classified according to their economic activities namely agriculture, forestry, animal husbandry, fishery, manufacturing, construction, transportation, post and telecommunications, wholesale, retail and catering, social service, culture, education, health, and other household operations.

Income from Properties refers to the income received as returns by owners of financial assets or tangible non-productive assets by providing capitals or tangible non-productive assets to other institutional units.

Income from Transfers refers to the receipt by rural households and their members of goods, services, capital or rights of assets without giving or repaying accordingly, excluding capital provided to them for the formation of fixed assets. In general, it refers to all income received by rural households through redistribution.

Cash Income refers to income received by rural households and their members in the form of cash during the reference period. It is classified, by source of income, into income from wages and salaries, cash income from household operations, income from properties and income from transfers.

Net Income refers to the total income of rural households from all sources minus all corresponding expenses. The formula for calculation is as follows:

Net income = total income - taxes and fees paid - household operation expenses - taxes and fees depreciation of fixed assets for production - gifts to non-rural relatives

Net income is mainly used as input for reinvestment in production and as consumption expenditure of the year, and also used for savings and non-compulsory expenses of various forms. "Per capita net income of farmers" is the level of net income averaged by population, reflecting the average income level of rural households in a given area.

Total Expenditure refers to total expenses of rural households on production, consumption and redistribution, including expenditure on household operations,; purchase of productive fixed assets; depreciation of productive fixed assets; taxes and fees; expenses on household consumption; expenses on properties; and expenses on transfers.

Disposable Income（New Statistic Scope) refers to actual income at the disposal of member of the households which can be used for final consumption and savings. It includes both cash and income-in-kind. It includes five items: wage and salary; net business income; net income from properties; net income from transfers and net rent of private housing equivalent.

Disposable Income= wage and salary + net business income + net income from properties + net income from transfers + net rent of private housing equivalent.

10

城市建设

MUNICIPAL CONSTRUCTION

资料整理：李家文

简要说明

一、主要内容

本篇反映江西省城市公用事业概况，主要包括：城市建设、供水、供气、市政设施、公共交通、城市绿化、环境卫生等资料。

二、统计范围

包括全省所有设市城市在建成区范围内所有的城市规划管理、投资、建设或经营管理相关设施的单位。

三、资料来源

设区市和县级市城市公用事业基本情况资料由省住建厅和省交通厅提供，由省统计局固定资产投资处编辑整理。

Brief Introduction

I. Main Contents

Data in this chapter present the basic conditions of public facilities of Jiangxi provincial cities, mainly include urban construction, supply of water and gas, municipal infrastructure, public transportation, urban greenery and environmental, sanitation.

II. Scope of Statistics

Data in this chapter cover all units under the jurisdiction of cities which are engaged in urban planning and management, investment, construction and operation of relevant facilities.

III. Sources of Data

Data on basic conditions and overall level of urban public facilities are collected by the Jiangxi Provincial Bureau of Housing and Urban-Rural Development and Provincial Bureau of Transport, provided by the Department of Investment & Construction Statistics of Jiangxi Provincial Bureau of Statistics.

10-1 城市公用事业和建设基本情况
Basic Statistics on City Public Utilities and Construction

指　　标	Item	2000	2005	2010	2015	2019
用水普及率(%)	Coverage Rate of Population with Access to Tap Water (%)	93.3	92.6	97.4	97.6	98.5
供水管道长度(公里)	Length of Gas Supply Pipelines (km)	3968	6079	9527	15630	23541
公共车辆(汽、电车)运营数(辆)	Number of Operating Public Buses (Buses and Trolley Buses) (unit)	4031	5818	7048	10385	13963
平均每万人拥有(标台)	Number of Public Transportation Vehicles Per 10 000 Persons (standardized)	3.0	8.0	9.3	12.1	14.1
排水管道长度(公里)	Length of Sewage Pipes (km)	2074	3564	7340	11983	17590
道路长度(公里)	Length of Roads (km)	3033	3916	5742	8185	11909
道路面积(万平方米)	Area of Roads (10 000 sq.m)	3293	6667	11330	17436	24771
天然气供应量(万立方米)	Natural Gas Supply (10 000 cu.m)			11263	73570	169840
#家庭用量	Used by Residential Households			3384	22196	57834
液化石油气供应量(吨)	Liquefied Petroleum Gas Supply (ton)	164698	174521	188847	228912	208151
#家庭用量	Used by Residential Households	162783	154998	151656	192294	157203
燃气普及率(%)	Coverage Rate of Population with Access to Gas (%)	69.2	80.6	92.4	94.8	97.9
绿化覆盖面积(公顷)	Coverage Area of Green Land (hectare)	20044	27381	48924	58510	77590
公园数(个)	Number of Parks (unit)	109	125	238	356	614
公园面积(公顷)	Area of Parks (hectare)	1820	2259	6442	8764	13662
污水处理率(%)	Rate of Wastewater Treatment (%)		34.92	80.83	87.74	95.39
生活垃圾清运量(万吨)	Volume of Garbage Disposal (10 000 tons)	197.00	264.00	284.00	329.27	542.59
生活垃圾无害化处理率(%)	Rate of Garbage Harmless Treatment (%)		48.87	85.89	94.46	100

10-2 城市人口和面积（2019年）
Basic Statistics on City Population and Area (2019)

单位：平方公里、万人 (sq.km,10 000 persons)

城 市	City	市区面积 City Area	城区面积 Urban Area	城区人口 Population of Urban Area	建成区面积 Area of Built Districts	城市建设用地面积 Area of Land for Urban Construction	#居住用地 Land for Residence
合 计	**Total**	**42954.34**	**2940.88**	**1092.79**	**1607.80**	**1530.80**	**462.21**
南昌市	Nanchang	3095.36	428.40	256.79	355.67	319.17	96.30
景德镇市	Jingdezhen	580.00	198.50	40.47	101.00	99.67	44.22
乐平市	Leping	1974.00	49.20	17.05	25.47	25.46	6.33
萍乡市	Pingxiang	1065.00	85.70	43.53	52.08	52.08	18.53
九江市	Jiujiang	1514.25	554.00	78.52	154.48	132.58	42.09
瑞昌市	Ruichang	1423.11	23.67	21.28	22.88	22.88	10.02
共青城市	Gongqingcheng	310.00	23.12	8.51	23.12	23.12	5.45
庐山市	Lushan	764.20	12.00	6.87	12.00	11.95	2.20
新余市	Xinyu	1789.00	230.00	47.85	82.00	73.00	21.31
鹰潭市	Yingtan	1077.50	101.00	31.47	49.54	47.76	13.99
贵溪市	Guixi	2480.00	90.00	13.60	33.69	33.68	8.01
赣州市	Ganzhou	5366.24	328.24	146.47	190.47	190.37	50.95
瑞金市	Ruijin	2449.00	52.00	29.73	30.38	29.91	8.72
吉安市	Ji'an	1381.53	230.00	42.53	59.80	58.68	14.80
井冈山市	Jinggangshan	1297.50	8.90	0.82	8.90	8.70	2.32
宜春市	Yichun	2532.36	115.00	55.40	88.30	88.30	22.53
丰城市	Fengcheng	2845.00	62.60	43.38	54.50	53.55	10.82
樟树市	Zhangshu	1290.99	46.34	25.61	31.09	31.08	8.39
高安市	Gaoan	2439.00	52.00	25.90	35.17	35.07	7.49
抚州市	Fuzhou	3428.30	135.25	78.62	101.83	99.06	32.61
上饶市	Shangrao	1770.00	93.96	70.64	81.83	81.35	30.43
德兴市	Dexing	2082.00	21.00	7.75	13.60	13.38	4.70

10-2 续表 continued

单位：平方公里、万人 (sq.km,10 000 persons)

城　市	City	#公共管理与公共服务用地 Land for Public Management and Service	#商业服务业设施用地 Land for Commercial Management and Service	#工业用地 Land for Industry	#物流仓储用地 Land for logistics and warehousing	#道路和交通设施用地 Land for Transportation Facilities and Roads	#公用设施用地 Land for Public Facilities	#绿地与广场用地 Land for Green Land and Squares
合　计	**Total**	**159.77**	**107.70**	**286.55**	**31.47**	**240.68**	**44.60**	**197.82**
南昌市	Nanchang	45.55	23.42	61.10	4.35	48.55	6.85	33.05
景德镇市	Jingdezhen	12.25	8.63	25.54	1.64	7.29	0.03	0.07
乐平市	Leping	3.24	3.31	5.61	0.99	2.06	0.97	2.95
萍乡市	Pingxiang	5.55	2.07	8.70	0.96	10.36	0.66	5.25
九江市	Jiujiang	9.63	8.54	29.86	2.34	19.19	5.92	15.01
瑞昌市	Ruichang	2.36	0.91	3.48	0.69	2.12	1.56	1.74
共青城市	Gongqingcheng	1.55	1.62	2.60	0.65	3.30	1.35	6.60
庐山市	Lushan	0.90	0.80	2.30	0.20	2.90	0.35	2.30
新余市	Xinyu	3.90	3.21	8.15	0.84	12.91	1.27	21.41
鹰潭市	Yingtan	3.76	3.57	8.64	1.72	8.73	1.01	6.34
贵溪市	Guixi	2.29	1.83	12.28	0.58	4.78	1.26	2.65
赣州市	Ganzhou	20.87	13.50	30.20	4.11	31.05	6.95	32.74
瑞金市	Ruijin	2.48	4.56	1.74	1.36	6.03	2.14	2.88
吉安市	Ji'an	9.70	3.05	15.40	1.54	8.23	0.60	5.36
井冈山市	Jinggangshan	1.05	1.80	0.90	0.18	1.31	0.10	1.04
宜春市	Yichun	6.07	7.57	12.56	3.91	17.56	4.19	13.91
丰城市	Fengcheng	3.85	3.35	20.67	1.25	6.92	1.82	4.87
樟树市	Zhangshu	3.88	4.54	3.08	0.90	6.43	0.83	3.03
高安市	Gaoan	5.20	1.45	5.66	0.73	7.06	1.09	6.39
抚州市	Fuzhou	8.70	5.49	22.80	1.81	14.67	1.63	11.35
上饶市	Shangrao	5.66	3.18	3.88	0.39	17.63	3.60	16.58
德兴市	Dexing	1.33	1.30	1.40	0.33	1.60	0.42	2.30

10-3 市政设施水平（2019年）
Basic Statistics on Municipal Infrastructure in Cities (2019)

城　市　City	人口密度(人/平方公里) Population Density (person/sq.km)	人均日生活用水量(升) Per Capita Daily Consumption of Tap Water for Residential Use (liter)	用水普及率(%) Coverage Rate of Population with Access to Tap Water (%)	燃气普及率(%) Coverage Rate of Population with Access to Gas (%)	人均城市道路面积(平方米) Per Capita Area of Paved Roads (sq.m)	排水管道密度(公里/平方公里) Density of Sewage Pipes (km/sq.km)
合　计　Total	**4226**	**174.58**	**98.45**	**97.87**	**19.93**	**10.28**
南昌市 Nanchang	6804	231.67	99.49	99.02	13.49	8.24
景德镇市 Jingdezhen	2492	284.85	98.81	98.83	30.02	5.70
乐平市 Leping	3520	149.57	97.29	98.04	13.17	2.33
萍乡市 Pingxiang	5496	194.05	100.00	99.45	24.72	2.17
九江市 Jiujiang	1496	171.67	99.16	99.13	21.40	11.15
瑞昌市 Ruichang	9337	116.03	98.64	90.05	21.26	10.16
共青城市 Gongqingcheng	6635	103.91	95.57	92.11	20.96	0.37
庐山市 Lushan	6800	129.45	98.04	96.81	34.90	9.58
新余市 Xinyu	2119	206.90	100.00	99.59	24.85	11.59
鹰潭市 Yingtan	3378	149.53	97.60	98.65	16.50	6.24
贵溪市 Guixi	1639	200.79	100.00	93.22	18.43	6.91
赣州市 Ganzhou	5789	150.65	99.69	99.31	19.37	13.46
瑞金市 Ruijin	5983	113.20	95.53	92.41	12.58	9.23
吉安市 Ji'an	2161	144.50	94.99	96.82	23.83	13.22
井冈山市 Jinggangshan	2191	195.38	88.72	87.18	49.47	7.30
宜春市 Yichun	6261	136.44	99.10	97.11	24.27	13.47
丰城市 Fengcheng	7406	91.27	90.60	91.03	17.02	7.86
樟树市 Zhangshu	5542	122.17	97.08	96.85	24.56	14.12
高安市 Gaoan	5227	131.07	99.48	99.45	25.53	19.90
抚州市 Fuzhou	6095	135.62	99.50	99.55	23.58	13.58
上饶市 Shangrao	8138	168.82	96.94	96.30	22.84	16.81
德兴市 Dexing	3967	97.95	92.20	94.24	19.09	5.19

10-3 续表 continued

城市	City	污水处理率 (%) Waste water Treatment Rate (%)	#污水处理厂集中处理率 Centralized Treatment Rate of Waste water Treatment Plants	人均公园绿地面积 (平方米) Public Recreational Recreational Green Space Per Capita (sq.m)	建成区绿化覆盖率(%) Green Coverage Rate of Built District (%)	建成区绿地率 (%) Green Space Rate of Built District (%)	生活垃圾处理率 (%) Treatment Rate of Garbage (%)	#生活垃圾无害化处理率 Harmless-Treatment Rate
合　计	**Total**	**95.39**	**94.27**	**14.53**	**45.55**	**42.53**	**100**	**100**
南昌市	Nanchang	94.14	93.24	12.07	40.42	38.51	100	100
景德镇市	Jingdezhen	95.67	95.67	17.07	50.06	49.83	100	100
乐平市	Leping	95.79	95.79	18.28	40.49	38.30	100	100
萍乡市	Pingxiang	98.88	98.88	16.72	47.66	45.47	100	100
九江市	Jiujiang	97.21	97.21	14.93	48.68	44.75	100	100
瑞昌市	Ruichang	90.64	90.64	10.79	40.45	36.27	100	100
共青城市	Gongqingcheng	95.22	95.22	12.39	39.48	36.44	100	100
庐山市	Lushan	91.30	91.30	13.73	44.42	40.85	100	100
新余市	Xinyu	97.72	97.72	19.94	50.65	47.47	100	100
鹰潭市	Yingtan	95.67	95.67	13.96	42.10	35.95	100	100
贵溪市	Guixi	95.66	95.66	15.62	39.25	35.14	100	100
赣州市	Ganzhou	94.82	87.78	13.22	49.87	47.40	100	100
瑞金市	Ruijin	91.52	91.52	10.91	41.16	39.56	100	100
吉安市	Ji'an	96.94	96.94	17.24	46.42	41.80	100	100
井冈山市	Jinggangshan	85.91	85.91	62.66	44.38	35.52	100	100
宜春市	Yichun	97.15	97.15	15.40	48.00	44.65	100	100
丰城市	Fengcheng	93.74	93.74	10.59	42.01	38.42	100	100
樟树市	Zhangshu	99.01	99.01	14.59	40.36	35.24	100	100
高安市	Gaoan	95.96	95.96	22.19	44.37	41.36	100	100
抚州市	Fuzhou	97.75	97.75	17.12	48.90	44.72	100	100
上饶市	Shangrao	93.90	93.90	15.82	48.91	44.49	100	100
德兴市	Dexing	93.75	93.75	12.39	43.12	40.20	100	100

10-4 城市天然气供应和使用情况（2019年）
Basic Statistics on Supply and Use of Natural Gas in Cities (2019)

城市	City	储气能力（万立方米）Capacity of Gas Storage (10 000 cu.m)	供气管道长度(公里) Length of Gas Supply Pipelines (km)	供气总量（万立方米）Volume of Gas Supply (10 000 cu.m)	销售气量 Volume of Gas Sale
合　计	**Total**	**810.92**	**16197.11**	**169839.91**	**167233.67**
南昌市	Nanchang	98.50	4075.53	43994.87	42740.55
景德镇市	Jingdezhen	30.63	749.91	12093.53	11528.02
乐平市	Leping	3.60	130.77	215.60	209.40
萍乡市	Pingxiang	69.00	1560.00	27745.00	27740.00
九江市	Jiujiang	75.60	1640.46	19453.00	19440.00
瑞昌市	Ruichang	5.00	247.00	1460.00	1447.00
共青城市	Gongqingcheng		26.00	600.00	598.00
庐山市	Lushan	0.01	22.50	380.00	379.65
新余市	Xinyu	11.00	787.60	6976.11	6810.01
鹰潭市	Yingtan	30.00	243.83	4679.62	4662.15
贵溪市	Guixi	36.92	113.05	2067.95	2066.03
赣州市	Ganzhou	103.00	1579.86	14219.66	14097.85
瑞金市	Ruijin	7.00	90.30	420.40	403.60
吉安市	Ji'an	36.00	1178.65	3283.82	3236.21
井冈山市	Jinggangshan	2.00	11.50	65.00	64.00
宜春市	Yichun	10.00	1287.75	12678.36	12542.65
丰城市	Fengcheng	3.00	424.05	535.00	530.00
樟树市	Zhangshu	20.00	262.91	1304.00	1286.00
高安市	Gaoan	70.83	187.19	4246.38	4208.23
抚州市	Fuzhou	66.00	760.88	6590.47	6504.51
上饶市	Shangrao	126.40	752.07	6123.47	6032.44
德兴市	Dexing	6.43	65.3	707.67	707.37

10-4 续表 continued

城 市	City	#居民家庭 Households	燃气损失量 Volume of Gas Loss	用气户数(户) Households with Access to Gas (household)	#家庭用户 Residential Households	用气人口(万人) Population with Access to Gas (10 000 persons)
合 计	**Total**	**57833.75**	**2606.24**	**3014948**	**2980517**	**838.25**
南 昌 市	Nanchang	13086.79	1254.32	1062493	1049238	259.15
景德镇市	Jingdezhen	924.41	565.51	99426	98490	32.38
乐 平 市	Leping	68.10	6.20	9241	9200	2.76
萍 乡 市	Pingxiang	10200.00	5.00	147200	141560	40.52
九 江 市	Jiujiang	4515.70	13.00	264272	263324	69.80
瑞 昌 市	Ruichang	490.00	13.00	28924	28721	8.12
共青城市	Gongqingcheng	7.00	2.00	3180	1000	2.28
庐 山 市	Lushan	35.00	0.35	1150	880	2.95
新 余 市	Xinyu	2941.28	166.10	253488	252431	44.90
鹰 潭 市	Yingtan	840.19	17.47	62310	61637	21.86
贵 溪 市	Guixi	477.36	1.92	23876	23699	7.11
赣 州 市	Ganzhou	4792.52	121.81	305213	302094	115.46
瑞 金 市	Ruijin	403.60	16.80	22063	22063	9.91
吉 安 市	Ji'an	1757.81	47.61	144103	142966	43.23
井冈山市	Jinggangshan	22.00	1.00	2550	2540	0.95
宜 春 市	Yichun	11960.07	135.71	165521	163672	48.02
丰 城 市	Fengcheng	525.00	5.00	57417	57268	27.60
樟 树 市	Zhangshu	661.00	18.00	46393	46082	14.85
高 安 市	Gao'an	1036.88	38.15	80640	80290	4.82
抚 州 市	Fuzhou	1516.18	85.96	134323	133464	47.89
上 饶 市	Shangrao	1526.47	91.03	95566	94366	32.87
德 兴 市	Dexing	46.39	0.30	5599	5532	0.82

10-5 城市液化石油气供应和使用情况（2019年）
Basic Statistics on Supply and Use of Liquefied Petroleum Gas in Cities (2019)

城　市	City	储气能力（吨）Capacity of Gas Storage (ton)	供气总量（吨）Volume of Gas Supply (ton)	
				销售气量 Volume of Gas Sale
合　计	**Total**	**16447**	**208151**	**206192**
南 昌 市	Nanchang	2163	19658	19634
景德镇市	Jingdezhen	490	5100	5095
乐 平 市	Leping	339	1776	1774
萍 乡 市	Pingxiang	2500	28415	28400
九 江 市	Jiujiang	850	11943	11909
瑞 昌 市	Ruichang	566	5516	5498
共青城市	Gongqingcheng	45	650	644
庐 山 市	Lushan	115	1580	1530
新 余 市	Xinyu	290	1300	1300
鹰 潭 市	Yingtan	522	5738	5336
贵 溪 市	Guixi	525	6600	6513
赣 州 市	Ganzhou	1373	18849	18687
瑞 金 市	Ruijin	250	7426	7368
吉 安 市	Ji'an	880	12000	12000
井冈山市	Jinggangshan	85	400	400
宜 春 市	Yichun	338	15466	15238
丰 城 市	Fengcheng	1000	6525	6525
樟 树 市	Zhangshu	100	2346	2296
高 安 市	Gaoan	1200	7633	7578
抚 州 市	Fuzhou	1437	25180	25153
上 饶 市	Shangrao	929	19460	18724
德 兴 市	Dexing	450	4590	4590

10-5 续表 continued

城市	City	#居民家庭 Households	燃气损失量 Volume of Gas Loss	用气户数（户） Households with Access to Gas (household)	#家庭用户 Residential Households	用气人口（万人） Population with Access to Gas(10 000 persons)
合　计	**Total**	**157203**	**1958**	**1205124**	**1077943**	**370.88**
南昌市	Nanchang	19634	23	162860	162860	29.50
景德镇市	Jingdezhen	2740	5	38900	36600	11.40
乐平市	Leping	1730	2	35969	35543	14.22
萍乡市	Pingxiang	13792	15	63000	63000	6.32
九江市	Jiujiang	3595	33	39506	38406	12.37
瑞昌市	Ruichang	5211	18	31722	31508	11.78
共青城市	Gongqingcheng	620	6	14600	14600	11.85
庐山市	Lushan	1520	50	13800	13650	4.95
新余市	Xinyu	1250		12000	12000	1.63
鹰潭市	Yingtan	5336	402	38000	38000	11.80
贵溪市	Guixi	4354	87	17985	17985	6.64
赣州市	Ganzhou	16017	163	204485	143285	73.24
瑞金市	Ruijin	7368	58	50437	50437	18.84
吉安市	Ji'an	8000		17002	16890	4.89
井冈山市	Jinggangshan	400		2500	2500	0.75
宜春市	Yichun	9002	228	57146	55260	21.90
丰城市	Fengcheng	6525	0	53556	53556	14.60
樟树市	Zhangshu	1875	50	34175	17683	10.02
高安市	Gaoan	7578	55	70820	70820	22.21
抚州市	Fuzhou	25153	27	101554	101554	34.18
上饶市	Shangrao	11543	736	124695	84803	40.76
德兴市	Dexing	3960		20412	17003	7.03

10-6 城市公共交通和出租车情况（2019年）
Basic Statistics on Public Transportation and Taxi in Cities (2019)

城　市	City	公共交通 Public Transportation 运营车数（辆）Number of Public Vehicles in Operation (unit)	标准运营车数（标台）Number of Standard Vehicles in Operation (standardized)	营运里程（万公里）Operation Mileage (10 000 kms)
合　计	**Total**	**13963**	**15433.8**	**73132.8**
南昌市	Nanchang	4112	4785.2	24444.8
景德镇市	Jingdezhen	472	518.2	2017.1
萍乡市	Pingxiang	671	734.3	3300.3
九江市	Jiujiang	1171	1252.3	6273.2
新余市	Xinyu	600	663.6	2893.3
鹰潭市	Yingtan	347	380.0	964.9
赣州市	Ganzhou	1733	1881.5	7596.1
吉安市	Ji'an	1062	1095.3	6271.0
宜春市	Yichun	1766	1905.8	10019.8
抚州市	Fuzhou	1197	1303.1	5657.8
上饶市	Shangrao	832	914.5	3694.5

10-6 续表 continued

城　市	City	运营线路总长度（公里）Length in Operation (km)	客运总量（万人次）Number of Passengers Carried by Bus (10 000 person-times)	出租车 Taxi 运营车数（辆）Number of Taxi in Operation (unit)	客运总量（万人次）Number of Passengers Carried by Taxi (10 000 person-times)
合　计	**Total**	**36557.4**	**135724.4**	**17706**	**56282.7**
南昌市	Nanchang	7756.5	38625.4	5649	18506.7
景德镇市	Jingdezhen	921.0	4119.3	892	3676.1
萍乡市	Pingxiang	904.6	8980.6	726	3881.4
九江市	Jiujiang	2943.5	14825.6	2732	9391.2
新余市	Xinyu	1470.0	4370.8	636	2634.7
鹰潭市	Yingtan	401.0	2214.8	491	1732.3
赣州市	Ganzhou	6178.3	12174.8	1762	4759.0
吉安市	Ji'an	4035.9	10516.1	917	2050.2
宜春市	Yichun	8056.2	11209.8	1409	2956.4
抚州市	Fuzhou	2581.2	19434.0	1028	3239.9
上饶市	Shangrao	1309.2	9253.2	1464	3454.8

10-7 城市道路和桥梁情况（2019年）
Basic Statistics on Urban Roads and Bridges (2019)

城　市	City	道路长度（公里）Length of Paved Roads(km)	道路面积（万平方米）Area of Paved Roads (10 000 sq.m)	#人行道 Sidewalk
合　计	**Total**	**11908.85**	**24770.91**	**5518.03**
南昌市	Nanchang	1764.80	3933.11	822.38
景德镇市	Jingdezhen	907.81	1484.72	217.45
乐平市	Leping	212.52	228.09	59.50
萍乡市	Pingxiang	427.05	1164.17	291.04
九江市	Jiujiang	1052.60	1773.94	314.81
瑞昌市	Ruichang	317.36	469.93	91.52
共青城市	Gongqingcheng	186.20	321.60	100.30
庐山市	Lushan	142.40	284.80	66.69
新余市	Xinyu	509.89	1210.93	375.54
鹰潭市	Yingtan	320.88	563.09	140.69
贵溪市	Guixi	150.90	271.79	63.06
赣州市	Ganzhou	1733.82	3681.41	1025.33
瑞金市	Ruijin	251.57	391.42	69.82
吉安市	Ji'an	520.06	1184.57	296.28
井冈山市	Jinggangshan	56.72	96.46	38.68
宜春市	Yichun	714.55	1747.61	296.94
丰城市	Fengcheng	363.40	788.92	168.42
樟树市	Zhangshu	262.16	630.65	171.17
高安市	Gaoan	320.00	693.93	165.92
抚州市	Fuzhou	811.80	1944.26	474.80
上饶市	Shangrao	804.62	1746.50	244.50
德兴市	Dexing	77.74	159.01	23.19

10-7 续表 continued

城市 City		道路照明灯盏数(盏) Number of Street Lights (units)	安装路灯的道路长度(公里) Length of Roads with Lights (km)	桥梁数(座) Number of Bridges(unit)	#立交桥 Overpass
合　计	**Total**	**795057**	**8878.43**	**1012**	**102**
南昌市	Nanchang	173917	1727.87	322	34
景德镇市	Jingdezhen	66660	423.47	31	9
乐平市	Leping	7625	115.36	3	1
萍乡市	Pingxiang	41510	218.00	35	1
九江市	Jiujiang	41824	645.26	121	23
瑞昌市	Ruichang	10562	147.78	44	
共青城市	Gongqingcheng	5000	48.50		
庐山市	Lushan	10200	125.00	16	
新余市	Xinyu	19799	380.50	35	8
鹰潭市	Yingtan	27328	290.02	39	12
贵溪市	Guixi	13694	136.78	14	
赣州市	Ganzhou	67550	1148.21	96	4
瑞金市	Ruijin	13864	93.60	11	
吉安市	Ji'an	31439	367.83	17	
井冈山市	Jinggangshan	13131	52.36	18	
宜春市	Yichun	51817	492.51	36	2
丰城市	Fengcheng	15280	258.43	10	2
樟树市	Zhangshu	9550	171.65	27	
高安市	Gaoan	17233	260.82	17	3
抚州市	Fuzhou	92126	1218.89	78	3
上饶市	Shangrao	53716	484.97	32	
德兴市	Dexing	11232	70.62	10	

10-8 城市排水和污水处理情况（2019年）
Basic Statistics on Urban Drainage and Sewage Disposal (2019)

城市	City	污水排放量（万立方米）Discharged Volume of Sewage (10 000 cu.m)	排水管道长度（公里）Length of Sewage Pipes (km)		污水处理厂 Sewage Treatment Plant			
				#污水管道 Sewage Pipes	座数（座）Units (unit)	#二、三级 Second or Third Grade	日处理能力（万立方米）Daily Disposal Capacity (10 000 cu.m)	#二、三级 Second or Third Grade
合计	**Total**	**103661.73**	**17589.76**	**7277.42**	**62**	**53**	**328**	**308**
南昌市	Nanchang	36357.85	2961.24	1071.74	9	8	109	108
景德镇市	Jingdezhen	4584.50	872.33	522.60	2	2	16	16
乐平市	Leping	1898.00	217.29	104.22	1	1	4	4
萍乡市	Pingxiang	3985.70	113.12	79.30	3	3	16	16
九江市	Jiujiang	7995.30	1731.64	714.67	8	8	27	27
瑞昌市	Ruichang	998.00	242.00	43.55	1		3	
共青城市	Gongqingcheng	543.58	127.80	31.40	1	1	1	1
庐山市	Lushan	460.00	115.03	59.35	1	1	1	1
新余市	Xinyu	4540.00	951.53	334.71	1	1	12	12
鹰潭市	Yingtan	2570.00	581.79	220.13	2	2	8	8
贵溪市	Guixi	1141.49	232.94	104.03	2	1	3	1
赣州市	Ganzhou	11767.00	2571.69	896.42	10	9	37	34
瑞金市	Ruijin	1238.00	280.40	153.50	1	1	4	4
吉安市	Ji'an	3759.22	790.56	490.72	2	2	13	13
井冈山市	Jinggangshan	145.60	64.96	56.44	1	1		
宜春市	Yichun	5127.00	1261.38	540.35	3	1	17	14
丰城市	Fengcheng	2105.80	428.51	188.66	2	2	6	6
樟树市	Zhangshu	1604.25	451.05	180.05	2	2	5	5
高安市	Gaoan	1695.35	721.91	277.11	3	1	6	4
抚州市	Fuzhou	5504.07	1382.47	524.49	3	2	20	14
上饶市	Shangrao	5273.02	1375.50	584.58	3	3	20	20
德兴市	Dexing	368.00	114.62	99.40	1	1	1	1

10-8 续表 continued

城 市	City	处理量（万立方米）Treated Volume (10 000 cu.m)	#二、三级 Second or Third Grade	污水处理厂干污泥产生量（吨）Output of Dewatered Sludge (ton)	污水处理厂干污泥处置量（吨）Treated Volume of Dewatered Sludge (ton)
合 计	**Total**	**97724**	**92672**	**70222**	**64772**
南昌市	Nanchang	33899	33573	22572	17496
景德镇市	Jingdezhen	4386	4386	3565	3565
乐平市	Leping	1818	1818	688	688
萍乡市	Pingxiang	3941	3941	2930	2930
九江市	Jiujiang	7772	7772	2195	2188
瑞昌市	Ruichang	905		378	378
共青城市	Gongqingcheng	518	518	117	117
庐山市	Lushan	420	420	480	480
新余市	Xinyu	4437	4437	3408	3408
鹰潭市	Yingtan	2459	2459	1864	1864
贵溪市	Guixi	1092	391	753	753
赣州市	Ganzhou	10329	9444	10733	10733
瑞金市	Ruijin	1133	1133	1151	1151
吉安市	Ji'an	3644	3644	1945	1945
井冈山市	Jinggangshan	125	125	118	118
宜春市	Yichun	4981	4170	3970	3959
丰城市	Fengcheng	1974	1974	1621	1621
樟树市	Zhangshu	1588	1588	1513	1513
高安市	Gaoan	1627	1137	1923	1923
抚州市	Fuzhou	5380	4446	3908	3908
上饶市	Shangrao	4951	4951	4227	3871
德兴市	Dexing	345	345	164	164

10-9 城市园林绿化情况（2019年）
Basic Statistics on Urban Parks, Gardens and Green Areas (2019)

单位：公顷 (hectare)

城　市	City	绿化覆盖面积 Area of Green Coverage	#建成区 Built Districts	园林绿地面积 Area of Green Areas	#建成区 Built Districts
合　计	**Total**	**77589.93**	**73229.29**	**71933.46**	**68379.59**
南昌市	Nanchang	14823.60	14375.60	14115.60	13696.00
景德镇市	Jingdezhen	5074.82	5055.82	5032.82	5032.82
乐平市	Leping	1038.00	1031.33	1032.83	975.39
萍乡市	Pingxiang	2492.32	2482.32	2377.97	2367.97
九江市	Jiujiang	7628.51	7520.61	7019.94	6912.94
瑞昌市	Ruichang	932.56	925.47	864.36	829.97
共青城市	Gongqingcheng	915.50	912.80	845.00	842.50
庐山市	Lushan	548.00	533.00	495.19	490.19
新余市	Xinyu	4558.00	4153.00	3923.81	3892.81
鹰潭市	Yingtan	2218.66	2085.63	1914.09	1781.04
贵溪市	Guixi	1350.35	1322.50	1282.41	1183.80
赣州市	Ganzhou	10854.45	9498.65	10366.65	9028.85
瑞金市	Ruijin	1285.77	1250.55	1209.66	1201.71
吉安市	Ji'an	3541.88	2775.79	2673.30	2499.75
井冈山市	Jinggangshan	402.67	394.96	334.09	316.14
宜春市	Yichun	4238.10	4238.10	3942.42	3942.42
丰城市	Fengcheng	2289.40	2289.40	2094.11	2094.11
樟树市	Zhangshu	1365.87	1254.87	1190.75	1095.75
高安市	Gaoan	2398.45	1560.41	2378.58	1454.63
抚州市	Fuzhou	4982.03	4979.49	4560.92	4553.84
上饶市	Shangrao	4064.60	4002.60	3732.30	3640.30
德兴市	Dexing	586.39	586.39	546.66	546.66

10-9 续表 continued

单位：公顷 (hectare)

城 市	City	公园绿地面积 Area of Park Green Areas	公园个数 (个) Number of Parks(unit)	公园面积 Area of Parks
合 计	**Total**	**18055.00**	**614**	**13662.30**
南昌市	Nanchang	3519.00	98	1565.00
景德镇市	Jingdezhen	844.14	25	993.74
乐平市	Leping	316.68	9	182.33
萍乡市	Pingxiang	787.63	20	703.93
九江市	Jiujiang	1237.24	54	845.86
瑞昌市	Ruichang	238.36	9	178.76
共青城市	Gongqingcheng	190.00	3	195.00
庐山市	Lushan	112.00	24	120.00
新余市	Xinyu	971.77	37	999.77
鹰潭市	Yingtan	476.40	26	479.50
贵溪市	Guixi	230.33	18	221.41
赣州市	Ganzhou	2511.58	70	2311.96
瑞金市	Ruijin	339.26	23	346.39
吉安市	Ji'an	856.81	12	638.60
井冈山市	Jinggangshan	122.18	3	122.18
宜春市	Yichun	1108.75	41	1038.87
丰城市	Fengcheng	490.88	23	378.88
樟树市	Zhangshu	374.70	18	190.70
高安市	Gaoan	603.12	7	105.62
抚州市	Fuzhou	1411.37	41	1239.60
上饶市	Shangrao	1209.60	39	690.73
德兴市	Dexing	103.20	14	113.47

10-10 城市市容环境卫生情况（2019年）
Basic Statistics on Urban Sanitation in Cities (2019)

城市	City	道路清扫保洁面积（万平方米）Area under Cleaning Program (10 000 sq.m)	#机械化 Mechanization	生活垃圾 Residential Garbage 清运量（万吨）Collection & Transport Volume (10 000 tons)	处理量（万吨）Disposal Volume (10 000 tons)	无害化处理厂(场)数（座）Number of Harmless Treatment Plants (unit)
合　计	**Total**	**22228**	**17464**	**542.59**	**542.59**	**28**
南昌市	Nanchang	4902	3938	125.45	125.45	2
景德镇市	Jingdezhen	1447	1013	23.91	23.91	1
乐平市	Leping	579	244	9.12	9.12	1
萍乡市	Pingxiang	999	716	24.77	24.77	1
九江市	Jiujiang	1736	1405	27.89	27.89	3
瑞昌市	Ruichang	475	400	8.23	8.23	
共青城市	Gongqingcheng	335	302	3.45	3.45	
庐山市	Lushan	170	136	3.55	3.55	
新余市	Xinyu	851	771	18.19	18.19	1
鹰潭市	Yingtan	398	275	11.76	11.76	2
贵溪市	Guixi	371	241	4.86	4.86	
赣州市	Ganzhou	3353	2978	77.65	77.65	2
瑞金市	Ruijin	592	518	12.65	12.65	1
吉安市	Ji'an	496	458	19.60	19.60	2
井冈山市	Jinggangshan	186	111	3.51	3.51	1
宜春市	Yichun	1164	897	30.15	30.15	1
丰城市	Fengcheng	639	428	22.03	22.03	1
樟树市	Zhangshu	389	350	10.75	10.75	2
高安市	Gaoan	441	376	15.50	15.50	2
抚州市	Fuzhou	1371	1045	30.63	30.63	3
上饶市	Shangrao	979	717	55.52	55.52	1
德兴市	Dexing	356	146	3.43	3.43	1

10-10 续表 continued

城 市	City	日无害化处理能力(吨) Daily Harmless Treatment Capacity (ton)	无害化处理量(万吨) Volume of Harmless Treatment (10 000 tons)	公共厕所(座) Number of Public Lavatories (unit)	市容环卫专用车辆设备总数(辆) Number of Special Vehicles for Environmental Sanitation (unit)
合 计	**Total**	**23259**	**542.59**	**3756**	**9458**
南昌市	Nanchang	3715	125.45	567	2211
景德镇市	Jingdezhen	1000	23.91	304	2425
乐平市	Leping	300	9.12	101	57
萍乡市	Pingxiang	700	24.77	208	444
九江市	Jiujiang	4500	27.89	341	364
瑞昌市	Ruichang		8.23	68	64
共青城市	Gongqingcheng		3.45	28	48
庐山市	Lushan		3.55	37	30
新余市	Xinyu	600	18.19	132	157
鹰潭市	Yingtan	1150	11.76	87	147
贵溪市	Guixi		4.86	11	35
赣州市	Ganzhou	1400	77.65	685	2055
瑞金市	Ruijin	400	12.65	52	45
吉安市	Ji'an	1700	19.60	125	52
井冈山市	Jinggangshan	180	3.51	6	23
宜春市	Yichun	826	30.15	123	272
丰城市	Fengcheng	600	22.03	46	59
樟树市	Zhangshu	850	10.75	98	76
高安市	Gaoan	630	15.50	50	68
抚州市	Fuzhou	2150	30.63	428	383
上饶市	Shangrao	2408	55.52	202	420
德兴市	Dexing	150	3.43	57	23

主要统计指标解释

供水综合生产能力 指按供水设施取水、净化、送水、出厂输水干管等环节设计能力计算的综合生产能力。包括在原设计能力的基础上，经挖、革、改增加的生产能力。计算时，以四个环节中最薄弱的环节为主确定能力。

年末供水管道长度 指从送水泵至用户水表之间所有管道的长度。不包括新安装尚未使用、水厂内以及用户建筑物内的管道。

全年供水总量 指报告期供水企业(单位)供出的全部水量。包括有效供水量和漏损水量。

生活用水量 包括公共服务用水和居民家庭用水。公共服务用水指为城市社会公共生活服务的用水。包括行政事业单位、部队营区和公共设施服务、社会服务业、批发零售贸易业、旅馆饮食业以及其他公共服务业等单位的用水。居民家庭用水指城市范围内所有居民家庭的日常生活用水。包括城市居民、农民家庭、公共供水站用水。

用水普及率 指城市用水人口数与城市人口总数的比率。计算公式:

$$\text{用水普及率} = \frac{\text{城市用水人口数}}{\text{城市人口总数}} \times 100\%$$

人工煤气生产能力 指报告期末人工煤气生产厂制气、净化、输送等环节的综合生产能力，不包括备用设备能力。一般按设计能力计算，如果实际生产能力大于设计能力时，应按实际测定的生产能力计算。测定时应以制气、净化、输送三个环节中最薄弱的环节为主。

供气管道长度 指报告期末从气源厂压缩机的出口或门站出口至各类用户引入管之间的全部已经通气投入使用的管道长度。不包括煤气生产厂、输配站、液化气储存站、灌瓶站、储配站、气化站、混气站、供应站等厂(站)内的管道。

全年供气总量 指全年燃气企业(单位)向用户供应的燃气数量。包括销售量和损失量。

燃气普及率 指报告期末使用燃气的城市人口数与城市人口总数的比率。计算公式为:

$$\text{燃气普及率} = \frac{\text{城市用气人口数}}{\text{城市人口总数}} \times 100\%$$

年末道路长度 指年末道路长度和与道路相通的桥梁、隧道的长度，按车行道中心线计算。在统计时只统计路面宽度在 3.5 米(含 3.5 米)以上的各种铺装道路，包括开放型工业区和住宅区道路在内。

城市桥梁 指为跨越天然或人工障碍物而修建的构筑物。包括跨河桥、立交桥、人行天桥以及人行地下通道等。按使用年限分为永久性桥和半永久性桥。

城市排水管道长度 指所有排水总管、干管、支管、检查井及连接井进出口等长度之和。

城市污水日处理能力 指污水处理厂(或污水处理装置)每昼夜处理污水量的设计能力。

年末运营车数 指年末城市用于公共交通运营业务的全部车辆数。新购、新制和调入的运营车辆，自投入之日起开始计算；调出、报废和调作他用的运营车辆，自上级主管机关批准之日起不再计入。

城市绿地面积 指报告期末用作园林和绿化的各种绿地面积。包括公园绿地、生产绿地、防护绿地、附属绿地和其他绿地的面积。

公园绿地 城市中向公众开放的以游憩为主要功能，有一定的游憩设施和服务设施，同时兼有健全生态、美化景观，防灾减灾等综合作用的绿化用地。包括综合公园，社区公园、专类公园、带状公园和街旁绿地。其中综合公园、专类公园和带状公园面积之和为公园面积。

清扫保洁面积 指报告期末对城市道路和公共场所（主要包括城市行车道、人行道、车行隧道、人行过街地下通道、道路附属绿地、地铁站、高架路、人行过街天桥、立交桥、广场、停车场及其他设施等）进行清扫保洁的面积。一天清扫多次的，按清扫保洁面积最大的一次计算。

市容环卫专用车辆 指用于环境卫生作业、监察的专用车辆和设备，包括用于道路清扫、冲洗、洒水、除雪、垃圾粪便清运、市容监察以及与其配套使用的车辆和设备。

每万人拥有公共交通车辆 指报告期末城区内每万人平均拥有的公共交通车辆标台数。计算公式:

$$\text{每万人拥有公共交通车辆} = \frac{\text{公共交通运营车标台数}}{\text{城市人口总数}} \times 100\%$$

生活垃圾清运量 指报告期内收集和运送到垃圾处理厂(场)的生活垃圾数量。生活垃圾指城市日常生活或为城市日常生活提供服务的活动中产生的固体废物以及法律行政规定的视为城市生活垃圾的固体废物。包括：居民生活垃圾、商业垃圾、集市贸易市场垃圾、街道清扫垃圾、公共场所垃圾和机关、学校、厂矿等单位的生活垃圾。

Explanatory Notes on Main Statistical Indicators

Production Capacity of Water Supply refers to the designed overall production capacity of water facilities, covering the four segments of water collection, purification, conveyance, and outflow through trunk pipelines. Increased capacity through transformation and innovation projects is included as well. The capacity is determined mainly on the weakest of the above-mentioned four segments.

Length of Water Supply Pipelines at the Year-end refers to the total length of all the pipelines between the water pumps and the user water meters, excluding pipelines newly installed but not used yet, pipeline in the water factory, and pipeline in the user's buildings.

Annual Volume of Water Supply refers to the total volume of water supplied by water-works (units) during the reference period, including both the effective water supply and loss during the water supply.

Consumption of Water for Residential Use refers to water consumption of households for daily life and water consumption of public service facilities. The latter refers to water consumption for urban public services, including the consumption of government agencies and public institutions, military barracks, public facilities, wholesale and retail outlets, restaurants, hotels, and other units providing public services. Household water consumption refers to consumption of water for daily life of all households within the boundary of cities, including households of urban residents and farmers, and public water supply stations.

Coverage Rate of Urban Population with Access to Tap Water refers to the ratio of the urban population with access to tap water to the total urban population. The formula is:

$$\text{Coverage of Urban Population with Access to Tap Water} = \frac{\text{Urban Poputlation with Access to Tap Water}}{\text{Urban Population}} \times 100\%$$

Production Capacity of Gaswork Gas refers to the overall production capacity of the urban gasworks in gas generation, purification and delivery at the end of the reference period, excluding capacity of the reserved facilities. In general, it is determined by the designed capacity, and when actual production capacity is larger than the designed capacity, the capacity is determined by the actual measurement on the weakest segment in the production, purification and delivery.

Length of Gas Pipelines refers to the total length of pipelines in use between the outlet of the compressor of gas-work or outlet of gas stations and the leading pipe of users, excluding pipelines within gasworks, delivery stations, LPG storage stations, refilling stations, gas-mixing stations and supply stations.

Volume of Gas Supply refers to the total volume of gas provided to users by gas-producing enterprises (units) in a year, including the volume sold and the volume lost.

Coverage Rate of Urban Population with Access to Gas refers to the ratio of the urban population with access to gas to the total urban population at the end of the reference period. The formula is:

$$\text{Coverage Rate of Urban Population with Access to Gas} = \frac{\text{Urban Poputlation with Access to Gas}}{\text{Urban Population}} \times 100\%$$

Length of Paved Roads at Year-end refers to the length of roads with paved surface including bridges and tunnels connected with roads by the end of the year. Length of the roads is measured by the central lines for vehicles for paved roads with a width of 3.5 meters and over, including roads in open-ended factory compounds and residential quarters.

Urban Bridges refer to bridges built to cross over natural or man-made barriers, including bridges over rivers, overpasses for traffic and for pedestrians, underpasses for pedestrians, etc. Both permanent and semi-permanent bridges are included.

Length of Urban Sewage Pipes refers to the total length of general drainage, trunks, branch and inspection wells, connection wells, inlets and outlets, etc.

Daily Disposal Capacity of Urban Sewage refers to the designed 24-hour capacity of sewage disposal by the sewage treatment works or facilities.

Number of Vehicles under Operation at Year-end refers to the total number of vehicles under operation by public transport enterprises (units) at the end of the year, based on the records of operational vehicles by the enterprises (units).

Area of Urban Green Areas refers to the total area occupied for green projects at the end of the reference period, including park green land, production green land, protection green land, green land attached to institutions, and other green areas.

Park Green Area refers to green areas open to the public for amusement and rest with the facilities of amusement, rest and services. Its function includes perfecting ecology, beautifying landscape, and preventing and reducing disaster. Park green areas include comprehensive park, community park, topic park, belt-shaped park and green area nearby street. Total areas of comprehensive park, topic park and belt-shaped is the area of park.

Area Cleaned refers to the area which are regularly cleaned, as at the end of the reference period, at urban roads and public places (mainly including urban roadways, pedestrian walkways, vehicular tunnels, pedestrian underpasses, underground railway stations, lifted roads, pedestrians walk bridges, overpasses, plazas, carparks and other facilities). If there are several times of cleaning in a day at a location, the area of that time of cleaning with the largest area cleaned will be taken.

Vehicles Dedicated to Urban Cleanliness and Environmental Sanitation refer to vehicles and facilities dedicated for use in the operation, management and monitoring of environmental hygiene work. They include vehicles for road cleaning, washing, showering, ice removal, disposal of garbage and human wastes, cleanliness monitoring and related activities.

Public Transportation Vehicles per 10000 Population refers to the number of public transportation vehicles, at the end of the reference period, per 10000 population in the city district. The formula for calculation is:

$$\text{Public Transportation Vehicles per 100000 Population} = \frac{\text{Number of Public Transportation Vehicles}}{\text{City District Population}}$$

Volume of Garbage Disposal refers to volume of consumption wastes collected and transported to disposal factories or sites. Consumption wastes are solid wastes produced from urban households or from service activities for urban households, and solid wastes regarded by laws and regulations as urban consumption wastes, including those from households, commercial activities, markets, cleaning of streets, public sites, offices, schools, factories, mining units and other sources。

11

生态环境

ECOLOGICAL ENVIR0NMENT

◆ 233/248

资料整理：詹志敏 张雪梅

简要说明

本篇资料由环境保护、水资源和气象三个部分组成。

环境保护统计资料包括工业废水、生活污水排放及治理情况；工业废气排放及处理情况；一般工业固体废物的产生、处理及利用情况；城镇生活污染情况；烟（粉）尘排放情况。资料来源于省环保厅，由省统计局能源处整理提供。

水资源资料主要包括水资源总量、供水量及用水量，资料来源于省水文局；气象资料主要包括各设区市平均气温、降水量、日照等方面的资料，资料来源于省气象局，由省统计局综合处整理提供。

Brief Introduction

This chapter includes three parts: environment protection, water resources and meteorological phenomena.

Data on environment protection include discharge and treatment of industrial and consumption waste water; emission and treatment of production, treatment and utilization of common industrial solid wastes; urban household pollution; emission of industrial smoke dust. Data source from provincial Bureau of Environmental Protection. Data are provided by Energy Division of Jiangxi Statistics Bureau.

Data on water resources include total amount of water resources, supply and use. Data are obtained from Jiangxi Hydrological Bureau. Data on meteorological phenomena include annual average temperature, precipitation and sunshine hours by region. Data are obtained from Jiangxi Meteorological Bureau. Data are provided by Comprehensive Division of Jiangxi Statistics Bureau.

11-1 工业“三废” 排放及处理利用情况
Discharge and Treatment of Industrial Waste Gas, Waste Water & Solid Wastes

指 标	Item	2000	2010	2015	2017	2018
工业废水	**Industrial Waste Water**					
工业废水排放总量(万吨)	Total Industrial Waste Water Discharged (10 000 tons)	42083	72525.86	76412.31	41206.56	39556.67
工业废气	**Industrial Waste Gas**					
工业废气排放总量(亿立方米)	Industrial Waste Air Emission (100 million cu.m)	2220	9811.70	17054.67	15064.89	15519.15
工业二氧化硫排放量(万吨)	Volume of Industrial Sulphur Dioxide Emission (10 000 tons)	29	47	51.57	20.08	15.16
工业氮氧化物排放量(万吨)	Volume of Industrial Nitrogen Oxides Emission (10 000 tons)			27.94	19.52	18.99
工业烟(粉)尘排放量(万吨)	Volume of Industrial Smoke and Dust Emission (10 000 tons)			44.60	25.72	20.98
工业固体废物	**Industrial Solid Wastes**					
一般工业固体废物产生量(万吨)	Common Industrial Solid Wastes Produced (10 000 tons)	4814.97	9407.30	10776.68	12340.92	11664.78
#危险废物	Hazardous Wastes	1.71	8.98	71.34	84.50	111.18
一般工业固体废物综合利用量(万吨)	Common Industrial Solid Wastes Comprehensively Utilized (10 000 tons)	702.24	4379.14	6151.78	4593.78	4970.13
#危险废物	Hazardous Wastes	1.60	7.87	57.67	59.74	62.63
一般工业固体废物综合利用率(%)	Ratio of Common Industrial Solid Wastes Comprehensively Utilized (%)	14.64	46.54	57.03	37.15	42.41
一般工业固体废物贮存量(万吨)	Stock of Common Industrial Solid Wastes in Stocks (10 000 tons)	3861.40	557.14	4363.06	6939.52	6267.73
#危险废物贮存量	Stock of Hazardous Wastes	0.86	0.04	3.37	5.58	9.98
一般工业固体废物处置量(万吨)	Common Industrial Solid Wastes Disposed (10 000 tons)	98.71	4486.55	271.76	838.82	486.24
#危险废物处置量	Hazardous Wastes Disposed	0.01	1.25	12.53	26.13	45.92
一般工业固体废物倾倒丢弃量(万吨)	Common Industrial Solid Wastes Discharged (10 000 tons)	28.70	13.23	3.96	0.72	0.01

注：1.工业废气排放总量的计量单位2011年改为：亿立方米，历年数据是万立方米；
2.工业固体废物产生量、工业固体废物综合利用量、工业固体废物综合利用率、工业固体废物贮存量、工业固体废物处置量、工业固体废物丢弃量2011年统一改为一般工业固体废物产生量、一般工业固体废物综合利用量、一般工业固体废物综合利用率、一般工业固体废物贮存量、一般工业固体废物处置量和一般工业固体废物倾倒丢弃量,且口径发生变化，后同。
3.本表2019年数据要根据第二次全国污染源普查数据进行调整，调整数据未最终确定，故2019年数据暂缺，后表(11-2、11-3和11-4)同。
a) The measuring unit of industrial waste air emission changed from 10 thousand cu.m into 100 million cu.m since 2011.
b) Industrial solid wastes produced, industrial solid wastes comprehensively utilized, ratio of industrial soild wastes comprehensively, stock of industrial soild wastes, industrial soild wastes disposed, industrial soild wastes discharged changed into common industrial solid wastes produced,common industrial solid wastes comprehensively utilized, ratio of common industrial solid wastes comprehensively utilized, stock of common indu soild, common industrial solid wastes disposed, common industrial solid wastes disposed. Statistical range changed accordingly, the same as following tables
c) Data of 2019 in the table are adjusted according to the second National Pollution Sources Census. The adjustment of data aren't finalized, so data of 2019 are absent temporarily, the same as following tables (including 11-2,11-3 and 11-4).

11-2 重点调查工业企业"三废"排放及处理利用情况（2018年）

行 业	Sector	工业废水排放量（万吨）Industry Waste Water Discharged (10 000tons)	废水治理设施数（套）Number of Facilities for Treatment of Waste Water (set)
总计	**Total**	**35061.34**	**3246**
煤炭开采和洗选业	Mining and Washing of Coal	347.61	50
黑色金属矿采选业	Mining and Processing of Ferrous Metal Ores	109.53	14
有色金属矿采选业	Mining and Processing of Non-Ferrous metal Ores	6431.94	91
非金属矿采选业	Mining and Processing of Non-metal Ores	237.71	47
开采辅助活动	Support Activities for Mining		2
其他采矿业	Mining of Other Ores		
农副食品加工业	Processing of Food from Agricultural Products	1229.36	317
食品制造业	Manufacture of Foods	702.82	118
酒、饮料和精制茶制造业	Manufacture of Liquor, Beverages and Refined Tea	669.35	66
烟草制品业	Manufacture of Tobacco	14.22	4
纺织业	Manufacture of Textile	1285.39	69
纺织服装、服饰业	Manufacture of Textile,Wearing Apparel and Accessories	95.63	26
皮革、毛皮、羽毛及其制品和制鞋业	Manufacture of Leather, Fur, Feather and Related Products and Footwear	175.69	45
木材加工和木、竹、藤、棕、草制品业	Processing of Timber, Manufacture of Wood, Bamboo, Rattan, Palm and Straw Products	120.98	32
家具制造业	Manufacture of Furniture	56.77	13
造纸和纸制品业	Manufacture of Paper and Paper Products	4555.97	103
印刷和记录媒介复制业	Printing and Reproduction of Recording Media	53.30	25
文教、工美、体育和娱乐用品制造业	Manufacture of Articles for Culture, Education, Arts and Crafts Sport and Entertainment Activities	26.28	36
石油、煤炭及其他燃料加工业	Processing of Petroleum, Coal, and Other Fuels	1520.15	17
化学原料和化学制品制造业	Manufacture of Raw Chemical Materials and Chemical Products	3686.11	426
医药制造业	Manufacture of Medicines	1328.84	268
化学纤维制造业	Manufacture of Chemical Fibres	2731.15	10
橡胶和塑料制品业	Manufacture of Rubber and Plastics Products	193.79	81
非金属矿物制品业	Manufacture of Non-metallic Mineral Products	672.13	369
黑色金属冶炼和压延加工业	Smelting and Pressing of Ferrous Metals	1905.27	72
有色金属冶炼和压延加工业	Smelting and Pressing of Non-ferrous Metals	2296.49	233
金属制品业	Manufacture of Metal Products	435.73	120
通用设备制造业	Manufacture of General Purpose Machinery	126.94	47
专用设备制造业	Manufacture of Special Purpose Machinery	52.33	30
汽车制造业	Manufacture of Automobiles	308.23	67
铁路、船舶、航空航天和其他运输设备制造业	Manufacture of Railway, Ship, Aerospace, and Other Transport Equipments	199.49	20
电气机械和器材制造业	Manufacture of Electrical Machinery and Apparatus	793.69	98
计算机、通信和其他电子设备制造业	Manufacture of Computers, Communication and Other Electronic Equipment	2191.33	178
仪器仪表制造业	Manufacture of Measuring Instruments and Machinery	48.75	7
其他制造业	Other Manufacture	71.27	44
废弃资源综合利用业	Utilization of Waste Resources	94.97	43
金属制品、机械和设备修理业	Repair Service of Metal Products, Machinery and Equipment	9.57	3
电力、热力生产和供应业	Production and Supply of Electric Power and Heat Power	282.55	54
燃气生产和供应业	Production and Supply of Gas		1

Discharge and Treatment of Industrial Waste Gas, Waste Water & Solid Wastes of Focused Investigated Industrial Enterprises (2018)

废水治理设施处理能力(万吨/日) Waste Water Treatment Facilities Capacity (10 000 tons/day)	化学需氧量排放量(吨) Chemical Oxygen Demand Emission (ton)	氨氮排放量(吨) Ammonia Nitrogen Emission (ton)	工业废气排放量(亿立方米) Industrial Waste Gas Emission (100 million cu.m)	废气治理设施数(套) Facilities for Treatment of Waste Gas (set)	#脱硫设施数(套) Desulfu-rization Facilities (set)
684.72	**26879**	**3018**	**15517.57**	**10959**	**1586**
3.29	239	6			
3.76	28	3	15.16	2	
154.58	2520	211	30.40	39	5
3.11	240	34	19.87	26	4
				1	1
10.04	2399	293	256.99	283	63
6.59	1289	95	66.93	109	40
5.68	1264	110	11.15	46	21
	10	1	19.26	67	1
11.00	1703	142	31.27	145	24
1.59	79	13	1.92	11	5
1.36	291	43	8.98	103	17
0.74	350	21	80.96	214	21
	171	93	7.47	96	2
50.14	4090	309	130.05	152	73
	44	6	4.93	38	11
0.73	41	10	4.88	50	2
4.50	452	45	365.30	47	18
22.14	2534	307	296.53	1049	207
9.46	2156	204	76.54	467	65
12.79	807	38	62.48	17	9
1.34	318	50	87.53	221	38
49.11	703	94	4739.25	4114	630
243.24	583	60	4309.60	354	24
35.62	1268	335	491.58	738	150
4.63	356	39	71.98	383	13
0.53	237	36	12.57	126	4
	51	5	5.20	50	5
2.06	338	20	80.11	169	2
1.76	131	27	15.87	52	2
6.81	364	49	85.06	666	13
20.51	1458	221	403.45	747	5
0.72	94	66	3.69	9	1
0.60	73	8	18.01	88	11
0.95	137	19	122.23	132	29
	3		0.73	8	1
15.35	60	3	3579.64	139	69
				1	

11-2 续表

行　　业	Sector	废气治理设施处理能力(万立方米/时) Emission Control Facilities Treatment Capacity (10 000 cu.m/hour)	废气治理设施运行费用(万元) Waste Gas Treatment Facilities Operating Cost (10 000 yuan)
总　　计	**Total**	**496404.26**	**519950.15**
煤炭开采和洗选业	Mining and Washing of Coal		
黑色金属矿采选业	Mining and Processing of Ferrous Metal Ores	16.60	11.00
有色金属矿采选业	Mining and Processing of Non-Ferrous Ores	268.84	1944.43
非金属矿采选业	Mining and Processing of Non-metal Ores	82.19	4166.00
开采辅助活动	Support Activities for Mining		
其他采矿业	Mining of Other Mineral		40.00
农副食品加工业	Processing of Food from Agricultural Products	223.63	2336.87
食品制造业	Manufacture of Foods	199.01	3214.18
酒、饮料和精制茶制造业	Manufacture of Liquor, Beverages & Refined Tea	104.86	491.30
烟草制品业	Manufacture of Tobacco	169.50	370.00
纺织业	Manufacture of Textile	175.81	1642.28
纺织服装、服饰业	Manufacture of Textile,Wearing Apparel and Accessories	10.35	210.90
皮革、毛皮、羽毛及其制品和制鞋业	Manufacture of Leather, Fur, Feather and Related Products and Footwear	163.63	568.47
木材加工和木、竹、藤、棕、草制品业	Processing of Timber, Manufacture of Wood, Bamboo, Rattan, Palm and Straw Products	331.92	2364.00
家具制造业	Manufacture of Furniture	47.60	814.33
造纸和纸制品业	Manufacture of Paper and Paper Products	500.75	8193.34
印刷和记录媒介复制业	Printing and Reproduction of Recording Media	23.26	139.25
文教、工美、体育和娱乐用品制造业	Manufacture of Articles for Culture, Education, Arts and Crsfts Sport and Entertainment Activities	54.05	477.10
石油、煤炭及其他燃料加工业	Processing of Petroleum, Coal, and Other Fuels	347.92	16892.09
化学原料和化学制品制造业	Manufacture of Raw Chemical Materials and Chemical Products	1812.83	27861.28
医药制造业	Manufacture of Medicines	372.42	7766.15
化学纤维制造业	Manufacture of Chemical Fibers	175.72	6143.40
橡胶和塑料制品业	Manufacture of Rubber & Products	928.23	2482.83
非金属矿物制品业	Manufacture of Non-metallic Mineral Products	27293.82	92391.55
黑色金属冶炼和压延加工业	Smelting and Pressing of Ferrous Metals	12351.21	104255.27
有色金属冶炼和压延加工业	Smelting and Pressing of Non-ferrous Metals	1765.86	71485.59
金属制品业	Manufacture of Metal Products	468.22	3007.05
通用设备制造业	Manufacture of General Purpose Machinery	91.81	480.61
专用设备制造业	Manufacture of Special Purpose Machinery	33.28	183.28
汽车制造业	Manufacture of Automobiles	498.03	8628.07
铁路、船舶、航空航天和其他运输设备制造业	Manufacture of Railway，Ship, Aerospace, and Other Transport Equipments	161.14	306.00
电气机械和器材制造业	Manufacture of Electrical Machinery and Apparatus	436941.69	7126.98
计算机、通信和其他电子设备制造业	Manufacture of Computers communication and other Electronic Equipment	891.16	8299.52
仪器仪表制造业	Manufacture of Measuring Instruments and Machinery	3.79	99.00
其他制造业	Other Manufacture	139.67	1387.83
废弃资源综合利用业	Utilization of Waste Resources	360.14	7100.36
金属制品、机械和设备修理业	Repair Service Products, Machinery & Equipment	5.50	71.38
电力、热力生产和供应业	Production and Supply of Electric Power and Heat Power	9389.82	126978.47
燃气生产和供应业	Production and Supply of Gas		20.00

continued

二氧化硫排放量(吨) Volume of Sulphur Dioxide Emission (ton)	氮氧化物排放量(吨) Volume of Nitrogen Oxides Emission (ton)	烟(粉)尘排放量(吨) Volume of Smoke and Dust Emission (ton)	一般工业固体废物产生量(万吨) Common Industrial Solid Wastes Produced (10 000 tons)	一般工业固体废物综合利用量(万吨) Common Industrial Solid Wastes Comprehensively Utilized (10 000 tons)	一般工业固体废物处置量(万吨) Common Industrial Solid Wastes Disposed (10 000 tons)	一般工业固体废物贮存量(万吨) Common Industrial Solid Wastes (10 000 tons)	一般工业固体废物倾倒丢弃量(万吨) Common Industrial Solid Wastes Discharged (10 000 tons)
124237.16	**157988.30**	**171062.77**	**11092.94**	**4662.03**	**434.22**	**6050.27**	**70.2**
6	5	148	52.06	51.49	1.46		
	2	110	91.66	71.11	1.00	19.55	
109	65	455	7558.18	1384.75	309.64	5905.46	
178	148	1530	105.07	92.02	12.84		
			0.65	0.65			
1	4	2					
985	516	1643	10.13	8.70	1.21		
1909	1964	1889	19.10	16.14	1.55	1.45	
282	250	522	12.52	12.12			
6	16	3	0.57	0.57			
505	386	567	5.48	4.46	1.17		
57	18	537					
195	44	192	1.31	1.32			
912	298	4783	12.70	12.25	0.67		
174	123	1578	0.69	0.68			
2540	1911	1922	87.29	82.56	4.79		
125	188	86	1.21	1.11			
17	10	24	0.58				30.0
796	4541	746	17.74	15.55	2.19		
5413	3477	5456	215.97	182.74	30.94	6.23	
697	496	825	9.01	5.50	3.62		
330	791	75	23.12	23.12			
426	202	519	10.60	10.51			
64406	86361	74241	307.46	286.86	9.18	15.34	21.0
24934	30745	65665	1197.91	1105.44	0.84	91.63	
8087	1430	3206	249.35	209.91	33.30	9.80	
195	90	313	4.31	2.54	1.74		15.1
63	38	147	1.47	1.19			
14	13	44					2.0
52	74	461	18.95	18.03	0.92		
8	7	26					
76	163	219	4.88	3.80	1.14		
97	129	328	7.83	3.09	3.95	0.81	2.0
173	82	14					
411	532	438	2.41	2.33			
911	254	386	20.43	13.51	6.96		
8	3	22					
9139	22606	1942	1042.33	1037.99	5.12		
1	6						

11-3　各地区工业“三废”排放及处理情况(2018年)

指标	Item	全　省 Total	南昌市 Nanchang
工业废水	**Industrial Waste Water**		
工业废水排放量(万吨)	Industrial Waste Water Discharged (10 000 tons)	39557	3740.1
废水治理设施数(套)	Facilities for Treatment of Waste Water (set)	3252	340
废水治理设施处理能力(万吨/日)	Waste Water Treatment Facilities Capacity (10 000 tons/day)	685.85	72.92
工业废气	**Industrial Waste Gas**		
工业废气排放总量(亿立方米)	Industrial Waste Air Emission (100 million cu.m)	15519	1750
废气治理设施数(套)	Facilities for Treatment of Waste Gas (set)	10977	1151
#脱硫设施数(套)	Desulfurization Facilities (set)	1590	71
废气治理设施处理能力(万立方米/时)	Emission Control Facilities Treatment Capacity (10 000 cu.m/hour)	496421.31	4101.82
工业二氧化硫排放量(吨)	Volume of Industrial Sulphur Dioxide Emission (ton)	151607	6540
工业氮氧化物排放量(吨)	Volume of Industrial Nitrogen Oxides Emission (ton)	189857	11119
工业烟(粉)尘排放量(吨)	Volume of Industrial Smoke and Dust Emission (ton)	209781	19229
工业固体废物	**Industrial Solid Wastes**		
一般工业固体废物产生量(万吨)	Common Industrial Solid Wastes Produced (10 000 tons)	11664.78	246.88
#危险废物	Hazardous Wastes	111.18	13.29
一般工业固体废物综合利用量(万吨)	Common Industrial Solid Wastes Comprehensively Utilized (10 000 tons	4970.13	236.82
#危险废物	Hazardous Wastes	62.63	9.28
一般工业固体废物综合利用率(%)	Ratio of Common Industrial Solid Wastes Comprehensively Utilized (%)	42.41	95.91
一般工业固体废物贮存量(万吨)	Stock of Common Industrial Solid Wastes (10 000 tons)	6267.73	0.37
一般工业固体废物处置量(万吨)	Common Industrial Solid Wastes Disposed (10 000 tons)	486.24	9.94
一般工业固体废物倾倒丢弃量(万吨)	Common Industrial Solid Wastes Discharged (10 000 tons)	80.20	

Discharge and Treatment of Industrial Waste Gas, Waste Water & Solid Wastes (2018)

景德镇市 Jingdezhen	萍乡市 Pingxiang	九江市 Jiujiang	新余市 Xinyu	鹰潭市 Yingtan	赣州市 Ganzhou	吉安市 Ji'an	宜春市 Yichun	抚州市 Fuzhou	上饶市 Shangrao
2719.45	666.06	9045.12	2274.57	1141.29	5327.31	3236.89	3516.86	1874.82	6014.16
66	191	215	141	84	601	310	547	335	422
8.18	86.42	54.75	137.49	24.03	50.95	26.95	51.10	30.06	143.00
529	2053	2478	1517	509	1215	1065	2243	930	1230
308	692	1047	874	192	1769	1185	1675	858	1226
42	76	133	79	52	304	122	406	138	167
1010.37	4377.12	9975.61	7350.13	1268.95	4262.00	5003.35	157409.17	2849.90	298812.91
4963	11347	15662	26088	4212	21593	15712	25284	6373	13833
9826	14310	26661	21602	1674	17189	8821	58889	4176	15591
3599	16081	27019	34657	1740	23544	9051	43129	6794	24937
125.68	411.86	1208.63	923.03	332.52	812.47	287.90	565.38	192.05	6558.36
9.46	0.49	19.20	10.12	5.83	6.34	4.29	21.04	8.73	12.38
112.08	398.56	620.54	785.58	280.85	734.53	283.96	563.69	180.54	772.98
0.86	0.06	2.68	8.89	4.62	1.29	2.89	14.67	7.71	9.69
89.07	96.77	51.31	84.77	84.23	85.91	98.26	99.62	93.90	11.78
1.62	0.01	552.26	112.20	49.71	34.41	1.95	0.40	0.05	5514.76
12.15	13.34	36.63	29.23	3.08	88.44	3.19	2.24	11.69	276.31
2.00	36.00		0.20	30.00		10.00		2.00	

11-4 各地区城镇生活污染情况（2018年）
Basic Statistics on Urban Consumption Waste by Region (2018)

地 区	Region	城镇生活污水排放量（万吨）Urban Living Waste Water Discharged (10 000 tons)	城镇生活污水中COD产生量（吨）COD Produced from Urban Living Waste Water(ton)	城镇生活污水中COD排放量（吨）COD Discharged from Urban Living Waste Water(ton)	城镇生活污水中氨氮产生量（吨）Ammonia Nitrogen Produced from Urban Living Waste Water(ton)
全 省	**Provincial Total**	**148842.35**	**628769.43**	**472134.35**	**72139.98**
南昌市	Nanchang	27357.13	102169.05	56182.58	12019.89
景德镇市	Jingdezhen	6203.45	34127.50	29759.10	3814.25
萍乡市	Pingxiang	4487.74	19987.38	16235.41	2608.88
九江市	Jiujiang	15272.55	54515.34	38600.43	7115.69
新余市	Xinyu	6450.89	20627.11	13932.30	2426.72
鹰潭市	Yingtan	4045.16	15723.32	12323.68	2028.82
赣州市	Ganzhou	26102.53	108312.00	88494.58	12742.59
吉安市	Ji'an	14652.91	63417.71	52138.06	6788.38
宜春市	Yichun	15790.90	69241.82	51301.43	7392.30
抚州市	Fuzhou	7849.55	51505.86	36971.97	5474.34
上饶市	Shangrao	20629.55	89142.33	76194.80	9728.14

11-4 续表 continued

地 区	Region	城镇生活污水中氨氮排放量（吨）Ammonia Nitrogen Discharged from Urban Living Waste Water(ton)	二氧化硫排放量（吨）Volume of Sulphur Dioxide Emission (ton)	氮氧化物排放量（吨）Volume of Nitrogen Oxide Emission (ton)	烟尘排放量（吨）Volume of Soot Emission (ton)
全 省	**Provincial Total**	**53801.37**	**12487.01**	**1977.88**	**2423.06**
南昌市	Nanchang	6116.33	244.80	225.42	599.40
景德镇市	Jingdezhen	3451.48	92.00	34.36	6.77
萍乡市	Pingxiang	2193.61	163.20	116.78	12.00
九江市	Jiujiang	5886.29	1346.40	166.66	59.40
新余市	Xinyu	1443.84	1390.60	187.29	122.70
鹰潭市	Yingtan	1728.31	19.38	7.46	1.14
赣州市	Ganzhou	9658.70	2152.37	282.04	368.32
吉安市	Ji'an	5599.54	605.00	71.02	241.02
宜春市	Yichun	5637.97	4202.40	521.52	643.52
抚州市	Fuzhou	3846.52	802.40	106.51	47.20
上饶市	Shangrao	8238.78	1468.46	258.80	321.60

11-5 水资源总量（2019年）
Water Resources (2019)

地区	Region	水资源总量（亿立方米）Total Amount of Water Resources (100 million cu.m)	年降水量 Annual Precipitation		地表水资源量 Surface Water Resources		地下水资源量（亿立方米）Groundwater Resources (100 million cu.m)
			年降水深（毫米）Annual Precipitation Depth (mm)	年降水量（亿立方米）Annual Precipitation (100 millioncu.m)	年径流深（毫米）Annual Flow Depth(mm)	年径流量（亿立方米）Annual Flow (100 million cu.m)	
全　省	**Provincial Total**	**2051.61**	**1710.0**	**2854.79**	**1217.5**	**2032.67**	**482.42**
南昌市	Nanchang	73.86	1368.4	101.30	945.4	69.99	15.53
景德镇市	Jingdezhen	56.19	1651.9	86.69	1070.7	56.19	13.47
萍乡市	Pingxiang	65.00	2051.5	78.51	1698.5	65.00	10.08
九江市	Jiujiang	121.91	1213.9	228.49	620.5	116.80	30.20
新余市	Xinyu	42.11	1746.2	55.25	1330.9	42.11	9.12
鹰潭市	Yingtan	53.42	1906.6	67.76	1499.4	53.29	12.69
赣州市	Ganzhou	460.89	1743.7	686.67	1170.4	460.89	117.09
吉安市	Ji'an	347.29	1813.5	458.28	1374.3	347.29	74.85
宜春市	Yichun	233.57	1606.3	299.90	1233.6	230.31	55.56
抚州市	Fuzhou	293.02	1958.0	368.44	1557.1	293.00	67.61
上饶市	Shangrao	304.35	1858.2	423.50	1306.7	297.80	76.22

11-6 供水量（2019年）
Water Supply (2019)

单位：亿立方米 (100 million cu.m)

地区	Region	总供水量 Total Water Supply	地表水源供水量 Surface Water	蓄水 Storage	引水 Diversion	提水 Carry	地下水源供水量 Groundwater	其他水源供水量 Others
全　省	**Provincial Total**	**253.34**	**243.17**	**115.23**	**54.68**	**73.26**	**8.01**	**2.16**
南昌市	Nanchang	32.08	30.96	5.43	15.91	9.62	1.02	0.10
景德镇市	Jingdezhen	8.53	7.98	4.80	0.77	2.41	0.52	0.03
萍乡市	Pingxiang	7.95	7.43	2.56	3.75	1.12	0.41	0.11
九江市	Jiujiang	24.33	23.90	11.65	1.64	10.61	0.38	0.05
新余市	Xinyu	8.30	7.85	4.72	2.09	1.04	0.39	0.06
鹰潭市	Yingtan	7.86	7.51	2.29	1.61	3.61	0.28	0.07
赣州市	Ganzhou	34.81	32.07	16.40	6.91	8.76	1.65	1.09
吉安市	Ji'an	31.82	30.95	20.90	3.78	6.27	0.80	0.07
宜春市	Yichun	43.26	42.26	21.52	6.76	13.98	0.96	0.04
抚州市	Fuzhou	23.44	22.58	8.75	5.62	8.21	0.40	0.46
上饶市	Shangrao	30.96	29.68	16.21	5.84	7.63	1.20	0.08

11-7 用 水 量（2019年）
Water Use (2019)

单位：亿立方米 (100 million cu.m)

地　区	Region	总用水量 Total	农田灌溉 Farm Irrigated	林牧渔畜 Forestry, Animal Husbanray Fishery and Livestocks	工业 Industry 小计 total	工业 Industry 火(核)电 Thermal (Nuclear) Power Generation	工业 Industry 非(火)核电 Non-Thermal (Nuclear) Power Generation	城镇公共 Urban Publical	城镇居民生活 Urban Residential	农村居民生活 Rural Residential	生态环境 Ecological Protection
全　省	**Provincial Total**	**253.34**	**155.20**	**7.27**	**59.38**	**18.09**	**41.29**	**6.61**	**15.36**	**7.13**	**2.39**
南昌市	Nanchang	32.08	17.11	0.40	9.09	0.15	8.94	1.78	2.56	0.49	0.65
景德镇市	Jingdezhen	8.53	4.83	0.06	2.31	0.15	2.16	0.35	0.62	0.20	0.16
萍乡市	Pingxiang	7.95	3.24	0.33	2.97	0.13	2.84	0.36	0.75	0.22	0.08
九江市	Jiujiang	24.33	13.11	0.18	8.03	3.26	4.77	0.54	1.50	0.77	0.20
新余市	Xinyu	8.30	4.00	0.20	3.11	0.49	2.62	0.24	0.51	0.13	0.11
鹰潭市	Yingtan	7.86	4.74	0.14	2.00	0.19	1.81	0.26	0.43	0.16	0.13
赣州市	Ganzhou	34.81	22.43	2.34	4.52	0.08	4.44	1.06	2.60	1.53	0.33
吉安市	Ji'an	31.82	22.42	0.76	5.84	2.70	3.14	0.34	1.47	0.82	0.17
宜春市	Yichun	43.26	23.96	0.83	14.97	10.64	4.33	0.62	1.73	0.98	0.17
抚州市	Fuzhou	23.44	17.22	1.37	2.45	0.16	2.29	0.39	1.12	0.72	0.17
上饶市	Shangrao	30.96	22.14	0.66	4.09	0.14	3.95	0.67	2.07	1.11	0.22

注：1.城镇公共用水指建筑业用水和服务业用水。
2.生态环境用水指城镇环境用水和农村环境用水。
a) Urban publical water use refer to water use of construction and services.
b) Ecological water use refer to water use of urban and rural areas.

11-8 耗 水 量（2019年）
Total Water Consumption(2019)

单位：亿立方米 (100 million cu.m)

地　区	Region	总耗水量 Water Consumption	农田灌溉 Farm Irrigated	林牧渔畜 Forestry, Animal Husbanray Fishery and Livestocks	工业 Industry 火(核)电 Thermal (Nuclear) Power Generation	工业 Industry 非火(核)电 Non-Thermal (Nuclear) Power Generation	城镇公共 Urban Publical	城镇居民生活 Urban Residential	农村居民生活 Rural Residential	生态环境 Ecological Protection
全　省	**Provincial Total**	**118.21**	**81.76**	**6.67**	**2.14**	**13.87**	**2.73**	**3.90**	**5.15**	**1.99**
南昌市	Nanchang	15.07	9.15	0.36	0.14	3.13	0.78	0.64	0.35	0.52
景德镇市	Jingdezhen	4.02	2.58	0.06	0.10	0.75	0.11	0.16	0.13	0.13
萍乡市	Pingxiang	3.65	1.71	0.32	0.09	0.97	0.16	0.18	0.15	0.07
九江市	Jiujiang	10.86	7.64	0.17	0.21	1.54	0.14	0.38	0.62	0.16
新余市	Xinyu	3.66	1.89	0.17	0.28	0.91	0.11	0.13	0.09	0.08
鹰潭市	Yingtan	3.72	2.32	0.13	0.18	0.63	0.10	0.12	0.13	0.11
赣州市	Ganzhou	18.62	12.57	2.13	0.08	1.55	0.39	0.65	0.99	0.26
吉安市	Ji'an	14.72	11.48	0.73	0.24	1.01	0.18	0.39	0.53	0.16
宜春市	Yichun	16.27	12.06	0.75	0.53	1.37	0.29	0.43	0.69	0.15
抚州市	Fuzhou	12.24	8.93	1.25	0.16	0.74	0.16	0.28	0.58	0.14
上饶市	Shangrao	15.38	11.43	0.60	0.13	1.27	0.31	0.54	0.89	0.21

11-9 各地区气象台站及主要技术装备情况（2019年）
Weather Stations and Machinery in Cities by Region (2019)

地　区	Region	国家基准气候站（个）National Reference (unit)	国家基本气象站（个）National Basic Climatological Station (unit)	国家一般气象站（个）National General Synoptic Station (unit)	区域气象观测站（个）Regional Observatory (unit)	农业气象观测站（个）Agrometeorological Observatory (unit)
全　省	**Provincial Total**	**5**	**21**	**67**	**2452**	**18**
南昌市	Nanchang		1	4	109	1
景德镇市	Jingdezhen		1	2	57	1
萍乡市	Pingxiang		1	3	92	1
九江市	Jiujiang	1	2	10	289	2
新余市	Xinyu			2	53	1
鹰潭市	Yingtan		1	2	49	1
赣州市	Ganzhou		4	13	559	3
吉安市	Ji'an	1	3	8	369	2
宜春市	Yichun	1	3	6	256	2
抚州市	Fuzhou	1	2	8	235	1
上饶市	Shangrao	1	3	9	384	3

11-9 续表 continued

地　区	Region	生态气象观测站（个）Ecometeorological Observatory (unit)	紫外线观测站（个）Ultraviolet Radiation Observatory (unit)	移动雷达（部）Mobile Radar (unit)	风廓线雷达（部）Wind Profile Radar (unit)	天气雷达（部）Weather Radar (unit)	闪电定位仪（个）Lightning Orientation (unit)
全　省	**Provincial Total**	**14**	**12**	**3**	**3**	**8**	**12**
南昌市	Nanchang	1	1			1	1
景德镇市	Jingdezhen	1	1		1	1	1
萍乡市	Pingxiang	1	1	1			
九江市	Jiujiang	4	2			1	2
新余市	Xinyu	1	1				
鹰潭市	Yingtan	1	1				1
赣州市	Ganzhou	1	1	1		1	2
吉安市	Ji'an	1	1	1		1	1
宜春市	Yichun	1	1		1	1	1
抚州市	Fuzhou	1	1			1	2
上饶市	Shangrao	1	1		1	1	1

11-10 各地区气候基本情况（2019年）
Climate by Region (2019)

地　区	Region	年平均气温 Annual Average Temperature (0.1℃)/△T	年降水量 Annual Precipitation (0.1mm)/△R	年日照时数 Annual Sunshine Hours (0.1h)/△S	年平均相对湿度 Annual Average Relative Humidity (%)/△U
全省平均	**Provincial Average**	**18.9 /0.8**	**1782.8/122.2**	**1663.6/5.1**	**76/-1**
南昌市	Nanchang	19.1/1.1	1613.3/-0.4	1630.1/-205.2	73/-3
景德镇市	Jingdezhen	19.1/1.3	1522/-282.8	1788.1/44.1	74/-2
萍乡市	Pingxiang	18.7/1.1	2079.6/454.9	1442.4/-8.9	78/-3
九江市	Jiujiang	17.4/-0.2	1219.5/-226.7	1764.7/97.1	79/-4
新余市	Xinyu	18.7/0.4	1839.5/236.2	1517.5/-115.3	75/-2
鹰潭市	Yingtan	19.1/0.5	1805.8/-71.3	1838.7/153.7	78/-2
赣州市	Ganzhou	20.5/0.9	1638.9/192.6	1718.3/-33.5	74/-1
吉安市	Ji'an	19.7/1.0	2027.8/461.6	1548.4/-40.9	77/-2
宜春市	Yichun	18.4/0.9	2047.4/416	1622.7/120.1	77/-3
抚州市	Fuzhou	18.7/0.6	1983.3/178.5	1741.5/128.6	79/-1
上饶市	Shangrao	18.8/0.9	1833.8/-14.3	1686.9/-83.2	77/-1

注：△T、△R、△S、△U分别表示本年度平均气温、降水量、日照时数、平均相对湿度与1981-2010年三十年平均值比较的偏差值。
a) △T,△R,△S and △U indicate comparative differences of annual average temperature, precipitation, sunshine hours and Annual average relaive humidity between 30 year average Value from 1981 to 2010.

11-10 续表 continued

地　区	Region	重大灾害性天气(站次) Great calamity weather(time)					
		暴雨 Storm	大风 Gale	冰雹 Hail	大雾 Fog	大雪 Heavy snow	雷暴 Thunder-storm
合　计	**Total**	**570**	**965**	**18**	**2519**	**41**	**8619**
全省平均	**Provincial Average**	**51.8**	**87.7**	**1.6**	**229**	**3.7**	**783.5**
南昌市	Nanchang	20	41	1	77		370
景德镇市	Jingdezhen	12	14	2	78		187
萍乡市	Pingxiang	28	28	2	96		220
九江市	Jiujiang	45	368	2	403	41	766
新余市	Xinyu	12	5	1	86		181
鹰潭市	Yingtan	24	29	1	72		293
赣州市	Ganzhou	111	100		273		2451
吉安市	Ji'an	89	119	3	369		1176
宜春市	Yichun	55	48	2	296		898
抚州市	Fuzhou	90	104	3	324		1080
上饶市	Shangrao	84	109	1	445		997

主要统计指标解释

工业废水排放量　指经过企业厂区所有排放口排到企业外部的工业废水量。包括生产废水、外排的直接冷却水、超标排放的矿井地下水和与工业废水混排的厂区生活污水，不包括外排的间接冷却水(清污不分流的间接冷却水应计算在内)。

工业废气排放量　指报告期内企业厂区内燃料燃烧和生产工艺过程中产生的各种排入大气的含有污染物的气体的总量，以标准状态(273K，101325Pa)计算。

工业烟（粉）尘排放量　指报告期内企业在燃料燃烧和生产工艺过程中排入大气的烟尘及工业粉尘的总质量之和。烟尘或工业粉尘排放量可以通过除尘系统的排风量和除尘设备出口烟尘浓度相乘求得。

一般工业固体废物综合利用量　指报告期内企业通过回收、加工、循环、交换等方式，从固体废物中提取或者使其转化为可以利用的资源、能源和其他原材料的固体废物量(包括当年利用往年的工业固体废物贮存量)，如用作农业肥料、生产建筑材料、筑路等。综合利用量由原产生固体废物的单位统计。

供水总量　指各种水源工程为用户提供的包括输水损失在内的毛供水量之和，不包括海水直接利用量。

地表水源供水量　指地表水体工程的取水量，按蓄、引、提、调四种形式统计。从水库、塘坝中引水或提水，均属蓄水工程供水量；从河道或湖泊中自流引水的，无论有闸或无闸，均属引水工程供水量；利用扬水站从河道或湖泊中直接取水的，属提水工程供水量；跨流域调水指水资源一级区或独立流域之间的跨流域调配水量，不包括在蓄、引、提水量中。

地下水源供水量　指水井工程的开采量，按浅层淡水、深层承压水和微咸水分别统计。城市地下水源供水量包括自来水厂的开采量和工矿企业自备井的开采量。

用水量　指各类用水户取用的包括输水损失在内的毛用水量，按农田灌溉、林牧渔畜、工业、城镇公共、居民生活、生态环境六大类统计。工业用水为取用的新水量，不包括企业内部的重复利用水。

耗水量　指在输、用水过程中，通过蒸腾、蒸发、土壤吸收、产品吸附、居民和牲畜饮用等多种途径与形式消耗，不能回归到地表水体或地下含水层的水量。

Explanatory Notes on Main Statistical Indicators

Waste Water Discharged by Industry　refers to the volume of waste water discharged by industrial enterprises through all their outlets, including waste water from production process, directly cooled water, groundwater from mining wells which does not meet discharge standards and sewage from households mixed with waste water produced by industrial activities, but excluding indirectly cooled water discharged (It should be included if the discharge is not separated from waste water).

Industrial Waste Air Emission　refers to the discharge into atmosphere of waste air containing pollutants generated from fuel burning and production processes in enterprises within a given period of time. It is calculated at standard status (273K, 101325Pa)

Volume of Smoke and Dust Emission　refers to volume of smoke and industrial dust emitted by burning and production process of enterprises and suspended in the air. Volume of smoke and industrial dust is calculated by volume of air flow timing thickness of dust from dedusting equipment exits.

Common Industrial Solid Wastes Comprehensively Utilized　refers to volume of solid wastes from which useful materials can be extracted or which can be converted into usable resources, energy or other materials by means of reclamation, processing, recycling and exchange (including utilizing in the year the stocks of industrial solid wastes of the previous year). Examples of such utilizations include fertilizers, building materials and road materials. The information shall be collected by the producing units of the wastes.

Water Supply　refers to gross water supply by supply systems from sources to consumers, including losses during distribution, not including direct utilization of seawater.

Surface Water Supply　refers to withdrawals by surface water supply system, broken down with storage, flow, pumping and transfer. Supply from storage projects includes withdrawals from reservoirs; supply from flow includes withdrawals from rivers and lakes with natural flows no matter if there are locks or not; supply from pumping projects includes withdrawals from rivers or lakes with pumping stations; and supply from transfer refers to water supplies transferred from first-level regions of water resources or independent river drainage areas to others, and should not be covered under supplies of storage, flow and pumping.

Groundwater Supply refers to withdrawals from supplying wells, broken down with shallow layer freshwater, deep layer freshwater and slightly brackish water. Groundwater supply for urban areas includes water mining by both waterworks and own wells of enterprises.

Water Usage refers to water used including lose during transportation. Water consumption is divided into farmland irrigation, forestry husbandry fishing and farming, industry, public affair, livelihoods, ecological environment. Industry water consumption refers to newly using, do not include reusing.

Water consumption is the amount of water consumed through evaporation, interception, adsorption, inhabitant and livestock drinking during water use and cannot recycled into surface waters and aquifers.

12

农 业

AGRICULTURE

资料整理：廖有伦　方建洲

Ⅰ 简要说明

一、本篇资料反映全省农业生产和农村经济的基本情况。主要包括农村基层组织、乡村劳动力、耕地、主要农产品面积和产量、农村基础设施以及农林牧渔综合计算等方面的统计资料。

二、本篇资料主要来源于江西省《农林牧渔业、农业产值综合、乡村社会经济统计报表制度》，其统计范围包括各市、县(区)各种经济类型的全部农林牧渔业以及各非农行业附属的农林牧渔业生产单位。

三、本篇资料中的农村基层组织、乡村劳动力、主要农产品面积和产量以及农林牧渔业总产值和增加值等由省统计局农业处提供；林业、渔业、农机和水利情况则分别根据省林业厅、省农业厅、省水利厅和省国土资源厅等部门资料整理提供。

四、部分指标依据2016年全国第三次农业普查资料进行了修正。

Ⅰ Brief Introduction

Ⅰ. The data in this chapter show the basic conditions of agricultural production and rural economy for the whole province, including mainly rural grassroots units, rural employed labors force, cultivated land, areas and output of major products, rural infrastructure, and Comprehensive Statistical of farming, forestry, animal husbandry and fishery.

Ⅱ. Data in this chapter mainly come from the Comprehensive Statistical Reporting on Agriculture, Forestry, Animal Husbandry and Fishery, the Comprehensive Statistical Reporting on Agricultural Output, and the Rural Social and Economic Survey of Jiangxi Province. Statistics on agriculture includes all productive units of agriculture, forestry, animal husbandry and fishery and units engaged in agriculture, forestry, animal husbandry and fishery in non-agricultural sectors with various types of ownership in cities, counties and districts of Jiangxi Province.

Ⅲ. Data on rural grassroots units, employed labor force, agricultural production and area, gross output value and value-added of agriculture, forestry, animal husbandry, and fishery are provided by Agriculture Division of Jiangxi Statistic Bureau. Data on forestry, fishery, agricultural machinery, and water conservancy are provided by Forestry, Agriculture, Water Conservancy Department of Jiangxi province, and Department of Land and Resources of Jiangxi province.

Ⅳ. Some Indicators have been adjusted according to the Third National Agricultural Census in 2016.

12-1 农村乡(镇)基本情况
Basic Conditions of Township and Town of Country

指 标	Iterm	2018	2019
乡镇政府(个)	Number of Township and Town Governments (unit)	1405	1404
镇政府	Number of Town Governments (unit)	826	827
乡政府	Number of Township Governments (unit)	579	577
村民委员会(个)	Number of Villagers' Committees (unit)	17071	17063
村民小组(个)	Number of Villagers' Groups (unit)	201664	200461
自来水受益村委会个数(个)	Number of Villages Benifited by Tap Water (unit)	12697	13978
占村委会总个数比重(%)	Rate to Total Number of Villages (%)	74.4	81.9
通有线电视的村委会个数(个)	Number of Villages with Cable TV (unit)	16583	16808
占村委会总个数比重(%)	Rate to Total Number of Villages (%)	97.1	98.5
通宽带的村委会个数(个)	Number of Villages with Broadband Network (unit)	16923	16958
占村委会总个数比重(%)	Rate to Total Number of Villages (%)	99.1	99.4

12-2 各地区乡(镇)组织情况 (2019年)
Organizing Conditions of Township and Town by Region (2019)

地 区	Region	乡(镇)政府个数(个) Number of Township and Town Governments (unit)	#镇政府 Number of Town Governments	村民委员会(个) Number of Villagers' Committees (unit)	村民小组(个) Number of Villagers' Groups (unit)
全 省	**Provincial Total**	**1404**	**827**	**17063**	**200461**
南昌市	Nanchang	80	52	1178	9614
景德镇市	Jingdezhen	39	28	473	5606
萍乡市	Pingxiang	47	28	641	9508
九江市	Jiujiang	179	100	1742	23796
新余市	Xinyu	26	17	412	3812
鹰潭市	Yingtan	34	24	346	3983
赣州市	Ganzhou	285	144	3462	48170
吉安市	Ji'an	214	120	2512	26574
宜春市	Yichun	159	115	2198	26110
抚州市	Fuzhou	153	95	1805	17552
上饶市	Shangrao	188	104	2294	25736

12-3 农、林、牧、渔业总产值和商品产值
Gross Output Value and Commodity Output Value of Farming, Forestry, Animal Husbandry and Fishery

本表按当年价格计算

Data in this table are calculated at current prices.

单位：万元 (10 000 yuan)

年份 Year	农林牧渔业总产值 Gross Output Value of Farming,Forestry, Animal Husbandry and Fishery	农业产值 Output Value of Farming	林业产值 Output Value of Forestry	牧业产值 Output Value of Animal Husbandry	渔业产值 Output Value of Fishery	服务业产值 Output Value of Services	农林牧渔业商品产值 Commodity Output Value of Farming, Forestry, Animal Husbandry and Fishery	农林牧渔业商品率(%) Commodity Rate of Farming, Forestry, Animal Husbandry and Fishery (%)
1978	492900	364752	58723	63025	6400		175842	35.7
1980	681508	482402	96038	95168	7900		279874	41.1
1985	1145040	740353	141190	228397	35100		566795	49.5
1990	2119055	1202955	195286	620351	100463		1372256	64.8
1990	2552437	1534586	239624	674764	103463		1372256	53.8
1991	2715836	1612274	288951	688523	126088		1483574	54.6
1992	2983528	1683513	315804	830611	153600		1735728	58.2
1993	3601064	1961358	314875	1095139	229692		2165316	60.1
1994	5278602	2762704	375230	1776561	364107		3368228	63.8
1995	6317137	3316376	414590	2095348	490823		4053816	64.2
1996	7334888	3863193	463328	2311829	696538		4751920	66.9
1997	7855119	3946088	468592	2558551	881888		5180617	66.0
1998	7348844	3615365	476187	2383146	874146		4824857	65.7
1999	7502895	3881699	495903	2239960	885333		4824974	64.3
2000	7602670	3872737	511086	2217976	1000871		4923589	64.8
2000	7413543	3446961	579735	2217976	1000871	168000	4497813	60.7
2001	7674396	3583299	605300	2261129	1042668	182000	4812927	62.7
2002	7918643	3664496	649332	2339367	1099548	165900	5093507	64.3
2003	8416300	3837127	704801	2540056	1185493	148823	5598337	66.5
2004	10549211	4910558	790778	3249823	1431346	166706	6836789	64.8
2005	11429925	5104715	873713	3650964	1625621	174912	7797125	68.2
2006	12252714	5571936	1046051	3440455	1643115	551157	8364442	68.3
2007	14232763	6230568	1253166	4310098	1819696	619236	9649814	67.8
2008	16707526	6983471	1480574	5444099	2110607	688776	11361117	68.0
2009	17197613	7360732	1574457	5246315	2303010	713098	12537060	72.9
2010	18801649	8106770	1801451	5599251	2542855	751322	13744005	73.1
2011	21751409	9311733	1969743	6966210	2704788	798935	15704518	72.2
2012	23599561	10207446	2167966	7065268	3305289	853591	17204080	72.9
2013	25296890	10947155	2371398	7397614	3668736	911986	18416136	72.8
2014	26701795	11708268	2550057	7489530	3966009	987930	19465609	72.9
2015	28083704	13618493	2706821	6546549	4152149	1059692	20535252	73.1
2016	30198718	14353075	2946136	7705092	4081116	1113299	21845218	72.3
2017	30690051	14892890	2964890	7096764	4530639	1204867	22288929	72.6
2018	31485736	15492192	3195550	6721756	4739156	1337081	22805010	72.4
2019	34812926	16242516	3428054	8889402	4765249	1487705	25300905	72.7
南昌市 Nanchang	3605304	1477246	54383	1164134	747244	162298	2797259	77.6
景德镇市 Jingdezhen	1051657	646354	108326	142501	55673	98803	809133	76.9
萍乡市 Pingxiang	1089909	465006	99115	435338	73899	16549	728422	66.8
九江市 Jiujiang	3515998	1560406	323787	573108	858124	200573	2411669	68.6
新余市 Xinyu	1088140	427411	208538	295226	87528	69437	753787	69.3
鹰潭市 Yingtan	1048300	420471	148809	361598	89553	27867	685600	65.4
赣州市 Ganzhou	6080643	3037100	612244	1657070	557075	217153	4164619	68.5
吉安市 Ji'an	4159859	1822536	512740	1186896	407147	230541	3321934	79.9
宜春市 Yichun	5059275	2344405	579386	1432959	616070	86455	3491333	69.0
抚州市 Fuzhou	3711065	2132420	285694	819221	302297	171433	2845797	76.7
上饶市 Shangrao	4402776	1909160	495032	821351	970639	206594	3291352	74.8

注：1.1990年数为按老口径计算的数据，自2000年后按新的国民经济行业分类计算,后同。
2.2007年后的产值数据按照第三次全国农业普查数据修订。

a)The data of 1990 was calculated on old basis.The data since 2000 is calculated on the new classification standards for national economic.

b)The output value data since 2007 is revised according to the third national agricutural census data.

12-4 农、林、牧、渔业总产值构成
Gross Output Value Composition of Farming, Forestry, Animal Husbandry and Fishery

本表按当年价格计算

Data in this table are calculated at current prices.

单位：% (%)

年 份 Year	农林牧渔业总产值 Gross Output Value of Farming,Forestry, Animal Husbandry and Fishery	农业产值 Output Value of Farming	林业产值 Output Value of Forestry	牧业产值 Output Value of Animal Husbandry	渔业产值 Output Value of Fishery	服务业产值 Output Value of Services
1978	100.0	74.0	11.9	12.8	1.3	
1980	100.0	70.7	14.1	14.0	1.2	
1985	100.0	64.7	12.3	19.9	3.1	
1990	100.0	56.8	9.2	29.3	4.7	
1990	100.0	60.1	9.4	26.4	4.1	
1991	100.0	59.4	10.6	25.4	4.6	
1992	100.0	56.5	10.6	27.8	5.1	
1993	100.0	54.5	8.7	30.4	6.4	
1994	100.0	52.3	7.1	33.7	6.9	
1995	100.0	52.4	6.6	33.2	7.8	
1996	100.0	52.7	6.3	31.5	9.5	
1997	100.0	50.2	6.0	32.6	11.2	
1998	100.0	49.2	6.5	32.4	11.9	
1999	100.0	51.7	6.6	29.9	11.8	
2000	100.0	50.9	6.7	29.2	13.2	
2000	100.0	46.5	7.8	29.9	13.5	2.3
2001	100.0	46.7	7.9	29.5	13.6	2.3
2002	100.0	46.3	8.2	29.5	13.9	2.1
2003	100.0	45.6	8.4	30.2	14.1	1.7
2004	100.0	46.5	7.5	30.8	13.6	1.6
2005	100.0	44.7	7.7	31.9	14.2	1.5
2006	100.0	45.5	8.5	28.1	13.4	4.5
2007	100.0	43.8	8.8	30.3	12.8	4.4
2008	100.0	41.8	8.9	32.6	12.6	4.1
2009	100.0	42.8	9.2	30.5	13.4	4.1
2010	100.0	43.1	9.6	29.8	13.5	4.0
2011	100.0	42.8	9.1	32.0	12.4	3.7
2012	100.0	43.3	9.2	29.9	14.0	3.6
2013	100.0	43.3	9.4	29.2	14.5	3.6
2014	100.0	43.8	9.6	28.0	14.9	3.7
2015	100.0	48.5	9.6	23.3	14.8	3.8
2016	100.0	47.5	9.8	25.5	13.5	3.7
2017	100.0	48.5	9.7	23.1	14.8	3.9
2018	100.0	49.2	10.1	21.3	15.1	4.2
2019	100.0	46.7	9.8	25.5	13.7	4.3
南昌市 Nanchang	100.0	41.0	1.5	32.3	20.7	4.5
景德镇市 Jingdezhen	100.0	61.5	10.3	13.6	5.3	9.4
萍乡市 Pingxiang	100.0	42.7	9.1	39.9	6.8	1.5
九江市 Jiujiang	100.0	44.4	9.2	16.3	24.4	5.7
新余市 Xinyu	100.0	39.3	19.2	27.1	8.0	6.4
鹰潭市 Yingtan	100.0	40.1	14.2	34.5	8.5	2.7
赣州市 Ganzhou	100.0	49.9	10.1	27.3	9.2	3.6
吉安市 Ji'an	100.0	43.8	12.3	28.5	9.8	5.5
宜春市 Yichun	100.0	46.3	11.5	28.3	12.2	1.7
抚州市 Fuzhou	100.0	57.5	7.7	22.1	8.1	4.6
上饶市 Shangrao	100.0	43.4	11.2	18.7	22.0	4.7

12-5 农、林、牧、渔业总产值指数

Indices of Gross Output Value of Farming, Forestry, Animal Husbandry and Fishery

本表按可比价格计算。

Data in this table are calculated at constant pieces.

年份 Year	以1978年为100 (year of 1978=100)						以上年为100 (preceding year=100)					
	农林牧渔业总产值 Gross Output Value of Farming, Forestry, Animal Husbandry and Fishery	农业产值 Output Value of Farming	林业产值 Output Value of Forestry	牧业产值 Output Value of Animal Husbandry	渔业产值 Output Value of Fishery	服务业产值 Output Value of Services	农林牧渔业总产值 Gross Output Value of Farming, Forestry, Animal Husbandry and Fishery	农业产值 Output Value of Farming	林业产值 Output Value of Forestry	牧业产值 Output Value of Animal Husbandry	渔业产值 Output Value of Fishery	服务业产值 Output Value of Services
1978	100	100	100	100	100	100	102.8	101.6	105.7	107.2	98.9	
1979	114.8	115.0	112.4	116.5	113.6		114.8	115.0	112.4	116.5	113.6	
1980	111.2	109.3	108.7	120.6	127.4		96.9	95.1	96.8	103.6	112.2	
1981	115.6	111.2	127.3	122.6	150.7		103.9	101.7	117.1	101.8	118.3	
1982	127.4	122.4	124.8	148.7	170.0		110.2	110.1	98.0	121.1	112.8	
1983	129.4	122.7	128.2	152.7	213.2		101.5	100.2	102.7	102.7	125.4	
1984	143.3	135.4	144.5	169.0	240.9		110.8	110.3	112.7	110.7	112.9	
1985	153.6	140.4	153.7	200.8	291.5		107.2	103.7	106.4	118.8	121.0	
1986	157.7	138.0	154.9	232.9	337.4		102.6	98.3	100.8	116.0	115.7	
1987	171.6	150.8	169.3	247.9	387.9		108.8	109.3	109.3	106.4	115.0	
1988	176.3	147.5	176.9	282.1	445.1		102.7	97.8	104.5	113.8	114.8	
1989	185.8	156.8	177.6	296.5	485.3		105.4	106.3	100.4	105.1	109.0	
1990	198.0	167.7	184.0	315.5	532.0		106.5	106.9	103.6	106.4	109.6	
1991	210.0	176.0	199.4	337.6	584.6		106.1	105.0	108.3	107.0	109.9	
1992	223.8	181.4	212.9	378.7	712.1		106.6	103.0	106.8	112.2	121.8	
1993	240.1	185.2	194.2	456.3	972.1		107.3	102.1	91.2	120.5	136.5	
1994	264.7	193.4	209.7	537.7	1243.1		110.2	104.5	108.0	117.8	127.9	
1995	278.4	193.9	210.3	590.9	1562.5		105.2	100.2	100.3	109.9	125.7	
1996	301.8	208.4	221.5	609.2	2087.5		108.4	107.5	105.3	103.1	133.6	
1997	322.9	221.3	218.1	644.1	2510.9		107.0	106.2	98.5	105.7	120.3	
1998	310.2	203.8	220.4	623.6	2656.1		96.1	92.1	101.1	96.8	105.8	
1999	325.4	226.2	216.8	600.3	2847.3		104.9	111.0	98.4	96.3	107.2	
2000	334.5	230.3	234.4	599.1	3103.6	335.0	102.8	101.8	108.1	99.8	109.0	100.6
2001	344.5	238.1	237.2	608.7	3261.9	364.8	103.0	103.4	101.2	101.6	105.1	108.9
2002	358.3	244.5	251.2	628.8	3539.2	332.3	104.0	102.7	105.9	103.3	108.5	91.1
2003	368.1	243.3	268.7	651.4	3819.9	296.1	102.7	99.5	107.0	103.6	107.9	89.1
2004	397.6	269.3	280.8	685.9	4125.4	307.9	108.0	110.7	104.5	105.3	108.0	104.0
2005	424.6	278.5	293.2	770.3	4451.3	316.8	106.8	103.4	104.4	112.3	107.9	102.9
2006	450.5	293.5	346.8	794.2	4780.5	356.4	106.1	105.4	118.3	103.1	107.4	112.5
2007	469.4	303.5	377.0	818.0	5067.3	383.8	104.2	103.4	108.7	103.0	106.0	107.7
2008	491.9	315.3	406.8	859.7	5340.9	399.5	104.8	103.9	107.9	105.1	105.4	104.1
2009	514.5	323.5	430.8	909.6	5725.4	413.1	104.6	102.6	105.9	105.8	107.2	103.4
2010	535.1	327.1	458.8	962.4	6137.6	434.2	104.0	101.1	106.5	105.8	107.2	105.1
2011	557.6	346.7	484.0	985.5	6211.3	458.0	104.2	106.0	105.5	102.4	101.2	105.5
2012	583.2	356.0	515.0	1034.7	6726.8	485.5	104.6	102.7	106.4	105.0	108.3	106.0
2013	609.3	374.6	548.0	1070.0	6928.6	514.7	104.5	105.2	106.4	103.4	103.0	106.0
2014	638.6	388.9	583.6	1129.9	7247.3	546.6	104.8	103.8	106.5	105.6	104.6	106.2
2015	664.1	427.5	624.0	1106.0	7544.8	579.9	104.0	109.9	106.9	97.9	104.1	106.1
2016	691.3	448.2	671.1	1129.3	7740.4	607.8	104.1	104.8	107.6	102.1	102.6	104.8
2017	721.4	473.3	717.2	1141.9	8036.7	644.6	104.4	105.6	106.9	101.1	103.8	106.1
2018	746.6	493.0	760.6	1151.1	8229.8	708.0	103.5	104.2	106.0	100.8	102.4	109.8
2019	769.7	512.9	798.6	1157.3	8324.0	747.4	103.1	104.0	105.0	100.5	101.1	105.6

12-6 农、林、牧、渔业总产值
Gross Output Value of Farming, Forestry, Animal Husbandry and Fishery

单位：万元 (10 000 yuan)

行　　业	Sector	2018	2019	2019年比2018年增长（%）Increase Rate in 2019 over 2018(%)
农林牧渔业总产值	**Gross Output Value of Farming,Foretry, Animal Husbands and Fishery**	**31485736**	**34812926**	**3.1**
农业产值	**Output Value of Farming**	**15492192**	**16242516**	**4.0**
谷物及其他作物	Cereal and Other Cereal	7382652	7187923	-2.6
谷物	Cereal	5793933	5546287	-4.3
薯类	Tubers	121824	145106	19.1
油料	Oil-bearing Crops	700640	737659	5.3
豆类	Soybeans	180995	184600	2.0
棉花	Cotton	56755	50147	-11.6
麻类	Fiber Crops	8091	10312	27.5
糖料	Sugar Crops	221996	223607	0.7
烟草	Tobacco	92611	60732	-34.4
其他农作物	Other Cereal	205808	229473	11.5
蔬菜、食用菌及花卉、盆景园艺产品	Vegetable, Edible Fungi and Gardening Cereal	5023658	5405881	6.1
水果、坚果、茶、饮料和香料作物	Fruit, Nut, Tea, Drink and Spicery Cereal	2867779	3418290	1.4
中药材	Chinese Traditional Medicinal Materials	218104	230422	4.9
林业产值	**Output Value of Forestry**	**3195550**	**3428054**	**5.0**
林木的培育和种植	Forest Cultivated and Planted	895898	857952	-6.0
竹木采运	Bamboo and timber's Cutting and Transport	875876	948531	8.7
林产品	Forestry Products	1423775	1621571	9.8
牧业产值	**Output Value of Animal Husbandry**	**6721756**	**8889402**	**0.5**
牲畜饲养	Livestock Raised	563540	655528	3.1
猪的饲养	Hogs Raised	3325320	4546433	-16.1
家禽饲养	Poultry Raised	2615169	3425363	20.6
狩猎和捕捉动物	Animal Hutted and Caught	29627	32278	3.9
其他畜牧业	Other Animal Husbandry	188100	229800	9.0
渔业产值	**Output Value of Fishery**	**4739156**	**4765249**	**1.1**
鱼类	Fish	3410929	3366606	-1.3
甲壳类	Carapace	680025	762888	12.2
贝类	Shell-fish	79819	74566	-6.6
其他渔业	Other Fishery	568384	561189	-1.3
农林牧渔服务业产值	**Services Output Value of Farming, Forestry, Animal Husbandry and Fishery**	**1337081**	**1487705**	**5.6**

注：增长速度由当年可比价格产值除以上年现行价格产值所得。

a) The growth is equal to the output value that caculated at current year's constant prices divided by the output value that caculated at last year's current prices.

12-7 各地区粮食作物和多种经营产值（2019年）
Output Value of Grain Crops and Multi deal by Region (2019)

本表按可比价格计算。
Data in this table are calculated at constant pieces.

地区	Region	农林牧渔业总产值（万元）Gross Output Value of Farming, Forestry, Animal Husbandry and Fishery(10 000yuan)	粮食作物 Grain Crops	多种经营 Multi-dealing	构成(%) Composition (%) 粮食作物 Grain Crops	多种经营 Multi-dealing
全　省	**Provincial Total**	**34812926**	**6950336**	**27862590**	**20.0**	**80.0**
南昌市	Nanchang	3605304	647400	2957904	18.0	82.0
景德镇市	Jingdezhen	1051657	153339	898318	14.6	85.4
萍乡市	Pingxiang	1089909	135075	954834	12.4	87.6
九江市	Jiujiang	3515998	590995	2925003	16.8	83.2
新余市	Xinyu	1088140	215794	872346	19.8	80.2
鹰潭市	Yingtan	1048300	245909	802391	23.5	76.5
赣州市	Ganzhou	6080643	892121	5188522	14.7	85.3
吉安市	Ji'an	4159859	912914	3246945	21.9	78.1
宜春市	Yichun	5059275	1235406	3823869	24.4	75.6
抚州市	Fuzhou	3711065	778228	2932837	21.0	79.0
上饶市	Shangrao	4402776	1143155	3259621	26.0	74.0

12-8 农林牧渔业商品产值和商品率
Commodity Output Value and Commdity Rate of Farming, Forestry, Animal Husbandry and Fishery

本表按可比价格计算。
Data in this table are calculated at constant pieces.

行业	sector	农林牧渔业商品产值(万元) Commodity Output Value of Farming, Forestry, Animal Husbandry and Fishery (10 000 yuan)		农林牧渔业商品率(%) Commdity Rate of Farming, Forestry, Animal Husbandry and Fishery (%)	
		2018	2019	2018	2019
合　计	**Total**	**22805010**	**25300905**	**72.4**	**72.7**
#粮食作物产值	Output Value of Grain Crops	4265867	4427162	63.9	63.7
多种经营产值	Output Value of Multi-dealing	18539143	20873743	74.7	74.9
农　业	Farming	10531958	11081303	68.0	68.2
林　业	Forestry	1987813	2147754	62.2	62.7
牧　业	Animal Husbandry	5540962	7201974	82.4	81.0
渔　业	Fishery	3880692	3966008	81.9	83.2
服务业	Services	863585	903866	64.6	60.8

12-9 农、林、牧、渔业中间消耗

Intermediate Consumption of Farming, Forestry, Animal Husbandry and Fishery

单位：万元 (10 000 yuan)

行业	Sector	2018	2019
农林牧渔业中间消耗总计	**Total Intermediate Consumption of Farming,Forestry, Animal Husbandry and Fishery**	**12010746**	**13456072**
农业中间消耗	**Intermediate Consumption of Farming**	**5560959**	**5831671**
物质消耗	Material Consumption	4826316	5072634
用种量	Quantity of Seeds Used	1130979	1187492
役畜用饲料、饲草	Feedstuff for Service-lovestock	238063	243931
肥料	Fertilizer	1814174	1921827
燃料	Fuel	293759	307905
农药	Pesticide	390678	403626
农用塑料薄膜	Plastic Film for Farming	149903	155701
用电量	Consumption of Electricity	284654	299627
小农具购置	Small Dead Stock Purchased	179287	185720
办公用品购置	Office Stationary Purchased	34158	35062
其他	Others	310661	331743
生产服务支出	Production and Services Expenditure	734642	759037
林业中间消耗	**Intermediate Consumption of Forestry**	**993195**	**1065696**
物质消耗	Material Consumption	763124	816446
用种量	Quantity of Seeds Used	274775	288784
肥料	Fertilizer	172478	185051
燃料	Fuel	52105	57262
农药	Pesticide	44593	46616
用电量	Consumption of Electricity	31715	32934
小农具购置	Small Dead Stock Purchased	60307	61856
办公用品购置	Office Stationary Purchased	25063	26173

12-9 续表 continued

单位：万元 (10 000 yuan)

行　　业	Sector	2018	2019
其他物质消耗	Other Material Consumption	102089	117771
生产服务支出	Production and Services Expenditure	230071	249251
牧业中间消耗	**Intermediate Consumption of Animal Husbandry**	**3159334**	**4180216**
物质消耗	Material Consumption	2909486	3843038
用种量	Quantity of Seeds Used	553321	773436
饲料、饲草	Feedstuff,Forage Grass	2039476	2599096
燃料	Fuel	98957	125665
用电量	Consumption of Electricity	34094	41234
畜牧用药品	Leechdom for Livestock	105465	151206
其他	Others	78173	152403
生产服务支出	Production and Services Expenditure	249849	337178
渔业中间消耗	**Intermediate Consumption of Fishery**	**1661855**	**1672021**
物质消耗	Material Consumption	1355157	1366786
饲料	Feedstuff	930312	942349
燃料	Fuel	83563	86144
用电量	Consumption of Electricity	42271	43448
办公用品购置	Office Stationary Purchased	22139	21436
其他	Others	276872	273409
生产服务支出	Production and Services Expenditure	306698	305235
农林牧渔服务业中间消耗	**Intermediate Consumption of Services of Farming, Forestry, Animal Husbandry and Fishery**	**635403**	**706467**
物质消耗	Material Consumption	382298	423958
生产服务支出	Production and Services Expenditure	253105	282509

12-10 主要农业机械年末拥有量和机耕情况
Major Agricultural Machinery at Year-end and Condition of Tractor-ploughing

指 标	Item	1990	2000	2010	2015	2019
农业机械总动力(万瓦特)	**Total Power of Agricultural Machinery Power (10 000 watts)**	**667717**	**902307**	**3805000**	**2260816**	**2471520**
柴油发动机动力	Power of Diesel Motor	410637	620228	2978000	1763877	1921080
汽油发动机动力	Power of Pectrol Motor	80651	63401	161000	100942	112111
电动机动力	Power of Electromotor	176429	211399	666000	395120	436665
其他机械动力	Power of Other Engines		7279		876	800
农业机械与设备	**Agricultural Machinery and Equiment**					
大中型拖拉机(台)	Large and Medium-sized Agricultural Tractors (unit)	19324	22725	16700	19624	43340
(万瓦特)	(10 000 watts)	49449	54001	38490	85114	217976
小型拖拉机(台)	Small Tractors(unit)	91682	78634	390300	331997	335722
(万瓦特)	(10 000 watts)	76492	65329	469800	375940	369687
拖拉机配套农具(部)	Tractor Towing Farm Machinery	77509	108850	306600	361782	394011
农用水泵(台)	Agricultural Water Pumps (unit)	118122	223295	731000	446701	482851
节水灌溉机械(套)	Water-saving Irrigation Machinry (set)	4816	7033	50900	132240	138835
机动脱粒机(台)	Motorized Thrashing Machine (unit)	42047	253864	931400	292381	271173
机动植保机械(台)	Motorized plant protection Machinery	6942	24589	158800	148270	150011
农业机耕情况	**Condition of Agricultural Tractor-ploughing**					
当年实际机耕面积(千公顷)	Actual Tractor-ploughing Areas in Current Year (1000 hectares)	641	1029	2899	4206	4355

12-11 农业电气化、化学化、水利化情况
Agricultural Electrization, Chamization, Adequate Irrigation

指　　标	Item	1990	2000	2010	2015	2019
农业电气化情况	**Agricultural Electrization**					
农村用电量(万千瓦小时)	Electricity Consumed in Rural Areas (10 000 kwh)	159927	339255	715738	999196	1192362
通电的村民委员会个数(个)	Number of Villagers' Committees with Electricity (unit)	18957	20242	17245	17065	17063
通电的村委会占村委会总数比重(%)	Percentage of Villagers' Committees with Electricity in Total Villagers'Committees (%)	91.1	97.6	99.9	100	100
农业化学化情况	**Agricultural Chamization**					
农用化肥施用量(实物量)(万吨)	Quantity of Chemical Fertilizers Used for Farming (Material) (10 000 tons)	285.6	343.4	415.1	431.5	352.7
氮　　肥	Nitrogenous Fertilizer	150.5	150.2	135.0	132.1	98.9
磷　　肥	Phosphate Fertilizer	90.0	88.2	81.2	80.8	59.1
钾　　肥	Potash Fertilizer	26.7	40.0	53.3	53.5	41.5
复 合 肥	Compound Fertilizer	18.4	65.0	145.6	165.1	153.2
农用化肥施用量(折纯量)(万吨)	Quantity of Chemical Fertilizers Used for Farming (net) (10 000 tons)	83.6	106.9	137.6	143.6	115.6
氮　　肥	Nitrogenous Fertilizer	46.1	47.5	43.4	42.2	30.6
磷　　肥	Phosphorus Fertilizer	17.8	19.6	22.1	22.1	16.0
钾　　肥	Kalium Fertilizer	13.3	17.2	21.1	21.5	16.2
复 合 肥	Compound Fertilizer	6.4	22.7	50.9	57.7	52.8
农用塑料薄膜使用量(吨)	Quantity of Plastic Film for Farming Consumed (ton)	16428	28599	45491	53977	52020
农药使用量(吨)	Quantity of Pesticide Consumed (ton)	36482	51406	106530	93873	62701
农业水利化情况	**Agricultural Adequate Irrigation**					
有效灌溉面积(千公顷)	Irrigated Areas (1000 hectares)	1836.7	1903.4	1852.4	2027.7	2036.0

12-12 水利灌溉设施年末建成达到情况
Construction Condition of Water Conservancy for Irrigation at Year-end

指　　标	Item	2015	2016	2017	2018	2019
工程座数	**Number of Projects**					
蓄水工程(座)	Water Storage Project (unit)	240841	240853	240868	233232	233082
大型水库	Large-scale Reservoir	28	30	30	30	31
中型水库	Medium-scale Reservoir	260	260	260	262	261
小(一)型水库	Small (1)-scale Reservoir	1508	1498	1497	1501	1468
小(二)型水库	Small (2)-scale Reservoir	9019	9010	9025	9016	8925
塘　坝	Embankment	230026	230055	230056	222423	222397
泵站(处)	Pump Station (set)	19879	19966	19970	19974	19973
大型	Large	3	3	3	3	3
中型	Medium	111	112	112	112	112
小型	Small	19765	19851	19855	19859	19858
机电井(眼)	Mechanical and Electrical Well (unit)	1550022	1550028	1549386	1549386	1550136
规模以上机电井	above Designated Size	7357	7357	7357	7357	7372
规模以下机电井	below Designated Size	1542665	1542671	1542029	1542029	1542764
有效灌溉面积(千公顷)	Irrigated Areas (1 000 hectares)	2028	2037	2039	2032	2036
灌区数量(处)	Irrigated Places(unit)					
50万亩以上	500 000 mu and above	5	5	5	5	5
30-50万亩	300 000-500 000 mu	13	13	13	13	13
5-30万亩	50 000-300 000 mu	90	91	91	91	92
1-5万亩	10 000-50 000 mu	206	204	204	204	202
0.2-1万亩	2 000-10 000 mu	839	840	842	843	844

12-13 各地区农业电气化、化学化、水利化情况（2019年）

指　　标	Item	全　省 Provincial Total	南 昌 市 Nanchang	景德镇市 Jingdezhen
农业电气化情况	**Agricultural Electrization**			
农村用电量(万千瓦小时)	Electricity Consumed in Rural Areas (10 000 kw per hour)	1192362	140028	36920
通电的村民委员会个数(个)	Number of Villagers' Committees with Electricity (unit)	17063	1178	473
通电的村委会占村委会总数比重(%)	Percentage of Villagers' Committees with Electricity in Total Villagers'Committees (%)	100.0	100.0	100.0
农业化学化情况	**Agricultural Chamization**			
农用化肥施用量(实物量)(吨)	Quantity of Chemical Fertilizers Used for Farming (material) (ton)	3526554	347450	85889
氮　　肥	Nitrogenous Fertilizer	988949	76010	23067
磷　　肥	Phosphate Fertilizer	590646	57773	11629
钾　　肥	Potash Fertilizer	414987	41709	8850
复 合 肥	Compound Fertilizer	1531972	171958	42343
农用化肥施用量(折纯量)(吨)	Quantity of Chemical Fertilizers Used for Farming (net)(ton)	1155710	132650	32628
氮　　肥	Nitrogenous Fertilizer	305992	27712	8534
磷　　肥	Phosphate Fertilizer	159891	18335	2908
钾　　肥	Potash Fertilizer	161869	18730	4248
复 合 肥	Compound Fertilizer	527958	67873	16938
农用塑料薄膜使用量(吨)	Quantity of Plastic Film for Farming Consumed (ton)	52020	1870	1617
农药使用量(吨)	Quantity of Pesticide Consumed (ton)	62701	3296	1357
农业水利化情况	**Agricultural Adequate Irrigation**			
有效灌溉面积(千公顷)	Irrigated Areas (1 000 hectares)	**2036**	190	52

Adequate Irrigation by Region (2019)

萍乡市 Pingxiang	九江市 Jiujiang	新余市 Xinyu	鹰潭市 Yingtan	赣州市 Ganzhou	吉安市 Ji'an	宜春市 Yichun	抚州市 Fuzhou	上饶市 Shangrao
69470	144182	32064	26922	145997	89813	181943	72691	252332
641	1742	412	346	3462	2512	2198	1805	2294
100.0	100.0	100.0	100.0	100.0	100.0	100.0	100.0	100.0
77703	318807	105205	99123	530646	486345	538733	432488	504165
26636	96770	31190	26917	178330	122105	155232	114666	138026
14355	45193	25936	20409	89454	73880	95033	85303	71681
7539	35774	17579	10511	57718	49684	76921	54316	54386
29173	141070	30500	41286	205144	240676	211547	178203	240072
31220	119814	35739	27377	167079	162364	169060	140721	137058
9981	35664	10673	7382	43044	37945	52164	37077	35816
5431	16935	7425	5580	19371	20106	22418	23445	17937
3517	14388	6332	2711	24850	19292	30268	22099	15434
12291	52827	11309	11704	79814	85021	64210	58100	67871
755	3717	1179	1606	14089	6657	8075	6987	5468
1665	5575	1539	1384	8272	6421	8539	9459	15194
43	198	55	53	290	298	314	248	295

12-14 堤防、水闸、除涝、水土保持及解决饮水困难情况
Condition of Dike, Sluice, Waterlogging Control, Water and Soil Conversation and Easing the Shortage of Drinking Water

指 标	Item	2014	2015	2016	2017	2018	2019
堤防长度(公里)	Dike Projects (km)	13229	13438	13578	13788	13934	14087
1级堤防	First-grade Dike	67	67	67	67	67	67
2级堤防	Second-grade Dike	293	293	293	293	293	293
3级堤防	Third-grade Dike	223	223	242	264	264	260
4、5级堤防	Fourth-grade and Fifth-grade Dike	6578	6737	7159	7337	7634	7801
5级以下堤防	Dike below Fifth-grade	6068	6118	5817	5827	5676	5666
达标堤防长度(公里)	Dike up to Standard (km)	3642	3916	4081	4278	4594	4854
水闸工程设施(座)	Sluice Projects (set)	11317	11326	11332	11335	11335	11337
大型水闸	Large-scale Sluice	25	25	25	25	25	26
中型水闸	Medium-scale Sluice	234	242	245	245	246	245
小型水闸	Small-scale Sluice	11058	11059	11062	11065	11064	11066
除涝面积(千公顷)	Area of Waterlogging Control (1 000 hectares)	393	405	411	422	431	435
除涝标准3-5年一遇的	Once 3-5 Years	190	196	200	204	211	213
除涝标准5年以上的	Once over 5 Years	202	209	211	218	220	222
水土流失综合治理面积(千公顷)	Area of Soil Erosion under Control (1 000 hectares)	5352	5578	5675	5787	5918	6070
农村集中式供水工程(处)	Centralized Water Supply Project in Rural Areas (unit)						
千吨万人以上	above Kiloton 10 000 persons	660	764	792	865	884	858

12-15 农作物播种面积和产量（2019年）
Total Sown Areas and Output of Farm Crops (2019)

类　别	Type	播种面积（千公顷） Sown Area (1000 hectares)	单 产（千克/公顷） Yield per Unit (kg/hectare)	总产量(粮食:万吨；其他：吨) Total Output (Grain:10 000 tons; Others:ton)	总产量比上年增长(%) Total Output Growth Rate Over Preceding Year (%)
总　计	**Total**	**5521.18**			
粮食作物	Grain Crops	3665.14	5886.4	2157.45	-1.5
谷　物	Cereal	3413.17	6071.1	2072.17	-1.9
稻　谷	Rice	3346.20	6121.3	2048.30	-2.1
早　稻	Early Rice	1095.87	5714.2	626.20	-9.8
中稻及一季晚稻	Middle-season and Single-cropping Late Rice	1040.87	6599.3	686.90	15.6
二季晚稻	Double cropping Late Rice	1209.47	6078.7	735.20	-8.5
小　麦	Wheat	14.40	2111.1	3.04	-4.1
玉　米	Corn	46.50	4258.1	19.80	26.5
大(米)麦	Barley	0.03	13333.3	0.04	-25
豆类合计	Total Beans	130.43	2248.7	29.33	-0.3
大　豆	Soybean	108.80	2428.3	26.42	0.6
杂　豆	Mixed bean	21.63	1345.1	2.91	2.3
薯类(按折粮计算)	Tubers (converted into grain)	121.53	4603.7	55.95	14.0
油料合计	Total Oil-bearing Crops	677.08	1784	1207812	0.0
#花　生	Peanuts	165.14	2920	482183	0.3
油菜籽	Rapeseeds	482.29	1428	688661	-0.3
芝　麻	Sesame	29.14	1238	36065	-1.4
棉　花	Cotton	42.70	1539	65724	-8.9
麻类合计	Total Fiber Crops	3.60	1517	5457	-4.8
黄红麻	Jute and Ambary Hemp	0.02	4533	68	-29.9
苎　麻	Ramee	3.58	1505	5388	-3.6
甘　蔗	Sugarcane	13.95	44752	624425	-3.3
烟叶合计	Tabacco	12.30	1835	22577	-37.5
烤　烟	Flue-cured Tobacco	11.88	1848	21949	-35.9
晒　烟	Sun-cured Tobacco	0.43	1471	628	-67.3
中药材	Traditional Chinese Medicinal Materials	82.34			
蔬菜类及食用菌	Vegetables and Edible Mushrooms	644.36	24548	15818068	2.9
瓜果类	Melons and Fruits	84.23	26001	2190064	2.3
其他作物	Other Crops	295.48			
#莲　子	Lotus Seeds	27.01			
青饲料	Succulence	77.59			

注：本表粮食作物均为农产量抽样调查数，数据来自国家统计局江西调查总队，后同。

a) Data of Grain Crops in this table are estimated from sample surveys, which come from survey office of National Bureau of Statistic in Jiangxi. The same applies to the following tables.

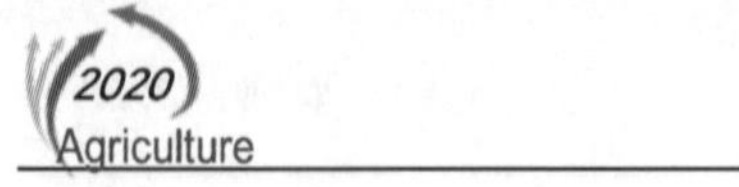

12-16 农作物播种面积

单位：千公顷

年 份 Year	合 计 Total	粮食作物 Grain Crops	#稻 谷 Cereal	#小 麦 Wheat	棉 花 Cotton	油 料 Oil-bearing Crops	#花 生 Peanuts
1978	5701.1	3820.8	3380.3	121.2	114.3	270.8	46.2
1979	5699.5	3844.0	3386.8	136.1	98.9	329.7	46.4
1980	5553.7	3775.3	3383.7	121.3	108.5	324.0	47.7
1981	5542.8	3758.3	3362.7	116.3	104.7	360.5	48.7
1982	5578.3	3743.9	3339.5	104.0	100.9	370.3	49.6
1983	5465.3	3714.1	3323.7	98.4	82.6	351.7	48.6
1984	5456.7	3714.1	3326.9	98.7	81.1	348.0	52.3
1985	5419.1	3650.9	3264.9	94.2	66.3	372.0	64.2
1986	5438.7	3629.8	3250.7	86.8	61.5	414.5	80.3
1987	5482.7	3647.9	3268.7	83.7	62.2	449.8	89.7
1988	5396.3	3588.7	3210.5	80.1	65.2	440.9	93.3
1989	5555.3	3693.9	3297.7	78.2	66.1	507.1	91.9
1990	5759.7	3700.9	3286.6	74.9	70.3	686.5	91.7
1991	5829.7	3589.7	3146.1	71.9	114.6	800.7	92.0
1992	5844.9	3446.2	2981.5	72.5	135.1	913.9	117.9
1993	5721.0	3360.1	2865.1	74.0	151.3	840.9	131.1
1994	5753.4	3434.4	2939.5	73.1	163.3	853.8	138.5
1995	5949.5	3510.0	3019.4	59.1	131.8	1057.0	130.3
1996	6105.3	3570.6	3055.4	72.3	107.4	1055.3	140.0
1997	6037.6	3586.5	3087.4	72.5	102.2	1003.3	142.6
1998	5804.0	3421.1	3034.6	63.3	108.4	947.7	151.8
1999	5871.0	3548.2	3050.0	61.5	69.2	900.4	163.5
2000	5650.8	3322.0	2832.0	51.4	69.0	858.1	179.9
2001	5534.7	3265.2	2808.3	38.3	70.5	778.7	183.4
2002	5355.1	3188.0	2786.7	28.5	55.0	704.2	176.7
2003	4997.4	3051.1	2685.3	20.6	65.5	632.7	166.8
2004	5258.1	3425.4	3095.9	19.1	62.5	566.2	134.5
2005	5328.9	3519.0	3187.7	15.9	63.9	577.0	135.1
2006	5255.6	3547.1	3271.1	12.4	65.7	585.8	132.6
2007	5215.0	3525.3	3196.3	11.2	68.3	583.5	132.1
2008	5330.9	3578.1	3255.5	10.2	66.6	658.8	142.0
2009	5376.4	3604.6	3282.1	9.9	75.5	716.4	146.4
2010	5457.7	3639.1	3318.4	10.4	79.7	731.7	152.4
2011	5486.8	3650.1	3359.6	10.9	82.0	732.4	157.9
2012	5525.9	3676.0	3328.3	11.9	85.0	744.2	160.7
2013	5553.0	3690.9	3338.0	11.8	84.7	743.1	163.7
2014	5570.6	3697.3	3339.5	12.0	84.9	741.5	162.6
2015	5579.1	3705.6	3342.4	12.2	81.1	739.9	164.2
2016	5602.1	3807.2	3527.1	14.4	49.3	682.4	160.4
2017	5596.9	3786.3	3504.7	14.5	50.5	676.3	162.5
2018	5555.9	3721.3	3436.2	14.6	46.7	680.1	167.3
2019	5521.2	3665.1	3346.2	14.4	42.7	677.1	165.1

Total Sown Areas of Farm Crops

(1 000 hectares)

#油菜籽 Rapeseeds	#芝 麻 Sesame	黄红麻 Jute and Ambary Hemp	苎 麻 Ramee	甘 蔗 Sugarcane	烤 烟 Flue-cured Tobacco	晒 烟 Sun-cured Tobacco	蔬 菜 Vegetables
174.3	50.3	5.2	1.3	19.5	3.8	4.1	69.9
214.1	69.3	5.1	1.4	18.8	2.1	3.8	65.1
217.7	58.7	6.4	2.1	19.1	1.1	3.1	70.2
252.2	59.6	10.1	2.7	24.1	2.3	3.3	71.1
255.9	64.7	7.9	2.5	23.7	2.8	3.7	128.7
246.1	57.1	4.7	2.3	21.1	1.8	3.0	159.5
238.3	57.4	5.4	2.6	30.1	2.1	3.8	185.9
245.9	61.9	16.3	9.5	37.7	2.3	4.8	207.1
273.0	61.1	9.7	28.9	38.9	1.7	4.3	211.3
302.9	57.2	7.7	37.3	36.7	3.2	4.9	222.3
300.1	47.5	6.9	21.1	36.1	11.7	6.5	238.3
358.9	56.3	7.7	12.0	31.8	10.5	6.7	243.5
540.9	54.0	8.3	6.6	35.6	14.8	5.9	269.2
657.2	51.3	8.3	5.3	41.8	28.1	6.5	272.3
741.5	54.5	6.9	6.4	50.4	31.1	6.9	317.9
648.8	61.1	6.9	5.0	43.4	37.4	6.5	371.6
653.8	61.4	5.9	7.0	38.5	16.0	5.5	399.1
864.1	62.4	4.4	8.6	40.2	9.8	5.1	436.1
853.6	61.8	3.9	9.1	37.0	11.8	4.9	484.7
801.1	59.7	3.0	8.5	41.8	23.7	4.9	508.1
745.3	50.6	2.8	7.5	38.6	13.9	3.2	491.6
685.4	51.4	1.8	7.3	33.6	11.8	3.1	525.9
629.2	49.0	1.7	9.0	28.4	11.5	2.7	560.1
547.7	47.0	1.3	9.9	25.9	12.1	2.6	605.0
482.9	42.4	1.0	8.9	26.0	11.3	2.1	625.0
428.1	36.1	0.6	8.3	24.4	9.7	1.8	548.3
400.5	29.1	1.1	7.3	18.6	7.8	1.0	552.9
409.7	30.6	0.5	7.3	17.7	10.6	1.0	543.6
418.7	31.7	0.5	7.3	15.1	14.7	0.9	505.5
414.3	35.8	0.3	7.4	14.1	14.7	0.8	500.5
482.3	29.8	0.4	7.8	14.0	19.8	0.7	512.9
538.5	30.8	0.2	7.2	13.6	17.5	0.7	509.7
547.0	31.6	0.2	6.2	13.6	17.0	0.7	521.2
542.6	31.8	0.2	6.0	14.0	19.4	0.6	535.5
551.9	31.2	0.2	5.5	13.8	22.9	0.9	548.4
548.0	31.5	0.1	5.2	14.5	22.4	1.3	563.7
547.9	31.0	0.1	4.6	14.3	27.0	0.8	572.3
545.0	30.7	0.1	3.9	14.5	26.9	0.7	585.4
494.9	27.1	0.1	3.7	14.5	30.2	1.1	607.4
486.3	27.5	0.0	3.6	14.3	25.1	0.6	619.3
483.0	29.8	0.0	3.6	14.3	16.8	0.6	633.0
482.3	29.1	0.0	3.6	14.0	11.9	0.4	644.4

12-17 主要农产品产量

年份 Year	粮食 (万吨) Grain (10 000 tons)	棉花 (吨) Cotton (ton)	油料折油 (吨) Oil folding (ton)	油料合计 (吨) Total Oil-bearing Grops (ton)	#花生 Peanuts	#油菜籽 Rapeseeds	#芝麻 Sesame	黄红麻 (吨) Jute and Ambary Hemp (ton)
1978	1125.74	34796	66271	134940	51686	68399	14855	4793
1979	1296.50	43542	103540	199216	60588	100639	37989	7529
1980	1240.04	43039	67804	137605	50502	71999	15104	10775
1981	1268.71	46909	104690	198344	56713	116275	25356	14993
1982	1408.74	65621	105360	259958	62974	159804	37180	11567
1983	1460.45	47932	93031	228752	62424	141353	24975	6427
1984	1549.18	69141	104260	245317	74155	144974	26188	8257
1985	1533.54	62199	122268	288842	103050	156691	29101	29875
1986	1453.77	54558	115323	315869	135578	156664	23627	18301
1987	1562.77	59187	135282	356974	157779	171632	27563	14080
1988	1535.43	32495	122547	328348	138059	174773	15516	10456
1989	1589.62	50050	148379	376519	150739	198755	27025	13423
1990	1658.20	56995	196114	548851	151909	371383	25559	18846
1991	1625.70	108998	226176	621726	149377	444558	27791	20472
1992	1566.00	148368	257389	741627	215142	490178	36307	17984
1993	1517.10	156222	260851	778140	257203	480746	40191	18327
1994	1603.50	174714	282747	836078	309554	483500	42966	17547
1995	1607.40	118547	346693	1035823	302510	690239	42971	13597
1996	1766.30	123071	339313	1010393	331169	634898	44277	9017
1997	1767.70	132390	365379	1056276	332669	681332	42244	7984
1998	1555.50	76092	282503	843455	334317	477853	31165	6555
1999	1732.70	63417	318638	943803	365179	546651	31907	4254
2000	1614.60	68025	325212	967297	403832	529998	33407	4437
2001	1600.00	80510	300390	905295	408616	463306	32333	4142
2002	1549.50	66891	277100	824182	407900	383506	30824	2882
2003	1450.30	76148	252998	759765	368282	364761	24603	1552
2004	1803.40	84812	257237	745278	317971	400887	23035	1793
2005	1853.86	87196	262238	761229	316617	416814	25318	909
2006	1896.52	95015	276246	779766	321554	428286	27094	898
2007	1904.21	107641	285360	841699	332692	429588	26885	1108
2008	1958.10	111915	317434	911919	367891	516281	26398	1404
2009	2002.56	125104	370794	1020240	381959	609619	27626	901
2010	1954.70	130773	364717	1075715	407959	638423	28434	1123
2011	2052.79	142853	444396	1149896	437498	666568	31723	988
2012	2084.84	152203	460395	1170753	448133	687541	34476	804
2013	2116.10	130860	458432	1192243	452003	703654	36547	720
2014	2143.50	133682	471713	1217081	456514	723497	37032	628
2015	2148.70	115221	475675	1239636	464130	739408	36047	610
2016	2234.40	73296	433513	1153338	455993	665140	32205	588
2017	2221.73	77709	461132	1173202	467718	672628	32856	157
2018	2190.70	72115	472262	1208015	480606	690819	36563	97
2019	2157.45	65724	463289	1207812	482183	688661	36065	68

注：1)本表1990年以后粮食产量为农产量抽样调查数，数据来自国家统计局江西江西调查总队。
2)2016年、2017年畜牧产品产量为第三次农业普查修正数，数据来自江西调查总队，后同。

Output of Major Farm Products

苎麻 (吨) Ramee (ton)	甘蔗 (吨) Sugarcane (ton)	烤烟 (吨) Flue-cured Tobacco (ton)	晒烟 (吨) Sun-cured Tobacco (ton)	园林水果 (吨) Fruits (ton)	肉类总产量 (吨) Output of Meat (ton)	生猪年末存栏 (万头) Hogs on Hand at Year-end (10 000 heads)	水产品总产量 (万吨) Gross Output of Aquatic Products (10 000 tons)
773	682908	2601	3540	29229	262704	944.3	5.93
1212	790784	1726	3266	60190	313749	1004.7	6.73
1252	857362	950	2758	56126	380490	1018.0	7.55
1627	1167281	2542	3265	70870	411140	1006.6	8.58
2050	1204245	3439	4184	73356	441368	1023.3	9.40
1732	1021939	2033	2777	89348	458122	1079.4	11.55
2495	1499874	2758	4046	89485	547967	1138.8	13.01
5106	1971006	2914	5880	107543	642514	1232.5	16.02
13211	1720310	1664	4287	161274	777126	1344.1	19.28
33475	1907887	3525	5928	172879	838692	1387.6	22.59
19212	1735822	7699	5890	146135	978268	1454.5	25.59
10581	1494895	9155	6173	229708	1040340	1486.5	28.12
6039	1942913	17175	5942	232983	1117438	1547.3	30.68
5166	2299461	31454	6686	334161	1239667	1589.6	33.93
6592	2561426	38246	7867	140914	1410488	1656.6	41.32
5727	2311395	46106	7980	208141	1676110	1781.0	55.49
8644	2041521	15186	6433	303658	1976564	1867.1	69.48
11141	2000272	10179	5730	427637	2193984	1951.0	84.04
12224	1857833	14870	6422	503928	2219302	1978.7	100.10
11288	2205930	31444	7527	676384	2275735	1979.8	115.08
9921	1863799	15906	3660	454628	2147125	1799.6	118.35
9692	1720059	14156	3304	703877	1982708	1554.3	122.12
11397	1368109	15092	3065	423403	1923111	1473.5	127.12
13034	1237046	16635	3095	577314	1931396	1406.5	132.26
12729	1308464	17232	2555	652276	1967198	1309.4	138.20
10165	1182490	15470	2434	777691	2013931	1362.7	146.06
10774	857182	15442	1387	1023742	2200265	1421.3	156.34
10944	783147	19761	1469	1302821	2448110	1485.4	168.66
10992	701340	29955	1321	1609336	2402215	1344.1	179.95
11149	660864	32751	1111	2181603	2473363	1420.1	196.06
11416	642066	46724	1070	2753566	2616319	1530.6	190.39
9837	622022	41411	1922	3270764	3009138	1680.1	205.30
9071	590981	36198	1393	2971285	3082029	1756.3	215.34
8938	628475	44497	1008	3876539	3167526	1827.5	222.81
8267	615764	50338	2134	3702788	3339124	1911.6	237.00
7429	646598	47563	2975	4413431	3445152	1967.6	242.65
6601	645242	57501	1388	4147641	3552418	1943.0	253.76
6044	658244	53402	1188	4503190	3550789	1892.8	264.25
5682	657504	61981	2108	4053727	3232491	1631.3	241.76
5608	655073	54131	1600	4552342	3260579	1621.3	250.55
5590	645714	34229	1919	4702071	3256758	1587.3	255.95
5388	624425	21949	628	4742626	2986491	1006.3	258.81

a) Data of Grain Crops since 1990 in this table are estimated from sample surveys,which come from survey office of National Bureau of Statistics in Jiangxi.

b) Production of animal husbandry of 2016 and 2017 were adjusted by the third Agricultural Census.

12-18 各地区经济作物播种面积（2019年）

单位：公顷

类别	Type	全省 Provincial Total	南昌市 Nanchang	景德镇市 Jingdezhen	萍乡 Pingxiang
油料合计	Total Oil-bearing Grops	677077	68510	26034	25371
#花生	Peanuts	165137	15672	2841	1476
油菜籽	Rapeseeds	482290	46416	20772	23852
芝麻	Sesame	29137	6422	2421	39
棉花	Cotton	42699	1095	1140	2
麻类合计	Total Fiber Crops	3597			
黄红麻	Jute and Ambary Hemp	15			
苎麻	Ramee	3581			
甘蔗	Sugarcane	13953	1059	1188	19
烟叶合计	Tabacco	12304			17
烤烟	Flue-cured Tobacco	11877			
晒烟	Sun-cured Tobacco	427			17
中药材	Traditional Chinese Medicinal Materials	82338	670	492	1352
蔬菜类及食用菌	Vegetables and Edible Mushrooms	644364	41219	33697	26775
#叶菜类	Leaf Vegetable	110436	7243	4830	5496
白菜类	Chinese Cabbage Vegetable	112301	9186	5357	5044
甘蓝类	Kale Vegetable	26266	2617	978	830
根茎类	Root Vegetable	102902	6488	5910	3772
瓜菜类	Melons Vegetable	59516	3920	2750	2825
豆类(菜用)	Legumes	43081	2325	3210	2334
茄果菜类	Solanaceous Fruit Vegetable	82220	2918	4695	2232
葱蒜类	Bulb Vegetable	35883	2429	1878	1496
水生菜类	Aquatic Vegetable	13601	1286	455	496
其他蔬菜类	Others	58158	2807	3634	2250
瓜果类	Melons and Fruits	84231	3957	3268	3507
其他作物	Other Crops	295484	19144	7912	10069
#莲子	Lotus Seeds	27008	139	104	521

Total Sown Areas of Cash Crops by Region (2019)

(hectare)

九江市 Jiujiang	新余市 Xinyu	鹰潭市 Yingtan	赣州市 Ganzhou	吉安市 Ji'an	宜春市 Yichun	抚州市 Fuzhou	上饶市 Shangrao
112038	11832	13233	40211	116336	129276	24967	109269
7581	4169	6801	34137	24541	41906	11812	14201
100833	7321	5769	5788	90227	80697	12640	87975
3611	340	663	286	1565	6669	515	6606
26320	1588		4	158	6769	1819	3804
425	1640	26	3	9	1412	1	81
		3	3	3			6
425	1640	23		6	1412	1	74
623	54	885	263	876	2239	3178	3569
			6450	1955	1207	2565	110
			6450	1929	904	2504	90
				26	303	61	20
4653	1099		2136	8736	50070	10131	2999
51291	11767	14173	134982	104866	89321	69616	66657
8037	1715	1703	22457	19685	16757	11257	11256
9444	1194	2707	19836	17940	13825	14646	13122
1759	429	378	7098	3553	3462	2576	2586
7844	2181	2320	19277	16196	15866	11888	11160
4710	1415	892	14357	10864	6902	5405	5476
3513	861	1059	9899	6591	5762	4192	3335
7521	1963	2032	17909	15742	11466	8328	7414
1771	1135	521	8053	6579	5272	3637	3112
1387	375	1207	1123	1603	1729	2094	1846
5305	499	1354	14973	6113	8280	5593	7350
5849	3721	2300	10429	10762	12832	20373	7233
22109	5378	12781	68521	13956	59517	52089	24008
513	19	5	12241	1925	289	10938	314

12-19 各地区主要经济作物单位播种面积产量（2019年）

单位：千克/公顷

类别	Type	全省 Provincial Total	南昌市 Nanchang	景德镇市 Jingdezhen	萍乡市 Pingxiang
油料合计	Total Oil-bearing Grops	1784	1643	1512	1608
#花生	Peanuts	2920	3455	3533	2114
油菜籽	Rapeseeds	1428	1139	1260	1577
芝麻	Sesame	1238	863	1306	1615
棉花	Cotton	1539	1390	1560	500
麻类合计	Total Fiber Crops	1517			
黄红麻	Jute and Ambary Hemp	4533			
苎麻	Ramee	1505			
甘蔗	Sugarcane	44752	42246	43057	26316
烟叶合计	Tabacco	1835			1765
烤烟	Flue-cured Tobacco	1848			
晒烟	Sun-cured Tobacco	1471			1765
蔬菜类及食用菌	Vegetables and Edible Mushrooms	24548	31621	32012	24359
#叶菜类	Leaf Vegetable	20734	25819	21141	25613
白菜类	Chinese Cabbage Vegetable	26808	39459	39415	26784
甘蓝类	Kale Vegetable	24275	24174	36393	20165
根茎类	Root Vegetable	28749	44997	40568	28319
瓜菜类	Melons Vegetable	27463	35437	37063	25312
豆类(菜用)	Legumes	20763	16798	26446	18538
茄果菜类	Solanaceous Fruit Vegetable	21503	23161	29170	20302
葱蒜类	Bulb Vegetable	20510	21208	27674	24831
水生菜类	Aquatic Vegetable	23285	28259	31273	24496
其他蔬菜类	Others	24811	23065	25190	17996
瓜果类	Melons and Fruits	26001	24891	24539	19103

Output of Unit of Major Cash Crops Sown Area by Region (2019)

(kg/hectare)

九江市 Jiujiang	新余市 Xinyu	鹰潭市 Yingtan	赣州市 Ganzhou	吉安市 Ji'an	宜春市 Yichun	抚州市 Fuzhou	上饶市 Shangrao
1812	1855	2397	2589	1482	1760	2240	1816
2267	2885	3090	2837	2671	2765	3005	3583
1791	1278	1688	1192	1165	1271	1560	1568
1442	1647	1459	1294	1154	1349	1353	1317
1535	1685		1750	1791	1430	1432	1778
2454	1138	2038	5000	3667	1545	9000	3160
		8333	5000	4000			2667
2454	1138	1217		3500	1545	9000	3230
24183	29352	39033	42886	47265	49711	57461	36493
			1507	2099	2332	2194	2545
			1507	2085	2675	2206	2944
				3154	1310	1705	750
19573	18945	22471	27286	23156	21227	22148	25341
15853	17299	16461	25355	19918	18959	19321	15823
23635	23991	20714	25087	21716	24655	23864	31728
22115	18634	17275	24551	21189	21594	23536	32350
23542	21787	29356	31964	28642	20108	25008	28955
21724	18175	25711	32192	26825	26109	22694	20948
16236	14588	15798	26355	18639	20651	19722	16652
15596	18147	24219	27414	21363	17866	19654	16217
14583	15380	16280	25231	18945	17368	17972	18899
19200	20485	25133	19098	24615	24086	22586	21391
18677	16982	23280	23431	25182	24351	19321	39816
20630	22333	42022	26129	24594	25564	31384	19266

12-20 各地区主要经济作物总产量（2019年）

单位：吨

类　　　别	Type	全　省 Provincial Total	南昌市 Nanchang	景德镇市 Jingdezhen	萍乡市 Pingxiang
油料合计	Total Oil-bearing Grops	1207812	112557	39374	40808
#花　生	Peanuts	482183	54149	10036	3120
油菜籽	Rapeseeds	688661	52864	26177	37621
芝　麻	Sesame	36065	5544	3161	63
棉　花	Cotton	65724	1522	1778	1
麻类合计	Total Fiber Crops	5457			
黄红麻	Jute and Ambary Hemp	68			
苎　麻	Ramee	5388			
甘　蔗	Sugarcane	624425	44738	51152	500
烟叶合计	Tabacco	22577			30
烤　烟	Flue-cured Tobacco	21949			
晒　烟	Sun-cured Tobacco	628			30
蔬菜类及食用菌	Vegetables and Edible Mushrooms	15818068	1303391	1078703	652221
#叶菜类	Leaf Vegetable	2289765	187008	102109	140767
白菜类	Chinese Cabbage Vegetable	3010556	362471	211147	135097
甘蓝类	Kale Vegetable	637608	63263	35592	16737
根茎类	Root Vegetable	2958313	291943	239755	106819
瓜菜类	Melons Vegetable	1634488	138912	101922	71507
豆类(菜用)	Legumes	894479	39055	84892	43267
茄果菜类	Solanaceous Fruit Vegetable	1768009	67584	136954	45314
葱蒜类	Bulb Vegetable	735967	51514	51972	37147
水生菜类	Aquatic Vegetable	316700	36341	14229	12150
其他蔬菜类	Others	1442952	64744	91540	40490
瓜果类	Melons and Fruits	2190064	98495	80194	66994

Total Output of Major Cash Crops by Region (2019)

(ton)

九江市 Jiujiang	新余市 Xinyu	鹰潭市 Yingtan	赣州市 Ganzhou	吉安市 Ji'an	宜春市 Yichun	抚州市 Fuzhou	上饶市 Shangrao
203032	21949	31720	104104	172464	227483	55914	198407
17183	12026	21014	96836	65556	115879	35495	50889
180636	9359	9739	6898	105101	102596	19722	137948
5206	560	967	370	1806	8994	697	8697
40409	2675		7	283	9681	2604	6764
1043	1867	53	15	33	2181	9	256
		25	15	12			16
1043	1867	28		21	2181	9	239
15066	1585	34544	11279	41404	111303	182612	130242
			9720	4104	2815	5628	280
			9720	4022	2418	5524	265
				82	397	104	15
1003937	222924	318477	3683175	2428283	1895992	1541838	1689127
127407	29667	28033	569392	392086	317698	217498	178100
223205	28645	56073	497631	389592	340851	349514	416330
38900	7994	6530	174266	75284	74758	60628	83656
184662	47518	68107	616173	463880	319027	297295	323134
102322	25717	22934	462177	291423	180202	122661	114711
57036	12560	16730	260887	122850	118992	82675	55535
117299	35623	49214	490966	336293	204852	163676	120234
25827	17456	8482	203187	124641	91564	65363	58814
26630	7682	30335	21447	39458	41645	47296	39487
99079	8474	31521	350834	153936	201626	108061	292647
120666	83102	96650	272504	264683	328037	639390	139349

12-21 茶叶、水果生产情况
Production Conditions of Tea, Fruits

指　　标	Item	2018	2019	2019年比2018年增长（%）Growth Rate in 2019 over 2018(%)
产　量(吨)	**Output (ton)**			
茶 叶	Tea	65362	66778	2.2
#红茶	Black Tea	8095	8548	5.6
绿茶	Green Tea	51690	52341	1.3
水 果	Fruits	4702071	4742626	0.9
柑桔类	Citrus Fruit	4107908	4131757	0.6
#柑	Hesperidium	372083	374347	0.6
桔	Tangerine	2289894	2213044	-3.4
橙	Orange	1284229	1358673	5.8
柚	Grapefruit	161702	185693	14.8
梨	Pear	163243	164911	1.0
桃	Peach	63617	66527	4.6
其他水果	Other Fruits	367303	379431	3.3
面　积(公顷)	**Area (hectare)**			
年末茶园面积	Area of Tea Plantations at Year-end	103548	109062	5.3
#当年采摘	Picked in Current Year	79184	85247	7.7
当年新增	Newly Added in Current Year	6052	7947	31.3
年末果园面积	Area of Orchard at Year-end	411670	420094	2.0
柑桔园	Citrus Fruit Plantation	326834	336029	2.8
梨园	Pear Plantation	22468	22256	-0.9
桃园	Peach Plantation	10964	11429	4.2
其他果园	Other Plantation	51404	50380	-2.0
当年新增	Newly Added in Current Year	18360	15859	-13.6

12-22 各地区茶叶、水果产量（2019年）
Output of Tea, Fruits by Region (2019)

单位：吨 (ton)

地 区	Region	茶 叶 Tea	#红 茶 Black Tea	#绿 茶 Green Tea	园林水果 Fruits	#柑 桔 Citrus Fruit	#梨 Pear
全 省	**Provincial Total**	**66778**	**8548**	**52341**	**4742626**	**4131757**	**164911**
南昌市	Nanchang	1843	31	1800	41925	22917	2649
景德镇市	Jingdezhen	11088	3395	6193	21335	4950	3061
萍乡市	Pingxiang	698	1	621	17569	7494	1034
九江市	Jiujiang	10350	3097	5438	137312	81972	22428
新余市	Xinyu	319		319	141615	110060	3569
鹰潭市	Yingtan	140	2	134	57326	35971	13338
赣州市	Ganzhou	5184	56	5035	1705635	1541142	17751
吉安市	Ji'an	6882	420	5916	610658	517289	20575
宜春市	Yichun	5740	253	4822	160666	87487	10555
抚州市	Fuzhou	2875	148	1994	1715539	1631771	54788
上饶市	Shangrao	21659	1145	20069	133046	90704	15163

12-23 各地区茶园、果园面积（2019年）
Area of Tea Plantations, Orchard by Region (2019)

单位：公顷 (hectare)

地 区	Region	年末茶园面积 Area of Tea Plantations at Year-end	年末果园面积 Area of Orchards at Year-end	#柑 桔 Cirtrus Fruit	#当年新增面积 Areas Newly Added in Current Year
全 省	**Provincial Total**	**109062**	**420094**	**336029**	**15859**
南昌市	Nanchang	1445	6928	3858	209
景德镇市	Jingdezhen	12430	4146	1446	84
萍乡市	Pingxiang	997	3304	1852	56
九江市	Jiujiang	23559	17249	8016	483
新余市	Xinyu	233	8513	7062	1183
鹰潭市	Yingtan	515	6189	3097	80
赣州市	Ganzhou	13325	169136	142966	8251
吉安市	Ji'an	17906	61064	51090	2128
宜春市	Yichun	10826	17046	8392	316
抚州市	Fuzhou	4428	90392	84249	254
上饶市	Shangrao	23398	36127	24001	2815

12-24 牧 业 生 产 情 况
Production Condition of Animal Husbandry

指　　　　标	Item	2018	2019	2019年比2018年增长（%）Increase Rate in 2019 over 2018%)
当年出栏肉猪头数(头)	Number of Slaughtering Hogs in Current Year (head)	31240000	25468180	-18.5
当年出售和自宰肉用牛(头)	Cattle for Sale and Butchering in Current Year (head)	1194300	1251700	4.8
当年出售和自宰肉用羊(只)	Sheep for Sale and Butchering in Current Year (head)	1315100	1441300	9.6
当年出售和自宰肉用兔(只)	Rabbits for Sale and Butchering in Current Year (head)	3248289	3113894	-4.1
当年出售和自宰肉用禽(万羽)	Poultry for Sale and Butchering in Current Year (10 000 heads)	45424	53955	18.8
肉类总产量(吨)	Total Output of Meat (ton)	3256758	2986491	-8.3
#猪　肉	Pork	2463200	2067500	-16.1
牛　肉	Beef	124500	131400	5.5
羊　肉	Mutton	21000	23100	10.0
兔　肉	Rabbit Meat	5388	5391	0.1
禽　肉	Meat of Poultry	631700	759100	20.2
牛奶产量(吨)	Output of Milk (ton)	96300	72800	-24.4
家禽产蛋量(吨)	Output of Poultry Eggs (ton)	469600	571700	21.7
蜂蜜产量(吨)	Output of Honey (ton)	18175	20120	10.7
牛年末存栏头数(头)	Number of Cattle at Year-end (head)	2464500	2573200	4.4
#奶牛	Number of Cow	32100	34700	8.1
生猪年末存栏头数(头)	Number of Hogs at Year-end (head)	15872500	10063165	-36.6
#能繁殖母猪	Number of Female Hogs with Fertility	1408349	956269	-32.1
羊年末存栏只数(只)	Number of Sheep and goats at Year-end (head)	1002600	1102400	10.0
兔年末存栏只数(只)	Number of Rabbits at the End of Year (head)	1330450	1355877	1.9
家禽年末只数(万羽)	Number of Poultry at Year-end (10 000 heads)	18550	22469	21.1
养蜂年末箱数(箱)	Number of Boxes for Beekeeping at Year-end (box)	706870	763936	8.1
年末桑园面积(公顷)	Area of Mulberry Plantation at Year-end (hectare)	8899	9215	3.6
蚕　茧(吨)	Silkworn cocoons (ton)	6177	6340	2.6

注：本表2018年、2019年为抽样调查数，数据均来自国家统计局江西江西调查总队。

a)The date of 2018 & 2019 estimated form sample surveys,which come form Survey Office of National Bureall of Statistics in Jiangxi.

12-25 渔业生产情况
Production Condition of Fishery

指　　标	Item	2018	2019	2019年比2018年增长（%）Increase Rate in 2019 over 2018(%)
渔业乡(个)	Number of Fishery Townships (unit)	13	13	0.0
渔业村(个)	Number of Fishery Villages (unit)	263	254	-3.4
渔业户(户)	Number of Fishery Households (household)	312047	303459	-2.8
渔业人口(万人)	Population of Fishery (10 000 persons)	142.02	137.87	-2.9
渔业从业人员(万人)	Laborers of Fishery (10 000 persons)	87.93	87.35	-0.7
专业从业人员	Professional Laborers	40.48	40.04	-1.1
捕捞专业从业人员	Laborers of Catch	5.70	5.24	-8.1
养殖专业从业人员	Laborers of Cultivation	29.17	29.21	0.1
其他专业从业人员	Other Laborers	5.63	5.58	-0.9
兼业从业人员	Sideline Laborers	36.74	36.65	-0.2
已养殖面积(千公顷)	Cultured Area (1 000 hectares)	408.40	411.53	0.8
#池　塘	Pond	165.36	161.91	-2.1
水　库	Reservoir	138.04	127.18	-7.9
湖　泊	Lake	92.83	109.20	17.6
养殖亩产(千克/公顷)	Per Unit Area Yield of Cultivation (kg/hectare)	5718	5882	2.9
#池　塘	Pond	8948	9614	7.4
水　库	Reservoir	2837	2780	-2.0
湖　泊	Lake	3062	2610	-14.7
水产品总产量(吨)	Total Output of Aquatic Products (ton)	2559450	2588135	1.1
#养殖产量	Cultured Output	2335443	2420568	3.6
#池　塘	Pond	1479749	1556650	5.2
水　库	Reseroir	391573	353530	-9.7
湖　泊	Lake	284185	285015	0.3
水产品总产量中：鱼　类	Fish	2067367	2123332	2.7
甲壳类	Carapace	154393	179976	16.6
贝　类	Shellfish	38449	38544	0.2
珍珠产量(千克)	Output of Pearls (kg)	248000	218000	-12.1
鱼苗产量(亿尾)	Output of Frys (100 millon fries)	377	370	-1.8
鱼种产量(吨)	Output of Fingerling (ton)	288961	297107	2.8

12-26 各地区渔业生产情况（2019年）
Production Condition of Fishery by Region (2019)

地　区	Region	渔业从业人员（万人）Laborers of Fishery (10 000person)	专业从业人员 Professional Laborers	捕捞从业人员 Laborers of Catch	养殖从业人员 Laborers of Cultivation	其他从业人员 Other Laborers	兼业从业人员 Sideline Laborers	养殖面积（公顷）Cultured Area (hectare)	养殖单产（千克/公顷）Per Unit Area Yield of Cultivation (kg/hectare)
全　省	**Provincial Total**	**87.36**	**40.04**	**5.25**	**29.21**	**5.59**	**36.66**	**411530**	**5882**
南昌市	Nanchang	7.56	3.93	0.71	2.69	0.52	2.46	53594	6988
景德镇市	Jingdezhen	0.34	0.23	0.04	0.15	0.04	0.09	6630	3961
萍乡市	Pingxiang	2.50	1.00	0.05	0.86	0.09	1.47	5597	7024
九江市	Jiujiang	7.17	4.30	1.59	2.27	0.44	2.30	97848	4242
新余市	Xinyu	1.57	0.64	0.11	0.44	0.10	0.80	11305	4403
鹰潭市	Yingtan	0.83	0.46	0.11	0.25	0.09	0.15	7804	6206
赣州市	Ganzhou	24.26	10.75	0.28	8.93	1.54	12.14	42422	6836
吉安市	Ji'an	9.63	3.05	0.25	2.44	0.37	5.51	41802	5207
宜春市	Yichun	10.51	4.55	0.52	3.60	0.43	2.97	43064	7479
抚州市	Fuzhou	5.66	1.75	0.09	1.41	0.26	3.17	32227	5056
上饶市	Shangrao	17.33	9.38	1.50	6.17	1.71	5.60	69237	6853

12-26 续表 continued

地　区	Region	水产品总产量(吨) Total Output of Aquatic Products (ton)	#养殖产量 Cultured Output	水产品产量中 Among Output of Aquatic Procducts: 鱼类 Fish	甲壳类 Carapace	贝类 Shellfish	珍珠产量（千克）Output of Pearl (kg)	鱼苗产量（亿尾）Output of Fry (One hundred million)	鱼种产量（吨）Output of Fingerling (ton)
全　省	**Provincial Total**	**2588135**	**2420568**	**2123332**	**179976**	**38544**	**218000**	**370.32**	**297107**
南昌市	Nanchang	409996	374535	331820	29725	9008	4000	31.35	41518
景德镇市	Jingdezhen	29710	26259	24360	1235	444		14.00	715
萍乡市	Pingxiang	40825	39314	36207	806	1487		10.62	5531
九江市	Jiujiang	454683	415087	335591	74255	1433	161000	50.54	35674
新余市	Xinyu	52884	49771	45654	961	419		5.27	4392
鹰潭市	Yingtan	51029	48433	41903	3335	1144		19.60	5759
赣州市	Ganzhou	297440	289998	268206	6910	4897		82.42	34456
吉安市	Ji'an	223113	217679	203265	6813	2227		33.16	20877
宜春市	Yichun	348862	322082	282018	19889	7047	2000	44.21	51810
抚州市	Fuzhou	168704	162948	130792	4245	2033	1000	35.24	30860
上饶市	Shangrao	510889	474462	423516	31802	8405	50000	43.91	65515

12-27 各地区按人口平均的主要农产品产量（2019年）

Per Capita Output of Major Farm Products by Region (2019)

指标	Item	全省 Provincial Total	南昌市 Nanchang	景德镇市 Jingdezhen	萍乡市 Pingxiang	九江市 Jiujiang	新余市 Xinyu
粮食(千克/人)	Grain (kg/person)	463.29					
棉花(千克/人)	Cotton (kg/person)	1.41	0.27	1.06	0.00	8.23	2.25
花生(千克/人)	Peanut (kg/person)	10.35	9.72	5.98	1.61	3.50	10.11
油菜籽(千克/人)	Rapeseeds (kg/person)	14.79	9.49	15.61	19.42	36.80	7.86
芝麻(千克/人)	Sesame (kg/person)	0.77	0.99	1.89	0.03	1.06	0.47
水产品产量(千克/人)	Output of Aquatic Products (kg/person)	55.58	73.57	17.72	21.07	92.63	44.44
园林水果产量(千克/人)	Output of Fruits (kg/person)	101.84	7.52	12.72	9.07	27.97	119.00
#柑桔	Citrus Fruits	88.72	4.11	2.95	3.87	16.70	92.48

12-27 续表 continued

指标	Item	鹰潭市 Yingtan	赣州市 Ganzhou	吉安市 Ji'an	宜春市 Yichun	抚州市 Fuzhou	上饶市 Shangrao
粮食(千克/人)	Grain (kg/person)						
棉花(千克/人)	Cotton (kg/person)		0.00	0.06	1.74	0.64	0.99
花生(千克/人)	Peanut (kg/person)	17.83	11.14	13.22	20.77	8.76	7.46
油菜籽(千克/人)	Rapeseeds (kg/person)	8.27	0.79	21.20	18.39	4.87	20.22
芝麻(千克/人)	Sesame (kg/person)	0.82	0.04	0.36	1.61	0.17	1.27
水产品产量(千克/人)	Output of Aquatic Products (kg/person)	43.31	34.22	45.00	62.54	41.62	74.89
园林水果产量(千克/人)	Output of Fruits (kg/person)	48.65	196.21	123.16	28.80	423.20	19.50
#柑桔	Citrus Fruits	30.53	177.29	104.33	15.68	402.53	13.30

12-28 各地区农村经济效益（2019年）

指 标	Item	全 省 Provincial Total	南昌市 Nanchang
每一农业劳动力创造农林牧渔业总产值(元)	Gross Output of Agriculture,Forestry,Animal Husbandry and Fishery Created by Per Rural Laborer (yuan)	42095	58253
每一农业劳动力创造农林牧渔业增加值(元)	Value-added of Agriculture,Forestry,Animal Husbandry and Fishery Created by Per Rural Laborer (yuan)	25824	35726
每一农业劳动力创造农林牧渔业商品产值(元)	Commodity Output of Agriculture,Forestry,Animal Husbandry and Fishery Created by Per Rural Laborer (yuan)	30593	45197
每一农业劳动力生产的主要农产品(千克)	Major Farm Products Producted by Per Rural Laborer (kg)		
粮 食	Grain	2608.73	
棉 花	Cotton	7.95	2.46
油 料	Oil-bearing Grops	146.05	181.86
糖 料	Crops	75.50	72.29
肉类总产量	Total Output of Meat	361.12	
水产品产量	Output of Aquatic Products	312.95	662.45
农林牧渔业中间消耗占农林牧渔业总产值(%)	Percentage of Intermediate Consumption of Agriculture,Forestry,Animal Husbandry and Fishery in Gross Output of Agriculture,Forestry,Animal Husbandry and Fishery (%)	38.14	39.64
农林牧渔业商品率(%)	Commodity Rate of Agriculture, Forestry, Animal Husbandry and Fishery (%)	72.63	76.13

Rural Economic Efficiency by Region (2019)

景德镇市 Jingdezhen	萍乡市 Pingxiang	九江市 Jiujiang	新余市 Xinyu	鹰潭市 Yingtan	赣州市 Ganzhou	吉安市 Ji'an	宜春市 Yichun	抚州市 Fuzhou	上饶市 Shangrao
51017	41645	40750	55733	57382	34381	45481	44556	42675	35102
32374	26359	25957	33967	36410	21944	24633	26545	25708	22617
39252	27832	27951	38608	37529	23548	36319	30747	32725	26241
8.63	0.00	46.83	13.70		0.00	0.31	8.53	2.99	5.39
191.01	155.92	235.31	112.42	173.63	58.86	188.56	200.34	64.30	158.19
248.14	1.91	17.46	8.12	189.09	6.38	45.27	98.02	209.99	103.84
144.13	155.99	526.98	270.86	279.32	168.18	243.93	307.24	194.00	407.32
35.62	36.50	37.02	40.37	36.18	35.94	41.21	41.62	38.09	34.84
76.10	62.58	66.96	68.83	75.31	68.31	79.28	69.85	77.30	74.53

12-29 生猪调出奖励大县农村经济情况（2019年）
Economic Conditions of Counties Which are Rewarded for Hog-contributed (2019)

地 区	Region	农作物总播种面积（公顷）Total Sown Areas of Farm Crops (hectare)	#粮 食 Grain	粮食总产量（吨）Total Output of Grain (ton)	棉花总产量（吨）Total Output of Cotton (ton)	油料总产量（吨）Total Output of Oil-bearing Grops (ton)
22个生猪大县	**22 Large Hog-raising Counties**					
（市、区）	**(County-level City、District)**					
新建区	Xinjian	117866	88336	633336	177	27120
南昌县	Nanchang	143264	109846	851403		12889
进贤县	Jinxian	129295	85443	538986	38	49222
修水县	Xiushui	74688	49301	279171	618	16445
渝水区	Yushui	92349	72249	462022	2618	15743
余江区	Yujiang	69033	47972	305534		21714
南康区	Nankang	60123	37166	223579		14064
信丰县	Xinfeng	73742	45991	235132		16012
定南县	Dingnan	16697	10867	55747		543
兴国县	Xingguo	80766	54742	276040		7604
吉安县	Ji'an	100109	77896	450486		17218
新干县	Xin'gan	85864	57076	377739	216	21646
泰和县	Taihe	121767	88233	551177		28405
安福县	Anfu	91228	60940	397377		20345
袁州区	Yuanzhou	114610	76890	485048	128	19038
万载县	Wanzai	74757	50946	320750	31	4838
上高县	Shanggao	80671	48385	347609	813	15432
丰城市	Fengcheng	239504	164673	1073196	146	45154
樟树市	Zhangshu	162509	84148	596191	338	56447
高安市	Gao'an	172218	108106	767548	6819	62096
东乡区	Dongxiang	66869	51077	317721	15	7408
万年县	Wannian	53227	44728	252498	455	5812

12-29 续表 continued

地 区	Region	肉类总产量(吨) Total Output of Meat (ton)	农业机械总动力(万千瓦) Total Power of Agricultural Machinery (10 000 kw)	有效灌溉面积(公顷) Irrigated Area (hectare)	化肥施用量(折纯量,吨) Consumption of Chemical Firtilizer (net,ton)	农村用电量(万千瓦小时) Electricity Consumed in Rural Area (10 000 kwh)	农林牧渔总产值(当年价格)(万元) Gross Output Value of Agriculture, Forestry, Animal Husbandry and Fishery(at current prices)(10 000 yuan)
22个生猪大县	**22 Large Hog-raising Counties**						
(市、区)	**(County-level City、District)**						
新建区	Xinjian	76924	79	38340	30022	18319	1064404
南昌县	Nanchang	98326	100	73640	52349	42917	1080958
进贤县	Jinxian	86098	70	52590	29247	29822	1047228
修水县	Xiushui	43496	27	39653	13339	19080	422501
渝水区	Yushui	65036	5	40366	28870	14825	734016
余江区	Yujiang	65573	26	23333	8580	10911	341519
南康区	Nankang	56244	27	20740	10470	11972	380973
信丰县	Xinfeng	74198	35	23090	15729	13189	611077
定南县	Dingnan	42089	8	9210	2441	2311	186241
兴国县	Xingguo	58231	30	22500	14799	7829	510456
吉安县	Ji'an	105901	42	29990	15484	12592	523044
新干县	Xin'gan	79709	29	27460	12316	5770	369962
泰和县	Taihe	85959	62	34560	19278	14873	507868
安福县	Anfu	43847	33	29700	13124	5597	377494
袁州区	Yuanzhou	71943	39	35940	13639	37453	599090
万载县	Wanzai	40580	29	22810	7406	17056	346409
上高县	Shanggao	60104	46	23998	13448	15023	507853
丰城市	Fengcheng	80127	71	69480	47030	40201	1129646
樟树市	Zhangshu	71546	43	43480	31617	14169	665107
高安市	Gao'an	83216	61	55200	28385	26858	753608
东乡区	Dongxiang	71224	38	151927	9828	7642	400540
万年县	Wannian	36247	16	29607	7512	13098	28116

12-30 农村扶贫对象分布情况
Distribution of Aid-the-poor Object

单位：人 (person)

县(市、区)	County (County level City,District)	2018	2019	县(市、区)	County (County level City,District)	2018	2019
全　省	**Provincial Total**	**509370**	**96096**	寻乌县	Xunwu	2036	246
南昌市	**Nanchang City**	**10232**	**1822**	石城县	Shicheng	2108	485
湾里区	Wanli	455	77	瑞金市	Ruijin	4088	973
新建区	Xinjian	2750	523	南康区	Nankang	5177	894
南昌县	Nanchang	988	143	赣州开发区	Development Zone	4656	208
安义县	Anyi	2168	366	荣江新区	Rongjiang	1955	230
进贤县	Jinxian	3871	713	**吉安市**	**Ji'an City**	**31260**	**5764**
景德镇市	**Jingdezhen City**	**9920**	**3414**	吉州区	Jizhou	642	94
昌江区	Changjiang	526	241	青原区	Qingyuan	1291	333
珠山区	Zhushan	17	11	吉安县	Ji'an	3260	702
浮梁县	Fuliang	3731	1003	吉水县	Jishui	3651	627
乐平市	Leping	5646	2159	峡江县	Xiajiang	1998	333
萍乡市	**Pingxiang City**	**9474**	**3215**	新干县	Xingan	866	219
湘东区	Xiangdong	1071	384	永丰县	Yongfeng	2761	507
莲花县	Lianhua	2260	742	泰和县	Taihe	3505	670
上栗县	Shangli	2422	849	遂川县	Suichuan	5119	919
芦溪县	Luxi	2399	762	万安县	Wan'an	2090	363
安源区	Anyuan	950	325	安福县	Anfu	2716	483
武功山风景名胜区	Wugongshan scenic area	372	153	永新县	Yongxin	3075	440
九江市	**Jiujiang City**	**72437**	**14968**	井冈山市	Jinggangshan	284	72
濂溪区	Lianxi	1178	240	井冈山经济技术开发区	Development Zone	2	2
共青城市	Gongqingcheng	401	181	**宜春市**	**Yichun City**	**39076**	**7200**
柴桑区	Jiujiang	1528	548	袁州区	Yuanzhou	6443	1285
武宁县	Wuning	6425	1755	奉新县	Fengxin	1737	321
修水县	Xiushui	27186	4134	万载县	Wanzai	7470	1300
永修县	Yongxiu	3002	740	上高县	Shanggao	2642	408
德安县	De'an	1237	358	宜丰县	Yifeng	1832	256
庐山市	Lushan	2670	788	靖安县	Jing'an	1356	233
都昌县	Duchang	20339	4517	铜鼓县	Tonggu	3306	674
湖口县	Hukou	2511	388	丰城市	Fengcheng	5530	1266
彭泽县	Pengze	4215	941	樟树市	Zhangshu	3552	604
瑞昌市	Ruichang	1745	378	高安市	Gaoan	5208	853
新余市	**Xinyu City**	**7581**	**1291**	**抚州市**	**Fuzhou City**	**27474**	**4998**
渝水区	Yushui	3150	527	临川区	Linchuan	5368	1013
分宜县	Fenyi	2811	560	南城县	Nancheng	2201	442
仙女湖区	Xiannvhu	718	103	黎川县	Lichuan	2605	479
新余开发区	Development Zone	902	101	南丰县	Nanfeng	2475	430
鹰潭市	**Yingtan City**	**6976**	**2201**	崇仁县	Chongren	2213	711
月湖区	Yuehu	462	106	乐安县	Le'an	2693	387
余江区	Yujiang	2462	947	宜黄县	Yihuang	1797	335
贵溪市	Guixi	3523	1006	金溪县	Jinxi	2991	531
鹰潭经济技术开发区	Development Zone	145	50	资溪县	Zixi	695	121
信江新区管委会	Xinjiang	122	30	东乡区	Dongxiang	3323	366
龙虎山管委会	Longhushan	262	62	广昌县	Guangchang	1113	183
赣州市	**Ganzhou City**	**189024**	**28166**	**上饶市**	**Shangrao City**	**105916**	**23057**
章贡区	Zhanggong	1030	479	信州区	Xinzhou	1551	493
赣县区	Gan	21628	2862	广信区	Guangxin	7095	2850
信丰县	Xinfeng	11711	740	广丰区	Guangfeng	10025	1808
大余县	Dayu	7686	657	玉山县	Yushan	7997	1887
上犹县	Shangyou	2149	110	铅山县	Yanshan	7490	2069
崇义县	Chongyi	5086	625	横峰县	Hengfeng	1055	85
安远县	Anyuan	2392	231	弋阳县	Yiyang	5994	1425
龙南县	Longnan	7774	1103	余干县	Yugan	8057	5785
定南县	Dingnan	7266	859	鄱阳县	Poyang	43197	3057
全南县	Quannan	4804	810	万年县	Wannian	6660	1359
宁都县	Ningdu	28580	4562	婺源县	Wuyuan	4053	1367
于都县	Yudu	42786	7271	德兴市	Dexing	2583	835
兴国县	Xingguo	23045	4044	三清山管委会	Administrative Board of Sanqing Mountain	159	37
会昌县	Huichang	3067	777				

主要统计指标解释

农林牧渔总产值 以货币表现的农林牧渔业的全部产品总量和对农林牧渔业生产活动进行的各种支持性服务活动的价值。它反映一定时期内农林牧渔业生产总规模和总成果，是观察农林牧渔业生产水平和发展速度的重要指标，同时也是计算农林牧渔业劳动生产率和农林牧渔业增加值的基础资料。

农林牧渔业总产值的计算，一般采用“产品法”，即凡有产品产量的，都按产品价格乘产量的办法求得每种产品产量的产值，然后相加求得各业的产值，最后各业相加求出农林牧渔业总产值。

农林牧渔业增加值 指农、林、牧、渔及农林牧渔服务业在一定时期内生产货物或提供服务活动而增加的价值。它反映了农业生产经营活动的最终成果和对社会的贡献。

农业增加值的计算方法有两种:（1）生产法，是从生产角度进行计算的一种方法。即用农业总产出减去农业中间消耗求得。（2）分配法，是从分配角度进行计算的一种方法。即通过农业生产单位在生产经营和劳务活动过程中形成的不含中间消耗的各种收入来计算。具体包括农业劳动者收入、福利基金、利税、固定资产折旧及大修理和其他。一般采用生产法计算。

农作物播种面积 指实际播种或移植有农作物的面积。凡是实际种植有农作物的面积，不论种植在耕地上还是种植在非耕地上，均包括在农作物播种面积中，在播种季节基本结束后，因遭灾而重新改种和补种的农作物面积，也包括在内。播种面积的大小，反映农作物的生产规模和耕地的利用程度。

农作物总产量 指在一定时期内（通常是一年）生产的各种农作物产品总产量。无论是种植在耕地上或非耕地上的农作物产量，都包括在内。有的农作物收割期较长，虽在当年冬季就开始收割，但需跨年延到来年春季才能收完的，仍计算为本年农作物总产量。它是衡量农业生产成果，统筹安排城乡人民生活，研究生产、积累和消费比例关系及编制国民经济计划的基本数据。

粮食产量 指全社会的产量。包括国有经济经营的、集体统一经营的和农民家庭经营的粮食产量，还包括工矿企业办的农场和其他生产单位的产量。粮食除包括稻谷、小麦、玉米、高粱、谷子及其他杂粮外，还包括薯类和豆类。

猪、牛、羊肉产量 指当年出栏并已屠宰、除去头蹄下水后带骨肉（即胴体重）的重量。

期初（末）畜禽存栏头（只）数 指报告期初（末）农村各种合作经济组织和国营农场、农民个人、机关、团体、学校、工矿企业、部队等单位以及城镇居民饲养的大牲畜、猪、羊、家禽等畜禽的存栏数。

农用化肥施用量 指本年内实际用于农业生产的化肥数量，包括氮肥、磷肥、钾肥和复合肥。化肥施用量要求按折纯量计算数量。折纯量是指指把氮肥、磷肥、钾肥分别按含氮、含五氧化二磷、含氧化钾的百分之一百成份进行折算后的数量。复合肥按其所含主要成分折算。

有效灌溉面积 指具有一定的水源，地块比较平整，灌溉工程或设备已经配套，在一般年景下当年能够进行正常灌溉的耕地面积。

农业机械总动力 指主要用于农、林、牧、渔业的各种动力机械的动力总和。包括耕作机械、排灌机械。收获机械、农用运输机械、植物保护机械、牧业机械、林业机械、渔业机械和其他农业机械〔内燃机按引擎马力折成瓦（特）计算、电动机按功率折成瓦（特）计算〕。不包括专门用于乡、镇、村、组办工业、基本建设、非农业运输、科学试验和教学等非农业生产方面用的动力机械与作业机械

Explanatory Notes on Main Statistical Indicators

Gross Out Value of Agriculture, Firestry, Animal, Husbandry and Fishery refer to the total volume of products of farming, forestry, animal husbandry and fishery and the value of various services supporting the production of farming, forestry, animal husbandry and fishery in monetary terms, which reflects the total scale and total results of farming, forestry, animal husbandry and fishery production during a given period of time. It is an important indicator to observe the production level and development speed of farming, forestry, animal husbandry and fishery. It is also the foundation for calculating the labor productivity and value-added of farming, forestry, animal husbandry and fishery.

Generally, the gross output value of farming, forestry, animal husbandry, and fishery is calculated with the production approach. Where applicable, the gross output value of each single product is obtained by multiplying the output of each product by its price. These values are then summed up to obtain the output value of each sector. The sum of output values of all sectors is the gross output value of farming, forestry, animal husbandry, and fishery.

Value-added of Agriculture, Forestry, Animal Husbandry and Fishery refers to the value-added of goods produced or services provided by farming, forestry, animal husbandry and fishery in a given period of time. It shows the final results of the activities of production and management of agriculture and its contributions to the society.

The value-added of agriculture is calculated with two approaches:

(1) Production of approach is a method from the production angle, i.e. total output of agriculture minus intermediate consumption of agriculture. The value-added of agriculture is usually calculated with the production approach as no complete accounting records of the rural households are available;

(2) Distribution approach is a method from the distribution angle, i.e. various incomes from the activities of production and management of the productive units of agriculture without intermediate consumption, including incomes of the rural laborers, welfare funds, profit and tax, depreciation of fixed assets and major overhaul and others.

Sown Area of Crops refers to area of land sown or transplanted with crops regardless of being in cultivated area or non cultivated area. Area of land re-sown due to natural disasters is also included. It refers the scale of crops and the use of cultivated area.

Total Output of Crops refers to the total output of farm crops of various kinds during a given period of time (usually a year). It covers the output of crops in both cultivated and uncultivated area. Crops with an extensive reaping period beginning in the winter of the current year are included in the total output of crops of the current year, even if harvest is extended until the spring of the following year. It is the basic figure to examine the production results of agriculture, make overall arrangements in the life of urban and rural households, study the proportionate relationships between production, accumulation and consumption and work out a plan of national economy.

Grain Yield refers to the yield in the whole country including grains produced by state farm, collective units, industrial enterprises and mines. Grain includes rice, wheat, corn, sorghum, millet and other miscellaneous grains as well as tubers and beans.

Output of Pork, Beef, and Mutton refers to the meat of slaughtered hogs, cattle, sheep and goats with head, feet, and offal taken away.

Number of Livestock or Poultry in Stock at Beginning (or End) refers to the total number of large animals, pigs, sheep, fowls, etc. raised by rural cooperative organizations, state farms, rural individuals, government agencies, schools, Industrial and mining enterprises, army, and urban residents at the beginning (or end) of the reference period.

Consumption of Chemical Fertilizers in Agriculture refers to the quantity of chemical fertilizers applied in agriculture in the year, including nitrogenous fertilizer, phosphate fertilizer, potash fertilizer, and compound fertilizer. The consumption of chemical fertilizers is required in calculation to convert the gross weight into weight containing 100% effective component (e.g.100% nitrogen content in nitrogenous fertilizer,100% phosphorous pentoxide contents in phosphate fertilizer,100% potassium oxide contents in potash fertilizer). Compound fertilizer is converted with its major component.

Irrigated Area refers to areas that are effectively irrigated, i.e. level land which has water source and complete sets of irrigation facilities to lift and move adequate water for irrigation purpose under normal conditions.

Total Power of Agricultural Machinery refers to total mechanical power of machinery used in farming, forestry, animal husbandry, and fishery, including ploughing, irrigation and drainage, harvesting, transport, plant protection, stock breeding, forestry and fishery. The power of internal combustion engines is required to convert horsepower into watts and the power of electric motors is required to be converted into watts. Machinery employed for non agricultural purposes, such as the machines used in township run and village-run Industry, construction, non agricultural transport, scientific experiments and teaching, is exclude.

13 工　业

INDUSTRY

◆ 289/336

资料整理：丁　亦　王毅达　倪　萍　王　宁

Ⅰ 简要说明

一、本篇资料的主要内容

本篇资料反映全省规模以上工业经济方面的基本情况，包括11个设区市的主要工业经济统计数据:

1.规模以上工业企业单位数和总产值，以及按企业登记注册类型、轻重工业、企业规模、工业行业大类和按地区分组的主要经济指标和经济效益指标;

2.规模以上国有及国有控股、外商投资、港澳台商投资和私营工业企业主要经济指标和经济效益指标;

3.规模以上主要工业产品产量。

二、本篇资料的统计范围

工业统计调查范围为全省境内的全部工业企业。1997年以前，工业的统计范围按隶属关系划分，分为乡及乡以上独立核算工业企业和非独立核算生产单位、村办工业、城镇合作工业、农村合作工业、城镇个体工业、农村个体工业六大部分。(1984年以前村办工业不在工业统计范围内)。

1998年及以后年份，工业统计调查范围由按隶属关系划分，改变为按企业规模划分，分为全部国有及年主营业务收入在500万元以上非国有工业企业和年主营业务收入在500万元以下非国有工业企业两部分。2011年，规模以上工业划分标准提高到年主营业务收入2000万元及以上。本篇资料中的统计范围为年主营业务收入在2000万元以上工业企业。

本篇资料中工业行业分类按2011年《国民经济行业分类标准》划分；企业大中小微型划分按2011年《统计上大中小型企业划分办法（暂行）》标准执行。

三、本篇的资料来源和统计调查方法

本篇工业企业统计数据主要是根据工业统计月度报表中有关资料整理汇总的。

Ⅰ Brief Introduction

I. Main Contents

Data in this chapter reflect the basic conditions of the industrial sector above designated size of the province, presenting main industrial economic indicators of 11 cities.

(1) The number and the gross industrial output value of all State-owned industrial enterprises that are above designated size; as well as their main economic indicators and efficiency indicators classified by type of registration, by light and heavy industries, by size of the enterprises, by branch of industry and by region.

(2) Main economic indicators and efficiency indicators of State-owned industrial enterprises and enterprises where the State holds the majority of shares; foreign-funded industrial enterprises and enterprises funded by entrepreneurs from Hong Kong, Macao and Taiwan; and private enterprises, classified by branch of industry.

(3) Output of Industrial products.

II. Scopes of Statistics

Industrial statistics cover all industrial enterprises within the province. Before 1997, industrial statistics were based on type of ownership, consisting of following six parts: corporate industrial enterprises above county level with independent accounting system and production units with dependent accounting system, village industrial enterprises; urban joint industrial enterprises, rural joint industrial enterprises, urban individual industrial enterprises, and rural industrial enterprises (village industrial enterprises were not included in the scope of industrial statistics before 1984).

Since 1998, scope of industrial statistics changed from the basis of type of ownership to the size of enterprises, they are: all state-owned industrial enterprises and those non-state industrial enterprises with revenue from principal business over 5 million yuan, and non-state industrial enterprises with revenue from principle business below 5 million yuan. Since 2011, the standard of industrial enterprises above designated size are raised, which the revenue from principle business were 20 million yuan and above.

Data by branch of industry in this chapter are based on the 2011 National Industrial Classification of all Economic Activities, and data by size of enterprises are based on the Preliminary Standards of Enterprises by Size in 2011.

III. Sources of Data and Methods of Survey

The data on industrial enterprises statistics in this chapter are collected from the relevant data in the monthly industrial statistics reporting forms.

13-1 规模以上工业企业增加值增速
Growth Rate of Value-added of Industrial Enterprises above Designated Size

类 别	Type	2018年比2017年增长（%） Growth Rate of 2018 to 2017 (%)	2019年比2018年增长（%） Growth Rate of 2019 to 2018 (%)
总 计	**Total**	**8.9**	**8.5**
按登记注册类型及隶属关系分	**By Registration Status and Jurisdiction of Management**		
国有企业	State-owned Enterprises	1.0	18.8
中央企业	Central Enterprises	-0.1	7.8
地方企业	Local Enterprises	1.0	8.6
集体企业	Collective-owned Enterprises	6.7	13.8
股份合作企业	Cooperative Enterprises	-12.3	2.7
联营企业	Joint Ownership Enterprises	-28.5	13.8
有限责任公司	Limited Liability Corporations	9.1	5.7
股份有限公司	Share-holding Corporations Limited	7.7	8.7
私营企业	Private Enterprises	10.1	11.9
港、澳、台商投资企业	Enterprises with Funds from Hong Kong, Macao and Taiwan	11.5	6.5
外商投资企业	Foreign Funded Enterprises	4.6	0.9
其他经济类型	Other Economic Types	73.2	-43.9
#国有控股企业	State-holding Enterprises	6.6	3.3
按轻、重工业分	**Grouped by Light & Heavy Industries**		
轻工业	Light Industry	4.7	4.3
重工业	Heavy Industry	11.3	10.6
按企业规模分	**Grouped by Size of Enterprises**		
大型企业	Large Enterprises	9.1	5.4
中型企业	Medium-sized Enterprises	3.3	8.5
小型企业	Small Enterprises	12.9	10.9
微型企业	Miniature Enterprises	20.1	-3.0
按工业行业分	**Grouped by Sector**		
煤炭开采和洗选业	Mining and Washing of Coal	0.1	-16.1
黑色金属矿采选业	Mining and Processing of Ferrous Metal Ores	-3.4	-5.1
有色金属矿采选业	Mining and Processing of Non-Ferrous Ores	0.2	5.3
非金属矿采选业	Mining and Processing of Non-metal Ores	9.0	-12.2
农副食品加工业	Processing of Food from Agricultural Products	3.6	-5.9
食品制造业	Manufacture of Foods	5.0	3.4
酒、饮料和精制茶制造业	Manufacture of Liquor, Beverages & Refined Tea	5.4	4.4
烟草制品业	Manufacture of Tobacco	6.7	-1.2
纺织业	Manufacture of Textile	7.7	-3.4
纺织服装、服饰业	Manufacture of Textile,Wearing Apparel and Accessories	4.0	4.1
皮革、毛皮、羽毛及其制品和制鞋业	Manufacture of Leather, Fur, Feather and Related Products and Footwear	3.1	5.3

13-1 续表 continued

类　　别	Type	2018年比2017年增长（%）Growth Rate of 2018 to 2017 (%)	2019年比2018年增长（%）Growth Rate of 2019 to 2018 (%)
木材加工和木、竹、藤、棕、草制品业	Processing of Timber, Manufacture of Wood, Bamboo, Rattan, Palm and Straw Products	10.4	9.7
家具制造业	Manufacture of Furniture	4.2	-2.9
造纸和纸制品业	Manufacture of Paper and Paper Products	-3.8	12.3
印刷和记录媒介复制业	Printing and Reproduction of Recording Media	13.9	5.8
文教、工美、体育和娱乐用品制造业	Manufacture of Articles for Culture, Education, Arts and Crafts Sport and Entertainment Activities	7.7	
石油、煤炭及其他燃料加工业	Processing of Petroleum, Coal, and Other Fuels	7.1	5.1
化学原料和化学制品制造业	Manufacture of Raw Chemical Materials and Chemical Products	9.2	6.8
医药制造业	Manufacture of Medicines	1.9	19.1
化学纤维制造业	Manufacture of Chemical Fibers	3.6	30.8
橡胶和塑料制品业	Manufacture of Rubber and Plastics Products	3.9	14.2
非金属矿物制品业	Manufacture of Non-metallic Mineral Products	4.8	6.1
黑色金属冶炼和压延加工业	Smelting and Pressing of Ferrous Metals	5.6	2.5
有色金属冶炼和压延加工业	Smelting and Pressing of Non-ferrous Metals	12.7	6.9
金属制品业	Manufacture of Metal Products	12.4	15.1
通用设备制造业	Manufacture of General Purpose Machinery	10.2	10.2
专用设备制造业	Manufacture of Special Purpose Machinery	10.0	13.1
汽车制造业	Manufacture of Automobiles	4.1	-2.8
铁路、船舶、航空航天和其他运输设备制造业	Manufacture of Railway，Ship, Aerospace, and Other Transport Equipments	6.9	-7.5
电气机械和器材制造业	Manufacture of Electrical Machinery and Apparatus	15.3	14.4
计算机、通信和其他电子设备制造业	Manufacture of Computers communication and other Electronic Equipment	27.3	37.3
仪器仪表制造业	Manufacture of Measuring Instruments and Machinery	-8.8	10.1
其他制造业	Other Manufacture	4.6	-5.9
废弃资源综合利用业	Utilization of Waste Resources	-1.6	32.9
金属制品、机械和设备修理业	Repair Service of Products, Machinery & Equipment	16.5	-1.6
电力、热力生产和供应业	Production and Supply of Electric Power and Heat Power	13.0	7.7
燃气生产和供应业	Production and Supply of Gas	22.3	6.0
水的生产和供应业	Production and Supply of Water	2.5	9.5
按地区分	**By Region**		
南 昌 市	Nanchang	9.5	8.5
景德镇市	Jingdezhen	8.3	8.3
萍 乡 市	Pingxiang	8.6	8.7
九 江 市	Jiujiang	8.9	8.4
新 余 市	Xinyu	8.5	8.1
鹰 潭 市	Yingtan	8.7	8.6
赣 州 市	Ganzhou	9.5	8.7
吉 安 市	Ji'an	9.4	8.9
宜 春 市	Yichun	6.3	8.4
抚 州 市	Fuzhou	9.0	8.8
上 饶 市	Shangrao	9.4	8.6

13-2 各地区规模以上工业企业单位数（2019年）

单位：个

分　　类	Item	全　省 Provincial	南昌市 Nanchang	景德镇市 Jingdezhen
总　　计	**Total**	**12727**	**1451**	**337**
按登记注册类型及隶属关系分	**By Registration Status and Jurisdiction of Management**			
国有企业	State-owned Enterprises	41	8	3
中央企业	Central Enterprises	1		
地方企业	Local Enterprises	40	8	3
集体企业	Collective-owned Enterprises	26	2	
股份合作企业	Cooperative Enterprises	36	7	
有限责任公司	Limited Liability Corporations	3379	554	115
股份有限公司	Share-holding Corporations Limited	299	50	12
私营企业	Private Enterprises	8247	712	189
港、澳、台商投资企业	Enterprises with Funds from Hong Kong, Macao and Taiwan	412	53	7
外商投资企业	Foreign Funded Enterprises	285	65	11
其他经济类型	Other Economic Types	2		
#国有控股企业	State-holding Enterprises	499	104	27
按轻、重工业分	**Grouped by Light & Heavy Industries**			
轻工业	Light Industry	5718	690	130
重工业	Heavy Industry	7009	761	207
按企业规模分	**Grouped by Size of Enterprises**			
大型企业	Large Enterprises	202	46	7
中型企业	Medium-sized Enterprises	1331	161	35
小型企业	Small Enterprises	10498	1139	280
微型企业	Miniature Enterprises	696	105	15

Number of Industrial Enterprises above Designated Size by Region (2019)

(unit)

萍乡市 Pingxiang	九江市 Jiujiang	新余市 Xinyu	鹰潭市 Yingtan	赣州市 Ganzhou	吉安市 Ji'an	宜春市 Yichun	抚州市 Fuzhou	上饶市 Shangrao
588	**1866**	**407**	**319**	**2168**	**1556**	**1602**	**868**	**1565**
4	4		1	6	6	3	2	4
					1			
4	4		1	6	5	3	2	4
3	2	5		4	4	4	1	1
19	1		1			1	3	4
97	596	99	129	410	284	441	240	414
31	39	11	12	32	25	41	15	31
410	1124	278	160	1519	1150	1043	580	1082
17	55	8	8	134	54	40	17	19
7	45	6	8	63	32	29	10	9
					1			1
18	60	23	13	105	37	40	22	50
107	827	127	100	1117	715	737	465	703
481	1039	280	219	1051	841	865	403	862
11	18	8	7	22	26	36	9	12
77	232	42	22	198	210	182	61	111
483	1546	334	262	1789	1257	1341	758	1309
17	70	23	28	159	63	43	40	133

13-3 工 业 产 品 产 量 (2019年)
Output of Industrial Products (2019)

品　　名	Item	2019年	2019年比2018年增长(%) Growth Rate of 2019 to 2018 (%)
硫铁矿生产量(折含硫 35%)(万吨)	Pyrite Ore (converted into 35% sulphur) (10 000 tons)	287.47	2.0
钨精矿折含量 (万吨)	Scheelite Presentation of Content (10 000 tons)	6.09	5.4
原　盐 (万吨)	Salt (10 000 tons)	200.80	24.8
配混合饲料 (万吨)	Mixed Feed (10 000 tons)	47.79	-27.5
乳 制 品 (万吨)	Milk Products (10 000 tons)	17.81	0.1
罐　头 (万吨)	Canned Food (10 000 tons)	26.02	17.8
饮 料 (万吨)	Soft Drinks (10 000 tons)	458.23	-10.0
白　酒 (万千升)	White Spirit (10 000 kiloliter)	13.07	15.8
啤　酒 (万千升)	Beer (10 000 kiloliter)	71.26	-1.8
精 制 茶 (吨)	Refined Tea (ton)	69327.50	-3.8
卷　烟 (亿支)	Cigarettes (100 million pieces)	637.95	
纱 (万吨)	Yarn (10 000 tons)	160.68	1.2
布 (万米)	Cloth (10 000 m)	103052.40	-14.6
纯棉布	Cotton Cloth	60328.50	-25.4
棉混纺交织布	Cotton Blended Cloth	19348.00	15.4
印 染 布 (万米)	Dyeing Cloth (10 000 m)	12404.90	3.3
服　装 (万件)	Garments (10 000 pieces)	122491.90	4.8
皮　鞋 (万双)	Shoes (10 000 pairs)	3825.60	-20.0
人 造 板 (万立方米)	Manmade Plates (10 000 cu.m)	480.22	8.8
机制纸及纸板 (万吨)	Machine-made Paper and Paperboards (10 000 tons)	276.24	11.5
家　具 (万件)	Furniture (10 000 pieces)	4263.99	-5.4
硫　酸 (万吨)	Sulfuric Acid (10 000 tons)	288.73	-8.1
烧　碱 (万吨)	Caustic Soda (10 000 tons)	63.64	2.8
电石 (折300升/千克)(万吨)	Calcium Carbide (convert to 300 L/kg) (10 000 tons)	8.56	-13.9
化学肥料 (折有效成份100%)(万吨)	Chemical Fertilizers (10 000 tons)	29.18	-56.2
氮　肥	Nitrogen Fertilizers	8.33	-63.6
磷　肥	Phosphate Fertilizers	15.08	-44.9
化学农药 (吨)	Chemical Pesticide (ton)	36828.70	-11.3
纯　苯 (吨)	Benzene (ton)	52497.00	-5.5
涂　料 (吨)	Paint (ton)	102150.1	-8.8
合成洗涤剂 (吨)	Synthetic Detergents (ton)	203464.60	56.8
化学药品原药 (吨)	Chemical Medicines (ton)	77132.00	20.0
中 成 药 (吨)	Traditional Chinese Medicine (ton)	172854.10	10.2
化学纤维 (万吨)	Chemical Fiber (10 000 tons)	62.92	11.9
合成纤维	Synthetic Fiber	4.77	16.1
轮胎外胎 (万条)	Tires (10 000 tires)		
塑料制品 (吨)	Plastic Articles (ton)	1478262.30	12.3
水　泥 (万吨)	Cement (10 000 tons)	9625.05	4.3
日用玻璃制品 (万吨)	Glass Products for Daily Use (10 000 tons)	14.60	-1.6
玻璃保温容品 (万个)	Glass Proof Containers (10 000 units)	0.0144	13.4

13-3 续表 continued

品 名	Item	2019	2019年比2018年增长（%） Growth Rate of 2019 to 2018 (%)
耐火材料制品（万吨）	Fire-resistant Products (10 000 tons)	38.50	12.1
生 铁（万吨）	Pig Iron (10 000 tons)	2217.98	0.6
粗钢（万吨）	Crude Steel (10 000 tons)	2524.48	1.0
钢材（万吨）	Rolled Steel (10 000 tons)	2795.71	4.2
#中小型型材	Rolled Steel, Medium and Small		
棒 材	Steel Bar	64.17	-4.3
钢 筋	Corrugated Steel Bar	1204.79	3.7
线 材	Wire Rod	471.68	-0.6
厚钢板	Thick Steel Plate	156.44	-4.2
中 板	Medium Steel Plate	190.32	7.1
冷轧窄钢带	Non Hot Roll Narrow Steel Belt	23.91	9.1
电工钢板	Electrical Sheet Steel	60.17	4.0
无缝钢管	Seamless Steel Pipe	3.08	-41.9
十种有色金属（万吨）	Ten Kinds of Non-ferrous Metals (10 000 tons)	186.59	7.9
#精炼铜	Refined Copper	142.36	4.9
铁合金（万吨）	Ferroalloy (10 000 tons)	0.41	-27.9
工业锅炉（蒸发量吨）	Industrial Boilers (evaporation ton)	2661	30.2
金属切削机床（台）	Metal-Cutting Machine Tools (unit)	5208	3.9
#数控机床	CNC Machine Tools	1119	-17.2
泵（万台）	Pumps (10 000 units)	21.74	-4.7
风 机（万台）	Fans (10 000 units)	30.81	20.4
气体压缩机（台）	Gas Compressor (unit)	63461630	15.2
轴 承（万套）	Rolling Bearings (10 000 units)	1.72	-2.7
小型拖拉机（万台）	Small Tractors (10 000 units)	0.78	-0.8
汽 车（万辆）	Motor Vehicles (10 000 units)	49.11	-11.0
#载货汽车	Trucks	22.91	-8.4
民用钢质船舶（万载重吨）	Civil Steel Vessels (10 000 DWT)	4.65	-12.5
发电设备（万千瓦）	Power Generation Equipment (10 000 kw)	3.01	8.1
交流电动机（万千瓦）	AC Motors (10 000 kw)	539.45	11.0
变压器（万千伏安）	Transformers (10 000 kva pm)	6208.90	30.8
家用电冰箱（万台）	Home Refrigerators (10 000 units)	93.26	3.2
房间空气调节调器（万台）	Air Conditioners (10 000 units)	631.66	8.4
电风扇（万台）	Electric Fans (10 000 units)	198.79	9.2
电光源（万只）	Electric Light (10 000 units)	16.34	-3.2
电话单机（万部）	Telephone Sets (10 000 units)	110.07	2.1
彩色电视机（万台）	Color Television Sets (10 000 units)	22.68	-2.3
照相机（万台）	Cameras (10 000 units)	74.38	-14.9

13-4 主要工业产品产量

年 份 地 区 Year Region	化学纤维 (万吨) Chemical Fiber (10 000 tons)	纱 (吨) Yarn (ton)	布 (万米) Cloth (10 000 m)	机制纸及纸板 (万吨) Machine-made Paper and Paperboard (10 000 tons)	日用瓷 (万件) Ceramics for Daily Use (10 000 units)
1978	0.42	42373	20173	9.26	32095
1980	1.33	61791	30011	12.69	33087
1985	1.30	72161	26009	22.17	35041
1990	2.00	80749	30566	25.59	44969
1991	2.37	86729	27897	26.36	53083
1992	2.54	96433	29194	31.03	55837
1993	4.13	90595	29670	36.54	53063
1994	5.33	101349	34041	36.29	54702
1995	5.11	109652	35784	41.07	48652
1996	4.80	105556	33256	38.24	60053
1997	6.33	110362	36086	35.49	57016
1998	6.42	107994	25088	23.39	38213
1999	7.65	109102	26315	27.96	52391
2000	7.08	99512	21710	24.02	57470
2001	7.74	79652	17948	26.04	55737
2002	8.59	112105	20491	28.18	56791
2003	10.02	148731	22095	24.66	44588
2004	14.59	186303	32187	35.51	58966
2005	18.07	204424	28057	67.00	61893
2006	20.76	255128	34137	91.35	54902
2007	27.63	390421	46424	106.21	116774
2008	16.87	445644	47026	113.73	160380
2009	13.50	620191	67651	139.64	259118
2010	17.92	746779	80517	186.59	406806
2011	31.47	968465	80754	219.39	296558
2012	37.89	1372942	92650	161.39	
2013	42.00	1607922	77615	181.90	
2014	45.94	1574045	96761	154.52	
2015	46.88	1669100	114447	173.60	
2016	45.82	1627002	134572	200.34	
2017	46.33	1704184	127379	211.04	
2018	54.62	1402835	77928	214.50	
2019	62.92	1606849	103052	276.24	
南昌市 Nanchang		122851	905	65.26	
景德镇市 Jingdezhen					
萍乡市 Pingxiang		3793		32.05	
九江市 Jiujiang		473258	44288	64.76	
新余市 Xinyu	58.14	42629	643	0.95	
鹰潭市 Yingtan		3123	4086		
赣州市 Ganzhou		46314	9793	31.68	
吉安市 Ji'an	2.52	52182	18050	21.59	
宜春市 Yichun		629958	4287	5.60	
抚州市 Fuzhou	1.81	106209	19952	27.41	
上饶市 Shangrao	0.45	126532	1049	26.94	

Output of Major Industrial Products

合成洗涤剂 (吨) Synthetic Detergents (ton)	卷 烟 (万箱) Cigarettes (10 000 boxes)	粗 钢 (万吨) Crude Steel (10 000 tons)	生 铁 (万吨) Pig Iron (10 000 tons)	钢 材 (万吨) Rolled Steel (10 000 tons)
5098	19.14	25.64	35.84	24.50
6298	22.32	38.76	31.45	46.65
12778	32.11	77.42	57.43	60.98
17083	47.02	112.09	89.03	92.32
21700	49.58	109.68	84.05	95.27
25100	49.49	133.06	97.83	109.76
29984	50.09	148.68	120.72	119.61
34600	46.42	150.94	150.16	129.84
45194	43.76	149.73	136.63	126.36
42063	38.63	173.02	133.86	139.87
38626	35.54	173.80	149.48	154.79
38267	38.31	222.94	192.43	179.23
24696	41.20	267.03	248.24	228.60
34257	50.99	319.86	304.69	282.90
24400	54.57	399.83	338.26	375.63
14563	55.95	548.21	453.04	531.64
17141	60.44	599.53	496.40	655.37
6377	64.46	748.00	638.16	774.90
11210	81.81	963.20	819.84	1017.82
20453	89.80	1162.97	949.60	1235.77
18385	95.80	1306.15	1045.30	1349.50
20130	100.80	1240.94	1036.30	1277.21
24123	105.80	1620.88	1446.96	1647.40
24449	111.80	1834.03	1673.94	1951.55
7372	116.80	2067.41	1917.07	2247.36
5726	119.80	2140.85	2027.05	2368.89
5287	127.80	2156.63	2012.17	2463.82
5013	135.30	2235.28	2075.31	2611.06
5998	135.60	2210.95	2083.25	2577.57
7117	129.22	2241.53	2081.97	2584.99
8399	131.65	2412.69	2143.19	2524.44
2826	127.60	2499.18	2204.17	2571.34
203465	127.60	2524.48	2217.98	2795.71
5394	127.60	366.73	304.22	421.55
		578.36	485.39	585.82
		629.73	512.78	618.72
		949.66	915.58	1019.40
69587				122.77
123645				0.39
4839				3.17
				7.66
				16.22

13-4 续表

年 份 地 区 Year Region	硫 酸 (万吨) Sulfuric Acid (10 000 tons)	烧 碱 (万吨) Caustic Soda (10 000 tons)	化学肥料 (万吨) Chemical Fertilizers (10 000 tons)	化学农药 (吨) Chemical Pesticides (ton)
1978	2.68	2.32	15.97	13539
1980	4.00	3.07	25.73	17405
1985	3.81	3.74	19.41	2753
1990	43.59	5.88	31.07	5146
1991	46.93	6.12	32.49	5819
1992	47.49	6.59	33.04	5151
1993	49.40	7.24	29.44	4100
1994	52.00	8.53	31.78	4589
1995	57.10	9.97	38.44	5997
1996	54.27	9.74	37.86	5793
1997	59.72	9.57	44.73	6257
1998	61.43	10.51	52.22	7495
1999	62.77	12.76	54.55	12810
2000	79.92	16.24	43.43	13796
2001	87.75	18.65	46.88	14428
2002	78.95	18.87	55.96	12710
2003	103.29	19.91	47.90	9657
2004	110.13	25.60	50.67	15177
2005	113.19	24.62	47.61	14425
2006	134.53	30.03	55.80	17173
2007	139.97	33.36	53.80	16126
2008	185.15	34.03	54.20	21212
2009	213.56	24.49	48.71	21612
2010	227.00	27.28	113.42	21213
2011	239.97	27.80	29.46	34210
2012	289.81	44.70	93.71	38866
2013	323.31	52.57	106.29	42057
2014	333.74	41.67	134.72	46452
2015	334.09	32.35	140.81	50881
2016	323.18	33.50	148.18	55743
2017	272.60	34.77	22.66	35399
2018	272.58	43.47	10.98	49306
2019	288.73	63.64	29.18	36829
南昌市 Nanchang				
景德镇市 Jingdezhen		25.47		11059
萍乡市 Pingxiang				
九江市 Jiujiang	47.94	4.10	10.96	1352
新余市 Xinyu				
鹰潭市 Yingtan	187.98		6.72	10975
赣州市 Ganzhou	9.81	20.01		255
吉安市 Ji'an				4497
宜春市 Yichun		14.05	9.30	7209
抚州市 Fuzhou			2.20	1482
上饶市 Shangrao	43.00			

continued

化学原料药 (吨) Chemical Medicines (ton)	交流电动机 (万千瓦) AC Motors (10 000 kw)	金属切削机床 (台) Metal-cutting Machine Tools (unit)	汽车 (辆) Motor Vehicles (unit)	电视机 (万台) Television Sets (10 000 units)	照相机 (万台) Cameras (10 000 units)	水泥 (万吨) Cement (10 000 tons)
847	52.74	2619	991	0.25	1.00	155.56
860	36.02	4012	1463	2.51	1.40	201.00
8472	81.20	4365	7060	31.40	10.55	354.19
10140	88.45	4727	9711	43.88	9.00	469.13
12750	97.48	4686	14443	48.90	16.17	566.91
15442	118.09	6055	25301	61.90	14.20	689.25
13910	136.07	7043	38678	59.16	13.15	811.63
14799	127.51	4905	45321	63.64	17.97	905.80
24318	106.33	5646	52479	52.56	21.75	1005.59
7697	78.79	4014	63166	32.16	21.78	1062.16
5487	64.31	3073	90943	17.31	17.32	1105.39
4389	46.35	2163	121987	6.50	29.34	1133.38
1631	48.51	2693	119915	31.27	18.87	1315.02
1842	61.73	3559	133562	19.80	17.84	1382.00
1182	70.52	3047	159407	30.16	28.81	1574.00
2327	93.06	3281	207453	44.86	34.87	1966.00
2457	119.82	4023	185199	64.10	41.47	2172.00
1832	160.72	5087	183962	72.62	15.49	2976.00
5801	157.81	4272	207112	89.11	6.73	3477.01
8009	205.84	5020	233893	64.22	4.38	4206.31
13133	274.75	3774	221832	39.06	1.99	4956.97
16108	301.81	1548	211942	44.62	1.93	5271.59
28306	343.99	959	284659	90.97	2.69	6153.20
42822	447.50	3103	372776	67.66	0.58	6220.54
31238	457.30	3829	343457	102.56	1.02	6782.24
41593	377.40	4812	343615	132.87	1505.22	7420.94
51597	434.16	5452	368086	46.75	374.38	9204.20
49099	380.31	5775	461529	19.57	244.50	9803.57
55570	358.83	6091	421470	23.56	337.39	9438.01
73138	331.27	6346	537361	20.05	126.76	9513.03
63936	373.06	5470	610193	30.30	130.98	8934.13
29484	485.81	4713	550421	23.21	64.50	8813.55
77132	539.45	5208	491120	22.68	74.38	9625.05
1259	84.05	144	399282	20.99		832.13
6955			53351			300.26
3136		171				696.56
11053	9.83	2754			48.70	1683.24
200	42.94			1.70		320.05
413					25.69	173.14
0	74.67	228				2007.07
15465		1680				622.38
20415	327.95	231				964.47
2848						244.91
15387			38487			1780.84

13-5 规模以上工业企业经济指标

指　　标	Item	2000	2005	2006	2007	2008
企业单位数(个)	Number of Enterprises (unit)	3548	4403	5333	6028	6226
#亏损企业(个)	Deficit Enterprises (unit)	1250	859	888	748	667
资产总计(万元)	Total Assets (10 000 yuan)	18358562	30583375	36714081	46887884	52936108
流动资产合计(万元)	Total current Assets (10 000 yuan)	7302030	12656554	16213919	20587012	23706799
负债总计(万元)	Total Liabilities (10 000 yuan)	12538729	19322205	22388278	27793878	30671736
所有者权益(万元)	Owners' Equity (10 000 yuan)	5749725	10961595	14036300	19092849	22264371
主营业务收入(万元)	Revenue from Principal Business (10 000 yuan)	8970030	29091272	41737387	62411363	82819433
销售费用(万元)	Selling Expenses(10 000 yuan)	348333	860647	1091098	1296073	1520240
利润总额(万元)	Total Profits (10 000 yuan)	125262	1124119	1941917	3077476	3155831
全部从业人员年平均人数(人)	Annual Average Employee (person)	1088214	1121126	1257972	1407253	1481676
总资产贡献率(%)	Ratio of Total Assets to Output Value (%)	6.19	10.43	12.81	14.18	15.72
资本保值增值率(%)	Changing Rate of Net Assets (%)	108.93	119.55	128.05	136.02	121.44
资产负债率(%)	Assets-Liability Ratio (%)	68.30	63.18	60.98	59.28	57.94
流动资产周转率(次)	Ratio of Turnover Working Capitals (time)	1.27	2.36	2.79	3.36	3.71
成本费用利润率(%)	Ratio of Profits to Cost (%)	1.44	4.14	5.04	5.40	4.12
全员劳动生产率(元／人)	Overall Labor Productivity (yuan/person)	24794	78698	102394	129489	162992
产品销售率(%)	Sales Ratio of Products (%)	97.27	98.48	98.46	98.58	98.55

Economic Indicators of Industrial Enterprises above Designated Size

2009	2010	2011	2012	2013	2014	2015	2016	2017	2018	2019
7329	7976	6251	6773	7601	8271	9226	10106	11734	11630	12727
522	378	294	403	429	448	632	563	841	1087	1151
67355232	84248635	99640588	114741203	136401179	155356630	189715620	214326626	229092933	240854766	262008008
27942172	35674934	46148463	54079089	62332378	69060974	79390445	89690889	105346324	113914249	130289033
38348158	47004353	55512183	64032206	74021408	80419911	94007411	103660746	114721288	124542579	137718963
29007074	37244282	44128405	50708997	62379770	74936719	95708209	110665880	114371646	116312187	124289045
98141565	141966804	184668214	222676403	267002175	305971151	324594081	355186535	355851135	320773676	345906480
1887424	2511101	2738042	3436269	4211075	5057432	5513344	6040173	6889145	6604230	7097696
4967457	8568128	11138553	12851090	17566628	20439279	21279702	23994185	24756903	21578377	21588255
1698449	1971755	1922534	2090307	2201132	2448000	2563214	2675341	2634854	2338032	2337990
16.97	20.36	21.54	21.42	24.38	24.91	21.99	20.00	18.30	15.45	14.27
123.86	125.74	123.17	113.25	119.40	118.66	121.67	114.42	108.04	116.15	107.45
56.93	55.79	55.71	55.81	54.27	51.76	49.55	48.37	50.08	51.71	52.56
3.78	4.51	4.53	4.45	4.60	4.77	4.44	4.28	3.81	2.82	2.65
5.59	6.69	6.65	6.33	7.19	7.23	7.07	7.31	7.54	7.27	6.70
168029	206437	231445	247387	278594	292275	298393	291684	303326	298341	330552
98.82	98.98	98.94	99.25	99.07	98.86	99.00	98.80	99.36	99.19	99.40

13-6 规模以上工业企业主要经济指标（2019年）

单位：万元

项目	Item	企业单位数（个） Number of Enterprises (unit)	#亏损企业 Deficit Enterprises
总计	**Total**	**12727**	**1151**
按登记注册类型及隶属关系分	**By Registration Status and Jurisdiction of Management**		
国有企业	State-owned Enterprises	41	7
中央企业	Central Enterprises	1	
地方企业	Local Enterprises	40	7
集体企业	Collective-owned Enterprises	26	4
股份合作企业	Cooperative Enterprises	36	2
有限责任公司	Limited Liability Corporations	3379	392
股份有限公司	Share-holding Corporations Limited	299	39
私营企业	Private Enterprises	8247	591
港、澳、台商投资企业	Enterprises with Funds from Hong Kong,Macao and Taiwan	412	61
外商投资企业	Foreign Funded Enterprises	285	54
其他经济类型	Other Economic Types	2	1
#国有控股企业	State-holding Enterprises	499	74
按轻、重工业分	**Grouped by Light & Heavy Industries**		
轻工业	Light Industry	5718	457
重工业	Heavy Industry	7009	694
按企业规模分	**Grouped by Size of Enterprises**		
大型企业	Large Enterprises	202	20
中型企业	Medium-sized Enterprises	1331	125
小型企业	Small Enterprises	10498	899
微型企业	Miniature Enterprises	696	107
按工业行业分	**Grouped by Sector**		
煤炭开采和洗选业	Mining and Washing of Coal	47	4
黑色金属矿采选业	Mining and Processing of Ferrous Metal Ores	28	4
有色金属矿采选业	Mining and Processing of Non-Ferrous Metal Ores	119	13
非金属矿采选业	Mining and Processing of Non-metal Ores	247	8
农副食品加工业	Processing of Food from Agricultural Products	585	72
食品制造业	Manufacture of Foods	229	16
酒、饮料和精制茶制造业	Manufacture of Liquor, Beverages & Refined Tea	130	10
烟草制品业	Manufacture of Tobacco	2	1
纺织业	Manufacture of Textile	662	99
纺织服装、服饰业	Manufacture of Textile,Wearing Apparel and Accessories	872	34
皮革、毛皮、羽毛及其制品和制鞋业	Manufacture of Leather, Fur, Feather and Related Products, and Footwear	317	16
木材加工和木、竹、藤、棕、草制品业	Processing of Timber, Manufacture of Wood, Bamboo, Rattan, Palm and Straw Products	375	23
家具制造业	Manufacture of Furniture	632	15

Main Economic Indicators of Industrial Enterprises above Designated Size (2019)

(10 000 yuan)

主营业务收入 Revenue from Principal Business	主营业务成本 Cost of Principal Business	销售费用 Selling Expenses	资产总计 Total Assets	流动资产合计 Total Current Assets	#产成品 Finished Goods	负债合计 Total Liabilities	所有者权益合计 Total Owners' Equities
345906480	**299411828**	**7097696**	**262008008**	**130289033**	**10609687**	**137718963**	**124289045**
520825	392124	12920	1053955	566037	15710	731197	322758
32147	21798		47397	1354		12551	34846
488678	370326	12920	1006558	564683	15710	718646	287912
470918	402651	5094	526847	377136	12269	292846	234001
382521	330503	5688	204217	77627	5463	66314	137903
137604839	121216685	2266665	119622274	61996139	4174678	69806725	49815549
28904295	23593684	609527	28981626	14491375	1102485	14348459	14633167
146368293	126671097	3445510	82741510	38634550	4124480	38014871	44726639
17753108	15037433	464432	14181303	7391636	590835	7275105	6906198
13894666	11760887	287794	14679444	6741016	581007	7168262	7511182
7017	6764	66	16832	13517	2761	15184	1648
77572342	68222058	1063276	77287432	37777853	1905874	46517330	30770102
98776904	81352980	3433466	69962955	33847209	3472695	31378355	38584600
247129577	218058849	3664229	192045053	96441825	7136992	106340608	85704445
109975901	95581856	2056937	101484656	55099512	3164177	58626793	42857863
77826151	66330337	1804036	61792457	27666110	2656128	30374366	31418091
154614051	134453973	3184106	94376478	45440335	4663246	46014715	48361763
3490377	3045663	52617	4354416	2083077	126136	2703089	1651327
551004	457525	8756	1474597	668942	16117	940845	533752
472843	414625	8528	329138	443779	5791	163861	165277
2613651	2195745	59028	2759153	1011368	217998	1279475	1479678
2932148	2392137	97689	2300583	864018	84710	981077	1319506
16227818	14199768	370281	11705098	6397371	629899	6329860	5375238
3604557	2910460	162388	2526924	1140309	128993	1000429	1526495
2697009	1986959	211154	2735723	1185742	154941	1523165	1212558
2187063	660835	32350	1751866	1253162	7395	418809	1333057
8286956	7303114	137814	4926061	2012451	316538	2393463	2532598
8762463	7596736	165766	4123304	1762132	229734	1714950	2408354
5220831	4435933	101459	3068971	1441037	95976	1075996	1992975
3446644	3006035	70635	2082924	1047489	116338	952574	1130350
3998634	3416185	122229	2688270	1697952	215652	1206503	1481767

13-6 续表1

单位：万元

项　　目	Item	企业单位数(个) Number of Enterprises (unit)	#亏损企业 Deficit Enterprises
造纸和纸制品业	Manufacture of Paper and Paper Products	192	15
印刷和记录媒介复制业	Printing and Reproduction of Recording Media	160	15
文教、工美、体育和娱乐用品制造业	Manufacture of Articles for Culture, Education, Arts and Crafts, Sports and Entertainment Activities	272	14
石油、煤炭及其他燃料加工业	Processing of Petroleum, Coal, and Other Fuels	75	10
化学原料和化学制品制造业	Manufacture of Raw Chemical Materials and Chemical Products	967	71
医药制造业	Manufacture of Medicines	389	34
化学纤维制造业	Manufacture of Chemical Fibers	27	3
橡胶和塑料制品业	Manufacture of Rubber & Products	421	25
非金属矿物制品业	Manufacture of Non-metallic Mineral Products	1581	104
黑色金属冶炼和压延加工业	Smelting and Pressing of Ferrous Metals	101	9
有色金属冶炼和压延加工业	Smelting and Pressing of Non-ferrous Metals	611	111
金属制品业	Manufacture of Metal Products	442	38
通用设备制造业	Manufacture of General Purpose Machinery	383	30
专用设备制造业	Manufacture of Special Purpose Machinery	328	28
汽车制造业	Manufacture of Automobiles	315	62
铁路、船舶、航空航天和其他运输设备制造业	Manufacture of Railway, Ship, Aerospace, and Other Transport Equipments	56	4
电气机械和器材制造业	Manufacture of Electrical Machinery and Apparatus	751	103
计算机、通信和其他电子设备制造业	Manufacture of Computers communication and other Electronic Equipment	757	110
仪器仪表制造业	Manufacture of Measuring Instruments and Machinery	97	8
其他制造业	Other Manufacture	76	5
废弃资源综合利用业	Utilization of Waste Resources	158	15
金属制品、机械和设备修理业	Repair Service Products, Machinery & Equipment	1	
电力、热力生产和供应业	Production and Supply of Electric Power and Heat Power	183	14
燃气生产和供应业	Production and Supply of Gas	62	4
水的生产和供应业	Production and Supply of Water	77	4
按地区分	**By Region**		
南 昌 市	Nanchang	1451	239
景德镇市	Jingdezhen	337	37
萍 乡 市	Pingxiang	588	52
九 江 市	Jiujiang	1866	99
新 余 市	Xinyu	407	51
鹰 潭 市	Yingtan	319	61
赣 州 市	Ganzhou	2168	242
吉 安 市	Ji'an	1556	63
宜 春 市	Yichun	1602	101
抚 州 市	Fuzhou	868	87
上 饶 市	Shangrao	1565	119

continued

(10 000 yuan)

主营业务收入 Revenue from Principal Business	主营业务成本 Cost of Principal Business	销售费用 Selling Expenses	资产总计 Total Assets	流动资产合计 Total Current Assets	#产成品 Finished Goods	负债合计 Total Liabilities	所有者权益合计 Total Owners' Equities
3665189	3177677	63144	3167059	1311626	82049	1695824	1471235
2395799	1988231	46886	1720357	745164	50413	672792	1047565
4686257	3964904	101059	2961023	1165085	146195	1042050	1918973
6292120	4850260	42616	3483355	1228102	167641	2311765	1171590
16422917	13490325	441950	13296248	5117187	575510	5114172	8182076
11932820	8450420	1291092	11589590	5221743	401301	4389013	7200577
980617	900014	17504	789667	362345	40114	478831	310836
6600042	5597941	128092	3853488	1722198	185492	1479980	2373508
27760524	22628702	751585	20726857	9479049	965350	9340793	11386064
14870053	13292206	89572	10127136	6014396	213427	5086154	5040982
63090605	59207858	337187	30619109	19343326	1621132	17857243	12761866
8960414	7716018	203139	4988843	2386777	252825	2131312	2857531
8494003	7101329	200602	5748461	3160010	382371	2884538	2863923
5182835	4269748	185492	4184011	2157326	188445	2010851	2173160
16836921	15027160	495797	18227001	9875172	601454	12053701	6173300
1048590	918003	15538	829846	396183	15834	385880	443966
27823755	24102135	560276	21538199	11913219	995039	11634404	9903795
33666653	30025873	360343	31641333	20035433	1260487	18672111	12969222
1508365	1220352	54536	1597607	854502	36148	683875	913732
645950	553482	13780	480993	211745	16934	171772	309221
6317837	5941529	48999	2061194	1235996	145451	1137191	924003
5246	3742	340	2108	1303	47	1184	924
12891435	11729223	11253	20510695	3552220	4044	13227545	7283150
1727622	1484559	47123	1489549	433203	18829	894961	594588
1098293	794082	41716	3901668	1439973	23073	2380017	1521651
68946524	59350812	1581228	67572355	37549396	2188923	39418067	28154288
8454610	7127797	258801	9332339	3759837	400286	4944118	4388221
10737228	8779344	292404	8156606	3621085	258768	3578776	4577830
58123707	48606140	1066871	34677639	11148237	1429853	14687939	19989700
15402680	13999515	173801	13473716	6990152	451514	7466248	6007468
40730642	38513702	212775	23116677	14351496	793739	12942548	10174129
29417186	25206392	782272	26228861	15098381	1562863	14529783	11699078
33797694	29069277	741601	21926295	10259942	839271	10751162	11175133
33146063	27834391	1018567	24621996	11607199	1325568	12244296	12377700
15971426	13581535	492552	12249116	4771852	505195	5409403	6839713
31178720	27342925	476826	20652410	11131456	853706	11746623	8905787

13-6 续表2

项 目	Item	利润总额 Total Profits	#盈利企业的利润额 Profits of Profit-making Enterprises
总 计	**Total**	**21588255**	**22649784**
按登记注册类型及隶属关系分	**By Registration Status and Jurisdiction of Management**		
国有企业	State-owned Enterprises	78756	94516
中央企业	Central Enterprises	10800	10800
地方企业	Local Enterprises	67956	83716
集体企业	Collective-owned Enterprises	33818	34480
股份合作企业	Cooperative Enterprises	32609	32714
有限责任公司	Limited Liability Corporations	6997408	7573515
股份有限公司	Share-holding Corporations Limited	2250800	2301201
私营企业	Private Enterprises	9731690	10049465
港、澳、台商投资企业	Enterprises with Funds from Hong Kong,Macao and Taiwan	1327036	1360397
外商投资企业	Foreign Funded Enterprises	1136318	1203466
其他经济类型	Other economic types	-180	31
#国有控股企业	State-holding Enterprises	2726672	3091330
按轻、重工业分	**Grouped by Light & Heavy Industries**		
轻工业	Light Industry	7692733	7950189
重工业	Heavy Industry	13895522	14699596
按企业规模分	**Grouped by Size of Enterprises**		
大型企业	Large Enterprises	4914444	5226914
中型企业	Medium-sized Enterprises	6075912	6374283
小型企业	Small Enterprises	10345719	10779091
微型企业	Miniature Enterprises	252180	269495
按工业行业分	**Grouped by Sector**		
煤炭开采和洗选业	Mining and Washing of Coal	70424	79987
黑色金属矿采选业	Mining and Processing of Ferrous Metal Ores	31506	32886
有色金属矿采选业	Mining and Processing of Non-Ferrous Metal Ores	221443	233751
非金属矿采选业	Mining and Processing of Non-metal Ores	261956	264513
农副食品加工业	Processing of Food from Agricultural Products	1060039	1087242
食品制造业	Manufacture of Foods	330779	337215
酒、饮料和精制茶制造业	Manufacture of Liquor, Beverages & Refined Tea	354535	369941
烟草制品业	Manufacture of Tobacco	107325	110034
纺织业	Manufacture of Textile	501851	523575
纺织服装、服饰业	Manufacture of Textile,Wearing Apparel and Accessories	637391	640580
皮革、毛皮、羽毛及其制品和制鞋业	Manufacture of Leather, Fur, Feather and Related Products and Footwear	437745	444075
木材加工和木、竹、藤、棕、草制品业	Processing of Timber, Manufacture of Wood, Bamboo, Rattan, Palm and Straw Products	242843	244801
家具制造业	Manufacture of Furniture	297645	306836

continued

#亏损企业的亏损额 Losses of Deficit Enterprises	企业亏损面 (%) Ratio to Deficit Enterprises (%)	资产负债率 (%) Assets-Liability Ratio (%)	产品销售率 (%) Sales Ratio of Products (%)	全部从业人员年平均人数 (人) Annual Average Employed persons (person)	人均实现利润 (元) Profits Per Capita (yuan)
1061529	**9.0**	**52.6**	**99.4**	**2337990**	**92337**
15760	17.1	69.4	99.6	7493	105106
		26.5	99.6	619	174475
15760	17.5	71.4	99.4	6874	98859
662	15.4	55.6	99.9	8299	40749
105	5.6	32.5	99.9	4208	77493
576107	11.6	58.4	99.0	770726	90790
50401	13.0	49.5	99.2	179568	125345
317775	7.2	45.9	99.6	1080298	90083
33361	14.8	51.3	99.8	181543	73098
67148	18.9	48.8	99.9	105299	107913
211	50.0	90.2	99.5	556	-3237
364658	14.8	60.2	98.4	308113	88496
257456	8.0	44.8	99.3	948242	81126
804074	9.9	55.4	99.4	1389748	99986
312470	9.9	57.8	98.8	620976	79141
298371	9.4	49.2	98.4	650846	93354
433372	8.6	48.8	100.2	1048731	98650
17315	15.4	62.1	99.0	17437	144624
9563	8.5	63.8	99.7	19991	35228
1380	14.3	49.8	99.8	3520	89506
12308	10.9	46.4	99.1	22767	97265
2557	3.2	42.6	99.6	20315	128947
27203	12.3	54.1	102.7	77382	136988
6436	7.0	39.6	98.2	38427	86080
15406	7.7	55.7	96.3	24178	146635
2709	50.0	23.9	99.5	5294	202730
21724	15.0	48.6	98.9	81366	61678
3189	3.9	41.6	99.7	147248	43287
6330	5.0	35.1	99.2	90440	48402
1958	6.1	45.7	98.5	31651	76725
9191	2.4	44.9	98.4	62309	47769

13-6 续表3

项 目	Item	利润总额（万元） Total Profits (10 000 yuan	#盈利企业的利润额 Profits of Profit-making Enterprises
造纸和纸制品业	Manufacture of Paper and Paper Products	286298	292561
印刷和记录媒介复制业	Printing and Reproduction of Recording Media	226292	230287
文教、工美、体育和娱乐用品制造业	Manufacture of Articles for Culture, Education, Arts and Crsfts Sports and Entertainment Activities	382448	384435
石油、煤炭及其他燃料加工业	Processing of Petroleum, Coal, and Other Fuels	113777	123142
化学原料和化学制品制造业	Manufacture of Raw Chemical Materials and Chemical Products	1538352	1581446
医药制造业	Manufacture of Medicines	1219891	1249387
化学纤维制造业	Manufacture of Chemical Fibers	29787	31840
橡胶和塑料制品业	Manufacture of Rubber & Products	594919	600431
非金属矿物制品业	Manufacture of Non-metallic Mineral Products	2986652	3022281
黑色金属冶炼和压延加工业	Smelting and Pressing of Ferrous Metals	1062267	1063756
有色金属冶炼和压延加工业	Smelting and Pressing of Non-ferrous Metals	2028360	2176683
金属制品业	Manufacture of Metal Products	581469	590430
通用设备制造业	Manufacture of General Purpose Machinery	619420	629843
专用设备制造业	Manufacture of Special Purpose Machinery	397104	425323
汽车制造业	Manufacture of Automobiles	283849	496613
铁路、船舶、航空航天和其他运输设备制造业	Manufacture of Railway，Ship, Aerospace, and Other Transport Equipments	61300	64454
电气机械和器材制造业	Manufacture of Electrical Machinery and Apparatus	1568416	1723810
计算机、通信和其他电子设备制造业	Manufacture of Computers communication and other Electronic Equipment	1670669	1842222
仪器仪表制造业	Manufacture of Measuring Instruments and Machinery	123299	129701
其他制造业	Other Manufacture	35107	36162
废弃资源综合利用业	Utilization of Waste Resources	257465	263292
金属制品、机械和设备修理业	Repair Service Products, Machinery & Equipment	589	589
电力、热力生产和供应业	Production and Supply of Electric Power and Heat Power	614755	662030
燃气生产和供应业	Production and Supply of Gas	135738	137837
水的生产和供应业	Production and Supply of Water	214550	215795
按地区分	**By Region**		
南 昌 市	Nanchang	3451362	3703920
景德镇市	Jingdezhen	302447	486321
萍 乡 市	Pingxiang	1037349	1053537
九 江 市	Jiujiang	4970217	5041977
新 余 市	Xinyu	716043	803965
鹰 潭 市	Yingtan	990700	1016260
赣 州 市	Ganzhou	1787086	1959339
吉 安 市	Ji'an	2641833	2666335
宜 春 市	Yichun	2710432	2835858
抚 州 市	Fuzhou	1044115	1082183
上 饶 市	Shangrao	1936672	2000091

continued

#亏损企业的亏损额 Losses of Deficit Enterprises	企业亏损面(%) Ratio to Deficit Enterprises (%)	资产负债率(%) Assets-Liability Ratio (%)	产品销售率(%) Sales Ratio of Products (%)	全部从业人员年平均人数(人) Annual Average Employees persons (person)	人均实现利润(元) Profits Per Capita (yuan)
6263	7.8	53.5	100.2	25783	111041
3995	9.4	39.1	99.0	21428	105606
1987	5.1	35.2	99.0	58406	65481
9365	13.3	66.4	99.9	14991	75897
43094	7.3	38.5	98.5	130089	118254
29496	8.7	37.9	97.9	91150	133833
2053	11.1	60.6	97.7	5400	55161
5512	5.9	38.4	98.7	49767	119541
35629	6.6	45.1	98.8	219795	135884
1489	8.9	50.2	99.4	50705	209499
148323	18.2	58.3	100.8	119266	170070
8961	8.6	42.7	97.5	53080	109546
10423	7.8	50.2	99.0	64323	96298
28219	8.5	48.1	99.9	51726	76771
212764	19.7	66.1	99.8	101279	28026
3154	7.1	46.5	98.7	11047	55490
155394	13.7	54.0	99.4	181038	86635
171553	14.5	59.0	98.5	342034	48845
6402	8.2	42.8	97.0	17903	68871
1055	6.6	35.7	98.4	8429	41650
5827	9.5	55.2	99.5	14564	176782
		56.2	99.0	56	105179
47275	7.7	64.5	99.9	58798	104554
2099	6.5	60.1	99.2	6674	203383
1245	5.2	61.0	99.0	15371	139581
252558	16.5	58.3	99.2	421510	81881
183874	11.0	53.0	98.4	70688	42786
16188	8.8	43.9	98.8	114567	90545
71760	5.3	42.4	99.9	301697	164742
87922	12.5	55.4	99.1	88881	80562
25560	19.1	56.0	97.8	71820	137942
172253	11.2	55.4	99.3	321777	55538
24502	4.0	49.0	98.2	338808	77974
125426	6.3	49.7	100.6	304328	89063
38068	10.0	44.2	99.5	117922	88543
63419	7.6	56.9	100.5	185992	104127

13-7 规模以上国有控股工业企业经济指标

指标	Item	2000	2005	2006	2007	2008
企业单位数(个)	Number of Enterprises (unit)	2506	804	706	563	558
#亏损企业(个)	Deficit Enterprises (unit)	1053	275	211	132	167
资产总计(万元)	Total Assets (10 000 yuan)	16329797	19449500	22034893	25536051	27779963
流动资产合计(万元)	Total current Assets (10 000 yuan)	6429562	7746481	9484535	10740181	11648204
负债合计(万元)	Total Liabilities (10 000 yuan)	11278672	13494055	14642855	16628458	17686025
所有者权益(万元)	Owners' Equity (10 000 yuan)	4981017	5655984	7106514	8907593	10093937
主营业务收入(万元)	Revenue from Principal Business (10 000 yuan)	7221113	15262090	19498190	24560686	27229935
销售费用(万元)	Selling Expenses (10 000 yuan)	221515	340005	395913	456021	481064
利润总额(万元)	Total Profits (10 000 yuan)	84322	571611	1066988	1267392	376295
全部从业人员年平均人数(人)	Annual Average Employees (person)	889644	470614	461026	423776	407662
总资产贡献率(%)	Ratio of Total Assets to Output value (%)	5.94	9.74	12.39	12.00	9.07
资本保值增值率(%)	Changing Rate of Net Assets (%)	106.21	100.54	97.20	125.34	114.57
资产负债率(%)	Assets-Liability Ratio (%)	69.07	69.38	66.45	65.12	63.66
流动资产周转率(次)	Ratio of Turnover Working Capitals (time)	1.15	2.01	2.24	2.51	2.32
成本费用利润率(%)	Ratio of Profits to Cost (%)	1.20	4.00	5.98	5.60	1.43
全员劳动生产率(元/人)	Overall Labor Productivity (yuan/person)	24146	88551	115532	147089	186782
产品销售率(%)	Sales Ratio of Products (%)	97.67	99.49	99.10	98.69	99.24

Economic Indicators of State-holding Industrial Enterprises above Designated Size

2009	2010	2011	2012	2013	2014	2015	2016	2017	2018	2019
543	533	416	448	475	466	486	421	455	464	499
113	90	74	77	86	80	101	87	78	90	74
30315254	35482546	42925158	46411368	51624131	51602447	57037997	59738603	66328592	70845510	77287432
11717577	16005336	21066012	22800469	25208417	24000489	25757038	26049692	30595932	33389432	37777853
18992890	22320360	27614627	30047050	33301256	32519237	35403893	36367168	40246779	43481787	46517330
11322364	13162186	15310531	16364318	18322875	19083210	21634104	23371435	26081813	27363723	30770102
26985648	37613661	47141803	53286792	59896645	61989296	60080696	61202948	68492547	74620742	77572342
551091	651394	690800	740713	774010	920967	878485	991333	1164790	1032282	1063276
829164	1456208	1898016	1731126	2290144	2406749	2123168	2068162	2783185	3307917	2726672
397412	404799	388639	379236	366618	360816	352047	344294	319609	317679	308113
10.91	12.16	12.39	11.42	12.51	12.94	12.00	11.67	12.26	12.44	10.51
113.81	114.85	108.81	106.93	111.59	108.16	112.56	108.81	110.73	108.13	111.49
62.65	62.91	64.33	64.74	64.51	63.02	62.07	60.88	60.68	61.40	60.19
2.24	2.56	2.48	2.43	2.48	2.62	2.43	5.89	2.45	2.23	2.05
3.29	4.14	4.29	3.44	4.09	4.14	3.76	3.62	4.34	4.78	3.76
185579	247567	267481	277280	312980	317575	317016	316550	393133	430459	459779
98.73	99.05	98.61	99.18	98.35	98.39	99.49	99.20	99.54	99.54	98.43

13-8 规模以上国有控股工业企业主要经济指标（2019年）

单位：万元

项目	Item	企业单位数（个）Number of Enterprises (unit)	#亏损企业 Deficit Enterprises
总计	**Total**	**499**	**74**
按登记注册类型及隶属关系分	**By Registration Status and Jurisdiction of Management**		
国有企业	State-owned Enterprises	40	7
中央企业	Central Enterprises	1	
地方企业	Local Enterprises	39	7
有限责任公司	Limited Liability Corporations	392	58
股份有限公司	Share-holding Corporations Limited	42	3
港、澳、台商投资企业	Enterprises with Funds from Hong Kong, Macao and Taiwan	9	3
外商投资企业	Foreign Funded Enterprises	16	3
按轻、重工业分	**Grouped by Light & Heavy Industries**		
轻工业	Light Industry	79	17
重工业	Heavy Industry	420	57
按企业规模分	**Grouped by Size of Enterprises**		
大型企业	Large Enterprises	31	4
中型企业	Medium-sized Enterprises	113	16
小型企业	Small Enterprises	321	49
微型企业	Miniature Enterprises	34	5
按工业行业分	**Grouped by Sector**		
煤炭开采和洗选业	Mining and Washing of Coal	11	1
黑色金属矿采选业	Mining and Processing of Ferrous Metal Ores	3	1
有色金属矿采选业	Mining and Processing of Non-Ferrous Metal Ores	21	2
非金属矿采选业	Mining and Processing of Nonmetal Ores	13	
农副食品加工业	Processing of Food from Agricultural Products	14	4
食品制造业	Manufacture of Foods	6	2
酒、饮料和精制茶制造业	Manufacture of Liquor, Beverages & Refined Tea	6	2
烟草制品业	Manufacture of Tobacco	2	1
纺织业	Manufacture of Textile	4	
纺织服装、服饰业	Manufacture of Textile,Wearing Apparel and Accessories	9	2
皮革、毛皮、羽毛及其制品和制鞋业	Manufacture of Leather, Fur, Feather and Related Products, and Footwear	1	
木材加工和木、竹、藤、棕、草制品业	Processing of Timber, Manufacture of Wood, Bamboo, Rattan, Palm and Straw Products	3	2

Main Economic Indicators of State-holding Industrial Enterprises above Designated Size (2019)

(10 000 yuan)

主营业务收入 Revenue from Principal Business	主营业务成本 Cost of Principal Business	销售费用 Selling Expenses	资产总计 Total Assets	流动资产合计 Total Current Assets	#产成品 Finished Goods
77572342	**68222058**	**1063276**	**77287432**	**37777853**	**1905874**
518572	391172	12895	1032219	562512	15669
32147	21798		47397	1354	
486425	369374	12895	984822	561158	15669
66143064	59270671	808944	65923240	33251136	1600009
8636515	6524582	221672	7813966	3094446	263712
640730	589722	11955	560931	272221	8908
1633459	1445911	7809	1957076	597538	17578
4810339	2546569	237247	6725623	3195869	125505
72762003	65675489	826029	70561809	34581984	1780369
60965340	54370669	752006	55352255	29558545	1316291
9381185	7941110	142532	11524766	4482707	258723
7048595	5800966	167545	9590581	3503692	330269
177223	109314	1193	819830	232909	592
253242	203461	3351	1254541	574520	6913
12362	7600	334	69814	44626	807
823056	654871	11133	1615831	431293	121506
303338	214445	14830	600466	195470	9273
184288	168653	2302	88172	46380	2327
75107	52612	8795	86401	42302	2996
164872	112731	23866	239385	55461	4468
2187063	660835	32350	1751866	1253162	7395
39994	35883	53	15364	12663	87
142025	110222	457	183675	141821	4595
8434	4888		10476	8312	
60141	49496	1589	175692	47734	203

13-8 续表1

单位：万元

项目	Item	企业单位数（个）Number of Enterprises (unit)	#亏损企业 Deficit Enterprises
家具制造业	Manufacture of Furniture	1	
造纸和纸制品业	Manufacture of Paper and Paper Products	2	
印刷和记录媒介复制业	Printing and Reproduction of Recording Media	10	2
文教、工美、体育和娱乐用品制造业	Manufacture of Articles for Culture, Education, Arts and Crafts Sports and Entertainment Activities	1	
石油、煤炭及其他燃料加工业	Processing of Petroleum, Coal, and Other Fuels	2	1
化学原料和化学制品制造业	Manufacture of Raw Chemical Materials and Chemical Products	28	2
医药制造业	Manufacture of Medicines	9	1
橡胶和塑料制品业	Manufacture of Rubber & Plastics Products	6	
非金属矿物制品业	Manufacture of Non-metallic Mineral Products	102	16
黑色金属冶炼和压延加工业	Smelting and Pressing of Ferrous Metals	3	
有色金属冶炼和压延加工业	Smelting and Pressing of Non-ferrous Metals	38	14
金属制品业	Manufacture of Metal Products	11	1
通用设备制造业	Manufacture of General Purpose Machinery	12	
专用设备制造业	Manufacture of Special Purpose Machinery	7	1
汽车制造业	Manufacture of Automobiles	16	7
铁路、船舶、航空航天和其他运输设备制造业	Manufacture of Railway，Ship, Aerospace, and Other Transport Equipments	4	
电气机械和器材制造业	Manufacture of Electrical Machinery and Apparatus	7	
计算机、通信和其他电子设备制造业	Manufacture of Computers communication and other Electronic Equipment	14	4
仪器仪表制造业	Manufacture of Measuring Instruments and Machinery	2	
其他制造业	Other Manufacture	1	
废弃资源综合利用业	Utilization of Waste Resources	8	1
电力、热力生产和供应业	Production and Supply of Electric Power and Heat Power	65	4
燃气生产和供应业	Production and Supply of Gas	16	1
水的生产和供应业	Production and Supply of Water	41	2
按地区分	**By Region**		
南昌市	Nanchang	104	21
景德镇市	Jingdezhen	27	6
萍乡市	Pingxiang	18	2
九江市	Jiujiang	60	5
新余市	Xinyu	23	4
鹰潭市	Yingtan	13	1
赣州市	Ganzhou	105	17
吉安市	Ji'an	37	5
宜春市	Yichun	40	3
抚州市	Fuzhou	22	4
上饶市	Shangrao	50	6

continued

(10 000 yuan)

主营业务收入 Revenue from Principal Business	主营业务成本 Cost of Principal Business	销售费用 Selling Expenses	资产总计 Total Assets	流动资产合计 Total Current Assets	#产成品 Finished Goods
5642	3731		6 452	2626	181
76492	68891	138	38134	19046	566
408376	314652	4592	541996	300363	10255
155701	134355	417	27768	10316	30
5645049	4305735	27518	3076703	1053520	142149
622415	455992	33763	805103	327646	23550
1095162	674804	143208	3182737	1067940	64120
61961	53754	1846	54006	35111	5177
4016622	2973444	146786	3868624	1893444	98960
6443107	5898869	41185	5236890	3429996	97499
27989030	26774728	92175	17657852	12117170	606295
424056	384132	4926	511150	369509	22413
2120012	1731916	50105	1978411	1418090	203250
71190	59394	4526	111813	71273	9695
9665024	8801572	349196	11880633	7515450	404725
67499	55016	2277	107511	46930	2939
220319	197787	4400	184721	134892	16299
987616	916094	4865	1453577	1221784	4194
53989	45770	1160	107760	82146	3501
11992	7859	689	4102	1164	45
378344	345052	3281	317105	182646	7700
11317649	10506477	1375	16370838	2297807	689
868272	774059	18056	740210	186993	3090
612904	462276	27732	2931654	1138248	17984
25251216	21264321	608042	30360842	13653782	582974
2957243	2676717	85978	5152672	2455686	274325
657691	516381	16075	1172424	364340	9417
7865934	6074964	57725	5014330	1251998	127247
6983204	6375232	52498	6227349	3691879	113335
26256166	25132505	79596	16940357	11709592	480430
2546891	2059677	61116	4136452	1787141	214415
1204485	1011508	24154	1733964	474864	14426
1276223	1003317	40913	2673762	886693	26352
753444	623982	12644	1321789	321961	16913
1819846	1483454	24535	2553491	1179919	46040

13-8 续表2

项　　目	Item	负债合计 Total Liabilities	所有者权益合计 Total Owners' Equities
总　　计	**Total**	**46517330**	**30770102**
按登记注册类型及隶属关系分	**By Registration Status and Jurisdiction of Management**		
国有企业	State-owned Enterprises	713999	318220
中央企业	Central Enterprises	12551	34846
地方企业	Local Enterprises	701447	283375
有限责任公司	Limited Liability Corporations	41194740	24728500
股份有限公司	Share-holding Corporations Limited	3175348	4638618
港、澳、台商投资企业	Enterprises with Funds from Hong Kong, Macao and Taiwan	325676	235255
外商投资企业	Foreign Funded Enterprises	1107567	849509
按轻、重工业分	**Grouped by Light & Heavy Industries**		
轻工业	Light Industry	2136713	4588910
重工业	Heavy Industry	44380617	26181192
按企业规模分	**Grouped by Size of Enterprises**		
大型企业	Large Enterprises	33930640	21421615
中型企业	Medium-sized Enterprises	6409151	5115615
小型企业	Small Enterprises	5736431	3854150
微型企业	Miniature Enterprises	441107	378723
按工业行业分	**Grouped by Sector**		
煤炭开采和洗选业	Mining and Washing of Coal	836249	418292
黑色金属矿采选业	Mining and Processing of Ferrous Metal Ores	47359	22455
有色金属矿采选业	Mining and Processing of Non-Ferrous Metal Ores	708775	907056
非金属矿采选业	Mining and Processing of Non-metal Ores	256537	343929
农副食品加工业	Processing of Food from Agricultural Products	54418	33754
食品制造业	Manufacture of Foods	35061	51340
酒、饮料和精制茶制造业	Manufacture of Liquor, Beverages & Refined Tea	127027	112358
烟草制品业	Manufacture of Tobacco	418809	1333057
纺织业	Manufacture of Textile	6436	8928
纺织服装、服饰业	Manufacture of Textile,Wearing Apparel and Accessories	80313	103362
皮革、毛皮、羽毛及其制品和制鞋业	Manufacture of Leather, Fur, Feather and Related Products, and Footwear	4186	6290
木材加工和木、竹、藤、棕、草制品业	Processing of Timber, Manufacture of Wood, Bamboo, Rattan, Palm and Straw Products	79744	95948

continued

利润总额 Total Profits	#盈利企业的利润额 Profits of Profit-making Enterprises	#亏损企业的亏损额 Losses of Deficit Enterprises	企业亏损面(%) Ratio to Deficit Enterprises (%)	资产负债率(%) Assets-Liability Ratio (%)	产品销售率(%) Sales Ratio of Products (%)	全部从业人员年平均人数(人) Annual Average Employed Persons (person)	人均实现利润(元) Profits Per Capita (yuan)
2726672	**3091330**	**364658**	**14.8**	**60.2**	**98.4**	**308113**	**88496**
78016	93776	15760	17.5	69.2	99.7	7470	104439
10800	10800			26.5	99.6	619	174475
67216	82976	15760	17.9	71.2	97.7	6851	98111
2101895	2432895	331000	14.8	79.0	98.0	258546	81297
443493	449828	6335	7.1	40.6	99.7	34329	129189
15508	18317	2809	33.3	58.1	100.7	3040	51013
87760	96514	8754	18.8	56.6	101.0	4728	185618
382059	388877	6818	21.5	31.8	100.0	39403	96962
2344612	2702453	357841	13.6	62.9	98.3	268710	87254
1186381	1392017	205636	12.9	61.3	98.2	201091	58997
825883	916692	90809	14.2	55.6	98.5	67058	123160
662669	728894	66225	15.3	59.8	99.3	39393	168220
51738	53726	1988	14.7	53.8	99.9	571	906095
50826	60240	9414	9.1	66.7	98.5	14664	34660
6829	7816	987	33.3	67.8	95.9	293	233072
103123	112210	9087	9.5	43.9	99.2	12946	79656
40217	40217			42.7	100.1	2559	157159
8902	9331	429	28.6	61.7	101.7	1338	66532
3897	4285	388	33.3	40.6	99.0	1304	29885
13764	14850	1086	33.3	53.1	99.2	3074	44776
107325	110034	2709	50.0	23.9	99.5	5294	202730
1233	1233			41.9	99.1	275	44836
5574	6555	981	22.2	43.7	99.8	8791	6341
654	654			40.0	100.0	128	51094
5257	5804	547	66.7	45.4	102.4	982	53534

13-8 续表3

项　　目	Item	负债合计(万元) Total Liabilities	所有者权益合计(万元) Total Owners' Equities
家具制造业	Manufacture of Furniture	1417	5035
造纸和纸制品业	Manufacture of Paper and Paper Products	8765	29369
印刷和记录媒介复制业	Printing and Reproduction of Recording Media	155886	386110
文教、工美、体育和娱乐用品制造业	Manufacture of Articles for Culture, Education, Arts and Crafts Sports and Entertainment Activities	619	27149
石油、煤炭及其他燃料加工业	Processing of Petroleum, Coal, and Other Fuels	2013670	1063033
化学原料和化学制品制造业	Manufacture of Raw Chemical Materials and Chemical Products	233894	571209
医药制造业	Manufacture of Medicines	949267	2233470
橡胶和塑料制品业	Manufacture of Rubber & Plastics Products	16928	37078
非金属矿物制品业	Manufacture of Non-metallic Mineral Products	1715378	2153246
黑色金属冶炼和压延加工业	Smelting and Pressing of Ferrous Metals	2979813	2257077
有色金属冶炼和压延加工业	Smelting and Pressing of Non-ferrous Metals	10941823	6716029
金属制品业	Manufacture of Metal Products	368711	142439
通用设备制造业	Manufacture of General Purpose Machinery	1254800	723611
专用设备制造业	Manufacture of Special Purpose Machinery	45040	66773
汽车制造业	Manufacture of Automobiles	8718061	3162572
铁路、船舶、航空航天和其他运输设备制造业	Manufacture of Railway，Ship, Aerospace, and Other Transport Equipments	50767	56744
电气机械和器材制造业	Manufacture of Electrical Machinery and Apparatus	126017	58704
计算机、通信和其他电子设备制造业	Manufacture of Computers communication and other Electronic Equipment	1016352	437225
仪器仪表制造业	Manufacture of Measuring Instruments and Machinery	86706	21054
其他制造业	Other Manufacture	2183	1919
废弃资源综合利用业	Utilization of Waste Resources	159058	158047
电力、热力生产和供应业	Production and Supply of Electric Power and Heat Power	10693624	5677214
燃气生产和供应业	Production and Supply of Gas	457887	282323
水的生产和供应业	Production and Supply of Water	1865753	1065901
按地区分	**By Region**		
南 昌 市	Nanchang	18382834	11978008
景德镇市	Jingdezhen	3699944	1452728
萍 乡 市	Pingxiang	726076	446348
九 江 市	Jiujiang	2925001	2089329
新 余 市	Xinyu	3507300	2720049
鹰 潭 市	Yingtan	10299098	6641259
赣 州 市	Ganzhou	2432487	1703965
吉 安 市	Ji'an	1045856	688108
宜 春 市	Yichun	1571813	1101949
抚 州 市	Fuzhou	691701	630088
上 饶 市	Shangrao	1235219	1318272

continued

利润总额 (万元) Total Profits	#盈利企业的利润额 Profits of Profit-making Enterprises	#亏损企业的亏损额 Losses of Deficit Enterprises	企业亏损面 (%) Ratio to Deficit Enterprises (%)	资产负债率 (%) Assets-Liability Ratio (%)	产品销售率 (%) Sales Ratio of Products (%)	全部从业人员年平均人数 (人) Annual Average Employed Persons (person)	人均实现利润 (元) Profits Per Capita (yuan)
1 359	1359			22.0	97.7	40	339750
3295	3295			23.0	97.7	395	83418
54727	55428	701	20.0	28.8	100.3	3834	142741
19532	19532			2.2	101.5	279	700072
79223	87985	8762	50.0	65.4	99.8	11275	70264
65204	65354	150	7.1	29.1	94.0	8394	77679
134409	134781	372	11.1	29.8	100.6	10430	128868
3168	3168			31.3	103.1	802	39501
723815	731012	7197	15.7	44.3	99.3	20477	353477
371695	371695			56.9	98.4	22987	161698
376750	428075	51325	36.8	62.0	93.8	34791	108290
8791	9751	960	9.1	72.1	89.3	3124	28140
123833	123833			63.4	99.3	13933	88877
4663	5863	1200	14.3	40.3	96.1	1311	35568
-106622	70639	177261	43.8	73.4	99.6	50337	-21182
3151	3151			47.2	98.2	648	48627
3597	3597			68.2	99.9	1363	26390
-22664	27609	50273	28.6	69.9	98.4	4165	-54415
1667	1667			80.5	103.1	1945	8571
778	778			53.2	100.0	75	103733
15921	16439	518	12.5	50.2	97.3	1307	121813
363123	402840	39717	6.2	65.3	100.0	51083	71085
59407	59495	88	6.3	61.9	98.9	2848	208592
90252	90758	506	4.9	63.6	98.8	10622	84967
728320	801499	73179	20.2	60.5	100.0	136732	53266
-52339	112713	165052	22.2	71.8	97.6	25315	-20675
101339	102278	939	11.1	61.9	97.3	10772	94076
410113	420161	10048	8.3	58.3	99.3	16007	256209
389523	428535	39012	17.4	56.3	98.6	29860	130450
376572	376610	38	7.7	60.8	92.1	28591	131710
280253	334902	54649	16.2	58.8	100.0	19796	141571
97739	98994	1255	13.5	60.3	97.6	7660	127597
146734	156730	9996	7.5	58.8	97.7	13997	104832
75488	84234	8746	18.2	52.3	100.3	4040	186851
172929	174675	1746	12.0	48.4	100.0	15343	112709

13-9 规模以上集体企业经济指标

Economic Indicators of Collective-owned Industrial Enterprises above Designated Size

指　　标	Item	2010	2015	2016	2017	2018	2019
企业单位数(个)	Number of Enterprises (unit)	117	62	58	48	31	26
#亏损企业(个)	Deficit Enterprises (unit)	5	2	1	4	1	4
资产总计(万元)	Total Assets (10 000 yuan)	348716	239682	254707	174614	545992	526847
流动资产合计(万元)	Total current Assents (10 000 yuan)	144706	98619	84895	75509	410807	377136
负债合计(万元)	Total Liabilities (10 000 yuan)	188307	96097	95294	70645	348808	292846
所有者权益(万元)	Owners' Equity (10 000 yuan)	160408	143585	159413	103969	197184	234001
主营业务收入(万元)	Revenue from Principal Business (10 000 yuan)	987192	653238	635015	397945	462432	470918
销售费用(万元)	Selling Expenses (10 000 yuan)	13666	11570	9480	9694	6757	5094
利润总额(万元)	Total Profits (10 000 yuan)	70683	50481	54149	22388	44660	33818
全部从业人员年平均人数(人)	Annual Average Empolyees (person)	20572	10885	9476	6759	9208	8299
总资产贡献率(%)	Ratio of Total Assets to Output Value (%)	35.01	44.73	39.12	22.15	14.32	8.87
资本保值增值率(%)	Changing Rate of Net Assets (%)	118.10	81.74	115.07	86.26	136.09	99.29
资产负债率(%)	Assets-Liability Ratio (%)	54.00	40.09	37.41	40.46	63.89	55.58
流动资产周转率(次)	Ratio of Turnover Working Capitals (time)	7.55	7.77	2.68	5.23	1.13	1.25
成本费用利润率(%)	Ratio of Profits to Cost (%)	8.30	8.48	9.42	6.39	10.83	7.61
全员劳动生产率(元／人)	Overall Labor Productivity (yuan/person)	145987	153357	188651	150837	122021	161586
产品销售率(%)	Sales Ratio of Products (%)	97.80	99.17	99.30	98.88	99.31	99.89

13-10 规模以上外商及港、澳、台投资工业企业经济指标
Economic Indicators of Industrial Enterprises with Funds From Foreign, Hong Kong, Macao and Taiwan above Designated Size

指 标	Item	2010	2015	2016	2017	2018	2019
企业单位数(个)	Number of Enterprises (unit)	865	863	822	840	744	697
#亏损企业(个)	Deficit Enterprises (unit)	76	90	75	83	95	115
资产总计(万元)	Total Assets (10 000 yuan)	18824976	30189699	34033119	33356051	29650513	28860747
流动资产合计(万元)	Total current Assets (10 000 yuan)	8015663	12092042	14003112	14728486	14431881	14132652
负债合计(万元)	Total Liabilities (10 000 yuan)	10166105	15257048	17470497	17372796	15220794	14443367
所有者权益(万元)	Owners' Equity (10 000 yuan)	8658871	14932651	16562622	15983255	14429719	14417380
主营业务收入(万元)	Revenue from Principal Business (10 000 yuan)	23685256	46132507	48494841	45519451	34502178	31647774
销售费用(万元)	Selling Expenses (10 000 yuan)	491534	857341	924528	835255	758678	752226
利润总额(万元)	Total Profits (10 000 yuan)	1729082	3328445	3754584	3744680	2774009	2463354
全部从业人员年平均人数(人)	Annual Average Employees (person)	443757	501615	492720	440707	334739	286842
总资产贡献率(%)	Ratio of Total Assets to Output Value (%)	15.46	18.79	18.06	15.83	13.69	11.86
资本保值增值率(%)	Changing Rate of Net Assets (%)	137.21	116.03	112.34	105.86	116.53	109.26
资产负债率(%)	Assets-Liability Ratio (%)	54.00	50.54	51.33	52.08	51.33	50.05
流动资产周转率(次)	Ratio of Turnover Working Capitals (time)	3.38	4.11	3.20	3.31	2.39	2.24
成本费用利润率(%)	Ratio of Profits to Cost (%)	8.09	7.79	8.41	9.03	8.75	8.41
全员劳动生产率(元/人)	Overall Labor Productivity (yuan/person)	155849	224221	236867	247069	239663	275538
产品销售率(%)	Sales Ratio of Products (%)	98.34	98.89	98.67	100.02	99.72	99.83

13-11 规模以上股份制工业企业经济指标

指 标	Item	2010	2015
企业单位数(个)	Number of Enterprises (unit)	5283	7876
#亏损企业(个)	Deficit Enterprises (unit)	226	515
资产总计(万元)	Total Assets (10 000 yuan)	46765828	136865248
流动资产合计(万元)	Total current Assets (10 000 yuan)	18614138	54178292
负债合计(万元)	Total Liabilities (10 000 yuan)	27478751	66048669
所有者权益(万元)	Owners' Equity (10 000 yuan)	19287077	70816579
主营业务收入(万元)	Revenue from Principal Business (10 000 yuan)	89001186	245092265
销售费用(万元)	Selling Expenses (10 000 yuan)	1540124	4212668
利润总额(万元)	Total Profits (10 000 yuan)	4694573	16667116
全部从业人员年平均人数(人)	Annual Average Employees (person)	1109565	1890660
总资产贡献率(%)	Ratio of Total Assets to Output Value (%)	18.86	24.65
资本保值增值率(%)	Changing Rate of Net Assets (%)	118.46	125.16
资产负债率(%)	Assets-Liability Ratio (%)	58.76	48.26
流动资产周转率(次)	Ratio of Turnover Working Capitals (time)	4.78	4.96
成本费用利润率(%)	Ratio of Profits to Cost (%)	5.81	7.38
全员劳动生产率(元/人)	Overall Labor Productivity (yuan/person)	172084	301678
产品销售率(%)	Sales Ratio of Products (%)	99.15	98.99

Economic Indicators of Share-holding Industrial Enterprises above Designated Size

2016	2017	2018	2019
8790	10416	10465	11628
457	717	962	1012
156606094	170433558	183993671	229949951
62198701	74833168	81999614	114619626
72846434	82143352	92240505	121651778
83759659	88290206	91753166	108298173
272056007	275397003	249923280	310867725
4619656	5436321	5388997	6276063
19008131	19866908	17857168	18842717
2014193	2065808	1870917	2002866
23.13	20.34	17.10	15.49
116.21	108.45	117.75	107.11
46.52	48.20	50.13	52.90
4.86	4.21	3.05	2.71
7.59	7.86	7.78	6.50
271061	315899	311598	342066
98.90	99.26	99.14	99.33

13-12 规模以上私营工业企业经济指标

指　　标	Item	2010	2015
企业单位数(个)	Number of Enterprises (unit)	4349	4751
#亏损企业(个)	Loss Enterprises (unit)	109	226
资产总计(万元)	Total Assets (10 000 yuan)	19097127	54963359
流动资产合计(万元)	Total current Assets (10 000 yuan)	7601357	20559860
负债合计(万元)	Total Liabilities (10 000 yuan)	8834351	21950995
所有者权益(万元)	Owners' Equity (10 000 yuan)	10262776	33012364
主营业务收入(万元)	Revenue from Principal Business (10 000 yuan)	53384652	128893398
销售费用(万元)	Selling Expenses (10 000 yuan)	1030121	2154706
利润总额(万元)	Total Profits (10 000 yuan)	3624354	9796112
全部从业人员年平均人数(人)	Annual Average Employees (person)	757930	990348
总资产贡献率(%)	Ratio of Total Assets to Output Value (%)	36.38	33.74
资本保值增值率(%)	Changing Rate of Net Assets (%)	126.25	126.78
资产负债率(%)	Assets-Liability Ratio (%)	46.26	39.94
流动资产周转率(次)	Ratio of Turnover Working Capitals (time)	8.34	7.05
成本费用利润率(%)	Ratio of Profits to Cost (%)	7.67	8.28
全员劳动生产率(元／人)	Overall Labor Productivity (yuan/person)	207636	323638
产品销售率(%)	Sales Ratio of Products (%)	99.12	99.01

Economic Indicators of Private Industrial Enterprises above Designated Size

2016	2017	2018	2019
5163	6128	6300	8247
190	340	481	591
63881003	66147349	68581570	82741510
24052851	29011471	30885250	38634550
24911800	28568018	31019742	38014871
38969203	37579331	37561828	44726639
141558836	133950600	113792249	146368293
2320571	2626274	2687281	3445510
10761466	9777458	7894099	9731690
1028441	1047587	937019	1080298
30.00	23.41	18.86	19.98
118.27	106.56	116.86	106.55
39.00	43.19	45.23	45.94
4.09	5.33	3.68	3.79
8.28	7.91	7.48	7.12
311909	299971	275223	314647
98.70	98.91	98.83	99.59

13-13 开发区主要经济指标（2019年）

项目	Item	本年实际累计开发面积（平方公里）Actually Total Area Developed This Year (sq.km)	投产工业企业数（个）Number of Industrial Enterprises Completed and Put into Use (unit)	招商实际到位资金（亿元）Actually Introduced Funds (100 million yuan)	
				绝对数 Absolute Number	比上年增长(%) Growth Rate over Preceding Year (%)
全省总计	**Provincial Total**	673.65	13014	5793.99	10.1
国家级园区	**National Park**				
南昌小蓝经济技术开发区	Nanchang Xiaolan Economic-Technological Development Zone	6.60	355	150.15	22.2
南昌经济技术开发区	Nanchang Economic-Technological Development Zone	9.80	434	395.02	19.7
南昌高新技术产业开发区	Nanchang High-tech Industrial Development Zone	11.70	351	219.77	25.7
景德镇高新技术产业开发区	Jingdezhen High-tech Industrial Development Zone	4.62	116	80.00	45.5
萍乡经济技术开发区	Pingxiang Economic-Technological Development Zone	5.60	138	56.78	25.0
九江共青城高新技术产业开发区	Jiujiang Gongqingcheng High-tech Industrial Development Zone	8.26	172	69.19	-25.3
九江经济技术开发区	Jiujiang Economic-Technological Development Zone	14.50	261	182.31	1.0
新余高新技术产业开发区	Xinyu High-tech Industrial Development Zone	4.90	241	113.31	
鹰潭高新技术产业开发区	Yingtan High-tech Industrial Development Zone	9.60	127	48.67	14.3
赣州高新技术产业开发区	Ganzhou High-tech Industrial Development Zone	8.50	147	46.09	39.4
龙南经济技术开发区	Longnan Economic-Technological Development Zone	16.31	332	115.15	11.4
瑞金经济技术开发区	Ruijin Economic-Technological Development Zone	26.08	514	131.78	32.0
赣州经济技术开发区	Ganzhou Economic-Technological Development Zone	10.10	332	188.51	9.4
井冈山经济技术开发区	Jinggangshan Economic-Technological Development Zone	16.60	330	253.10	3.0
吉安高新技术产业开发区	Ji'an High-tech Industrial Development Zone	7.00	144	61.62	0.8
宜春经济技术开发区	Yichun Economic-Technological Development Zone	7.34	311	59.31	28.0
江西丰城高新技术产业开发区	Jiangxi Fengcheng High-tech Industrial Development Zone	18.10	194	110.16	40.8
抚州高新技术产业开发区	Fuzhou High-tech Industrial Development Zone	11.50	152	80.56	-6.9
上饶经济技术开发区	Shangrao Economic-Technological Development Zone	15.40	368	128.01	5.1
省级重点园区	**Provincial Main Park**				
南昌青山湖高新技术产业园区	Nanchang Qingshanhu High-tech Industrial Park	9.58	338	68.81	17.4
江西新建长堎经济开发区	Jiangxi Xinjian Changleng Industrial Development Zone	3.50	139	80.98	11.5
江西乐平工业园区	Jiangxi Leping Industrial Park	5.59	69	4.41	-66.0
江西芦溪工业园区	Jiangxi Luxi Industrial Park	2.00	65	29.19	-10.9
江西永修云山经济开发区	Jiangxi Yongxiu Yunshan Economic Development Zone	12.80	161	146.03	5.4
江西德安高新技术产业园区	Jiangxi De'an High-tech Industrial Park	11.00	136	79.59	9.1
江西分宜工业园区	Jiangxi Fenyi Industrial Park	3.50	79	24.35	-20.2
江西余江工业园区	Jiangxi Yujiang Industrial Park	4.60	141	54.21	32.7
江西贵溪工业园区	Jiangxi Guixi Industrial Park	6.20	165	89.47	19.7
江西章贡高新技术产业园区	Jiangxi Ganzhou Zhanggong High-tech Industrial Park	6.10	153	82.91	20.6
江西泰和高新技术产业园区	Jiangxi Taihe High-tech Industrial Park	6.00	124	69.26	30.9
江西上高工业园区	Jiangxi Shanggao Industrial Park	7.24	162	100.26	0.4
江西樟树工业园区	Jiangxi Zhangshu Industrial Park	6.10	164	138.50	-3.0
江西崇仁工业园区	Jiangxi Chongren Industrial Park	5.50	92	32.89	13.2
江西东乡经济开发区	Jiangxi Dongxiang Economic Development Zone	6.50	110	62.60	9.8
江西上饶高新技术产业园区	Jiangxi Shangrao High-tech Industrial Park	11.00	153	60.57	7.0
江西玉山高新技术产业园区	Jiangxi Yushan High-tech Industrial Park	7.27	279	45.66	0.8
江西横峰经济开发区	Jiangxi Hengfeng Economic Development Zone	5.10	53	43.83	0.9

Main Economic Indicators of Development Zone (2019)

工业增加值 Value-added of Industry	出口交货值 (亿元) Delivery Value of Industry Export (100 million yuan)		主营业务收入 (亿元) Revenue from Principal Business (100 million yuan)		利润总额 (亿元) Total Profits (100 million yuan)		从业人员 (人) Number of Employed Persons (person)	
比上年增长(%) Growth Rate over Preceding Year (%)	绝对数 Absolute Number	比上年增长(%) Growth Rate over Preceding Year (%)	绝对数 Absolute Number	比上年增长(%) Growth Rate over Preceding Year (%)	绝对数 Absolute Number	比上年增长(%) Growth Rate over Preceding Year (%)	绝对数 Absolute Number	比上年增长(%) Growth Rate over Preceding Year (%)
9.2	1935.76	11.8	28591.37	7.9	1945.05	3.0	2100608	0.8
8.2	70.06	-9.4	1162.42	10.6	75.42	8.6	64353	-3.1
8.3	118.05	-17.7	1403.84	7.8	117.65	5.1	84981	-8.2
9.1	174.24	65.8	2654.07	11.1	140.33	2.6	131906	8.9
9.0	52.85	-4.7	603.89	8.5	21.56	-10.9	36213	-4.2
9.1	27.18	16.9	561.01	7.1	53.71	-0.1	42953	-0.1
8.8	13.94	81.7	416.27	5.3	39.07	4.9	25399	0.8
9.0	26.62	-36.0	1140.58	-1.0	59.19	-10.1	44542	-9.5
10.3	41.30	27.1	511.58	16.6	22.65	-10.3	38628	5.9
10.0	12.29	10.2	608.56	20.5	36.12	13.1	19198	-6.5
9.7	19.94	51.4	148.24	11.3	7.92	36.9	19026	3.7
10.1	79.74	-9.1	276.59	9.0	10.92	-10.9	49216	-0.8
9.3	100.65	3.8	641.93	6.8	40.71	13.4	71662	1.3
10.2	54.50	55.1	602.42	0.1	32.22	7.9	50407	3.9
9.4	146.53	14.3	1037.16	14.2	60.68	1.7	103980	4.3
9.9	189.62	145.0	506.84	18.2	39.43	19.6	68497	60.4
8.8	17.66	34.1	293.32	9.6	16.14	-4.5	48056	-1.2
11.9	10.65	4.7	614.80	10.9	54.17	14.9	28763	-1.9
9.3	28.43	14.7	484.54	8.3	41.99	16.4	33812	6.5
9.0	125.49	24.7	831.49	10.5	28.96	5.0	51293	-4.2
9.9	16.13	-11.5	188.99	10.6	12.92	26.0	39212	-3.1
8.0	2.02	-68.7	527.12	7.8	27.69	17.6	23872	-0.5
10.4	19.29	-17.4	300.31	11.8	17.72	-11.5	15402	2.0
11.2	0.08	-5.1	72.15	12.0	5.43	20.5	8434	-0.6
10.1	9.94	-18.3	451.90	6.3	45.37	-9.5	21453	2.7
9.0	10.68	-10.6	437.32	6.7	30.07	11.8	21735	-3.8
10.2	17.77	338.4	102.67	-2.5	3.76	-33.7	9506	0.2
9.7	6.96	17.4	179.96	28.1	9.29	10.4	12989	2.1
10.1	2.31	-50.3	677.52	23.0	16.26	35.8	13651	-2.3
10.1	13.92	-31.3	323.36	-10.3	17.14	-6.9	26325	-2.5
9.0	12.80	-41.6	283.44	3.0	20.33	6.5	26716	-19.4
7.9	11.27	-47.8	261.55	8.2	13.74	-28.1	38777	0.0
9.1	1.95	162.4	476.59	6.2	48.58	-15.5	34611	0.0
9.2	3.07	33.3	161.18	6.8	9.98	-1.4	11826	-0.4
9.2	6.92	178.9	212.85	4.2	8.86	6.9	13684	0.9
8.8	35.62	123.2	506.11	11.7	48.64	12.9	19398	-5.4
8.9	6.38	-19.9	382.70	11.6	26.50	7.5	24100	3.1
8.5			203.35	10.0	14.28	17.6	5319	7.1

主要统计指标解释

工业 指从事自然资源的开采，对采掘品和农产品进行加工和再加工的物质生产部门。具体包括：(1)对自然资源的开采，如采矿、晒盐等(但不包括禽兽捕猎和水产捕捞)；(2)对农副产品的加工、再加工，如粮油加工、食品加工、缫丝、纺织、制革等；(3)对采掘品的加工、再加工，如炼铁、炼钢、化工生产、石油加工、机器制造、木材加工等，以及电力、自来水、煤气的生产和供应等；(4)对工业品的修理、翻新，如机器设备的修理、交通运输工具(如汽车)的修理等。

工业统计调查单位为独立核算法人工业企业。

独立核算法人工业企业指从事工业生产经营活动的单位。独立核算法人工业企业应同时具备以下条件：①依法成立，有自己的名称、组织机构和场所，能够承担民事责任；②独立拥有和使用资产，承担负债，有权与其他单位签订合同；③独立核算盈亏，并能够编制资产负债表。

本年鉴中涉及的企业登记注册类型：

国有及国有控股企业 指国有企业加上国有控股企业。国有企业(即原全民所有制工业或国营工业)指企业全部资产归国家所有，并按《中华人民共和国企业法人登记管理条例》规定登记注册的非公司制的经济组织。包括国有企业、国有独资公司和国有联营企业。1957年以前的公私合营和私营工业，后均改造为国营工业，1992 年改为国有工业，这部分工业的资料不单独分列时，均包括在国有企业内。国有控股企业是对混合所有制经济的企业进行的“国有控股”分类。它是指这些企业的全部资产中国有资产(股份)相对其他所有者中的任何一个所有者占资(股)最多的企业。该分组反映了国有经济控股情况。

集体企业 指企业资产归集体所有，并按《中华人民共和国企业法人登记管理条例》规定登记注册的经济组织。是社会主义公有制经济的组成部分。包括城乡所有使用集体投资举办的企业，以及部分个人通过集资自愿放弃所有权并依法经工商行政管理机关认定为集体所有制的企业。

股份合作企业 指以合作制为基础，由企业职工共同出资入股，吸收一定比例的社会资产投资组建，实行自主经营，自负盈亏，共同劳动，民主管理，按劳分配与按股分红相结合的一种集体经济组织。

联营企业 指两个及两个以上相同或不同所有制性质的企业法人或事业单位法人，按自愿、平等、互利的原则，共同投资组成的经济组织。联营企业包括：

国有联营企业指国有企业与国有企业间的联营；

集体联营企业指集体企业与集体企业间的联营；

国有与集体联营企业指国有企业与集体企业间的联营。

有限责任公司 指根据《中华人民共和国公司登记管理条例》规定登记注册，由两个以上，五十个以下的股东共同出资，每个股东以其所认缴的出资额对公司承担有限责任，公司以其全部资产对其债务承担责任的经济组织。

有限责任公司包括国有独资公司以及其他有限责任公司。

股份有限公司 指根据《中华人民共和国企业法人登记管理条例》规定登记注册，其全部注册资本由等额股份构成并通过发行股票筹集资本，股东以其认购的股份对公司承担有限责任，公司以其全部资产对其债务承担责任的经济组织。

私营企业 指由自然人投资设立或由自然人控股，以雇佣劳动为基础的营利性经济组织。包括按照《公司法》、《合伙企业法》、《私营企业暂行条例》规定登记注册的私营有限责任公司、私营股份有限公司、私营合伙企业和私营独资企业。

港、澳、台商投资企业 指企业注册登记类型中的港、澳、台资合资、合作、独资经营企业和股份有限公司之和。

外商投资企业 指企业注册登记类型中的中外合资、合作经营企业、外资企业和外商投资股份有限公司之和。

“三资”企业系指港、澳、台商投资企业和外资企业的简称。

轻工业 指主要提供生活消费品和制作手工工具的工业。按其所使用的原料不同，可分为两大类：(1)以农产品为原料的轻工业，是指直接或间接以农产品为基本原料的轻工业。主要包括食品制造、饮料制造、烟草加工、纺织、缝纫、皮革和毛皮制作、造纸以及印刷等工业；(2)以非农产品为原料的轻工业，是指以工业品为原料的轻工业。主要包括文教体育用品、化学药品制造、合成纤维制造、日用化学制品、日用玻璃制品、日用金属制品、手工工具制造、医疗器械制造、文化和办公用机械制造等工业。

重工业 指为国民经济各部门提供物质技术基础的主要生产资料的工业。按其生产性质和产品用途，可以分为下列三类：(1)采掘(伐)工业，是指对自然资源的开采，包括石油开采、煤炭开采、金属矿开采、非金属矿开采等工业；(2)原材料工业，指向国民经济各部门提供基本材料、动力和燃料的工业。包括金属冶炼及加工、炼焦及焦炭、化学、化工原料、水泥、人造板以及电力、石油和煤炭加工等工业；(3)加工工业，是指对工业原材料进行再加工制造的工业。包括装备国民经济各部门的机械设备制造工业、金属结构、水泥制品等工业，以及为农业提供的生产资料如化肥、农药等工业。

根据上述划分原则，修理业中以重工业产品为修理作业对象的划为重工业，反之划为轻工业。

工业总产值

(1)定义：

工业总产值是以货币形式表现的，工业企业在一定时期内生产的工业最终产品或提供工业性劳务活动的总价值量。它反映一定时间内工业生产的总规模和总水平。

(2)计算原则:

工业生产的原则，即凡是企业在报告期生产的经检验合格的产品，不管是否在报告期销售，均包括在内。

最终产品的原则，即凡是计入工业总产值的产品，必须是本企业生产的经检验合格的，不需要再进行任何加工的最终产品。如果企业有中间产品(半成品)对外销售，则对外销售的中间产品应视为企业的最终产品。

工厂法原则，即工业总产值是以工业企业作为基本计算(核算)单位，即按企业的最终产品计算工业总产值。按这种方法计算的工业总产值，不允许同一产品价值在企业内部重复计算，不能把企业内部各个车间(分厂)生产的成果相加，但允许企业间的重复计算。

(3)内容及计算方法:

1995 年全国工业普查对工业总产值(原规定)的内容及计算原则和方法做了某些修订，修订后的工业总产值(新规定)包括三项内容：即本期生产成品价值、对外加工费收入、在制品半成品期末期初差额价值三部分。

本期生产成品价值：指企业本期生产，并在报告期内不再进行加工，经检验、包装入库的全部工业成品(半成品)价值合计，包括企业生产的自制设备及提供给本企业在建工程、其他非工业部门和福利部门等单位使用的成品价值。本期生产成品价值为按自备原材料生产的产品的数量乘以本期不含增值税(销项税额)的产品实际销售平均单价计算；会计核算中按成本价格转帐的自制设备和自产自用的成品，按成本价格计算生产成品价值。生产成品价值中不包括用定货者来料加工的成品(半成品)价值。

对外加工费收入：指企业在报告期内完成的对外承接的工业品加工(包括用定货者来料加工产品)的加工费收入和对外工业修理作业所取得的加工费收入。对外加工费收入按不含增值税(销项税额)的价格计算，可根据会计“产品销售收入”科目的有关资料取得。

对于本企业对内非工业部门提供的加工修理、设备安装的劳务收入，如果企业会计核算基础较好，能取得这部分资料，而且这部分价值所占比重较大，应包括在对外加工费收入中。

自制半成品在制品期末期初差额价值：指企业报告期在制品期末减期初的差额价值，本指标一般可以从会计核算资料中取得。如果会计产品成本核算中不计算半成品、在制品的成本，则总产值中也不包括这部分价值，反之则包括。

(4)工业总产值统计范围变化和计算方法修订情况:

1984 年以前工业总产值不包括村办工业，村办工业总产值划归农业。1984 年以后工业总产值包括村办工业。

1995 年工业普查对工业总产值计算方法做了修订，即从 1995 年始按新修订(新规定)方法计算工业总产值。新规定与原规定的区别如下:

全价与加工费的计算原则不同：新规定为凡自备原材料，不论其生产繁简程度如何，一律按全价计算工业总产值；凡来料加工，允许按加工费计算工业总产值。原规定则视生产加工的繁简程度不同，规定哪些行业按全价，哪些行业按加工费计算工业总产值。

自制半成品、在产品期末期初差额价值的计算原则不同：新规定要求，凡会计产品成本核算时计算了成本的差额价值，总产值中就应包括，否则可不包括；原规定则按生产周期六个月的界限区分，凡生产周期六个月以上的企业，总产值计算中应包括这部分差额价值，否则可不包括。

计算价格不同：新规定按不含增值税(销项税额)的价格计算；原规定则按含增值税(销项税额)的价格计算。

工业增加值　指工业企业在报告期内以货币表现的工业生产活动的最终成果。

工业增加值有两种计算方法：一是生产法，即工业总产出减去工业中间投入加上应交增值税；二是收入法，即从收入的角度出发，根据生产要素在生产过程中应得到的收入份额计算，具体构成项目有固定资产折旧、劳动者报酬、生产税净额、营业盈余，这种方法也称要素分配法。本年鉴中的工业增加值是以生产法计算的。

生产法工业增加值的计算方法为:

工业增加值=工业总产出-工业中间投入+应交增值税

(1)工业总产出：指工业企业在一定时期内工业生产活动的总成果。工业总产出包括：成品生产价值，对外加工费收入，自制半成品、在产品期末期初差额价值。1995 年后用新规定计算的工业总产值代替。

(2)工业中间投入：指工业企业在工业生产活动中消耗的外购物质产品和对外支付的服务费用。服务费用包括支付给物质生产部门(工业、农业、批发零售贸易业、建筑业、运输邮电业)的服务费用和支付给非物质生产部门(如保险、金融、文化教育、科学研究、医疗卫生、行政管理等)的服务费用。工业中间投入的确定须遵循以下原则：必须从外部购入的，并已计入工业总产出的产品和服务价值；必须是本期投入生产，并一次性消耗掉(包括本期摊销的低值易耗品等)的产品和服务价值。

工业中间投入包括直接材料费用、制造费用中的工业中间投入、管理费用中的工业中间投入、销售费用中的工业中间投入和利息支出五部分。

资产总计　指企业拥有或控制的能以货币计量的经济资源，包括各种财产、债权和其他权利。资产按流动性分为流动资产、长期投资、固定资产、无形资产、递延资产和其他资产。该指标根据企业会计“资产负债表”中“资产总计”项目的期末数增列。

流动资产　指企业可以在一年内或者超过一年的一个生产周期内变现或者耗用的资产，包括现金及各种存款、短期投资，应收及预付款项、存货等。

流动资产平均余额　指企业在报告期内全部流动资产的平均余额。

固定资产原价　指企业在建造、购置、安装、改建、扩建、技术改造某项固定资产时所支出的全部货币总额。它一般包括买价、包装费、运杂费和安装费等。

固定资产净值年平均余额　指固定资产净值在报告期内余额的平均数。计算公式为:

$$\text{固定资产净值年平均余额}=\frac{\text{1至12月各月月初、月末固定资产净值之和}}{24}$$

该指标根据“资产负债表”中“固定资产原价”、“累计折旧”指标的期初、期末数计算填列。

固定资产净值指固定资产原价减去历年已提折旧额后的净额。计算公式为：

固定资产净值=固定资产原价-累计折旧

负债合计 指企业所承担的能以货币计量，将以资产或劳务偿付的债务，偿还形式包括货币、资产或提供劳务。负债一般按偿还期长短分为流动负债和长期负债。根据会计“资产负债表”中“负债合计”的年末数填列。

所有者权益 指企业投资人对企业净资产的所有权。企业净资产等于企业全部资产减去全部负债后的余额，包括企业投资人对企业的最初投入的实际到位的资产及资本公积金、盈余公积金和未分配利润。所有者权益合计数小于零，表示企业资不抵债。

主营业务收入 指企业销售产品和提供劳务等主要经营业务取得的收入。

主营业务成本 指企业销售产品和提供劳务等主要经营业务过程中的实际成本。

主营业务税金及附加 指企业销售产品和提供劳务等主要经营业务应负担的城市维护建设税、消费税、资源税和教育费附加。

利润总额 指企业生产经营活动的最终成果，是企业在一定时期内实现的盈亏相抵后的利润总额(亏损以“-”号表示)，它等于营业利润加上补贴收入加上投资收益加上营业外净收入再加上以前年度损益调整。

本年应交增值税 指企业在报告期内应交纳的增值税额。它等于本年销项税额加上出口退税加上进项税额转出数减去本年进项税额。小规模纳税企业直接按全年计税销售额乘以征收率计算取得。

从业人员平均人数 是指报告期内每天拥有的从业人员人数。其计算公式为：

$$季平均人数=\frac{季内各月平均人数之和}{3}$$

$$月平均人数=\frac{报告月内内每天实有平均人数之和}{报告月日历日数}$$

$$年平均人数=\frac{年内各月平均人数之和}{12}$$

工业增加值率 指在一定时期内工业增加值占同期工业总产值的比重，反映降低中间消耗的经济效益。计算公式为：

工业增加值率（%）=工业增加值（现价）/工业总产值（现价）×100%

总资产贡献率 反映企业全部资产的获利能力，是企业经营业绩和管理水平的集中体现，是评价和考核企业盈利能力的核心指标。计算公式为：

$$总资产贡献率（\%）=\frac{利润总额+税金总额+利息支出}{平均资金总额}\times 100\%$$

公式中：税金总额为产品销售税金及附加与应交增值税之和；平均资产总额为期初期末资产之和的算术平均值。

资产负债率 该指标既反映企业经营风险的大小，也反映企业利用债权人提供的资金从事经营活动的能力。计算公式为：

$$资产负债率=\frac{负债总额}{资产总额}\times 100\%$$

公式中：资产与负债均为报告期期末数。

流动资产周转次数 指一定时期内流动资产完成的周转次数，反映投入工业企业流动资金的周转速度。计算公式为：

$$流动资产周转次数=\frac{产品销售收入}{全部流动资产平均余额}$$

公式中：全部流动资产平均余额为期初和期末的流动资产之和的算术平均值。

成本费用利润率 反映企业投入的生产成本及费用的经济效益，同时也反映企业降低成本所取得的经济效益。计算公式为：

$$成本费用利润率（\%）=\frac{利润总额}{成本费用总额}\times 100\%$$

公式中：成本费用总额为产品销售成本、销售费用、管理费用、财务费用之和。

产品销售率 该指标反映工业产品已实现销售的程度，是分析工业产销衔接情况，研究工业产品满足社会需求的指标。计算公式为：

$$产品销售率（\%）=\frac{工业销售产值}{工业总产值}\times 100\%$$

全员劳动生产率 指根据产品的价值量指标计算的平均每一就业人员在单位时间内的产品生产量。是考核企业经济活动的重要指标，是企业生产技术水平、经营管理水平、职工技术熟练程度和劳动积极性的综合表现。目前，我国的全员劳动生产率是将工业企业的增加值除以同一时期全部就业人员的平均人数来计算的。计算公式为：

$$全员劳动生产率=\frac{工业增加值}{全部从业人员平均人数}$$

资本保值增值率 该指标反映企业净资产的变动状况，是企业发展能力的集中体现。计算公式为：

$$资本保值增值率（\%）=\frac{报告期期末所有者权益}{上年同期期末所有者权益}\times 100\%$$

工业经济效益综合指数 是综合衡量地区工业经济效益总体水平的一种特殊相对数，是反映一定时期工业经济运行质量的主要指标。工业经济效益综合指数由总资产贡献率、资本保值增值率、资产负债率、流动资产周转率、成本费用利润率、全员劳动生产率和产品销售率的实际数值分别除以该项指标的全国标准值，并乘以各自的权数，加总后除以总权数求得。该指标可从静态水平和动态趋势上较为全面地反映各地区工业经济效益的变化情况，并可在一定程度上消除地区对比的不可比因素。

Explanatory Notes on Main Statistical Indicators

Industry refers to the material production sector which is engaged in the extraction of natural resources and processing and reprocessing of minerals and agricultural products, including (1) extraction of natural resources, such as mining, salt production (but not including hunting and fishing); (2) processing and reprocessing of farm and sideline produces, such as rice husking, flour milling, wine making, oil pressing, silk reeling, spinning and weaving, and leather making; (3) manufacture of industrial products, such as steel making, iron smelting, chemicals manufacturing, petroleum processing, machine building, timber processing; water and gas production and electricity generation and supply; (4)repairing of industrial products such as the repairing of machinery and means of transport (including cars).

In industrial statistics surveys, the units of enquiry are corporate industrial enterprises with independent accounting systems.

Corporate industrial enterprises with independent accounting systems refer to enterprises engaging in industrial production activities, which meet the following requirements: (1) They are established legally, having their own names, organizations, location and able to take civil liability; (2) They possess and use their assets independently, assume liabilities and are entitled to sign contracts with other units; (3) They are financially independent and compile their own balance sheets.

Enterprises covered in the industrial statistics in the Yearbook include the following categories by their registration:

State-owned and State-holding Enterprises refer to state-owned enterprises plus State-holding enterprises. State-owned enterprises (originally known as State-run enterprises with ownership by the whole society) are non-corporate economic entities registered in accordance with the Regulation of the People's Republic of China on the Management of Registration of Legal Enterprises, where all assets are owned by the State. Included in this category are State-owned enterprises, State-funded corporations and State-owned joint-operation enterprises. Joint State-private industries and private industries, which existed before 1957, were transformed into state-run industries since 1957, and into State-owned industries after 1992. Statistics on those enterprises are included in the State-owned industries instead of being grouped them separately. State-holding enterprises are a sub-classification of enterprises with mixed ownership, referring to enterprises where the percentage of State assets (or shares by the State) is larger than any other single share holder of the same enterprise. This sub-classification illustrates the control of the State over a particular industry.

Collective-owned Enterprises refer to economic entities registered in accordance with the Regulation of the People's Republic of China on the Management of Registration of Legal Enterprises, where assets are owned collectively. Collective enterprises constitute an integral part of the socialist economy with public ownership. They include urban and rural enterprises invested collectively, and some enterprises registered in industrial and commercial administration agency as collective units where funds are pooled together by individuals who voluntarily give up their right of ownership.

Share-holding Cooperative Enterprises refer to economic units set up on a cooperative basis, with funding partly from employees of the enterprise and partly from outside investment, where the operation and management is decided by all the members who also participate in the production, and the distribution of income is based both on work (labour input) and on shares (capital input).

Joint-operation Enterprises refer to economic units that are established by joint investment by two or more corporate enterprises or institutions of the same or different types of ownership on voluntary, equal and mutual-beneficial basis. They include:

a) State-owned joint-operation enterprises (joint operation between State-owned enterprises);

b) Collective joint-operation enterprises (joint operation between collective enterprises; and

c) State-collective joint-operation enterprises (joint operation between state and collective enterprises).

Limited Liability Corporations refer to economic units registered in accordance with the Regulation of the People's Republic of China on the Management of Registration of Corporations, with capital from 2 to 49 investors, each investor bears limited liability to the corporation depending on his/her holding of shares, and the corporation bears liability to its debt to the maximum of its total assets.

Share-holding Corporations Ltd. refer to economic units registered in accordance with the Regulation of the People's Republic of China on the Management of Registration of Corporate Enterprises, with total registered capital divided into equal shares and raised through issuing stocks. Each investor bears limited liability to the corporation depending on the holding of shares, and the corporation bears liability to its debt to the maximum of its total assets.

Private Enterprises refer to economic units invested or controlled (by holding the majority of the shares) by natural persons who hire labours for profit-making activities. Included in this category are private limited liability corporations, private share-holding corporations Ltd., private partnership enterprises and private sole investment enterprises registered in accordance with the Corporation Law, Partnership Enterprise Law and Tentative Regulation on Private Enterprises.

Enterprises with Funds from Hong Kong, Macao and Taiwan refers to all industrial enterprises registered as the joint-venture, cooperative, sole (exclusive) investment industrial enterprises and limited liability corporations with funds from Hong Kong, Macao and Taiwan.

Foreign Funded Enterprises refer to all industrial enterprises registered as the joint-venture, cooperative, sole (exclusive) investment industrial enterprises and limited liability corporations with foreign funds.

Enterprises with Hong Kong, Macao, Taiwan and Foreign Fund refer to all the enterprises with funds from Hong Kong, Macao, Taiwan and foreign funded enterprises.

Light Industry refers to the industry that produces consumer goods and hand tools. It consists of two categories, depending on the materials used:

(1) Industries using farm products as raw materials. These are the branches of light industry which directly or indirectly use farm products as basic raw materials, including the manufacture of food and beverages, tobacco processing, textile, clothing, fur and leather manufacturing, paper making, printing, etc.

(2) Industries using non-farm products as raw materials. These are the branches of light industry which use manufactured goods as raw materials, including the manufacture of cultural, educational articles and sports goods, chemicals, synthetic fibre, chemical products for daily use, glass products for daily use, metal products for daily use, hand tools, medical apparatus and instruments, and the manufacture of cultural and office machinery.

Heavy Industry refers to the industry which produces capital goods, and provides various sectors of the national economy with necessary material and technical basis for production. It consists of the following three branches according to the purpose of production or the use of products:

(1) Mining, quarrying and logging industry, which refers to the industry that extracts natural resources, including extraction of petroleum, coal, metal and non-metal ores.

(2) Raw materials industry refers to the industry that provides various sectors of the national economy with raw materials, fuels and power. It includes smelting and processing of metals, coking and coke chemistry, chemical materials and building materials such as cement, plywood, and power, petroleum refining and coal dressing.

(3) Manufacturing industry which refers to the industry that processes raw materials. It includes machine-building industries which equip sectors of the national economy; industries producing metal structure and cement products; and industries producing means of agricultural production, such as chemical fertilizers and pesticides.

In accordance with the above principles of classification, the repairing trades, which are engaged primarily in repairing products of heavy industry, are classified as heavy industry while those which are engaged in repairing products of light industry are classified as light industry.

Gross Industrial Output Value

(1) Definition: Gross industrial output value is the total volume of final industrial products produced and industrial services provided during a given period. It reflects the total achievements and overall scale of industrial production during a given period.

(2) Principles for calculation:

Statistics on industrial production follow the principle that all products produced by the enterprises and accepted through quality check during the reference period are to be included no matter whether they are sold or not during the reference period.

Determination of final products follows the principle that all products that are included in the calculation of gross industrial output value are the final products of the enterprise which have been accepted through quality check and require no further processing. If an enterprise has intermediate (semi-finished) products to sell, these intermediate products are considered as the final products of the enterprise.

Gross industrial output value is calculated following the principle of factory approach, i.e. industrial enterprise is used as the basic accounting unit in calculating the gross industrial output value. By this approach, value of the same product is not to be double-counted, and the output value of different workshops (branch factories) within the enterprise should not be added. However, this approach allows the possibility of double counting between enterprises.

(3) Content and method of calculation: The old definition of gross industrial output value was modified during the 1995 National Industrial Census. The revised (new) definition of gross industrial output value consists of 3 components: value of the finished products during the reference period, income from processing for external parties, and value of change in semi-finished products between the end and the beginning of the reference period.

Value of finished products during the reference period: refers to the value of all finished (semi-finished) industrial products that are produced during the reference period without the need for further processing, checked for acceptance, packed and put into the warehouse of the enterprise, including the value of own-produced equipment and the value of products provided to the projects under construction of the enterprise, and to other non-industrial or welfare units. Value of finished products during the reference period is calculated by the quantity of products produced using own materials multiplied by the average unit prices at which products are sold (excluding value-added tax). Own-produced equipment and products produced for own use are valued at cost prices as in the case of enterprise accounting. Value of finished products does not include the value of finished products (semi-finished products) that are produced using the materials from the clients who place the orders.

Income from external processing: refers to income from contracted external processing of industrial products (including processing of industrial products using materials from the clients), and the income from industrial repairing work provided to other parties. Income from external processing is calculated using information from the item "products sales income" in the enterprise accounting at the prices with value-added tax excluded.

For income from services such as processing, repairing and installation of equipment provided to non-industrial units within the enterprise, if the accounting work of the enterprise is good enough to separate it from other records, and the share of such services is significant, it should also be included in the income from external processing.

Value of change in semi-finished products between the end and the beginning of the reference period: refers to the value of change in semi-finished products between the end and the beginning of the reference period, which generally can be obtained from accounting records of enterprises. If the enterprise accounting excludes the cost of semi-finished products, then it should not be included in the gross industrial output value, and the reverse if otherwise.

(4) Changes in the scope and method of calculation of the gross industrial output value

Prior to 1984, the value of rural industry run by villages was classified into agriculture instead of industry. Since 1984, it has been included in the gross industrial output value. Method of calculation for the gross industrial output value was modified in the industrial census in 1995. The difference in the new method as compared with the old one is outlined below:

Principle in using full value vs. processing fee: The new method stipulates that all products produced using own materials are to be calculated with full value in reporting the gross industrial output value irrespective of the complexity of production, and for external processing, it allows calculation using processing fee. In the old method, however, the use of full value or processing fee was determined by the degree of complexity of production in different branches of industries.

Principle in determining the value of change in semi-finished products: The new method requires that value of change in semi-finished products should be included in the gross industrial output value if it is included in the accounting record of the enterprise, otherwise it should not be included. In the old method, it is determined by the type of enterprises in terms of production cycle. If the production cycle is over 6 months, the value of change in semi-finished products is included in the gross industrial output value, otherwise it is not.

Difference in prices: The new method uses prices excluding value-added tax in the calculation of gross industrial output value, while the old method used prices including value-added tax.

Value-added of Industry refers to the final results of industrial production of industrial enterprises in money terms during the reference period.

Industrial value-added can be calculated by two approaches: the production approach, i.e. gross industrial output value minus intermediate input plus value-added tax, and the income approach, i.e. income for various factors used in the course of production, including depreciation of fixed assets, remuneration of labourers, net of production tax, and operating surplus. Value-added of industry in the Yearbook is calculated by the production approach as follows:

Value-added of industry = gross industrial output - industrial intermediate input + value-added tax

(1) Gross industrial output: refers to the total achievements of industrial production activities during a given period. Gross industrial output includes value of finished products, income from external processing, and value of change in semi-finished products between the end and the beginning of the reference period. Since 1995, the gross industrial output value obtained by the new method is used in the calculation.

(2) Industrial intermediate input: refers to purchased goods and paid services consumed during the industrial production of enterprises. Fees paid for services include fees paid for the services provided by material production sectors (industry, agriculture, wholesale and retail trade, construction, transport, post and telecommunications) and by non-material production sectors (insurance, banking, culture, education, scientific research, health and medical care, public administration, etc.). The determination of industrial intermediate input follows the principle that the goods and services must be purchased from outside and included in the gross industrial output, and that the goods and services are inputted into production and consumed (include low-value consumables) during the reference period.

Industrial intermediate input includes 5 components, namely direct consumption of materials, industrial intermediate input in manufacturing cost, industrial intermediate input in management cost, industrial intermediate input in marketing cost and expenditure on interest.

Total Assets refer to all economic resources, in monetary term, these are owned or controlled by enterprises, including properties, creditor's equity and other economic rights of all forms. Classified by the degree of liquidity, total assets include working capitals, long-term investment, fixed assets, intangible assets, deferred assets and other assets. Data on this indicator can be obtained by the year-end figures of total assets in the Assets and Liability Table of accounting records of enterprises.

Working Capital refers to capital that an enterprise can cash or use during one year or one production cycle that may exceed one year, including cash and savings deposits of various forms, short-term investment, money receivable and prepaid money, inventories, etc.

Annual Average Value of Working Capital refers to the average value of all working capital of the enterprise during the reference period.

Original Value of Fixed Assets refers to the total value, in monetary terms, that an enterprise spent on fixed assets, through construction, purchase, installation, transformation, expansion or technical upgrading. Generally, it covers cost of purchase, packing, transportation and installation, etc.

Annual Average of Net Value of Fixed Assets refers to the average of the net value of fixed assets during the reference period, calculated with the following formula:

$$\text{Annual Average of Net Value of Fixed Assets}=\frac{\text{Sum of Net Value of Fixed Assets at the Beginning and at the End of Each Month from January to December}}{24}$$

Information on this indicator can be obtained from the beginning and ending figures of the original value of fixed assets and cumulative depreciation from the Assets and Liability Table of enterprises.

Net value of fixed assets refers to the original value of fixed assets minus depreciation over the years, i.e.:

Net value of fixed assets = original value of fixed assets - cumulative depreciation

Total Liabilities refer to payable liabilities of enterprises that have to be repaid in terms of money, assets or labour services. In terms of payment, it can be divided into liquid liabilities and long-term liabilities. Data on this item is obtained from the ending figures on total liabilities from the Assets and Liability Table from the enterprises.

Owner's Equity refers to the ownership of net assets of enterprise by its investors. Net assets equal total assets minus total liabilities of the enterprise, including the actual assets invested into the enterprise by investors, accumulation of capital and operating surplus and non-distributed profits. The enterprise's assets are less than its liabilities if the sum of owner's equity is smaller than zero.

Revenue from Principal Business is obtained by deducting depreciation over years from the original value of fixed assets.

Cost of Principal Business refers to the revenue from the sales of products by industrial enterprises and the revenue from services provided and etc.

Tax and Extra Charges from Principal Business refers to the actual cost of products of industrial enterprises and industrial services provided, etc.

Total Profits refer to the final achievement of production and operation activities of the enterprises, represented by total profits after deducting losses (loss is expressed by the negative figure). It is the sum of profits from operation, income from subsidies, investment earnings, net income from activities other than operation, and adjustment of profits and losses of previous years.

Value-added Tax Payable in the Current Year refers to the amount of the value-added tax which should be paid by the enterprises during the reference period. It is the sum of tax on sales, export rebate, and transferred tax on purchases of the current year, minus the tax on purchases of the current year. Value-added tax payable of small-size enterprises is determined by the taxable sales of the year multiplied by the tax rate.

Average Annual Number of Employed persons. Employed persons refer to all those who are employed in enterprises and receive remunerations there from, including currently working employees, retirees who are re-employed, teachers of local-run schools, as well as foreigners, staff from Hong Kong, Macao and Taiwan, part-time employees and persons with second job who are employed by the enterprise, and employees of other units temporarily working in the enterprises, but excluding former employees who left the enterprise with their employment records still being kept by the enterprises.

Average number of employed persons refers to the number of employee everyday during the reference period, calculated with the following formula:

$$\text{Monthly Average Number}=\frac{\text{Sum of Actual Employees Everyday in Reference Month}}{\text{Number of Calendar Dates in Reference Month}}$$

$$\text{Quarterly Average Number}=\frac{\text{Sum of Monthly Average Number in Reference Quarter}}{3}$$

$$\text{Annual Average Number}=\frac{\text{Sum of Monthly Average Number in Reference Year}}{12}$$

Ratio of Value-added to Gross Industrial Output Value refers to the ratio of value added of industry in a given period to the gross output value in the same period, which reflects the economic efficiency of cutting down the intermediate input. It is calculated as follows:

Ratio of Value-added to Gross Industrial Output Value (%) =Value Added of Industry (at Current Prices)/Gross Output Value (at Current Prices) ×100%

Ratio of Profits, Taxes and Interests to Average Assets reflects the profit-making capability of all assets of the enterprise and is a key indicator manifesting the performance and management and evaluating the profit-making potential of the enterprise. It is calculated as follows:

$$\text{Ratio of Profits, Taxesand Interests to Average Assets (\%)}=\frac{\text{Total Profits+ Total Taxes+ Interest Payment}}{\text{Average Assets}}\times 100\%$$

In the above formula, total taxes is the sum of tax and extra charges on the sales of products and value-added tax payable; and average assets is the arithmetic mean of the sum of beginning assets and ending assets.

Ratio of Debts to Assets reflects both the operation risk and the capability of the enterprise in making use of the capital from the creditors. It is calculated as follows:

$$\text{Ratio of Debts to Assets (\%)}=\frac{\text{Total Debts}}{\text{Total Assets}}\times 100\%$$

Both assets and debts are figures at the end of the reference period.

Turnover of Working Capital refers to the number of times of turnover of working capital in a given period of time, which reflects the speed of the turnover of working capital of industrial enterprises, and is calculated as follows:

$$\text{Turnover of Working Capital}=\frac{\text{Aales Revenne of Products}}{\text{Average Balance of Total Working Capital}}$$

In the above formula, average balance of total working capital refers to the arithmetic mean of the sum of working capital at the beginning and at the end of the reference period.

Ratio of Profits to Total Industrial Costs refers to the ratio of profits realized in a given period to the total costs in the same period, which reflects the economic efficiency of input cost and is calculated as follows:

$$\text{Ratio of Profits to Total Industrial Cost (\%)}=\frac{\text{Total Profits}}{\text{Total Costs}}\times 100\%$$

Total costs in the above formula are the sum of cost of products sold, marketing cost, management cost and financial cost.

Sales Ratio of Products is an indicator reflecting the actual sale of industrial products, analyzing the production-selling and supply-demand relations. It is calculated as:

$$\text{Sales Ratio of Profits (\%)}=\frac{\text{Value of Industrial Sales}}{\text{Gross Industrial Output Value (Current Prices)}}\times 100\%$$

Overall Labor Productivity refers to the average output per employed person in industrial enterprises in value terms. At present, the value added and the average number of staff and workers of an industrial enterprises in a given period are used to calculate the overall labor productivity. It is calculated as:

$$\text{Overall Labor Productivity}=\frac{\text{Value Added of Industry}}{\text{Average Number of Staff and Workings}}$$

Changing Rate of Net Assets refers to the changes of an enterprise's net assets. It epitomizes the growth capability of an enterprise .Its calculating formula is:

$$\text{Changing Rate of Net Assets}=\frac{\text{Ownership Equity at the End of the Reporting Period}}{\text{Ownership Equity at Same Period of the Previous Years}}\times 100\%$$

Aggregate Index of Industrial Economic Efficiency is a special kind of relative figure to comprehensively measure overall economic efficiency of regional industry, showing the quality of industrial economic efficiency of the reference period. Industrial comprehensive index of economic efficiency is calculated with 7 items of ratio of total assets to industrial output value, ratio of creditors' equity of current year to that of previous year, ratio of liabilities to assets, turnover ratio of output value, circulating funds, ratio of profits to cost, overall labor productivity, ratio of sales to products. The actual figure of every indicator above is divided by responding national standard numerical value, and the results multiply correlative weight coefficients, then the total number is divided by general weight coefficient. The index comprehensively reflects the changes of regional industrial economic efficiency in static and dynamic status, eliminating the incomparable factors at a certain extent.

14

建筑业

CONSTRUCTION

◆ 337/356

资料整理：焦　毅

Ⅰ 简要说明

一、本篇资料的主要内容

本篇资料反映全省建筑业概况和发展情况。包括建筑业企业基本情况和生产经营情况。主要指标有企业个数、从业人员数、建筑业总产值、房屋建筑面积、自有机械设备、资产负债、损益及分配、劳动生产率等。

二、本篇的统计范围

具有建筑业资质的独立核算建筑业企业。

三、本篇的资料来源

本篇建筑业企业统计数据是根据国家统计局制定的《建筑业统计报表制度》搜集资料，整理汇总的。

四、本篇的统计调查方法

由各级统计部门采取全面调查的方法布置、收集。

I Brief Introduction

I. Main Contents

Data in this chapter show the general situation and the development of the construction industry for the whole province. They cover the situation of production and management of the construction enterprises, including the number of enterprises; number of employed persons; gross output value of the construction industry; floor space of buildings under construction; mechanical equipment owned, assets and liabilities, profits and distribution; labor productivity etc.

II. Scope of Statistics

The data in this chapter cover the construction enterprises with qualification certificates and independent accounting system.

III. Sources of Data

Data on construction enterprises are collected in accordance with the Statistical Reporting System of Construction stipulated by the National Bureau of Statistics.

IV. Methods of Survey

The construction statistical reports are deployed and collected through comprehensive survey by statistical bureaus at all levels.

14-1 建筑业主要经济指标
Main Economic Indicators on Construction

指 标	Item	2018	2019
企业个数(个)	**Number of Enterprises (unit)**	**2691**	**3094**
建筑业合同情况(万元)	**Construction Contract (10 000 yuan)**		
签订的合同额	Contract Value Signed	125436326	132983772
上年结转合同额	Contract Value Signed in last Year	53686456	56379195
本年新签合同额	Contract Value Newly Signed this Year	71749870	76604577
承包工程完成情况(万元)	**Finished Projects of Contracted (10 000 yuan)**		
直接从建设单位承揽工程完成的产值	Completed Output Value of Projects Constracted Directly from Investors	66519301	76951915
自行完成施工产值	Own-completed output Value	65481938	75956194
分包出去工程的产值	Output Value of out-sourced Projects	1037363	995721
从建设单位以外承揽工程完成的产值	Completed Output Value of Projects Constracted from Non-investors	3250155	3491560
建筑业总产值(万元)	**Gross Output Value (10 000 yuan)**	**68848679**	**79447755**
#装饰装修产值	Building Decoration	3430245	3298409
在外省完成的产值	Output in Other Provinces	24227372	26530413
建筑工程产值	Construction	58827234	68809261
安装工程产值	Installation	5299774	5588211
其他产值	Others	4721672	5050283
竣工产值(万元)	**Output Value of Buildings Completed (10 000yuan)**	**38105172**	**43166452**
房屋建筑施工及竣工面积(万平方米)	**Floor Space of Buildings Under Construction and Completed (10 000 sq.m)**		
房屋建筑施工面积	Floor Space of Buildings Under Construction	33362.42	33897.51
#本年新开工面积	Floor Space Started this Year	16972.92	16291.31
房屋建筑竣工面积	Floor Space of Buildings Completed	15635.20	14869.30
住宅房屋	Residential Buildings	10145.01	9467.73
商业及服务用房屋	Buildings for Business and Service	1259.99	1232.75
商厦房屋(批发和零售用房)	Building for Wholesale and Retail	452.23	421.40
宾馆用房屋(住宿用房)	Accommodation Buildings	100.81	94.16
餐饮用房屋(餐饮用房)	Dinning Buildings	28.97	21.80
商务会展用房屋	Business Exhibition Building	67.34	65.23
其他商业及服务用房屋(居民服务业用房)	Other Buildings for Business and Service	610.64	630.16
办公用房屋	Office Buildings	918.54	887.78
科研、教育、医疗用房屋	Buildings for Scientific Research, Education and Medical Sevice	776.39	695.88
科学研究用房屋	Buildings for Scientific Research	49.53	44.31
教育用房屋	Educational Buildings	542.94	541.17
医疗用房屋(卫生医疗用房)	Medical Buildings	183.92	110.40
文化、体育、娱乐用房屋	Buildings for Culture, Sports and Entertainment	224.17	235.38
厂房及建筑物	Factory Buildings	1817.53	1877.82
厂房	Factories	1022.15	1167.58
仓库	Warehouses	149.75	118.33
其他未列明的房屋建筑物	Other Buildings	343.82	353.64

注：建筑业统计范围为具有建筑业资质等级的独立核算建筑业企业。

a) Statistics of Construction refers to enterprises with qualification certificates and with independent accounting systems.

14-1 续表1 continued

指 标	Item	2018	2019
竣工房屋价值(万元)	**Value of Completed Buildings (10 000 yuan)**	**22946202**	**22976013**
住宅房屋	Residential Buildings	14121155	14033194
商业及服务用房屋	Buildings for Business and Service	1798632	1912054
商厦房屋(批发和零售用房)	Building for Wholesale and Retail	675933	653006
宾馆用房屋(住宿用房)	Accommodation Buildings	144666	120786
餐饮用房屋(餐饮用房)	Dinning Buildings	53122	45321
商务会展用房屋	Business Exhibition Building	87562	105163
其他商业及服务用房屋(居民服务业用房)	Other Buildings for Business and Service	837350	987778
办公用房屋	Office Buildings	1899693	1845309
科研、教育、医疗用房屋	Buildings for Scientific Research, Education and Medical Sevice	1422879	1413945
科学研究用房屋	Buildings for Scientific Research	74213	68349
教育用房屋	Educational Buildings	1002084	1110068
医疗用房屋(卫生医疗用房)	Medical Buildings	346583	235528
文化、体育、娱乐用房屋	Buildings for Culture, Sports and Entertainment	345533	448694
厂房及建筑物	Factory Buildings	2621708	2571549
厂房	Factories	1424811	1494881
仓库	Warehouses	280021	258680
其他未列明的房屋建筑物	Other Buildings	456582	492588
年末自有机械设备	**Year-end Machinery and Equipment Owned**		
净 值(万元)	Net Value of Machinery and Equipment Owned (10 000 yuan)	1399533	1236276
总台数(台)	Number of Machinery and Equipment Owned (set)	250540	364466
总功率(万千瓦)	Total Power of Machinery and Equipment Owned (10 000 kw)	663.49	759.14
劳动人员情况(万人)	**Labourers (10 000 persons)**		
计算劳动生产率的平均人数	Staff and Workers Annual Average	181.19	203.23
期末从业人数	Number of Employed Persons	150.69	165.88
#工程技术人员	Technologist in Employed Persons at the Year-end	20.88	22.69
年末资产负债(万元)	**Year-end Assets and Liabilities (10 000 yuan)**		
流动资产合计	Total Circulating Funds	49204952	41693233
#存 货	Stock	7667206	10183582
固定资产原值	Original Value of Fixed Assets	4691165	4622379
累计折旧	Total Depreciation	1757272	1895530
#本年折旧	Depreciation This Year	358015	330791
在建工程	Project Under Construction	650170	897848
资产合计	Total Assets	59234616	51137426
流动负债合计	Liquid Liabilities	23686039	28131681
#应付账款	Payable Accounts	8657502	10791969
非流动负债合计	Non-current Liabilities	1556965	1948709
负债合计	Total Liabilities	40388776	31569747
所有者权益合计	Total Owners' Equity	18845094	19567679
#实收资本	Paid-in Capitals	11981311	11827769
个人资本	Individuals	7004990	4023938
损益及分配(万元)	**Loss-profit and Disteibution (10 000 yuan)**		
营业收入	Business Revenue	57850648	61887938
工程结算收入	Revenue of Project Settlement Accounts	56960115	61032049

14-1 续表2 continued

指　　标	Item	2018	2019
营业成本	Operational Cost	52544839	56535259
工程结算成本	Costs of Project Settlement Accounts	51721048	55350489
营业税金及附加	Operational Tax and Additional Expense	1038146	928145
工程结算税金及附加	Taxes and Extra Charges on Project Settle Accounts	990855	883261
其他业务利润	Profits from Other Business	20011	38089
销售费用	Selling Expenses	225505	182864
管理费用	Management Fee	1388312	1534981
财务费用	Financial Expenses	281040	307507
#利息收入	Revenue of Interest	24941	37096
#利息支出	Expenses of Interest	211003	217842
营业利润	Profits of Business	2317949	2315676
营业外收入	Nonoperating Income	43321	57038
营业外支出	Nonoperating Expenses	56926	61672
利润总额	Total Profits	2288338	2320490
#应交所得税	Income Tax Payable	493623	507905
工资、福利费(万元)	**Wages,Welfare (10 000 yuan)**		
应付职工薪酬	Payable Total Wages	6685845	7715489
其他	**Others**		
劳动生产率(按总产值计算)(元/人)	Overall Labor Productivity (In Terms of Gross Output Value) (yuan/person)	379970	390924
产值利润率(%)	Ratio of Profit to Gross Output Vaiue (%)	3.3	2.9
资产负债率(%)	Assets-Liability Ratio (%)	68.2	61.7
房屋建筑面积竣工率(%)	Rate of Floor Space of Buildings Completed (%)	46.9	43.9

14-2 按登记注册类型分的建筑业企业主要经济指标（2019年）

指标	Item	合计 Total	内资企业 Domestic Funded
企业个数(个)	**Number of Enterprises (unit)**	**3094**	**3085**
建筑业合同情况(万元)	**Construction Contract (10 000 yuan)**		
签订的合同额	Contract Value Signed	132983772	130098915
上年结转合同额	Contract Value Signed in last Year	56379195	54456581
本年新签合同额	Contract Value Newly Signed this Year	76604577	75642335
承包工程完成情况(万元)	**Finished Projects of Contracted (10 000 yuan)**		
直接从建设单位承揽工程完成的产值	Completed Output Value of Projects Contracted Directly from Investors	76951915	75617649
自行完成施工产值	Own-completed Output Value	75956194	74621928
分包出去工程的产值	Output Value of Out-sourced Projects	995721	995721
从建设单位以外承揽工程完成的产值	Completed Output Value of Projects Contracted from Non-investors	3491560	3491560
建筑业总产值(万元)	**Gross Output Value (10 000 yuan)**	**79447755**	**78113488**
#装饰装修产值	Building Decoration	3298409	3294087
在外省完成的产值	Output in Other Provinces	26530413	26132885
建筑工程产值	Construction	68809261	67541415
安装工程产值	Installation	5588211	5579685
其他产值	Others	5050283	4992388
竣工产值(万元)	**Output Value of Buildings Completed (10 000yuan)**	**43166452**	**42412026**
房屋建筑施工及竣工面积(万平方米)	**Floor Space of Buildings Under Construction and Completed (10 000 sq.m)**		
房屋建筑施工面积	Floor Space of Buildings Under Construction	33897.51	32570.62
#本年新开工面积	Floor Space Started this Year	16291.31	15999.42
房屋建筑竣工面积	Floor Space of Buildings Completed	14869.30	14736.93
住宅房屋	Residential Buildings	9467.73	9387.23
商业及服务用房屋	Buildings for Business and Service	1232.75	1225.98
商厦房屋(批发和零售用房)	Building for Wholesale and Retail	421.40	421.40
宾馆用房屋(住宿用房)	Accommodation Buildings	94.16	94.16
餐饮用房屋(餐饮用房)	Dinning Buildings	21.80	21.80
商务会展用房屋	Business Exhibition Building	65.23	59.23
其他商业及服务用房屋(居民服务业用房)	Other Buildings for Business and Service	630.16	629.39
办公用房屋	Office Buildings	887.78	886.83
科研、教育、医疗用房屋	Buildings for Scientific Research, Education and Medical Sevice	695.88	678.26
科学研究用房屋	Buildings for Scientific Research	44.31	44.31
教育用房屋	Educational Buildings	541.17	526.25
医疗用房屋(卫生医疗用房)	Medical Buildings	110.40	107.69
文化、体育、娱乐用房屋	Buildings for Culture, Sports and Entertainment	235.38	208.85
厂房及建筑物	Factory Buildings	1877.82	1877.82
厂房	Factories	1167.58	1167.58
仓库	Warehouses	118.33	118.33
其他未列明的房屋建筑物	Other Buildings	353.64	353.64

Main Economic Indicators on Construction Enterprises by Registration Status (2019)

国有企业 State-owned	集体企业 Collective-owned	股份合作企业 Cooperative	有限责任公司 Limited liability Enterprises	股份有限公司 Share-holding Corporations Ltd.	私营企业 Private Enterprises	其他企业 Others	港澳台商投资企业 Funded from Hong Kong, Macao and Taiwan	外商投资企业 Foreign Funded
66	**127**	**7**	**1176**	**115**	**1586**	**8**	**6**	**3**
6127649	4270219	90934	69435341	7603719	42566313	4741	2876464	8392
3715321	1296769	38073	32326791	3614080	13464508	1039	1918911	3703
2412328	2973450	52861	37108550	3989639	29101805	3702	957553	4689
2829167	3324969	58932	35845024	4094247	29459833	5477	1326166	8101
2790564	3304264	58932	35605617	3967514	28889560	5477	1326166	8101
38603	20705		239407	126733	570273			
54017	27712		888306	194557	2326722	246		
2844581	**3331976**	**58932**	**36493923**	**4162071**	**31216282**	**5723**	**1326166**	**8101**
101253	43226	490	1616639	92881	1439398	200	4323	
1211688	227619	6700	12571210	2229687	9885982		397528	
2602797	3089850	55640	32042208	3746911	26000963	3047	1265653	2193
159516	189263	2701	2730768	122801	2374210	427	2619	5907
82269	52864	591	1720947	292360	2841109	2250	57895	
1408222	**2119426**	**43004**	**16965653**	**6100823**	**15773027**	**1871**	**746362**	**8065**
1252.44	2097.56	30.93	15218.54	1079.85	12890.77	0.53	1325.21	1.69
554.33	1360.66	22.97	7122.21	484.85	6454.01	0.39	290.68	1.21
542.69	1179.51	36.08	6305.39	620.42	6052.49	0.35	130.81	1.56
358.69	818.72	28.64	3860.78	424.48	3895.92		78.93	1.56
26.25	112.97		631.71	70.88	384.12	0.05	6.77	
0.45	40.26		233.72	1.43	145.54			
0.40	3.19		49.47	22.94	18.15			
0.01	1.53		8.57	1.57	10.13			
	0.20		35.35	16.78	6.90		6.00	
25.38	67.80		304.60	28.16	203.40	0.05	0.77	
14.54	38.40	1.65	351.98	20.35	459.90		0.95	
8.09	42.70		268.55	39.59	319.07	0.24	17.63	
0.82	6.52		13.73	0.28	22.95			
3.93	30.27		201.20	35.95	254.67	0.24	14.92	
3.35	5.91		53.62	3.36	41.45		2.71	
	16.78		64.09	12.90	115.07		26.53	
124.83	122.26	5.79	967.41	38.54	618.95	0.06		
122.92	85.43	5.79	527.76	14.19	411.49			
0.82	11.28		40.98	3.79	61.46			
9.47	16.39		119.90	9.89	197.99			

14-2 续表1

指　　标	Item	合 计 Total	内资企业 Domestic Funded
竣工房屋价值(万元)	**Value of Completed Buildings (10 000 yuan)**	**22976013**	**22667156**
住宅房屋	Residential Buildings	14033194	13916068
商业及服务用房屋	Buildings for Business and Service	1912054	1895724
商厦房屋(批发和零售用房)	Building for Wholesale and Retail	653006	653006
宾馆用房屋(住宿用房)	Accommodation Buildings	120786	120786
餐饮用房屋(餐饮用房)	Dinning Buildings	45321	45321
商务会展用房屋	Business Exhibition Building	105163	92153
其他商业及服务用房屋(居民服务业用房)	Other Buildings for Business and Service	987778	984458
办公用房屋	Office Buildings	1845309	1842240
科研、教育、医疗用房屋	Buildings for Scientific Research, Education and Medical Sevice	1413945	1336906
科学研究用房屋	Buildings for Scientific Research	68349	68349
教育用房屋	Educational Buildings	1110068	1040129
医疗用房屋(卫生医疗用房)	Medical Buildings	235528	228428
文化、体育、娱乐用房屋	Buildings for Culture, Sports and Entertainment	448694	353401
厂房及建筑物	Factory Buildings	2571549	2571549
厂房	Factories	1494881	1494881
仓库	Warehouses	258680	258680
其他未列明的房屋建筑物	Other Buildings	492588	492588
年末自有机械设备	**Year-end Machinery and Equipment Owned**		
净　值(万元)	Net Value of Machinery and Equipment Owned (10 000yuan)	1236276	1236141
总台数(台)	Number of Machinery and Equipment Owned (set)	364466	364448
总功率(万千瓦)	Total Power of Machinery and Equipment Owned (10 000kw)	759.14	759.00
劳动人员情况(万人)	**Labourers (10 000 persons)**		
计算劳动生产率的平均人数	Staff and Workers Annual Average	203.23	198.20
期末从业人数	Number of Employed Persons	165.88	160.90
#工程技术人员	Technologist in Employed Persons at the Year-end	22.69	22.61
年末资产负债(万元)	**Year-end Assets and Liabilities (10 000 yuan)**		
流动资产合计	Total Circulating Funds	41693233	39933815
#存　货	Stock	10183582	9543951
固定资产原值	Original Value of Fixed Assets	4622379	4606847
累计折旧	Total Depreciation	1895530	1888538
#本年折旧	Depreciation this Year	330791	329373
在建工程	Project Under Construction	897848	897848
资产合计	Total Assets	51137426	48861312
流动负债合计	Liquid Liabilities	28131681	26233716
#应付账款	Payable Accounts	10791969	9908496
非流动负债合计	Non-current Liabilities	1948709	1909108
负债合计	Total Liabilities	31569747	29632182

continued

国有企业 State-owned	集体企业 Collective-owned	股份合作企业 Cooperative	联营企业 Joint Ownership Units	有限责任公司 Limited liability Enterprises	股份有限公司 Share-holding Corporations Ltd	私营企业 Private Enterprise	其他企业 Others	港澳台商投资企业 Funded from Hong Kong, Macao and Taiwan	外商投资企业 Foreign Funded
862712	**1594983**	**51240**		**9898074**	**968017**	**9291352**	**778**	**306664**	**2193**
561297	1144876	41827		5849595	724439	5594033		114932	2193
53840	144192			1072419	74848	550270	156	16330	
570	52548			372165	1768	225955			
379	1085			72046	23942	23333			
18	2482			14480	1829	26513			
	196			56211	23634	12112		13010	
52873	87880			557516	23675	262358	156	3320	
20978	46848	2091		580345	24972	1167007		3069	
11155	55745			574574	75803	619140	490	77039	
1520	7589			26474	459	32307			
6583	42599			411514	69445	509498	490	69939	
3052	5558			136586	5898	77334		7100	
	19863			106825	15989	210724		95293	
199649	151330	7322		1420241	37108	755768	131		
197606	93745	7322		669685	16264	510259			
1650	11478			130031	5311	110210			
14144	20651			164044	9548	284201			
57181	60484	1249		559951	81248	475468	561	2	133
12376	12616	220		208412	7691	123105	28	3	15
18.98	22.93	0.54		294.72	98.99	322.83			0.14
6.59	8.80	0.35		78.59	7.87	95.96	0.03	4.98	0.06
6.44	8.21	0.30		69.62	7.71	68.60	0.03	4.92	0.06
0.58	1.30	0.04		10.23	1.00	9.46	0.01	0.07	0.01
1947464	1040309	64502		23509822	2705506	10666212		1756723	2695
442069	233259	44175		6051700	408921	2363826		639329	302
246720	201838	7493		2307124	309339	1534333		14352	1180
73765	68845	2386		1003211	146618	593713		6230	762
13626	11475	125		166889	16363	120894		1356	62
123899	36349			398727	18473	320401			
2399110	1333870	76955		28448891	3182350	13420137		2272754	3360
1817346	644093	59039		16890428	2115907	4706904		1896436	1528
435587	173534	2749		6428596	1329500	1538530		882345	1128
19373	21897			1543917	63689	260233		39601	
1988843	762948	59249		18941425	2208960	5670757		1936037	1528

14-2 续表2

指 标	Item	合 计 Total	内资企业 Domestic Funded
所有者权益合计	Total Creditors Equity	19567679	19229130
#实收资本	Paid-in Capitals	11827769	11696826
个人资本	Individuals	4023938	4003068
损益及分配(万元)	**Loss-profit and Distribution (10 000 yuan)**		
营业收入	Business Revenue	61887938	60779214.9
工程结算收入	Revenue of Project Settlement Accounts	61032049	60021158
营业成本	Operational Cost	56535259	55516957
工程结算成本	Costs of Project Settlement Accounts	55350489	54416647
营业税金及附加	Operational Tax and Additional Expense	928145	923838
工程结算税金及附加	Taxes and Extra Charges on Project Settle Accounts	883261	879177
其他业务利润	Profits Other from Business	38089	37844
销售费用	Selling Expenses	182864	182863
管理费用	Management Fee	1534981	1522096
财务费用	Financial Expenses	307507	282259
#利息收入	Expenses of Interest	37096	31742
#利息支出	Expenses of Interest	217842	190560
营业利润	Profits of Business	2315676	2259213
营业外收入	Nonoperating Income	57038	56871
营业外支出	Nonoperating Expense	61672	61069
利润总额	Total Profits	2320490	2264464
#应交所得税	Income Tax Payable	507905	493882
工资、福利费(万元)	**Wages,Welfare (10 000 yuan)**		
应付职工薪酬	Payable Total Wages	7715489	7513860
其他	**Others**		
劳动生产率(按总产值计算)(元/人)	Overall Labor Productivity (In Terms of Gross Output Value) (yuan/person)	390924	394120
产值利润率(%)	Ratio of Profit to Gross Output Value (%)	2.9	2.9
资产负债率(%)	Assets-Liability Ratio (%)	61.7	60.6
房屋建筑面积竣工率(%)	Rate of Floor Space of Buildings Completed (%)	43.9	45.2

continued

国有企业 State-owned	集体企业 Collective-owned	股份合作企业 Cooperative	联营企业 Joint Ownership Units	有限责任公司 Limited liability Enterprises	股份有限公司 Share-holding Corporations Ltd	私营企业 Private Enterprise	其他企业 Others	港澳台商投资企业 Funded from Hong Kong, Macao and Taiwan	外商投资企业 Foreign Funded
410267	570922	17705		9507466	973390	7749380		336717	1832
370429	291510	12861		5813756	663462	4544811		129664	1279
2011	292	2608		1625823	195515	2176819		20870	
2134726	2373755	49110		30002336	3729668	22489620		1100496	8227
2112340	2299667	49098		29611488	3710081	22238484		1002711	8180
1992479	2128562	43685		27545424	3477746	20329062		1010626	7676
1960779	2034637	43685		27019054	3452915	19905577		926181	7662
33999	79725	1156		338565	36480	433912		4283	24
32390	74571	1156		317007	35888	418165		4060	24
1574	4783	12		18939	3316	9221		245	
3042	7414	342		84649	5488	81928		1	
58684	57345	1173		787560	73349	543986		12484	401
12379	10436	151		159782	8264	91247		25253	-6
7763	171	-1		20404	1154	2253		5348	6
16699	9443			103076	6059	55283		27282	
22928	91441	2603		1053382	119360	969499		56331	132
585	9506			28828	2222	15729		166	1
-133	9027			30864	2604	18706		604	
25547	92568	2603		1055720	118977	969049		55893	133
9272	21808	779		231502	23312	207209		14010	14
246870	364145	10470		3575166	315888	3001321		199650	1979
431501	378479	168763		464383	528920	325293	169834	266411	146218
0.9	2.8	4.4		2.9	2.9	3.1		4.2	1.6
82.9	57.2	77.0		66.6	69.4	42.3		85.2	45.5
43.3	56.2	116.6		41.4	57.5	47.0	65.6	9.9	92.5

14-3 各地区建筑业企业主要经济指标（2019年）

指　　标	Item	全　省 Total	南昌市 Nanchang
企业个数(个)	**Number of Enterprises (unit)**	**3094**	**828**
建筑业合同情况(万元)	**Construction Contract (10 000 yuan)**		
签订的合同额	Contract Value Signed	132983772	79074508
上年结转合同额	Contract Value on Hand last Year	56379195	36519686
本年新签合同额	Contract Value Newly Signed this Year	76604577	42554822
承包工程完成情况(万元)	**Finished Projects of Contracted (10 000 yuan)**		
直接从建设单位承揽工程完成的产值	Completed Output Value of Projects Constracted Directly from Investors	76951915	40707145
自行完成施工产值	Own-completed output Value	75956194	40257816
分包出去工程的产值	Output Value of out-sourced Projects	995721	449329
从建设单位以外承揽工程完成的产值	Completed Output Value of Projects Constracted from Non-investors	3491560	1355151
建筑业总产值(万元)	**Gross Output Value (10 000 yuan)**	**79447755**	**41612967**
#装饰装修产值	Building Decoration	3298409	2049234
在外省完成的产值	Output in Other Provinces	26530413	15099639
建筑工程产值	Construction	68809261	36089006
安装工程产值	Installation	5588211	2988108
其他产值	Others	5050283	2535854
竣工产值(万元)	**Output Value of Buildings Completed (10 000yuan)**	**43166452**	**21535320**
房屋建筑施工及竣工面积(万平方米)	**Floor Space of Buildings Under Construction and Completed (10 000 sq.m)**		
房屋建筑施工面积	Floor Space of Buildings Under Construction	33897.51	18067.15
#本年新开工面积	Floor Space Started this Year	16291.31	7619.79
房屋建筑竣工面积	Floor Space of Buildings Completed	14869.30	5873.58
住宅房屋	Residential Buildings	9467.73	3867.32
商业及服务用房屋	Buildings for Business and Service	1232.75	482.95
商厦房屋(批发和零售用房)	Building for Wholesale and Retail	421.40	135.12
宾馆用房屋(住宿用房)	Accommodation Buildings	94.16	13.35
餐饮用房屋(餐饮用房)	Dinning Buildings	21.80	5.99
商务会展用房屋	Business Exhibition Building	65.23	51.68
其他商业及服务用房屋(居民服务业用房)	Other Buildings for Business and Service	630.16	276.82
办公用房屋	Office Buildings	887.78	358.62
科研、教育、医疗用房屋	Buildings for Scientific Research, Education and Medical Sevice	695.88	326.91
科学研究用房屋	Buildings for Scientific Research	44.31	22.58
教育用房屋	Educational Buildings	541.17	247.21
医疗用房屋(卫生医疗用房)	Medical Buildings	110.40	57.12
文化、体育、娱乐用房屋	Buildings for Culture, Sports and Entertainment	235.38	120.45
厂房及建筑物	Factory Buildings	1877.82	558.02
厂房	Factories	1167.58	372.10
仓库	Warehouses	118.33	32.36
其他未列明的房屋建筑物	Other Buildings	353.64	126.95

Main Economic Indicators on Construction by Region (2019)

景德镇市 Jingdezhen	萍乡市 Pingxiang	九江市 Jiujiang	新余市 Xinyu	鹰潭市 Yingtan	赣州市 Ganzhou	吉安市 Ji'an	宜春市 Yichun	抚州市 Fuzhou	上饶市 Shangrao
39	**116**	**248**	**121**	**62**	**506**	**240**	**317**	**193**	**424**
554350	2109565	8660344	3248276	3674720	6064545	4603682	6113582	7251779	11628420
203023	546402	3547743	1095258	2564701	2225904	1197347	2115056	2515712	3848363
351327	1563163	5112601	2153018	1110020	3838641	3406335	3998526	4736068	7780057
367309	1608231	6171816	2150925	1297497	4653896	3673080	3840648	4855924	7625445
362709	1584052	6091946	2133290	1297272	4625499	3620943	3807849	4846216	7328601
4600	24179	79870	17635	225	28396	52136	32799	9708	296844
18353	10903	149900	97756	22983	144594	80135	76972	71082	1463731
381062	**1594954**	**6241846**	**2231047**	**1320255**	**4770094**	**3701079**	**3884821**	**4917297**	**8792332**
10277	117783	174988	37790	7872	223230	74878	136565	246115	219679
12541	247480	2377038	885001	767490	377580	869824	1030611	1823142	3040068
328437	1470010	5684497	1965258	1134017	4137547	3110575	3206635	4452431	7230849
45661	99696	324896	99078	78101	320166	413418	288197	302170	628720
6965	25249	232453	166710	108137	312380	177086	389989	162696	932763
289505	**943137**	**2665495**	**880496**	**524765**	**2607730**	**2755414**	**2424563**	**3369604**	**5170421**
211.17	725.28	1696.65	749.28	415.61	1597.99	1550.47	2186.83	2760.40	3936.68
112.22	529.85	1074.08	400.35	221.16	944.49	951.96	1322.11	1631.84	1483.47
134.23	478.27	1082.96	438.77	225.37	1000.15	945.53	1390.64	1563.56	1736.25
99.46	256.89	689.36	282.72	106.86	597.98	586.90	991.47	1129.53	859.23
14.33	6.57	70.31	30.51	51.83	76.11	91.98	86.14	118.85	203.16
2.05		24.44	16.31	49.83	26.11	42.65	41.27	58.38	25.23
		3.64	0.38	0.40	3.84	2.17	25.78	27.30	17.30
		1.28		0.07	2.85	1.97	0.31	0.93	8.41
		0.41			0.67	2.89	2.38		7.19
12.28	6.57	40.53	13.82	1.53	42.65	42.29	16.41	32.23	145.03
4.73	33.65	40.02	21.62	1.30	62.89	76.93	61.93	58.64	167.44
	5.93	39.82	43.79	5.56	59.12	43.21	20.77	69.94	80.84
	1.33	5.12	0.09		5.33	1.51	1.13	3.38	3.83
	2.50	32.21	42.02	1.67	47.81	35.00	18.54	52.54	61.67
	2.10	2.49	1.68	3.89	5.98	6.69	1.09	14.02	15.33
0.71	0.05	30.86	2.12		30.06	12.99	2.91	1.60	33.63
12.31	163.37	199.43	50.57	58.40	124.09	114.90	191.73	126.23	278.77
1.76	137.01	148.16	41.12	34.38	104.46	76.58	110.33	84.32	57.36
0.46		4.83	0.79		1.72	3.07	2.99	11.29	60.81
2.23	11.80	8.32	6.65	1.41	48.17	15.56	32.69	47.47	52.38

14-3 续表1

指　　标	Item	全　省 Total	南昌市 Nanchang
竣工房屋价值(万元)	**Value of Completed Buildings (10 000 yuan)**	**22976013**	**9496706**
住宅房屋	Residential Buildings	14033194	5873183
商业及服务用房屋	Buildings for Business and Service	1912054	830259
商厦房屋(批发和零售用房)	Building for Wholesale and Retail	653006	192296
宾馆用房屋(住宿用房)	Accommodation Buildings	120786	28313
餐饮用房屋(餐饮用房)	Dinning Buildings	45321	11698
商务会展用房屋	Business Exhibition Building	105163	83860
其他商业及服务用房屋(居民服务业用房)	Other Buildings for Business and Service	987778	514092
办公用房屋	Office Buildings	1845309	591971
科研、教育、医疗用房屋	Buildings for Scientific Research, Education and Medical Sevice	1413945	765310
科学研究用房屋	Buildings for Scientific Research	68349	42487
教育用房屋	Educational Buildings	1110068	583956
医疗用房屋(卫生医疗用房)	Medical Buildings	235528	138867
文化、体育、娱乐用房屋	Buildings for Culture, Sports and Entertainment	448694	322146
厂房及建筑物	Factory Buildings	2571549	806475
厂房	Factories	1494881	556406
仓库	Warehouses	258680	74510
其他未列明的房屋建筑物	Other Buildings	492588	232853
年末自有机械设备	**Year-end Machinery and Equipment Owned**		
净　值(万元)	Net Value of Machinery and Equipment Owned (10 000yuan)	1236276	376850
总台数(台)	Number of Machinery and Equipment Owned (set)	364466	167853
总功率(万千瓦)	Total Power of Machinery and Equipment Owned (10 000kw)	759.14	331.10
劳动人员情况(万人)	**Labourers (10 000 persons)**		
计算劳动生产率的平均人数	Staff and Workers Annual Average	203.23	106.39
期末从业人数	Number of Employed Persons	165.88	76.62
#工程技术人员	Technologist in Employed Persons at the Year-end	22.69	9.39
年末资产负债(万元)	**Year-end Assets and Liabilities (10 000 yuan)**		
流动资产合计	Total Circulating Funds	41693233	25323156
#存　货	Stock	10183582	6680634
固定资产原值	Original Value of Fixed Assets	4622379	1793745
累计折旧	Total Depreciation	1895530	837808
#本年折旧	Depreciation this Year	330791	141368
在建工程	Project Under Construction	897848	270370
资产合计	Total Assets	51137426	29975165
流动负债合计	Liquid Liabilities	28131681	18497887
#应付账款	Payable Accounts	10791969	7577488
非流动负债合计	Non-current Liabilities	1948709	1391599
负债合计	Total Liabilities	31569747	20527175

continued

景德镇市 Jingdezhen	萍乡市 Pingxiang	九江市 Jiujiang	新余市 Xinyu	鹰潭市 Yingtan	赣州市 Ganzhou	吉安市 Ji'an	宜春市 Yichun	抚州市 Fuzhou	上饶市 Shangrao
152625	**621734**	**1286914**	**642634**	**346270**	**1333216**	**1730939**	**1855782**	**2508935**	**3000259**
114715	374784	820940	361489	132273	762503	774204	1352433	1758539	1708131
11834	5627	94153	41320	116290	110508	117376	136583	224832	223271
1845		29404	22919	107747	35032	50855	78045	96038	38826
		5144	254	379	6153	2035	27464	37238	13807
		1792		33	3609	2061	306	1214	24607
		925			1181	3651	5673	18	9855
9989	5627	56888	18147	8131	64532	58775	25096	90324	136177
5048	36528	46219	34730	1607	104098	600352	71033	134944	218779
	8363	51459	133179	7118	90914	64296	22051	139131	132125
	1725	5482	94	1	7288	1859	1029	3765	4619
	3827	42146	130339	2487	75794	55093	19862	97858	98706
	2811	3831	2747	4630	7833	7344	1159	37508	28800
658	40	23066	1031	3	50475	13684	2239	2371	32982
17540	189257	235125	65305	87463	144845	134621	240057	161583	489280
2642	159662	181591	52427	42703	122873	89104	116986	101501	68986
408		4512	703	3	2763	4165	3822	34326	133467
2423	7135	11439	4876	1514	67109	22241	27565	53209	62225
12143	88750	111817	48543	22870	89175	73869	106967	140001	165293
2329	35615	25088	30342	834	27578	13386	18372	21475	21594
2.57	47.82	62.50	9.08	2.79	28.80	96.38	51.79	41.19	85.11
1.49	3.86	11.60	4.83	2.98	14.89	9.52	9.92	15.13	22.63
1.32	3.84	10.49	4.81	3.12	11.68	7.92	9.79	15.12	21.16
0.34	0.61	1.75	0.75	0.47	1.71	1.46	1.64	1.89	2.69
192787	794113	2146147	1672279	1364024	2046923	984838	2065876	2148584	2954507
59124	225375	339196	232919	375148	370922	197033	614073	443915	645244
100507	165074	435710	140163	140510	272005	190706	356514	330837	696610
27769	71082	208271	55283	59382	115027	65766	117428	113339	224373
4222	14476	46356	6497	6450	22839	9007	19013	20361	40203
5871	9112	125395	29758	6269	42112	161562	28841	14551	204009
323187	1029318	2925884	1981962	1505737	2499222	1394242	2750333	2705446	4046931
141565	595858	1497370	950922	1127658	1073427	579855	1110508	1229862	1326769
30032	182956	593781	371266	347938	322715	151382	270430	422502	521480
3578	38214	215384	70563	61218	19122	3648	24783	75781	44820
161481	651905	1844065	1030506	1201375	1245080	672816	1233799	1388477	1613067

14-3 续表2

指　　　标	Item	全　省 Total	南昌市 Nanchang
所有者权益合计	Total Creditors Equity	19567679	9447990
#实收资本	Paid-in Capitals	11827769	5250525
个人资本	Individuals	4023938	1672190
损益及分配(万元)	**Loss-profit and Distribution (10 000 yuan)**		
营业收入	Operational Revenue	61887938	33037026
工程结算收入	Revenue of Project Settlement Accounts	61032049	32701291
营业成本	Business Cost	56535259	30539464
工程结算成本	Costs of Project Settlement Accounts	55350489	29905722
营业税金及附加	Operational Tax and Additional Expense	928145	324165
工程结算税金及附加	Taxes and Extra Charges on Project Settle Accounts	883261	307182
其他业务利润	Profits from Other Business	38089	19530
销售费用	Selling Expenses	182864	70412
管理费用	Management Fee	1534981	831180
财务费用	Financial Expenses	307507	199734
#利息收入	Expenses of Interest	37096	24137
#利息支出	Expenses of Interest	217842	149873
营业利润	Profits of Business	2315676	1023590
营业外收入	Nonoperating Income	57038	24910
营业外支出	Nonoperating Expense	61672	13095
利润总额	Total Profits	2320490	1035997
#应交所得税	Income Tax Payable	507905	234806
工资、福利费(万元)	**Wages,Welfare (10 000 yuan)**		
应付职工薪酬	Payable Total Wages	7715489	3991595
其他	**Others**		
劳动生产率(按总产值计算)(元/人)	Overall Labor Productivity (In Terms of Gross Output Value)	390924	391150
产值利润率(%)	Ratio of Profit to Gross Output Value (%)	2.9	2.5
资产负债率(%)	Assets-Liability Ratio (%)	61.7	68.5
房屋建筑面积竣工率(%)	Rate of Floor Space of Buildings Completed (%)	43.9	32.5

continued

景德镇市 Jingdezhen	萍 乡 市 Pingxiang	九 江 市 Jiujiang	新 余 市 Xinyu	鹰 潭 市 Yingtan	赣 州 市 Ganzhou	吉 安 市 Ji'an	宜 春 市 Yichun	抚 州 市 Fuzhou	上 饶 市 Shangrao
161706	377413	1081818	951456	304362	1254142	721426	1516534	1316969	2433865
108421	207175	773247	513218	247332	851503	490579	1016336	884291	1485143
30512	72886	189961	195791	43039	325164	163006	429198	397794	504397
378142	1384554	4305654	2030519	851671	3728119	2182420	3338633	4253354	6397846
374541	1361342	4184028	1929897	846363	3674702	2164533	3281908	4185597	6327845
334800	1200409	3871693	1859310	785256	3347890	1904204	2963745	3969378	5759109
331940	1181582	3735918	1761736	775317	3294630	1887451	2924851	3866944	5684399
11204	36335	95730	32507	12643	74426	70559	77728	54351	138498
10981	35474	86590	26990	12515	72793	68099	77018	51099	134520
477	5477	5594	2003	232	1013	582	185	690	2305
1623	8322	11314	6937	1584	23968	15803	17017	4699	21185
13749	29788	94104	43503	24271	100107	81750	107514	65271	143744
359	12337	18755	5593	4179	13599	7764	12054	15139	17994
-39	658	2144	265	7946	409	433	291	355	496
322	4707	7139	4603	12566	7458	4060	6451	13015	7648
16777	97086	177494	92226	21289	167906	102303	155318	145047	316640
427	11452	3198	4702	2262	1317	901	3093	1326	3452
585	13149	2487	2045	-248	2271	2324	15304	3020	7640
16619	96919	181484	95276	23799	166995	102756	143855	143132	313660
5199	19548	27608	25447	5310	35202	25649	34387	33873	60878
78161	161059	458076	214255	105590	410559	236903	478909	767644	812739
255369	413715	537872	461867	442741	320450	388830	391469	325089	388594
4.4	6.1	2.9	4.3	1.8	3.5	2.8	3.7	2.9	3.6
50.0	63.3	63.0	52.0	79.8	49.8	48.3	44.9	51.3	39.9
63.6	65.9	63.8	58.6	54.2	62.6	61.0	63.6	56.6	44.1

主要统计指标解释

建筑业统计单位 指从事房屋、构筑物建造和设备安装活动的法人企业。建筑业法人企业应同时具备的条件是：① 依法成立，有自己的名称、组织机构和场所，能够承担民事责任；②独立拥有和使用资产，承担负债，有权与其他单位 签订合同；③独立核算盈亏，能够编制资产负债表。

建筑业总产值 是以货币形式表现的建筑业企业在一定时期内生产的建筑业产品和提供的服务的总和。建筑业总产值包括：

⑴建筑工程产值：指列入建筑工程预算内的各种工程价值。

⑵安装工程产值：指设备安装工程价值，不包括被安装设备本身的价值。

⑶其他产值：建筑业总产值中除建筑工程、安装工程以外的产值。包括房屋构筑物修理产值、非标准设备制造产值、总包企业向分包企业收取的管理费以及不能明确划分的施工活动所完成的产值。

a.房屋构筑物修理产值：指房屋和构筑物修理所完成的产值，但不包括被修理房屋、构筑物本身价值和生产设备的修理产值。

b.非标准设备制造产值：指加工制造没有定型的非标准生产设备的加工费和原材料价值(如化工厂、炼油厂用的各种罐、槽，矿井生产统一使用的各种漏斗、三角槽、阀门等)以及附属加工厂为本企业承建工程制作的非标准设备的价值。

房屋建筑施工面积 指在报告期内施工的全部房屋建筑面积，包括本期新开工的房屋面积、上期施工跨入本期继续施工的房屋面积、上期停缓建在本期恢复施工的房屋面积、本期竣工的房屋面积及本期施工后又停缓建的房屋面积。

房屋建筑竣工面积 指在报告期内房屋建筑按照设计要求全部完工，达到了住人和使用条件，经验收鉴定合格，正式移交使用单位的房屋建筑面积。

自有机械设备年末总台数 指归本企业所有，属于本企业固定资产的生产性机械设备年末总台数。包括施工机械、生产设备、运输设备以及其他设备。

自有机械设备年末总功率 指本企业自有施工机械、生产设备、运输设备以及其他设备等列为在册固定资产的生产性机械设备年末总功率，按设定能力或查定能力计算。包括机械本身的动力和为该机械服务的单独动力设备，如电动机等。计算单位用千瓦，动力换算可按 1 马力＝0.735 千瓦折合成千瓦数。电焊机、变压器、锅炉不计算动力。

工程结算收入 指企业承包工程实现的工程价款结算收入，以及向发包单位收取的除工程价款以外的按规定列作营业收入的各种款项，如临时设施费、劳动保险费、施工机械调迁费等以及向发包单位收取的各种索赔款。

工程结算利润 指已结算工程实现的利润，如亏损以“－”号表示。计算公式为：

工程结算利润＝工程结算收入－工程结算成本－工程结算税金及附加

Explanatory Notes on Main Statistical Indicators

Statistical Unit in Construction refers to corporate enterprise engaged in the construction of buildings and structures and in the installation of equipment. A corporate construction enterprise should meet the following 3 requirements:①being set up in line with relevant legal basis, having its full name, organization and location, and capable of taking civil liabilities;② independently possessing and using its assets and assuming its liabilities, and entitled to sign contracts with other institutions; and ③ making independent accounts of its profits and losses, and capable of compiling its own balance sheet

Gross Output Value of Construction refers to total of construction products and services, expressed in money terms, produced or rendered by construction and installation enterprises during a given period of time. It includes:

(1) Output value of construction projects: the value of projects covered by the project budgets;

(2) Output value of installation projects: the value of the installation of equipment, (excluding the value of the equipment to be installed);

(3) Other output values: the output value of construction industry apart from that of construction projects and installation projects. It includes: output value of repair of buildings and structures; output value of non-standard equipment manufacturing; overhead expenses received by contracted enterprises from the sub-contracted enterprises and the completed output value of construction activities for which there is no clear definition.

a. Output value of repair of buildings and structures: the value created through the repairs of buildings or structures. It does not include the value of buildings or structures being repaired and the value of the repair of production equipment;

b. Output value of manufactured non-standard equipment: the value of non-standard production equipment, including raw materials and manufacturing cost, made for the construction project (i.e., chemical plant; kettles or tanks used by refineries; various fillers, triangle tanks, valves used by mines). It also includes the output value of equipment manufactured by subsidiary workshops.

Floor Space of Buildings Under Construction refers to floor space of buildings under construction during the reference period, including newly started buildings, buildings started earlier and continued during the reference period, and buildings suspended earlier but restarted during the reference period, buildings completed during the reference period, and buildings under construction and then suspended during the reference period.

Floor Space of Buildings Completed refers to the floor space of buildings that are completed in the reference period in accordance with the requirements of the design, up to the standard for putting them into use, and have been checked and accepted by concerned departments as qualified ones.

Total Number of Machinery and Equipment Owned by the End of Year refers to the number of machines and equipment owned by the enterprises, and listed as the fixed assets of the enterprises by the end of the year, including machinery and equipment for construction, production and transportation.

Total Power of Machinery and Equipment Owned by the End of Year refers to the total power of machinery and equipment owned by the enterprises, and listed as the fixed assets of the enterprises by the end of the year, including machinery and equipment for construction, production and transportation. The power of the machinery is calculated on basis of the designed or verified capacity, covering the power of the machinery/equipment and the separate power equipment serving the machinery/equipment (such as electric motors), but excluding welders, transformers and boilers. The unit used for the calculation of power is kilowatt, with horsepower converted to kilowatt by 1 horsepower＝0.735 kilowatt.

Income from Settlement of Projects refers to the income received by the construction enterprise from the contracted project through settlement procedures, and other charges to the contractee as operational costs in addition to the value of the project, such as temporary facility fee, labor insurance premium, moving cost of construction equipment, as well as various types of claims to the contractee.

Profit from Settlement of Projects refers to profit realized through settled projects. It is calculated with the following formula:

Profit from Settlement of Projects＝Income from Settlement of Projects－Settled Cost－Settled Taxes and Other Cost.

15

交通运输、邮电通讯和规上服务业

TRANSPORTATION, POSTAL AND TELECOMMUNICATIONS AND ABOVE DESIGNATED SIZE OF SERVICE INDUSTRY

资料整理：敬　洋　雷海清

简要说明

一、本篇资料的主要内容

本篇资料反映全省规模以上服务业经营情况及主要财务状况，交通运输业和邮电通讯业发展的基本状况。

二、本篇资料的统计范围

全省境内全部规模以上服务业企业，交通运输业和邮电通讯业。

规模以上服务业企业划分标准为：年营业收入2000万元及以上服务业法人单位，包括：交通运输、仓储和邮政业，信息传输、软件和信息技术服务业，水利、环境和公共设施管理业，卫生等行业。年营业收入1000万元及以上服务业法人单位，包括：租赁和商务服务业，科学研究和技术服务业，教育，以及物业管理、房地产中介服务、房地产租赁经营和其他房地产业等行业。年营业收入500万元及以上服务业法人单位，包括：居民服务、修理和其他服务业，文化、体育和娱乐业，社会工作等行业。

三、本篇的资料来源和统计调查方法

本篇资料中规模以上服务业企业统计数据主要是根据规模以上服务业统计年度报表中有关资料整理汇总的；交通运输资料分别来源于中国铁路南昌局集团有限公司、省交通厅、东方航空公司江西分公司、省公安厅交警总队，邮电通信业资料来源于省通信管理局和省邮政管理局。

Brief Introduction

Ⅰ.Main Contents

Data in this chapter reflect the development and financial situation of all enterprises above designated size of service industry, and the basic conditions of transport, postal and telecommunication in Jiangxi province.

Ⅱ.Scope of Statistics

Statistics cover all enterprises above designated size service industry and transport, postal and telecommunication within the province.

Criteria for enterprises above designated size of service industry are as follows: annual business revenue over 20 million yuan in transport, storage and postal services, information transfer, software and information technology services, administration of water, environment and public facilities, health care service. Annual business revenue over 10 million yuan in leasing and commercial services, scientific research and polytechnic services, education, and estate management, real estate intermediary services, real estate leasting operation, other real estate services. Annual business revenue over 5 million yuan in resident, repair and other services, culture, sports and entertainment, social work.

III. Sources of Data and Methods of Survey

The data on enterprises statistics in this chapter are compiled mainly on the basis of the relevant data in the annual services statistics reporting forms. Data on transportation are from China Railway Nanchang Group Co.,Ltd, Department of Transportation of Jiangxi Province, The branch of China Eastern airlines Co.,Ltd.,Jixnagxi, and Traffic Police corps of Jiangxi Province. Data on postal and telecommunication services come from Jiangxi Provincial Communication Administration, and Jiangxi Provincial Postal Administration.

15-1 运输线路长度
Length of Transportation Routes

单位：公里 (km)

指　标	Item	1978	1980	1990	2000	2010	2017	2018	2019
铁路营业里程	Length of Railways in Operation	1184	1335	1581	2197	2734	4137	4134	4535
公路通车里程	Length of Highways	30245	29651	33203	60292	140597	162285	161941	209131
等级公路	Expressway and Class I to IV Highways		12096	18561	34999	101455	134862	135442	195458
#高速公路	Expressway				421	3088	5916	5931	6144
一级公路	First Class Highways			15	314	1386	2917	2601	2765
二级公路	Second Class Highways		169	1105	6471	9340	10837	11613	11862
三级公路	Third Class Highways		521	2156	5581	6670	13165	14338	15764
等外公路	Highways Below Class IV		17559	14642	25293	39142	27422	26499	13673
内河通航里程	Length of Navigable Inland Waterways	6630	4937	4937	5537	5638	5638	5716	5716
等级航道	Standard Waterways				2343	2349	2349	2427	2427
等外航道	Substandard Waterways				3194	3289	3289	3289	3289

注：1.2000年的公路通车里程根据公路普查作了调整。
　　2.公路通车里程从2006年开始包括村道。

a) The total Length of highways is adjusted according to the Highways Census in 2000.

b) The total length of highways have included the village road since 2006.

15-2 交通运输工具年末实有数
Actual Number of Transportation Facilities at Year-end

指　标	Item	1990	2000	2010	2016	2017	2018	2019
民用汽车合计(辆)	Total Civil Motor Vehicles (unit)	110432	247000	1476011	4073587	4733337	5443919	6074227
#载货汽车	Trucks	74424	131147	401679	603327	651280	731868	794179
载客汽车	Passenger Vehicles	29473	100794	956480	3363902	3981039	4614506	5186049
其他汽车	Other Vehicles	6535	15059	117852	106358	101018	97545	93999
摩托车(辆)	Motorcycles(unit)	51630	891179	4172862	2289407	2283359	2324674	2595358
汽车挂车(辆)	Trailers (unit)	5209	1190	39684	78732	98763	109877	117442
运输船舶(艘)	Transport Vessels (unit)	8687	4856	4221	3293	3062	2708	2386
机动船(艘)	Motor Vessels (unit)	8051	4511	4184	3284	3060	2706	2384
(净载重量吨)	(Dead Weight Tonnage)	333989	356441	1962783	2227266	2371268	2524237	2541705
(客位)	(Number of Seats)	13362	16172	11811	12276	11982	11835	13360
驳　船(艘)	Barges (unit)	636	345	37	9	2	2	2
(净载重量吨)	(Dead Weight Tonnage)	76267	74504	17560	5541	1730	1730	1730
补充资料:	Supplementary Information:							
汽车驾驶员(人)	Drivers (person)	168842	791545	3911886	12384569	13105742	13760852	14458165

注：其他汽车从2006年起，将农业运输车放入民用汽车中其他汽车。

a) Since 2006,Other vehicles have inclued farm vehicles.

15-3 公路里程年底到达数（2019年）
Length of Highways at Year-end (2019)

单位：公里 (km)

地 区	Region	合 计 Total	等级公路 Expressway and Class I to IV Highways	高速公路 Expressway	一 级 First Class
全 省	**Provincial Total**	**209131**	**195458**	**6144**	**2765**
南昌市	Nanchang	11965	10653	429	226
景德镇市	Jingdezhen	5429	4942	199	67
萍乡市	Pingxiang	10028	9205	118	83
九江市	Jiujiang	24221	21922	689	357
新余市	Xinyu	4878	4367	128	137
鹰潭市	Yingtan	5081	4509	101	86
赣州市	Ganzhou	44022	41829	1495	451
吉安市	Ji'an	29913	29040	768	383
宜春市	Yichun	27563	25941	781	429
抚州市	Fuzhou	19256	18269	755	106
上饶市	Shangrao	26775	24781	681	441

15-3 续表 continued

单位：公里 (km)

地 区	Region	二 级 Second Class	三 级 Third Class	四 级 Fourth Class	等外公路 Highway Below Class IV
全 省	**Provincial Total**	**11862**	**15764**	**158923**	**13673**
南昌市	Nanchang	627	773	8599	1312
景德镇市	Jingdezhen	411	639	3627	487
萍乡市	Pingxiang	581	656	7767	823
九江市	Jiujiang	1324	1578	17974	2299
新余市	Xinyu	302	390	3410	511
鹰潭市	Yingtan	166	530	3626	572
赣州市	Ganzhou	2365	2969	34548	2193
吉安市	Ji'an	1743	1931	24214	874
宜春市	Yichun	1664	2224	20844	1621
抚州市	Fuzhou	1097	1570	14741	987
上饶市	Shangrao	1581	2504	19573	1995

15-4 全社会运输量
Total Freight Traffic and Passenger Traffic

指 标	Item	2012	2013	2014	2015	2016	2017	2018	2019
货物运输量(万吨)	**Freight Traffic(10 000 tons)**	**127020**	**135036**	**151773**	**130279**	**138068**	**154359**	**174184**	**150860**
民 航	Civil Aviation	1.5	4.0	5.7	6.3	6.3	6.4	9.1	13.0
铁 路	Railways	5384	5077	4821	3943	4296	4787	5046	4963
公 路	Highways	113703	121279	137784	115436	122877	138074	157646	135554
水 运	Waterways	7931	8676	9162	10894	10889	11492	11483	10331
内 河	Inland Waterways	7426	8152	8655	10417	10498	11132	11131	9967
沿 海	Coastal	490	508	498	477	391	360	352	363
远 洋	Ocean	15	17	10					
旅客运输量(万人)	**Passenger Traffic(10 000 persons)**	**84459**	**65747**	**68728**	**63404**	**63924**	**64413**	**62419**	**59704**
民 航	Civil Aviation	219	681.1	930	985	1050	1415	1734	1846
铁 路	Railways	6335	6944.8	7839.6	8458.3	9249	10224	11131	11728
公 路	Highways	77650	57915	59676	53687	53364	52506	49302	45933
水 运	Waterways	255	206.6	282	274	261	267.5	253	198
内 河	Inland Waterways	255	206.6	282	274	261	267.5	253	198

注：1、2015年交通运输部开展全国公路、水路运输小样本抽样调查，对公路、水路运输统计口径进行了调整，与往年数据不可比。(下表同)
2、2019年交通运输部开展全国公路货物运输量专项调查，对公路运输统计口径进行了调整，与往年数据不可比。(下表同)
a) The sample survey on highways and waterways was carried out by The Ministry of Transports in 2015.Statistical caliber was adjusted according to the survey.Therefore,data of 2015 are not comparable to previous years. The same applies to the following table.
b) In 2019, the Ministry of transport carried out a special survey on the National Highway freight traffic volume, and adjusted the statistical caliber of highwa which was not comparable with the data of previous years. The same applies to the following table .

15-5 全社会运输周转量
Total Freight Ton-kilometers and Passenger-kilometers

指 标	Item	2013	2014	2015	2016	2017	2018	2019
货物周转量(万吨公里)	**Freight Ton-kilometers (10 000 ton-km)**	**36460456**	**38299712**	**37532370**	**38975513**	**42170685**	**45282985**	**38587772**
铁 路	Railways	6186600	5412900	4969574	5147759	5322426	5302489	5630825
公 路	Highways	28290235	30733082	30227179	31474970	34329546	37599405	30403181
水 运	Waterways	1983621	2153730	2335617	2352784	2518713	2381091	2553766
内 河	Inland Waterways	1430470	1518022	1825577	1839798	1950843	1952621	2078738
沿 海	Coastal	485999	601710	510040	512986	567870	428470	475028
远 洋	Ocean	67153	33998					
旅客周转量(万人公里)	**Passenger-Kiiometers (10 000 passenger-km)**	**9306886**	**9713303**	**9538100**	**9706448**	**10002942**	**9937261**	**9842391**
铁 路	Railways	6226300	6545000	6687232	6879899	7226626	7324229	7397188
公 路	Highways	3076941	3164601	2847402	2823139	2772918	2609677	2442452
水 运	Waterways	3645	3702	3466	3410	3398	3355	2751
内 河	Inland Waterways	3645	3702	3466	3410	3398	3355	2751

15-6 铁路、港口主要指标
Main Indicators of Railways and Ports

指　　标	Item	2000	2005	2010	2015	2018	2019
铁　　路	**Railway Transport**						
货车周转时间(天)	Turning Around Time of Freight Cars Locomotives (day)	1.9	2.6	2.6	2.6	2.4	2.3
平均每日装车数(辆)	Average Daily Loading Coaches (coach)	1456	2197	2454	1774	2407	2467
货车平均静载重(吨)	Average Static Load of Freight Cars Locomotives (ton)	58.9	60.8	62.2	61.1	57.9	55.7
货物列车旅行速度(公里/小时)	Running Speed of Freight Trains (km/hour)	38.9	28.0	30.7	35.4	39.1	39.1
货运机车平均日产量(万吨公里)	Average Daily Ton-kilometers of Freight Locomotives (10 000 ton-km)	107.0	106.0	109.7	104.5	114.2	113.8
内燃机车每万吨公里耗油(公斤)	Oil Consumption of Diesel Locomotives per 10 000 ton-km(kg)	22.8	22.9	30.0	35.5	38.2	38.7
南昌直属站	**Nanchang Station**						
货物发送量(万吨)	Volume of Freight Dispatched (10 000 tons)	1.3	0.4	12.4	0.3	0.5	0.5
旅客发送量(万人)	Number of Passenger Dispatched(10 000 persons)	867.7	1217.7	1860.7	2817.5	3620.7	3792.8
平均每日装车数(车)	Daily Loading Coach (coach)	0.7	0.4	5.2	0.1	0.4	0.3
平均每日卸车数(车)	Daily Unloading Coach (coach)	8.5	8.9	34.8	6.3	3.5	3.3
向塘直属站	**Xiangtang Station**						
货物发送量(万吨)	Volume of Freight Dispatched (10 000 tons)	7.5	19.9	21.2	23.7	27.6	40.4
旅客发送量(万人)	Number of Passenger Dispatched(10 000 persons)	82.4	82.4	63.4	52.2	44.7	46.0
平均每日装车数(车)	Daily Loading Coach (coach)	3.6	9.3	10.9	12.4	25.4	44.6
平均每日卸车数(车)	Daily Unloading Coach (coach)	18.0	19.7	21.9	21.6	38.3	36.2
#向塘西站平均每日办理车数(车)	Daily Transaction Coach (coach)	11769	14644	12495	12851	14070	######
鹰潭直属站	**Yingtan Station**						
货物发送量(万吨)	Volume of Freight Dispatched (10 000 tons)	222.5	300.4	397.5	377.6	338.5	301.8
旅客发送量(万人)	Number of Passenger Dispatched(10 000 persons)	364.0	376.6	459.9	516.1	493.6	489.3
平均每日装车数(车)	Daily Loading Coach (coach)	109.6	140.0	188.9	171.8	158.8	140.7
平均每日卸车数(车)	Daily Unloading Coach (coach)	174.0	283.3	240.4	305.6	279.6	278.9
#鹰潭站平均每日办理车数(车)	Daily Transaction Coach (coach)	10473	10527	8773	9264	9999	9225.5
长航九江港务局	**Jiujiang Port Authority**						
旅客吞吐量(万人)	Volume of Passenger Traffic(10 000 persons)	92.0	2.2	88.4	16.7	16.8	16.0
货物吞吐量(万吨)	Volume of Freight Handled(10 000 tons)	623	928	3291	10425	11689	11358

备注：因统计口径发生变化，对“平均每日装车数”和“货车平均静载重”两个指标的往期数据进行了修订。

a) Due to the change of statistical caliber, the previous data of "Average Daily Loading Coaches" and " Average Static Load of Freight Cars Locomotives" were revised.

15-7 邮政电信业务主要指标
Principal Indicators of Postal and Telecommunication Services

指 标	Item	1995	2000	2010	2015	2018	2019
邮政业务总量(亿元)	Business Volume of Postal Services (100 Million yuan)		5.45	36.85	69.70	176.64	230.18
电信业务总量(亿元)	Business Volume of Telecommunication Services (100 Million yuan)		75.9	661.2	549.4	1609.2	2835.60
邮路总长度(公里)	Length of Postal Routes (km)	46182	119905	98020	56291	83278	135000
农村投递路线总长度(公里)	Length of Rural Delivery Routes (km)	120365	118555	97950	90019	90190	93500
邮政汽车(辆)	Postal Cars (unit)	498	1098	2060	1295	5628	5604
函 件(万件)	Number of Letters (10 000 pcs)	23254	14010	17971	3632	2764	1684
包 裹(万件)	Package (10 000 pcs)		247	121	83	45	43
报刊累计数(万份)	Total Number of Newspapers and Magazines (10 000 copies)	56016	48881	54433	57351	51533	52941
快递业务量(万件)	Pieces of Express Mail Services (10 000 pcs)	157	283	2351	23472	61930	77720
固定电话用户(万户)	Number of Fixed Telephone Subscribers (10 000 Subscribers)	74.1	354.1	709.6	568.4	465.4	457.5
移动电话用户(万户)	Number of Mobile Telephone Subscribers (10 000 Subscribers)		140	1811	3056	4044	4157
互联网宽带用户数(万户)	Number of Broadband Subscribers of Internet (10 000 Subscribers)		27.0	253.4	442.0	1323.4	1448.8
长途光缆线路长度(公里)	Length of Long-distance Optical Cable Lines (km)			21201	21115	28385	31537
本地中继线光缆线路长度(公里)	Length of Local Optical Cable Lines (km) (circuit)			247494	454666	697004	660872
移动电话交换机容量(万门)	Capacity of Mobile Telephone Exchanges (10 000 lines)			3333	4086	6485	7286

注：1.2003年以后“固定电话用户”包括小灵通用户。
2.2016年起“电信业务总量”按2015年不变单价计算；“邮路总长度”包含了邮政速递物流的数据；“互联网宽带用户数”包含了中国移动的数据。

a) The fixed telephone subscribers includes PHS subscribers since 2003.

b) Since 2016,calulation of business volume of telecommunications based on the conscant price of 2015; length of EMS's routes is included in length of post number of CMCC Subscribers are included in number of Broadband Subscribers of Internet.

15-8 各设区市交通运输工具年末实有数（2019年）
Actual Number of Transportation Facilities at Year-end by Region (2019)

地区	Region	民用汽车合计(辆) Total Civil Motor Vehicles (unit)	载货汽车 Trucks	载客汽车 Passenger Vehicles	其他汽车 Other Vehicles	摩托车(辆) Motorcycles (unit)	汽车挂车(辆) Trailers (unit)	运输船舶(艘) Transport Vessels (unit)
全省	**Provincial Total**	**6074227**	**794179**	**5186049**	**93999**	**2595358**	**117442**	**2386**
南昌市	Nanchang	1171029	75646	1089466	5917	6566	4587	156
景德镇市	Jingdezhen	236052	22833	211493	1726	42691	4628	25
萍乡市	Pingxiang	247316	26087	217313	3916	154691	3942	
九江市	Jiujiang	625129	64211	549485	11433	143463	4325	435
新余市	Xinyu	195217	30987	161399	2831	118427	10738	75
鹰潭市	Yingtan	144957	20811	122504	1642	45165	9378	53
赣州市	Ganzhou	1066829	159060	894190	13579	1390700	3507	105
吉安市	Ji'an	513049	69220	427786	16043	166229	10241	410
宜春市	Yichun	794182	181542	599560	13080	208846	45225	624
抚州市	Fuzhou	385113	62755	313270	9088	143071	14282	102
上饶市	Shangrao	686122	80029	591686	14407	171676	6589	401

15-9 邮政电信业务主要指标（2019年）
Principal Indicators of Postal and Telecommunications Services by Region (2019)

地区	Region	年末邮政局(所)数 Number of Postal Offices at Year-end (unit)	邮政业务总量(亿元) Business Volume of Postal Services (100 Million yuan)	电信业务总量(亿元) Business Volume of Telecommunications (100 Million yuan)	固定电话年末用户数(万户) Fixed Telephone Subscribers at Year-end(10 000 Subscribers)	移动电话年末用户数(万户) Number of Mobile Telephone Subscribers at Year-end (10 000 Subscribers)	互联网宽带接入用户数(万户) Number of Broadband Subscribers of Internet (10 000 Subscribers)
全省	**Provincial Total**	**1917**	**230.2**	**2835.6**	**457.5**	**4157.1**	**1448.8**
南昌市	Nanchang	164	81.6	600.0	87.1	709.4	264.8
景德镇市	Jingdezhen	57	11.3	112.4	14.5	162.1	62.1
萍乡市	Pingxiang	59	5.6	103.0	23.2	178.6	65.6
九江市	Jiujiang	240	23.0	303.8	64.5	440.2	165.6
新余市	Xinyu	48	8.7	86.1	10.8	127.1	47.7
鹰潭市	Yingtan	46	5.7	65.4	13.0	104.3	40.8
赣州市	Ganzhou	376	29.3	544.4	87.0	794.2	247.0
吉安市	Ji'an	258	17.1	221.5	35.8	389.4	131.1
宜春市	Yichun	204	14.6	287.3	44.6	437.7	148.0
抚州市	Fuzhou	215	12.5	189.6	18.1	299.0	108.6
上饶市	Shangrao	250	20.8	321.4	58.8	515.3	167.6

15-10 规模以上服务业单位数及营业收入(2019年)

Number and business Revenus of Enterprises above Designated Size of Service Industry (2019)

类　　别	Type	企业单位数(个) Number of Enterprises (unit)	营业收入(万元) Business Revenue (10 000yuan)
总　　计	**Total**	**4549**	**31797123**
按登记注册类型及隶属关系分组	**By Registration Status and Jurisdiction of Management**		
内资企业	Domestic Funded Enterprises	4515	31210972
国有企业	State-owned Enterprises	180	2626427
集体企业	Collective-owned Enterprises	21	146430
股份合作企业	Cooperative Enterprises	17	53306
联营企业	Joint Ownership Enterprises	2	4673
有限责任公司	Limited Liability Corporations	1697	16684885
股份有限公司	Share-holding Corporations Limited	163	2276395
私营企业	Private Enterprises	2229	8908138
其他企业	Other Enterprises	206	510718
港、澳、台商投资企业	Enterprises with Funds from Hong Kong,Macao and Taiwan	20	185445
外商投资企业	Foreign Funded Enterprises	14	400706
#国有控股企业	State-hilding Holding Enterprises	533	13823301
按行业分组	**Grouped by Sector**		
铁路运输业	Railway Transport	7	4182204
道路运输业	Road Transport	1362	8865370
水上运输业	Water Transport	62	574734
航空运输业	Air Transport	6	258372
管道运输业	Pipeline Transport		
多式联运和运输代理业	Multimodal Transport and Transport Agent Industry	15	138118
装卸搬运和仓储业	Loading, Unloading Removel and Storage	101	982174
邮政业	Postal	47	870043
电信、广播电视和卫星传输服务	Telecommunications, Broadcasting Television and Satellite Transmission	65	3537990
互联网和相关服务	Internet and Related Services	80	1596514
软件和信息技术服务业	Software and Information Technology Services	189	1207774
物业管理业	Property Management	166	397155
房地产中介服务业	Real Estate Intermediary Services	41	146803
房地产租赁经营	Real Estate Leasing Operation	71	334703
其他房地产业	Other Real Estate	1	4206
租赁业	Leasing	76	308155
商务服务业	Business Services	636	2818440
研究和试验发展	Research and Experimental Development	10	28833
专业技术服务业	Polytechnic Services	308	1469171
科技推广和应用服务业	Services of Science and Technology Promotion and Application	42	141545
水利管理业	Management of Water Conservancy	2	38786
生态保护和环境治理业	Ecological Protection and Environmental Management	15	50369
公共设施管理业	Management of Public Facilities	134	540243
土地管理业	Land Managemetn Industry	7	105599
居民服务业	Resident Services	81	167486
机动车、电子产品和日用产品修理业	Repair to Motor,Electronic Products and Household Products	106	151385
其他服务业	Other Services	36	42243
教育	Education	292	752579
卫生	Health Care	234	1181600
社会工作	Social Work	25	29034
新闻和出版业	Journalism and Publishing Activities	26	380379
广播、电视、电影和影视录音制作业	Broadcasting, Television, Movies and Video Recording	111	159824
文化艺术业	Cultural and Art Activities	44	92645
体育	Sports Activities	25	30912
娱乐业	Entertainment	126	211733
按地区分组	**By Region**		
南 昌 市	Nanchang	1007	8966903
景德镇市	Jingdezhen	159	829759
萍 乡 市	Pingxiang	95	528719
九 江 市	Jiujiang	425	2417557
新 余 市	Xinyu	93	436845
鹰 潭 市	Yingtan	184	1190636
赣 州 市	Ganzhou	550	2653240
吉 安 市	Ji'an	559	2448538
宜 春 市	Yichun	510	2240262
抚 州 市	Fuzhou	361	2049203
上 饶 市	Shangrao	603	3988435

15-11 规模以上服务业企业主要财务指标（2019年）

单位：万元

类别	Type	资产总计 Total Assets	流动资产合计 Total Current Assets
总计	**Total**	**146475506**	**41043310**
按登记注册类型及隶属关系分组	By Registration Status and Jurisdiction of Management		
内资企业	**Domestic Funded Enterprises**	**145656485**	**40898909**
国有企业	State-owned Enterprises	8257400	5581875
集体企业	Collective-owned Enterprises	102085	23639
股份合作企业	Cooperative Enterprises	61575	34050
联营企业	Joint Ownership Enterprises	6323	2426
有限责任公司	Limited Liability Corporations	115322691	28694691
股份有限公司	Share-holding Corporations Limited	14406390	2259098
私营企业	Private Enterprises	6601776	3929890
其他企业	Other Enterprises	898245	373241
港、澳、台商投资企业	Enterprises with Funds from Hong Kong,Macao and Taiwan	442634	65239
外商投资企业	Foreign Funded Enterprises	376387	79162
#国有控股企业	State-hilding Holding Enterprises	128781081	31464039
按行业分组	**Grouped by Sector**		
铁路运输业	Railway Transport	38496599	5714784
道路运输业	Road Transport	51451064	8172400
水上运输业	Water Transport	585796	274878
航空运输业	Air Transport	895811	248390
管道运输业	Pipeline Transport		
多式联运和运输代理业	Multimodal Transport and Transport Agent Industry	32132	28128
装卸搬运和仓储业	Loading, Unloading Removel and Storage	3738782	3113359
邮政业	Postal	303181	136281
电信、广播电视和卫星传输服务	Telecommunications, Broadcasting Television and Satellite Transmission	6066942	1136199
互联网和相关服务	Internet and Related Services	932027	814703
软件和信息技术服务业	Software and Information Technology Services	1599901	1048650
物业管理业	Property Management	688266	545181
房地产中介服务业	Real Estate Intermediary Services	93827	66510
房地产租赁经营	Real Estate Leasing Operation	5485885	2462510
其他房地产业	Other Real Estate	184045	183302
租赁业	Leasing	294067	180186
商务服务业	Business Services	8690866	5337004
研究和试验发展	Research and Experimental Development	86240	61994
专业技术服务业	Polytechnic Services	14467902	6229771
科技推广和应用服务业	Services of Science and Technology Promotion and Application	209713	104289
水利管理业	Management of Water Conservancy	106622	93865
生态保护和环境治理业	Ecological Protection and Environmental Management	112355	54855
公共设施管理业	Management of Public Facilities	4075806	1687385
土地管理业	Land Managemetn Industry	2617211	714628
居民服务业	Resident Services	260700	159556
机动车、电子产品和日用产品修理业	Repair to Motor,Electronic Products and Househole Products	66075	37542
其他服务业	Other Services	23025	14391
教育	Education	1125729	486551
卫生	Health Care	1598923	866021
社会工作	Social Work	128577	26102
新闻和出版业	Journalism and Publishing Activities	679486	529424
广播、电视、电影和影视录音制作业	Broadcasting, Television, Movies and Video Recording	175345	84817
文化艺术业	Cultural and Art Activities	328989	128667
体育	Sports Activities	243414	101832
娱乐业	Entertainment	630207	199155

Main Financial Indicators of Enterprises above Designated Size of Service Industry (2019)

(10 000 yuan)

固定资产原价 Original Value of Fixed Assets	负债合计 Total Liabilities	所有者权益合计 Total Owners` Equities	营业收入 Business Revenue	营业成本 Business Cost	税金及附加 Taxes and Other Charges	营业利润 Business Profits	利润总额 Total Profits	本年应交增值税 Valued-Added Payable
67665669	**70457920**	**76017586**	**31797123**	**25035950**	**189144**	**2080284**	**2269011**	**843785**
66458617	**69935303**	**75721182**	**31210972**	**24660805**	**186455**	**1980028**	**2164842**	**820263**
2731636	5672407	2584993	2626427	2166845	7778	154319	182378	30177
47030	75901	26185	146430	97703	814	20297	20000	7306
37396	42744	18831	53306	45889	124	2943	3008	934
4333	3711	2612	4673	3504	1	218	216	
49377931	53444717	61877973	16684885	13156078	98637	1003842	1059386	471857
11061058	6142959	8263431	2276395	1526054	12893	314716	343799	50594
2633107	4060818	2540959	8908138	7317339	65603	439786	510095	256468
566127	492046	406199	510718	347393	605	43907	45961	2927
632788	310905	131729	185445	138549	1791	-9003	-8635	4747
574265	211712	164676	400706	236596	898	109258	112804	18775
60405976	59573168	69207913	13823301	10835757	71592	1152557	1207816	342542
19236809	7229484	31267115	4182204	3875263	7560	229695	203620	134191
31496761	30397151	21053912	8865370	7339402	68503	435186	582095	305254
378480	347039	238758	574734	464149	2764	58437	62444	23168
745406	308165	587647	258372	237079	757	3245	532	14896
5506	18049	14083	138118	145902	204	3197	3252	600
559097	3300698	438084	982174	1042844	1868	14710	22637	4798
269935	220100	83081	870043	758794	2907	13671	10394	6525
8493019	2746248	3320694	3537990	2318068	8388	514533	504074	91396
60910	743116	188911	1596514	943978	2451	32196	38469	18346
126484	771787	828115	1207774	853882	8148	150434	157088	35929
111940	490867	197399	397155	286778	4308	18205	23069	22948
9423	51842	41985	146803	95134	1181	7950	8737	5981
1245260	2696751	2789134	334703	155387	17248	49413	50176	15942
253	179047	4998	4206	3534	487	16	25	221
103520	208244	85823	308155	269232	3405	14347	17187	11671
600712	5240174	3450691	2818440	2357796	17696	136876	148814	50301
12326	26266	59973	28833	18526	120	17	814	1242
790215	9217457	5250445	1469171	1058013	13921	109430	116607	48869
80620	93980	115733	141545	96426	1387	18370	21495	3082
8543	12471	94151	38786	35683	148	1260	1260	411
21449	45799	66555	50369	36230	322	7647	8313	2339
831796	2300390	1775416	540243	311411	6787	43693	50880	11935
107585	970842	1646369	105599	71729	2648	14035	14016	576
58984	116404	144296	167486	89950	1577	27490	29673	4650
26119	30521	35555	151385	120013	1565	12478	12699	2612
7073	9126	13899	42243	36873	378	1360	1291	1263
656658	570182	555547	752579	476931	3843	70138	71741	8183
851696	1037336	561587	1181600	909459	1107	17019	24761	1864
92420	46261	82316	29034	19485	125	2013	2073	62
102059	239399	440087	380379	277143	1569	38889	42057	3954
76156	95658	79686	159824	102928	2960	16957	17801	3274
163546	267096	61893	92645	71431	844	-10889	-8763	3096
30635	91341	152074	30912	21573	249	-1638	-616	384
304275	338630	291577	211733	134929	1719	29904	30297	3823

15-12 各地区规模以上服务业企业主要财务指标（2019年）
Main Financial Indicators of Enterprises above Designated Size of Service Industry by Region (2019)

单位：万元 (10 000 yuan)

地区	Region	资产总计 Total Assets	流动资产合计 Total Current Asstes	固定资产原价 Original Value of Fixed Assets	负债合计 Total Liabilities	所有者权益合计 Total Owners` Equities	营业收入 Business Revenue
全省	**Provincial Total**	**146475506**	**41043310**	**67665669**	**70457920**	**76017586**	**31797123**
南昌市	Nanchang	76620234	17755688	35980029	43020852	33599383	8966903
景德镇市	Jingdezhen	692957	270602	580784	444212	248745	829759
萍乡市	Pingxiang	2002598	575573	1054904	849694	1152904	528719
九江市	Jiujiang	3416130	1393935	2264346	1823760	1592370	2417557
新余市	Xinyu	535359	237911	425970	238146	297213	436845
鹰潭市	Yingtan	1192200	678748	635384	827186	365015	1190636
赣州市	Ganzhou	8950198	3547968	4695379	5355924	3594274	2653240
吉安市	Ji'an	4705974	2136615	1531200	2200298	2505676	2448538
宜春市	Yichun	9083283	5471599	2135801	6092400	2990883	2240262
抚州市	Fuzhou	2869084	1351723	1331128	1726311	1142774	2049203
上饶市	Shangrao	4066129	2055022	1899148	2618744	1447386	3988435

15-12 续表 continued

单位：万元 (10 000 yuan)

地区	Region	营业成本 Business Cost	税金及附加 Taxes and Other Charges	营业利润 Business Profits	利润总额 Total Profits	本年应交增值税 Valued-Added Payable
全省	**Provincial Total**	**25035950**	**189144**	**2080284**	**2269011**	**843785**
南昌市	Nanchang	6379531	57201	787035	859679	208719
景德镇市	Jingdezhen	709716	6136	29623	39002	26711
萍乡市	Pingxiang	423761	2405	17803	19074	11999
九江市	Jiujiang	1799932	19201	273027	280958	59291
新余市	Xinyu	315779	3288	21670	22604	13276
鹰潭市	Yingtan	1035923	9708	28969	40086	34941
赣州市	Ganzhou	1982841	10465	222831	251623	31106
吉安市	Ji'an	1968600	23781	192794	208929	72688
宜春市	Yichun	1882237	15297	187984	205041	66304
抚州市	Fuzhou	1820041	14280	80413	108217	96565
上饶市	Shangrao	2812541	19810	229535	258276	89382

主要统计指标解释

铁路营业里程 指办理客货运输业务的铁路正线总长度。凡是全线或部分建成双线及以上的线路，以第一线的实际长度计算；复线、站线、段管线、岔线和特别用途线以及不计算运费的联络线都不计算营业里程。铁路营业里程是反映铁路运输业基础设施发展水平的重要指标，也是计算客货周转量、运输密度和机车车辆运用效率指标的基础资料。

公路里程 也称"公路通车里程"，是指实际达到《公路工程[WTB2]技术标准 JTJ01-88》规定的等级公路，并经主管部门的正式验收交付使用的公路里程数。它包括大中城市的郊区公路以及通过小城镇街道的公路里程，也包括桥梁、渡口的长度，但不包括城市的街道以及厂矿、林区和农业生产用道的里程。两条或多条公路共同经由同一路段，只计算一次，不重复计算里程长度。公路里程是反映公路建设发展规模的重要指标，也是计算运输网密度等指标的基础资料。

内河航道里程 也称"内河通航里程"，是指在枯水季节水深在0.3米及以上，能通航运输船舶及排筏的天然河流、湖泊水库、运河及通航渠道的长度。包括全年季节性通航累计三个月以上的航道，但不包括仅供零散流放竹木排的河道。内河航道里程是反映内河水运网规模、水平和发展情况的主要指标。

货（客）运量 指运输业实际运送的货物（旅客）数量。货运按吨计算，客运按人计算。货物不论运输距离长短，货物类别，均按实际重量统计；旅客不论行程远近或票价多少，均按一人一次作为客运量统计。半票价、小孩票，也按一人统计。货（客）运量是反映运输业为国民经济和人民生活服

务的数量指标，也是制定和检查运输生产计划、研究运输展规模和速度的重要指标。

货物（旅客）周转量 指运输业运送的货物（旅客）数量与其相应运输距离的乘积之总和，通常以吨公里和人公里为计算单位。计算货物周转量通常按发出站与到达站之间的最短距离，也就是计费距离计算。它是反映运输业生产总成果的重要指标，也是编制和检查运输生产计划、计算运输效率、劳动生产率以及核算运输单位成本的主要基础资料。

铁路货运机车平均日产量 指平均每台货运机车在一昼夜内所完成的总重吨公里数。它既包括载运货物的重量，也包括车辆本身的自重，它是从时间和牵引能力两方面反映了机车运用效率的综合性指标。计算公式为：

$$\text{货运机车平均日产量}=\frac{\text{货运总重吨公里数}}{\text{货运机车台日数}}$$

邮电业务总量 指以货币表现的邮电部门为用户传递信息和提供其他邮电服务的总量。它用各种邮电分类业务量，如函件件数、电报份数、长话张数、市内电话和农村电话的年均户数、订销报刊累计份数等，分别乘以相应的不变单价加总后再加上出租电路和设备的收入、代用户维护电话交换机和线路等设备的收入、其他业务收入求得。邮电业务总量综合反映了一定时期邮电工作的总成果，是研究邮电业务量构成和发展趋势的重要指标。

Explanatory Notes on Main Statistical Indicators

Length of Railways in Operation refers to the total length of the trunk line for passenger and freight transportation (including both full operation and temporary operation). The calculation is based on the actual length of the first line if this line has a full or partial double (or more). Not included are double tracks, station sidings, tracks under the charge of stations, branch lines, special-purpose lines and non-payable connecting lines. The length of railways in operation is an important indicator to show the development of the infrastructure of railway transport. It is also essential data to calculate volume of passenger freight transport, traffic density and utilization efficiency of locomotives and carriages.

Length of Highways refers to the length of highways which are built in conformity with the grades specified by the highway engineering standard [Highways WTBZ-Technical Standard JTJ01-88]formulated by the Ministry of Communications, and have been formally checked and accepted by the departments of highways and put into use. The length of highways includes that of the suburb highways at large and medium-sized cities, highways passing through streets at small cities and towns, and also the length of bridges and ferry piers. It does not include the length of streets in big and medium-sized cities and highways built for the production purpose at factories, mines, forest areas and agricultural areas. If two or more highways go the same section of the way, the length of the section is only calculated for once and no duplication is allowed. The length of highways is an indicator to show the development of the scale of highway construction and to provide essential information to calculate the transport network density.

Length of Navigable Inland Waterways is an indicator reflecting the size and development of inland water network. It refers to the length of the natural rivers, lakes, reservoirs, canals, and ditches open to navigation during a given period, which enables transportation by ships and rafts. It includes the channels open to navigation for over an accumulated period of 3 months in a year, yet this does not include the river courses which are only used to float odd logs and bamboo rafts. This indicator can reflect the scale, level and development situation of the inland waterway network.

Freight (Passenger) Traffic refers to the volume of freight (passenger) transported with various means within a specific period of time. This indicator reflects the service of the transport industry towards the national economy and people's living conditions, as well as an important indicator used in formulating and monitoring transport production plans and research into the scale and pace of transport development. Freight transport is calculated in tons and passenger traffic is calculated in terms of number of persons. Freight transport is calculated in terms of the actual weight of the goods and takes no account of the type of freight and distance of travel. Passenger traffic is calculated by the principle that one person can be counted only once in one trip and takes no account of the travelling distance and ticket price. The passengers who travel with a half price ticket or a child's ticket is also calculated as one person.

Freight Ton-kilometres (Passenger-kilometres) refers to the sum of the product of the volume of transported cargo (passengers) multiplied by the transport distance. It is an important indicator to reflect the achievement of the transportation industry. This is an important indicator to show the total results of the transport industry; to prepare and examine the transport plan; and to serve as the main basic data for calculating the efficiency, labour productivity and unit cost of transport. Normally, the shortest distance between the departure station and the destination station (i.e., the payable distance) is the basis in calculating the freight ton-kilometres.

Average Daily Haul of Freight Locomotives refers to the average total ton-kilometres accomplished by each freight transport locomotive over one day and night during a given period of time. It includes both the weight of the goods carried and the dead weight of the train itself. It is a comprehensive indicator reflecting the locomotive efficiency in terms of both time and the pulling force.

$$\text{Average Daily Haul of Freight Transport Locomotive (Ton-kilometre)} = \frac{\text{Total Ton-kilkmetres of Freight}}{\text{Daily Number of Freight Transport Locomotive}}$$

Business Volume of Post and Telecommunications refers to the total amount of postal and telecommunication services, expressed in value terms, provided by the post and telecommunications departments for society. Postal and telecommunication services can be classified as letters, parcels, remittance, issue of newspapers and magazines, fast mail service, express mail service, savings deposits, stamps for collection, facsimiles, long-distance telephone service, leasing of telephone lines, mobile telephone service, data transmission, income from leasing, maintenance, etc. The accounting approach is to multiply the service products of all types with their average unit price (constant price) to get the total business value, and to add to it income from other services such as leasing of telephone lines and equipment and maintenance of telephone switchboards and lines on behalf of customers. This indicator reflects the overall results of postal and telecommunication services during a given period, and is important for studying the composition of business service and the trend of development of postal and telecommunication services.

16

国内贸易和旅游

DOMESTIC TRADE AND TOURISM

◆ 371/404

简要说明

一、本篇资料的主要内容

本篇资料主要反映全省国内贸易基本情况、零售市场的发展和批发和零售业商品流转情况、住宿和餐饮业经营情况以及主要财务状况；旅游的历年概况等。主要内容包括：社会消费品零售总额及其分组指标；城乡个体私营批发零售贸易、住宿餐饮业基本情况；限额以上批发和零售业、住宿和餐饮业基本情况、商品流转和经营情况、财务状况；亿元商品交易市场成交情况；旅游统计资料等。

二、本篇资料的统计范围

从事批发和零售业、住宿和餐饮业的法人企业、产业活动单位和个体户，以及年成交额在亿元以上的商品交易市场。

根据国家统计局对社会消费品零售总额指标调整的要求，我们对社会消费品零售总额进行了调整，即：1993年以后社会消费品零售总额指标不包括农业生产资料；1997年以后社会消费品零售总额指标不包括居民购买住房；2003年以后社会消费品零售总额指标不包括有各种经济类型的制造业法人企业、产业活动单位和个体工业，直接售给城乡居民（包括本企业职工）和社会集团的商品以及农民在田间地头出售的农产品。

限额以上批发和零售业、住宿和餐饮业统计限额标准：批发业，年主营业务收入2000万元及以上；零售业，年主营业务收入500万元及以上；住宿业、餐饮业，年主营业务收入200万元及以上。

国际旅游和国内旅游资料。

三、本篇的资料来源

本篇资料国内贸易部分是江西省统计局贸易外经处根据国家统计局制定的《批发和零售业、住宿和餐饮业统计报表制度》进行搜集和加工整理而得；城乡个体私营批发零售贸易、住宿餐饮业基本情况资料由省工商局提供；旅游资料来自省旅游局。

四、本篇的统计调查方法

本篇资料中限额以上批发和零售业、住宿和餐饮业法人企业资料和限额以下批发和零售业、住宿和餐饮企业及个体户的资料采用全面调查和抽样调查的方法取得；国际、国内旅游收入和旅游人数等指标采取抽样调查方法取得。

Brief Introduction

I. Main Contents

Data in this chapter reflect the development for the whole province of domestic market, development of retail trade, and circulation of commodities through wholesale and retail trades, and the operation, management and financial situation of hotels catering services and annual tourism. Main contents include total retail sales of consumer goods and its indicators by group; the basic conditions of private enterprises in wholesale and retail trades and catering services in urban and rural areas; the basic statistics of the wholesale and retail trades, hotels and catering services above designated size; circulation of commodities (in operation and financial terms); turnover of large commodity transaction markets with transaction over 100 million yuan; statistical information of tourism.

II. Scope of Statistics

This chapter Included corporation enterprises, economic active establishments and self-employed individuals of wholesale and retail trades; hotels and catering services and large commodity markets with transaction value over 100 million yuan.

Based on requests from national bureau of statistics, we adjusted datas of total retail sales of consumer goods since 1993, this indicator does not include means of agricultural production; since 1997, this indicator does not include purchase of houses by residents. Since 2003, this indicator does not include commodities sold to urban and rural households (including their own employees) and institutions directly by manufacturing corporations, establishments and individual manufacturers, nor farm products sold by farmers in the fields.

Criteria for wholesale and retail sale trades, hotels and catering services above designated size are as follows: wholesale trade, wholesale trade with annual principal business sales over 20 million yuan; retail trade, with annual principal business sales over 5 million yuan. The statistical unit of enterprises of hotel and catering services above the designated size is the annual income of main business at and over 2 million yuan.

Statistical information of home and aboard tourism.

III. Sources of Data

Data on domestic trade in this chapter are collected and processed in accordance with The Statistical Reporting Form System on Wholesale and Retail Trades, Hotels and Catering Services of the National Bureau of Statistics by the Department of Trade and External Economic Relations of Jiangxi Provincial Bureau of Statistics. Data on private enterprises in wholesale and retail trades and catering services in urban and rural areas are provided by Industry and Commerce Bureau of Jiangxi Province. Data on tourism are provided by Tourism Bureau of Jiangxi Province.

IV. Methods of Survey

Data on basic conditions for all corporate enterprises of wholesale and retail trades, hotels and catering services above designated size and enterprises and individual enterprises below the designated size are collected through comprehensive reporting form system and sample surveys. Data are reported to their next higher level. Data on private enterprises in wholesale and retail trades and catering services in urban and rural areas are offered by Jiangxi Administration for Industry and Commerce. Data on revenue and population of home and aboard tourism are collected from sample surveys.

16-1 社会消费品零售总额
Total Retail Sales of Consumer Goods

单位：万元 (10 000 yuan)

年 份 Year	社会消费品零售总额 Total Retail Sales of Consumer Goods	按所在地分 Grouped by Location		
		市 City	县 County	县以下 Below County Level
1980	454837	136117	124878	193842
1985	857101	284121	241686	331294
1990	1519351	565455	416650	537246
1991	1691914	652942	452991	585981
1992	1976150	773815	552926	649409
1993	2436197	993276	647603	795318
1994	3309488	1417590	842239	1049659
1995	4108625	1754824	1032896	1320905
1996	4904426	2136075	1160310	1608041
1997	5585484	2509674	1328683	1747127
1998	6050877	2783772	1416479	1850626
1999	6504678	3024481	1504438	1975759
2000	7048677	3336519	1597858	2114300
2001	7633414	3689149	1712064	2232201
2002	8327099	4062171	1867732	2397196
2003	9232088	4553077	2066072	2612939
2004	10744928	5545548	2358081	2841299
2005	12448931	6449814	2737685	3261432
2006	14481923	7594410	3170514	3716999
2007	17189295	9097512	3736589	4355194
2008	21417862	11464236	4583190	5370436
2009	24844266	13305829	5317196	6221240

16-1 续表 continued

单位：万元 (10 000 yuan)

年 份 Year	社会消费品零售总额 Total Retail Sales of Consumer Goods	按所在地分 Grouped by Location		
		城 镇 City and Town	城 区 County Proper	乡 村 Below County Level
2010	33619205	28716971	14614792	4902234
2011	40568061	34499930	17705183	6068131
2012	47304341	40288589	20861469	7015752
2013	54247060	46387518	25350871	7859542
2014	61558885	52854919	28362972	8703965
2015	69395207	59290812	31187097	10104395
2016	78235168	64759249	41703594	13475919
2017	88433249	73226241	47828018	15207007
2018	90457400	76508966	44151945	13948434
2019	100680523	86420874	45874082	14259649
南 昌 市 Nanchang	23823110	22186342	10601479	1636768
景德镇市 Jingdezhen	4563148	4021923	1867705	541225
萍 乡 市 Pingxiang	3229315	2700602	9225885	528713
九 江 市 Jiujiang	11606996	9242265	4621719	2364731
新 余 市 Xinyu	3328955	2955032	1312416	373923
鹰 潭 市 Yingtan	3302400	2885164	1743747	417235
赣 州 市 Ganzhou	16393950	13955156	4659383	2438794
吉 安 市 Ji'an	8466439	7139913	3094018	1326525
宜 春 市 Yichun	8855220	7241065	2898772	1614155
抚 州 市 Fuzhou	5226929	4462562	1718460	764366
上 饶 市 Shangrao	11884064	9630850	4130500	2253213

注：2010年国家统计制度作了修订，社会消费品零售总额统计分组发生变化。

a) The classification of Total Rotal Retail Sales of Consumer God has been adjusted due to the modification of the national statistical system in 2010.

16-2 限额以上批发零售贸易法人企业商品购进、销售、库存总额(2019年)

单位：万元

指　　标	Item	法人企业(个) Number of Corporation(unit)	购进总额 Total Purchases
总　计	**Total**	**5171**	**58760197**
批发业	**wholesale Trade**	**1712**	**38825249**
按登记注册类型分	**By Types of Registration**		
内资企业	Domestic Funded Enterprises	1699	38334680
国有企业	State-owned Enterprises	45	3351223
集体企业	Collective-owned Enterprises	6	23816
有限责任公司	Limited Liability Corporations	660	22843532
国有独资公司	State Sole Funded Corporations	13	292087
其他有限责任公司	Other Limited Liability Corporations	647	22551445
股份有限公司	Share-holding Corporations Ltd.	49	2188572
私营企业	Private Enterprises	933	9912891
#私营有限责任公司	Private Limited Liability Corporations	897	9718043
私营股份有限公司	Private Share-holding Corporations Ltd.	20	126475
其他企业	Other Enterprises	5	11503
港澳台商投资企业	Enterprises with Funds from Hong Kong, Macao and Taiwan	6	152072
港澳台商独资企业	Enterprises with Sole Funds	5	149618
港澳台商投资股份有限公司	Share-holding Corporations Ltd. with Funds	1	2454
外商投资企业	Foreign Funded Enterprises	7	338498
#中外合资经营企业	Joint-venture Enterprises	3	252653
外资企业	Enterprises with Sole Foreign Funds	2	85845
按国民经济行业分	**By Sector**		
农、林、牧产品批发业	Wholesale of Farm Produce and Livestock Products	92	636490
食品、饮料及烟草制品批发业	Wholesale of Food, Beverages and Tobaccos	220	4568136
#米、面制品及食用油批发业	Wholesale of Rice, Flour and Edible Oil	33	387362
烟草制品批发业	Whole of Tobaccos	12	3179460
纺织、服装及家庭用品批发业	Wholesale of Textiles, Garments and Daily Consumer Articles	123	1464881
#服装批发业	Wholesale of Garments	29	287876
家用电器批发业	Wholesale of Household Electrical Appliances	39	886118
文化、体育用品及器材批发业	Wholesale of Culture, Sports Appliances and Equipments	41	394730
医药及医疗器材批发业	Wholesale of Medicines and Medical Appliances	323	6523460
矿产品、建材及化工产品批发业	Wholesale of Mineral Products, Building Materials and Chemical Products	589	17287873
#煤炭及制品批发业	Wholesale of Coal and Related Products	64	1235908
石油及制品批发业	Wholesale of Petrolem and Related Products	46	2106791
金属及金属矿批发业	Wholesale of Metal Materials	158	10198269
建材批发业	Wholesale of Building Materials	201	2874083
化肥批发业	Wholesale of Chemical Fertilizer	33	212245
机械设备、五金交电及电子产品批发业	Wholesale of Machinery, Hardware and Electronic Equipment	229	6256231
#汽车批发业	Wholesale of Motor Vehicles	66	1986569
计算机、软件及辅助设备批发业	Wholesale of Computer, Software and Assistant Appliances	21	76429
贸易经纪与代理	Trade Broker and Agency	35	855152
其他批发业	Other Wholesale not Classified Elsewhere	60	838297

Total Purchases, Sales and Inventory of Enterprise above Designated Size in Wholesale and Retail Sale Trades (2019)

(10 000 yuan)

#进 口 Imports	销售总额 Total Sales	批发 Wholesale Trade	#出口 Exports	零售 Retail Trade	年末库存总额 Inventory (year-end)
553797	**74478105**	**43565715**	**2370885**	**30557560**	**5175498**
263283	**49021553**	**41338012**	**2336921**	**7334110**	**2214043**
240185	47126150	40547674	2112437	6229045	2191550
	5382045	5215907	5580	165592	314243
	27724	19865		7859	1837
181470	26344958	23272578	1889859	2986700	1049281
	355400	341086		14314	4114
181470	25989558	22931492	1889859	2972385	1045167
7921	3763792	1731773	43562	2032019	280801
50794	11586983	10287132	173437	1036646	543063
50794	11329768	10073831	171371	994469	529377
	184710	145999	2065	36973	9621
	17584	17584			834
	157171	136939	8056	20232	16256
	154520	134933	8056	19587	16182
	2651	2006		645	75
23098	1738232	653399	216429	1084833	6237
22780	275624	271690	215467	3934	4227
318	137516	137516	962		2010
	746197	668969	6902	73105	184969
8780	6982545	6637632	26988	329812	385096
	429243	389834		39410	122591
	4978158	4974708		3450	177566
6526	1639431	1426774	144553	205676	148623
957	351925	292693	76377	59232	36412
	955169	833606		118009	86951
	451510	414642	26858	33213	40756
52192	8403059	6949990	53715	1346179	513508
55752	22585888	17495939	144151	4898708	737100
	1389026	1301084		80296	24662
	5151689	1560744		3571436	235901
53316	11608025	10364832	63932	1087782	287095
685	3427332	3300221	18462	120264	120954
	236601	226028		8746	38006
112931	6665963	6286050	1799910	360194	179525
4849	2137959	1902872	217111	235087	61960
	93356	79510		11632	3854
19181	607088	593019	52902	13670	10106
7921	939872	864997	80942	73554	14362

16-2 续表

单位：万元

指　　标	Item	法人企业(个) Number of Corporation(unit)	购进总额 Total Purchases
零售业	**Retail Trade**	**3459**	**19934947**
按登记注册类型分	**By Types of Registration**		
内资企业	Domestic Funded Enterprises	3431	19023101
国有企业	State-owned Enterprises	19	88810
股份合作企业	Cooperative Enterprises	4	23290
有限责任公司	Limited Liability Corporations	986	8492290
国有独资公司	State Sole Funded Corporations	10	102189
其他有限责任公司	Other Limited Liability Corporations	976	8390101
股份有限公司	Share-holding Corporations Ltd.	61	807065
私营企业	Private Enterprises	2343	9527024
私营独资企业	Private-funded Enterprises	109	115586
私营合伙企业	Private Share-holding Corporations Ltd.	30	30933
私营有限责任公司	Private Limited Liability Corporations	2151	9056121
私营股份有限公司	Private Share-holding Corporations Ltd.	53	324384
其他企业	Other Enterprises	11	32907
港澳台商投资企业	Enterprises with Funds from Hong Kong, Macao and Taiwan	15	541928
#与港澳台商合资经营企业	Joint-venture Enterprises	2	8268.6
港澳台商独资企业	Enterprises with Sole Funds	11	524131
外商投资企业	Foreign Funded Enterprises	13	369919
中外合资经营企业	Joint-venture Enterprises	4	160389
外资企业	Enterprises with Sole Foreign Funds	6	200540
按国民经济行业分	**By Sector**		
综合零售业	Integrated Retail	379	4091030
#百货零售业	Retail of General Merchandise	179	2922791
超级市场零售业	Retail of Supermarkets	162	1016251
食品、饮料及烟草制品专门零售业	Retail of Food, Beverages and Tobaccos	363	829004
纺织、服装及日用品专门零售业	Special Retail of Textiles, Garments and Daily Consumer Articles	145	477668
#服装零售业	Retail of Garments	69	195629.8
文化、体育用品及器材专门零售业	Retail of Culture, Sports Appliances and Equipments	88	1000335
#图书、报刊零售业	Wholesale of Books, Newspapers and Periodicald	7	791043
医药及医疗器材专门零售业	Retail of Medicines and Medical Appliances	131	759551
#西药药品零售业	Retail of Western Medicines	82	579079
汽车、摩托车、燃料及零配件专门零售业	Retail of Motor Vehicles, Motorcycles, Fuel and Parts	1291	9026303
#汽车零售业	Retail of Motor Vehicles	1110	7998830
机动车燃料零售业	Retail of Fuel of Motor Vehicles	106	759502.6
家用电器及电子产品专门零售业	Special Retail of Household Electric Appliances and Electronic Products	452	1267989
#家用电器零售业	Retail of Household Electric Appliances	236	779114
计算机、软件及辅助设备零售业	Retail of Computer, Software and Assistant Appliances	107	183291
通讯设备零售业	Retail of Communication Equipments	58	158591.7
五金、家具及室内装修材料专门零售业	Special Retail of Hardware, Furniture and Decoration Materials	267	390971
货摊、无店铺及其他零售业	Non-shop and Other Retails	343	2092096

continued

(10 000 yuan)

#进　口 Imports	销售总额 Total Sales	批发 Wholesale Trade	#出口 Exports	零售 Retail Trade	年末库存总额 Inventory (year-end)
290514	**25456552**	**2227703**	**33964**	**23223451**	**2961455**
289027	24373851	2226034	32900	22142419	2829456
	98663	8203		90460	5665
	25600	1496		24104	158
90784	11225136	1246827	22869	9977726	1153375
	481250	58636		422614	31362
90784	10743886	1188191	22869	9555113	1122013
15479	1186734	35576	2444	1151158	594399
182764	11738175	927945	7587	10805414	1069977
440	131631	6908		124723	11908
	42377	1397		40980	3070
182324	11198422	910106	7587	10283501	1022503
	365745	9535		356210	32496
	41459	2484		38975	1287
	648528	100		648428	84952
	10761.5			10761.5	258.6
	618365	100		618265	64340
1487	434173	1569	1064	432604	47047
	167740			167740	13032
1487	257729			257729	33055
1408	5386215	75441	7	5308565	706854
828	3958361	52800	7	3903352	497818
578	1254457	14802		1239655	144661
4145	1135925	190982	3208	944202	100174
822	592407	115598	9231	476809	113235
240	239173.9	28414.4	9225.9	210759.5	21548
15651	1161573	433778	1713	727795	118703
	853206	326752		526453	47720
4000	1055188	212198		842111	397082
	758044	101038		657005	376688
250865	11622965	551281	2444	11071678	1194395
250425	9338684	217653		9121025	1116071
440	1985681.1	298444.1		1687237	51459.4
1139	1599531	267308		1332062	109068
825	987733	117704		869868	72131
315	247284	53360		193924	12523
	189340.6	74462.8		114877.8	11922
4768	552876	105457	38	446518	41696
7716	2349872	275659	17324	2073712	180248

16-3 限额以上批发零售贸易法人企业主要财务指标（2019年）

单位：万元

类　　　别	Type	流动资产合计 Total Current Assets
总　计	**Total**	**30801208**
批发业	**Wholesale Trade**	**22446986**
按登记注册类型分	**By Types of Registration**	
内资企业	Domestic Funded Enterprises	20743675
国有企业	State-owned Enterprises	1723115
集体企业	Collective-owned Enterprises	5612
有限责任公司	Limited Liability Corporations	10436604
国有独资公司	State Sole Funded Corporations	280034
其他有限责任公司	Other Limited Liability Corporations	10156570
股份有限公司	Share-holding Corporations Ltd.	1773336
私营企业	Private Enterprises	6800080
#私营独资企业	Private-funded Enterprises	9888
私营有限责任公司	Private Limited Liability Corporations	6729109
港澳台商投资企业	Enterprises with Funds from Hong Kong, Macao and Taiwan	82087
#港澳台商独资企业	Enterprises with Sole Funds	81676
外商投资企业	Foreign Funded Enterprises	1621225
#中外合资经营企业	Joint-venture Enterprises	83200
外资企业	Enterprises with Sole Foreign Funds	50386
按国民经济行业分	**By Sector**	
农、林、牧产品批发业	Wholesale of Farm Produce and Livestock Products	266828
食品、饮料及烟草制品批发业	Wholesale of Food, Beverages and Tobaccos	2502100
#米、面制品及食用油批发业	Wholesale of Rice, Flour and Edible Oil	258057
烟草制品批发业	Wholesale of Tobaccos	1370342
纺织、服装及家庭用品批发业	Wholesale of Textiles, Garments and Daily Consumer Articles	722225
#服装批发业	Wholesale of Garments	119407
家用电器批发业	Wholesale of Household Electrical Appliances	502185
文化、体育用品及器材批发业	Wholesale of Culture, Sports Appliances and Equipments	3732865
医药及医疗器材批发业	Wholesale of Medicines and Medical Appliances	4080864
矿产品、建材及化工产品批发业	Wholesale of Mineral Products, Building Materials and Chemical Products	8155326
#煤炭及制品批发业	Wholesale of Coal and Related Products	551014
石油及制品批发业	Wholesale of Petrolem and Related Products	2902744
金属及金属矿批发业	Wholesale of Metal Materials	2822092
建材批发业	Wholesale of Building Materials	1601421
化肥批发业	Wholesale of Chemical Fertilizer	71040
机械设备、五金交电及电子产品批发业	Wholesale of Machinery, Hardware and Electronic Equipment	2469555
#汽车批发业	Wholesale of Motor Vehicle	691331
计算机、软件及辅助设备批发业	Wholesale of Computer, Software and Assistant Appliances	50464
贸易经纪与代理	Trade Broker and Agency	251682
其他批发业	Other Wholesale not Classified Elsewhere	265541

Total Purchases, Sales and Inventory of Enterprise above Designated Size in Wholesale and Retail Trade (2019)

(10 000 yuan)

应收账款 Accounts Receivable	固定资产原价 Original Value of Fixed Assets	资产总计 Total Assets	负债合计 Total Liabilities	所有者权益合计 Total Owners' Equities
10536751	**4965355**	**39382278**	**26979470**	**12283146**
8846237	**2763494**	**26979938**	**18798711**	**8156343**
7284462	2609192	24937872	17158175	7754813
12131	456054	2113921	715488	1426551
841	1721	6919	3396	3523
3216404	1093088	12445000	9854618	2532463
90277	45341	321445	211514	109931
3126127	1047747	12123554	9643103	2422532
139413	494847	2839020	2140136	698885
3914386	555983	7524462	4439143	3090235
3529	2987	12663	9793	2870
3888386	473814	7364229	4380099	2989345
53413	17956	97195	52449	44746
53100	17913	96751	52197	44554
1508362	136346	1944871	1588087	356784
37597	16259	110197	86366	23831
751		50386	10356	40030
30654	158124	483285	283161	199987
163783	657128	3184890	1284488	1897526
31420	125410	382405	351715	30690
1312	346191	1614011	297376	1315506
78643	19451	764059	583717	178754
40459	3276	128016	90847	37169
22028	4057	519718	415941	103067
2781856	105719	3834210	1811284	2020604
2025996	298388	4623699	3596000	1015980
2397962	1328482	10782163	8235075	2577997
147532	593017	1010991	759523	268641
1517493	572161	4231563	3349545	901902
332503	42791	2983841	2419473	561317
314059	62016	2199143	1486731	709719
12427	12210	82828	61809	20617
1191310	105596	2651241	2512678	102510
344811	50834	781244	881402	-100159
19241	482	51430	34651	10561
64905	3289	266573	213691	52467
111128	87317	389818	278617	110518

16-3 续表1

单位：万元

类　　别	Type	流动资产合计 Total Current Assets
零售业	**Retail Trade**	**8354221**
按登记注册类型分	**By Types of Registration**	
内资企业	Domestic Funded Enterprises	8114362
国有企业	State-owned Enterprises	24787
股份合作企业	Cooperative Enterprises	4086
有限责任公司	Limited Liability Corporations	4387557
国有独资公司	State Sole Funded Corporations	34007
其他有限责任公司	Other Limited Liability Corporations	4353549
股份有限公司	Share-holding Corporations Ltd.	528185
私营企业	Private Enterprises	3154923
私营独资企业	Private-funded Enterprises	31518
私营合伙企业	Private Partnership Enterprises	19746
私营有限责任公司	Private Limited Liability Corporations	2988739
私营股份有限公司	Private Share-holding Corporations Ltd.	114920
其他企业	Other Enterprises	6382
港澳台商投资企业	Enterprises with Funds from Hong Kong, Macao and Taiwan	100189
#与港澳台商合资经营企业	Joint-venture Enterprises	6907
港澳台商独资企业	Enterprises with Sole Funds	87566
外商投资企业	Foreign Funded Enterprises	139671
中外合资经营企业	Joint-venture Enterprises	30552
外资企业	Enterprises with Sole Foreign Funds	105264
按国民经济行业分	**By Sector**	
综合零售业	Integrated Retail	1378911
#百货零售业	Retail of General Merchandise	948262
超级市场零售业	Retail of Supermarkets	371753
食品、饮料及烟草制品专门零售业	Retail of Food, Beverages and Tobaccos	314839
纺织、服装及日用品专门零售业	Special Retail of Textiles, Garments and Daily Consumer Articles	397516
#服装零售业	Retail of Garments	110338
文化、体育用品及器材专门零售业	Retail of Culture, Sports Appliances and Equipments	987523
#图书、报刊零售业	Wholesale of Books, Newspapers and Periodicald	739233
医药及医疗器材专门零售业	Retail of Medicines and Medical Appliances	500468
#西药药品零售业	Retail of Western Medicines	329226
汽车、摩托车、燃料及零配件专门零售业	Retail of Motor Vehicles, Motorcycles, Fuel and Parts	2948230
#汽车零售业	Retail of Motor Vehicles	2687870
机动车燃料零售业	Retail of Fuel of Motor Vehicles	161976
家用电器及电子产品专门零售业	Special Retail of Household Electric Appliances and Electronic Products	566183
#家用电器零售业	Retail of Household Electric Appliances	273621
计算机、软件及辅助设备零售业	Retail of Computer, Software and Assistant Appliances	104152
通讯设备零售业	Retail of Communication Equipments	74659
五金、家具及室内装修材料专门零售业	Special Retail of Hardware, Furniture and Decoration Materials	218765
货摊、无店铺及其他零售业	Non-shop and Other Retails	1041788

continued

(10 000 yuan)

应收账款 Accounts Receivable	固定资产原价 Original Value of Fixed Assets	资产总计 Total Assets	负债合计 Total Liabilities	所有者权益合计 Total Owners' Equities
1690515	**2201860**	**12402340**	**8180759**	**4126803**
1626732	2088106	11742365	7567071	4082960
3751	12084	49755	27501	22255
776	2068	5651	3015	2636
1013168	1012030	6647053	4121303	2495613
2117	64752	192191	103730	88461
1011051	947278	6454861	4017572	2407152
80210	164675	689234	555530	132210
527255	880479	4313198	2832435	1420060
6211	14593	51627	25732	25786
4114	11639	32675	7026	22296
507313	760894	4008189	2675222	1275727
9617	93353	220707	124455	96252
911	14921	27342	20332	7010
2392	59316	482812	457625	22743
909	2665	10748	6660	4088
1368	54260	460365	440467	19898
61391	54438	177163	156062	21100
944	15020	35624	51281	-15657
58717	38243	135751	102769	32982
162666	681042	2457323	1919480	523692
121701	387908	1697466	1425676	268000
36049	266322	639840	413345	216164
70641	149055	530727	251220	272924
61347	43143	1194417	506277	688082
38042	17886	181954	115889	66031
78795	166851	1408015	511559	872915
25554	135364	1022540	271527	751014
168604	39592	610287	507134	102647
94567	33740	430239	350042	79823
324659	854035	4060570	2880692	1147903
259085	684921	3494222	2531514	930809
45476	127922	423971	254394	169577
111062	47176	643074	454336	183516
49414	32389	317608	229372	86973
30369	6684	123522	68724	52782
12447	4317	80597	54468	24895
58098	37419	297852	156095	138841
654642	183549	1200074	993966	196284

16-3 续表2

单位：万元

类　　别	Type	营业收入 Revenue from Business
总　计	**Total**	**69310481**
批发业	**Wholesale Trade**	**46955366**
按登记注册类型分	**By Types of Registration**	
内资企业	Domestic Funded Enterprises	45261932
国有企业	State-owned Enterprises	4753810
集体企业	Collective-owned Enterprises	27638
有限责任公司	Limited Liability Corporations	24204450
国有独资公司	State Sole Funded Corporations	335927
其他有限责任公司	Other Limited Liability Corporations	23868522
股份有限公司	Share-holding Corporations Ltd.	3423708
私营企业	Private Enterprises	12832006
#私营独资企业	Private-funded Enterprises	59819
私营有限责任公司	Private Limited Liability Corporations	12600698
港澳台商投资企业	Enterprises with Funds from Hong Kong, Macao and Taiwan	140942
#港澳台商独资企业	Enterprises with Sole Funds	138684
外商投资企业	Foreign Funded Enterprises	1552491
#中外合资经营企业	Joint-venture Enterprises	275283
外资企业	Enterprises with Sole Foreign Funds	122428
按国民经济行业分	**By Sector**	
农、林、牧产品批发业	Wholesale of Farm Produce and Livestock Products	805224
食品、饮料及烟草制品批发业	Wholesale of Food, Beverages and Tobaccos	6276877
#米、面制品及食用油批发业	Wholesale of Rice, Flour and Edible Oil	407913
烟草制品批发业	Wholesale of Tobaccos	4397019
纺织、服装及家庭用品批发业	Wholesale of Textiles, Garments and Daily Consumer Articles	1453696
#服装批发业	Wholesale of Garments	281577
家用电器批发业	Wholesale of Household Electrical Appliances	866280
文化、体育用品及器材批发业	Wholesale of Culture, Sports Appliances and Equipments	2481565
医药及医疗器材批发业	Wholesale of Medicines and Medical Appliances	7663221
矿产品、建材及化工产品批发业	Wholesale of Mineral Products, Building Materials and Chemical Products	20598919
#煤炭及制品批发业	Wholesale of Coal and Related Products	1324993
石油及制品批发业	Wholesale of Petrolem and Related Products	4630664
金属及金属矿批发业	Wholesale of Metal Materials	10388269
建材批发业	Wholesale of Building Materials	3286245
化肥批发业	Wholesale of Chemical Fertilizer	229412
机械设备、五金交电及电子产品批发业	Wholesale of Machinery, Hardware and Electronic Equipment	6226878
#汽车批发业	Wholesale of Motor Vehicles	1976139
计算机、软件及辅助设备批发业	Wholesale of Computer, Software and Assistant Appliances	92949
贸易经纪与代理	Trade Broker and Agency	582738
其他批发业	Other Wholesale not Classified Elsewhere	866249

continued

(10 000 yuan)

营业成本 Cost of Business	营业税金及附加 Taxes and Other Charges on Business	营业利润 Profits	利润总额 Total Profits	本年应交增值税 Valued Added Payable
61726578	**1744747**	**2257868**	**2338749**	**1119880**
41975172	**1229423**	**1739744**	**1827539**	**884484**
40438071	1227464	1670857	1757292	874568
3388511	587050	545953	562335	439355
24386	489	600	600	591
22614229	335083	436514	450169	207247
309919	12527	8064	10037	1723
22304310	322555	428449	440132	205524
3062874	200438	117132	125471	40829
11329237	104354	570244	618303	186541
58141	8533	-1267	337	4899
11113075	76785	571033	617499	179928
125480	259	5903	5625	1718
123283	258	5901	5624	1718
1411621	1701	62984	64622	8198
247570	409	5445	6767	1615
113732	140	6601	6672	1316
746191	5404	3640	20828	12539
4578944	613269	712778	722922	470278
371177	9035	-1703	8044	2659
3057752	586399	558168	556663	439071
1364378	18131	24634	25409	8353
263544	3100	5143	5722	1180
824400	12579	14751	14843	3871
2044048	2442	407186	407065	924
6261190	278914	180055	213056	178516
19559274	256798	429315	446687	164113
1168657	10128	29182	29652	29104
4196548	201109	168295	171597	46045
10251939	13276	28749	41699	49085
3060405	21027	191928	191175	30259
215963	1574	2531	2671	-32
6039481	34619	-39007	-36011	30855
1953303	8074	-65554	-65277	8548
80574	132	3284	3298	1382
558308	329	9928	10467	1686
823359	19517	11215	17116	17221

16-3 续表3

单位：万元

类　　　别	Type	营业收入 Revenue from Business
零售业	**Retail Trade**	**22355116**
按登记注册类型分	**By Types of Registration**	
内资企业	Domestic Funded Enterprises	21375270
国有企业	State-owned Enterprises	92668
股份合作企业	Cooperative Enterprises	22729
有限责任公司	Limited Liability Corporations	10424834
国有独资公司	State Sole Funded Corporations	444343
其他有限责任公司	Other Limited Liability Corporations	9980491
股份有限公司	Share-holding Corporations Ltd.	1001598
私营企业	Private Enterprises	9738430
私营独资企业	Private-funded Enterprises	128416
私营合伙企业	Private Partnership Enterprises	40060
私营有限责任公司	Private Limited Liability Corporations	9216475
私营股份有限公司	Private Share-holding Corporations Ltd.	353480
其他企业	Other Enterprises	38451
港澳台商投资企业	Enterprises with Funds from Hong Kong, Macao and Taiwan	587914
#与港澳台商合资经营企业	Joint-venture Enterprises	10696
港澳台商独资企业	Enterprises with Sole Funds	560017
外商投资企业	Foreign Funded Enterprises	391932
中外合资经营企业	Joint-venture Enterprises	148867
外资企业	Enterprises with Sole Foreign Funds	234548
按国民经济行业分	**By Sector**	
综合零售业	Integrated Retail	3811102
#百货零售业	Retail of General Merchandise	2505229
超级市场零售业	Retail of Supermarkets	1143362
食品、饮料及烟草制品专门零售业	Retail of Food, Beverages and Tobaccos	1071771
纺织、服装及日用品专门零售业	Special Retail of Textiles, Garments and Daily Consumer Articles	540171
#服装零售业	Retail of Garments	220417
文化、体育用品及器材专门零售业	Retail of Culture, Sports Appliances and Equipments	1179057
#图书、报刊零售业	Wholesale of Books, Newspapers and Periodicald	877589
医药及医疗器材专门零售业	Retail of Medicines and Medical Appliances	1002500
#西药药品零售业	Retail of Western Medicines	708543
汽车、摩托车、燃料及零配件专门零售业	Retail of Motor Vehicles, Motorcycles, Fuel and Parts	10724448
#汽车零售业	Retail of Motor Vehicles	8763939
机动车燃料零售业	Retail of Fuel of Motor Vehicles	1666717
家用电器及电子产品专门零售业	Special Retail of Household Electric Appliances and Electronic Products	1450282
#家用电器零售业	Retail of Household Electric Appliances	865777
计算机、软件及辅助设备零售业	Retail of Computer, Software and Assistant Appliances	233414
通讯设备零售业	Retail of Communication Equipments	196039
五金、家具及室内装修材料专门零售业	Special Retail of Hardware, Furniture and Decoration Materials	454991
货摊、无店铺及其他零售业	Non-shop and Other Retails	2120794

continued

(10 000 yuan)

营业成本 Cost of Business	营业税金及附加 Taxes and Other Charges on Business	营业利润 Profits	利润总额 Total Profits	本年应交增值税 Valued Added Payable
19751407	**515324**	**518124**	**511210**	**235396**
18892134	513746	506694	498378	222238
84807	98	-195	519	621
21384	66	256	255	206
9269141	169415	219987	202442	100577
406741	564	13699	13444	3599
8862400	168851	206288	188998	96978
865068	11868	18831	18486	14480
8568464	331297	262173	271156	105114
109808	6450	7743	7960	1048
32903	860	2732	2658	1201
8129562	310030	241351	249816	97402
296192	13957	10347	10723	5463
31118	49	3949	3947	40
528803	904	10806	12181	2437
8726	48	939	941	123
507284	792	9484	10860	2284
330470	674	624	652	10722
130507	247	-1537	-1482	2336
191855	423	2599	2552	8375
3170425	181793	86084	73070	34921
2129701	168528	53925	40209	20482
916550	12298	25402	26167	13084
882858	14210	62317	64095	10460
426480	9016	12567	15059	11149
183167	5830	2292	2101	6481
933465	43879	104878	96327	26428
673195	1999	96600	86125	20113
803960	7485	19722	22669	18983
572680	5865	15296	17322	13481
9905294	206642	165553	168386	97139
8078075	190255	132991	135882	85262
1554951	2794	27173	27069	9952
1301748	26854	21436	22266	15073
779006	8368	9989	9616	10425
205650	4226	8459	8617	2447
182171	7900	358	1333	737
386509	6380	18609	18300	5091
1940669	19066	26957	31038	16152

16-4 限额以上餐饮法人企业主要财务指标（2019年）

单位：万元

类　　别	Type	流动资产合计 Total Current Assets	应收账款 Accounts Receivable	固定资产原价 Original Value of Fixed Assets
总　　计	**Total**	**386996**	**34498**	**448804**
按登记注册类型分组	**By Types of Registration**			
内资企业	Domestic Funded Enterprises	367726	34193	397099
国有企业	State-owned Enterprises	4238	1896	8280
股份合作企业	Cooperative Enterprises	3022	344	752
有限责任公司	Limited Liability Corporations	152967	12026	193649
其他有限责任公司	Other Limited Liability Corporations	150523	11310	186570
股份有限公司	Share-holding Corporations Ltd.	4849	621	1974
私营企业	Private Enterprises	202452	19260	192418
私营独资企业	Privat-funded Enterprises	13829	950	29921
私营合伙企业	Private Partnership Enterprises	5114	1162	5700
私营有限责任公司	Private Limited Liability Corporations	173419	16903	151425
私营股份有限公司	Private Share-holding Corporations Ltd.	10089	246	5372
港澳台商投资企业	Enterprises with Funds from Hong Kong, Macao and Taiwan	16982	228	35884
#与港澳台商合资经营企业	Joint-venture Enterprises	12987	89	2004
港澳台商独资企业	Enterprises with Sole Funds	3996	139	33880
外商投资企业	Foreign Funded Enterprises	2287	77	15821
外资企业	Enterprises with Sole Foreign Funds	2253	65	15777
外商投资股份有限公司	Foreign Investment Share-holding Corporations Ltd.	34	12	44
按国民经济行业分组	**By Sector**			
正餐服务业	Dinner	367563	30909	425708
快餐服务业	Snack	2928	432	17450

Main Financial Indicators of Enterprises above Designated Size in Catering Services (2019)

(10 000 yuan)

资产总计 Total Assets	负债合计 Total Liabilities	所有者权益合计 Total Owners' Equities	营业收入 Revenue from Business	营业成本 Cost of Business	营业税金及附加 Taxes and Other Charges on Business	营业利润 Profits	营业外收入 Other Income	利润总额 Total Profits
901772	**598755**	**294330**	**587891**	**356495**	**11287**	**29766**	**33519**	**59813**
824531	534035	281809	491722	308939	11163	17645	33347	47693
9736	3497	6238	10501	6451	132	-137	78	-60
3025	4208	-1183	624	294	3	-186		-186
393533	288481	102322	150121	105167	2481	-3834	31642	25039
383894	287069	94094	140359	97253	1943	-4758	31642	24115
7666	3405	4224	8613	5303	197	165	3	139
410092	234365	169809	321622	191625	8342	21620	1624	22742
42143	18262	22847	24501	12760	773	2415	42	2403
15728	7165	8392	15197	11168	1265	1438	23	1447
337547	204957	127877	276961	164611	6162	17338	1557	18462
14675	3981	10694	4962	3086	141	429	3	430
53643	53834	-191	7157	2011	77	-158	53	-112
13358	17699	-4341	1899	1155	8	-209	2	-207
40285	36135	4150	5259	856	68	51	51	95
23599	10886	12713	89012	45544	48	12278	119	12232
23543	10832	12710	87892	45041	45	12159	95	12090
56	54	2	1120	503	4	119	23	142
852403	570855	272862	472483	291415	11037	16276	33383	46490
26158	13133	13025	96891	51591	123	12430	102	12243

16-5 限额以上住宿法人企业主要财务指标（2019年）

单位：万元

类　　别	Type	流动资产合计 Total Current Assets	应收账款 Accounts Receivable	固定资产原价 Original Value of Fixed Assets
总　　计	**Total**	**947393**	**97470**	**1614763**
按登记注册类型分组	**By Types of Registration**			
内资企业	Domestic Funded Enterprises	926194	96574	1556809
国有企业	State-owned Enterprises	62573	12887	136011
联营企业	Associated Enterprises	268		3020
有限责任公司	Limited Liability Corporations	426546	44604	651675
其他有限责任公司	Other Limited Liability Corporations	402016	43199	607390
股份有限公司	Share-holding Corporations Ltd.	14677	1870	62413
私营企业	Private Enterprises	421162	37181	703205
私营独资企业	Private-funded Enterprises	3221	605	9676
私营合伙企业	Private Partnership Enterprises	9493	1031	12298
私营有限责任公司	Private Limited Liability Corporations	401521	35138	669904
私营股份有限公司	Private Share-holding Corporations Ltd.	6928	407	11327
其他企业	Other Enterprises	968	32	485
港澳台商投资企业	Enterprises with Funds from Hong Kong, Macao and Taiwan	15345	1517	42028
与港澳台商合资经营企业	Joint-venture Enterprises	653	24	3062
港澳台商独资企业	Enterprises with Sole Funds	14692	1492	38966
外商投资企业	Foreign Funded Enterprises	5854	-620	15926
中外合资经营企业	Joint-venture Enterprises	4008	27	9617
外资企业	Enterprises with Sole Foreign Funds	1813	-648	5809
按国民经济行业分组	**By Sector**			
旅游饭店	Tourism Hotel	707837	73578	1217113
一般旅馆	General Hotel	171272	15855	306277
其他住宿服务	Other Residential Services	64661	7926	85967

Main Financial Indicators of Enterprises above Designated Size of Hotels (2019)

(10 000 yuan)

资产总计 Total Assets	负债合计 Total Liabilities	所有者权益合计 Total Owners' Equities	营业收入 Revenue from Business	营业成本 Cost of Business	营业税金及附加 Taxes and Other Charges on Business	营业利润 Profits	营业外收入 Other Income	利润总额 Total Profits
2766384	**1913054**	**829659**	**829823**	**407160**	**37648**	**-911**	**6017**	**3615**
2673240	1843616	805954	802827	395739	37119	-308	5965	4173
229489	65849	154679	71066	38301	1643	-1819	1294	-542
2955	2358	597	4114	1628	15	62		62
1271716	913524	355804	351655	172475	24312	-11837	1902	-10810
1177938	840350	335200	336022	167090	23873	-10343	1823	-9389
63845	46188	17657	17604	10354	296	1878	1097	2911
1104266	815535	276412	358130	172904	10852	11338	1673	12484
13452	7073	6267	10251	7188	246	694	1	693
20159	2575	17185	9649	5329	155	1545	22	1557
1057622	797921	247892	329126	154145	7542	8364	1536	9387
13034	7966	5069	9104	6242	2909	735	116	847
968	163	805	258	78	1	69		69
71261	46149	25112	16463	7485	483	93	15	102
2140	85	2055	817	229	3	-209	3	-210
69121	46064	23057	15646	7257	480	302	12	312
21883	23289	-1407	10533	3936	46	-696	37	-660
10294	9805	489	3475	1009	36	-90	30	-61
11549	13433	-1884	6396	2358	7	-622	7	-615
2167858	1562495	584057	523540	234387	12178	-12961	2893	-11152
438480	277938	158178	213299	116590	5450	7566	2711	9990
149627	68397	81229	88666	54230	19981	3734	403	4062

16-6 限额以上住宿业经营情况（2019年）
Basic Conditions of Enterprises above Designated Size of Hotels (2019)

单位：万元 (10 000 yuan)

类别	Type	法人企业（个）Number of Corporation (unit)	从业人数（人）Persons Employed (person)	营业额 Business Revenue	#客房收入 Revenue from Hotel Rooms	#餐费收入 Revenue from Meals	#商品销售收入 Revenue from Commodities
总计	**Total**	**1319**	**70659**	**1451823**	**528721**	**829938**	**44174**
按登记注册类型分	**By Types of Registration**						
内资企业	Domestic Funded Enterprises	672	41151	818374	442648	308338	27901
国有企业	State-owned Enterprises	51	4275	72198	32346	34642	1604
联营企业	Associated Enterprises	1	28	4114	1762	2026	296
有限责任公司	Limited Liability Corporations	211	16790	354815	185250	132062	16217
其他有限责任公司	Other Limited Liability Corporations	204	15835	338630	177946	124860	16153
股份有限公司	Share-holding Corporations Ltd.	24	1188	18498	10017	7587	142
私营企业	Private Enterprises	384	18837	368471	213138	131890	9631
私营独资企业	Private-funded Enterprises	19	596	10303	7332	2534	437
私营合伙企业	Private Partnership Enterprises	16	501	9577	5686	3465	243
私营有限责任公司	Private Limited Liability Corporations	340	17418	339432	194522	122625	8659
私营股份有限公司	Private Share-holding Corporations Ltd.	9	322	9159	5598	3265	293
其他企业	Other Enterprises	1	33	278	134	132	12
港澳台商投资企业	Enterprises with Funds from Hong Kong, Macao and Taiwan	7	800	16607	6901	9137	281
与港澳台商合资经营企业	Joint-venture Enterprises	1	96	865	299	470	
港澳台商独资企业	Enterprises with Sole Funds	6	704	15742	6602	8667	281
外商投资企业	Foreign Funded Enterprises	5	552	10655	6684	3398	385
中外合资经营企业	Joint-venture Enterprises	2	179	3475	2013	890	385
外资企业	Enterprises with Sole Foreign Funds	2	258	6518	4202	2316	
按国民经济行业分	**By Sector**						
旅游饭店	Tourism Hotel	338	26498	536357	270658	220435	21724
一般旅馆	General Hotel	280	11466	215104	139274	64554	4145
其他住宿服务	Other Residential Hotel	53	4389	89838	43025	35106	2625

16-7 限额以上餐饮法人企业经营情况（2019年）
Basic Conditions of Enterprises above Designated Size of Catering Services (2019)

单位：万元 (10 000 yuan)

类别	Type	法人企业(个) Number of Corporation (unit)	从业人数(人) Persons Employed (person)	营业额 Business Revenue	#客房收入 Revenue from Hotel Rooms	#餐费收入 Revenue from Meals	#商品销售收入 Revenue from Commodities
总计	**Total**	**635**	**28156**	**606188**	**72489**	**509065**	**15607**
按登记注册类型分	**By Types of Registration**						
内资企业	Domestic Funded Enterprises	626	25849	505807	69875	411462	15443
国有企业	State-owned Enterprises	10	497	10710	3175	7404	119
股份合作企业	Cooperative Enterprises	1	78	676		541	
有限责任公司	Limited Liability Corporations	163	7129	152729	30450	113347	5582
其他有限责任公司	Other Limited Liability Corporations	160	6919	142966	27408	107264	4956
股份有限公司	Share-holding Corporations Ltd.	12	625	8811	1243	7077	490
私营企业	Private Enterprises	439	17455	332640	35006	282851	9252
私营独资企业	Private-funded Enterprises	48	1190	25186	3744	20632	163
私营合伙企业	Private Partnership Enterprises	26	746	14927	2444	12003	373
私营有限责任公司	Private Limited Liability Corporations	355	15106	286975	28234	245253	8709
私营股份有限公司	Private Share-holding Corporations Ltd.	10	413	5552	584	4962	6
港澳台商投资企业	Enterprises with Funds from Hong Kong, Macao and Taiwan	6	424	6988	2614	4210	165
与港澳台商合资经营企业	Joint-venture Enterprises	1	102	2016		1852	165
港澳台商独资企业	Enterprises with Sole Funds	5	322	4972	2614	2358	
外商投资企业	Foreign Funded Enterprises	3	1883	93393		93393	
外资企业	Enterprises with Sole Foreign Funds	2	1842	92206		92206	
外商投资股份有限公司	Foreign Investment Share-holding Corporations Ltd.	1	41	1187		1187	
按国民经济行业分组	**By Sector**						
正餐服务业	Dinner	599	24818	485966	71911	391177	15444
快餐服务业	Snack	16	2338	101287		100756	138

16-8 各地区限额以上批发零售贸易法人企业主要指标（2019年）
Main Indicators of Enterprises above Designated Size of Wholesale and Retail Trades by Region (2019)

地 区	Region	法人企业(个) Number of Corporation Unit	批发企业 Wholesale Trade	零售企业 Retail Trade	产业活动单位(个) Number of Economic Active Units (unit)	年末从业人数(人) Persons Employed (person)	销售合计(万元) Total Purchase Value (10 000 yuan)
全 省	**Provincial Total**	**5481**	**1920**	**3561**	**7392**	**245733**	**74478105**
南昌市	Nanchang	1310	673	637	2733	88839	37300708
景德镇市	Jingdezhen	200	43	157	229	5710	1367237
萍乡市	Pingxiang	201	68	133	575	7071	1484648
九江市	Jiujiang	546	165	381	544	19421	4501450
新余市	Xinyu	145	62	83	56	5472	1419437
鹰潭市	Yingtan	217	73	144	113	6769	3246307
赣州市	Ganzhou	688	156	532	1280	28908	7797866
吉安市	Ji'an	635	123	512	615	20918	3862335
宜春市	Yichun	603	260	343	443	31878	6442291
抚州市	Fuzhou	280	89	191	455	10660	2499720
上饶市	Shangrao	656	208	448	349	20087	4556107

16-8 续表 continued

单位：万元 (10 000 yuan)

地 区	Region	批发额 Wholesale Value	#出口 Exports	零售额 Retail Value	营业收入 Revenue from Business	营业成本 Cost of Business	营业税金及附加 Taxes and Other Charges on Business	营业利润 Profits
全 省	**Provincial Total**	**43565715**	**2370885**	**30557560**	**69310481**	**61726578**	**1744747**	**2257868**
南昌市	Nanchang	25445942	2191708	11797663	34129354	31402972	711764	617652
景德镇市	Jingdezhen	677890	5	685712	1291524	1142278	29698	35788
萍乡市	Pingxiang	879313	52158	600738	3455713	2905969	38126	451597
九江市	Jiujiang	1803120	492	2682935	3982467	3466413	194547	162480
新余市	Xinyu	778239		641198	1320801	1158506	109306	38235
鹰潭市	Yingtan	2050438	833	1191379	2988795	2787147	36444	46041
赣州市	Ganzhou	2391217	28182	5342959	6016465	5202595	125922	260874
吉安市	Ji'an	1749976	16902	2107420	3552467	2984164	101346	141225
宜春市	Yichun	4278704	35049	2114331	6020877	4963935	165952	263300
抚州市	Fuzhou	1326960	34178	1172760	2292743	2011405	57826	85041
上饶市	Shangrao	2183916	11377	2220465	4259277	3701195	173816	155634

16-9 各地区限额以上住宿餐饮法人企业主要指标（2019年）

Main Indicators of Enterprises above Designated Size of Hotels and Catering Services (2019)

地区	Region	法人企业(个) Number of Corporation Units (unit)	住宿企业 Hotels	餐饮企业 Catering Sevices	产业活动单位(个) Number of Economic Active Units (unit)	年末从业人数(人) Persons Employed (person)	营业额(万元) Revenue (10 000 yuan)	#客房收入 Revenue from Hotel Rooms
全　省	**Provincial Total**	**1319**	**684**	**635**	**397**	**70659**	**1451823**	**528721**
南昌市	Nanchang	223	134	89	242	17144	404689	125900
景德镇市	Jingdezhen	69	41	28	23	3527	59095	24976
萍乡市	Pingxiang	50	19	31	13	1831	26582	8897
九江市	Jiujiang	193	79	114	14	9006	255228	89362
新余市	Xinyu	36	16	20	2	2901	47822	13519
鹰潭市	Yingtan	48	29	19	6	2502	43824	19543
赣州市	Ganzhou	163	78	85	40	9679	164367	54665
吉安市	Ji'an	194	80	114	25	6781	131440	52022
宜春市	Yichun	139	72	67	15	6775	109255	43769
抚州市	Fuzhou	54	29	25	2	2634	33199	15296
上饶市	Shangrao	150	107	43	15	7879	176322	80771

16-9 续表 continued

单位：万元 (10 000 yuan)

地区	Region	餐费收入 Revenue from Meals	商品销售收入 Revenue from Commodities	营业收入 Revenue from Business	营业成本 Cost of Business	营业税金及附加 Taxes and Other Charges on Business	营业利润 Profits
全　省	**Provincial Total**	**829938**	**44174**	**1417714**	**763654**	**48936**	**28855**
南昌市	Nanchang	247770	14999	391667	179994	4341	11138
景德镇市	Jingdezhen	32667	177	57799	26334	441	-290
萍乡市	Pingxiang	14969	2299	25231	13007	1426	-1686
九江市	Jiujiang	145072	6371	245300	160106	23137	8498
新余市	Xinyu	33636	393	46776	25383	674	3205
鹰潭市	Yingtan	21955	1694	40897	17020.7	1828	-3617
赣州市	Ganzhou	102709	3306	163454	85885	2833	-239
吉安市	Ji'an	71681	2331	130499	82466	3120	1181
宜春市	Yichun	54639	6283	107646	54881	1612	5571
抚州市	Fuzhou	17321	196	33331	18420	1008	-2094
上饶市	Shangrao	87519	6126	175115	100158	8517	7188

16-10 亿元以上商品交易市场摊位成交额情况（2019年）
Turnover of Commodity Exchange Markets of Transaction Value over 100 Million Yuan (2019)

类别	Classification	年末出租摊位数（个）Number of Rented Booths at Year-end (unit)	成交额（万元）Turnover (10 000yuan)
全省	**Total**	**94551**	**22100602**
#食品类	Food	23427	9627667
#粮油类	Grain and Oil	3000	1419740
肉禽蛋类	Meat,Poultry and Eggs	3349	1448591
水产品类	Aquatic Products	2339	1008294
蔬菜类	Vegetables	7225	2959745
干鲜果品类	Dried and Fresh Melons and Fruits	3434	2087841
饮料类	Beverages	1022	296083
烟酒类	Tobacco and Liquor	1362	506304
服装、鞋帽、针纺织品类	Clothing,shoes,Hats and Textiles	19025	3271950
#服装类	Clothing	10972	2007189
鞋帽类	Footwear and Hats	4039	512545
针纺织品类	Knitwear and Textiles	4014	752216
化妆品类	Cosmetics	520	101194
金银珠宝类	Gold silver and Jeweller	122	57686
日用品类	Articles for Daily Use	6197	438083
五金、电料类	Hardware & Electrical Materials	1579	476112
体育、娱乐用品类	Sports & Recreational Articles	187	16777
书报杂志类	Newspapers and Magazines	107	8003
电子出版物及音像制品类	E-journal and Video Products	137	28113
家用电器和音像器材类	Household Appliances and Video Equipments	1935	439907
中西药品类	Traditional Chinese and Western Medicine	517	1013882
#西药类	Western Medicine	41	16351
中草药及中成药类	Traditional Chinese	393	981268
文化办公用品类	Cultural and official Goods	1234	162096
家俱类	Furniture	12159	2040223
通讯器材类	Communication Appliances	82	20051
木材及制品类	Wood and Wooden Products	472	38279
化工材料及制品类	Raw Chemical Materials and Related Products	337	52009
#化肥类	Fertilizer	10	10550
金属材料类	Metal Materials	999	73557
建筑及装潢材料类	Building and Decoration Materials	16719	1850442
机电产品及设备类	Mechanical & Electrical Products	446	375644
#农机类	Agricultural Machinery	127	159813
汽车类	Automobile	1408	1013818
种子饲料类	Seed and Feedstuff	60	5030
棉麻类	Cotton and Hemp	68	3131
其他类	Others	4430	184561

16-11 各地区亿元以上商品交易市场基本情况（2019年）
Basic Statistics on Commodity Exchange Markets of Transaction Value over 100 Million Yuan by Region (2019)

地 区	Region	市场数量（个）Number of Markets (unit)	总摊位数（个）Number of Booths (unit)	年末出租摊位数（个）Number of Rented Booths at Year-end (unit)	营业面积（平方米）Operating Area (sq.m)	成交额（万元）Turnover (10 000 yuan)
全 省	**Provincial Total**	**109**	**103463**	**94551**	**8268580**	**22100602**
南昌市	Nanchang	27	35195	32924	2075589	7849774
景德镇市	Jingdezhen	5	6929	6658	438395	569337
萍乡市	Pingxiang	4	3171	3146	131900	328850
九江市	Jiujiang	13	6561	5319	1405156	2202746
新余市	Xinyu	1	1500	368	100010	26800
鹰潭市	Yingtan	6	2595	2331	407399	601052
赣州市	Ganzhou	16	17515	15506	1988161	5583119
吉安市	Ji'an	5	5893	5881	324668	732177
宜春市	Yichun	5	4307	3865	173084	2236180
抚州市	Fuzhou	4	2800	2509	58402	162519
上饶市	Shangrao	23	16997	16044	1165816	1808048

16-12 旅游业发展情况
Development of Tourism

年份 Year	旅游总收入（亿元）Total Tourism Earnings (100 million yuan)	为全省地区生产总值（%）As Percentage of the Province's GDP (%)	为全省地区生产总值中第三产业（%）As Percentage of Tertiary Industry in the Province's GDP (%)
1991	4.30	0.90	3.04
1992	4.81	0.84	2.79
1993	5.31	0.73	2.47
1994	6.33	0.67	2.14
1995	8.39	0.72	2.14
1996	50.15	3.56	10.27
1997	79.35	4.94	13.64
1998	81.64	4.75	12.35
1999	111.29	6.00	15.03
2000	134.60	6.72	16.47
2001	161.40	7.42	18.27
2002	191.10	7.80	19.65
2003	197.47	7.02	18.84
2004	240.81	7.09	19.75
2005	320.02	8.12	23.20
2006	390.89	8.32	24.85
2007	463.67	8.03	24.09
2008	559.38	8.07	23.67
2009	675.61	8.85	25.53
2010	818.32	8.72	26.30
2011	1105.93	9.55	28.48
2012	1402.59	10.95	31.66
2013	1896.06	13.26	37.19
2014	2649.70	16.91	45.67
2015	3637.65	21.68	54.30
2016	4993.29	27.15	63.51
2017	6435.09	31.84	72.05
2018	8145.12	35.86	75.71
2019	9656.38	39.00	82.11

16-13 国际旅游收入情况
Income from International Turism

单位：万美元 (USD 10 000)

指　标	Item	2005	2010	2015	2017	2018	2019
合　计	**Total**	**10395**	**34630**	**56700**	**62992**	**74538**	**86538**
长途交通	Long Distance Transportation	3618	11324	20374	20661	10137	9865
民　航	Civil Aviation	1653	7792	11657	11401	6336	4154
铁　路	Railway	676	1420	3121	3213	745	433
汽　车	Highway	468	1281	1938	2142	3056	5279
轮　船	Waterway	821	831	3659	3905		
游　览	Sightseeing	322	1281	2204	2646	5814	7442
住　宿	Accommodation	1279	3498	5617	7244	13566	14365
餐　饮	Food and Beverage	1092	3047	3938	5102	14535	16875
娱　乐	Entertainment	665	2009	2025	2079	3205	4673
购　物	Shopping	1715	9281	16272	18268	19827	25875
邮电通讯	Post and Communication Services	374	623	1191	1134	596	173
市内交通	Local Transportation	187	693	1235	1323	522	260
其　他	Others	1143	2874	3844	4535	6336	7010

16-14 入境旅游情况
Condition of Oversea Visitor Arrivals

指　　标	Item	2005	2010	2015	2017	2018	2019
旅游人数(人次)	**Number of Oversea Visitor Arrivals (person-time)**	**372513**	**1140792**	**1552833**	**1746871**	**1917812**	**1971659**
外国人	Foreigners	136270	399449	448810	570542	572490	611402
#印度尼西亚	Indonesia	1982	12251	11954	17006	20098	18003
日本	Japan	23945	34956	25124	46708	47576	44414
马来西亚	Malaysia	3639	12113	15124	20955	25746	24271
菲律宾	Philippines	1794	8320	7156	13317	15857	15213
新加坡	Singapore	8271	20249	22060	30132	31375	30698
韩国	Korea Rep.	10809	36240	49150	45548	53260	64087
泰国	Thailand	1716	4271	22337	24217	19992	24303
英国	United Kingdom	11543	21613	23449	40208	35048	33103
德国	Germany	5943	21689	18913	24664	22011	22442
法国	France	6488	15299	21765	29643	29117	28871
意大利	Italy	3320	9132	11883	15469	14772	15703
西班牙	Spain	3757	5551	5219	7467	7181	9228
瑞典	Sweden	1131	6705	6704	7304	5720	7072
瑞士	Switzerland	364	6748	7505	9408	7840	8783
俄罗斯	Russia	2329	16502	17110	14579	12132	16271
加拿大	Canada	4380	10886	20105	21547	23579	23558
美国	United States	27235	52339	43509	49174	47011	47445
澳大利亚	Australia	4622	11888	15616	17815	16351	19515
新西兰	New Zealand	1486	2911	8428	10382	10869	12458
港澳同胞	Chinese Compatriots from Hong Kong and Macao	154885	534537	825395	855234	988287	965430
台湾同胞	Chinese Compatriots fromTaiwan Province	81358	206806	278628	321095	357035	394827
旅游外汇收入(万美元)	**Foreign Exchange Earnings from International Tourism (USD 10 000)**	**10395**	**34630**	**56700**	**62992**	**74538**	**86538**

注：外国人包括了华侨人数。2015年后入境旅游者人数为入境过夜游客人数，不包括一日游人数。

a) Overseas Chinese are included in oversea vistors.Since 2015, the number of oversea visitors refers to overnight visitors, excluding one-day-tour visitors.

16-15 各地区旅游情况（2019年）
Condition of Tourism by Region (2019)

地 区	Region	入境游客（万人次）Number of Oversea Visitor Arrivals (10 000 Person-times)	国际旅游外汇收入（万美元）Foreign Exchange Earnings from International Tourism (USD 10 000)	国内游客（万人次）Number of Domestic Visitors (10 000 Person-times)	国内旅游收入（亿元）Earnings from Domestic Tourism (100 million yuan)	星级饭店数（个）Number of Star-rated Hotel (unit)
全 省	**Provincial Total**	**197.17**	**86537.84**	**79078.28**	**9596.67**	**378**
南 昌 市	Nanchang	32.69	15113.48	9731.96	1244.15	52
景德镇市	Jingdezhen	13.16	5568.52	5509.89	714.73	16
萍 乡 市	Pingxiang	7.17	2890.17	5824.66	702.04	8
九 江 市	Jiujiang	37.65	16710.73	9067.71	1149.32	55
新 余 市	Xinyu	4.50	2182.60	5044.43	521.75	9
鹰 潭 市	Yingtan	8.51	3588.83	5171.23	577.32	16
赣 州 市	Ganzhou	20.81	9365.98	8306.29	1066.28	71
吉 安 市	Ji'an	21.10	8402.22	7768.78	976.86	41
宜 春 市	Yichun	13.57	6501.91	7973.82	905.12	35
抚 州 市	Fuzhou	9.73	3880.64	5358.05	557.16	30
上 饶 市	Shangrao	28.26	12332.76	9321.46	1181.94	45

16-16 全省“春节、五一、十一”旅游情况
Condition of Tourism by Region in Spring Festival, May Day or National Day Holidays

年份	旅游人数（万人次）Number of Visitors (10 000 person-times)			旅游收入（万元）Tourism Earnings (10 000yuan)		
	春 节 Spring Festival	五 一 Labor Day	十 一 National Day	春 节 Spring Festival	五 一 Labor Day	十 一 National Day
2005	196.10	519.40	580.30	67754	205469	175259
2006	249.52	632.60	699.70	81259	247132	219200
2007	300.40	762.80	826.60	95121	310087	271900
2008	210.75	377.40	996.27	58049	138669	334200
2009	274.90	447.00	1226.60	72517	171901	419537
2010	321.90	539.20	1398.40	104459	211204	512439
2011	443.40	700.30	1777.40	143631	293357	701800
2012	550.94	912.30	2405.70	196974	429481	1018597
2013	685.00	1092.70	2469.90	262467	515316	1150264
2014	877.78	1411.29	3232.21	354596	684200	1603200
2015	1182.99	1858.95	3937.01	526292	970100	2036600
2016	1639.87	2473.83	5360.34	761814	1340700	2925800
2017	2210.65	3005.90	6087.21	1093209	1722600	3685600
2018	2623.82	3383.17	5639.55	1455249	1999500	3415900
2019	2690.25	3982.26	6261.61	1587200	2392900	3880300

主要统计指标解释

批发业 指批发商向批发、零售单位及其他企事业、机关单位批量销售生活用品和生产资料的活动，以及从事进出口贸易和贸易经纪与代理的活动。批发商可以对所批发的货物拥有所有权，并以本单位、公司的名义进行交易活动；也可以不拥有货物的所有权，而以中介身份做代理销售商。还包括各类商品批发市场中固定摊位的批发活动。

零售业 指百货商店、超级市场、专门零售商店、品牌专卖店、售货摊等主要面向最终消费者（如居民等）的销售活动。包括以互联网、邮政、电话、售货机等方式的销售活动，还包括在同一地点，后面加工生产，前面销售的店铺（如前店后厂的面包房）。不包括：谷物、种子、饲料、牲畜、矿产品、生产用原料、化工原料、农用化工产品、机械设备（乘用车、计算机及通信设备等除外）等生产资料的销售（列入批发业）；非零售单位附带的零售活动，如汽车修理单位销售汽车零件（列入单位主业所对应的行业类别中）；商业零售单位所在商厦的物业管理（列入物业管理）；商业零售单位所在的商品市场、商业大厦的市场管理活动（列入市场管理）。

批发和零售业商品购进、销售、库存额 指各种登记注册类型的批发和零售业企业(单位)以本企业(单位)为总体的，从国内、国外市场购进的商品总量，销售和出口的商品总量，库存的商品总量等情况。该指标可以反映商品流转过程中商品的购进、销售、库存之间的比例关系和存在的问题。

商品购进额 指从本企业以外的单位和个人购进（包括从国外直接进口）作为转卖或加工后转卖的商品金额（含增值税）。商品购进包括：（1）从工农业生产者、批发和零售业企业、住宿和餐饮业企业、出版社或报社的出版发行部门和其他服务业企业购进的商品；（2）从机关团体、事业单位购进的商品；（3）从海关、市场管理部门购进的缉私和没收的商品；（4）从居民收购的废旧商品等。不包括：（1）企业为本单位自身经营用，不是作为转卖而购进的商品，如材料物资、包装物、低值易耗品、办公用品等；（2）未通过买卖行为而收入的商品，如接受其他部门移交的商品、借入的商品、收入代其他单位保管的商品、其他单位赠送的样品、加工回收的成品等；（3）经本单位介绍，由买卖双方直接结算，本单位只收取手续费的业务；（4）销售退回和买方拒付货款的商品；（5）商品溢余。

商品销售额 指对本单位以外的单位和个人出售的商品金额（包括售给本单位消费用的商品，含增值税）。商品销售包括（1）售给城乡居民和社会集团消费用的商品；（2）售给农业、工业、建筑业、运输邮电业、服务业、公用事业等国民经济各行业用于生产、经营用的商品，包括售予批发和零售业作为转卖或加工后转卖的商品；（3）对国（境）外直接出口的商品。不包括：（1）未通过买卖行为付出的商品，如随机构变动移交给其他企业单位的商品、借出的商品、归还受其他单位委托代保管的商品、付出的加工原料和赠送给其他单位的样品等；（2）经本单位介绍，由买卖双方直接结算，本单位只收取手续费的业务；（3）购货退回的商品；（4）商品损耗和损失；（5）出售本单位自用的废旧物资。

商品库存额 指报告期末各种登记注册类型的批发和零售业企业(单位)已取得所有权的商品。它反映批发和零售业企业(单位)的商品库存情况和对市场商品供应的保证程度。商品库存包括：(1)存放在批发和零售业经营单位(如门市部、批发站、采购站、经营处)的仓库、货场、货柜和货架中的商品；(2)挑选、整理、包装中的商品；(3)已记入购进而尚未运到本单位的商品，即发货单或银行承兑凭证已到而货未到的商品；(4)寄放他处的商品，如因购货方拒绝付款而暂时存在购货方的商品；(5)委托其他单位代销(未作销售或调出)尚未售出的商品；(6)代其他单位购进尚未交付的商品。不包括：所有权不属于本单位的商品；委托外单位加工的商品；外贸企业代理其他单位从国外进口尚未付给订货单位的商品；代国家物资储备部门保管的商品等。

连锁总店（总部） 指负责连锁企业资源（商号、商誉、经营模式、服务标准、管理模式等等）的开发、配置、控制或使用等功能的企业核心管理机构。连锁经营是指经营同类商品或服务，使用统一商号的若干店铺，在同一总店（总部）的管理下，采取统一采购或特许经营等方式，实现规模效益的组织形式，包括直营连锁、特许连锁和自愿连锁三种形式。其中，直营连锁是指连锁店铺由连锁公司全资或控股开设，在总部的直接控制下，开展统一经营的连锁经营形式；特许连锁是指拥有注册商标、企业标志、专利、专有技术等经营资源的企业（特许人），以合同形式将其拥有的经营资源许可其他经营者（被特许人）使用，被特许人按合同约定在统一的经营模式下开展经营，并向特许人支付特许经营费用的连锁经营形式；自愿连锁是指若干个店铺或企业自愿组合起来，在不改变各自资产所有权关系的情况下，以同一个品牌形象面对消费者，以共同进货为纽带开展的连锁经营形式。

亿元以上商品交易市场 指年成交额在亿元及以上的商品交易市场。商品交易市场是指经有关部门和组织批准设立，有固定场所、设施，有经营管理部门和监管人员，若干市场经营者入内，常年或实际开业三个月以上，集中、公开、独立地进行生活消费品、生产资料等现货商品交易以及提供相关服务的交易场所，包括各类消费品市场、生产资料市场等。

住宿业 指有偿为顾客提供临时住宿的服务活动。不包括提供长期住宿场所的活动，如出租房屋、公寓等（列入房地产开发经营）。

餐饮业 指在一定场所，对食物进行现场烹饪、调制，并出售给顾客主要供现场消费的服务活动。

营业额 指住宿和餐饮业单位在经营活动中因提供服务或销售商品等取得的收入。包括：客房收入、餐费收入、商品销售额和其他收入。其中，客房收入指住宿和餐饮业单位在经营活动中因提供住宿服务取得的收入。餐费收入指住宿和餐饮业单位因为顾客提供就餐服务取得的收入，包括经烹饪、调制加工后出售的各种食品，如主食、炒菜、凉拌菜等的收入。

社会消费品零售总额 指企业（单位、个体户）通过交易直接售给个人、社会集团非生产、非经营用的实物商品金额，以及提供餐饮服务所取得的收入金额。个人包括城乡居民和入境人员，社会集团包括机关、社会团体、部队、学校、企事业单位、居委会或村委会等。

旅游人数

(1)入境游客 指报告期内来中国（大陆）观光、度假、探亲访友、就医疗养、购物、参加会议或从事经济、文化、体育、宗教活动的外国人、港澳台同胞等游客(即入境旅游人数)。统计时，入境游客按每入境一次统计 1 人次。入境旅游人数包括入境过夜游客和入境一日游游客。

(2)国内游客 指在报告期内在中国（大陆）观光游览、度假、探亲访友、就医疗养、购物、参加会议或从事经济、文化、体育、宗教活动的中国（大陆）居民人数，其出游的目的不是通过所从事的活动谋取报酬。统计时，国内游客按每出游一次统计 1 人次。

国际旅游(外汇)收入 指入境游客在中国（大陆）境内旅行、游览过程中用于交通、参观游览、住宿、餐饮、购物、娱乐等全部花费。

国内旅游收入 指国内游客在国内旅行、游览过程中用于交通、参观游览、住宿、餐饮、购物、娱乐等全部花费。

星级饭店 指设备、设施、服务符合《旅游饭店星级的划分与评定》（GB/T14308-2003），通过相关旅游管理部门评定，并取得星级饭店称号的饭店（含预备星级饭店）。

Explanatory Notes on Main Statistical Indicators

Wholesale Trade refers to the activities of wholesaler selling at wholesale commodities for daily use and capital goods to enterprises of wholesale and retail trades and other enterprises, institutions and government offices, including the activities of wholesaler engaged in import and export and acting as a trade agent. The wholesaler may have the right of ownership over the commodities of wholesale and trade in the name of its owns or a company, the wholesaler may not have the right of ownership, only acts an agent. The wholesale trade also include the activities of wholesaler at the fixed stalls of the wholesale market of different commodities.

Retail Trade refers to the activities of department store, supermarket, franchised store, brand store, retail stall and on-the-spot-making-selling store selling commodities to the final consumers (citizens) by any means including internet, post, telephone, sales machine. Retail trade excludes the activities of sales of capital goods such a grain, seed, feed, livestock, mineral products, raw material for production, industrial chemicals, chemical products for farm, machine and equipment (vehicle, computer and communication equipment), and the activities of supplementary sales of non-retailer such as the sales of spare parts of car repair business (listed as branch in correspondence with principle business), property management of buildings of retail units (listed as property management); market management of commercial markets and buildings of retail units (listed as market management) .

Purchase, Sales and Stock of Commodities by Wholesale and Retail Trades refer to the total volume of commodities purchased, total volume of sales and exports, and the stock of commodities by wholesale and retail enterprises (establishments) of different status of registration from domestic and overseas markets. This indicator reflects the relationship among purchase, sales and stock of commodities in the circulation of goods and reveals the existing problems.

Total Purchases of Commodities refer to the total value of purchases of commodities by enterprises (establishments) from other establishments or individuals (including direct import from abroad) for the purpose of re-selling, either with or without further processing of the commodities purchased. The commodities include: (1) commodities purchased from agricultural and industrial producer, wholesaler, retailer, publishing house and other service business; (2) commodities purchased from institutions and government departments; (3) confiscated goods purchased from the customs authorities or market management agencies; (4) second-hand goods and wastes purchased from residents; The commodities exclude 1. commodities purchased by enterprises (establishments) for use in their own business operation, commodities obtained without buying or selling procedures such as materials, consumable goods of low value, office appliance, etc. 2. received goods without trading, such as goods handed over from others, borrowed goods, preserved goods for others, donated goods from others, processed and retrieved goods, etc. 3. goods of direct settlement between buyer and seller with handling fees introduced by others, 4. goods returned or refused to pay by the buyer, 5. excessive goods.

Total Sales of Commodities refer to value of commodities sold by the establishments to other establishments and individuals (including goods sold for self consumption, including the value-added tax). The commodities include: (1) commodities sold to urban and rural residents and social groups for their consumption; (2) commodities sold to establishments in all industries for their production and operation, including agriculture, industry, construction, transportation, post and telecommunications, catering services, and public utility including commodities sold to wholesale and retail establishments for re-selling, with or without further processing; and (3) commodities for direct export to abroad. Excluded are (1) extended commodities without trading, such as goods handed over to other enterprises and institutions because of the change of organizations, lent goods, returned goods preserved for others, extended processing materials and samples donated to others, (2) goods of direct settlement between buyer and seller with handling fees introduced by others, 3. goods returned after purchase, (4) damaged and spoiled goods, (5) waste and used goods of self use,

Total Stock of Commodities refers to total commodities possessed by wholesaler and retailer of various types of registration status at the end of the reference period, reflecting the commodity stock level of various wholesaler and retailer and the potential for market supply. It includes: (1) commodities located in storage, garages, counters, and shelves of operating places of wholesale and retail trades (such as sale stores, wholesale centers, procurement stations and operating offices); (2) commodities in the process of being selected, sorted, and packed; (3) commodities not arrived but recorded as purchase in the account, i.e. commodities not arrived but payment receipts for the commodities from the sellers or the banks arrived; (4) commodities deposited in other places rather than places mentioned above, for instance: commodities in the hold of purchasers temporarily due to the refusal of payment; (5) commodities entrusted to other units to sell but not sold yet; (6) commodities purchased for other units but not delivered yet. Commodities not included as stock are those not owned by the enterprises (units), commodities on commission for processing, imported commodities of agency of foreign trade enterprise but not yet delivered to ordering units and finally those put in stock on behalf of the state material reserves units.

Chain Head Stores (headquarter) refer to the core leading stores responsible for development, allocation, administration and utilization of resources (name of stores, brand of stores, operation model, service standard, management way, etc.) of chain stores. Chain stores refers to the stores engaged in providing homogeneous commodities or services, with the central leadership of head store (headquarters) and guided by common policies, conduct centralized purchase and distributed selling of commodities, in order to gain better efficiency through standardized operation. The chain stores include regular chain stores, franchise chain stores and voluntary chain stores.

Regular Chain store refers to chain stores that are invested or controlled by the headquarters. They operate under direct and unified management from the headquarters.

Franchise chain store refers to the chain stores (franchisees) which are franchised with operation resources such as trade marks, names, patent and operation know-how by the franchisors in form of contract and pay the operation fees to the franchisors.

Voluntary chain store refers to the stores operate jointly on the voluntary bases while maintaining their status of independent legal entities with full ownership of their assets. They sell goods of same brand from same channel of resource to the consumers.

Large Commodity Markets with Transaction Value over 100 Million Yuan refers to the commodity markets with an annual transaction at and above 100 million. The commodity market refers to the markets approved and managed by related departments, where there are fixed sites, facilities, managers and administration offices, where there are a certain number of traders to operate for three month and above or all the year, where the commodities including the articles for daily consumption and capital goods and services are traded in a centralized, independent and open way. Such market includes markets of daily goods and market of capital goods, etc.

Hotel Services refer to the charged accommodation services provided to customers, excluding the long term accommodation service activities such as rental housing and apartments(it is under real estate development and management).

Catering Services refer to the activities of enterprises providing on-the-spot services of selling food cooked and prepared to the customer in certain sites

Business Revenue refers to revenue of hotels and catering services received from providing services or selling commodities through business activities, including income from hotels, from catering services, from selling of commodities and from other services. Income from hotels refers to income of hotels and catering services by providing lodging services through business activities. Income from catering services refers to income of hotels and catering services by providing catering services, including selling of cooked or prepared foods, such as staple food, cooked dishes, or cold dishes.

Total Retail Sales of Consumer Goods refer to the amount obtained by enterprises (units, self-employed individuals) through direct sales of non-production and non-business physical commodity to individuals, social institutions, and revenue from providing catering services. Individuals include rural and urban households, population from abroad, social institutions include government agencies, social organizations, military units, schools, institutions, neighborhood (village) committees.

Number of Tourists

(1) **Visitor arrivals** refer to the number of tourists of foreigners, Chinese compatriots from Hong Kong, Macao and Taiwan who come to China (mainland) within the reference period for sight-seeing, vacation, visiting relatives, medical treatment, shopping, attending conference, or to engage in economic, cultural, sports and religious activities. Each entry of

one visitor counts as one person-time. Visitor arrivals include both overnight-trippers and day-trippers.

(2) **Number of domestic tourists** refers to the number of Chinese (mainland) residents who travel within China (mainland) for sight-seeing, vacation, visiting relatives, medical treatment, shopping, attending conference, or to engage in economic, cultural, sports and religious activities. In compiling statistics, each time of travelling is counted as one person-time.

Foreign Exchange Earnings from International Tourism refer to the total expenditure of foreigners, overseas Chinese, Chinese compatriots from Hong Kong, Macao and Taiwan during their stay in the mainland of China on transportation, sighting, accommodation, food, shopping and entertainment.

Income from Domestic Tourism refer to expenditure of domestic tourists on transportation, sighting, accommodation, food, shopping and entertainment while they travel.

Star-rated Hotels refer to hotels rated with stars as assessed by the relevant tourism authorities according to GB/T14308-2003 standard with reference to their infrastructure, facilities and service levels.

17

金融业

FINANCIAL INDUSRY

资料整理：梅　岩　雷海清

Ⅰ 简要说明

本篇资料主要反映全省金融、保险、证券等方面的基本情况。

金融资料由中国人民银行南昌中心支行提供。

保险业务资料由江西省银保监局提供。

证券资料由江西省证监局提供。

Ⅰ Brief Introduction

The data in this chapter show the basic conditions of local government banking, insurance and stocks of the whole province.

The data on banking are provided by Nanchang Branch of the People's Bank of China.

The data on insurance are provided by Jiangxi Banking and Insurance Regulatory Bureau.

The data on stocks are provided by Securities Regulatory Bureau of Jiangxi Province.

17-1 金融机构本外币信贷资金平衡表年末余额(2019年)
Balance Sheet of Credit Funds of RMB and Foreign Currency of Financial Institutions at Year-end (2019)

单位：万元 (10 000 yuan)

指　　标	Item	年末余额 Balance	比年初增减 Over Beginning of Year	比年初增长(%) Growth Rate (%)
各项存款	**Total Deposits**	**391753619**	**38770640**	**11.0**
境内存款	Domestic Deposits	391545728	38707432	11.0
住户存款	Resident Deposits	197365339	24690879	14.3
活期存款	Current Deposits	76838537	8053751	11.8
定期及其他存款	Fixed and Other Deposits	120526802	16637128	16.0
非金融企业存款	Deposits of Non-financial Enterprises	116138945	10582612	10.0
活期存款	Current Deposits	63918041	2355748	3.8
定期及其他存款	Fixed and Other Deposits	52220904	8226864	18.7
广义政府存款	Generalized Government Deposits	67553622	835069	1.3
财政性存款	Fiscal Deposits	12706824	90111	0.7
机关团体存款	Deposits of Non-profit Institutions	54846798	744958	1.4
非银行业金融机构存款	Deposits of Non-banking Financial Institutions	10487822	2598872	32.9
境外存款	Overseas Deposits	207891	63208	43.9
各项贷款	**Total Loans**	**356968496**	**50341487**	**16.8**
境内贷款	Demestic Loans	356266474	50228004	16.8
住户贷款	Resident Loans	143724395	21344784	18.4
短期贷款	Short-term Loans	40168293	4945528	16.0
中长期贷款	Medium and long-term Loans	103556102	16399257	19.3
非金融机构及机关团体贷款	Loans of Non-financial Institutions and Non-Profit Institutions	211841696	28788220	15.7
短期贷款	Short-term Loans	55871814	3333021	6.3
中长期贷款	Medium and long-term Loans	134163434	18240265	15.7
票据融资	Bill financing	19661190	6821779	53.1
融资租赁	Financial Lease	1870100	456614	32.3
各项垫款	Various Advances	275159	-63459	-18.7
非银行业金融机构贷款	Loans of Non-banking Financial Institutions	700383	95000	15.7
境外贷款	Overseas Loans	702022	113482	19.3

注：本表统计口径包括中国人民银行、政策性银行、国有独资商业银行、邮政信汇局、其他商业银行、农村合作银行、城市信用社、农村信用社、信托投资公司、财务公司等金融机构。后同。

a) The statistical scope in the table includes the People's Bank of China, policy banks, state-owned commercial banks, postal savings bureau, other commercial banks, rural cooperative banks, urban credit cooperatives, rural credit cooperatives, financial trust and investment companies, finance companies and other financial institutiongs. The same applies to the following tables.

17-2 金融机构人民币信贷资金平衡表年末余额(2019年)
Balance Sheet of Credit Funds of Financial Institutions at Year-end (2019)

单位：万元 (10 000 yuan)

指标	Item	年末余额 Balance	比年初增减 Over Beginning of Year	比年初增长(%) Growth Rate (%)
各项存款	**Total Deposits**	**389525262**	**38755076**	**11.1**
境内存款	Domestic Deposits	389377372	38739909	11.1
住户存款	Resident Deposits	196658732	24742309	14.4
活期存款	Current Deposits	76506560	8083662	11.9
定期及其他存款	Fixed and Other Deposits	120152172	16658647	16.1
非金融企业存款	Deposits of Non-financial Enterprises	114779687	10623401	10.2
活期存款	Current Deposits	62911490	2088056	3.4
定期及其他存款	Fixed and Other Deposits	51868197	8535345	19.7
广义政府存款	Generalized Government Deposits	67456396	773567	1.2
财政性存款	Fiscal Deposits	12706824	90111	0.7
机关团体存款	Deposits of Non-profit Institutions	54749572	683456	1.3
非银行业金融机构存款	Deposits of Non-banking Financial Institutions	10482557	2600632	33.0
境外存款	Overseas Deposits	147890	15167	11.6
各项贷款	**Total Loans**	**354937546**	**50399597**	**16.9**
境内贷款	Demestic Loans	354903391	50402342	16.9
住户贷款	Resident Loans	143720446	21344879	18.4
短期贷款	Short-term Loans	40164373	4945595	16.0
中长期贷款	Medium and long-term Loans	103556073	16399284	19.3
非金融机构及机关团体贷款	Loans of Non-financial Institutions and Non-Profit Institutions	210482563	28962464	15.9
短期贷款	Short-term Loans	55245456	3714126	7.2
中长期贷款	Medium and long-term Loans	133476488	18076843	15.6
票据融资	Bill financing	19661190	6821779	53.1
融资租赁	Financial Lease	1870100	456614	32.3
各项垫款	Various Advances	229329	-106898	-31.8
非银行业金融机构贷款	Loans of Non-banking Financial Institutions	700383	95000	15.7
境外贷款	Overseas Loans	34155	-2745	-6.8

17-3 各地区金融机构(含外资)本外币信贷主要指标（2019年）
Main Indicators on RMB and Foreign Currency Trust of Financial Institutions (Foreign-Capital Included) by Region (2019)

单位：亿元　　(100 million yuan)

地　区	Region	各项存款 Savings Deposits in Various Forms			各项贷款 Loans in Various Forms		
		年末余额 Balance	比年初增减 Over Beginning of Year	增长(%) Growth Rate (%)	年末余额 Balance	比年初增减 Over Beginning of Year	增长(%) Growth Rate (%)
全　省	**Provincial Total**	**39175.36**	**3877.06**	**11.0**	**35696.85**	**5034.15**	**16.8**
南昌市	Nanchang	12096.80	1361.36	12.7	14047.32	1901.93	15.7
景德镇市	Jingdezhen	1294.69	141.42	12.3	952.47	126.96	15.4
萍乡市	Pingxiang	1337.11	129.56	10.7	996.61	143.09	16.8
九江市	Jiujiang	3823.44	439.23	13.0	2935.59	408.73	16.2
新余市	Xinyu	1282.58	122.48	10.6	967.57	140.08	16.9
鹰潭市	Yingtan	896.86	117.58	15.1	777.17	95.59	14.0
赣州市	Ganzhou	5443.69	368.19	7.3	4832.10	764.19	18.8
吉安市	Ji'an	3151.57	324.61	11.5	2226.42	341.26	18.1
宜春市	Yichun	3616.59	346.90	10.6	2699.43	366.27	15.7
抚州市	Fuzhou	2249.67	178.05	8.6	1882.04	265.24	16.4
上饶市	Shangrao	3918.33	334.01	9.3	3137.42	451.94	16.8

17-4 财产保险公司主要指标
Main Indicators of Property Insurance Companies

单位：万元　　(10 000 yuan)

指　标	Item	保费收入 Premium Income		赔款支出 Indemnity Expenditure	
		2018	2019	2018	2019
合　计	**Total**	**2699036**	**3069033**	**1503708**	**1717623**
企业财产保险	Enterprise Property Insurance	47693	50125	38470	47187
机动车辆保险	Motor Vehicle Insurance	1952929	2107865	1061489	1135718
货物运输保险	Freight Transport Insurance	11809	12060	7613	5542
责任保险	Liability Insurance	107217	118825	52718	59448
信用保证保险	Credit Insurance	78260	117585	33149	55620
农业保险	Agriculture Insurance	142787	161872	69039	88428
其它财产保险	Other Insurance	1931	5938	1269	3231

17-5 人寿保险公司主要指标
Main Indicators of Life Insurance Companies

单位：万元　　(10 000 yuan)

指　　标	Item	2013	2014	2015	2016	2017	2018	2019
原保险保费收入	**Premium of Primary Insurance**	**1965029**	**2544629**	**3372161**	**4135346**	**4922223**	**4836839**	**5282872**
寿险小计	Life Insurance in Total	1442034	1533897	1489765	1712066	2315342	1866118	1986421
普通寿险	Ordinary Life Insurance	175409	708121	711855	822691	1432132	576424	749868
分红寿险	Participating Life Insurance	1258087	816392	767550	877721	870399	1277569	1224444
投资连结保险	Investment-linked Life Insurance	158	155	153	114	112	113	116
万能寿险	Universal Life Insurance	8381	9229	10207	11540	12698	12013	11993
年金保险	Annuities Insurance	333204	692137	1460478	1767520	1840503	1946199	1967147
意外伤害险	Accident Insurance	53236	63162	63815	73158	82401	103256	111634
健康险	Health Insurance	136555	255434	358102	582602	683979	921266	1217670
赔付支出	**Payment**	**580825**	**658874**	**922922**	**1055501**	**966602**	**1145437**	**1090017**
赔款支出	Claim	39511	68799	124142	183381	187894	293111	390250
死伤医疗给付	Medical benefits for deatn & injury	41649	48762	56595	66687	85197	105810	133555
满期给付	Expire Payment	441822	483762	643882	689364	548255	539669	382280
年金给付	Annuities Payment	57844	57551	98303	116068	145255	206846	183933

17-6 各地区保险业务情况(2019年)
Insurance Business Conditions by Region (2019)

单位：万元 (10 000 yuan)

地　区	Region	全部业务 Total Insurance Business		财产保险公司业务 Property Insurance Business		人身保险公司业务 Life Insurance Business	
		保费收入 Premium Income	比上年增长(%) Growth Rate over Preceding year (%)	保费收入 Premium Income	比上年增长(%) Growth Rate over Preceding year (%)	保费收入 Premium Income	比上年增长(%) Growth Rate over Preceding year (%)
全　省	**Provincial Total**	**8351905**	**10.83**	**3069033**	**13.71**	**5282872**	**9.22**
南昌市	Nanchang	2249023	11.63	724030	9.90	1524994	12.46
景德镇市	Jingdezhen	228829	14.13	92315	13.99	136514	14.23
萍乡市	Pingxiang	288690	8.37	112482	11.61	176208	6.40
九江市	Jiujiang	723420	11.44	276468	20.47	446952	6.50
新余市	Xinyu	265051	6.83	85259	8.26	179791	6.16
鹰潭市	Yingtan	184297	8.97	69733	14.68	114565	5.76
赣州市	Ganzhou	1368882	3.95	529473	10.73	839410	0.09
吉安市	Ji'an	748693	12.43	265492	20.60	483201	8.40
宜春市	Yichun	985556	9.84	377175	11.03	608380	9.12
抚州市	Fuzhou	470372	14.52	202198	19.58	268174	10.98
上饶市	Shangrao	834146	20.23	330473	17.86	503673	21.84

17-6 续表 continued

单位：万元 (10 000 yuan)

地　区	Region	保险密度(元) Density of Insurance (yuan)			保险深度(%) Depth of Insurance (%)		
		全部业务 Total Insurance Business	财产险 Property Insurance	人身险 Life Insurance	全部业务 Total Insurance Business	财产险 Property Insurance	人身险 Life Insurance
全　省	**Provincial Total**	**1789.90**	**657.73**	**1132.17**	**3.37**	**1.24**	**2.13**
南昌市	Nanchang	4015.71	1292.78	2722.93	4.02	1.29	2.73
景德镇市	Jingdezhen	1361.65	549.32	812.33	2.47	1.00	1.47
萍乡市	Pingxiang	1487.08	579.41	907.67	3.10	1.21	1.89
九江市	Jiujiang	1470.28	561.89	908.39	2.32	0.89	1.43
新余市	Xinyu	2220.93	714.41	1506.52	2.73	0.88	1.85
鹰潭市	Yingtan	1559.77	590.17	969.60	1.96	0.74	1.22
赣州市	Ganzhou	1571.98	608.03	963.95	3.94	1.52	2.42
吉安市	Ji'an	1509.55	535.30	974.25	3.59	1.27	2.32
宜春市	Yichun	1765.40	675.62	1089.78	3.67	1.40	2.26
抚州市	Fuzhou	1158.46	497.99	660.48	3.11	1.34	1.77
上饶市	Shangrao	1220.77	483.65	737.12	3.32	1.32	2.00

注：保险密度=年保费收入/国民年平均人口；保险深度=年保费收入/年国内生产总值。

a) Density of insurance=The annualy premium income/The National annual average population.
Depth of insurance=The annualy premium income/The annual Gross Domestic Product.

17-7 江西省上市公司数量
Number of Listed Companies of JiangXi

单位：个 (unit)

地区	Region	2012	2013	2014	2015	2016	2017	2018	2019
全　省	**Total**	**33**	**33**	**32**	**35**	**37**	**39**	**42**	**43**
南昌市	Nanchang	17	16	16	17	19	19	20	20
景德镇市	Jingdezhen	3	3	2	4	4	4	4	4
萍乡市	Pingxiang	1	1	1	1	1	1	1	1
九江市	Jiujiang								
新余市	Xinyu	2	2	2	2	2	3	4	4
鹰潭市	Yingtan	2	2	2	2	2	2	2	2
赣州市	Ganzhou	2	3	3	3	3	3	4	4
吉安市	Ji'an								1
宜春市	Yichun	2	2	2	2	2	3	3	3
抚州市	Fuzhou	1	1	1	1	1	1	1	1
上饶市	Shangrao	3	3	3	3	3	3	3	3

17-8 股票发行量和筹资额
Issued Share and Raised Capital

年份 Year	股票发行量 (亿股) Issued Share (100million shares)	A股 A Shares	H股 H Shares	B股 B shares	股票筹资额 (亿元) Raised Capital (100million yuan)	A股 A Shares	配股 Rights Issued	B股 B Shares
2012	7.98	4.90	3.08		65.35	60.48		4.87
2013	4.03	4.03			33.63	33.63		
2014	5.60	5.60			37.27	37.27	5.66	
2015	7.31	7.31			81.46	81.46	5.90	
2016	17.03	17.03			191.56	191.56		
2017	10.68	10.68			68.72	68.72	6.4	
2018	6.16	4.16	2		70.26	42.07		
2019	2.78	2.78			28.67	28.67		

17-9 江西省证券市场基本情况
Jiangxi General Statistics on Securities Markets

指　标	Item	2013	2015	2016	2017	2018	2019
证券法人公司(个)	Securities corporation(unit)	2	2	2	2	2	2
证券营业部(个)	Security Exchange(unit)	133	275	317	319	321	318
证券投资者开户数(万户)	Securities Investors Accounts Established (10 000 units)	241.81	351.09	468.72	573.22	635.00	736.66
A股成交金额(亿元)	Total Turnover of A shares (100 million yuan)	13722.5	76940.00	39988.21	32415.27	24805.54	37629.91
B股成交金额(亿元)	Total Turnover of B shares (100 million yuan)	12.62	47.46	17.89	9.96	6.63	6.28
上市公司总股本(亿股)	Total Share Capital of Listed Companies (100 million shares)	226.21	251.67	323.34	337.22	364.57	376.73
A股	A shares	208.89	234.36	306.03	319.90	345.25	373.29
B股	B shares	3.44	3.44	3.44	3.44	3.44	3.44
流通股本(亿股)	Negotiable shares (100 million shares)	203.91	235.42	265.14	294.94	321.41	347.56
股票市价总值(亿元)	Total Market Capitalization (100 million yuan)	2366.95	4004.31	4159.46	4131.87	3084.96	3913.25
A股	A shares	2136.06	3819.70	3968.03	3951.30	2927.06	3894.73
B股	B shares	78.16	77.79	59.14	36.75	23.67	18.52
股票流通市值(亿元)	Negotiable Market Capitalization (100 million yuan)	2002.92	3552.27	3440.30	3476.22	2591.87	3440.10
A股	A shares	1772.04	3367.66	3254.81	3295.65	2433.96	3421.58
B股	B shares	78.16	77.79	59.14	36.75	23.67	18.52
期货投资者开户数(万户)	Future Investors Accounts Established (10 000 units)	2.89	3.80	3.85	4.66	4.93	5.17
期货总成交量(万手)	Trading Volume of Future (10 000 pieces)	3256.26	4484.15	4151.16	2840.34	2403.11	3133.48
期货总成交额(亿元)	Trading Turnover of Future (100 million yuan)	34783.4	91327.3	19871.43	18271.84	19109.74	28120.71

主要统计指标解释

信贷资金 国家银行用于发放贷款的资金叫信贷资金。中国人民银行信贷资金的来源有各项存款、对国际金融机构负债、流通中货币、银行自有资金及当年结益等。信贷资金的运用有各项贷款、黄金占款、外汇占款、财政借款及在国际金融机构中的资产等。

存款 企业、机关、团体或居民根据可以收回的原则，把货币资金存入银行或其他信用机构保管并取得一定利息的一种信用活动形式。根据存款对象的不同可划分：企业存款、财政存款、机关团体存款、对外贸易存款、城乡居民储蓄存款和农村存款等科目，它是银行信贷资金的主要来源。

贷款 银行或其他信用机构根据必须归还的原则，按一定利率，为企业、个人等提供资金的一种信用活动形式。我国银行贷款，分流动资金贷款、固定资产贷款、城乡个体工商户贷款以及农业贷款等科目。

保险金额 指保险人承担赔偿或者给付保险金责任的最高限额。

保费 指投保人为取得保险人在约定范围内所承担赔偿责任而支付给保险人的费用。

赔偿 指保险人根据保险合同的规定，向被保险人支付的赔偿保险责任损失的金额。

Explanatory Notes on Main Statistical Indicators

Credit Funds refer to the monetary funds accumulated and distributed in the means of credit by National bank. The sources of credit funds of People's Bank of China, include various deposits, liabilities to international financial institutions, currency in circulation, Bank's own funds and current year's profit. The uses of credit funds include loans, position for bullion purchase, position for foreign exchange purchase, advances to treasury, and assets with international financial institutions.

Deposit is a form of credit by which enterprises, institutions, organizations or households can put money into banks and other credit institutions for safekeeping and interest earning under the principle of free withdrawal. According to different depositors, deposits are divided into enterprise deposits, fiscal deposits, deposits of government agencies and organizations, Foreign trade deposits, savings deposits of urban and rural households, agricultural savings deposits, entrusted deposits and other deposits. Deposits are major sources of the credit funds of banks.

Loan is a form of credit by which banks and other credit institutions provide funds at certain interest rate to enterprises and individuals in the light of the principle of unconditional repayment. Loans from Chinese banks include working capital loans, fixed assets loans, urban and rural individual businesses loans and agricultural loans.

Amount Insured refers to the maximum that the insurant will get for the claim of the case insured.

Premium is the fee paid by the insurant to the insurer to obtain the obligation of compensation from the insurance within the agreed terms.

Settled Claim is the compensation paid by the insurer to the insurant in accordance with the insurance contract.

18

房地产开发

REAL ESTATE DEVELOPMENT

◆ 415/428

资料整理：熊　谦

Ⅰ 简要说明

房地产开发统计资料的主要内容包括：全省房地产开发建设方面的基本情况，包括11个设区市的主要房地产统计数据。如：房地产开发投资额、房屋施工面积、房屋竣工面积、商品房销售面积、商品房销售额、房地产开发投资资金来源等。

统计范围：房地产开发投资统计的统计范围为各种登记注册类型的房地产开发公司、商品房建设公司及其他房地产开发单位统一开发的包括统代建、拆迁还建的住宅、厂房、仓库、饭店、宾馆、度假村、写字楼、办公楼等房屋建筑物和配套的服务设施、土地开发工程，如道路、给水、排水、供电、供热、通讯、平整场地等基础设施工程。

资料来源：根据国家统计局制定的《房地产开发投资统计报表制度》搜集资料，由省统计局固定资产投资处整理汇总。

统计调查方法：由各级统计部门采取全面调查方法，执行企业一套表，由企业网上直报。

I Brief Introduction

Main Contents of Real Estate Statistic: Data in this chapter show the general situation and the development of real estate. They cover the situation of real estate of the 11 municipalities in the whole Jiangxi Province. The data include the value of real estate development, floor space under construction, floor space completed, floor space sold, value of house sold, the source of funds for the development.

Scope of Statistics: The scope of the development of real estate statistics covers the investment by the real estate development companies, commercial buildings construction companies and other real estate development units of various types of ownership in the construction of house buildings, such as residential buildings, factory buildings, warehouses, restaurants, hotels, holiday villages, office buildings, and the complementary service facilities and land development projects, such as roads, water supply, water drainage, power supply, heating, telecommunications, land leveling and other projects of infrastructure.

Sources of Data: Data on Real Estate Statistic are collected in accordance with the Reporting Form System of the Development of Real Estate Statistics stipulated by the National Bureau of Statistics and provided by Fixed Assets Investment Division of Jiangxi Provincial Bureau of Statistics.

Methods of Survey: Comprehensive survey methodology is adopted by statistical department at all levels. Data are reported by enterprises through the online data-report system.

18-1 房地产开发与经营主要指标
Main Indicators of Enterprises for Real Estate Development

指　　标	Item	2018	2019
房地产开发投资增速(%)	**Growth Rates of Total Investment in Real Estate Development (%)**	**8.0**	**3.0**
按登记注册类型分	Grouped by Registration Status		
内　资	Domestic Funded	9.2	3.6
#国　有	State-owned Units	-73.9	57.2
集　体	Collective-owned Units		
股份合作	Cooperative Units		
联　营	Joint Ownership Units		
有限责任公司	Limited liability Enterprises	9.5	23.3
股份有限公司	Share-holding Corporations Ltd.	3.0	-14.7
私　营	Private Enterprises	14.7	-12.0
其　他	Others		
港澳台商投资	Enterprises with Funds from Hong Kong, Macao and Taiwan	-27.0	22.9
外商投资	Foreign Funded	10.9	-84.7
按构成分	Grouped by Use of Funds		
建筑工程	Construction	-1.7	-1.6
安装工程	Installation	-12.7	-21.7
设备工器具购置	Purchase of Equipment and Instruments	-9.6	28.2
其他费用	Others	75.3	24.4
#土地购置费	Total value of Land Purchased	93.8	24.4
按工程用途分	Grouped by Use of Projects		
住　宅	Residential Buildings	14.3	6.1
办公楼	Office Buildings	-18.3	-10.2
商业营业用房	Houses for Bussiness Use	-10.7	-5.9
其　他	Others	14.1	-2.5

18-1 续表 continued

指　　标	Item	2000	2010	2015	2017	2018	2019
企业个数(个)	**Number of Enterprises (unit)**	**539**	**2141**	**2187**	**2452**	**2601**	**2666**
本年新增固定资产(万元)	**Newly Increased Fixed Assets this Year**	**294124**	**3898732**	**6676396**	**5916121**	**6026342**	**7987123**
土地开发(万平方米)	**Land Space Developed (10 000 sq.m)**						
本年购置土地面积	Land Space Purchased this Year	287.81	777.15	542.89	576.17	558.22	562.62
资金来源(万元)	**Sources of Funds (10 000 yuan)**						
本年资金来源小计	Sources of Funds This Year	444086	10081606	21013298	29233439	31688991	34205737
国内贷款	Domestic Loans	71414	1464036	2308154	4198149	3601431	4187368
#银行贷款	Bank Loans		1412902	2063823	3483953	3057179	3402360
非银行金融机构贷款	Non-banking Financial Institutions Loans		51134	244331	714196	544252	785008
利用外资	Foreign Investment	33925	28979	61412		20	903
自筹资金	Self-raising Funds	134697	3912925	7307833	7602623	8677327	8873755
其他资金来源	Others	202730	4675666	11335899	17432667	1033580	894998
定金及预收款	Deposit and Prepayment	164019	2542706	5852983	8467288	10761390	11753839
个人按揭贷款	Individual Mortgage Loans		1460827	4479961	7264407	7615243	8494874
房屋施工、竣工和销售、出租情况(万平方米)	**Floor Space of Buildings Under Construction and Completed, On Sale and for Rent (10 000 sq.m)**						
房屋施工面积	Floor Space under Construction	896.62	7229.94	15293.60	18806.79	20738.65	23556.98
#新开工面积	Started this Year	490.92	2344.98	3704.87	4954.33	5801.49	5862.57
房屋竣工面积	Floor Space of Buildings Completed	402.80	1817.74	1907.89	1854.40	2036.39	2230.76
商品房销售面积	Floor Space of Commercialized Buildings Sold	286.69	2469.73	3478.23	5841.93	6201.16	6458.86
商品房销售额(万元)	Total Sales of Commercialized Buildings(10 000 yuan)	272008	7764058	18636712	35925237	42201368	47104220
商品房出租面积	Floor Space of Commercialized Buildings for Rent	4.67	23.66	5.96	8.77	16.82	1.21
商品房待售面积	Floor Space of Commercialized Bulidings Lying Idle	102.90	357.99	1496.06	1129.94	950.68	818.32

18-2 房地产开发房屋施工、竣工、销售与出租情况（2019年）
Buildings under Construction, Completed, Sold and for Rent of Real Estate Development (2019)

指标	Item	合计 Total	住宅 Residential Budildings	#90平方米及以下住房 Housing of 90 Square Metres and Below
房屋施工面积(平方米)	Floor Space under Construction (sq.m)	235569754	176614266	21526371
#新开工面积	Started This Year	58625652	46666379	3284489
房屋竣工面积(平方米)	Floor Space lf Buildings Completed (sq.m)	22307580	16701941	2454468
房屋竣工价值(万元)	Value of Buildings Completed (10 000 yuan)	6349426	4753519	852746
商品房销售面积(平方米)	Floor Space of Commercialized Buildings Sold (sq.m)	64588593	56789785	4043769
#现房销售面积	Floor Space of Marketable Housing Sold	8788721	6809441	1020396
期房销售面积	Floor Space of Future Marketable Housing Sold	55799872	49980344	3023373
出租房屋面积(平方米)	Floor Space for Rent (sq.m)	12053		
不可销售面积(平方米)	Floor Space Unsalable (sq.m)	551748	127605	8423
待售面积(平方米)	Floor Space Lying Idle (sq.m)	8183204	3975981	678066
商品房销售额(万元)	Total Sales of Commercialized Buildings (10 000 yuan)	47104220	40380217	3310219
#现房销售额	Sale of Marketable Housing	5164563	3574296	702542
期房销售额	Sale of Future Marketable Housing	41939657	36805921	2607677

18-2 续表 continued

指标	Item	#别墅、高档公寓 Villas, High-grade Apartments	办公楼 Office Buildings	商业营业用房 Houses for Bussiness Use	其他 Others
房屋施工面积(平方米)	Floor Space under Construction (sq.m)	5492312	5982354	30299401	22673733
#新开工面积	Started This Year	1200544	1041134	5817581	5100558
房屋竣工面积(平方米)	Floor Space Completed (sq.m)	521828	546023	3587122	1472494
房屋竣工价值(万元)	Value of Buildings Completed (10 000 yuan)	191824	154873	1032218	408816
商品房销售面积(平方米)	Floor Space of Commercialized Buildings Sold (sq.m)	1300693	1051712	5416536	1330560
#现房销售面积	Floor Space of Marketable Housing Sold	270868	160923	1491298	327059
期房销售面积	Floor Space of Future Marketable Housing Sold	1029825	890789	3925238	1003501
出租房屋面积(平方米)	Floor Space for Rent (sq.m)			3004	9049
不可销售面积(平方米)	Floor Space Unsalable (sq.m)	915	18719	202328	203096
待售面积(平方米)	Floor Space Lying Idle (sq.m)	276921	322753	3171490	712980
商品房销售额(万元)	Total Sales of Commercialized Buildings (10 000 yuan)	1144898	889037	5050160	784806
#现房销售额	Sale of Marketable Housing	228865	136046	1313674	140547
期房销售额	Sale of Future Marketable Housing	916033	752991	3736486	644259

18-3 按登记注册类型分的房地产开发投资增速（2019年）

单位:%，万元

指标	Item	合计 Total	内资 Domestic Funds	国有 State-owned
投资增速(%)	**Growth Rates of Total Investment**	**3.0**	**3.6**	**57.2**
按构成分	Grouped by Use of Funds			
建筑工程	Construction	-1.6	-1.2	-15.0
安装工程	Installation	-21.7	-20.8	-76.8
设备工器具购置	Purchase of Equipment and Instruments	28.2	28.8	34.8
其他费用	Others	24.4	25.1	1671.9
按工程用途分	Grouped by Use of Projects			
住宅	Residential Buildings	6.1	6.2	70.3
#90平方米及以下住房	Housing of 90 Square Metres and below	-25.3	-24.5	-21.6
别墅、高档公寓	Villas, High-grade Apartments	-18.0	-19.4	
办公楼	Office Buildings	-10.2	-7.5	
商业营业用房	Houses for Bussiness Use	-5.9	-3.4	-36.8
其他	Others	-2.5	-2.4	-35.6
本年资金来源(万元)	**Total Sources of Funds**			
上年末结余资金	Surplus Funds last Year	12301271	11690715	99250
本年资金来源小计	Sources of Funds This Year	34205737	33057700	227696
国内贷款	Domestic Loans	4187368	4100061	25510
#银行贷款	Bank Loans	3402360	3315053	25510
非银行金融机构贷款	Non-banking Financial Institutions Loans	785008	785008	
利用外资	Foreign Investment	903		
自筹资金	Self-raising Funds	8873755	8337895	57817
其他资金来源	Others	894998	824558	2362
定金及预收款	Deposit and Advance Payment	11753839	11459797	100423
个人按揭贷款	Individual Mortgage Loans	8494874	8335389	41584

Growth Rates of Investment in Real Estate Development by Registration Status (2019)

(%，10 000 yuan)

股份有限公司 Share-holding Corporations Ltd.	私营 Private	其他内资 Others	港澳台商投资 Funds from Hong Kong, Macao and Taiwan	外商投资 Foreign Funded
-14.7	**-12.0**		**22.9**	**-84.7**
-34.4	-16.6		35.1	-90.4
-62.6	-33.3		4.5	-96.4
91.1	-8.0		243.0	-84.2
37.4	14.6		-6.7	-15.2
-3.6	-8.6		66.8	-84.5
-48.3	-25.1		7.4	-88.2
-47.8	-2.1			41900.0
-47.1	-29.7		-59.8	
-32.3	-22.4		-60.6	-87.6
-53.4	-14.3		-15.1	24.3
590047	3912781		438779	171777
998867	14925849	3050	846177	301860
174500	1532902		87307	
174500	1259319		87307	
	273583			
			903	
293899	4159476	3050	322556	213304
37965	216797		70440	
336016	5035732		242981	51061
156487	3980942		121990	37495

18-4 各地区房地产开发和经营指标（2019年）

指　　标	Item	全　省 Total	南昌市 Nanchang	景德镇市 Jingdezhen
企业个数(个)	**Number of Enterprises (unit)**	**2666**	**538**	**66**
投资额和新增固定资产投资额增速(%)	**Gorwth Rate of Investment And Newly Increased Fixed Assets Investment (%)**	**3.0**	**2.5**	**-20.8**
按登记注册类型分	Grouped by Registration Status			
内　资	Domestic Funded	3.6	4.8	-20.8
#国　有	State-owned	57.2	-56.4	
集　体	Collective-owned			
有限责任公司	Limited liability Enterprises	23.3	0.7	-4.9
股份有限公司	Share-holding Corporations Ltd.	-14.7	83.3	-56.2
私营	Private Enterprises	-12.0	0.2	-49.9
其他内资	Others			
港澳台商投资	Enterprises with Funds from Hong Kong, Macao and Taiwan	22.9	3.5	
外商投资	Foreign Funded	-84.7	-93.3	
按构成分	Grouped by Use of Funds			
建筑工程	Construction	-1.6	-20.5	-18.6
安装工程	Installation	-21.7	-32.3	-33.9
设备工器具购置	Purchase of Equipment and Instruments	28.2	8.7	4.6
其他费用	Others	24.4	63.5	-22.3
#土地购置费	Total Value of Land Purchased	24.4	58.5	-19.9
按工程用途分	Grouped by Use of Projects			
住　宅	Residential Buildings	6.1	7.1	-36.2
#90平方米及以下住房	Housing of 90 Square Metres and Below	-25.3	-26.1	-61.5
别墅、高档公寓	Villas, High-grade Apartments	-18.0	-38.9	14.9
办公楼	Office Buildings	-10.2	-7.9	-96.4
商业营业用房	Houses for Bussiness Use	-5.9	-6.3	9.4
其　他	Others	-2.5	-9.5	105.3
本年新增固定资产(万元)	**Newly Increased Fixed Assets this Year (10 000 yuan)**	**7987123**	**3097404**	**154507**
土地开发情况(平方米)	**Land Space Developed (sq.m)**			
本年购置土地面积	Land Space Purchased this Year	5626195	1246295	70656
资金来源(万元)	**Source of Funds (10 000 yuan)**			
本年资金来源小计	**Source of Funds this Year (10 000 yuan)**	**34205737**	**12802139**	**765479**
国内贷款	Domestic Loans	4187368	2668385	25627
#银行贷款	Bank Loans	3402360	2073534	25627
非银行金融机构贷款	Non-banking Financial Institutions Loans	785008	594851	
利用外资	Foreign Investment	903	903	
自筹资金	Self-raising Funds	8873755	3350560	210895
其他资金来源	Others	894998	516747	15105
定金及预付款	Deposit and Prepayment	11753839	3779118	301747
个人按揭贷款	Individual Mortgage Loans	8494874	2486426	212105
房屋施工、竣工和销售、出租情况(平方米)	**Floor Space of Buildings Under Construction and Completed, on Sale and for Rent (sq.m)**			
房屋施工面积	**Floor Space of Buildings under Construction**	**235569754**	**66119349**	**5189538**
住　宅	Residential Buildings	176614266	47032327	4085892
#90平方米及以下住房	Housing of 90 Square Metres and Below	21526371	11063244	515208
别墅、高档公寓	Villas, High-grade Apartments	5492312	1360740	29196
办公楼	Office Buildings	5982354	4084886	37939
商业营业用房	Houses for Bussiness Use	30299401	7200384	528535
其　他	Others	22673733	7801752	537172

Development and Operating Indicators for Real Estate by Region (2019)

萍乡市 Pingxiang	九江市 Jiujiang	新余市 Xinyu	鹰潭市 Yingtan	赣州市 Ganzhou	吉安市 Ji'an	宜春市 Yichun	抚州市 Fuzhou	上饶市 Shangrao
98	**341**	**82**	**80**	**478**	**191**	**282**	**199**	**311**
6.8	**5.5**	**-15.2**	**-6.9**	**3.1**	**3.9**	**12.7**	**-6.9**	**13.1**
6.8	5.4	-17.5	-4.1	1.3	4.0	12.2	-6.9	12.6
		-55.5		568.9	-39.0	-49.7		
83.8	60.0	-14.8	298.4	37.1	-6.3	152.3	44.2	42.1
-54.0	48.7	157.2		-98.1	-50.4	-56.1	-23.7	-89.6
-18.9	-43.2	-22.1	-59.2	1.9	12.2	-19.9	-27.8	-2.2
	202.0			1129.5	-37.3	105.4		
31.3	21.7	-5.2	-9.4	5.5	11.4	13.8	6.5	13.0
-6.9	-16.1	-60.0	-44.9	12.0	-25.9	-20.5	-9.4	8.7
-23.2	16.4	22.4	-25.4	90.3	44.6	128.1	32.7	59.5
-43.4	-35.5	-38.1	97.8	-13.1	-9.1	27.6	-51.1	11.8
-63.9	-40.5	-78.9	60.7	-3.8	-8.5	21.9	-60.8	28.7
20.5	13.2	-9.4	0.7	4.5	8.4	10.8	-8.4	21.1
186.5	17.9	-51.3	-58.4	-44.8	-6.2	-26.6	-37.3	16.1
76.9	67.1	796.2	36.4	-55.5	-50.7	-30.4	1.0	32.0
-53.5	-21.9	-50.3	-87.0	2.4	17.7	-88.2	77.1	36.1
-34.7	-30.7	-45.9	-11.2	-4.3	-24.7	30.8	-1.3	-1.9
-12.1	4.9	-17.2	-45.7	6.5	31.4	37.1	-24.2	-18.9
116502	**408004**	**144190**	**72609**	**1253568**	**451062**	**1521412**	**162978**	**604887**
222451	278846	100025	143242	1128171	565104	962541	288719	620145
812925	**2728470**	**528078**	**692567**	**6092475**	**1845208**	**3222555**	**1988018**	**2727823**
28483	186654	64805	27199	415174	106063	300876	203861	160241
16483	182220	64805	26749	410174	100463	213966	134946	153393
12000	4434		450	5000	5600	86910	68915	6848
181652	555841	40790	280217	1703256	515096	682533	512029	840886
32995	18076	2435	12130	62266	65450	80481	45416	43897
317959	1109190	284135	180834	2128480	612277	1295053	757221	987825
251836	858709	135913	192187	1783299	546322	863612	469491	694974
9845266	**25280908**	**8086502**	**7069038**	**41706662**	**14538536**	**22616372**	**15813833**	**19303750**
7007078	20728758	6348563	5104434	30651971	10659908	18031154	12413238	14550943
787552	1661931	695373	804802	1667943	875280	1339133	1184800	931105
298831	153234	210431	186310	800154	393366	1349496	235862	474692
61910	269506	33526	106997	659478	77155	238684	250609	161664
1528247	2771163	857198	892748	5948155	2041279	3221417	2293896	3016379
1248031	1511481	847215	964859	4447058	1760194	1125117	856090	1574764

18-4 续表

指　　标	Item	全　省 Total	南 昌 市 Nanchang	景德镇市 Jingdezhen
房屋新开工面积(平方米)	**Floor Space Started this Year (sq.m)**	**58625652**	**14257865**	**1330662**
住　宅	Residential Buildings	46666379	10492296	960403
#90平方米及以下住房	Housing of 90 Square Metres and Below	3284489	1744538	55485
别墅、高档公寓	Villas, High-grade Apartments	1200544	138953	
办公楼	Office Buildings	1041134	703806	4599
商业营业用房	Houses for Bussiness Use	5817581	1364533	154600
其　他	Others	5100558	1697230	211060
房屋竣工面积(平方米)	**Floor Space of Buildings Completed (sq.m)**	**22307580**	**8304856**	**464759**
住　宅	Residential Buildings	16701941	6349430	396745
#90平方米及以下住房	Housing of 90 Square Metres and Below	2454468	1368590	76915
别墅、高档公寓	Villas, High-grade Apartments	521828	109055	
办公楼	Office Buildings	546023	426731	
商业营业用房	Houses for Bussiness Use	3587122	833262	50104
其　他	Others	1472494	695433	17910
竣工房屋价值(万元)	**Value of Buildings Completed (10 000 yuan)**	**6349426**	**2372617**	**120218**
住　宅	Residential Buildings	4753519	1762348	102569
#90平方米及以下住房	Housing of 90 Square Metres and Below	852746	430117	11464
别墅、高档公寓	Villas, High-grade Apartments	191824	32894	
办公楼	Office Buildings	154873	120206	
商业营业用房	Houses for Bussiness Use	1032218	264645	14384
其　他	Others	408816	225418	3265
商品房销售面积(平方米)	**Floor Space of Commercialized Buildings Sold (sq.m)**	**64588593**	**19061278**	**1811875**
住　宅	Residential Buildings	56789785	15808859	1536907
#90平方米及以下住房	Housing of 90 Square Metres and Below	4043769	2185907	92291
别墅、高档公寓	Villas, High-grade Apartments	1300693	315973	16380
办公楼	Office Buildings	1051712	737550	
商业营业用房	Houses for Bussiness Use	5416536	1866378	158749
其　他	Others	1330560	648491	116219
商品房销售额(万元)	**Total Sales of Commercialized Buildings Sold (10 000 yuan)**	**47104220**	**18173279**	**1089992**
住　宅	Residential Buildings	40380217	14788806	960065
#90平方米及以下住房	Housing of 90 Square Metres and Below	3310219	2188931	47165
别墅、高档公寓	Villas, High-grade Apartments	1144898	415707	12071
办公楼	Office Buildings	889037	697961	
商业营业用房	Houses for Bussiness Use	5050160	2249903	99399
其　他	Others	784806	436609	30528
商品房出租面积(平方米)	**Floor Space for Rent (sq.m)**	**12053**		
住　宅	Residential Buildings			
#90平方米及以下住房	Housing of 90 Square Metres and Below			
别墅、高档公寓	Villas, High-grade Apartments			
办公楼	Office Buildings			
商业营业用房	Houses for Bussiness Use	3004		
其　他	Others	9049		
商品房待售面积(平方米)	**Floor Space Lying Idle (sq.m)**	**8183204**	**1629499**	**302972**
住　宅	Residential Buildings	3975981	837265	228844
#90平方米及以下住房	Housing of 90 Square Metres and Below	678066	140424	55055
别墅、高档公寓	Villas, High-grade Apartments	276921	33457	20919
办公楼	Office Buildings	322753	201309	
商业营业用房	Houses for Bussiness Use	3171490	469043	56723
其　他	Others	712980	121882	17405

continued

萍乡市 Pingxiang	九江市 Jiujiang	新余市 Xinyu	鹰潭市 Yingtan	赣州市 Ganzhou	吉安市 Ji'an	宜春市 Yichun	抚州市 Fuzhou	上饶市 Shangrao
1532445	**7731367**	**959561**	**1459376**	**10185241**	**4438949**	**7572357**	**3539300**	**5618529**
1245431	6864625	814302	1153254	8075062	3461074	6294384	2849318	4456230
128295	204552	117336	170163	159933	111223	250946	248728	93290
115030	40855	97818	12185	75193	117642	410933	66347	125588
	92492			160329	929	5644	13268	60067
131899	356316	68929	217866	979295	480035	962822	437448	663838
155115	417934	76330	88256	970555	496911	309507	239266	438394
371615	**1163831**	**815108**	**301762**	**3091529**	**1342748**	**3916590**	**639852**	**1894930**
304991	976130	709019	210085	1969293	1030142	2756081	490349	1509676
3765	25485	55475	17823	247010	172061	345702	31190	110452
54745		20000		34306	7860	206648	16 112	73102
	296			57915	52904	3051	76	5050
38664	140265	23972	59175	736040	202775	1081529	126056	295280
27960	47140	82117	32502	328281	56927	75929	23371	84924
112105	**263916**	**125392**	**72568**	**883504**	**313747**	**1431930**	**128378**	**525051**
88423	219148	111715	52579	583661	255513	1077535	88677	411351
798	5788	5807	5197	71142	36748	245133	10597	29955
9856		4000		13625	2050	91990	1 289	36120
	32			22836	9489	1047	15	1248
15378	34375	5735	13119	191678	35562	326423	36495	94424
8304	10361	7942	6870	85329	13183	26925	3191	18028
2195021	**7376728**	**1919284**	**1406552**	**11030956**	**2783865**	**5798461**	**4827413**	**6377160**
2081656	6812350	1750320	1281642	9817948	2517325	5390179	4345989	5446610
160402	249151	159532	148493	182149	76378	289010	231505	268951
112329	39485	56546	43093	146802	52946	240317	159799	117023
	26608		4640	164612	20718	30794	40715	26075
99790	487163	150713	107352	815543	199419	347009	415232	769188
13575	50607	18251	12918	232853	46403	30479	25477	135287
1219031	**4546093**	**1038400**	**779983**	**7640825**	**1835715**	**3559085**	**3117945**	**4103872**
1089354	4134571	933287	673460	6733674	1624507	3227247	2725771	3489475
93153	153606	70770	71167	125621	33842	215273	141202	169489
74278	31372	33606	41659	148805	37052	157142	101990	91216
	14424		2333	115150	7281	14146	26352	11390
112485	372837	98428	97970	668192	172767	291860	350189	536130
17192	24261	6685	6220	123809	31160	25832	15633	66877
69					**9049**			**2935**
69								2935
					9049			
483373	**901375**	**435958**	**202175**	**1148226**	**548270**	**896208**	**368859**	**1266289**
234826	423820	176551	53476	401757	229863	459547	160125	769907
73795	50074	22611	35203	101675	19582	85804	7149	86694
14318	12317	24377		24114	27209	62736	9781	47693
1000	61352			31208	10875	726	159	16124
208485	381418	153221	143641	602224	214004	416010	200739	325982
39062	34785	106186	5058	113037	93528	19925	7836	154276

主要统计指标解释

房地产业 是指从事房地产开发、建设、经营、租赁及维修等活动的经济部门。按照国民经济行业划分的规定，房地产业包括房地产开发与经营、房地产管理和房地产经纪与代理业三部分内容。

房地产开发业 是房地产业的一个重要组成部分，是指进行商品房屋建设和土地开发及经营活动的企业和单位。

房地产开发投资额 是以货币形式表现的房地产开发企业（单位）在一定时期内进行房屋建设及土地开发所完成的工作量及有关费用的总称。

建筑工程 指各种房屋、建筑物的建造工程，又称建筑工作量。这部分投资额必须兴工动料，通过施工活动才能实现。

安装工程 指各种设备、装置的安装工程，又称安装工作量。

设备、工器具购置 指工业企业生产的产品转化为固定资产的购置活动，包括建设单位或企、事业单位购置或自制的，达到固定资产标准的设备、工具、器具的价值。

商品住宅 指房地产开发企业(单位)建设并出售、出租给使用者，仅供居住用的房屋。

别墅、高档公寓 指建筑造价和销售价格明显高于一般商品住宅的商品住宅。别墅一般指地处郊区，独立成栋的商品住宅；高档公寓一般指地处市内高尚社区，高层或多层的商品住宅。别墅、高档公寓的确定标准：一是经有房地产投资计划审批权的主管部门审批建设的别墅、高档公寓开发项目；二是销售价格高于当地同等地段商品住宅平均销售价格一倍以上的别墅、公寓开发项目。该指标可以分析房地产投资结构，反映高收入家庭商品住宅的供求平衡情况。

办公楼 指企业、事业、机关、团体、学校、医院等单位使用的各类办公用房(又称写字楼)。

本年新增固定资产 指在报告期已经完成建造和开发过程并交付使用的房屋和土地开发面积的价值。指房地产开发公司进行开发经营活动的最终成果，即为社会提供的固定资产，而且是在报告期内新增加的。不是反映房地产开发企业本身固定资产的增加。

上年末结余资金 指上年资金来源中没有形成投资额而结余的资金。包括尚未用到工程上去的材料价值、未开始安装的需要安装设备价值及结存的现金和银行存款等。可根据有关财务数字填报。上年末结余资金不能出现负数，即不能把上年应付工程、材料款作为上年末结余资金的负数来处理。

本年资金来源小计 指房地产开发企业(单位)实际拨入的，用于房地产开发的各种货币资金。包括国内贷款、利用外资、自筹资金和其他资金。

国内贷款 指报告期房地产开发企业(单位)向银行及非银行金融机构借入的用于房地产开发与经营的各种国内借款，包括银行利用自有资金及吸收的存款发放的贷款、上级主管部门拨入的国内贷款、国家专项贷款(包括煤代油贷款、劳改煤矿专项贷款等)，地方财政专项资金安排的贷款、国内储备贷款、周转贷款等。

银行贷款 指向各商业银行、政策性银行借入的用于房地产开发与经营的各项贷款。

利用外资 指报告期收到的用于房地产开发与经营的境外资金(包括外国及港澳台地区)，包括外商直接投资、对外借款(外国政府贷款、国际金融组织贷款、出口信贷、外国银行商业贷款、对外发行债券和股票)及外商其他投资(包括补偿贸易和加工装配由外商提供的设备价款、国际租赁)。不包括我国自有外汇资金(包括国家外汇、地方外汇、留成外汇、调剂外汇和中国银行自有资金发行的外汇贷款等)。各类外资按报告期的外汇牌价(中间价)折成人民币“万元”计算。

自筹资金 指各地区、各部门及企事业单位筹集用于房地产开发与经营的预算外资金。

其他资金来源 指在报告期收到的除以上各种资金之外其他用于房地产开发与经营的资金。包括国家预算内资金、债券、社会集资、个人资金、无偿捐赠的资金及用征地迁移补偿费、移民费等进行房地产开发的资金。

房屋施工面积 指报告期内施工的全部房屋建筑面积。包括本期新开工的面积和上年开工跨入本期继续施工的房屋面积，以及上期已停建在本期恢复施工的房屋面积。本期竣工和本期施工后又停建缓建的房屋面积仍包括在施工面积中，多层建筑应填各层建筑面积之和。

房屋竣工面积 指报告期内房屋建筑按照设计要求已全部完工，达到住人和使用条件，经验收鉴定合格或达到竣工验收标准，可正式移交使用的各栋房屋建筑面积的总和。

竣工房屋价值 指在报告期内竣工房屋本身的建造价值。竣工房屋的价值一般按房屋设计和预算规定的内容计算。包括竣工房屋本身的基础、结构、屋面、装修以及水、电、卫等附属工程的建筑价值，也包括作为房屋建筑组成部分而列入房屋建筑工程预算内的设备(如电梯、通风设备等)的购置和安装费用；不包括厂房内的工艺设备、工艺管线的购置和安装，工艺设备基础的建造；办公和生活用家具的购置等费用；购置土地的费用；迁移补偿费和场地平整的费用及城市建设配套投资。竣工房屋价值一般按结算价格计算。

出租房屋面积 指在报告期期末房屋开发单位出租的商品房屋的全部面积。

商品房销售面积 指报告期内出售商品房屋的合同总面积(即双方签署的正式买卖合同中所确定的建筑面积)。由现房销售建筑面积和期房销售建筑面积两部分组成。

商品房销售额 指报告期内出售商品房屋的合同总价款(即双方签署

的正式买卖合同中所确定的合同总价）。该指标与商品房销售面积同口径，由现房销售额和期房销售额两部分组成。

待售面积 指报告期末已竣工的可供销售或出租的商品房屋建筑面积中，尚未销售或出租的商品房屋建筑面积，包括以前年度竣工和本期竣工的房屋面积，但不包括报告期已竣工的拆迁还建、统建代建、公共配套建筑、房地产公司自用及周转房等不可销售或出租的房屋面积。

本年购置土地面积 指在本年内通过各种方式获得土地使用权的土地面积。

Explanatory Notes on Main Statistical Indicators

Real Estate Industry refers to those engaged in real estate development, construction, management, leasin and maintenance activities in the sectors of the economy. In accordance with the provisions of the national economy sectors, the real estate industry including real estate development and management, property management and real estate brokers and agents part of the contents of the three.

Real Estate Development Industry is an important component of real estate industry ,refers to enterprises and units engaged in housing construction and land development and management.

Value of Real Estate Development Investment is in the form of money in real estate development enterprises (units) in a certain period for housing construction and land development by the workload and related costs.

Construction refers to the construction of houses and buildings, also called work volume of construction. This part of investment can only be realized under construction.

Installation refers to the installation of various kinds of equipment and instruments, also called work volume of installation.

Purchase of Equipment and Instruments Purchase of equipment and instruments refers to the total value of equipment, tools, and instruments purchased or self-produced which come up to the cut-off point for fixed assets by the construction units or investing enterprises or institutions.

Residential Buildings refers to buildings built and sold, least to users, only used for living .

Villas、High-grade Apartments refers to commercial houses whose construction costs and marketing prices are significantly higher than ordinary housing. Villas are independent structures generally located in the suburbs; high-grade apartments are multi-story buildings located in elegant urban neighborhoods. Criteria for villas and high-grade apartments include:1）projects for the construction of villas or high-grade apartments have to be approved by comprtent departments in charge of real estate development and investment plans, and 2)prices for projects on villas or high-grade apartments are higher by over 100% compared with the average prices of ordinary commercial housing projects in similar location. This indicator helps to analyze the investment structure of the real estate industry and the demand and supply of housing for high-income households.

Office Buildings refer to office space for enterprise, business, institutions, organizations, schools, hospitals and other units .

Newly Increased Fixed Assets This year refer to the newly increased value of fixed assets, constructed or purchased, that have been transferred to the investors. This is an indicator that demonstrates the results of investment in fixed assets in monetary terms, and an important indicator to reflect the speed of construction and to calculate the efficiency of investement.

Surplus Funds Last Year refers to the surplus funds which didn't form the investment in fixed assets in the sources of funds in previous year. It includes material values that will be used in the projects, facilities values that must be and will be installed, and surplus cashes and deposits in bank.

Sources of Funds This Year refers to the monetary funds received by investing enterprises during the reference period for the purpose of investment in fixed assets. It includes funds from domestic loans, foreign investment, self-raised funds, and others.

Domestic Loans refer to loans of various forms borrowed by investing units from banks and non-bank financial institutions during the reference period, including loans issued by banks from their self-owned funds and deposit, loans appropriated by higher responsible authorities, special loans by government (including loan for substituting petroleum with coal, special loan for reform-through-labour coal mines), loans arranged by local government from special funds, domestic reserve loan, and working loan, etc.

Bank Loans refer to loans for real estate development and management brought from commercial banks and policy banks.

Foreign Funded refers to foreign funds received during the reference period for investment in fixed assets (covering equipment, materials and technology), including foreign direct investment, foreign borrowings (loans from foreign governments and international financial institutions, export credit, commercial loans from foreign banks, issuance of bonds and stocks overseas), and other foreign investment (covering facilities' funds provided by foreign investment by compensation trade and processing & assembly, as well as international lease).

Self-raising Funds refer to extra-budgetary funds for investment in fixed assets received by investing units from central government ministries, local governments, enterprises and institutions during the reference period.

Others Sources of Funds refer to funds for investment in fixed assets received from the sources other than those listed above, including funds raised from social and individuals, through donations, and funds transferred from other units.

Floor Space under Construction refer to total floor space of all buildings under construction during the reference period, including floor space of newly started buildings during the reference period, floor space of construction extended from the previous period to the current period, and floor space of construction suspended during the previous period and resumed in the current period. Floor space of construction completed in the current period, and floor space of construction started and then suspended in the current period are also included in the floor space under construction of the current year.

Floor Space Completed refers to the floor space of all buildings completed in the reference period, which have been appraised and accepted (or come up to the designed standards) and have been transferred to owner units.

Value of Buildings Completed refer to the intrinsic construction value of buildings completed in the reference period. It is figured by the rules of buildings design and budget, which not only includes the construction value of foundations, structure, furnishings, subsidiary projects such as water, electricity, toilet, etc. but also includes purchase and installation expenditures of facilities (such as lift, ventilation, etc.) listed into buildings budget as component of building construction. It excludes the purchase and installation of technical facilities, leads and lines in factories, construction of technical facilities' basis, expenditures of environment projects such as water, eructate, electricity, toilet, road projects, wall fended to earth outside, purchase of furniture in office or house, purchase of lands, as well as expenditures of move compensation and land leveling etc.

Floor Space of Buildings for rent refer to the total area for rent in the end of the reference period.

Floor Space of Commercialized Buildings Sold refer to total contracted area of commercialized housing (i.e. area of floor space as designated in the formal contracts signed by both sides) during the reference time. It constitutes floor space of completed housing and floor space of future housing.

Total Sales of Commercialized Buildings Sold refer to the total contracted value (i.e. value of sales/purchase for selling/purchase of commercialized housing as designated in the contract signed by both sides) during the reference time. This indicator has the same coverage as the area of commercialized housing sold, which constitutes floor space of completed housing and floor space of housing yet to be completed.

Floor Space Lying Idle refer to the area has not yet sold or rent, including the housing area completed in the current period the previous year, but does not include demolition re-construction, united construction and the building of agents, public supporting the construction, real estate companies, such as swing space for personal use and not for sale or rental of housing area. has been completed in the reporting period.

Land Space Purchased This Year refer to the land area accessible by various means in current year.

19

科技、教育、文化

SCI-TECH, EDUCATION AND CULTURE

◆ 429/466

I 简要说明

本篇资料主要分为科技、教育、文化、新闻出版、广播电视四部分。

科技统计资料主要内容包括：地方企事业单位专业技术人员情况；独立核算的科研机构、高校及各类企事业单位的科技活动人员、科技成果及奖励等情况；专利申请和授权情况；技术市场技术合同成交情况；科协系统科技活动情况等。

科技统计范围：包括全社会有科技活动的企事业单位，具体为：规模限额以上企业、独立核算的科研机构、普通高等学校以及国民经济其他行业中有研发活动的企业（单位）等。资料来源:全省科技综合资料、各类企业科技资料由省统计局调查提供；独立核算的科研机构资料、技术市场资料由省科技厅调查提供；高校科技活动资料由省教育厅调查提供；国防科研机构资料由省工信委调查提供；专业技术人员资料由省人力资源保障厅调查提供；科协系统科技活动资料由省科协调查提供；专利由省知识产权局调查提供。统计调查方法：规模（限额）限额以上企业、独立核算的科研机构、高校的科技活动资料采用全数调查取得。

教育统计资料包括研究生教育、高等教育(普通教育本专科、成人教育本专科)、中等教育(高中阶段教育和初中阶段教育)、初等教育(小学)、学前教育、特殊教育(盲聋哑和弱智儿童学校)等资料。主要指标包括学校数、在校学生数、招生数、毕业生数、教职工数和专任教师数等。资料来源于省教育厅，其中技工学校资料来源于省人力资源和社会保障厅。

文化统计资料主要包括艺术表演团体、艺术表演场所、公共图书馆、博物馆、文化馆、文化站、文物、文化产业、新闻出版、广播电视等资料，资料来源于省文化和旅游厅、省广播电视局。

新闻出版、广播电视资料主要包括各类报纸杂志、图书出版数量、全省广播电台、电视台数量、广播电视人口覆盖率、有线电视人口覆盖等资料。资料来源于省新闻出版局、省广播电视局。

I Brief Introduction

This chapter covers four parts: technology, education, culture, and radio film and television.

Data on technology mainly include: condition of professional scientific and technological personnel of local state-owned enterprises and institutions; scientific and technological institutions with independent accounting system, scientific and technological personnel in universities and colleges and various enterprises or institutions, activities of R&D and scientific and technological achievements and prizes; condition on applied and certified patent applications domestically and overseas; the situation of signed technological contracts on technological market; scientific and technological activities within scientific and technological system.

Statistical scope of science and technology: enterprises and institutions with scientific and technological activities, including industrial enterprises above designed size, scientific and technological institutions with independent accounting system, universities and colleges enterprises with scientific and technological activities in other national economic industries. Sources of data are listed as follows. Scientific and technological data on provincial level and various enterprises are prepared and provided by Jiangxi Bureau of Statistics. Data on scientific and technological institutions with independent accounting system and technological markets are prepared and provided by Jiangxi Bureau of Science and Technology. Data on scientific and technological activities in universities and colleges are prepared and provided by Jiangxi Provincial Department of Education. Data on scientific research institutions for defense are prepared and provided by Jiangxi Department of Industry and Information Technology. Data on the number of scientific and technological personnel are prepared and provided by Jiangxi Department of Human Resources and Social Security. Data on the scientific and technological activities are prepared and provided by Jiangxi Science Association. Data on supervision and checking of the products quality and patents are prepared and provided by Jiangxi Intellectual Property Office. Statistical methodology: data on industrial enterprises above designated size, scientific and technological institutions with independent accounting system and scientific and technological activities of universities and colleges are collected through comprehensive reporting system.

Data on education cover the situations on postgraduates, higher education (universities and colleges), secondary education (senior and junior high schools), elementary education (primary schools), preschool education, special education (schools for the blind, deaf-mutes, and the retarded) on education.

The main indicators cover the number of schools, the number of student enrollment, the number of new enrollment, the number of graduates, the number of staff and workers, and the number of full-time teachers. The data are mainly prepared and provided by Bureau of Education. Data on the technical training schools are prepared and provided by the Bureau of Labor and Social Security.

Data on culture industry cover art performance troupes, art performance places, public libraries, museums, culture centers, culture satiations, relics, publishing and broadcasting. Data source from Jiangxi Bureau of Culture and Tourism, The Administration of Press, Publication, Radio, Film and Television of Jiangxi Province, The Bureau of Statistics of Jiangxi Province.

Data on press, publication and broadcasting mainly include publication of newspapers, magazines and books, number of radio and television stations, TV and radio coverage rate of population. Data are prepared and provided by Jiangxi Bureau of Press and Publication, Jiangxi Bureau of Broadcasting and Television.

19-1 R&D 经费内部支出
R&D Internal Expenditure

年份 Year	R&D经费内部支出(万元) R&D Internal Expenditure (10 000 yuan)	企业 Enterprises	#规模以上工业企业 Industrial Enterprises above Designated Size	科研机构 Science Institutions	高等院校 High Educations	其他 Others	R&D经费内部支出与GDP比值 Proportion of R&D Internal Expenditure in GDP (%)
2005	288244	219157	210844	34437	32253	2397	
2010	860691	671849	659161	93819	74108	20915	0.91
2011	967529	783482	769834	82488	79950	21609	0.82
2012	1136552	939633	925985	90599	85676	20644	0.88
2013	1354972	1115772	1106443	122711	95126	21363	0.94
2014	1531114	1295464	1284642	114192	100738	20720	0.97
2015	1731820	1484984	1474968	122029	103843	20964	1.03
2016	2073091	1813485	1797561	130051	103038	26517	1.13
2017	2558030	2244897	2216865	152315	135412	25406	1.28
2018	3106906	2730419	2677714	185337	159222	31928	1.41
2019	3843094	3296754	3202151	251305	245564	49472	1.55

19-2 R&D情况(2019年)
Basic Statistics on R&D (2019)

项目	Item	总计 Total	企业 Enterprises	#规模以上工业企业 Industrial Enterprises above Designated Size	科研机构 Science Institutions	高等院校 High Educations	其他 Others
有R&D活动单位(个)	R&D Institutions (unit)	4844	4434	4335	98	166	146
R&D人员(人)	R&D Personnel (person)	160329	125691	122207	6461	20942	7235
#研究人员	Research Personnel	62716	36550	35193	4708	17720	3738
全时人员	Full-time	114242	97120	94455	5283	7611	4228
非全时人员	Non Full-time	46087	28571	27752	1178	13331	3007
R&D人员折合全时当量(人年)	Full-time Equivalent of R&D Personnels (person-year)	105593	87720	85032	5585	8295	3992
R&D经费内部支出(万元)	R&D Interal Expenditure (10 000 yuan)	3843094	3296754	3202151	251305	245564	49472
日常性支出	Routine	3506527	3078096	3000154	214360	178475	35597
#人员劳务费	Labour	803575	632332	605933	91818	54623	24803
资产性支出	Asset	322120	204210	201997	36946	67089	13875
#仪器和设备	Instruments and Facilities	265423	190022	187911	26922	37057	11422
政府资金	Government Funded	591957	173128	171878	233883	149608	35339
企业资金	Enterprises Funded	3189911	3123427	3030229	873	58939	6672
境外资金	Overseas Fund	129	44	44	5	36	44
其他资金	Other Funds	61098	154		16544	36982	7418
R&D经费外部支出(万元)	R&D External Expenditure (10 000 yuan)	145535	87432	85580	53444	4311	348

19-3 R&D项目(课题)情况(2019年)
R&D Projects (2019)

指标	Item	项目(课题)数（项）Number of Projects (item)	项目(课题)参加人员折合全时当量(人年) Full-time Equivalent of Project Personnel (person-year)	研究人员 Research Personnel	项目(课题)经费内部支出(万元) Expenditure (10 000 yuan)
总计	**Total**	**48233**	**98108**	**31547**	**3807311**
企业	Enterprises	19114	81873	19800	3413608
#规模以上工业企业	Enterprises Industrial above Designated Size	18645	79088	18887	3333370
科研机构	Science Institutions	1514	5246	4109	187316
高等院校	High Educations	26722	8298	6948	177627
其他	Others	883	2691	690	28761

19-4 研究机构情况(2019年)
Scientific Research Institutions (2019)

指标	Item	机构数（个）Number of Institutions (unit)	R&D人员（人）R&D Personnel (person)	#博士毕业 Doctor Graduates	#硕士毕业 Master Graduates	R&D经费支出（万元）Expenditure on R&D Activities (10 000 yuan)	科研用仪器设备原价（万元）Prime Cost of Research Instruments (10 000 yuan)
总计	**Total**	**4711**	**86860**	**3400**	**8525**	**3143213**	**2792121**
企业	Enterprises	4011	74949	765	4976	2839417	2418146
#规模以上工业企业	Enterprises Industrial above Designated Size	3757	98622	1075	6611	3344295	2326650
科研机构	Science Institutions	115	6461	430	1951	251305	156493
高等院校	High Educations	531	4383	2145	1374	43425	197357
其他	Others	54	1067	60	224	9066	20126

19-5 规模以上工业企业R&D情况
R&D Activities of Industrial Enterprises above Designated Size

指 标	Item	2018	2019
企业基本情况	**Basic Statistics**		
企业数(个)	Number of Industrial Enterprises above Designated Size (unit	12012	13045
#有R&D活动企业数	Enterprises with R&D Activties	3547	4335
#有研发机构企业数	Enterprises with Reserach Institutions	2549	3467
R&D活动人员情况	**R&D Personnel**		
R&D人员合计(人)	R&D Personnel (person)	90444	122207
#参加项目人员	Project Participated	82554	113533
管理和服务人员	Management and Service Personnel	7890	8674
#女性	Female	20457	27738
#研究人员	Researchers	32149	35193
#全时人员	Full-time	67688	94455
非全时人员	Non Full-time	22756	27752
R&D人员折合全时当量合计(人年)	Full-time Equivalent of R&D Personnel (person-year)	67394	85032
#研究人员	Researchers	23899	24521
#基础研究人员	Basic Research	317	10
应用研究人员	Applied Research	2222	1508
试验发展人员	Experimental Research	64855	83514
R&D活动经费支出情况	**R&D Expenditure**		
R&D经费内部支出合计(万元)	R&D Interal Expenditure (10 000 yuan)	2677714	3202151
#经常费支出	Routine	2392527	3000154
#人员劳务费	Labour	563750	605933
资产性支出	Asset	285187	201997
土建工程	Building Projects	9537	14086
仪器和设备	Instruments and Facilities	275650	187911
#基础研究支出	Basic Research	5274	395
应用研究支出	Applied Research	70446	46524
试验发展支出	Experimental Research	2601994	3155233
#政府资金	Government Funded	86878	171878
企业资金	Enterprises Funded	2584673	3030229
境外资金	Overseas Fund	1333	44
其他资金	Other funds	4830	
R&D经费外部支出合计(万元)	R&D External Expenditure (10 000 yuan)	111151	85580
#对境内研究机构支出	to Domestic Research Institutions	55952	24619
对境内高等学校支出	to Domestic Higher Education	11268	8500
对境内企业支出	to Domestic Enterprises	40030	44538
对境外支出	to Foreign Institutions	3901	7924
全部R&D项目情况	**R&D Projects**		
项目数(个)	R&D Projects (unit)	13658	18645
项目人员折合全时当量(人年)	Participants (person-year)	61321	79088
项目经费内部支出	Expenditure (10 000 yuan)	2595607	3333370
企业办研发机构情况	Scientific Research Institutions	2781	3757
期末机构数	Institutions (unit)		

19-5 续表 continued

指　　标	Item	2018	2019
机构人员合计(人)	Personnel (person)	71746	98622
#博士毕业	Doctors	1078	1075
硕士毕业	Masters	6015	6611
机构经费支出(万元)	Expenditure on S&T Institutions (10 000 yuan)	2459829	3344295
期末仪器和设备原价(万元)	Equipment (10 000 yuan)	1657261	2326650
科技活动产出及相关情况	**S&T Output**		
自主知识产权情况	**Proprietary Intellectual Property Rights**		
专利申请数(件)	Numbers of Patent Applications (unit)	26303	27813
#发明专利	Inventions	5216	5768
期末有效发明专利数(件)	Numbers of Patent Applications Granted (unit)	11878	13328
#已被实施	Implemented	8059	8224
专利所有权转让及许可数(件)	Ownership Transfer of Patent and License (unit)		470
专利所有权转让与许可收入(万元)	Revenue from Ownership Transfer of Patent and License (10 000 yuan)		5760
新产品开发、生产及销售情况	**New Products Development, Production and Sale**		
新产品开发项目数(个)	New Products (unit)	15614	20589
新产品开发经费支出(万元)	Expenditure on New Products Development (10 000 yuan)	3673303	4584841
新产品销售收入(万元)	Sale Revenue of New Products (10 000 yuan)	45117850	63281504
#出口	Exports	5201810	8088637
其他情况	**Others**		
发表科技论文	Number of S&T Paper Published (piece)	1759	1657
期末拥有注册商标(件)	Registered Trademarks Owned at Year-end (unit)	9379	12140
形成国家或行业标准(个)	National and Industrial Standards (item)	373	410
其他情况	**Others**		
政府相关政策落实情况	Government Policy Implementation		
使用来自政府部门的科技活动资金(万元)	S&T Funds from Government (10 000 yuan)	86120	80993
研究开发费用加计扣除减免税(万元)	Tax Reliefs of R&D Expenditure Additional Deduction (10 000 yuan)	217123	364340
高新技术企业减免税(万元)	Tax Reliefs of High-tech Enterprises (10 000 yuan)	287545	377931
技术获取和技术改造情况(万元)	Technology Acquisititon and Renovation (10 000 yuan)	802768	875717
引进境外技术经费支出(万元)	Expenditure for Acquisition of Foreign Technology (10 000 yuan)	18563	26983
引进技术的消化吸收经费支出(万元)	Expenditure for Assimilation of Technology (10 000 yuan)	1308	2632
购买境内技术经费支出(万元)	Expenditure for Purchase of Domestic Technology (10 000 yuan)	92227	120861
技术改造经费支出(万元)	Expenditure for Technical Renovation (10 000 yuan)	690670	725241

19-6 各地区规模以上工业企业R&D情况（2019年）
Main Statistics on R&D of Industrial Enterprises above Designated Size by Region(2019)

地区	Region	有R&D活动单位数（个）Enterprises with R&D Activties (unit)	R&D人员（人）R&D Personnel (person)	R&D内部经费支出（万元）R&D Interal Expenditure (10 000 yuan)
全　省	**Provincial Total**	**4335**	**122207**	**3202151**
南昌市	Nanchang	376	27664	702596
景德镇市	Jingdezhen	93	4509	137529
萍乡市	Pingxiang	262	6382	132491
九江市	Jiujiang	638	15198	310400
新余市	Xinyu	87	4253	173072
鹰潭市	Yingtan	141	5807	357240
赣州市	Ganzhou	644	10707	380595
吉安市	Ji'an	575	15463	231658
宜春市	Yichun	604	15187	352345
抚州市	Fuzhou	547	10127	173590
上饶市	Shangrao	368	6910	250634

19-7 地方企事业单位专业技术人员(一)
Professional Technical Personnel in Local Institutions and Enterprises (I)

单位：人 (person)

类　　别	Type	2000	2005	2010	2015	2016	2017	2018	2019
总　　计	**Total**	**693530**	**693932**	**695946**	**729989**	**725211**	**742119**	**740891**	**762586**
工程技术人员	Engineering	91360	74607	67728	77911	77917	79024	77174	77664
农业技术人员	Agriculture	19470	19733	20391	18337	16908	16410	16413	16180
卫生技术人员	Health Care	99631	110834	119861	127305	127376	125981	124816	127860
科学研究人员	Scientific Research	2333	3840	2840	2719	3163	3544	4539	4462
教学人员	Teaching	360818	399404	414664	441951	433476	449171	437166	451050
其他人员	Others	119918	85514	70462	61766	66371	67989	80783	85370

注：本表中事业单位专业技术人员不包含聘用人员。表19-8同。

a) Personnel contracts are not included in institution personnel in this table.The same applies to table 19-8.

19-8 地方企事业单位专业技术人员(二)
Professional Technical Personnel in Local Institutions and Enterprises (II)

类　　别	Type	人　数 (人) Personnel (person)		比　重 (%) Percentage (%)		平均每万人口专业技术人员（人） Professional Technical Staff per 10 000 Population (person)		平均每万在岗职工专业技术人员(人) Professional Technical Staff per 10 000 Staff and Workers (person)	
		2018	2019	2018	2019	2018	2019	2018	2019
总　　计	**Total**	**740891**	**765286**	**100.0**	**100.0**	**160**	**164**	**1851**	**1880**
工程技术人员	Engineering	77174	77664	10.4	10.1	17	17	193	191
农业技术人员	Agriculture	16413	16180	2.2	2.1	4	3	41	40
卫生技术人员	Health Care	124816	127860	16.8	16.7	27	27	312	314
科学研究人员	Scientific Research	4539	4462	0.6	0.6	1	1	11	11
教学人员	Teaching	437166	451050	59.0	58.9	94	97	1092	1108
其他人员	Others	80783	85370	10.9	11.2	17	18	202	210

19-9 地方企事业单位分行业专业技术人员（2019年）
Professional Technical Personnel in Local Institutions and Enterprises by Sector (2019)

单位：人 (person)

行　　业	Sector	合　计 Total	事业单位 Institutions	企业单位 Enterprises
总　计	**Total**	**762586**	**686564**	**76022**
农林牧渔业	Agriculture, Forestry, Animal Husbandry and Fishery	24279	22378	1901
采矿业	Mining	10640	36	10604
制造业	Manufacturing	19007	44	18963
电力、热力、燃气及水生产和供应业	Production and Supply of Electric Power, Gas and Water	4019	89	3930
建筑业	Construction	9807	1614	8193
批发和零售业	Wholesale and Retail Trade	1063	1	1062
交通运输、仓储和邮政业	Transport, Storage and Post	15954	7335	8619
住宿和餐饮业	Hotel and Catering	390	63	327
信息传输、软件和信息技术服务业	Information Transmission, Computer Services and Software	929	860	69
金融业	Financial Intermediation	15287	1088	14199
房地产业	Real Estate	2624	1437	1187
租赁和商务服务业	Leasing and Business Services	2030	225	1805
科学研究和技术服务业	Scientific Research, Technical Service and Geologic Prospecting	18193	16475	1718
水利、环境和公共设施管理业	Management of Water Conservancy, Environment and Public Faciliti	11973	11477	496
居民服务、修理和其他服务业	Services to Households and Other Services	2348	1388	960
教育	Education	455955	455948	7
卫生和社会工作	Health and Social Work	131329	131315	14
文化、体育和娱乐业	Culture, Sports and Entertainment	15544	13581	1963
公共管理、社会保障和社会组织	Public Management, Social Welfare and Social Organization	21155	21150	5
国际组织	International Organization	60	60	

注：本表中事业单位专业技术人员不包含聘用人员。表19-10同。

a) Contract personnel are not included in institution personnel in this table.The same applies to table 19-10.

19-10 地方企业单位单位技术人员(一)(2019年)
Professional Technical Personnel in Local Enterprises (I) (2019)

单位：人 (person)

类别	Type	合 计 Total	高级职务 Senior	#正高级职务 High Senior	中级职务 Middle	初级职务 Junior	未聘任专业技术职务 Un-titled
合 计	**Total**	**76022**	**6227**	**471**	**19340**	**32194**	**18261**
按学历分	**by Schooling**						
研究生	Postgraduate	4915	928	120	1935	663	1389
大学本科	Undergraduate	40156	4576	327	10635	15146	9799
大学专科	Junior College	20813	557	16	5072	11032	4152
中 专	Junior Secondary School	4973	80	8	1013	2822	1058
高中及以下	Senior Secondary School and below	5165	86		685	2531	1863
按年龄分	**by Age**						
35岁及以下	35 and below	31483	234	1	5222	13699	12328
36岁至40岁	36-40	11108	834	19	3303	5167	1804
41岁至45岁	41-45	11950	1326	55	3809	5196	1619
46岁至50岁	46-50	10750	1484	101	3507	4394	1365
51岁至54岁	51-54	5895	1298	150	1910	2104	583
55岁及以上	55 and over	4836	1051	145	1589	1634	562

19-11 地方企业单位单位技术人员(二)(2019年)
Professional Technical Personnel in Local Enterprises (II) (2019)

单位：人 (person)

类别	Type	合 计 Total	工程技术人员 Engineering	农业技术人员 Agriculture	卫生技术人员 Health Care	科学研究人员 Scientific Research	教学人员 Teaching	其 他 Others
合 计	**Total**	**76022**	**40207**	**432**	**1350**	**93**	**458**	**33482**
按学历分	**by Schooling**							
研究生	Postgraduate	4915	2569	3	20	12	38	2273
大学本科	Undergraduate	40156	20590	83	573	42	242	18626
大学专科	Junior College	20813	11428	136	604	20	151	8474
中 专	Junior Secondary School	4973	2854	129	113	19	18	1840
高中及以下	Senior Secondary School and below	5165	2766	81	40		9	2269
按年龄分	**by Age**							
35岁及以下	35 and below	31483	19322	88	421	48	84	11520
36岁至40岁	36-40	11108	5843	89	204	18	74	4880
41岁至45岁	41-45	11950	5333	104	271	12	95	6135
46岁至50岁	46-50	10750	4636	68	273	12	80	5681
51岁至54岁	51-54	5895	2792	38	118	2	67	2878
55岁及以上	55 and over	4836	2281	45	63	1	58	2388

19-12　地方事业单位单位技术人员(2019年)
Professional Technical Personnel in Local Institutions (2019)

单位：人　　　　(person)

类　别	Type	合　计 Total	工程技术人　员 Engineering	农业技术人　员 Agriculture	卫生技术人　员 Health Care	科学研究人　员 Scientific Research	教学人员 Teaching	其　他 Others
合　计	**Total**	**686564**	**37457**	**15748**	**126510**	**4369**	**450592**	**51888**
按学历分	**by Schooling**							
研究生	Postgraduate	45774	2468	367	1712	8189	30985	2053
大学本科	Undergraduate	351412	20649	5570	56299	1878	242275	24741
大学专科	Junior College	213624	10568	6266	39435	603	138043	18709
中　专	Junior Secondary School	65951	2965	2910	20277	144	34685	4970
高中及以下	Senior Secondary School and below	9803	807	635	2310	32	4604	1415
按年龄分	**by Age**							
35岁及以下	35 and below	256959	12431	3983	44044	1435	178116	16950
36岁至40岁	36-40	117911	6663	2979	23267	838	74210	9954
41岁至45岁	41-45	105446	6259	2942	21290	681	64828	9446
46岁至50岁	46-50	96250	5107	2786	17650	529	62164	8014
51岁至54岁	51-54	63478	4030	1631	12164	430	40488	4735
55岁及以上	55 and over	46520	2967	1427	8095	456	30786	2789

19-13 科学研究和技术服务业事业单位情况（2019年）
Main Statistics on Institutions of Scientific Research and Technical Services (2019)

类别	Type	机构数（个）Number of Institutions (unit)	从业人员总数（人）Total Number of Employees (person)	#单位在职科技活动人员 Personnel Engaged in S&T Activities	经费收入总额（万元）Total Income (10 000 yuan)	经费内部支出总额（万元）Internal Expenditure (10 000 yuan)	#科技经费内部支出 S&T Expenditure
总计	**Total**	**223**	**12296**	**8108**	**367033**	**364436**	**272941**
按隶属关系分	**Grouped by Jurisdiction of Management**						
中央部门属	Central-department Administratied	5	619	435	21552	20208	15776
地方部门属	Local-department Administratied	218	11677	7673	345481	344229	257165
省级部门属	Provincial-department Administratied	62	5971	4285	192656	194136	159297
地市级部门属	Municipal-departments Administratied	55	2044	1385	47418	53214	37450
按国民经济行业分	**Grouped by Sector**						
农、林、牧、渔业	Agriculture, Forestry, Animal Husbandry and Fishery	98	3949	2529	97520	95992	77302
采矿业	Mining	8	1454	416	27972	31067	13558
制造业	Manufacturing	25	1306	1038	31844	34647	26368
建筑业	Construction	2	170	44	5961	5755	831
交通运输、仓储和邮政业	Transport, Storage and Post	1	279	90	18824	14563	10130
信息传输、软件和信息技术服务业	Information Transmission, Software and Information Technical Service	2	122	122	4125	3468	3468
科学研究和技术服务业	Scientific Research and Technical Service	73	4031	3147	136939	139164	109933
水利、环境和公共设施管理业	Management of Water Conservancy, Environment and Public Facilities	5	517	455	27531	24530	23706
教育	Education	2	51	40	1357	1327	988
卫生、社会工作	Health and Social Affairs	6	400	214	14132	13323	6059
文化、体育和娱乐业	Culture, Sports and Entertainment	1	17	13	827	602	598
按学科领域分	**Grouped by Field of Study**						
自然科学领域	Natural Science	15	1340	524	30461	29282	17361
农业科学领域	Agriculture Science	115	4485	2929	114455	117392	96995
医学科学领域	Medical Science	10	695	471	22692	24035	15441
工程科学与技术领域	Engineering Science and Technology	68	5302	3762	184323	177779	128982
社会、人文科学领域	Social and Human Science	15	474	422	15102	15949	14162
按地区分	**Grouped by Region**						
南昌市	Nanchang	78	7437	5283	256623	250435	191509
景德镇市	Jingdezhen	10	509	329	7875	8318	6293
萍乡市	Pingxiang	8	176	141	5137	7256	6604
九江市	Jiujiang	17	617	538	13295	14989	11758
新余市	Xinyu	3	276	132	11674	10042	6641
鹰潭市	Yingtan	7	82	40	2210	1926	1872
赣州市	Ganzhou	27	937	489	23926	29232	19022
吉安市	Ji'an	23	856	579	24569	21914	16979
宜春市	Yichun	6	162	125	3485	4046	3325
抚州市	Fuzhou	25	397	190	5992	5967	4078
上饶市	Shangrao	19	847	262	12248	10311	4861

19-14 高等学校科技人力资源情况（2019年）
Basic Statistics on Higher Education for Human Resource (2019)

单位：人 (person)

类别	Type	总计 Total	高级 Senior	中级 Medium	初级 Junior	技术员 Technician	辅助人员 Assistant
合计	**Total**	**33662**	**10568**	**13977**	**8496**	**371**	**250**
按学科分	**Grouped by Field of Study**						
自然科学	Natural Science	6037	2414	2796	793	22	12
工程与技术	Engineering and Technology	13914	4869	6357	2499	137	52
医药科学	Medical Science	11980	2756	4052	4837	175	160
农业科学	Agricultural Science	882	368	417	93	2	2
其他	Others	849	161	355	274	35	24
按学历分	**Grouped by Schooling**						
博士研究生	Doctor-graduate	6867	3243	3388	192	44	
硕士研究生	Post-graduate	11911	2618	5699	3472	122	
大学本科	Undergraduate	11763	4447	4212	2899	205	
大学专科	Junior College	2855	227	622	1793		213
中专及以下	Secondary Technical School and below	266	33	56	140		37

注：本表数据为高校理工院校。表19-15同。

a) The data refers to polytechnic colleges in this table.The same applies to table 19-15.

19-15 高等学校科技项目情况（2019年）
Statistics on Scientific Projects in Schools of Higher Education (2019)

类别	Type	课题数（项）Number of Project (item)	当年投入（万元）Input This Year (10 000 yuan)	当年支出经费(万元) Expenditures This Year (10 000 yuan)	当年投入人员（人年）Staff Input This Year (person-year)	高级职务 Senior Title	中级职务 Middle Title	初级职务 Junior Title	其他 Others
总计	**Total**	**13718**	**245854**	**178592**	**7147.5**	**2756.3**	**3083.7**	**1246.4**	**61.1**
基础研究	Basic Research	6256	98707	76515	3050.0	1165.4	1265.4	600.7	18.5
应用研究	Applied Research	4688	81139	51992	2317.9	930.7	986.8	368.5	31.9
试验发展	Experimental Development	683	17819	10114	376.3	131.7	136.3	107.4	0.9
R&D成果应用	R&D Production Application	642	17162	12339	385.5	147.0	177.9	56.2	4.4
其他科技服务	Other Scientific Services	1449	31028	27632	1017.8	381.5	517.3	113.6	5.4

19-16 科协系统科技活动情况（2019年）
Basic Statistics on S&T Activities of S&T Associations (2019)

指　　标	Item	科协合计 Total Number of Associations	省科协 Provincial Associations	市科协 Prefectural Associations	县科协 County Associations	省学会合计 Total Number of Learned Societies
机构与人员	**Number of Associations or Academic Societies and Personnel**					
机构数(个)	Number of Associations (unit)	240	1	11	98	130
人员数(人)	Number of Personnel (person)	1748	37	125	466	1120
举办学术交流活动	**Academic Exchange**					
次　　数(次)	Number of Academic Meetings (time)	313	22	45	18	228
参加人数(人次)	Number of Participants (person-time)	74162	9980	8072	600	56050
科普活动	**S&T Popularization Activities**					
科普宣讲活动(次)	Number of S&T Popularization Lectures (time)	799		35	499	265
受众人次(万人次)	Number of Participants (10 thousand person-time)	305.6		86.5	73.8	145.3
科普展览次数(次)	Number of S&T Popularization Exhibitions (time)	295	25	19	215	36
参观人次(万人次)	Number of Participants (10 thousand person-time)	136.3	70.5	6.5	56.6	2.7
出　　版	**S&T Media**					
科技期刊种数(种)	Number of S&T Journals (kind)	52	2	3	14	33
科技期刊年发行总数(万册)	Printed Copies (copy)	48	2.8	1.6	3.2	40.4

19-17 技术市场基本情况
Basic Statistics on Technology Market

类别	Type	项数(项) Item (item)			成交额(万元) Transation Value (10 000 yuan)		
		2017	2018	2019	2017	2018	2019
总计	**Total**	**2404**	**3024**	**2799**	**961896**	**1158095**	**1486137**
按签订的技术合同类别分	**Grouped by Signed Technological Contracts**						
技术开发合同	Technological Development Contract	1172	1113	1138	413709	412303	497843
技术转让合同	Technological Transfer Contract	211	234	229	159809	125865	191520
技术咨询合同	Technological Consultation Contract	277	361	326	59194	109687	134531
技术服务合同	Technological Service Contract	744	1316	1106	329183	510239	662244

19-18 专利申请受理量和授权量
Patents Application Examined and Granted

单位：项 (unit)

类别	Type	受理量 Number of Patent Applications Examined						授权量 Number of Patent Applications Granted					
		2000	2005	2010	2015	2018	2019	2000	2005	2010	2015	2018	2019
总计	**Total**	**1557**	**2815**	**6307**	**36936**	**86001**	**91474**	**1072**	**1361**	**4351**	**24161**	**52819**	**59140**
按种类分	**Grouped by Types**												
发明	Inventions	267	713	1968	5721	14519	14101	67	142	411	1639	2524	2744
实用新型	Utility Models	806	1280	2947	18621	49843	53552	690	717	2588	13408	34796	37564
外观设计	Designs	484	822	1392	12594	21639	23821	315	502	1352	9114	15499	18832
按申请者分	**Grouped by Applicants**												
个人	Individuals	1303	2180	2960	13938	26645	29884	854	1089	2313	8615	13710	15862
大专院校	Universities and Colleges	6	62	855	4072	8436	8566	6	12	428	2558	4942	5402
科研单位	Research Institutions	18	19	90	494	1256	1134	11	11	58	250	376	532
工矿企业	Industrial and Mining Enterprises	222	546	2375	18197	48993	51273	193	247	1539	12671	33625	36796
机关团体	Government Agencies and Organizations	8	8	27	235	671	617	8	2	13	67	166	548

19-19 获国家级、省级科技奖项数
National-level and Provincial-level S&T Awards

单位：项 (unit)

类别	Type	2005	2010	2015	2016	2017	2018	2019
国家级科学技术奖	National-level S&T Advancement Award	4	8	12	12	2	4	10
省级奖项合计	Total Provincial-level Awards	79	102	108	106	106	150	148
特别贡献奖	Special Contribution Award			1				
国际合作奖	International Cooperation Award					2		
自然科学奖	Natural Science Award	8	11	14	17	20	45	50
一等奖	First Prize	1	2		2	1	8	9
二等奖	Second Prize	3	3	6	6	9	13	16
三等奖	Third Prize	4	6	8	9	10	24	25
技术发明奖	Technology Invention Award	2	5	14	16	7	14	8
一等奖	First Prize	1	1	1	1	1	3	
二等奖	Second Prize		1	6	5	2	2	6
三等奖	Third Prize	1	3	7	10	4	9	2
科技进步奖	S&T Advancement Award	69	86	79	73	77	91	90
一等奖	First Prize	4	5	7	7	14	11	14
二等奖	Second Prize	17	19	31	25	20	34	28
三等奖	Third Prize	48	62	41	41	43	46	48

19-20 各类全日制学校基本情况（2019年）
Total Enrollment of Full-time Schools by Type of School (2019)

单位：人 (person)

类别	Type	学校数（所） Number of Schools (unit)	在校学生数 Total Enrollment	招生数 New Enrollment	毕业生数 Graduates	教职工数 Teachers and Staff	#专任教师 Full-time Teachers
研究生	Post-graduates	16	44600	16029	10621		6178
普通高等学校	Regular Institutions of Higher Education	103	1134950	389445	303308	84928	60224
普通中专学校	Regular Specialized Secondary Schools	95	241879	101965	65859	10293	7574
普通中学	Regular Secondary Schools	2673	3256039	1145924	962722	237636	197049
高中	Senior Secondary Schools	496	1055368	377216	326947	95558	60479
初中	Junior Secondary Schools	2177	2200671	768708	635775	142078	136570
职业高中	Secondary Vocational Schools	145	138416	46341	42701	7593	5075
技工学校	Technical Schools	88	154222	62343	39195	10919	9160
小学	Primary Schools	7330	4114416	658488	765289	211617	238475
幼儿园	Kindergartens	15958	1657888	608004	601978	165264	102539
特殊教育学校	Special Education Schools	95	37644	6930	7058	1982	1767
工读学校	Schools for Juvenile Delinquents	1	302	171	196	47	42

19-21 各类全日制学校在校学生数
Total Enrollment of Full-time Schools by Type of School

类 别	Type	1980	1990	2000	2010	2017	2018	2019
研究生(人)	Post-graduates (person)	58	479	2118	21313	34530	39272	44600
普通高等学校(人)	Regular Institutions of Higher Education (person)	35623	56608	144293	816484	1048289	1054400	1134950
普通中专学校(人)	Regular Specialized Secondary Schools (person)	40800	61675	160022	238744	203941	209801	241879
普通中学(万人)	Regular Secondary Schools (10 000 persons)	154.86	181.06	259.22	273.96	287.74	307.83	325.6
高 中	Senior Secondary Schools	28.01	26.23	38.53	73.96	96.70	100.84	105.54
初 中	Junior Secondary Schools	126.85	154.83	220.69	199.99	191.04	206.99	220.07
职业中学(万人)	Secondary Vocational Schools (10 000 persons)	0.51	11.69	12.71	36.69	13.17	13.71	13.84
高 中	Senior Secondary Schools	0.15	9.17	10.72	36.64	13.17	13.71	13.84
初 中	Junior Secondary Vocational Schools	0.36	2.52	1.99	0.05			
技工学校(人)	Technical Schools (person)	13370	34237	34617	169564	134949	139437	154222
小 学(万人)	Primary Schools (10 000 persons)	529.30	450.44	422.68	426.02	422.90	421.22	411.44
幼儿园(万人)	Kindergartens (10 000 persons)	30.61	36.26	62.06	123.51	160.94	161.31	165.79
特殊教育学校(人)	Special Education Schools (person)	485	1195	13142	23741	30330	33788	37644

19-22 各类全日制学校毕业生数
Graduates in Full-time Schools by Type of School

类 别	Type	1980	1990	2000	2010	2017	2018	2019
研究生(人)	Post-graduates (person)		215	409	4568	9132	10091	10621
普通高等学校(人)	Regular Institutions of Higher Education (person)	3363	13616	24449	225943	295985	310976	303308
普通中专学校(人)	Regular Specialized Secondary School (person)	11296	21040	45776	70542	67684	70666	65859
普通中学(万人)	Regular Secondary Schools (10 000 persons)	34.82	49.02	73.79	79.92	86.85	88.09	96.27
高 中	Senior Secondary Schools	15.83	8.39	9.19	26.25	30.19	30.45	32.69
初 中	Junior Secondary Schools	18.99	40.63	64.60	53.68	56.66	57.64	63.58
职业中学(万人)	Secondary Vocational Schools (10 000 persons)	0.12	3.03	4.62	11.30	3.47	3.51	4.27
高 中	Senior Secondary Vocational Schools	0.08	2.39	3.88	11.27	3.47	3.51	4.27
初 中	Junior Secondary Vocational Schools	0.04	0.64	0.74	0.03			
技工学校(人)	Technical Schools (person)	297	9457	14740	51359	33536	38979	39195
小 学(万人)	Primary Schools (10 000 persons)	60.89	86.02	85.61	67.85	67.84	73.16	76.53
特殊教育(人)	Special Education Schools (person)	65	98	1073	2476	4206	5188	7058

19-23 普通高等学校分学科学生情况（2019年）

Basic Statistics on Students in Regular Institutions of Higher Education by Field of Study (2019)

单位：人 (person)

类 别	Type	在校学生数 Total Enrollment	招生数 New Enrollment	毕业生数 Graduates
总 计	**Total**	**1126820**	**385604**	**300066**
#女	#Female	548912	183769	149331
本 科	Undergraduate Course	568044	148517	122933
#女	#Female	290155	76310	62625
哲 学	Philosophy	205	52	49
经济学	Economics	29649	6756	6832
法 学	Law	18525	4794	3500
教育学	Education	25690	7395	4456
文 学	Literature	57534	15113	10767
历史学	History	2861	724	525
理 学	Science	31708	8132	6380
工 学	Engineering	175851	46273	39541
农 学	Agriculture	6903	1724	1626
医 学	Medicine	45014	10209	9195
管理学	Management	98199	23446	24831
艺术学	Art	72432	20426	15231
职业本科	Vocational Undergraduate	3473	3473	
专 科	Specialized Undergraduate Courses	558776	237087	177133
#女	#Female	258757	107459	86706
农林牧渔大类	Farming,Forestry, Husbandry and Fishing	10532	6231	2202
资源环境与安全大类	Resource, Environment and Safety	4929	2199	1624
能源动力与材料大类	Energy, Power and Material	7786	4109	2586
土木建筑大类	Civil Construction	42323	17131	14269
水利大类	Water Conservation	2382	1283	697
装备制造大类	Equipment Manufacturing	53615	22216	18346
生物与化工大类	Bio-science and Chemical Engineering	1450	449	575
轻工纺织大类	Light and Textile Industry	2414	861	873
食品药品与粮食大类	Food, Medicine and Grain	2741	1039	919
交通运输大类	Transportation	21050	7460	7247
电子信息大类	Electronic Information	89156	40534	21443
医药卫生大类	Medicine and Health	58682	24792	21092
财经商贸大类	Finance and Commerce	101554	41773	37783
旅游大类	Tourism	10041	3777	3369
文化艺术大类	Culture and Art	32859	13811	9624
新闻传播大类	Journalism and Communication	4197	1737	1425
教育与体育大类	Education and Sport	95829	38778	29644
公安与司法大类	Public Security and Judiciary	9520	3881	2550
公共管理与服务大类	Public Affairs and Services	7716	5026	865

注：本表中学生数不含在成人高校接受普通高等教育的学生数。

a) Students taking regular higher education in adult higher educaton are not included in students of regular institutions of higher education.

19-24 普通中专学校分科学生数（2019年）
Number of Students in Regular Specialized Secondary School by Field of Study (2019)

单位：人 (person)

类别	Type	毕业生数 Graduates	招生数 New Enrollment	#招收应届毕业生数 This Year's Graduates	#招收初中毕业生数 Junior Middle School Graduates	在校学生数 Total Enrollment
总计	**Total**	**65859**	**101965**	**96665**	**96227**	**241879**
#女	Female	37473	50833	48293	48197	125645
农林牧渔类	Farming, Forestry,Husbandry and Fishing	1259	1599	1448	1448	4048
资源与环境类	Resources and Environment	168	203	196	196	641
能源与新能源类	Energy and New Energy	81	21	21	21	63
土木水利类	Civil and Hydraulic Engineering	2034	2333	2260	2260	5994
加工制造类	Manufacturing	5540	10777	9879	9669	22825
石油化工类	Petrochemical Industry	244	307	290	290	827
轻纺食品类	Textile and Food	241	264	246	246	559
交通运输类	Communication & Transportation	5255	7055	6761	6735	18927
信息技术类	Information Technologies	9099	23639	22601	22569	47709
医药卫生类	Medicine and Health	14817	15558	14431	14400	42048
休闲保健类	Recreation and Health Care	186	526	523	523	1080
财经商贸类	Finance Economics and Trade	7691	12271	11694	11679	27915
旅游服务类	Tourism and Service	2080	3551	3474	3462	7789
文化艺术类	Culture and Arts	1853	3143	2846	2745	7829
体育与健身	Physical Fitness	529	701	653	653	2085
教育类	Education	13857	18289	17722	17711	47569
司法服务类	Legal Service	474	588	539	539	1515
公共管理与服务类	Public Affairs and Services	403	732	673	673	1742
其他	Others	48	408	408	408	714

注:普通中等专业学校在校学生数含在普通高校接受普通中专教育的学生数。
a) Number of students in regular specialized secondary school includes regular specialized secondary education in regular institutions of higher education.

19-25 各地区普通中专教育基本情况（2019年）
Basic Statistics on Regular Specialized Secondary School by Region (2019)

单位：人 (person)

地区	Region	学校数(所) Number of Schools (unit)	毕业生数 Graduates	招生数 New Enrollment	在校学生数 Total Enrollment	教职工数 Teachers and Staff	#专任教师 Full-time Teachers
全省	**Provincial Total**	**95**	**65859**	**101965**	**241879**	**10293**	**7574**
南昌市	Nanchang	26	23035	25011	70416	2724	1803
景德镇市	Jingdezhen	5	1745	3076	6509	438	338
萍乡市	Pingxiang	4	3238	5584	14511	622	410
九江市	Jiujiang	10	4277	10694	23128	1070	887
新余市	Xinyu	3	2348	4606	9237	427	277
鹰潭市	Yingtan	3	1962	2484	6330	323	150
赣州市	Ganzhou	13	7859	18089	41712	2020	1660
吉安市	Ji'an	13	5837	7611	19086	926	701
宜春市	Yichun	5	3955	9432	20462	654	527
抚州市	Fuzhou	4	3963	4197	6881	298	235
上饶市	Shangrao	9	7640	11181	23607	791	586

19-26 各地区普通中学基本情况（2019年）
Basic Statistics on Regular Secondary Schools (2019)

单位：人 (person)

类别	Type	学校数（所）Number of Schools (unit)	在校学生数 Total Enrollment	初中 Junior Secondary Schools	高中 Senior Secondary School	招生数 New Enrollment	初中 Junior Secondary Schools
全省	**Provincial Total**	**2673**	**3256039**	**2200671**	**1055368**	**1145924**	**768708**
#女	Female		1460070	985973	474097	514980	344265
南昌市	Nanchang	294	315168	207307	107861	109412	72128
景德镇市	Jingdezhen	101	113231	76259	36972	40803	27363
萍乡市	Pingxiang	109	112179	76006	36173	38876	26082
九江市	Jiujiang	288	328218	214946	113272	114717	74904
新余市	Xinyu	37	80723	53763	26960	28307	19006
鹰潭市	Yingtan	90	84495	59576	24919	29829	20320
赣州市	Ganzhou	480	707062	482885	224177	248221	168828
吉安市	Ji'an	319	338799	235387	103412	122865	85437
宜春市	Yichun	259	373903	249177	124726	130673	86642
抚州市	Fuzhou	227	273357	186536	86821	97724	65809
上饶市	Shangrao	467	527190	357608	169582	183977	121769
赣江新区	Ganjiang New Area	2	1714	1221	493	520	420

注：初中各项指标中均含职业初中数据。

a) Data on junior secondary vocational schools are included in junior secondary vocational schools.

19-26 续表 continued

单位：人 (person)

类别	Type	高中 Senior Secondary Schools	毕业学生数 Graduates	初中 Junior Secondary Schools	高中 Senior Secondary Schools	教职工数 Teachers and Staff	#专任教师 Full-time Teachers
全省	**Provincial Total**	**377216**	**962722**	**635775**	**326947**	**237636**	**197049**
#女	Female	170715	428371	281283	147088	121123	93285
南昌市	Nanchang	37284	96562	61220	35342	29774	20846
景德镇市	Jingdezhen	13440	33062	21486	11576	8395	7167
萍乡市	Pingxiang	12794	36275	23926	12349	10339	7936
九江市	Jiujiang	39813	95167	60729	34438	22641	19368
新余市	Xinyu	9301	23478	15007	8471	5194	4464
鹰潭市	Yingtan	9509	23168	16413	6755	7059	5385
赣州市	Ganzhou	79393	216393	142881	73512	47489	41938
吉安市	Ji'an	37428	95861	63696	32165	25525	21124
宜春市	Yichun	44031	113097	75037	38060	26002	22312
抚州市	Fuzhou	31915	80237	53453	26784	18732	16601
上饶市	Shangrao	62208	148811	101546	47265	36363	29788
赣江新区	Ganjiang New Area	100	611	381	230	123	120

19-27 中等职业学校基本情况（2019年）
Basic Statistics on Vocational Secondary Education by Type of School (2019)

单位：人 (person)

类别	Type	毕业生数 Graduates	招生数 New Enrollment	在校学生数 Total Enrollment	教职工数 Teachers and Staff	#专任教师 Full-time Teachers
总计	**Total**	**112129**	**149327**	**385493**	**19701**	**14225**
#女	Female	58190	68887	184158	9364	7006
全日制	Full-time	109981	148306	383568		
非全日制	Part-time	2148	1021	1925		
按办学类型分:	Grouped by School Types					
普通中等专业学校	Regular Specialized Secondary School	65859	101965	241879	10293	7574
成人中等专业学校	Adult Specialized Secondary School	3569	1021	5198	1815	1576
职业高中学校	Vocational Junior Secondary School	42701	46341	138416	7593	5075
按举办部门分:	Grouped by Administrative Department					
中央部门	Central Department	63	30	129	32	14
地方部门	Regional Department	89473	112804	292781	14519	11326
教育部门	Educational Department	56334	78251	197183	10117	8600
其他部门	Other departmeise	32988	34390	95181	4402	2726
地方企业	Local Enterprise	151	163	417		
民办	Private-run	22593	36493	92583	5150	2885

19-28 各地区职业高中基本情况（2019年）
Basic Statistics on Vocational Secondary Schools by Region (2019)

单位：人 (person)

地区	Region	学校数(所) Number of Schools (unit)	毕业生数 Graduates	招生数 New Enrollment	在校学生数 Total Enrollment	教职工数 Teachers and Staff	#专任教师 Full-time Teachers
全省	**Provincial Total**	**145**	**42701**	**46341**	**138416**	**7593**	**5075**
#女	Female						
南昌市	Nanchang	17	3767	4378	13531	1098	620
景德镇市	Jingdezhen	4	660	380	2030	92	85
萍乡市	Pingxiang	12	2264	3020	8262	461	295
九江市	Jiujiang	13	4065	1029	6528	391	253
新余市	Xinyu	6	2552	5040	10516	848	656
鹰潭市	Yingtan	7	472	1513	3613	144	99
赣州市	Ganzhou	30	17115	16792	46814	2405	1500
吉安市	Ji'an	17	2268	3330	10506	433	283
宜春市	Yichun	8	3051	2742	10955	530	451
抚州市	Fuzhou	11	1703	2167	8147	430	368
上饶市	Shangrao	20	4784	5950	17514	761	465

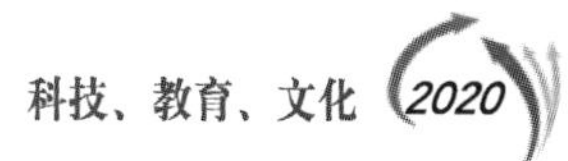

19-29 职业高中分科学生情况（2019年）
Students of Senior Secondary Vocational School by Field of Study(2019)

单位：人 (person)

类　　别	Type	毕业生数 Graduates	招生数 New Enrollment	在校学生数 Total Enrollment
总　　计	**Total**	**42701**	**46341**	**138416**
#女	Female	19243	17672	56992
农林牧渔类	Farming, Forestry, Husbandry and Fishing	663	670	2471
土木水利类	Civil and Hydraulic Engineering	1083	570	2211
加工制造类	Manufacturing	4324	3434	10239
石油化工类	Petrochemical Industry	12		46
轻纺食品类	Textile and Food	87	248	424
交通运输类	Communication & Transportation	5403	7396	20127
信息技术类	Information Technologies	13617	16261	46433
医药卫生类	Medicine and Health	90	113	910
休闲保健类	Recreation and Health Care	23	355	427
财经商贸类	Finance Economics and Trade	3545	4301	12322
旅游服务类	Tourism and Service	1130	1563	5290
文化艺术类	Culture, Arts and Physical Education	1157	1640	4206
体育与健身类	Physical Fitness	257	344	811
教育类	Education	7607	4760	19696
司法服务类	Legal Service	2546	3554	8637
管理与服务类	Public Affairs and Services	1018	1132	3736
其他	Others	139		430

19-30　小学、特殊教育基本情况（2019年）
Basic Statistics on Primary Schools, Special Education (2019)

单位：人　(person)

类　别	Type	学校数(所) Number of Schools (unit)	毕业生数 Graduates	招生数 New Enrollment	在校学生数 Total Enrollment	教职工数 Teachers and Staff	专任教师 Full-time Teachers Teachers
小　学	Primary Schools	**7330**	**765289**	**658488**	**4114416**	**211617**	**238475**
#女	Female		343337	299343	1864689	143720	164864
民　办	Non-public	54	37779	20252	158828	2151	1776
按城乡分	Grouped by Residence						
城　区	Cities	786	197333	200746	1195418	49994	60954
镇　区	Counties and Towns	1924	374336	297888	1904623	89498	100419
乡　村	Rural Areas	4620	193620	159854	1014375	72125	77102
按地区分	Grouped by Region						
南昌市	Nanchang	455	72382	71390	427747	18085	25069
景德镇市	Jingdezhen	328	27156	23352	152301	7358	8205
萍乡市	Pingxiang	360	26154	25486	150982	7969	9071
九江市	Jiujiang	576	73823	63231	390111	20497	22929
新余市	Xinyu	84	18855	17677	104716	5025	5609
鹰潭市	Yingtan	211	19709	16240	110033	5207	6337
赣州市	Ganzhou	1569	167556	138354	856274	46567	49664
吉安市	Ji'an	660	85902	77806	477191	22876	25577
宜春市	Yichun	804	85885	76118	491856	25569	28166
抚州市	Fuzhou	648	65373	54145	337308	18954	20522
上饶市	Shangrao	1633	122044	94283	613526	33317	37133
赣江新区	Ganjiang New Area	2	450	406	2371	193	193
特殊教育	Special Education	95	7058	6930	37644	1982	1767

19-31　平均每万人口在校学生数
Number of Students Per 10 000 Population by Level

指　标	Item	1980	1990	2000	2010	2017	2018	2019
各类学校在校学生占全省人口比重(%)	Schools of All Types of Students in the Proportion of the Population of the Province (%)	21.21	17.28	17.57	22.34	22.46	22.87	23.34
平均每万人口在校学生数	Number of Students Per 10 000 population by Level							
普通高等学校(人)	Regular Institutions of Higher Education (person)	10.91	14.98	35.29	187.98	235.81	277.10	300.76
中等学校(人)	Secondary Education (person)	491.67	530.97	702.41	788.66	730.80	771.22	815.82
中等专业学校	Specialized Secondary Schools	12.48	16.18	38.57	53.57	46.31	45.39	52.40
普通中学	Regular Secondary Schools	473.55	475.13	624.84	614.71	626.61	666.00	700.59
职业中学	Vocational Secondary Schools	1.55	30.68	30.65	82.33	28.68	29.66	29.78
技工学校	Technical Schools	4.09	8.98	8.35	38.05	29.20	30.17	33.05
小　学(人)	Primary Schools (person)	1618.56	1182.05	1018.85	955.90	920.94	911.30	885.28

注：普通高等学校包括研究生。后同。

a) The number of regular institutions of higher education includes the number of post-graduates. The same applies to the tables following.

19-32 初中毕业生、小学毕业生升学率
Proportion of Students Entering into Junior and Senior Secondary Schools

年份 Year	初中 Junior Secondary School			小学 Primary School		
	毕业生数(万人) Graduates (10 000 persons)	高级中等学校招生人数(万人) New Enrollment of Senior Secondary Schools (10 000 persons)	升学率(%) Rate of Entering the Higher School (%)	毕业生数(万人) Graduates (10 000 persons)	初级中等学校招生数(万人) New Enrollment of Junior Secondary Schools (10 000 persons)	升学率(%) Rate of Entering the Higher School (%)
1978	41.77	20.69	49.53	72.03	56.36	78.25
1979	39.55	21.36	54.01	61.41	45.49	74.08
1980	19.03	10.78	56.65	60.89	41.23	67.71
1981	33.88	15.22	44.92	64.86	41.13	63.41
1982	31.71	12.40	39.10	67.30	39.89	59.27
1983	29.99	12.64	42.15	69.90	41.20	58.94
1984	28.75	14.26	49.60	67.85	42.58	62.76
1985	30.04	13.42	44.67	71.75	45.50	63.41
1986	34.07	14.68	43.09	76.41	50.10	65.57
1987	37.32	15.14	40.57	83.68	52.55	62.80
1988	40.35	15.46	38.31	88.94	54.07	60.79
1989	41.18	14.88	36.13	86.96	53.83	61.90
1990	41.27	15.88	38.48	86.02	56.65	65.86
1991	43.41	16.38	37.73	85.44	57.66	67.49
1992	45.83	17.10	37.31	79.45	57.18	71.97
1993	47.51	18.36	38.64	71.50	57.87	80.94
1994	48.44	19.26	39.76	67.99	58.23	85.64
1995	46.99	20.57	43.78	70.05	63.08	90.04
1996	51.27	20.96	40.88	73.70	68.44	92.86
1997	55.51	21.38	38.52	77.20	72.88	94.39
1998	59.55	21.99	36.92	80.35	75.70	94.21
1999	62.28	25.53	40.99	83.90	78.57	93.65
2000	65.34	26.57	40.67	85.61	81.23	94.89
2001	65.49	30.53	46.62	85.47	81.00	94.77
2002	67.15	38.81	57.80	82.15	81.25	98.91
2003	68.66	43.30	63.06	75.74	75.96	100.29
2004	72.42	48.69	67.23	67.68	67.72	100.06
2005	74.32	57.88	77.88	64.88	64.53	99.46
2006	69.48	57.63	82.94	53.84	53.54	99.44
2007	62.06	54.81	88.32	54.28	54.73	100.82
2008	60.09	55.90	93.03	65.48	66.83	102.06
2009	51.90	51.67	99.56	69.48	69.69	100.30
2010	53.68	49.05	91.37	67.85	68.39	100.80
2011	63.12	57.52	91.13	66.79	67.56	101.15
2012	65.18	56.26	87.08	67.01	65.59	97.88
2013	62.60	52.11	83.24	65.59	61.06	93.09
2014	55.11	45.41	82.40	59.65	59.47	99.70
2015	55.65	52.55	94.43	59.39	60.07	101.14
2016	57.45	51.65	89.90	63.27	64.58	102.07
2017	56.66	49.87	88.02	67.84	68.63	101.16
2018	57.64	52.20	90.56	73.16	74.06	101.23
2019	63.58	58.89	92.62	76.53	76.87	100.44

注：高级中等学校招生人数包括中等职业教育学校、技工学校和高中招生数。

a) The number of new enrollment of senior secondary schools includes the number of secondary vocational educations, technician training schools and senior secondary schools.

19-33 幼儿园基本情况
Basic Statstics on Kindergartens

单位：人 (person)

年份 Year	幼儿园数（所） Number of Kindergartens (unit)	入园幼儿数 New Enrollment	在园幼儿数 Total Enrollment	教职工数 Teachers and Staff	#教师 Teachers
1978	2104		105914	6278	4159
1979	3854		172476	8304	6509
1980	7204		306055	13565	11184
1981	6364		300231	14366	11853
1982	5488		300630	15638	12693
1983	1857		296400	16000	12923
1984	4987		310300	15257	13454
1985	5208		323021	14778	12998
1986	5866	190318	318347	17744	14147
1987	5406	194370	329718	18229	14259
1988	4547	182034	327540	18471	14579
1989	4520	187932	330680	18953	14574
1990	4827	208294	362621	19798	15492
1991	4141	283249	394487	20013	15780
1992	4490	294967	450005	21050	16983
1993	3856	337689	491055	21365	17271
1994	4123		505530	21058	17755
1995	4600	419190	525330	22284	18976
1996	5084	462715	584601	23757	19822
1997	5986	496134	609026	26124	21764
1998	6626	518683	619048	26879	22321
1999	7602	514200	626009	29179	24124
2000	6573	500453	620624	26472	21154
2001	2894	428073	488380	18519	12335
2002	3469	475561	574756	21526	14275
2003	4478	504672	633073	26515	17612
2004	4370	507222	658093	28406	18228
2005	4870	526960	716760	32367	20742
2006	5848	594627	806287	37453	24235
2007	6245	648555	881690	41853	27093
2008	6620	649104	924488	47920	30447
2009	8326	728337	1123138	60102	39541
2010	8518	812046	1235056	69186	43349
2011	9431	894446	1455048	86222	52895
2012	10560	902810	1521149	94067	57338
2013	11485	944893	1563241	102917	61588
2014	11448	946767	1593532	111715	67360
2015	11870	946900	1662501	123459	73221
2016	14071	568461	1590431	116440	75438
2017	14952	680354	1609422	125150	81868
2018	15368	666442	1613091	139260	89133
2019	15958	608004	1657888	165264	102539

19-34 按城乡、按地区分幼儿园基本情况（2019年）
Basic Statstics on Kindergartens by Residence and Region (2019)

单位：人 (person)

类　别	Type	园数(所) Number of Kindergarten (unit)	入园幼儿数 New Enrollment	在园幼儿数 Total Enrollment	离园幼儿数 Dropout	教职工数 Teachers and Staff	#教　师 Teachers
全　省	**Provincial Total**	**15958**	**608004**	**1657888**	**601978**	**165264**	**102539**
#女	Female		280271	759625	273348	156536	100632
民　办	Non-public	9666	324109	949354	383626	104544	63581
按城乡分	**Grouped by Residence**						
城　区	City area	3173	174394	488700	157004	58272	35154
镇　区	Town area	5937	277505	775224	283383	74689	47301
乡　村	Village	6848	156105	393964	161591	32303	20084
按地区分	**Grouped by Region**						
南昌市	Nanchang	985	73414	180996	50507	20821	12330
景德镇市	Jingdezhen	627	20525	58736	19574	6033	3754
萍乡市	Pingxiang	741	22327	68962	26021	9161	5130
九江市	Jiujiang	1445	54657	160681	56458	16380	9031
新余市	Xinyu	348	14460	46900	17231	5045	2897
鹰潭市	Yingtan	435	15308	38708	14230	4232	2380
赣州市	Ganzhou	3430	130338	348869	133137	31719	21342
吉安市	Ji'an	2399	69352	187894	73103	17180	10754
宜春市	Yichun	1710	78440	205773	79887	19724	12194
抚州市	Fuzhou	1019	44099	125057	44915	15236	9703
上饶市	Shangrao	2817	84987	235115	86872	19705	13005
赣江新区	Ganjiang New Area	2	97	197	43	28	19

19-35 成人教育基本情况
Basic Statistics on Adult Educations

单位：人 (person)

类　别	Type	1990	2000	2010	2016	2018	2019
成人高等教育	**Adult Institutions of Higher Education**						
成人高校数(所)	Number of Schools (unit)	28	18	9	8	8	8
在校学生数	Total Enrollment	37525	85953	120348	162660	183738	218269
招生数	New Enrollment	14191	39761	47336	41660	73522	84799
毕业生数	Graduates	11156	20461	37056	57443	50657	49329
教职工数	Teachers and Staff	4732	4015	2302	825	902	875
#专任教师	Full-time Teachers	2165	1875	1445	617	632	615
成人中等专业学校	**Adult Specialized Secondary School**						
在校学生数	Total Enrollment	28215	27552	12907	9865	8169	5198
招生数	New Enrollment	11318	7839	5422	4259	2337	1021
毕业生数	Graduates	6822	12946	5214	2207	2881	3569

注：成人高等教育在校学生数、招生数、毕业生数包括普通高等学校举办的成人教育学生数。

a)The number of total enrollment, new enrollment, graduates of adult institutions of higher education include the number of institutions of higher education.

19-36　文化事业机构与人员数
Number of Institutions and Staff Personnel for Cultural Undertakings

指　标	Item	1980	1990	2000	2010	2018	2019
机构数(个)	**Number of Institutions (unit)**						
艺术表演团体	Art Performance Troupes	118	86	79	103	379	335
#公有制艺术表演团体	Public Ownership					83	83
艺术表演场所	Art Performance Places	59	77	62	55	57	88
#公有制艺术表演场馆	Public Ownership					46	45
公共图书馆	Libraries	49	104	104	108	113	114
文 化 馆	Cultural Centers	102	101	101	103	118	118
文 化 站	Cultural Stations	637	1983	1887	1719	1755	1736
#乡镇综合文化站	Village and Town					1622	1598
艺术展览创作机构	Art Exhibition and Creation Institutions					40	45
#美术馆	Gallery					37	42
艺术教育业	Art Education Institutions					2	2
文化科研机构	Art Research Institutions					14	14
文化市场经营机构(不包括非公有制院团和场馆)	Cultural Market Management Institutions					5570	5857
文化行政主管部门	Cultural Administrative Departments					115	115
其他文化机构	Other Culture Institutions					49	48
#文化市场执法机构	Enforcing Authorities of Art Market					3	3
博 物 馆	Museums	52	82	81	102	144	143
文物保护管理所	Agencies of Historical Relics Preservation	10	33	44	65	67	66
文物科研机构	Scientific and Research Historical Relics Agencies				2	2	2
文物商店	Cultural Relic Shops	3	4	4	4	4	4
其他文物机构	Other Historical Relics Agencies		1	2	2	27	27
人员数(人)	**Number of Staff (person)**						
艺术表演团体	Art Performance Troupes	7747	4384	3949	4082	9616	8891
#公有制艺术表演团体	Public Ownership					2595	2381
艺术表演场所	Art Performance Places	107	874	919	604	898	1609
#公有制艺术表演场馆	Public Ownership					698	656
公共图书馆	Libraries					1408	1372
文 化 馆	Cultural Centers	1434	1484	1486	1664	1908	1853
文 化 站	Cultural Stations	862	3635	2594	2296	7379	4498
#乡镇综合文化站	Village and Town					6924	4053
艺术展览创作机构	Art Exhibition and Creation Institutions					288	417
#美术馆	Gallery					266	395
艺术教育业	Art Education Institutions					460	312
文化科研机构	Art Research Institutions					293	308
文化市场经营机构(不包括非公有制院团和场馆)	Cultural Market Management Institutions					22944	59697
文化行政主管部门	Cultural Administrative Departments					2573	3213
其他文化机构	Other Culture Institutions					928	803
#文化市场执法机构	Enforcing Authorities of Art Market					48	48
博 物 馆	Museums	764	1134	1324	1917	3418	3341
文物保护管理所	Agencies of Historical Relics Preservation	292	510	242	217	394	393
文物科研机构	Scientific and Research Historical Relics Agencies				44	73	75
文物商店	Cultural Relic Shops	47	136	126	69	51	40
其他文物机构	Other Historical Relics Agencies		280	292	316	417	407

注：1.从2013年起艺术馆表演团体包括市场艺术团体。
　　2.从2014年起，文化馆包含群众艺术馆。

a) Mass art centers have been included in cultural centers since 2013.

b) Market art performance troupes have been included in art performance troupes since 2014.

19-37 各地区文化事业单位数（2019年）
Number of Institutions for Cultural Undertakings by Region (2019)

单位：个 (unit)

地区	Region	艺术表演团体 Art Performance Troupes	艺术表演场所 Art Performance Places	群众艺术馆文化馆 Cultural Centers and Mass Art Centers	公共图书馆 Public Libraries	#总藏量（万册） Total Collections (10 000 copies)	博物馆 Museums	文物保护管理所 Agencies of Historical Relics Preservation
全省	**Provincial Total**	**335**	**88**	**118**	**114**	**2659.05**	**143**	**66**
省级	Provincial	6	6	1	1	402.54	5	
南昌市	Nanchang	51	4	10	10	240.87	20	4
景德镇市	Jingdezhen	4	2	6	5	128.79	15	3
萍乡市	Pingxiang	10	4	6	6	107.08	3	4
九江市	Jiujiang	25	10	15	15	360.64	18	11
新余市	Xinyu	3	1	4	3	88.49	3	1
鹰潭市	Yingtan	14	8	4	4	51.46	5	5
赣州市	Ganzhou	24	8	19	19	467.03	18	11
吉安市	Ji'an	22	7	15	15	287.66	14	5
宜春市	Yichun	21	27	11	11	174.74	12	8
抚州市	Fuzhou	101	6	14	12	175.05	10	8
上饶市	Shangrao	54	5	13	13	174.71	20	6

注：文物保护管理所包括其它文物机构。

a) Data on agency of historical relics preservations include data on other historical relics institutions.

19-38 文化产业机构基本情况（2019年）
Basic Statistics on Cultural Industry Institutions (2019)

单位：个 (unit)

指标	Item	合计 Total	文化部门 Culture Department	其他部门 Other Departments
总计	**Total**	**8714**	**2525**	**6189**
文化合计	Cultural Industry	8472	2300	6172
艺术业	Art Industry	423	111	312
图书馆业	Museum Industry	114	114	
群众文化业	Mass Art Industry	1,854	1,854	
艺术展览创作机构	Art Exhibition and Creation Institutions	45	45	
艺术教育业	Art Education Industry	2	2	
文艺科研	Art Research	14	14	
文化市场经营业	The Cultural Market	5,857		5857
文化行政主管部门	Cultural Administrative Departments	115	115	
其他文化机构	Other Cultural Institutions	48	45	3
文物合计	Cultural Relic Industry	242	225	17

注：有关文化产业的指标仅含文化厅本系统的数据。后同。

a) Data on indicators of cultural industry include only data from culture system.The same applies to the tables following.

19-39 文化产业从业人员基本情况（2019年）
Basic Statistics on Personnel of Cultural Industry (2019)

单位：人 (person)

指 标	Item	总 计 Total	#正高级职称 Senior Title	#副高级职称 Sub-senior Title	中级职称 Middle Title	文化部门 合 计 Cultural Department	#正高级职称 Senior Title	#副高级职称 Sub-senior Title	中级职称 Middle Title
总 计	**Total**	**87229**	**164**	**739**	**2729**	**19434**	**149**	**708**	**2587**
文化合计	Cultural Industry	82973	95	577	2154	15400	87	553	2022
艺术业	Art Industry	10500	34	208	814	2624	26	184	682
图书馆业	Museum Industry	1372	12	84	392	1372	12	84	392
群众文化业	Mass Art Industry	6351	15	126	589	6351	15	126	589
艺术展览创作机构	Art Exhibition and Creation Institutions	417	7	33	48	417	7	33	48
艺术教育业	Art Education Industry	312	11	62	95	312	11	62	95
文艺科研	Art Research	308	9	40	133	308	9	40	133
文化市场经营业	The Cultural Market	59697							
文化行政主管部门	Cultural Administrative Departments	3213				3213			
其他文化机构	Other Cultural Institutions	803	7	24	83	803	7	24	83
文物合计	Cultural Relic Industry	4256	69	162	575	4034	62	155	565

19-39 续表 continued

单位：人 (person)

指 标	Item	#其他部门 合 计 Others	#正高级职称 Senior Title	#副高级职称 Sub-senior Title	中级职称 Middle Title
总 计	**Total**	**67795**	**15**	**31**	**142**
文化合计	Cultural Industry	67573	8	24	132
艺术业	Art Industry	7876	8	24	132
图书馆业	Museum Industry				
群众文化业	Mass Art Industry				
艺术展览创作机构	Art Exhibition and Creation Institutions				
艺术教育业	Art Education Industry				
文艺科研	Art Research				
文化市场经营业	The Cultural Market	59697			
文化行政主管部门	Cultural Administrative Departments				
其他文化机构	Other Cultural Institutions				
文物合计	Cultural Relic Industry	222	7	7	10

19-40 文化产业机构人员情况（2019年）
Statistics on Personnel of Cultural Industry Institutions (2019)

单位：人 (person)

指标	Item	合计 Total	文化部门 Culture Department	其他部门 Other Departments
总计	**Total**	**82314**	**14519**	**67795**
文化合计	Cultural Industry	78058	10485	67573
艺术业	Art Industry	10500	2624	7876
图书馆业	Museum Industry	1372	1372	
文化馆	Mass Art Industry	1853	1853	
艺术教育业	Art Education Industry	312	312	
文化科研机构	Art Research	308	308	
文化市场经营业	The Cultural Market	59697		59697
文化行政主管部门	Cultural Administrative Departments	3213	3213	
其他文化机构	Other Cultural Institutions	803	803	
文物合计	Cultural Relic Industry	4256	4034	222

19-41 报纸、杂志、图书出版种数
Copies of Publication of Newspapers, Magazines and Books

单位：种 (item)

指标	Item	1980	1990	2000	2010	2017	2018	2019
报纸	Newspapers Published	6	28	65	63	69	68	66
综合报	General Newspapers	2	18	28	29	28	28	27
专业报	Special Newspapers	4	10	37	34	41	40	39
期刊	Magazines Published	84	141	167	163	165	165	165
综合	General Magazines	6	1	1	5	5	5	6
哲学、社会科学	Philosophy and General Social Sciences	10	33	52	39	44	43	48
自然科学、技术	Natural Sciences and Technology	47	63	78	71	70	70	69
文化、教育	Culture and Education	9	27	21	29	29	28	32
少年儿童读物	Children's Books	2	3	7	7	6	7	8
文学、艺术	Literature and Art	10	13	8	10	9	10	10
画刊	Picture Books		1		2	2	2	2
图书	Books	362	1264	2158	3869	7982	8242	8337
#课本	Textbooks	134	329	583	689	327	407	413

注：根据中宣部统计报表口径，少儿期刊和画刊为其中项，在填报2019年数据时，进行相应调整。表19-42同。

a)According to the statistical caliber of Publicity Department of Communist Party of China, children's periodicals and picture magazines are sub-items. The d for 2019 were adjusted accordingly.The same applies to table 19-42.

19-42 报纸、杂志、图书出版数量
Pieces of Newspapers, Magazines and Books Published

单位: 万份 (10 000 copies)

指　　标	Item	1980	1990	2000	2005	2010	2018	2019
报　　纸	Newspapers Published	17048	58930	39929	62263	70449	88317	79462
综 合 报	General Newspapers	16506	38936	33273	56059	60771	39689	33908
专 业 报	Special Newspapers	542	19994	6657	6204	9678	48628	45554
期　　刊	Magazines Published	584	2714	9060	5623	7060	7435	7589
综　　合	General Magazines	23	54	2	48	46	63	57
哲学社会科学	Philosophy and General Social Sciences	18	933	3239	755	577	650	1874
自然科学技术	Natural Sciences and Technology	119	241	830	506	576	240	184
文化、教育	Culture and Education	210	679	2401	1143	1696	1480	5282
少年儿童读物	Children's Books	30	417	1850	2416	3715	4760	1354
文学艺术	Literature and Art	184	384	738	667	420	203	192
画　　刊	Picture Books		6		89	30	39	40
图　　书	Books	8474	19216	20300	16907	16039	24587	24955
#课　　本	Textbooks	4861	10935	10490	9953	6945	7740	9050

19-43 广播、电视事业基本情况
Basic Statistics on Radio and Television Stations

指　　标	Item	1980	2000	2010	2017	2018	2019
广播电视台(座)	Number of Broadcasting and TVStations (set)					99	96
广播电台(座)	Number of Stations (set)	3	10	12	1	1	
节目套数(套)	Number of Programs (set)	3	72	103	108	105	104
全年广播剧播出部数(部)	Pieces of Radio Seplay Programs (piece)			2359			
全年广播剧播出集数(集)	Episodes of Radio Seplay Programs (episode)			30027			
中短波转播发射台(座)	FM&AM Radio Broadcasting Stations (set)	17	15	16	22	24	25
广播人口覆盖率(%)	Radio Coverage of Population (%)	38.5	89.49	96.78	98.35	98.54	98.62
#农村广播人口覆盖率(%)	Radio Coverage of Rural Population (%)			96.23	97.87	98.18	98.42
电视台(座)	Television Stations (set)	1	12	12	1	1	2
节目套数(套)	Number of Programs (set)		42	113	112	122	123
全年电视剧播出部数(部)	Pieces of TV Series Broadcast (piece)			9318	9266	8958	8517
全年电视剧播出集数(集)	Episodes of TV Series Broadcast (episode)			247239	265626	254637	268511
全年动画电视播出部数(部)	Pieces of Cartoons Broadcast (piece)			782			
全年动画电视播出集数(集)	Episodes of Cartoons Broadcast (episode)			28192			
电视转播发射机台数(座)	TV Transmission Facilities (set)	58	493	301	223	211	298
电视人口覆盖率(%)	TV Coverage of Household (%)	50.5	92.67	97.96	98.89	99.09	99.14
#农村电视人口覆盖率	TV Coverage of Rural Household			97.55	98.43	98.77	98.94

注：1.1995年以前中短波广播发射台数是指广播发射台及转播台数。
2.2000年以前电视台是指无线电视台，2001年无线电视台与有线电视台合并。

a) Before 1995, the number of FM&AM Radio Broadcasting Stations referred to the number of radio broadcasting stations and transmission stations.
b) Before 2000, the number of TV Stations referred to the number of Wireless TV. Wirless TV and CATV merged in 2001.

19-44 各地区广播电视主要统计指标（2019年）

Basic Statistics on Radio and Television by Region (2019)

地区	Region	广播电视台（座）Number of Broadcasting and TV Stations (set)	中、短波转播发射台(台) Medium and short wave broadcast transmitters(set)	广播电视人口覆盖率(%) Radio &TV Coverage of Population (%)	电视综合人口覆盖率(%) General TV Coverage of Household (%)
全省	**Provincial Total**	**96**	**25**	**98.62**	**99.14**
省本级	Provincial Lerel	1			
南昌市	Nanchang	5	2	98.56	99.43
景德镇市	Jingdezhen	3	2	100	100
萍乡市	Pingxiang	4	1	99.71	99.97
九江市	Jiujiang	12	2	97.76	98.86
新余市	Xinyu	3	1	99.95	99.95
鹰潭市	Yingtan	3	1	96.97	97.60
赣州市	Ganzhou	19	10	95.99	97.85
吉安市	Ji'an	12	1	100	100
宜春市	Yichun	10	2	99.20	98.41
抚州市	Fuzhou	12	2	99.60	99.86
上饶市	Shangrao	12	1	100	100

19-45 各部门、各地区广播电视主要经济指标（2019年）

Basic Statistics on Radio and Television by Region and Department (2019)

地区	Region	从业人员（人）Number of Employees (person)	总收入（万元）Total Income (10 000 yuan)	实际创收收入（万元）Actual Income (10 000 yuan)	广告收入（万元）Advertisement (10 000 yuan)	广播广告收入（万元）Broadcasting Advertisement (10 000 yuan)	电视广告收入（万元）TV Advertisement (10 000 yuan)
全省	**Provincial Total**	**19718**	**626111**	**408661**	**129111**	**20229**	**97143**
江西广播电视台	Jiangxi Broadcasting and TV Station	9438	317105	306401	92142	12473	75732
江西省广播电视局	Jiangxi Bureau of Broadcasting and Television	309	14880	-	-	-	-
南昌市	Nanchang	1716	60983	29819	10832	3404	5707
景德镇市	Jingdezhen	499	10286	1856	1856	675	1072
萍乡市	Pingxiang	553	10650	6056	1882	646	1235
九江市	Jiujiang	1197	28660	5856	4501	1250	3178
新余市	Xinyu	460	29335	26025	1843	273	1035
鹰潭市	Yingtan	240	5011	540	520	115	405
赣州市	Ganzhou	1650	50948	4229	4090	310	1925
吉安市	Ji'an	920	22693	2993	2321	28	1381
宜春市	Yichun	1025	33439	15728	3942	444	2122
抚州市	Fuzhou	718	13506	1308	1093	109	891
上饶市	Shangrao	993	28614	7850	4088	504	2460

19-46 测绘地理信息生产完成情况
Statistics on Projects Completed by Surveying and Mapping Departments

年 份 Year	大地测量 Geodesy		测图合计(幅) Mapping (unit)	地图数字化(幅) Digital Map (unit)	地图编制 Cartography		
	GPS测量(点) Global Positioning System Survey (point)	水准测量(公里) Leveling (kilometer)			地形图(幅) Topographic Map (unit)	专题地图(幅/册) Special Map (unit/volume)	地图集(册) Atlas (volume)
2001	528	336	1941	1416	440	61	2
2002	500	481	2219	1091		372	
2003	189	100	2068	1887		23	1
2004	796	5031	3051	2754		44	
2005	576	800	2509			36	
2006	1840	200	6418	999		35	
2007	1940	286	6127	288	10	30	1
2008	2150	400	13360	286	41	33	1
2009	632	1978	5114		25	607	2
2010	1009	2022	6971	4579	58	66	1
2011	62	943	3104	2078	194		
2012	462	1281	19767		16	210	1
2013	658	327	6469		5	42	
2014	60	3500	31722		3	35	
2015	100	7000	1046		1	21	2
2016	280	4600	1762		3	40	2
2017	180	1500	1810		3	44	1
2018	66		2186		14	48	1
2019	66		2602		131	5	

19-47 地理信息成果提供情况
Statistics on Output of Surveying and Mapping Materials

年 份 Year	地形图合计(张) Topographic Map (unit)			大地成果(点) Geodetic Results (point)	遥感影像成果(片) Aerial Photograph (piece)	挂 图(张) Wall Map (unit)	地图集(册) Atlas (volume)
		1:10 000 (scale)	1:50 000 (scale)				
2000	8904	7266	1638	377	281		
2001	10704	8785	1919	1611		66	217
2002	8294	7287	1007	173	120	40	48
2003	10048	8656	1392	47372	8411		
2004	5868	3959	1909	563	29000		
2005	5815	4231	1584	1327	48126	5	
2006	7926	5058	2868	17010	15865	112	20
2007	15035	12754	2281	24221	22631		
2008	17352	15336	2016	7929	12355		
2009	5523	4909	614	5554	22803		
2010	5469	4441	1028	31121	5329	628	731
2011	8153	7498	655	3687	7994	12	15
2012	10444	9162	1282	8992	52354	1035	79
2013	2886	2440	446	4880	133567	951	1500
2014	2940	2648	244	2598	120734	1700	2648
2015	6408	5328	1080	2641	364834	10	540
2016	3531	3078	410	2395	107643	600	1240
2017	2222	1910	275	1995	132718	700	500
2018	2372	2029	343	3083	141379	951	300
2019	2443	2291	126	4533	29638	1888	290

注：航摄成果这个指标从2014年起以平方千米作计量单位。

a)The unit of measurement of aerial photograph has been adjusted to sq.km since 2014.

19-48 各地区产品质量监督检查情况（2019年）
Results of Supervision and Sampling Check on the Quality of Products by Region (2019)

地　区	Region	抽查产品(种) Production Supervised (kind)	抽查企业(家) Number of Enterprises Supervised (unit)	抽查产品(批) Production Supervised (time)	不合格产品(批) Production Unqualified (time)
全　省	**Provincial Total**	**139**	**3993**	**5354**	**540**
省本级	Provincial class	5	12	458	10
南昌市	Nanchang	128	803	800	52
景德镇市	Jingdezhen	10	261	513	6
萍乡市	Pingxiang	10	427	612	126
九江市	Jiujiang	8	231	349	36
新余市	Xinyu	12	99	115	20
鹰潭市	Yingtan	17	84	107	20
赣州市	Ganzhou	40	1301	1428	140
吉安市	Ji'an	24	232	313	61
宜春市	Yichun	25	338	354	51
抚州市	Fuzhou	12	127	193	18
上饶市	Shangrao	7	78	112	

注：抽查产品合计相加不等于总数。

a) The subtotal of production supervised is not equal to the gross total.

主要统计指标解释

R&D 指为增加知识存量（也包括有关人类、文化和社会的知识）以及设计已有知识的新应用而进行的创造性、系统性工作。根据企业相关会计准则规定，研究是指为获取并理解新的科学或技术知识而进行的独创性的有计划调查。开发是指在进行商业性生产或使用前，将研究成果或其他知识应用于某项计划或设计，以生产出新的或具有实质性改进的材料、装置、产品等。

基础研究 指一种不预设任何特定应用或使用目的的实验性或理论性工作，其主要目的是为获得（已发生）现象和可观察事实的基本原理、规律和新知识。其成果通常表现为提出一般原理、理论或规律，并以论文、著作、研究报告等形式为主。包括纯基础研究和定向基础研究。纯基础研究是不追求经济或社会效益，也不谋求成果应用，只是为增加新知识而开展的基础研究。定向基础研究是为当前已知的或未来可预料问题的识别和解决而提供某方面基础知识的基础研究。

应用研究 指为获取新知识，达到某一特定的实际目的或目标而开展的初始性研究。应用研究是为了确定基础研究成果的可能用途，或确定实现特定和预定目标的新方法。其研究成果以论文、著作、研究报告、原理性模型或发明专利等形式为主。

试验发展 指利用从科学研究、实际经验中获取的知识和研究过程中产生的其他知识，开发新的产品、工艺或改进现有产品、工艺而进行的系统性研究。其研究成果以专利、专有技术，以及具有新颖性的产品原型、原始样机及装置等形式为主。

专业技术人员 指报告期内在专业技术岗位工作的或在管理岗位上工作具有专业技术职务（资格）的人员总数。

专业技术类别 指在中央职称改革工作领导小组批转的二十九个专业技术职务试行条例和中共中央办公厅、国务院办公厅关于转发《企业思想政治工作人员专业职务试行条例》的基础上，将事业、企业单位的专业技术人员归并为：工程技术人员（含民航飞行技术人员、船舶技术人员），农业技术人员，科学研究人员（含自然科学研究、社会科学研究及实验技术人员），卫生技术人员，教学人员（含高等院校、中等专业学校、技工学校、中学、小学），经济人员，会计人员，统计人员，翻译人员，图书、档案、文博人员，新闻、出版人员，律师、公证人员，播音人员，工艺美术人员，体育人员，艺术人员及政工人员，共十七个专业技术职务类别。

专利申请数 指调查单位在报告年度向国内外知识产权行政部门提出专利申请并被受理后，按规定缴足申请费，符合进入初步审查阶段条件的件数。专利是专利权的简称，是对发明人的发明创造经审查合格后，由专利主管部门依法授予发明人和设计人对该项发明创造享有的专有权，包括发明、实用新型和外观设计三种。

专利授权数 指报告年度由国内外知识产权行政部门向调查单位授予专利权的件数。

普通高等学校 指按照国家规定的设置标准和审批程序批准举办的，通过全国普通高等学校统一招生考试，招收高中毕业生为主要培养对象，实施高等教育的全日制大学、独立设置的学院和高等专科学校、高等职业学校和其他机构。

成人高等学校 指按照国家规定的设置标准和审批程序批准举办的，通过全国成人高等学校统一招生考试，招收具有高中毕业或同等学历的在职从业人员为主要培养对象，利用函授、业余、脱产等多种形式对其实施高等学历教育的学校。包括职工高等学校、农民高等学校、管理干部学院、教育学院、独立函授学院、广播电视大学、其他机构等。其他机构是承担国家成人招生计划任务不计校数的机构。

文化事业机构 指从事专业文化工作和为专业文化工作服务的独立建制的单位。不包括这些单位另外举办独立核算的其他机构和各部门的业余文化组织。该指标主要反映文化事业机构发展规模水平。

艺术表演团体 指从事戏曲、音乐、舞蹈、杂技等专业艺术表演，有独立帐户的单位，不包括半工半艺、半农半艺和民间职业剧团。该指标主要反映专业艺术表演团体发展规模水平。

艺术表演观众人数 指售票、包场演出或民族地区免费演出的艺术表演观众人次数，不包括彩排审查和内部观摩演出的观看人次数。该指标主要反映观看专业艺术表演团体演出的效益规模。

Explanatory Notes on Main Statistical Indicators

Research and Development (R&D) refers to systematic and creative activities in the field of science and technology aiming at increasing the knowledge and using the knowledge for new application.According to the relevant provisions of the relevant accounting standards for enterprises, research refers to the planned survey development for the purpose of the acquiring and understanding of new scientific or technical knowledge. Development refers to the application of research results or other knowledge to a plan or design to produce new or substantially improved material device products before commercial production or use.

Basic Research refers to experimental or theoretical work undertaken primarily to acquire new knowledge of the underlying foundations of phenomena and observable facts, without any particular application or use in view. Basic research usually formulates hypotheses, theories or laws, and its results are mainly released or disseminated in the form of scientific papers or monographs or research reports. Basic research includes pure basic research and directed basic research. Pure basic research does not pursue economic or social benefits, nor does it seek the application of results. It is only basic research carried out to increase new knowledge. Directional basic research is the basic research that provides some basic knowledge for the identification and solution of the current known or future predictable problems

Applied Research refers to original investigation undertaken in order to acquire new knowledge. It is directed primarily towards a specific, practical aim or objective. Purpose of the applied research is to identify the possible uses of results from basic research, or to explore new (fundamental) methods or new approaches. Results of applied research are expressed in the form of scientific papers, monographs, fundamental models or invention patents.

Experimental Development refers to systematic work, drawing on knowledge gained from research and practical experience and producing additional knowledge, which is directed to producing new products or processes or to improving existing products or processes. Results of experimental development activities are embodied in patents, exclusive technology, and mono-type of new products or equipment.

Professional and Technical Personnel refer to persons engaged in professional and technical work or in the management of professional and technical activities.

Category of Professional Technical Positions refers to the merging of the professional and technical personnel of public institutions on the basis of the provisional Regulations on the transfer of 29 professional and technical posts approved by the Central Leading Group for Professional Title Reform and the Provisional Regulations of the General Office of the CPC Central Committee and the General Office of the State Council on the transfer of professional and political personnel of enterprises for trial implementation. Professional technology personnel is categorized into Divided into: engineering and technical personnel (including the civil aviation flight personnel ship technical personnel), agricultural technical personnel, scientific research personnel (including natural science and social science research and experimental technical personnel), health technicians, teaching staff (including secondary specialized schools in colleges and universities vestibule school middle school or primary school), economic personnel, accountants, statisticians, translators, book file wenbo personnel, press and publication, attorney notarial personnel, service personnel, arts and crafts, sports, art and political work personnel, a total of 17 categories of professional technical position.

Patent Applied refers to the number of cases in which an investigating entity, after submitting an application for patent to the intellectual property administrative department at home and abroad in the reporting year and having been accepted, pays the application fee in full according to the provisions and meets the requirements for entering the preliminary examination stage. Patent is an abbreviation for the patent right and refers to the exclusive right of ownership by the inventors or designers for the creation or inventions, given from the patent offices after due process of assessment and approval in accordance with the Patent Law. Patents are granted for inventions, utility models and designs.

Patent Granted refers to the number of patents granted to investigating units by intellectual property administrative departments at home and abroad in the reporting year.

Regular Institutions of Higher Education refers to a full-time university, an independently established college or college, a junior college or college, a higher vocational school or any other institution that carries out higher education by passing the uniform entrance examination for ordinary institutions of higher learning nationwide in accordance with the establishment standards and examination and approval procedures set by the State and enrolling senior high school graduates as its main training objects.

Institutions of Higher Learning for Adults refer to educational establishments, set up in line with relevant rules approved by the government, enrolling staff and workers with senior secondary school or equivalent education, and providing higher education courses in many forms of correspondence, spare time, or full time for adults. Professionals thus trained receive a qualification equivalent to graduates studying regular courses at regular universities, colleges and professional colleges. Institutions of higher learning for adults include schools of higher education for staff and workers, schools of higher education for peasants, colleges for management cadres, pedagogical colleges, independent correspondence colleges, Radio and TV universities and other educational establishments. Other educational establishments have undertakings to enrol adult students but not enumerated in the schools under the State Plan.

Enrolment Rate of Primary School Age Children refers to the proportion of school age children enrolled at schools to the total number of school age children both in and outside schools (including retarded children, but excluding blind, deaf and mute children). The formula is:

Cultural Institutions refer to units which have their own organizational system and independent accounting system and specialize in cultural work or service cultural work. They do not include other establishments run by these units with separate accounting system and amateur cultural groups established by various departments. The statistics reflect the scale and level of development of institutions engaged in cultural undertakings.

Art Troupes refer to the troupes which are engaged in drama, opera, music, dance, acrobatics or other art performance, have independent accounts with banks and have self-supporting accounting system. Troupes which are engaged partly in industrial or agricultural activities, partly in art performance and the professional troupes organized by the mass are not included. The statistics reflect the scale and level of development of professional art troupes nationally.

Number of Audience at Art Performance refers to the number of spectators at commercial shows, privately organized shows or free shows given in ethnic minority areas, and does not include the number of spectators at rehearsals and internal viewings. This indicator mainly reflects the scale and effects of viewing of performances given by professional art troupes across the country.

20

卫生、体育、社会福利和其他

PUBLIC HEALTH, SPORTS, SOCIAL WELFARE AND OTHERS

资料整理：王惠媗　许　谞　冯晓晖

Ⅰ 简要说明

本篇资料主要分为卫生、计划生育、体育、社会福利及其他四部分。

卫生统计资料主要包括卫生机构、人员、床位数、医院门诊诊疗人次及入院人数、医院住院治疗情况、医院病床使用、计划生育等，资料由省卫生健康委员会整理提供。

体育统计资料包括举办运动会次数、全民健身活动人数、健身设施和俱乐部、国际国内比赛中获奖情况、少年儿童业余体校情况等，资料由省体育局整理提供。

社会福利及其他统计资料主要包括社会福利企事业机构、人员情况、优抚、福利类收养情况、社会救济、城镇社区服务、社会捐赠、福利彩票发行、婚姻登记情况等，由省民政厅整理提供。社会活动参与包括全省人大代表和政协委员情况、工会组织情况、共青团组织情况、妇联系统组织情况，资料分别由省人大、省政协、省总工会、团省委、省妇联整理提供。

公检法司包括律师、公证、调解工作情况和各类事故伤亡情况，资料分别由省司法厅、省安全生产监督管理局整理提供。

Ⅰ Brief Introduction

Data in this chapter present statistics on four sectors: public health, birth control, sports, social welfare, and other statistic data.

Data on public health cover the number of institutions, personnel, hospital beds, number of patients treated and in-patients, hospital inpatient treatment, use of hospital beds, family planning and reproductive, and late marriage. The data are prepared and provided by the Heath Commission of Jiangxi Province.

Data on sports cover the number of games held, mass sports, the number of fitness facilities and clubs, domestic and international competition prizes, and amateur sports schools. The data are prepared and provided by Jiangxi Sport Bureau.

Data on social welfare and other statistic data cover condition of institutions and personnel, budget, social welfare relief, urban welfare facilities, social donations, lottery, and marriage registration. Data are prepared and provided by the Civil Administration Office in Jiangxi Province. Data on participation (covering mainly information on representatives to Provincial People's Congress, CPPCC Provincial Committee, and Trade Unions Communist Youth League, Women's Federations) are prepared and provided by the Provincial People's Congress, CPPCC Provincial Committee, the Provincial Federation of Trade Unions, Provincial Party Committee and Provincial Women's Federation.

Data on public security cover statistics on lawyers, notarization and mediation, and various accidents casualties. The data are prepared and provided by the Department of Justice of Jiangxi Province and The Bureau of Safe Production Supervision and Administration of Jiangxi Province.

20-1 卫生机构、床位及人员数
Number of Health Institutions, Beds and Personnels

年 份 Year	机构数 (个) Number of Institutions (unit)	#医 院 卫生院 Hospitals and Health Centers	床位数 (张) Number of Beds (unit)	#医 院 卫生院 Hospitals and Health Centers	人员数 (人) Number of Personnels (person)	#卫生技术人员 Medical Technical Personnel	#医 生 Doctor
1978	5178	2107	72289	65237	87018	70247	30430
1979	5268	2157	74314	67398	92090	73868	31054
1980	5373	2189	76924	69716	97831	79014	32675
1981	5474	2195	78630	70876	111364	90812	37021
1982	5615	2199	81011	72471	115000	93392	38578
1983	5624	2205	82098	72963	119748	97661	40628
1984	5587	2217	82623	73510	126059	100673	40865
1985	5538	2206	84134	75203	127679	102209	43322
1986	5597	2221	86431	76779	131342	105401	45012
1987	5614	2234	89227	79304	134846	108065	46109
1988	5583	2253	90151	80342	138238	111765	48801
1989	5613	2283	92194	82059	141587	114402	50525
1990	5632	2305	92274	82601	144583	116786	51994
1991	5632	2308	92745	83190	146418	117903	51893
1992	5620	2321	93291	83619	147375	118708	52304
1993	5389	2276	93315	82625	147217	118318	52619
1994	5432	2304	94372	83911	149247	120503	54212
1995	5423	2313	93669	83625	151246	122649	55095
1996	7966	2302	88509	81323	147057	118700	50876
1997	8056	2310	90251	82489	148605	120072	51864
1998	7972	2305	91641	83349	149356	121119	52498
1999	7953	2298	91230	82326	152264	122321	53147
2000	8048	2282	90930	83300	151985	123192	54437
2001	7594	2266	91091	83484	151518	122858	53717
2002	11286	2146	90019	83817	139076	114513	46756
2003	11401	2083	85537	79790	141287	117755	49289
2004	12080	2047	84036	78211	141244	118196	46468
2005	10664	2007	85086	79292	138697	115986	46093
2006	10210	2032	88260	81585	142682	119761	51436
2007	9456	2028	94862	85502	153238	126598	51828
2008	8229	2036	105156	93890	168472	139764	55187
2009	7102	2077	123086	104700	176720	146990	56325
2010	7172	2092	127915	103075	184139	154733	59264
2011	7121	2131	136512	132319	196317	166069	62888
2012	7137	2134	157660	142436	210887	179797	67168
2013	7250	2140	174299	158096	269848	190234	70276
2014	38873	2158	186857	170042	280681	201327	74605
2015	38557	2201	197873	184120	291571	210946	76814
2016	38266	2349	209085	195277	301698	220979	79183
2017	37791	2259	233513	214206	317816	235773	83652
2018	36546	2311	249510	229276	325803	247204	87277
2019	37029	2403	267187	246733	348413	267917	96437

注：1.从1996年起卫生年报统计口径变动，机构数中包括个体机构。
2.2002年卫生年报统计口径调整，数据变化较大。后同。
3.2007年卫生年报统计口径变动。后同。
4.从2013起卫生技术人员数据不包括乡村医生和卫生员。后同。
5.从2014年起机构合计中包括村卫生室。

a) Statistical standards in health report have been adjusted since 1996. Individual institutions have been included in total number of institutions.
b) Statistical standards in health report have been adjusted since 2002, causing data fluctuation among years. The same applies to the following tables.
c) Statistical standards in health report have been adjusted since 2007. The same applies to the following tables.
d) Village doctors and assistant nurses have not been included in technical personnel in health institutions since 2013 The same applies to the following tables.
e) Village clinics have been included in health institutions since 2014.

20-2 各类卫生机构、床位、人员数（2019年）
Number of Health Institutions, Beds and Personnels by Type (2019)

类别	Type	机构数（个） Total (unit)	#国有 State-owned	床位数（张） Beds (unit)	#国有 State-owned	人员数（人） Personnel (person)	#卫生技术人员 Medical Technical Personnel
全省	**Provincial Total**	**37029**	**3310**	**267187**	**211518**	**348413**	**267917**
医院	Hospital	807	328	189562	141183	195380	167262
#综合医院	General Hospital	506	199	127018	95529	137343	118607
中医医院	Hospital Specialized in Traditional Chinese Medicine	110	85	31528	28637	32337	28228
中西医结合医院	Hospital of Integrated Traditional Chinese with Western Medicine	11	6	1761	1269	2422	2097
专科医院	Specialized Hospital	176	38	28990	15748	23134	18229
护理院	Nursing Hospital	4		265		144	101
疗养院	Sanatoriums	4	2	1230	1060	182	74
社区卫生服务中心(站)	Community Health Service Center	585	254	3875	2999	8791	7736
卫生院	Heath Centers	1596	1475	57171	52484	49480	43568
村卫生室	Village Clinic	28088	293			46214	8927
门诊部	Outpatient Department	384	13	319	30	3584	2988
诊所、卫生所、医务室、护理站	Clinic, Medical Center, Nursing Station	4745	173			9699	9318
急救中心(站)	Emergency Center	14	14	6	6	667	387
采供血机构	Institution for Blood Collection and Supplyment	19	14			1198	902
妇幼保健院(所、站)	Maternity and Child Care Center	112	109	11183	10860	18878	16214
专科疾病防治院(所、站)	Specialized Disease Prevention &Treatment Institute	112	100	3818	2896	3168	2530
疾病预防控制中心(防疫站)	Disease Prevention & Control Center	136	135			5352	4229
卫生监督所	Health Supervision Institution	111	111			2206	1637
医学科学研究机构	Research Institution of Medical Science	5	5			384	238
医学在职培训机构	Medical-service Training Institution	3	3			16	3
健康教育所(站、中心)	Health Education Center	6	6			95	29
计划生育技术服务机构	Birth Control Service Institution	232	232			935	448
临床检验中心	Clinical Laboratory Institution	20		23		1522	913
其他	Other Health Institutions	50	43			662	514

注：1.本表人员合计中包括乡村医生和卫生员。
2.不含乡镇卫生院在村卫生室工作的执业(助理)医师、注册护士数。

a) Village doctors and assistant nurses are included in personnels.

b) Licensed (assistant) physicians and nurses of country health stations working in village health stations are not included in personels.

20-3 卫生机构人员数
Number of Personnel in Health Institutions

单位：人 (person)

类　　别	Type	1990	1995	2000	2010	2016	2017	2018	2019
全　　省	**Provincial Total**	**144583**	**151246**	**151985**	**184139**	**301698**	**317816**	**325803**	**348413**
卫生技术人员	Medical Technical Personnel	116786	122649	123192	154733	220979	235773	247204	267917
执业医师	Certified Doctors	51994	55095	54437	50737	66010	70081	73290	80429
执业助理医师	Certified Assistant Doctors				8527	13173	13571	13987	16008
注册护士	Registerd Nurses	1774	1227	1764	57703	95531	104128	110828	120412
药剂师(士)	Pharmacists	1237	1057	611	12223	14244	14552	14714	15265
技师(士)	Technical Personnel				10584	15095	15959	16553	17576
#检验师	Chemist	891	677	444	7229	10400	11064	11445	12027
其　他	Others	5921	5914	4351	14959	16926	17482	17832	18229
其他技术人员	Other Technical Personnel	1229	2329	4340	6523	8555	9162	9253	10341
管理人员	Managerial Personnel		4464	5004	7644	8417	9445	9564	11134
工勤技能人员	Ground Skilled Staff	10498	10812	12903	15239	18675	20010	20221	21727
乡村医生和卫生员	Village Doctors and Health Workers					45072	43422	39561	37287
平均每千人中有卫生技术人员	Number of Medical Technical Personnel Per 1000 Population	3.06	3.02	2.97	3.47	4.83	5.10	5.32	5.75
#医生	Doctors	1.36	1.36	1.31	1.33	1.73	1.81	1.88	2.07

注：1.本表总数中不包含村卫生室人员、乡村医生和卫生人员，2007年卫生统计口径改变,故指标有所变化。
2.2015年起本表总数中包括了村卫生室人员、乡村医生和卫生人员。

a) Village clinic staff, rural doctors and health workers are not included in total. The statistical standard has changed since 2007 and the indicators has changed accordingly.

b) Staff of village clinics, village doctors and health workers have been included in provincial total since 2015.

20-4 各地区卫生事业基本情况（2019年）
Basic Statistics on Health Institutions by Region (2019)

地　区	Region	机构数（个）Total (unit)	#医院、卫生院 Hospitals and Health Centers	床位数（张）Number of Beds (unit)	#医院、卫生院 Hospitals and Health Centers	人员数（人）Number of Personnel (person)
全　省	**Provincial Total**	**37029**	**2403**	**267187**	**246733**	**348413**
南昌市	Nanchang	2502	232	36333	34234	59076
景德镇市	Jingdezhen	1141	70	9370	8716	12710
萍乡市	Pingxiang	1369	81	12304	11085	17261
九江市	Jiujiang	2656	259	27479	23546	37743
新余市	Xinyu	1205	51	6918	6293	9515
鹰潭市	Yingtan	856	64	7431	7163	8148
赣州市	Ganzhou	8519	426	48743	45265	60965
吉安市	Ji'an	4564	305	28564	26937	32174
宜春市	Yichun	4371	261	34044	30469	37851
抚州市	Fuzhou	2611	268	18094	17494	26386
上饶市	Shangrao	7235	386	37907	35531	46584

注：1. 人员数包括乡村医生和卫生员。
　　2. 医院卫生院机构数不包括村卫生室和门诊部机构数。
a) Village doctors and assistant nurses are included in personnel.
b) Hospital institutes number does not include the number of village clinics and outpatient departments.

20-5 各地区卫生技术人员数（2019年）
Technical Personnel in Health Institutions by Region (2019)

单位：人 (person)

地　区	Region	合计 Total	医生 Doctors	执业医师 Certified Doctors	执业助理医师 Certified Assistant Doctors	注册护士 Registerd Nurses	其他 Others
全　省	**Provincial Total**	**267917**	**96437**	**80429**	**16008**	**120412**	**51070**
南昌市	Nanchang	46706	16831	15504	1327	22188	7696
景德镇市	Jingdezhen	10152	3495	2877	618	4603	2054
萍乡市	Pingxiang	13625	4695	3959	736	6429	2502
九江市	Jiujiang	28663	10942	9193	1749	12387	5334
新余市	Xinyu	7555	2713	2346	367	3497	1345
鹰潭市	Yingtan	6630	2696	2238	458	2630	1304
赣州市	Ganzhou	48233	16652	13437	3215	21819	9753
吉安市	Ji'an	24343	9171	7369	1802	10406	4766
宜春市	Yichun	28268	9797	8150	1647	12479	5990
抚州市	Fuzhou	20147	7304	5806	1498	9312	3531
上饶市	Shangrao	33595	12141	9550	2591	14662	6795

注：其他卫生技术人员中包括药师(士)、技师(士)和见习医师等。
a) Pharmacists, technical personnel, and interns are included in other technical personnel.

20-6 各类医院机构、床位及人员数（2019年）
Beds and Personnel in Health Institutions by Specializtions (2019)

类别	Type	机构数（个）Number of Institutions (unit)	床位数（张）Number of Beds (unit)	人员数（人）Number of Personnel (person)	#卫生技术人员 Medical Technical Personnel	执业医师 Certified Doctors	执业助理医师 Certified Assistant Doctors
全　省	**Provincial Total**	**807**	**189562**	**195380**	**167262**	**49495**	**3382**
综合医院	General Hospital	506	127018	137343	118607	34707	2304
中医医院	Hospital Specialized in Traditional Chinese Medicine	110	31528	32337	28228	9313	617
中西医结合医院	Hospital of Integrated Traditional Chinese with Western Medicine	11	1761	2422	2097	675	56
护理院	Nursing Hospital	4	265	144	101	26	4
专科医院	Specialized Hospital	176	28990	23134	18229	4774	401
口腔医院	Stomatological Hospital	15	162	806	627	251	37
眼科医院	Ophtalmology Hospital	16	1321	2076	1525	430	58
耳鼻喉科医院	Otolaryngology Hospital	2	156	212	126	22	5
肿瘤医院	Tumor Hospital	3	2432	2410	2032	594	8
妇产(科)医院	Obstetrics and Gynecology Hospital	12	762	1186	905	233	22
儿童医院	Children's Hospital	1	1319	1762	1584	490	2
精神病医院	Psychiatry Hospital	53	15753	6716	5291	1159	111
传染病医院	Hospital for Infectious Diseases	5	1379	1549	1267	310	4
皮肤病院	Dermatology Hospital	5	278	746	584	176	3
结核病医院	Tuberculosis Hospital	2	880	946	813	221	9
骨科医院	Orthopedics Hospital	15	1251	1288	1054	235	65
康复医院	Rehabilitation Hospital	7	564	429	323	97	14
美容医院	Plastic Surgery Hospital	8	141	507	304	99	11
其他专科医院	Other Specialized Hospitals	31	2552	2467	1765	454	51

20-7 各类医疗机构病床使用情况（2019年）
Bed Utilization of Medical Institutions (2019)

类　别	Type	实际占用总床日数(日) Actual Number of Bed-opening Days (day)	病床周转次数(次) Hospital Bed Turnover (time)	病床工作日(日) Hospital Bed Using Days (day)	病床使用率(%) Utilization Rate (%)	出院者平均住院日(日) Average Staying Days in Hospital (day)	出院者占用总床日数(日) Total Number of Bed-occupying Days (day)
全　省	**Provincial Total**	**71805383**	**34.8**	**283.3**	**77.62**	**7.9**	**69564922**
医　院	Hospital	55891821	34.2	309.3	84.75	8.9	54686867
综合医院	General Hospital	37314644	38.5	309.0	84.67	7.9	36825868
中医医院	Hospital Specialized in Traditional Chinese Medicine	9553537	33.3	308.9	84.64	9.2	9506299
中西医结合医院	Hospital of Integrated Traditional Chinese with Western Medicine	485611	26.8	278.1	76.19	10.4	485909
护理院	Nursing Hospital	44156	5.0	166.6	45.65	22.5	30011
专科医院	Specialized Hospital	8493873	17.0	314.6	86.18	17.1	7838780
口腔医院	Stomatological Hospital	13013	23.8	166.5	45.61	6.8	12669
眼科医院	Ophtalmology Hospital	212597	32.9	167.4	45.86	4.8	201377
耳鼻喉科医院	Otolaryngology Hospital	53912	66.6	345.1	94.53	4.6	48077
肿瘤医院	Tumor Hospital	850657	31.2	349.7	95.80	11.0	834413
妇产(科)医院	Obstetrics and Gynecology Hospital	107779	21.5	154.9	42.43	7.0	105621
儿童医院	Children's Hospital	507242	63.6	384.6	105.36	6.0	505613
精神病医院	Psychiatry Hospital	5187836	5.3	345.7	94.71	57.3	4576060
传染病医院	Hospital for Infectious Diseases	380634	19.1	276.0	75.62	14.5	381094
皮肤病医院	Dermatology Hospital	61120	27.1	219.9	60.23	8.1	61077
结核病医院	Tuberculosis Hospital	326666	29.4	373.4	102.31	12.7	327294
骨科医院	Orthopedics Hospital	264352	27.9	229.8	62.96	8.2	262186
康复医院	Rehabilitation Hospital	99126	19.1	272.6	74.69	13.9	96625
美容医院	Plastic Surgery Hospital	1620	24.4	35.7	9.77	1.5	1612
其他专科医院	Other Specialized Hospitals	427319	26.2	223.4	61.21	8.5	425062
疗养院	Sanitarium	130000	25.5	137.2	37.60	5.2	125500
社区卫生服务中心(站)	Health Service Center for Community	370249	14.1	115.4	31.60	6.3	286377
卫生院	Heath Centers	11798618	36.9	217.5	59.59	5.5	11046077
#中心卫生院	Center Township Hospital	5595430	40.0	234.8	64.32	5.6	5321229
乡卫生院	Rural Township Hospital	6160019	34.0	203.5	55.75	5.5	5682595
妇幼保健院(所、站)	Maternity and Child Care Center (Station)	2838870	47.2	260.7	71.41	5.3	2740131
#妇幼保健院	Maternity and Child Care Center	2659208	49.3	268.1	73.46	5.3	2571902
专科疾病防治院(所、站)	Specialized Disease Prevention & Treatment Institute	775825	16.1	223.4	61.21	12.2	679970

20-8 各类医疗机构门诊诊疗情况（2019年）
Out-patient Clinics in Hospitals in Medical Institutions (2019)

类别	Type	诊疗人次（人次）Visits (person-time)	#门、急诊 Clinics	预约诊疗人次占总诊疗人次百分比（%）Percentage in Appointment in Total Treatment	观察室留观病人（人）Patients in Observation Room (person)	健康检查（人）Health Examine (person)
全省	**Provincial Total**	**236281840**	**226562507**	**4.33**	**1190226**	**14016942**
医院	Hospital	79533765	77583610	10.58	629496	4835305
综合医院	General Hospital	58273376	56931872	11.86	475008	2431431
中医医院	Hospital Specialized in Traditional Chinese Medicine	14253676	13791128	3.30	103913	2133307
中西医结合医院	Hospital of Integrated Traditional Chinese with Western Medicine	864190	787552	22.15	1358	68806
护理院	Nursing Hospital	8307	8288			
专科医院	Specialized Hospital	6134216	6064770	13.76	49217	201761
口腔医院	Stomatological Hospital	541053	541053	11.23	100	1480
眼科医院	Ophtalmology Hospital	601221	601113	2.00	502	34374
耳鼻喉科医院	Otolaryngology Hospital	53931	53931			
肿瘤医院	Tumor Hospital	320876	307037			27138
妇产(科)医院	Obstetrics and Gynecology Hospital	259437	254737	1.42		9072
儿童医院	Children's Hospital	1433465	1433465	30.24	25700	7633
精神病医院	Psychiatry Hospital	761560	744924	8.30	184	14216
传染病医院	Hospital for Infectious Diseases	351134	351134	13.96	125	45012
皮肤病医院	Dermatology Hospital	575660	575660	0.10	21512	9200
结核病医院	Tuberculosis Hospital	229406	229406	41.65		17022
骨科医院	Orthopedics Hospital	389991	378309	9.80	1011	33831
康复医院	Rehabilitation Hospital	33399	27780			976
美容医院	Plastic Sergury Hospittal	46411	46311			500
其他专科医院	Other Specialized Hospitals	479081	462319	18.22	83	1307
疗养院	Sanitarium	33034	11674			
社区卫生服务中心(站)	Health Service Center for Community	8934891	8479934		130873	1534686
卫生院	Heath Centers	33642950	31764038		293199	6566150
门诊部	Clinic	1860686	1696876			87892
诊所、卫生所、医务室	Clinic, Medical Center, Nursing Station	18652695	18422868			
妇幼保健院(所、站)	Maternity and Child Care Center (Station)	11377459	11078346	15.79	132135	965771
#妇幼保健院	Maternity and Child Care Center	10655603	10384966	16.85	131999	844278
专科疾病防治院(所、站)	Specialized Disease Prevention & Treatment Institute	979162	938480	1.16	4523	27138

20-9 各类医疗机构住院治疗情况（2019年）
Basic Statistics on Inpatients Treatments in Medical Institutions (2019)

类别	Type	入院人数（人）Inpatients (person)	出院人数（人）Out-patients (person)	住院病人手术人次（人次）Inpatients Operation (person-time)	每百门急诊的入院人数（人）Number of Admissions Per 100 Outpatient Emergency Treatment (person)
全省	**Provincial Total**	**8845606**	**8826769**	**1824402**	**6.81**
医院	Hospital	6178954	6178268	1671646	7.96
综合医院	General Hospital	4635345	4643224	1340658	8.14
中医医院	Hospital Specialized in Traditional Chinese Medicine	1031057	1028401	171693	7.48
中西医结合医院	Hospital of Integrated Traditional Chinese with Western Medicine	46865	46752	12219	5.95
护理院	Nursing Hospital	1395	1331		16.83
专科医院	Specialized Hospital	464292	458560	147076	7.66
口腔医院	Stomatological Hospital	1839	1864		0.34
眼科医院	Ophtalmology Hospital	43141	41795	29234	7.18
耳鼻喉医院	Otolaryngology Hospital	10410	10403	7461	19.30
肿瘤医院	Tumor Hospital	76983	75942	12286	25.07
妇产(科)医院	Obstetrics and Gynecology Hospital	14972	14995	4005	5.88
儿童医院	Children's Hospital	83709	83870	39467	5.84
精神病医院	Psychiatry Hospital	82363	79808	4494	11.06
传染病医院	Hospital for Infectious Diseases	26379	26331	11789	7.51
皮肤病医院	Dermatology Hospital	7583	7535	798	1.32
结核病医院	Tuberculosis Hospital	25873	25747	2698	11.28
骨科医院	Orthopedics Hospital	32138	32059	12451	8.50
康复医院	Rehabilitation Hospital	7138	6957	552	25.69
美容医院	Plastic Sergury Hospital	1598	1108	1123	3.45
其他专科医院	Other Specialized Hospitals	50166	50146	20718	10.85
疗养院	Sanitarium	24218	24120		207.45
社区卫生服务中心	Health Service Center for Community	41127	40872		0.98
卫生院	Heath Centers	2011130	2002083		6.33
#街道卫生院	Institutes of Health, Subdistrict	17843	17843		39.20
乡镇卫生院	Institutes of Health, Rural	1993287	1984240		6.28
门诊部	Clinic	7350	7350		
妇幼保健院(所、站)	Maternity and Child Care Center (Station)	521975	513792	152093	4.71
#妇幼保健院	Maternity and Child Care Center	496735	488778	148386	4.78
专科疾病防治院（所、站）	Specialized Disease Prevention & Treatment Institute	56493	55932	663	6.02

20-10 各地区医院门诊诊疗情况（2019年）
Out-patient Clinics in Hospitals by Region (2019)

地 区	Region	诊疗人次（人次）Visits (person-time)	#门、急诊 Outpatient and Emergency Treatment	门急诊人次占总人次（%）Percentages of Out-patients in Total Number (%)	观察室留观病人（人）Patients in Observation Room (person)	观察室病死率（%）Observation Room Mortality (%)	健康检查（人）Health Examine (person)
全 省	**Provincial Total**	**79533765**	**77583610**	**97.55**	**629496**	**0.05**	**4835305**
南昌市	Nanchang	17780353	17533481	98.61	137113	0.01	2179469
景德镇市	Jingdezhen	2286393	2221626	97.17	92685		155667
萍乡市	Pingxiang	3614502	3489013	96.53	54507		170042
九江市	Jiujiang	7448924	7132339	95.75	18113	0.04	502109
新余市	Xinyu	2490538	2397474	96.26	20222		148994
鹰潭市	Yingtan	1446623	1440598	99.58	12784		79117
赣州市	Ganzhou	16060671	15788934	98.31	103439	0.11	530865
吉安市	Ji'an	7122227	6882530	96.63	41247	0.10	373454
宜春市	Yichun	7098853	6876497	96.87	132401	0.05	270632
抚州市	Fuzhou	5724309	5591666	97.68	9736	0.14	171535
上饶市	Shangrao	8460372	8229452	97.27	7249	0.95	253421

20-11 各地区医院病床使用情况（2019年）
Utilization of Hospital Beds by Region (2019)

地 区	Region	医院 Total			#政府办医院 Government-conducted Hospital		
		病床周转次数（次）Hospital Bed Turnover (time)	病床使用率（%）Utilization Rate (%)	出院者平均住院日（日）Average Staying Days in Hospital (day)	病床工作日（日）Hospital Bed Utilization (day)	病床使用率（%）Utilization Rate (%)	出院者平均住院日（日）Average Staying Days in Hospital (day)
全 省	**Provincial Total**	**34.2**	**84.8**	**8.9**	**332.2**	**91.0**	**8.8**
南昌市	Nanchang	36.9	96.3	9.5	379.1	103.9	9.4
景德镇市	Jingdezhen	30.4	80.0	9.3	294.0	80.6	9.3
萍乡市	Pingxiang	34.7	89.4	9.2	368.7	101.0	9.0
九江市	Jiujiang	35.6	90.8	9.5	346.7	95.0	9.6
新余市	Xinyu	26.5	80.2	10.4	306.5	84.0	9.6
鹰潭市	Yingtan	23.9	77.4	10.7	283.2	77.6	9.0
赣州市	Ganzhou	34.7	82.1	8.5	319.5	87.5	8.4
吉安市	Ji'an	34.7	80.4	8.4	306.9	84.1	8.2
宜春市	Yichun	32.0	83.1	9.2	324.8	89.0	9.5
抚州市	Fuzhou	34.6	74.3	7.5	298.4	81.8	7.3
上饶市	Shangrao	35.4	83.1	8.1	329.3	90.2	8.1

20-12 各地区计划生育情况（2019年）
Basic Statistics on Family Planning by Region (2019)

地 区	Region	现有一孩育龄妇女人数（人）Married Childbearing-age Women with One Child (person)	现有一孩育龄妇女占已婚育龄妇女比重(%) Percentage of Married Childbearing-age Women with One Child in Total Married Women (%)	现有二孩育龄妇女人数（人）Married Childbearing-age Women with Two Child (person)	现有二孩育龄妇女占已婚育龄妇女比重(%) Percentage of Married Childbearing-age Women with Two Child in Total Married Women (%)
全 省	**Provincial Total**	**2842818**	**30.25**	**4831740**	**51.41**
南昌市	Nanchang	381829	37.89	450148	44.67
景德镇市	Jingdezhen	120858	38.63	162425	49.85
萍乡市	Pingxiang	133842	36.66	176528	48.36
九江市	Jiujiang	338368	33.52	511943	50.71
新余市	Xinyu	79096	36.42	112854	51.97
鹰潭市	Yingtan	73342	30.44	125945	52.27
赣州市	Ganzhou	459895	25.70	908276	50.75
吉安市	Ji'an	276006	27.78	535028	53.85
宜春市	Yichun	299370	27.30	590546	53.85
抚州市	Fuzhou	262338	31.29	434535	51.83
上饶市	Shangrao	417874	27.61	823512	54.41

20-13 各地区城镇社区服务情况（2019年）
Basic Statistics on Urban Community Service by Region (2019)

单位：个 (unit)

地 区	Region	城镇社区服务设施 Urban Community Service Facilities	社区服务志愿者组织数 Voluntary Organizations for Community Services
全 省	**Provincial Total**	**3908**	**512**
南昌市	Nanchang	818	62
景德镇市	Jingdezhen	112	40
萍乡市	Pingxiang	140	49
九江市	Jiujiang	520	55
新余市	Xinyu	87	20
鹰潭市	Yingtan	129	16
赣州市	Ganzhou	464	88
吉安市	Ji'an	369	54
宜春市	Yichun	521	60
抚州市	Fuzhou	259	31
上饶市	Shangrao	489	37

20-14 体育事业基本情况
Basic Statistics on Sports

指　　标	Item	1990	2000	2010	2016	2017	2018	2019
村级农民体育健身工程(个)	Village-Level Mass Sports Project (unit)				246	290	240	348
乡镇农民体育健身工程(个)	Township Mass Sports Project (unit)				35	11	28	23
城市社区多功能运动场(个)	Urban Community Multifunctional Playground (unit)				25	3		
青少年俱乐部(个)	Youth Club (unit)			108	159	174	176	183
等级裁判员发展人数(人)	Ranked Referees Developed (person)	2008	2223	567	1609	659	691	1079
金　　牌	Gold	28	25	36	45	74	93	171
银　　牌	Silver	33	27	26	55	75	100	170
铜　　牌	Bronze	29	19	33	44	56	104	203

注：村级农民体育健身工程、乡镇农民体育健身工程、城市社区多功能运动场为当年新增数量。
a) Village-level mass sports projects, township mass sports proiects and urban community multifuctional play grounds refer to those of new-added projects and play grounds.

20-15 少年儿童业余体育学校基本情况
Basic Statistics on Amateur Sports School for Children and Adolescents

指　　标	Item	1990	2000	2010	2016	2017	2018	2019
学　校　数(所)	Number of Schools (unit)	133	105	89	95	103	90	107
在校学生数(人)	Total School Enrollments (person)	7122	7417	10113	16373	13362	15947	15456
专职教练员人数(人)	Full-time Coaches (person)	400	439	462	612	584	626	688
#专科以上	Above Specialized Courses		238	410	592	562	584	648

20-16 历届全省人民代表大会的代表人数
Number of Deputies to All the Previous Provincial People's Congresses

届别	Congress	年份 Year	代表总数(人) Total Number of Deputies (person)	#女代表 Female Deputies	占代表总数(%) As Percentage to Total Deputies (%)	#少数民族代表 Ethnic Minority Deputies	占代表总数(%) As Percentage to Total Deputies (%)
一 届	First Congress	1954	404				
二 届	Second Congress	1958	500	76	15.2		
三 届	Third Congress	1963	613	129	21.0	7	1.1
五 届	Fifth Congress	1978	1200	261	21.8	9	0.8
六 届	Sixth Congress	1983	958	184	19.2	17	1.8
七 届	Seventh Congress	1988	583	99	17.0	15	2.6
八 届	Eighth Congress	1993	615	108	17.6	12	2.0
九 届	Ninth Congress	1998	603	136	22.6	11	1.8
十 届	Tenth Congress	2003	604	146	24.2	14	2.3
十一届	Eleventh Congress	2008	608	148	24.3	16	2.6
十二届	Twelfth Congress	2013	609	148	24.3	21	3.4
十三届	Thirteenth Congress	2018	607	161	26.5	23	3.8

注：1968年1月成立的江西省革命委员会作为江西省第四届人民代表大会的届次计算。

a) Revolutionary Committee of Jiangxi Province which was founded in Jun.1968 is complied as 4th Provincial People's Congresses.

20-17 历届全省政治协商会议的委员人数
Number of Deputies to All the Previous Provincical People's Political Consultative Conferences

届别	Congress	年份 Year	委员总数(人) Total Number of Deputies (person)	#中国共产党委员 Deputies from the Communist Party of China	占委员总数(%) As Percentage to Total Deputies (%)	#少数民族委员 Ethnic Minority Deputies	占委员总数(%) As Percentage to Total Deputies (%)
一 届	First Congress	1955	159	50	31.5	6	3.8
二 届	Second Congress	1959	571	227	39.8	11	1.9
三 届	Third Congress	1964	601	266	44.3	10	1.7
四 届	Fourth Congress	1978	752	340	45.3	12	1.6
五 届	Fifth Congress	1983	760	259	34.1	17	2.2
六 届	Sixth Congress	1988	755	258	36.0	22	2.9
七 届	Seventh Congress	1993	704	281	39.9	17	2.4
八 届	Eighth Congress	1998	649	274	42.2	19	2.9
九 届	Ninth Congress	2003	683	273	40.0	16	2.4
十 届	Tenth Congress	2008	690	276	40.0	13	1.9
十一届	Eleventh Congress	2013	691	275	39.8	11	1.6
十二届	Twelfth Congress	2018	591	235	39.8	9	1.5

20-18 工会组织情况
Basic Statistics on Trade Unions

年份 Year	工会基层组织数（万个）Number of Grassroot Trade Unions (10 000 units)	全省已建工会组织的基层单位的职工和会员人数（万人）Membership and Staff and Workers in Grassroot Trade Unions (10 000 persons)				工会专职工作人员人数（万人）Full-time Staff (10 000 persons)
		职工人数 Staff and Workers	#女职工 Female	会员人数 Membership	#女会员 Female	
1980	1.28	193.33	57.67	162.17		0.70
1985	1.78	260.16	90.84	229.87	77.46	1.55
1986	1.87	265.37	90.04	234.39	79.74	1.28
1987	1.95	274.43	96.85	243.38	84.88	1.29
1988	2.01	283.54	101.39	250.24	89.69	1.29
1989	2.10	293.33	102.66	260.64	93.71	1.45
1990	2.14	299.93	107.36	271.76	97.41	1.56
1991	2.16	305.12	111.02	278.47	100.88	1.60
1992	2.19	311.86	115.47	282.70	102.99	1.66
1993	2.14	300.12	111.29	272.28	99.72	1.58
1994	2.14	312.54	116.58	289.86	102.84	1.61
1995	2.01	306.17	112.10	281.77	100.15	0.91
1996	2.14	318.51	120.94	286.57	107.94	1.37
1997	1.76	243.00	91.08	222.57	81.72	1.40
1998	1.70	251.32	94.22	232.77	86.34	1.18
1999	1.56	242.01	88.92	230.59	80.78	1.16
2000	1.82	267.12	82.61	237.31	74.71	1.79
2001	3.84	288.89		273.76		1.79
2002	2.21	513.82	152.96	363.01	116.65	1.44
2003	2.24	288.55	100.68	260.36	92.68	1.04
2004	3.08	373.30	116.26	347.41	109.06	0.97
2005	3.77	391.00	139.14	375.89	131.48	1.11
2006	4.11	459.93	157.68	438.81	149.97	1.32
2007	4.60	517.76	158.07	495.92	151.9	1.55
2008	5.17	572.04	203.97	551.60	199.17	1.80
2009	5.54	600.01	218.20	581.00	212.82	2.60
2010	5.92	647.36	242.81	611.04	231.69	3.80
2011	6.48	673.36	250.61	646.86	240.67	5.42
2012	7.37	736.82	274.40	714.60	266.37	5.93
2013	7.73	750.77	276.69	730.94	270.54	4.49
2014	7.92	777.48	288.63	755.33	283.07	5.13
2015	8.23	821.84	306.30	788.59	298.61	4.69
2016	8.37	853.88	316.80	820.01	309.50	4.85
2017	8.65	891.92	324.72	861.73	320.38	5.18
2018	8.84	903.99	329.05	871.13	325.03	5.39
2019	8.84	904.12	332.68	874.02	328.73	5.42

注：2001年为工会四季度报表数据,空白指标数据未作统计。

a) Partial statistics were missing in the year 2001.

20-19 共青团组织情况
Basic Statistics on the Communist Youth League

年 份 Year	基层团支部 (万个) Grassroot CYL Branch (10 000 units)	共青团员 (万人) CYL Members (10 000 persons)	#女团员 Female	团干部 (人) League Cadre (person)
1978	11.10	133.22	49.87	4342
1981	8.75	123.62	46.22	5323
1982	6.47	124.05	45.27	5713
1983	6.26	126.96	46.66	5839
1984	6.12	131.67	46.23	5903
1985	6.48	152.69	53.00	6473
1986	6.64	169.37	56.83	6729
1987	6.75	183.48	60.62	6542
1988	6.78	181.34	58.23	6337
1989	6.88	161.66	50.39	6074
1990	6.75	162.03	53.60	6725
1991	6.77	160.19	55.06	7156
1992	6.39	157.53	52.54	6821
1993	6.55	156.32	53.66	6801
1994	10.31	238.38	83.32	10339
1995	10.40	248.42	85.93	8752
1996	12.00	219.78	81.46	7855
1997	11.13	222.37	78.98	9759
1998	8.52	212.80	72.73	7909
1999	6.98	187.68	68.39	7362
2000	6.80	187.98	68.53	7015
2001	6.83	182.30	68.27	6627
2002	7.49	191.29	79.50	7444
2003	3.83	194.10	42.81	7444
2004	6.15	213.63	68.73	15680
2005	6.41	246.62	71.42	10370
2006	6.42	248.61	72.41	10370
2007	6.42	248.71	72.41	10370
2008	6.42	248.79	72.42	10470
2009	6.53	250.75	83.57	11812
2010	6.51	240.12	81.76	11756
2011	5.81	440.17	181.54	12888
2012	9.38	247.90	82.10	10146
2013	9.71	245.86	81.42	9714
2014	9.75	245.93	81.54	188736
2015	10.22	244.36	81.44	195307
2016	9.71	238.00	80.26	90736
2017	8.90	227.88	79.86	85712
2018	9.14	221.41	77.52	91552
2019	7.21	245.53	126.00	271206

注：1.2011年共青团员数含驻赣部队团员及省外流动团员。

2.从2014年起不统计专职团干部。只统计团干部数。2014年以前的数是专职团干部。

a) CYL in the PLA Garrison Force and migrating CYL has been in cluded in the number of CYL since 2011.

b) Statistical system of league cadre has been adjusted to full-time cadres since 2014.

20-20 妇联系统组织情况
Basic Statistics on Women's Federations

单位：个 (unit)

年 份 Year	省、市县妇联组织 Provincial,City and County Women's Federation	乡镇妇联 Township Women's Federation	街道妇联 Subdistrict Women's Federation	村级妇联 Village Women's Federation	社区妇联 Community Women's Federation
2015	112	1455	190	17975	2984
2016	100	1422	188	17913	1993
2017	121	1422	153	16261	3074
2018	112	1404	155	16685	3293
2019	109	1438	163	16770	3293

20-21 各地区福利彩票发行情况（2019年）
Statistics on Welfare Lottery by Region (2019)

地 区	Reigon	机构数（个） Number of Institutions (unit)	年末职工人数(人) Number of Staff and Workers at Year-end (person)	增加值（万元） Value Added (10 000 yuan)	收 入（万元） Revenues (10 000 yuan)	支 出（万元） Expenditures (10 000 yuan)
全 省	**Provincial Total**	**12**	**84**	**5906.26**	**24734.06**	**25828.35**
省本级	Provincial	1	15	3916.80	16425.93	16649.59
南昌市	Nanchang	1	11	479.76	1657.25	1864.42
景德镇市	Jingdezhen	1	12	0.50	619.80	694.90
萍乡市	Pingxiang	1	15	174.00	714.20	686.40
九江市	Jiujiang	1	8	301.00	852.37	825.46
新余市	Xinyu	1	2	13.50	685.7280	605.21
鹰潭市	Yingtan	1	1	118.00	405.01	434.22
赣州市	Ganzhou	1	7	438.40	1179.84	1177.60
吉安市	Ji'an	1	2	189.40	620.60	561.80
宜春市	Yichun	1	2	53.00	1061.26	1026.64
抚州市	Fuzhou	1	3	220.20	565.49	539.53
上饶市	Shangrao	1	6	1.70	632.31	762.58

20-22 社会福利事业基本情况
Basic Statistics on Social Welfare

指　　标	Item	2018	2019
提供住宿的社会服务机构(个)	**Residental Institutions of Social Service (unit)**	**1472**	**1748**
#老年人与残疾人服务机构(个)	Service Institutions for The Elderly and The Disabled (unit)	1386	1670
#社会福利院	Social Welfare Homes	88	89
光荣院	Homes for Disabled Veterans	16	
养老服务机构	Residental Institutions for Aging Population	1282	1581
#农村	Rural	1050	1178
智障与精神疾病服务机构(个)	Service Institutions for Mental Retardation and Mental Illness (unit)	2	4
儿童收养救助服务机构(个)	Service Institutions for Adoption and Salvation of Children (unit)	14	14
其他提供住宿的社会服务机构(个)	Other Residental Institutions of Social Service (unit)	11	60
年末在院人数(人)	**Number of Persons Housed at Year-end (person)**	**117124**	
老年人与残疾人服务机构人数	Service Institutions for The Elderly and The Disabled	127310	123665
#社会福利院人数	Social Welfare Homes	11493	12084
光荣院人数	Homes for Disabled Veterans	634	
养老服务机构人数	Residental Institutions for Aging Population	101839	120945
#农村	Rural	91780	96793
智障与精神疾病服务机构(人)	Service Institutions for Mental Retardation and Mental Illness (person)	347	860
儿童收养救助服务机构(人)	Service Institutions for Adoption and Salvation of Children (person)	1174	1590
城市居民最低生活保障人数(人)	Number of Persons Receiving Minimum Living Allowance in Urban Areas (person)	689558	367580
农村最低生活保障人数(人)	Number of Persons Receiving Minimum Living Allowance in Rural Areas (person)	1677864	1551632
民政部门直接救助人次数(人次)	Number of Persons Directly Receiving Medical Salvation from Civil Affairs Departments(person-time)		25415
临时救助(户次)	Number of Poor Persons Receiving Temporary Relief (household-time)	157906	168970

20-23 社会保障情况
Statistics on Social Security

单位：万人 (10 000 persons)

年 份 Year	养老保险 Pension Insurance		失业保险 Unemployment Insurance		职工基本医疗保险参保人数 Number of Staff and Workers Joining Medical Care Insurance
	职工人数 Number of Staff and Workers	离退休、退职人数 Number of Retired Persons	参加失业保险人数 Number of Staff and Workers Joining Unemployment Insurance	领取失业保险金人数 Number of Beneficiaries of Unemployment Insurance	
1990	178.70	36.42	153.96		
1991	188.77	37.07	158.29	0.01	
1992	193.28	40.71	167.15	0.08	
1993	198.29	43.61	166.60	0.16	
1994	197.73	45.17	170.92	0.43	
1995	193.26	45.57	183.44	0.14	
1996	197.29	47.00	183.03	0.56	
1997	197.16	48.94	152.24	0.39	
1998	235.67	64.06	182.76	0.80	
1999	246.50	66.72	209.60	0.96	
2000	254.85	71.58	231.59	0.81	61.44
2001	256.60	77.26	234.53	2.52	71.62
2002	257.13	82.65	226.67	5.16	125.77
2003	262.51	88.44	215.54	5.91	188.21
2004	271.83	99.92	226.56	10.18	250.42
2005	281.96	105.47	230.74	10.61	276.74
2006	303.34	111.63	241.05	9.98	313.34
2007	356.53	118.50	251.46	8.73	403.42
2008	421.87	128.46	266.29	6.79	503.16
2009	446.02	135.91	275.47	6.41	515.12
2010	462.08	145.52	265.33	10.69	532.13
2011	484.31	168.72	263.48	8.83	535.85
2012	518.26	189.12	267.44	7.86	546.76
2013	547.14	207.05	271.06	3.74	569.94
2014	562.81	221.08	271.75	2.43	579.21
2015	587.86	235.24	281.49	2.84	584.97
2016	672.74	284.56	282.64	3.14	591.62
2017	697.57	307.67	286.25	3.33	558.70
2018	719.72	333.10	287.98	3.32	573.73
2019	748.50	348.41	289.68	3.37	579.04
南昌市 Nanchang	148.64	63.13	64.43	0.69	131.96
景德镇市 Jingdezhen	29.59	16.32	13.05	0.15	35.32
萍乡市 Pingxiang	37.01	18.73	16.06	0.45	28.72
九江市 Jiujiang	71.60	33.35	35.34	0.33	60.24
新余市 Xinyu	22.78	11.14	11.75	0.34	20.13
鹰潭市 Yingtan	17.54	7.95	9.54	0.10	15.22
赣州市 Ganzhou	97.95	39.55	37.64	0.48	69.96
吉安市 Ji'an	60.82	24.42	23.60	0.19	43.35
宜春市 Yichun	78.09	36.38	27.09	0.26	48.81
抚州市 Fuzhou	55.27	23.66	21.58	0.23	35.53
上饶市 Shangrao	77.57	41.02	29.62	0.14	52.81

20-24 劳动人事争议仲裁基本情况(2019年)
Basic Statistics on Arbitration of Labor Disputes (2019)

指　　标	Item	合 计 Total	#国 有 企 业 State-owned Enterprises	集 体 企 业 Collective-owned Enterprises	港澳台及 外资企业 Enterprises with Funds from Hong Kong, Macao&Taiwan and Foreign Funded Enterprises	私 营 企 业 Private Enterprises
案件受理情况	**Cases Accepted**					
案件数(件)	Number of Cases (case)	13069	455	212	342	11610
#劳动者申诉案件数	Number of Cases Appealed by Laborers	11971	406	153	325	10686
劳动者当事人人数(人)	Number of Laborers Involved (person)	16551	455	212	365	15054
争议原因(件)	**Causes of Disputes (case)**					
#劳动报酬	Labor Remunerations	3498	178	88	124	3076
社会保险	Social Insurance	3431	85	70	102	3015
解除、中止劳动合同	Termination of Labor Contracts	3439	123	14	43	3173
案件处理情况(件)	**Case Settled (case)**					
结案案件数	Number of Cases Settled	13031	451	208	338	11574
用人单位胜诉	Lawsuits Won by Units	1632	197	20	119	1235
劳动者胜诉	Lawsuits Won by Laborers	5008	139	139	162	4422
双方部分胜诉	Lawsuits Won by Both Parties	5192	65	39	55	4793
其他	Others	1199	50	10	2	1124
期末累计未结案数	Accumulated Cases Unsettled at the End of Period	469	6	7	4	431

20-25 律师、公证及调解工作基本情况
Basic Statistics on Lawyers, Notarization and Mediation

指　　标	Item	2015	2016	2017	2018	2019
律师工作	**Lawyers**					
律师事务所(个)	Number of Law Offices (unit)	408	443	469	478	519
律　　师(人)	Number of Lawyers (person)	4488	4935	5585	6267	7269
#专职律师	Full-time Lawyers	3926	4340	4894	5425	6163
担任法律顾问(家)	Legal Adivisors (unit)	14176	15874	19002	17751	18587
民事案件诉讼代理(件)	Agent of Civil Cases (case)	47107	20929	62921	61082	72202
行政案件诉讼代理(件)	Agent of Adminmstrative Action (case)	531	1042	2596	3141	3724
刑事诉讼辩护及代理(件)	Defender and Agent of Criminal Cases (case)	14085	14878	14189	21304	24756
非诉讼法律事务(件)	Agent of Non-Litigious Legal Affairs (case)	13127	15119	16255	19837	13537
解答法律咨询(万人次)	Legal Advisory Services (10 000 person-cases) of Chients (10 000 cases)	14.70	14.45	7.08	8.01	-
公证工作	**Notarization**					
公证处(个)	Number of Notary Offices (unit)	112	112	119	111	112
#涉外公证处	Number of Foreign-related Notary Offices	56	59	67	72	76
公证人员(人)	Notarial Personnel (person)	693	713	740	799	798
#公证员	Nortaries	345	339	325	329	324
公证员助理(人)	Assistant Nortaries (person)	201	227	290	331	329
办理公证文书(件)	Number of Notarized Documents (case)	164779	190037	255240	243057	239076
国内公证文书	Number of Domestic Notarization	122366	147687	213956	201125	191028
涉外公证文书	Number of Foreign-related Notarization	37887	38233	36439	38673	44540
港台澳公证文书	Number of Hong Kong,Macao, Taiwan Notarization	4526	4117	4845	3259	3508
基层工作	**People's Mediation**					
法律服务所(个)	Agent of Legal Affairs (unit)	624	602	568	563	526
法律工作者(人)	Personnel of Legal Affairs (person)	1864	1892	2124	2076	1969
法律服务所调解民间纠纷(件)	Number of Civil Disputes Mediated (case)	32922	33855	10606	8367	
司法所(个)	Number of Judicial Offices (unit)	1707	1709	1709	1619	1607
司法人员(人)	Judicial Personnel (person)	3491	3469	3533	3357	3413
#专职司法助理员	Number of Full-time Judicial Assistants	2528	2445	2470	2353	2208
协助基层政府处理民间纠纷(件)	Help Grass-roots Government's Handling of Civil Disputes (case)	37430	40207	37127	30424	31655
#处理成功率(%)	Success Rate (%)	96.46	96.1	96.88	95.00	93.90
人民调解委员会(万个)	Number of People's Mediation Committees (10 000 units)	2.43	2.46	2.47	2.41	2.41
调解人员(万人)	Number of Mediators (10 000 persons)	11.14	11.34	11.12	10.57	10.49
司法所调解民间纠纷(万件)	Number of Civil Disputes Mediated (10 000 case)	18.75	17.97	11.15	18.81	17.57
#调解成功率(%)	Success Rate (%)	97.71	97.96	98.16	97.43	97.04

20-26 婚姻登记情况
Statistics on Marriages and Divorces

年份 Year	准予登记结婚（对） Total Number of Registered Marriage (couple)	初婚（人） First Marriage (person)	再婚（人） Re-marriage (person)	离婚（对） Divorces (couple)
1978	159661	150186		7387
1979	127242	239747	14737	6844
1980	148365	284253	12477	10200
1981	210132	402171	18093	5717
1982	213296			6487
1983	174610			4791
1984	223765			5666
1985	232469	453632	11306	11113
1986	231917	453021	10813	11241
1987	258275	504338	12212	12473
1988	250353	488228	12478	14063
1989	283406	551914	13075	16391
1990	334773	652052	17494	17637
1991	261054	508724	13384	17376
1992	255777	496201	15353	17682
1993	236384	458275	14493	19291
1994	249091	483833	14349	18979
1995	260573	502791	18355	19751
1996	271049	526016	16082	20037
1997	272364	525087	19641	21087
1998	278088	539122	17054	21502
1999	289370	558788	17454	26935
2000	295766	570202	18296	24229
2001	293852	548757	35569	26090
2002	283391	540779	21617	31762
2003	269708	507607	27805	29700
2004	296058	560260	28418	39897
2005	295282	553628	36936	39441
2006	315513	594219	36807	45291
2007	356154	665248	47060	51240
2008	391221	719684	62758	56030
2009	408061	738330	77792	45495
2010	361099	695884	26134	48891
2011	373001	703739	42263	54360
2012	421144	781537	60751	60006
2013	393733	713805	73661	70247
2014	371233	658658	83808	72909
2015	306158	527676	84640	79099
2016	302014	508278	95750	86405
2017	358601	593777	123425	102568
2018	330641	543471	117811	107456
2019	295407	468118	122696	115492

注：1.1978、1979年和1981年至1984年离婚对数中未包括法院离婚数。
2.1999年以后华侨、港澳台居民登记结婚中未分初婚、再婚人数。后同。

a) Number of divorced couples in 1978, 1979, and from 1981 to 1984 did not include number of court divorces.

b) Since 1999, the number of registered marriage of overseas Chinese, Hong Kong, Macao residents has not distincted first-marriage and re-marriage. The same applies to the tables following.

20-27　各地区婚姻登记情况（2019年）
Number of Marriages and Divorces by Region (2019)

地　区	Region	登记结婚件数（对）Total Number of Registered Marriage (couple)	#内地居民 Registered Marriages of Mainland	登记结婚人数（人）Total Number of Registered Marriage (person)	初　婚 First Marriage	再　婚 Re-marriage	#恢复结婚件数（对）Resumption of Marriage (couple)	离婚登记（对）Divorces (couple)
全　省	**Provincial Total**	**297266**	**295407**	**590814**	**468118**	**122696**	**17955**	**115650**
南昌市	Nanchang		36054	72108	54680	17428	3595	16473
景德镇市	Jingdezhen		10230	20460	15187	5273	919	5324
萍乡市	Pingxiang		10095	20190	15209	4981	461	4837
九江市	Jiujiang		31104	62208	46480	15728	2241	15060
新余市	Xinyu		5377	10754	7544	3210	469	2949
鹰潭市	Yingtan		7580	15160	11728	3432	509	3147
赣州市	Ganzhou		53911	107822	87287	20535	2760	20071
吉安市	Ji'an		26129	52258	41400	10858	1239	9201
宜春市	Yichun		33237	66474	52916	13558	1828	12424
抚州市	Fuzhou		26654	53308	43932	9376	1472	9078
上饶市	Shangrao		55036	110072	91755	18317	2462	16928

注：各设区加总不等于合计数，因为总数中没有包括省本级。

a) Since the number of marriages and divorces in the provincial level is not included in the number of provincial total, the number by region does not add up to the total.

20-28　各类事故伤亡情况
Basic Statistics on Accidents

指　标	Item	1990	2000	2010	2017	2018	2019
事故死亡总人数(人)	**Total (person)**		**4543**	**1924**	**1630**	**1333**	**1316**
#工矿商贸企业事故死亡人数	Mortality of Industry, Mining, Commerce and Trade Enterprises	396	531	233	292	265	301
铁路运输业事故死亡人数	Mortality of Railway Traffic Accident		695	58	30	37	30
水上运输业事故死亡人数	Mortality of Water Traffic Accident		20	9		1	4
道路运输业事故情况	**Traffic Accidents**						
起　数(起)	Traffic Accidents (case)	5326	17591	4126	2369	1823	1778
死亡人数(人)	Mortalities (person)	1387	3222	1603	1256	989	976
受伤人数(人)	Injures (person)	3343	13988	4938	2290	1679	1465
经济损失(万元)	Losses Converted into Cash (10 000 yuan)	573	7225	4184	2623	3165	6634
火灾情况	**Fire Accidents**						
起　数(起)	Fire Accidents (case)	896	5354	4721	8811	8630	9323
死亡人数(人)	Mortalities (person)	63	93	21	66	45	32
受伤人数(人)	Injures (person)	87	137	11	26	17	30
经济损失(万元)	Losses Converted into Cash (10 000 yuan)	1139	4039	8074	16488	20353	19636

20-29 各地区工矿商贸企业事故、火灾、道路交通事故情况（2019年）

Industry, Mining, Commerce and Trade Enterprises Accidents, Fire Accidents and Traffic Accidents by Region (2019)

地　区	Region	工矿商贸企业事故死亡人数（人）Mortality of Industry, Mining,Commerce (person per 100 million) Accidents (person)	火　灾 Fire Accidents		
			起　数（起）Fire Accidents (case)	死　亡人　数（人）Mortality (person)	受　伤人　数（人）Injures (person)
全　省	**Provincial Total**	**301**	**9323**	**32**	**30**
南 昌 市	Nanchang	62	1237	8	3
景德镇市	Jingdezhen	3	270		3
萍 乡 市	Pingxiang	12	478		1
九 江 市	Jiujiang	43	728	5	1
新 余 市	Xinyu	8	696	1	2
鹰 潭 市	Yingtan	4	299	1	9
赣 州 市	Ganzhou	42	1439	3	1
吉 安 市	Ji'an	41	1047	3	
宜 春 市	Yichun	32	1116	2	4
抚 州 市	Fuzhou	13	549	5	1
上 饶 市	Shangrao	39	1464	4	5
赣江新区	Ganjiang New Area	2			

注：各地区工矿商贸企业事故死亡人数不包括省煤炭集团，故小于总计。

a) Number of mortality of mining and trading enterprise by region does not include the number of mortality of Provincical Coal Cooperation. therefore, the number by region does not add up to the total.

20-30 各地区安全生产四项相对控制指标情况（2019年）

Four Safe Production Relatively Control Targets by Region (2019)

地　区	Region	亿元GDP生产安全事故死亡率（人/亿元）100Million GDP Production Safety Accidents Mortality Rate (person per 100 million)	工矿商贸企业从业人员10万人生产安全事故死亡率(人/10万) Production Safety Accidents Mortality Rate in Per Hundred Thousand Industry, Mining, Commerce and Trade Enterprises Employees (person per 100 thousand)	道路交通万车死亡率(人/万车) Traffic Accident Mortality Rate Per 10 Thousand Vehicles (person per 10 000 units)	煤矿百万吨死亡率（人/百万吨）Coal Mining Mortality Rate Per Million Tons (person per million tons)
全　省	**Provincial Total**	**0.05**	**1.56**	**2.31**	**2.03**
南 昌 市	Nanchang	0.03	2.23	1.82	
景德镇市	Jingdezhen	0.02	0.04	0.49	
萍 乡 市	Pingxiang	0.07	1.17	1.34	1.13
九 江 市	Jiujiang	0.04	1.95	1.26	
新 余 市	Xinyu	0.03	0.55	0.49	
鹰 潭 市	Yingtan	0.02	0.69	2.39	
赣 州 市	Ganzhou	0.01	1.20	1.15	
吉 安 市	Ji'an	0.08	2.17	1.80	
宜 春 市	Yichun	0.02	1.43	1.27	2.56
抚 州 市	Fuzhou	0.04	0.87	2.05	
上 饶 市	Shangrao	0.05	0.97	2.89	

20-31 社会发展与妇女儿童基本情况
Basic Statistics on Social Development, Women and Children

指 标	Item	2018	2019
卫生保健	**Health Care**		
出生人口性别比(以女孩为100)	Sex Ratio of Born Population (female=100)	113.05	113.03
婴儿死亡率(‰)	Infant Mortality Rate (‰)	5.54	4.76
#城市	Urban	3.57	3.95
农村	Rural	6.06	4.97
5岁以下儿童死亡率(‰)	Mortality Rate Under 5 (‰)	8.07	7.27
#城市	Urban	4.57	5.68
农村	Rural	9.00	7.69
孕产妇死亡率(1/10万)	Maternal Mortality Rate (per 100 000 persons)	8.41	7.34
#城市	Urban	3.93	4.71
农村	Rural	11.52	9.23
当年报告艾滋病病毒感染例数(例)	HIV Infections Reported at Current Year (case)	2061	1994
#女性	Female	438	435
教育	**Education**		
学前三年毛入园率(%)	Enrollment of 3 years in Pre-primary Education (%)	81.83	83.73
初中阶段毛入学率(%)	Secondary School Gross Enrollment (%)	114.93	113.53
九年义务教育在校学生数(万人)	Enrollment of 9-year Compulsory Education (person)	628.21	631.51
高中阶段毛入学率(%)	High School Gross Enrollment (%)	90.50	91.50
地区国家财政性教育支出(万元)	Regional State Financial Expenditure on Education (10 000 yuan)	11043555	12149340
地区公共财政教育支出(万元)	Regional Public Financial Expenditure on Education (10 000 yuan)	10991268	11942616
地区国家财政性教育支出占地区生产总值比例(%)	Proportion of Regional State Financial Expenditure on Education in GDP (%)	5.02	4.91
地区公共财政教育支出占地区公共财政支出比例(%)	Proportion of Education in Regional Public Financial Expenditure (%)	19.38	18.65
就业与社会保障	**Employment and Social Insurance**		
女性就业人员(万人)	Female Employments (10 000 person)	1162.4	1160.1
城镇新增就业人员(万人)	Urban New Employments (10 000 person)	55.3	54.3
安全与法律保护	**Security and Legal Protection**		
火灾事故	Fire Accidents		
发生数(起)	Cases (case)	8630	9323
死亡人数(人)	Mortalities (person)	45	32
受伤人数(人)	Injures (person)	17	30
直接经济损失(万元)	Direct Losses Converted into Cash (10 000 yuan)	20353	19636
人口火灾发生率(1/10万)	Fire Accidents per 100 thousand person (case per 100 thousand person)	18.62	20.02

20-31 续表 continued

指　　标	Item	2018	2019
破获强奸案件数(起)	Rape Cases Solved (case)	536	615
破获拐卖妇女案件数(起)	Abducting Women Cases Solved (case)	12	8
破获拐卖儿童案件数(起)	Abducting Children Cases Solved (case)	10	3
破获组织、强迫、引诱、容留、介绍妇女卖淫	Prostitution-involved Cases Solved (case)	381	584
治安案件查处数(起)	Public Security Cases Investigated (case)	340430	342428
妇女参政议政	**Women Empowerment**		
省级政府领导班子配有女干部的班子比例(%)	Rate of Women Cadres in Provincial Government Organs (%)	100.00	100.00
市级政府领导班子配有女干部的班子比例(%)	Rate of Women Cadres in Prefecture Government Organs (%)	90.91	91.91
县级政府领导班子配有女干部的班子比例(%)	Rate of Women Cadres in County Government Organs (%)	95.00	90.00
省级政府工作部门领导班子配有女干部的班子比例(%)	Rate of Women Cadres in Provincial Government Services (%)	52.78	44.44
市级政府工作部门领导班子配有女干部的班子比例(%)	Rate of Women Cadres in Prefecture Government Services (%)	49.48	48.56
市级政府领导班子正职中女干部比例(%)	Rate of Principal Women Cadres in Prefecture Government Organs (%)	0	0
县级政府领导班子正职中女干部比例(%)	Rate of Principal Women Cadres in County Government Organs (%)	10.20	7.69
省级政府工作部门领导班子配有正职女干部的班子比例(%)	Rate of Principal Women Cadres in Provincial Government Services (%)	13.89	13.89
市级政府工作部门领导班子配有正职女干部的班子比例(%)	Rate of Principal Women Cadres in Prefecture Government Services (%)	12.50	10.50
县级政府工作部门领导班子配有正职女干部的班子比例(%)	Rate of Principal Women Cadres in County Government Services (%)	8.98	10.97

主要统计指标解释

卫生机构 包括医疗机构、疾病预防控制中心(防疫站)、采供血机构、卫生监督及监测(检验)机构、医学科研和在职培训机构、健康教育所等。

医疗机构 包括医院、社区卫生服务中心(站)、疗养院、卫生院、门诊部、诊所(卫生所、医务室)、妇幼保健院(所、站)、专科疾病防治院(所、站)、急救中心(站)和临床检验中心。医疗机构分为非赢利性医疗机构和赢利性医疗机构。

医院 包括综合医院、中医医院、中西医结合医院、民族医院、各类专科医院和护理院。

卫生技术人员 指卫生机构中医生、护理人员 、药剂人员、检验人员等卫生技术人员。

医生 指在医疗、预防保健机构工作且取得《执业医师证书》的执业医师和执业助理医师。

社会福利事业单位 指集中收养社会孤老、残、幼的机构，包括由民政部门管理的社会福利院、儿童福利院、精神病人福利院和城镇集体举办的福利院及农村集体举办的敬老院以及优抚医院和具有收养能力的社区服务中心等。

社会福利事业单位收养人数 包括民政部门管理和城镇、农村集体举办的社会福利事业单位中收养的老人、少年儿童、缺乏生活自理能力的残疾人员和精神病人。

社会福利企业单位 指以安置城镇有一定劳动能力的盲、聋、哑和肢体残疾人员就业为目的，享受国家减免税待遇的国有或集体企业。包括福利工厂、福利商业和服务业、假肢厂和安置农场等单位。

律师 指依法取得律师执业证书，担任法律顾问，民事(刑事、行政)案件代理人、刑事案件辩护人、办理非诉讼业务，解答法律询问，代写法律事务文书等，为社会提供法律服务的人员。

公证人员 指在公证处工作的人员总称，包括公证处主任、副主任、公证员、公证员助理(助理公证员)和其他从事辅助性工作的人员。

公证文书 指公证处根据当事人申请，依照事实和法律，按照法定程序制作的，具有法律效力的司法证明文书。根据公证书用途和使用地，公证书分为国内公证书、国内经济公证书、涉外民事公证书、涉外经济公证书四类。

调解员 指在人民调解委员会担负调解民间纠纷工作的人员，包括调解委员会的委员和调解小组的调解员。

调解民间纠纷 指调解委员会按照法律规定，根据自愿原则，用说服教育的方法调解民间发生的有关民事权利和义务争执的件数，包括调解成功数和调解未成功数。

Explanatory Notes on Main Statistical Indicators

Health Care Institutions include: medical institutions, disease prevention and control centres (epidemic prevention stations), blood gathering and supplying institutions, health supervision and inspection (check up) institutions, medicinal scientific research and on-job training institutions, health education centres and so on.

Medical Organizations include: hospitals, health service centres (stations) in communities, sanatoria, health centres, out-patient clinics, clinics (health stations and infirmaries), maternity and child care agencies (centres and stations), special disease prevention and curing agencies (centres and stations), first aid centres (stations) and clinical inspection centres. Medical organizations are grouped by two types: profit-making and non-profit-making medical organizations.

Hospitals include: polyclinics, traditional Chinese medical hospitals, hospitals integrating traditional Chinese therapeutics and western therapeutics, ethnic hospitals, various specialist hospitals and nursing homes.

Medical Technical Personnel refers to doctors, nurses, pharmacists and laboratory technicians working in medical institutions.

Doctors refer to certified physicians and certified assistant physicians with certifications working in medical and health care and prevention agencies.

Social Welfare Institutions refer to institutions taking care of old people without children, handicapped people and orphans. They include social welfare institutions run by civil affairs departments, children welfare institutions, social welfare institutions for mental patients, collective-owned old people's homes in rural areas, convalescent homes and community service centers with the capacity of receiving those people. **Number of People Accommodated by Social Welfare Institutions** refers to the number of old people, children, totally dependent handicapped people and mental patients Accommodated by social welfare institutions run by civil affairs departments and those run by collective units in urban and rural areas.

Social Welfare Enterprises are collective-owned enterprises which employ the blind, deaf-mute, and physically disabled people who are able to work in cities and towns and enjoy exemption from State taxes. They include welfare plants, welfare commercial services, artificial limb plants and farms, etc.

Lawyers are certified legal workers according to law, and who are employed by legal counselling firms to act as legal advisers; agents in criminal or civil lawsuits; and defenders in criminal lawsuits; or to handle non-litigious legal affairs, to advise on matters of law or to write legal papers for others and provide service to the public.

Notary Personnel refers to people working for notary offices including: directors, deputy directors, notaries, assistant notaries and other people providing assistance.

Notary Documents refer to the judicial notary documents drawn up at the request of the interested party and are in accordance with facts and the law and following certain legal proceedings. According to usage and locality, notary documents are divided into the following 4 types: domestic notary documents, domestic economic notary documents, foreign-related civil notary documents and foreign-related economic notary documents.

Mediators refer to workers on people's mediation committees responsible for mediating in civil disputes and cases of slight infraction of the law. They include members of the mediation committees and mediators of mediation groups.

Mediation of Civil Disputes refers to number of cases made by mediation committees in mediating in civil disputes concerning civil rights and duties through persuasion and education in accordance with the provisions of law on a voluntary basis, so as to solve disputes by helping the parties involved come to an agreement and understanding, including those unsuccessful ones.

21

各省、自治区、直辖市主要经济指标

MAIN ECONOMIC INDICATORS OF PROVICES, AUTONOMOUS REGIONS AND MUNICIPALITIES DIRECTLY UNDER THE CENTRAL GOVERNMENT

资料整理：张雪梅　刘　兴

21-1 各省(市、区)按三次产业分法人单位数(2019年)

Number of Legal Entities by Three Strata of Industry of Provinces, Autonomous Regions and Municipalities (2019)

单位：个 (unit)

地　区	Region	法人单位 Number of Legal Entities	第一产业 Primary Industry	第二产业 Secondary Industry	第三产业 Tertiary Industry
全　国	**National Total**	**21787273**	**1224**	**4626235**	**17159814**
北　京	Beijing	988483	43	60550	927890
天　津	Tianjin	291151	2	58229	232920
河　北	Hebei	1150955	55	315838	835062
山　西	Shanxi	462193	36	73378	388779
内蒙古	Inner Mongolia	297176	66	50137	246973
辽　宁	Liaoning	600313	29	130808	469476
吉　林	Jilin	187449	31	33009	154409
黑龙江	Heilongjiang	256191	150	43301	212740
上　海	Shanghai	440696	8	64674	376014
江　苏	Jiangsu	2053630	30	633703	1419897
浙　江	Zhejiang	1545153	110	480460	1064583
安　徽	Anhui	813279	64	180608	632607
福　建	Fujian	702826	19	155460	547347
江　西	**Jiangxi**	**454387**	**24**	**100611**	**353752**
山　东	Shandong	1801301	17	439203	1362081
河　南	Henan	1279238	31	223621	1055586
湖　北	Hubei	853168	13	156392	696763
湖　南	Hunan	622764	12	103144	519608
广　东	Guangdong	3126550	54	696146	2430350
广　西	Guangxi	490277	75	66474	423728
海　南	Hainan	100096	12	13667	86417
重　庆	Chongqing	512470	127	77501	434842
四　川	Sichuan	761937	38	119589	642310
贵　州	Guizhou	348149	15	71833	276301
云　南	Yunnan	453286	63	70658	382565
西　藏	Tibet	47215		12191	35024
陕　西	Shaanxi	532220	20	103742	428458
甘　肃	Gansu	229632	10	31121	198501
青　海	Qinghai	72869	18	10840	62011
宁　夏	Ningxia	68817	15	11792	57010
新　疆	Xinjiang	243402	37	37555	205810

21-2 各省(市、区)生产总值(2019年)

Gross Regional Product of Provinces, Autonomous Regions and Municipalities(2019)

地 区	Region	地区生产总值 (亿元) Gross Regional Product (100 million yuan)	第一产业 Primary Industry	第二产业 Secondary Industry	第三产业 Tertiary Industry	地区生产总值指数 (上年=100) Indices of Gross Regional Product (preceding year=100)	人均地区生产总值 (元) Per Capita Gross Regional Product (yuan)	人均地区生产总值指数 (上年=100) Indices of Per Capita Gross Regional Product (preceding year=100)
全 国	**National Total**	**990865**	**70467**	**386165**	**534233**	**106.1**	**70892**	**105.7**
北 京	Beijing	35371	114	5715	29543	106.1	164220	106.5
天 津	Tianjin	14104	185	4969	8950	104.8	90371	104.6
河 北	Hebei	35105	3518	13597	17989	106.8	46348	106.2
山 西	Shanxi	17027	825	7453	8749	106.2	45724	105.8
内蒙古	Inner Mongolia	17213	1863	6819	8530	105.2	67852	105.0
辽 宁	Liaoning	24909	2178	9531	13200	105.5	57191	105.7
吉 林	Jilin	11727	1287	4135	6305	103.0	43475	103.5
黑龙江	Heilongjiang	13613	3182	3615	6815	104.2	36183	104.7
上 海	Shanghai	38155	104	10299	27752	106.0	157279	105.7
江 苏	Jiangsu	99632	4296	44271	51065	106.1	123607	105.8
浙 江	Zhejiang	62352	2097	26567	33688	106.8	107624	105.0
安 徽	Anhui	37114	2916	15338	18860	107.5	58496	106.5
福 建	Fujian	42395	2596	20582	19217	107.6	107139	106.7
江 西	**Jiangxi**	**24758**	**2058**	**10940**	**11760**	**108.0**	**53164**	**107.4**
山 东	Shandong	71068	5116	28311	37640	105.5	70653	105.2
河 南	Henan	54259	4635	23606	26018	107.0	56388	106.5
湖 北	Hubei	45828	3809	19099	22921	107.5	77387	107.2
湖 南	Hunan	39752	3647	14947	21158	107.6	57540	107.1
广 东	Guangdong	107671	4351	43546	59773	106.2	94172	104.5
广 西	Guangxi	21237	3388	7077	10772	106.0	42964	105.1
海 南	Hainan	5309	1080	1099	3130	105.8	56507	104.7
重 庆	Chongqing	23606	1551	9497	12558	106.3	75828	105.4
四 川	Sichuan	46616	4807	17365	24443	107.5	55774	107.0
贵 州	Guizhou	16769	2281	6058	8430	108.3	46433	107.6
云 南	Yunnan	23224	3038	7962	12225	108.1	47944	107.4
西 藏	Tibet	1698	138	636	924	108.1	48902	106.0
陕 西	Shaanxi	25793	1991	11981	11821	106.0	66649	105.4
甘 肃	Gansu	8718	1050	2862	4805	106.2	32995	105.7
青 海	Qinghai	2966	302	1160	1504	106.3	48981	105.4
宁 夏	Ningxia	3748	280	1585	1884	106.5	54217	105.5
新 疆	Xinjiang	13597	1782	4796	7020	106.2	54280	104.5

注：本表绝对量按当年价格计算，指数按不变价格计算。

a) Date in value terms in this table are calculated at current prices while the indices are calculated at constant prices.

21-3 各省(市、区)年末总人口
Total Population at Year-end of Provinces, Autonomous Regions and Municipalities

单位：万人 (10 000 persons)

地　区	Region	2013	2014	2015	2016	2017	2018	2019
全　国	**National Total**	**136072**	**136782**	**137462**	**138271**	**139008**	**139538**	**140005**
北　京	Beijing	2115	2152	2171	2173	2171	2154	2154
天　津	Tianjin	1472	1517	1547	1562	1557	1560	1562
河　北	Hebei	7333	7384	7425	7470	7520	7556	7592
山　西	Shanxi	3630	3648	3664	3682	3702	3718	3729
内蒙古	Inner Mongolia	2498	2505	2511	2520	2529	2534	2540
辽　宁	Liaoning	4390	4391	4382	4378	4369	4359	4352
吉　林	Jilin	2751	2752	2753	2733	2717	2704	2691
黑龙江	Heilongjiang	3835	3833	3812	3799	3789	3773	3751
上　海	Shanghai	2415	2426	2415	2420	2418	2424	2428
江　苏	Jiangsu	7939	7960	7976	7999	8029	8051	8070
浙　江	Zhejiang	5498	5508	5539	5590	5657	5737	5850
安　徽	Anhui	6030	6083	6144	6196	6255	6324	6366
福　建	Fujian	3774	3806	3839	3874	3911	3941	3973
江　西	**Jiangxi**	**4522**	**4542**	**4566**	**4592**	**4622**	**4648**	**4666**
山　东	Shandong	9733	9789	9847	9947	10006	10047	10070
河　南	Henan	9413	9436	9480	9532	9559	9605	9640
湖　北	Hubei	5799	5816	5852	5885	5902	5917	5927
湖　南	Hunan	6691	6737	6783	6822	6860	6899	6918
广　东	Guangdong	10644	10724	10849	10999	11169	11346	11521
广　西	Guangxi	4719	4754	4796	4838	4885	4926	4960
海　南	Hainan	895	903	911	917	926	934	945
重　庆	Chongqing	2970	2991	3017	3048	3075	3102	3124
四　川	Sichuan	8107	8140	8204	8262	8302	8341	8375
贵　州	Guizhou	3502	3508	3530	3555	3580	3600	3623
云　南	Yunnan	4687	4714	4742	4771	4801	4830	4858
西　藏	Tibet	312	318	324	331	337	344	351
陕　西	Shaanxi	3764	3775	3793	3813	3835	3864	3876
甘　肃	Gansu	2582	2591	2600	2610	2626	2637	2647
青　海	Qinghai	578	583	588	593	598	603	608
宁　夏	Ningxia	654	662	668	675	682	688	695
新　疆	Xinjiang	2264	2298	2360	2398	2445	2487	2523

注：本表数据根据年度人口抽样调查推算。全国数据包括中国人民解放军现役军人数，但不包括香港、澳门特别行政区和台湾地区数据；分省数据中未包括中国人民解放军现役军人数。

a) Data in the table are estimated on the basis of the annual national sample surveys of population. National total includes military personnel of the Chinese People's Liberation Army, and excludes population of Hong Kong SAR, Macao SAR and Taiwan. Population by region does not include military personnel of the Chinese People's Liberation Army.

21-4 各省(市、区)年末城镇人口比重

Proportion of Urban Population at Year-end of Provinces, Autonomous Regions and Municipalities

单位：% (%)

地区	Region	2013	2014	2015	2016	2017	2018	2019
全国	**National Total**	**53.73**	**54.77**	**56.10**	**57.35**	**58.52**	**59.58**	**60.60**
北京	Beijing	86.30	86.35	86.50	86.50	86.50	86.50	86.60
天津	Tianjin	82.01	82.27	82.64	82.93	82.93	83.15	83.48
河北	Hebei	48.12	49.33	51.33	53.32	55.01	56.43	57.62
山西	Shanxi	52.56	53.79	55.03	56.21	57.34	58.41	59.55
内蒙古	Inner Mongolia	58.71	59.51	60.30	61.19	62.02	62.71	63.37
辽宁	Liaoning	66.45	67.05	67.35	67.37	67.49	68.10	68.11
吉林	Jilin	54.20	54.81	55.31	55.97	56.65	57.53	58.27
黑龙江	Heilongjiang	57.40	58.01	58.80	59.20	59.40	60.10	60.90
上海	Shanghai	89.60	89.60	87.60	87.90	87.70	88.10	88.30
江苏	Jiangsu	64.11	65.21	66.52	67.72	68.76	69.61	70.61
浙江	Zhejiang	64.00	64.87	65.80	67.00	68.00	68.90	70.00
安徽	Anhui	47.86	49.15	50.50	51.99	53.49	54.69	55.81
福建	Fujian	60.77	61.80	62.60	63.60	64.80	65.82	66.50
江西	**Jiangxi**	**48.87**	**50.22**	**51.62**	**53.10**	**54.60**	**56.02**	**57.42**
山东	Shandong	53.75	55.01	57.01	59.02	60.58	61.18	61.51
河南	Henan	43.80	45.20	46.85	48.50	50.16	51.71	53.21
湖北	Hubei	54.51	55.67	56.85	58.10	59.30	60.30	61.00
湖南	Hunan	47.96	49.28	50.89	52.75	54.62	56.02	57.22
广东	Guangdong	67.76	68.00	68.71	69.20	69.85	70.70	71.40
广西	Guangxi	44.81	46.01	47.06	48.08	49.21	50.22	51.09
海南	Hainan	52.74	53.76	55.12	56.78	58.04	59.06	59.23
重庆	Chongqing	58.34	59.60	60.94	62.60	64.08	65.50	66.80
四川	Sichuan	44.90	46.30	47.69	49.21	50.79	52.29	53.79
贵州	Guizhou	37.83	40.01	42.01	44.15	46.02	47.52	49.02
云南	Yunnan	40.48	41.73	43.33	45.03	46.69	47.81	48.91
西藏	Tibet	23.71	25.75	27.74	29.56	30.89	31.14	31.54
陕西	Shaanxi	51.31	52.57	53.92	55.34	56.79	58.13	59.43
甘肃	Gansu	40.13	41.68	43.19	44.69	46.39	47.69	48.49
青海	Qinghai	48.51	49.78	50.30	51.63	53.07	54.47	55.52
宁夏	Ningxia	52.01	53.61	55.23	56.29	57.98	58.88	59.86
新疆	Xinjiang	44.47	46.07	47.23	48.35	49.38	50.91	51.87

注：本表数据根据年度人口抽样调查推算。

a) Data in the table are estimated on the basis of the annual national sample surveys of population.

21-5 各省(市、区)固定资产投资(不含农户)增长速度
Growth Rate of Investment in Fixed Assets (Excluding Rural Households) of Provinces, Autonomous Regions and Municipalities

单位：% (%)

地 区	Region	2016	2017	2018	2019
全 国	**National Total**	**8.1**	**7.2**	**5.9**	**5.4**
北 京	Beijing	5.9	5.3	-5.4	-2.5
天 津	Tianjin	8.0	0.5	-4.9	13.1
河 北	Hebei	8.4	5.3	5.7	6.5
山 西	Shanxi	0.8	6.3	5.7	9.3
内蒙古	Inner Mongolia	10.1	-7.2	-28.3	6.7
辽 宁	Liaoning	-63.5	0.1	3.9	0.3
吉 林	Jilin	10.1	1.4	1.4	-16.2
黑龙江	Heilongjiang	5.5	6.2	-4.7	6.3
上 海	Shanghai	6.3	7.2	5.2	5.1
江 苏	Jiangsu	7.5	7.5	5.5	5.1
浙 江	Zhejiang	10.9	8.6	7.2	10.0
安 徽	Anhui	11.7	11.0	11.8	9.2
福 建	Fujian	9.3	13.9	11.5	5.9
江 西	**Jiangxi**	**14.0**	**12.3**	**11.1**	**9.2**
山 东	Shandong	10.5	7.3	3.8	-8.2
河 南	Henan	13.7	10.4	8.1	8.0
湖 北	Hubei	13.1	11.0	10.9	10.7
湖 南	Hunan	13.8	13.1	10.0	10.1
广 东	Guangdong	10.0	13.5	10.7	11.1
广 西	Guangxi	12.8	12.8	10.7	9.6
海 南	Hainan	11.7	10.1	-12.5	-9.2
重 庆	Chongqing	12.1	9.5	7.0	5.6
四 川	Sichuan	13.1	10.6	10.2	8.6
贵 州	Guizhou	21.1	20.1	15.8	0.9
云 南	Yunnan	19.8	18.0	11.6	8.5
西 藏	Tibet	23.2	23.8	9.9	-2.2
陕 西	Shaanxi	12.3	14.6	10.4	2.5
甘 肃	Gansu	10.5	-40.3	-3.9	6.6
青 海	Qinghai	9.9	10.5	7.3	5.0
宁 夏	Ningxia	8.2	3.0	-18.2	-10.3
新 疆	Xinjiang	-5.1	20.0	-25.2	2.5

21-6 各省(市、区)建筑业总产值和房屋建筑面积(2019年)

Total Output Value of Construction and Floor Space of Buildings Constructed of Provinces, Autonomous Regions and Municipalities(2019)

地区	Region	总产值(亿元) Total Output Value (100 million yuan)	施工面积(万平方米) Floor Space under Construction (10 000 sq.m)	#新开工面积 Floor Space Started This Year	竣工面积(万平方米) Floor Space Completed (10 000 sq.m)	#住宅 Residential Buildings
全国	**National Total**	**248445.8**	**1441644.8**	**515089.1**	**402410.9**	**271059.8**
北京	Beijing	11999.4	80556.8	22647.8	10932.1	6518.1
天津	Tianjin	4096.5	15616.9	4576.2	2371.7	1404.5
河北	Hebei	5848.0	34994.7	12471.5	8939.3	6326.0
山西	Shanxi	4653.3	16990.3	5872.9	3836.4	2660.3
内蒙古	Inner Mongolia	1086.1	5785.4	2759.7	1459.9	1082.3
辽宁	Liaoning	3554.6	15312.8	5907.9	4335.0	3041.7
吉林	Jilin	1863.1	7987.5	3562.3	2935.2	2120.2
黑龙江	Heilongjiang	1181.4	3430.2	1661.0	1301.4	998.5
上海	Shanghai	7812.7	50918.9	13762.5	9232.0	4201.3
江苏	Jiangsu	33103.6	255297.7	85958.7	77899.5	57633.1
浙江	Zhejiang	20390.2	182718.5	57586.4	43545.6	24748.2
安徽	Anhui	8503.3	48611.4	17351.4	15706.7	11165.7
福建	Fujian	13164.4	76606.3	23872.1	17810.5	11752.6
江西	**Jiangxi**	**7944.8**	**33897.5**	**16291.3**	**14869.3**	**9467.7**
山东	Shandong	14269.3	83686.1	34323.1	21925.7	15172.6
河南	Henan	12701.0	64256.1	25870.7	20736.2	14217.5
湖北	Hubei	16979.6	92042.2	38058.6	33907.9	22135.8
湖南	Hunan	10800.6	65247.3	26437.3	21041.9	14633.6
广东	Guangdong	16633.4	84392.3	26469.3	22174.0	16017.8
广西	Guangxi	5407.3	29487.8	10627.3	8685.7	5336.0
海南	Hainan	366.0	2309.5	682.5	485.0	271.0
重庆	Chongqing	8223.0	36557.8	15132.5	13618.3	9892.3
四川	Sichuan	14668.2	61743.0	28906.0	20341.0	14772.3
贵州	Guizhou	3714.9	15929.5	5665.5	4131.0	2718.5
云南	Yunnan	6122.1	19766.7	8993.6	6805.4	4235.5
西藏	Tibet	220.3	348.2	175.5	242.7	175.8
陕西	Shaanxi	7883.9	35276.5	10081.0	6769.8	4389.5
甘肃	Gansu	1916.4	10689.9	4234.7	2686.7	1833.6
青海	Qinghai	460.7	904.6	354.7	396.3	239.8
宁夏	Ningxia	601.4	2251.2	1123.6	679.1	376.8
新疆	Xinjiang	2276.7	8031.4	3671.5	2609.7	1521.3

21-7 各省(市、区)房地产开发企业投资、土地购置面积和成交价款(2019年)

Investment of Enterprises for Real Estate Development, Land Space Purchased and Transaction Value of Land of Provinces, Autonomous Regions and Municipalities (2019)

地 区	Region	房地产开发投资(亿元) Investment of Enterprises for Real Estate Development (100 million yuan)	#住 宅 Residential Buildings	#办公楼 Office Buildings	#商业营业用房 House for Business Use	#其 它 Others	土地购置面积(万平方米) Land Space Purchased (10 000 sq.m)	土地成交价款(亿元) Transaction Value of Land (100 million yuan)
全 国	**National Total**	**132194.3**	**97070.7**	**6162.6**	**13225.9**	**15735.1**	**25822.3**	**14709.3**
北 京	Beijing	3838.4	2039.8	379.9	259.3	1159.5	144.0	427.1
天 津	Tianjin	2727.8	2200.0	58.1	169.0	300.7	548.9	503.3
河 北	Hebei	4347.1	3455.7	141.4	335.7	414.2	1047.3	349.1
山 西	Shanxi	1656.5	1296.5	45.3	138.4	176.3	566.4	270.8
内蒙古	Inner Mongolia	1041.9	782.1	14.2	128.7	117.0	447.5	117.6
辽 宁	Liaoning	2834.0	2188.4	49.5	325.5	270.6	825.5	347.0
吉 林	Jilin	1315.5	971.0	48.5	164.0	132.0	494.9	130.0
黑龙江	Heilongjiang	958.0	687.8	13.1	147.4	109.6	311.9	116.5
上 海	Shanghai	4231.4	2318.1	689.4	457.2	766.7	144.8	243.3
江 苏	Jiangsu	12009.3	9462.0	402.4	1069.2	1075.9	1734.6	1695.0
浙 江	Zhejiang	10683.0	7727.1	419.9	783.8	1752.2	1686.5	1860.5
安 徽	Anhui	6670.5	5248.1	157.2	767.7	497.5	3094.5	1350.3
福 建	Fujian	5673.1	4076.3	272.7	450.0	874.1	1031.7	779.3
江 西	**Jiangxi**	**2239.1**	**1687.2**	**68.6**	**323.4**	**159.9**	**562.6**	**220.6**
山 东	Shandong	8614.9	6672.2	360.8	779.9	802.0	2813.0	1221.4
河 南	Henan	7464.6	6055.4	256.4	658.6	494.2	858.1	458.2
湖 北	Hubei	5111.7	3954.7	233.0	497.5	426.5	784.9	419.5
湖 南	Hunan	4445.5	3197.3	166.4	600.3	481.4	1476.0	435.8
广 东	Guangdong	15852.2	10852.8	1315.0	1473.2	2211.2	1240.3	1427.0
广 西	Guangxi	3814.4	2924.2	105.2	322.0	463.0	1186.9	507.7
海 南	Hainan	1336.2	1034.9	34.4	135.9	131.0	44.4	16.0
重 庆	Chongqing	4439.3	3246.8	112.9	529.5	550.2	641.6	342.4
四 川	Sichuan	6573.2	4665.3	274.8	899.4	733.8	1056.7	553.1
贵 州	Guizhou	2990.8	2078.4	94.6	451.4	366.4	534.3	207.8
云 南	Yunnan	4151.4	3029.0	150.1	498.3	474.0	869.2	348.2
西 藏	Tibet	129.6	96.9	3.9	18.6	10.1	37.7	10.2
陕 西	Shaanxi	3903.6	2957.1	214.9	355.4	376.3	485.1	157.0
甘 肃	Gansu	1257.8	865.9	25.2	176.0	190.7	144.4	43.2
青 海	Qinghai	406.3	294.1	11.1	60.2	40.9	165.7	28.7
宁 夏	Ningxia	403.1	281.7	6.9	61.9	52.5	220.8	30.9
新 疆	Xinjiang	1074.0	724.1	36.9	188.3	124.8	621.7	91.9

21-8 各省(市、区)房地产开发企业房屋施工、竣工面积(2019年)

Floor Space of Buildings under Construction and Floor Space of Buildings Completed of Provinces, Autonomous Regions and Municipalities (2019)

单位：万平方米 (10 000 sq.m)

地区	Region	房屋施工面积 Floor Space of Buildings under Construction	#住宅 Residential Buildings	#新开工面积 Floor Space Started This Year	#住宅 Residential Buildings	房屋竣工面积 Floor Space of Buildings Completed	#住宅 Residential Buildings
全国	**National Total**	**893820.9**	**627673.4**	**227153.6**	**167463.4**	**95941.5**	**68011.1**
北京	Beijing	12515.0	5640.1	2073.2	1003.7	1343.3	583.2
天津	Tianjin	11453.4	8156.9	2544.8	1973.8	1655.5	1186.7
河北	Hebei	29853.0	23023.4	9452.7	7404.4	2680.0	2042.7
山西	Shanxi	19548.5	14323.8	4879.1	3771.7	2739.2	1985.3
内蒙古	Inner Mongolia	15889.1	10808.3	3706.1	2783.9	950.6	689.7
辽宁	Liaoning	23787.5	17429.6	4142.5	3191.0	1817.6	1374.3
吉林	Jilin	12403.7	8614.0	2947.0	2169.8	1222.2	893.3
黑龙江	Heilongjiang	11441.2	8216.4	2446.1	1775.6	1204.1	940.9
上海	Shanghai	14803.0	7446.4	3063.4	1572.9	2669.7	1453.3
江苏	Jiangsu	65686.8	49010.9	16227.5	12478.4	9369.1	6968.9
浙江	Zhejiang	49604.6	31175.9	12730.9	8345.9	5738.8	3551.1
安徽	Anhui	43591.2	31953.7	11117.5	8704.5	5673.9	4250.8
福建	Fujian	34140.2	22457.0	6398.4	4615.0	2882.3	1813.9
江西	**Jiangxi**	**23557.0**	**17661.4**	**5862.6**	**4666.6**	**2230.8**	**1670.2**
山东	Shandong	75767.4	55942.0	22658.9	17096.9	10179.2	7734.7
河南	Henan	57567.1	43971.3	15836.5	12607.6	6571.2	5162.7
湖北	Hubei	33825.1	25540.8	8708.9	6849.4	2558.6	2019.3
湖南	Hunan	40045.1	29252.7	11933.2	9052.8	3975.2	2969.3
广东	Guangdong	86824.9	59664.4	18437.4	12904.9	9955.5	6578.2
广西	Guangxi	29807.0	22061.2	8218.5	6534.0	2037.9	1516.0
海南	Hainan	9221.6	6686.5	1219.6	828.4	1302.3	1099.9
重庆	Chongqing	27986.6	18466.1	6725.4	4593.2	5069.2	3400.1
四川	Sichuan	49113.8	32152.0	15325.5	10294.7	4580.0	2940.1
贵州	Guizhou	27775.1	18426.5	7239.9	5235.8	954.8	634.5
云南	Yunnan	26314.1	17531.7	8018.5	5695.4	1844.5	1225.4
西藏	Tibet	764.2	549.8	416.9	334.0	18.9	8.1
陕西	Shaanxi	27728.4	20154.6	6431.2	4873.5	1782.1	1281.7
甘肃	Gansu	10977.3	7473.3	3307.3	2406.6	674.1	470.5
青海	Qinghai	2922.4	1931.2	865.9	640.4	133.3	86.3
宁夏	Ningxia	5936.6	3789.3	1185.7	883.9	1011.0	718.1
新疆	Xinjiang	12970.3	8162.3	3032.7	2174.5	1116.7	762.0

21-9 各省(市、区)房地产开发企业商品房销售面积、销售额和待售面积(2019年)

Floor Space and Total Sale of Commercialized Buildings Sold, and Floor Space of Commercialized Buildings for Sale of Provinces, Autonomous Regions and Municipalities (2019)

地　区	Region	商品房销售面积(万平方米) Floor Space of Commercialized Buildings Sold (10 000 sq.m)	#住宅 Residential Buildings	商品房销售额(亿元) Total Sale of Commercialized Buildings Sold (100 million yuan)	#住宅 Residential Buildings	商品房待售面积(万平方米) Floor Space of Commercialized Buildings for Sale (10 000 sq.m)	#住宅 Residential Buildings
全　国	**National Total**	**171557.9**	**150144.3**	**159725.1**	**139440.0**	**49820.7**	**22472.8**
北　京	Beijing	938.9	789.0	3371.0	3032.4	2489.5	893.1
天　津	Tianjin	1478.7	1382.6	2274.1	2132.5	657.8	313.6
河　北	Hebei	5282.7	4770.4	4138.6	3714.6	996.1	648.9
山　西	Shanxi	2366.1	2169.3	1631.8	1452.4	966.3	571.1
内蒙古	Inner Mongolia	2008.2	1803.5	1243.9	1104.1	1068.7	599.1
辽　宁	Liaoning	3696.3	3412.5	3049.1	2814.9	2909.3	1877.1
吉　林	Jilin	2122.3	1874.0	1581.5	1373.5	1077.6	587.0
黑龙江	Heilongjiang	1684.5	1461.1	1268.2	1070.0	1505.8	841.6
上　海	Shanghai	1696.3	1353.7	5203.8	4457.2	2360.5	734.9
江　苏	Jiangsu	13972.9	12545.0	16259.6	14894.8	4612.1	2131.3
浙　江	Zhejiang	9378.3	7804.0	14352.1	12723.1	2266.1	706.0
安　徽	Anhui	9229.4	8323.9	6823.5	6126.7	1531.7	650.3
福　建	Fujian	6456.1	5073.7	6938.8	5685.3	1862.0	532.5
江　西	**Jiangxi**	**6458.9**	**5679.0**	**4710.4**	**4038.0**	**818.3**	**397.6**
山　东	Shandong	12727.3	11429.0	10271.2	9287.1	2433.8	1284.3
河　南	Henan	14277.6	12981.6	9010.0	8016.9	2529.4	1694.0
湖　北	Hubei	8602.0	7967.1	7751.8	6903.7	1417.9	724.3
湖　南	Hunan	9103.5	8073.2	5578.0	4721.4	1410.7	654.8
广　东	Guangdong	13846.5	11872.6	19748.2	16758.0	5716.4	2666.4
广　西	Guangxi	6711.8	6076.9	4366.2	3913.4	1269.0	702.4
海　南	Hainan	829.3	721.6	1275.8	1090.6	589.6	415.6
重　庆	Chongqing	6104.7	5149.1	5129.4	4457.8	1959.1	356.6
四　川	Sichuan	12978.6	10451.1	9666.7	7869.0	2021.2	361.0
贵　州	Guizhou	5323.3	4612.1	3183.6	2527.4	571.6	178.8
云　南	Yunnan	4835.4	4064.5	3846.2	3255.8	1089.5	422.1
西　藏	Tibet	127.7	110.5	96.8	81.2	38.5	14.8
陕　西	Shaanxi	4401.1	3818.3	3960.2	3359.2	650.3	280.7
甘　肃	Gansu	1705.3	1569.2	1019.3	907.1	704.1	375.7
青　海	Qinghai	480.5	406.7	367.3	295.6	120.2	53.7
宁　夏	Ningxia	1009.5	887.3	573.9	498.5	957.6	344.5
新　疆	Xinjiang	1724.2	1511.7	1034.3	877.9	1219.9	458.9

21-10 各省(市、区)社会消费品零售总额

Total Retail Sales of Consumer Goods of Provinces, Autonomous Regions and Municipalities

单位：亿元 (100 million yuan)

地 区	Region	2014	2015	2016	2017	2018	2019
全 国	**National Total**	**271896**	**300931**	**332316**	**366262**	**380987**	**411649**
北 京	Beijing	9638	10338	11005	11575	11748	12270
天 津	Tianjin	4739	5257	5636	5730	5533	5516
河 北	Hebei	11820	12991	14365	15908	16537	17934
山 西	Shanxi	5718	6034	6481	6918	7339	7909
内蒙古	Inner Mongolia	5658	6108	6701	7160	7311	7611
辽 宁	Liaoning	11857	12787	13414	13807	14143	15009
吉 林	Jilin	6081	6652	7310	7856	7520	7777
黑龙江	Heilongjiang	7015	7640	8403	9099	9317	9898
上 海	Shanghai	9303	10132	10947	11830	12669	13497
江 苏	Jiangsu	23458	25877	28707	31737	33230	35291
浙 江	Zhejiang	17835	19785	21971	24309	25008	27176
安 徽	Anhui	7957	8908	10000	11193	12100	13378
福 建	Fujian	9347	10506	11675	13013	14317	15750
江 西	**Jiangxi**	**5293**	**5926**	**6635**	**7448**	**7566**	**8422**
山 东	Shandong	25112	27761	30646	33649	33605	35771
河 南	Henan	14005	15740	17618	19667	20595	22733
湖 北	Hubei	12449	14003	15649	17394	18334	20224
湖 南	Hunan	10723	12024	13437	14855	15638	17240
广 东	Guangdong	28471	31518	34739	38200	39501	42664
广 西	Guangxi	5773	6348	7027	7813	8292	8873
海 南	Hainan	1225	1325	1454	1619	1717	1808
重 庆	Chongqing	5711	6424	7271	8068	7977	8667
四 川	Sichuan	12393	13878	15602	17481	18255	20144
贵 州	Guizhou	2937	3283	3709	4154	3971	4174
云 南	Yunnan	4633	5103	5723	6423	6826	7539
西 藏	Tibet	365	409	459	523	598	649
陕 西	Shaanxi	5919	6578	7368	8236	8938	9599
甘 肃	Gansu	2668	2907	3184	3427	3428	3692
青 海	Qinghai	621	691	767	839	836	881
宁 夏	Ningxia	737	790	850	930	936	984
新 疆	Xinjiang	2436	2606	2826	3045	3187	3362

21-11 各省(市、区)网上零售额(2019年)

Online Retail Sales of Provinces, Autonomous Regions and Municipalities (2019)

地区	Region	网上零售额 (亿元) Online Retail Sales (100 million yuan)	比上年增长 (%) Growth Rate (%)	其中：实物网上零售额 (亿元) Online Retail Sales in Goods (100 million yuan)	比上年增长 (%) Growth Rate (%)
全　国	**National Total**	**106324**	**17**	**85239**	**19**
北　京	Beijing	8676	19	6504	24
天　津	Tianjin	2239	72	1932	96
河　北	Hebei	2403	19	2108	26
山　西	Shanxi	564	6	304	20
内蒙古	Inner Mongolia	441	19	196	29
辽　宁	Liaoning	1426	22	1094	25
吉　林	Jilin	525	15	287	32
黑龙江	Heilongjiang	669	19	370	32
上　海	Shanghai	10419	17	8425	16
江　苏	Jiangsu	9896	7	8361	9
浙　江	Zhejiang	16316	12	12815	15
安　徽	Anhui	2401	18	1973	21
福　建	Fujian	4894	19	4298	23
江　西	**Jiangxi**	**1588**	**30**	**1374**	**39**
山　东	Shandong	4109	16	3445	20
河　南	Henan	2256	19	1750	28
湖　北	Hubei	2860	10	2384	18
湖　南	Hunan	1840	11	1352	27
广　东	Guangdong	22828	19	19819	19
广　西	Guangxi	820	10	444	17
海　南	Hainan	373	1	99	-14
重　庆	Chongqing	1082	5	683	22
四　川	Sichuan	3318	23	2558	25
贵　州	Guizhou	478	5	245	7
云　南	Yunnan	822	30	442	30
西　藏	Tibet	53	27	26	45
陕　西	Shanxi	1043	4	723	4
甘　肃	Gansu	331	14	114	32
青　海	Qinghai	67	28	29	43
宁　夏	Ningxia	105	23	43	11
新　疆	Xinjiang	202	27	158	33

21-12 各省(市、区)货物进出口总额
Total Value of Imports and Exports of Goods of Provinces, Autonomous Regions and Municipalities

地 区	Region	亿元人民币 RMB 100 million			亿美元 USD 100 million		
		2017	2018	2019	2017	2018	2019
全 国	**National Total**	**278101**	**305008**	**315505**	**41072**	**46224**	**45761**
北 京	Beijing	21944	27186	28669	3240	4125	4162
天 津	Tianjin	7645	8080	7346	1129	1226	1066
河 北	Hebei	3379	3553	4002	499	539	580
山 西	Shanxi	1163	1369	1447	172	208	210
内蒙古	Inner Mongolia	941	1035	1096	139	157	159
辽 宁	Liaoning	6749	7558	7256	996	1146	1053
吉 林	Jilin	1255	1363	1303	185	207	189
黑龙江	Heilongjiang	1282	1750	1866	190	264	271
上 海	Shanghai	32243	34012	34053	4762	5157	4939
江 苏	Jiangsu	39997	43793	43384	5908	6639	6295
浙 江	Zhejiang	25605	28512	30839	3779	4324	4472
安 徽	Anhui	3657	4142	4738	540	628	687
福 建	Fujian	11590	12346	13310	1710	1874	1931
江 西	**Jiangxi**	**3011**	**3162**	**3513**	**443**	**482**	**509**
山 东	Shandong	17923	19303	20422	2646	2924	2963
河 南	Henan	5234	5512	5714	776	828	825
湖 北	Hubei	3136	3486	3945	463	528	571
湖 南	Hunan	2434	3076	4343	360	465	629
广 东	Guangdong	68169	71602	71457	10067	10845	10362
广 西	Guangxi	3912	4104	4695	579	623	682
海 南	Hainan	703	848	906	104	127	132
重 庆	Chongqing	4508	5221	5793	666	790	840
四 川	Sichuan	4605	5947	6767	681	899	981
贵 州	Guizhou	551	501	454	82	76	66
云 南	Yunnan	1582	1971	2324	235	299	337
西 藏	Tibet	59	48	49	9	7	7
陕 西	Shaanxi	2719	3513	3516	402	533	510
甘 肃	Gansu	326	395	380	48	60	55
青 海	Qinghai	44	48	37	7	7	5
宁 夏	Ningxia	342	249	241	50	38	35
新 疆	Xinjiang	1392	1325	1641	206	200	237

21-13 各省(市、区)货物进口额
Total Value of Imports of Goods of Provinces, Autonomous Regions and Municipalities

地区	Region	亿元人民币 RMB 100 million			亿美元 USD 100 million		
		2017	2018	2019	2017	2018	2019
全国	**National Total**	**104967**	**124790**	**140874**	**15879**	**18438**	**21356**
北京	Beijing	15219	17977	22302	2303	2655	3382
天津	Tianjin	3859	4693	4870	584	694	737
河北	Hebei	1064	1253	1309	161	185	199
山西	Shanxi	445	473	559	67	70	85
内蒙古	Inner Mongolia	478	610	656	72	90	99
辽宁	Liaoning	2873	3708	4331	435	547	656
吉林	Jilin	940	956	1037	143	141	157
黑龙江	Heilongjiang	762	929	1454	115	137	220
上海	Shanghai	16564	19125	20343	2504	2826	3085
江苏	Jiangsu	12570	15409	17145	1902	2278	2600
浙江	Zhejiang	4541	6166	7337	687	911	1113
安徽	Anhui	1056	1584	1764	160	234	268
福建	Fujian	3511	4477	4739	531	661	720
江西	**Jiangxi**	**676**	**802**	**941**	**102**	**119**	**143**
山东	Shandong	6429	7962	8733	973	1175	1323
河南	Henan	1880	2062	1934	284	306	291
湖北	Hubei	882	1073	1234	133	159	187
湖南	Hunan	566	868	1053	86	129	160
广东	Guangdong	23577	25976	28900	3567	3838	4380
广西	Guangxi	1635	2013	1931	247	298	295
海南	Hainan	609	407	551	92	60	83
重庆	Chongqing	1464	1625	1827	221	240	277
四川	Sichuan	1414	2066	2613	214	306	395
贵州	Guizhou	63	160	163	10	24	25
云南	Yunnan	557	808	1125	84	120	171
西藏	Tibet	20	29	19	3	4	3
陕西	Shaanxi	931	1060	1435	141	157	217
甘肃	Gansu	184	211	249	28	31	38
青海	Qinghai	11	16	15	2	2	2
宁夏	Ningxia	50	94	69	8	14	10
新疆	Xinjiang	136	198	237	21	29	36

21-14 各省(市、区)货物出口额

Total Value of Exports of Goods of Provinces, Autonomous Regions and Municipalities

地 区	Region	亿元人民币 RMB 100 million			亿美元 USD 100 million		
		2017	2018	2019	2017	2018	2019
全 国	**National Total**	**153311**	**164128**	**172342**	**22634**	**24867**	**24990**
北 京	Beijing	3967	4872	5169	586	741	750
天 津	Tianjin	2952	3208	3018	436	488	438
河 北	Hebei	2126	2242	2371	314	340	344
山 西	Shanxi	690	810	807	102	123	117
内蒙古	Inner Mongolia	331	378	377	49	57	55
辽 宁	Liaoning	3041	3214	3131	449	488	455
吉 林	Jilin	299	326	324	44	49	47
黑龙江	Heilongjiang	353	294	350	52	44	51
上 海	Shanghai	13118	13665	13725	1936	2071	1990
江 苏	Jiangsu	24589	26653	27212	3630	4040	3948
浙 江	Zhejiang	19439	21175	23075	2868	3210	3346
安 徽	Anhui	2073	2386	2786	306	362	404
福 建	Fujian	7113	7613	8281	1049	1155	1202
江 西	**Jiangxi**	**2209**	**2223**	**2497**	**325**	**339**	**362**
山 东	Shandong	9961	10568	11131	1470	1601	1615
河 南	Henan	3172	3579	3757	470	538	542
湖 北	Hubei	2063	2252	2486	305	341	360
湖 南	Hunan	1565	2025	3077	232	305	445
广 东	Guangdong	42193	42707	43396	6229	6465	6292
广 西	Guangxi	1899	2176	2598	281	328	377
海 南	Hainan	296	298	344	44	45	50
重 庆	Chongqing	2883	3394	3713	426	514	538
四 川	Sichuan	2538	3333	3893	376	504	564
贵 州	Guizhou	391	338	327	58	51	47
云 南	Yunnan	775	848	1037	115	128	150
西 藏	Tibet	29	29	37	4	4	5
陕 西	Shaanxi	1659	2079	1873	245	316	272
甘 肃	Gansu	115	146	131	17	22	19
青 海	Qinghai	29	31	20	4	5	3
宁 夏	Ningxia	248	180	149	37	27	22
新 疆	Xinjiang	1194	1089	1250	176	164	180

21-15 各省(市、区)电力消费量

Electricity Consumption of Provinces, Autonomous Regions and Municipalities

单位：亿千瓦小时 (100 million kwh)

地区	Region	2013	2014	2015	2016	2017	2018	2019
北京	Beijing	913.1	937.1	952.7	1020.3	1066.9	1142.4	1166.4
天津	Tianjin	774.5	794.4	800.6	807.9	805.6	855.1	878.4
河北	Hebei	3251.2	3314.1	3175.7	3264.5	3441.7	3665.7	3856.1
山西	Shanxi	1832.3	1822.6	1737.2	1797.2	1990.6	2160.5	2261.9
内蒙古	Inner Mongolia	2181.9	2416.7	2542.9	2605.0	2891.9	3353.4	3653.0
辽宁	Liaoning	2008.5	2038.7	1984.9	2037.4	2135.5	2302.4	2401.5
吉林	Jilin	653.8	667.8	652.0	667.6	703.0	750.6	780.4
黑龙江	Heilongjiang	845.2	859.4	869.0	896.6	928.6	973.9	995.6
上海	Shanghai	1410.6	1369.0	1405.5	1486.0	1526.8	1566.7	1568.6
江苏	Jiangsu	4956.6	5012.5	5114.7	5458.9	5807.9	6128.3	6264.4
浙江	Zhejiang	3453.1	3506.4	3553.9	3873.2	4192.6	4532.8	4706.2
安徽	Anhui	1528.1	1585.2	1639.8	1795.0	1921.5	2135.1	2300.7
福建	Fujian	1700.7	1855.8	1851.9	1968.6	2112.7	2313.8	2402.3
江西	**Jiangxi**	**947.1**	**1018.5**	**1087.3**	**1182.5**	**1294.0**	**1428.8**	**1535.7**
山东	Shandong	4083.1	4223.5	5117.0	5390.7	5430.2	6083.9	6218.7
河南	Henan	2899.2	2919.6	2879.6	2989.2	3166.2	3417.7	3364.2
湖北	Hubei	1629.8	1656.5	1665.2	1763.1	1869.0	2071.4	2214.3
湖南	Hunan	1423.1	1430.9	1447.6	1495.7	1581.5	1745.2	1864.3
广东	Guangdong	4830.1	5235.2	5310.7	5610.1	5959.0	6323.4	6695.9
广西	Guangxi	1237.7	1308.0	1334.3	1359.6	1444.9	1703.0	1907.2
海南	Hainan	232.0	251.9	272.4	287.3	305.0	326.8	354.6
重庆	Chongqing	813.3	867.2	875.4	924.9	996.5	1118.8	1160.2
四川	Sichuan	1949.0	2014.8	1992.4	2101.0	2205.2	2459.5	2635.8
贵州	Guizhou	1126.3	1173.7	1174.2	1241.8	1384.9	1482.1	1540.7
云南	Yunnan	1459.8	1529.4	1438.6	1410.5	1538.1	1679.1	1812.0
西藏	Tibet	30.7	34.0	40.5	49.2	58.2	69.0	77.6
陕西	Shaanxi	1152.2	1226.0	1221.7	1357.1	1494.7	1594.2	1682.8
甘肃	Gansu	1073.2	1095.5	1098.7	1065.2	1164.4	1289.5	1288.0
青海	Qinghai	676.3	723.2	658.0	637.5	687.0	738.3	716.5
宁夏	Ningxia	811.2	848.8	878.3	886.9	978.3	1064.8	1083.9
新疆	Xinjiang	1539.8	1900.2	2160.3	2316.5	2542.8	2686.5	2867.6

21-16 各省(市、区)一般预算收入

General Public Budget Revenue of Provinces, Autonomous Regions and Municipalities

单位：亿元 (100 million yuan)

地　区	Region	2014	2015	2016	2017	2018	2019
地方合计	**National Total**	**75877**	**83002**	**87239**	**91469**	**97903**	**101077**
北　京	Beijing	4027	4724	5081	5431	5786	5817
天　津	Tianjin	2390	2667	2724	2310	2106	2410
河　北	Hebei	2447	2649	2850	3234	3514	3743
山　西	Shanxi	1821	1642	1557	1867	2293	2348
内蒙古	Inner Mongolia	1844	1964	2016	1703	1858	2060
辽　宁	Liaoning	3193	2127	2200	2393	2616	2652
吉　林	Jilin	1203	1229	1264	1211	1241	1117
黑龙江	Heilongjiang	1301	1166	1148	1243	1283	1263
上　海	Shanghai	4586	5520	6406	6642	7108	7165
江　苏	Jiangsu	7233	8029	8121	8172	8630	8802
浙　江	Zhejiang	4122	4810	5302	5804	6598	7048
安　徽	Anhui	2218	2454	2673	2812	3049	3183
福　建	Fujian	2362	2544	2655	2809	3007	3053
江　西	**Jiangxi**	**1882**	**2166**	**2151**	**2247**	**2373**	**2487**
山　东	Shandong	5027	5529	5860	6099	6485	6527
河　南	Henan	2739	3016	3153	3407	3766	4042
湖　北	Hubei	2567	3006	3102	3248	3307	3388
湖　南	Hunan	2263	2515	2698	2758	2861	3007
广　东	Guangdong	8065	9367	10390	11320	12105	12651
广　西	Guangxi	1422	1515	1556	1615	1681	1812
海　南	Hainan	555	628	638	674	753	814
重　庆	Chongqing	1922	2155	2228	2252	2266	2135
四　川	Sichuan	3061	3355	3389	3578	3911	4071
贵　州	Guizhou	1367	1503	1561	1614	1727	1767
云　南	Yunnan	1698	1808	1812	1886	1994	2074
西　藏	Tibet	124	137	156	186	230	222
陕　西	Shaanxi	1890	2060	1834	2007	2243	2288
甘　肃	Gansu	673	744	787	816	871	850
青　海	Qinghai	252	267	239	246	273	282
宁　夏	Ningxia	340	373	388	418	437	424
新　疆	Xinjiang	1282	1331	1299	1467	1531	1578

注：本表数据为地方财政本级收入。

a) Data in the table refer to public budget revenue of local governments.

21-17 各省(市、区)一般公共预算支出
General Public Budget Expenditure of Provinces, Autonomous Regions and Municipalities

单位：亿元 (100 million yuan)

地区	Region	2014	2015	2016	2017	2018	2019
地方合计	**National Total**	**129215**	**150336**	**160351**	**173228**	**188196**	**203759**
北京	Beijing	4525	5738	6407	6825	7471	7408
天津	Tianjin	2885	3232	3699	3283	3103	3509
河北	Hebei	4677	5632	6050	6639	7726	8314
山西	Shanxi	3085	3423	3429	3756	4284	4713
内蒙古	Inner Mongolia	3880	4253	4513	4530	4831	5098
辽宁	Liaoning	5080	4482	4577	4879	5338	5761
吉林	Jilin	2913	3217	3586	3726	3790	3933
黑龙江	Heilongjiang	3434	4021	4227	4641	4677	5012
上海	Shanghai	4923	6192	6919	7548	8352	8179
江苏	Jiangsu	8472	9688	9982	10621	11657	12574
浙江	Zhejiang	5160	6646	6974	7530	8630	10053
安徽	Anhui	4664	5239	5523	6204	6572	7391
福建	Fujian	3307	4002	4275	4684	4833	5097
江西	**Jiangxi**	**3883**	**4413**	**4617**	**5111**	**5668**	**6403**
山东	Shandong	7177	8250	8755	9258	10101	10737
河南	Henan	6029	6799	7454	8216	9218	10176
湖北	Hubei	4934	6133	6423	6801	7258	7968
湖南	Hunan	5017	5729	6339	6869	7480	8092
广东	Guangdong	9153	12828	13446	15037	15729	17314
广西	Guangxi	3480	4066	4442	4909	5311	5849
海南	Hainan	1100	1239	1376	1444	1691	1859
重庆	Chongqing	3304	3792	4002	4336	4541	4848
四川	Sichuan	6797	7498	8009	8695	9708	10350
贵州	Guizhou	3543	3939	4262	4613	5030	5921
云南	Yunnan	4438	4713	5019	5713	6075	6770
西藏	Tibet	1186	1381	1588	1682	1971	2181
陕西	Shaanxi	3963	4376	4389	4833	5302	5722
甘肃	Gansu	2541	2958	3150	3304	3772	3957
青海	Qinghai	1347	1515	1525	1530	1647	1864
宁夏	Ningxia	1000	1138	1255	1373	1419	1438
新疆	Xinjiang	3318	3805	4138	4637	5012	5269

注：本表数据为地方财政本级支出。

a) Data in the table refer to public budget expenditure of local governments.

21-18 各省(市、区)各类价格指数(2019年)
Price Indices of Provinces, Autonomous Regions and Municipalities (2019)

(上年=100) (preceding year=100)

地区	Region	居民消费价格指数 Consumer Price Indices	农业生产资料价格指数 Price Indices for Means of Agricultural Production	农产品生产者价格指数 Producer Price Indices for Farm Products	固定资产投资价格指数 Price Indices for Investment in Fixed Assets
全国	**National Total**	**102.9**	**102.3**	**114.5**	**102.6**
北京	Beijing	102.3		109.9	102.1
天津	Tianjin	102.7		108.8	101.7
河北	Hebei	103.0	102.8	107.1	103.0
山西	Shanxi	102.7	101.8	115.2	104.0
内蒙古	Inner Mongolia	102.4	101.2	105.6	101.7
辽宁	Liaoning	102.4	101.8	107.6	103.1
吉林	Jilin	103.0	100.8	108.7	102.6
黑龙江	Heilongjiang	102.8	102.7	106.2	100.8
上海	Shanghai	102.5		105.6	101.4
江苏	Jiangsu	103.1	103.1	109.3	101.3
浙江	Zhejiang	102.9	103.0	109.9	102.1
安徽	Anhui	102.7	101.3	109.3	102.3
福建	Fujian	102.6	101.9	106.9	101.5
江西	**Jiangxi**	**102.9**	**104.7**	**113.2**	**102.4**
山东	Shandong	103.2	104.9	112.2	102.8
河南	Henan	103.0	101.5	119.9	103.2
湖北	Hubei	103.1	100.8	110.1	104.0
湖南	Hunan	102.9	103.4	118.0	101.7
广东	Guangdong	103.4	103.6	107.3	104.2
广西	Guangxi	103.7	101.9	115.5	102.4
海南	Hainan	103.4	100.0	109.2	103.3
重庆	Chongqing	102.7		112.1	103.4
四川	Sichuan	103.2	103.3	115.6	101.6
贵州	Guizhou	102.4	103.3	116.2	102.3
云南	Yunnan	102.5	101.0	109.6	102.3
西藏	Tibet	102.3	100.0		
陕西	Shaanxi	102.9	100.5	107.7	102.6
甘肃	Gansu	102.3	102.6	109.9	102.6
青海	Qinghai	102.5	103.3	109.6	102.5
宁夏	Ningxia	102.1	101.1	106.4	102.0
新疆	Xinjiang	101.9	101.2	99.6	102.8

21-19 各省(市、区)全体居民人均可支配收入
Per Capita Disposable Income of Households of Provinces, Autonomous Regions and Municipalities

单位：元 (yuan)

地区	Region	2014	2015	2016	2017	2018	2019
全国总计	**National Total**	**20167**	**21966**	**23821**	**25974**	**28228**	**30733**
北京	Beijing	44489	48458	52530	57230	62361	67756
天津	Tianjin	28832	31291	34074	37022	39506	42404
河北	Hebei	16647	18118	19725	21484	23446	25665
山西	Shanxi	16538	17854	19049	20420	21990	23828
内蒙古	Inner Mongolia	20559	22310	24127	26212	28376	30555
辽宁	Liaoning	22820	24576	26040	27835	29701	31820
吉林	Jilin	17520	18684	19967	21368	22798	24563
黑龙江	Heilongjiang	17404	18593	19838	21206	22726	24254
上海	Shanghai	45966	49867	54305	58988	64183	69442
江苏	Jiangsu	27173	29539	32070	35024	38096	41400
浙江	Zhejiang	32658	35537	38529	42046	45840	49899
安徽	Anhui	16796	18363	19998	21863	23984	26415
福建	Fujian	23331	25404	27608	30048	32644	35616
江西	**Jiangxi**	**16734**	**18437**	**20110**	**22031**	**24080**	**26262**
山东	Shandong	20864	22703	24685	26930	29205	31597
河南	Henan	15695	17125	18443	20170	21964	23903
湖北	Hubei	18283	20026	21787	23757	25815	28319
湖南	Hunan	17622	19317	21115	23103	25241	27680
广东	Guangdong	25685	27859	30296	33003	35810	39014
广西	Guangxi	15557	16873	18305	19905	21485	23328
海南	Hainan	17476	18979	20653	22553	24579	26679
重庆	Chongqing	18352	20110	22034	24153	26386	28920
四川	Sichuan	15749	17221	18808	20580	22461	24703
贵州	Guizhou	12371	13697	15121	16704	18430	20397
云南	Yunnan	13772	15223	16720	18348	20084	22082
西藏	Tibet	10730	12254	13639	15457	17286	19501
陕西	Shaanxi	15837	17395	18874	20635	22528	24666
甘肃	Gansu	12185	13467	14670	16011	17488	19139
青海	Qinghai	14374	15813	17302	19001	20757	22618
宁夏	Ningxia	15907	17329	18832	20562	22400	24412
新疆	Xinjiang	15097	16859	18355	19975	21500	23103

21-20 各省(市、区)全体居民人均消费支出
Per Capita Consumption Expenditure of Households of Provinces, Autonomous Regions and Municipalities

单位：元 (yuan)

地 区	Region	2014	2015	2016	2017	2018	2019
全国总计	**National Total**	**14491**	**15712**	**17111**	**18322**	**19853**	**21559**
北 京	Beijing	31103	33803	35416	37425	39843	43038
天 津	Tianjin	22343	24162	26129	27841	29903	31854
河 北	Hebei	11932	13031	14247	15437	16722	17987
山 西	Shanxi	10864	11729	12683	13664	14810	15863
内蒙古	Inner Mongolia	16258	17179	18072	18946	19665	20743
辽 宁	Liaoning	16068	17200	19853	20463	21398	22203
吉 林	Jilin	13026	13764	14773	15632	17200	18075
黑龙江	Heilongjiang	12769	13403	14446	15577	16994	18111
上 海	Shanghai	33065	34784	37458	39792	43351	45605
江 苏	Jiangsu	19164	20556	22130	23469	25007	26697
浙 江	Zhejiang	22552	24117	25527	27079	29471	32026
安 徽	Anhui	11727	12840	14712	15752	17045	19137
福 建	Fujian	17644	18850	20167	21249	22996	25314
江 西	**Jiangxi**	**11089**	**12403**	**13259**	**14459**	**15792**	**17650**
山 东	Shandong	13329	14578	15926	17281	18780	20427
河 南	Henan	11000	11835	12712	13730	15169	16332
湖 北	Hubei	12928	14316	15889	16938	19538	21567
湖 南	Hunan	13289	14267	15750	17160	18808	20479
广 东	Guangdong	19205	20976	23448	24820	26054	28995
广 西	Guangxi	10274	11401	12295	13424	14935	16418
海 南	Hainan	12471	13575	14275	15403	17528	19555
重 庆	Chongqing	13811	15140	16385	17898	19248	20774
四 川	Sichuan	12368	13632	14839	16180	17664	19338
贵 州	Guizhou	9303	10414	11932	12970	13798	14780
云 南	Yunnan	9870	11005	11769	12658	14250	15780
西 藏	Tibet	7317	8246	9319	10320	11520	13029
陕 西	Shaanxi	12204	13087	13943	14900	16160	17465
甘 肃	Gansu	9875	10951	12254	13120	14624	15879
青 海	Qinghai	12605	13611	14775	15503	16557	17545
宁 夏	Ningxia	12485	13816	14965	15350	16715	18297
新 疆	Xinjiang	11904	12867	14066	15087	16189	17397

21-21 各省(市、区)城镇居民人均可支配收入

Per Capita Disposable Income of Urban Households of Provinces, Autonomous Regions and Municipalities

单位：元 (yuan)

地 区	Region	2014	2015	2016	2017	2018	2019
全国总计	**National Total**	**28844**	**31195**	**33616**	**36396**	**39251**	**42359**
北 京	Beijing	48532	52859	57275	62406	67990	73849
天 津	Tianjin	31506	34101	37110	40278	42976	46119
河 北	Hebei	24141	26152	28249	30548	32977	35738
山 西	Shanxi	24069	25828	27352	29132	31035	33262
内蒙古	Inner Mongolia	28350	30594	32975	35670	38305	40782
辽 宁	Liaoning	29082	31126	32876	34993	37342	39777
吉 林	Jilin	23218	24901	26530	28319	30172	32299
黑龙江	Heilongjiang	22609	24203	25736	27446	29191	30945
上 海	Shanghai	48841	52962	57692	62596	68034	73615
江 苏	Jiangsu	34346	37173	40152	43622	47200	51056
浙 江	Zhejiang	40393	43714	47237	51261	55574	60182
安 徽	Anhui	24839	26936	29156	31640	34393	37540
福 建	Fujian	30722	33275	36014	39001	42121	45620
江 西	**Jiangxi**	**24309**	**26500**	**28673**	**31198**	**33819**	**36546**
山 东	Shandong	29222	31545	34012	36789	39549	42329
河 南	Henan	23672	25576	27233	29558	31874	34201
湖 北	Hubei	24852	27051	29386	31889	34455	37601
湖 南	Hunan	26570	28838	31284	33948	36698	39842
广 东	Guangdong	32148	34757	37684	40975	44341	48118
广 西	Guangxi	24669	26416	28324	30502	32436	34745
海 南	Hainan	24487	26356	28453	30817	33349	36017
重 庆	Chongqing	25147	27239	29610	32193	34889	37939
四 川	Sichuan	24234	26205	28335	30727	33216	36154
贵 州	Guizhou	22548	24580	26743	29080	31592	34404
云 南	Yunnan	24299	26373	28611	30996	33488	36238
西 藏	Tibet	22016	25457	27802	30671	33797	37410
陕 西	Shaanxi	24366	26420	28440	30810	33319	36098
甘 肃	Gansu	21804	23767	25693	27763	29957	32323
青 海	Qinghai	22307	24542	26757	29169	31515	33830
宁 夏	Ningxia	23285	25186	27153	29472	31895	34328
新 疆	Xinjiang	23214	26275	28463	30775	32764	34664

21-22 各省(市、区)城镇居民人均消费支出

Per Capita Consumption Expenditure of Urban Households of Provinces, Autonomous Regions and Municipalities

单位：元 (yuan)

地区	Region	2014	2015	2016	2017	2018	2019
全国总计	**National Total**	**19968**	**21392**	**23079**	**24445**	**26112**	**28063**
北京	Beijing	33717	36642	38256	40346	42926	46358
天津	Tianjin	24290	26230	28345	30284	32655	34811
河北	Hebei	16204	17587	19106	20600	22127	23483
山西	Shanxi	14637	15819	16993	18404	19790	21159
内蒙古	Inner Mongolia	20885	21876	22744	23638	24437	25383
辽宁	Liaoning	20520	21557	24996	25379	26448	27355
吉林	Jilin	17156	17973	19166	20051	22394	23394
黑龙江	Heilongjiang	16467	17152	18145	19270	21035	22165
上海	Shanghai	35182	36946	39857	42304	46015	48272
江苏	Jiangsu	23476	24966	26433	27726	29462	31329
浙江	Zhejiang	27242	28661	30068	31924	34598	37508
安徽	Anhui	16107	17234	19606	20740	21523	23782
福建	Fujian	22204	23520	25006	25980	28145	30946
江西	**Jiangxi**	**15142**	**16732**	**17696**	**19244**	**20760**	**22714**
山东	Shandong	18323	19854	21495	23072	24798	26731
河南	Henan	16184	17154	18088	19422	20989	21972
湖北	Hubei	16681	18192	20040	21276	23996	26422
湖南	Hunan	18335	19501	21420	23163	25064	26924
广东	Guangdong	23612	25673	28613	30198	30924	34424
广西	Guangxi	15045	16321	17268	18349	20159	21591
海南	Hainan	17514	18448	19015	20372	22971	25317
重庆	Chongqing	18279	19742	21031	22759	24154	25785
四川	Sichuan	17760	19277	20660	21991	23484	25367
贵州	Guizhou	15255	16914	19202	20348	20788	21402
云南	Yunnan	16268	17675	18622	19560	21626	23455
西藏	Tibet	15669	17022	19440	21088	23029	25637
陕西	Shaanxi	17546	18464	19369	20388	21966	23514
甘肃	Gansu	15942	17451	19539	20659	22606	24454
青海	Qinghai	17493	19201	20853	21473	22998	23799
宁夏	Ningxia	17216	18984	20364	20219	21977	24161
新疆	Xinjiang	17685	19415	21229	22797	24191	25594

21-23 各省(市、区)农村居民人均可支配收入
Per Capita Disposable Income of Rural Households of Provinces, Autonomous Regions and Municipalities

单位：元 (yuan)

地 区	Region	2014	2015	2016	2017	2018	2019
全国总计	**National Total**	**10489**	**11422**	**12363**	**13432**	**14617**	**16021**
北 京	Beijing	18867	20569	22310	24240	26490	28928
天 津	Tianjin	17014	18482	20076	21754	23065	24804
河 北	Hebei	10186	11051	11919	12881	14031	15373
山 西	Shanxi	8809	9454	10082	10788	11750	12902
内蒙古	Inner Mongolia	9976	10776	11609	12584	13803	15283
辽 宁	Liaoning	11191	12057	12881	13747	14656	16108
吉 林	Jilin	10780	11326	12123	12950	13748	14936
黑龙江	Heilongjiang	10453	11095	11832	12665	13804	14982
上 海	Shanghai	21192	23205	25520	27825	30375	33195
江 苏	Jiangsu	14958	16257	17606	19158	20845	22675
浙 江	Zhejiang	19373	21125	22866	24956	27302	29876
安 徽	Anhui	9916	10821	11720	12758	13996	15416
福 建	Fujian	12650	13793	14999	16335	17821	19568
江 西	**Jiangxi**	**10117**	**11139**	**12138**	**13242**	**14460**	**15796**
山 东	Shandong	11882	12930	13954	15118	16297	17775
河 南	Henan	9966	10853	11697	12719	13831	15164
湖 北	Hubei	10849	11844	12725	13812	14978	16391
湖 南	Hunan	10060	10993	11930	12936	14093	15395
广 东	Guangdong	12246	13360	14512	15780	17168	18818
广 西	Guangxi	8683	9467	10359	11325	12435	13676
海 南	Hainan	9913	10858	11843	12902	13989	15113
重 庆	Chongqing	9490	10505	11549	12638	13781	15133
四 川	Sichuan	9348	10247	11203	12227	13331	14670
贵 州	Guizhou	6671	7387	8090	8869	9716	10756
云 南	Yunnan	7456	8242	9020	9862	10768	11902
西 藏	Tibet	7359	8244	9094	10330	11450	12951
陕 西	Shaanxi	7932	8689	9396	10265	11213	12326
甘 肃	Gansu	6277	6936	7457	8076	8804	9629
青 海	Qinghai	7283	7933	8664	9462	10393	11499
宁 夏	Ningxia	8410	9119	9852	10738	11708	12858
新 疆	Xinjiang	8724	9425	10183	11045	11975	13122

21-24 各省(市、区)农村居民人均消费支出
Per Capita Consumption Expenditure of Rural Households of Provinces, Autonomous Regions and Municipalities

单位：元 (yuan)

地　区	Region	2014	2015	2016	2017	2018	2019
全国总计	**National Total**	**8383**	**9223**	**10130**	**10955**	**12124**	**13328**
北　京	Beijing	14535	15811	17329	18810	20195	21881
天　津	Tianjin	13739	14739	15912	16386	16863	17843
河　北	Hebei	8248	9023	9798	10536	11383	12372
山　西	Shanxi	6992	7421	8029	8424	9172	9728
内蒙古	Inner Mongolia	9972	10637	11463	12184	12661	13816
辽　宁	Liaoning	7801	8873	9953	10787	11455	12030
吉　林	Jilin	8140	8783	9521	10279	10826	11457
黑龙江	Heilongjiang	7830	8391	9424	10524	11417	12495
上　海	Shanghai	14820	16152	17071	18090	19965	22449
江　苏	Jiangsu	11820	12883	14428	15612	16567	17716
浙　江	Zhejiang	14498	16108	17359	18093	19707	21352
安　徽	Anhui	7981	8975	10287	11106	12748	14546
福　建	Fujian	11056	11961	12911	14003	14943	16281
江　西	**Jiangxi**	**7548**	**8486**	**9128**	**9870**	**10885**	**12497**
山　东	Shandong	7962	8748	9519	10342	11270	12309
河　南	Henan	7277	7887	8587	9212	10392	11546
湖　北	Hubei	8681	9803	10938	11633	13946	15328
湖　南	Hunan	9025	9691	10630	11534	12721	13969
广　东	Guangdong	10043	11103	12415	13200	15411	16949
广　西	Guangxi	6675	7582	8351	9437	10617	12045
海　南	Hainan	7029	8210	8921	9599	10956	12418
重　庆	Chongqing	7983	8938	9954	10936	11977	13112
四　川	Sichuan	8301	9251	10192	11397	12723	14056
贵　州	Guizhou	5970	6645	7533	8299	9170	10222
云　南	Yunnan	6030	6830	7331	8027	9123	10260
西　藏	Tibet	4822	5580	6070	6691	7452	8418
陕　西	Shaanxi	7252	7901	8568	9306	10071	10935
甘　肃	Gansu	6148	6830	7487	8030	9065	9694
青　海	Qinghai	8235	8566	9222	9903	10352	11343
宁　夏	Ningxia	7676	8415	9138	9982	10790	11465
新　疆	Xinjiang	7365	7698	8277	8713	9421	10318

21-25 各省(市、区)农林牧渔业总产值及增长速度(2019年)

Gross Output Value and Growth Rate of Agriculture, Forestry, Animal Husbandary and Fishery of Provinces, Autonomous Regions and Municipalities (2019)

地区	Region	农林牧渔业总产值(亿元) Total Gross Output Value (100 million yuan)	#农业 Farming	#林业 Forestry	#牧业 Animal Husbandary	#渔业 Fishery	农林牧渔业总产值比上年增长(%) Growth Rate (%)
全国	**National Total**	**123968**	**66066**	**5776**	**33064**	**12572**	**2.8**
北京	Beijing	282	102	116	49	5	-6.3
天津	Tianjin	414	203	25	100	71	0.6
河北	Hebei	6061	3115	231	2035	213	1.9
山西	Shanxi	1627	937	101	479	7	2.0
内蒙古	Inner Mongolia	3176	1606	101	1390	28	2.1
辽宁	Liaoning	4368	1912	117	1480	670	3.0
吉林	Jilin	2443	1014	68	1240	40	2.3
黑龙江	Heilongjiang	5930	3774	194	1672	123	2.5
上海	Shanghai	285	146	18	48	55	-7.3
江苏	Jiangsu	7503	3829	162	1213	1741	0.7
浙江	Zhejiang	3355	1595	185	395	1081	1.8
安徽	Anhui	5162	2365	351	1629	521	2.3
福建	Fujian	4637	1775	417	914	1362	3.6
江西	**Jiangxi**	**3481**	**1624**	**343**	**889**	**477**	**3.0**
山东	Shandong	9672	4914	198	2412	1397	0.8
河南	Henan	8542	5409	141	2316	118	3.0
湖北	Hubei	6682	3258	258	1521	1153	3.5
湖南	Hunan	6405	3052	431	2003	442	3.2
广东	Guangdong	7176	3530	408	1404	1525	3.5
广西	Guangxi	5499	3102	411	1190	539	4.8
海南	Hainan	1689	820	106	301	391	2.6
重庆	Chongqing	2338	1397	113	680	105	2.8
四川	Sichuan	7889	4395	372	2648	263	2.6
贵州	Guizhou	3889	2536	275	830	58	5.9
云南	Yunnan	4936	2680	396	1601	105	5.6
西藏	Tibet	213	95	4	108	0	7.7
陕西	Shanxi	3537	2446	106	757	31	4.3
甘肃	Gansu	1888	1306	38	396	2	5.8
青海	Qinghai	454	181	11	251	4	4.6
宁夏	Ningxia	585	331	11	198	17	3.1
新疆	Xinjiang	3851	2616	66	915	28	3.5

注：本表绝对数按当年价格计算，增长速度按可比价格计算。

a) Date in value terms in this table are calculated at current prices while the growth rate is calculated at constant prices.

21-26 各省(市、区)农村贫困人口(2010年标准)

Rural Poverty Population (2010 Standard) of Provinces, Autonomous Regions and Municipalities

单位：万人 (10 000 persons)

地 区	Region	2013	2014	2015	2016	2017	2018	2019
全 国	**National Total**	**8249**	**7017**	**5575**	**4335**	**3046**	**1660**	**551**
北 京	Beijing	.	.	.	.	.	.	.
天 津	Tianjin	.	.	.	.	.	.	.
河 北	Hebei	366	320	241	188	124	63	.
山 西	Shanxi	299	269	223	186	133	74	16
内蒙古	Inner Mongolia	114	98	76	53	37	14	.
辽 宁	Liaoning	126	117	86	59	39	24	.
吉 林	Jilin	89	81	69	57	41	26	9
黑龙江	Heilongjiang	111	96	86	69	50	27	.
上 海	Shanghai	.	.	.	.	.	.	.
江 苏	Jiangsu	95	61	.	.	.	.	.
浙 江	Zhejiang	72	45	.	.	.	.	.
安 徽	Anhui	440	371	309	237	158	67	.
福 建	Fujian	73	50	36	23	.	.	.
江 西	**Jiangxi**	**328**	**276**	**208**	**155**	**107**	**63**	**.**
山 东	Shandong	264	231	172	140	60	.	.
河 南	Henan	639	565	463	371	277	168	51
湖 北	Hubei	323	271	216	176	114	67	.
湖 南	Hunan	640	532	434	343	232	105	42
广 东	Guangdong	115	82	47	.	.	.	.
广 西	Guangxi	634	540	452	341	246	140	51
海 南	Hainan	60	50	41	32	23	7	.
重 庆	Chongqing	139	119	88	45	21	13	.
四 川	Sichuan	602	509	400	306	212	98	52
贵 州	Guizhou	745	623	507	402	295	173	53
云 南	Yunnan	661	574	471	373	279	179	66
西 藏	Tibet	72	61	48	34	20	13	4
陕 西	Shaanxi	410	350	288	226	169	83	17
甘 肃	Gansu	496	417	325	262	200	121	46
青 海	Qinghai	63	52	42	31	23	10	5
宁 夏	Ningxia	51	45	37	30	19	9	4
新 疆	Xinjiang	222	212	180	147	113	64	20

注：“.”表示数值较小，统计上不显著。

a) "." in the table refers to minimum number, and is statistically insignificant.

21-27 各省(市、区)规模以上工业企业主要经济指标(一)(2019年)
Main Indicators of Industrial Enterprises above Designated Size of Provinces, Autonomous Regions and Municipalities (I) (2019)

单位：亿元 (100 million yuan)

地 区	Region	主营业务收入 Revenue from Principal Business	主营业务成本 Cost of Principal Business	销售费用 Selling Expenses	管理费用 Administrative Expenses	财务费用 Financial Expenses	利润总额 Total Profits
全 国	**National Total**	**1057824.9**	**889442.1**	**31177.6**	**52275.2**	**11443.1**	**61995.5**
北 京	Beijing	22856.4	18874.8	1235.0	1241.9	237.2	1683.5
天 津	Tianjin	18717.6	15884.5	427.7	852.0	134.5	1212.0
河 北	Hebei	40416.9	35203.5	902.4	1456.7	543.5	2013.1
山 西	Shanxi	21123.5	17142.5	662.9	1140.8	710.5	1184.0
内蒙古	Inner Mongolia	16233.1	13001.6	431.2	620.1	430.5	1431.7
辽 宁	Liaoning	30365.5	25783.3	817.1	1296.6	428.7	1332.0
吉 林	Jilin	14024.4	11538.0	587.0	749.9	126.2	740.5
黑龙江	Heilongjiang	9916.6	8150.6	318.7	540.1	139.5	389.1
上 海	Shanghai	38841.0	31312.3	1489.8	2722.9	77.3	2874.5
江 苏	Jiangsu	118768.3	100600.0	3638.4	6346.7	922.8	6733.8
浙 江	Zhejiang	74962.5	62649.5	2312.8	4508.9	753.7	4759.5
安 徽	Anhui	37042.2	31600.0	972.1	1689.6	381.2	2159.6
福 建	Fujian	56921.8	49145.3	1300.1	2071.6	379.2	3815.1
江 西	**Jiangxi**	**34851.5**	**30156.0**	**709.8**	**1350.6**	**235.3**	**2158.8**
山 东	Shandong	84541.9	73322.6	2177.6	3439.2	1154.1	3669.4
河 南	Henan	48544.5	41987.7	1007.4	1665.2	673.0	2762.4
湖 北	Hubei	45212.9	37950.4	1394.5	2072.7	411.5	2867.8
湖 南	Hunan	37310.8	30558.3	1192.2	2407.7	352.5	1870.8
广 东	Guangdong	146517.7	122278.5	5076.4	9385.1	725.9	8915.3
广 西	Guangxi	17433.4	15134.7	388.4	607.8	188.5	777.7
海 南	Hainan	2280.7	1769.0	132.0	89.6	38.0	171.6
重 庆	Chongqing	20793.9	17729.1	616.5	993.7	178.7	1102.8
四 川	Sichuan	43811.1	36334.4	1481.7	1880.3	533.7	2900.0
贵 州	Guizhou	9292.1	6982.0	324.7	433.3	207.3	867.2
云 南	Yunnan	14612.6	11428.7	395.1	556.5	318.7	879.9
西 藏	Tibet	288.3	233.5	9.5	28.9	9.4	5.2
陕 西	Shaanxi	24526.8	19642.8	619.1	1036.4	361.2	2167.0
甘 肃	Gansu	9151.8	7953.7	146.0	275.9	199.4	251.8
青 海	Qinghai	2339.3	1914.7	55.9	113.4	117.4	-541.9
宁 夏	Ningxia	4824.9	4027.7	85.4	205.4	166.8	218.1
新 疆	Xinjiang	11301.0	9152.3	270.1	495.9	306.7	623.4

注：本表为快报数据。

a) The data in the table are from preliminary reporting form.

21-28 各省(市、区)规模以上工业企业主要经济指标(二)(2019年)
Main Indicators of Industrial Enterprises above Designated Size of Provinces, Autonomous Regions and Municipalities (II) (2019)

单位：亿元 (100 million yuan)

地区	Region	亏损企业亏损总额 Total Loss of Loss-making Enterprises	流动资产合计 Total Current Assets	应收账款 Accounts Receivable	存货 Inventories	产成品 Finished Goods	资产总计 Total Assets	负债合计 Total Liabilities
全　国	**National Total**	**9414.6**	**587317.3**	**174019.8**	**117780.2**	**43283.8**	**1191375.3**	**673949.8**
北　京	Beijing	328.3	19049.6	5154.2	2727.2	995.9	52444.2	22273.5
天　津	Tianjin	234.7	10565.5	3091.8	2137.8	718.2	21563.0	12596.9
河　北	Hebei	264.9	21645.5	5895.5	4375.6	1545.1	46788.1	28114.0
山　西	Shanxi	345.2	17015.9	3513.9	2184.8	821.5	41434.5	29550.5
内蒙古	Inner Mongolia	279.1	10850.6	2499.2	1625.7	583.3	31314.0	19093.3
辽　宁	Liaoning	425.9	19380.6	5257.1	4410.4	1381.2	38850.8	24563.6
吉　林	Jilin	275.1	8040.3	2048.4	1756.4	775.8	16710.4	9926.3
黑龙江	Heilongjiang	188.3	7170.6	1611.6	1402.4	426.4	16396.8	9610.8
上　海	Shanghai	263.9	25415.0	8638.9	4965.9	1603.7	44031.5	20770.7
江　苏	Jiangsu	998.2	69481.8	25504.0	14359.8	5559.4	120515.1	63786.6
浙　江	Zhejiang	479.5	46665.5	16196.2	9504.7	3863.4	84743.5	46706.6
安　徽	Anhui	236.2	19246.2	6827.7	3720.1	1469.4	38104.2	21536.5
福　建	Fujian	206.9	19803.8	5439.1	4477.4	1771.0	38755.6	19705.4
江　西	**Jiangxi**	**106.2**	**13028.9**	**3493.0**	**2843.3**	**1061.0**	**26200.8**	**13771.9**
山　东	Shandong	618.7	53271.9	12873.0	11022.4	4287.5	99292.1	63392.9
河　南	Henan	380.7	23625.4	6183.8	4417.7	1486.1	50712.0	28864.1
湖　北	Hubei	255.8	19703.2	6018.6	4126.9	1599.9	42224.4	21810.0
湖　南	Hunan	197.9	13147.2	4267.9	2994.3	1055.8	28705.2	14569.7
广　东	Guangdong	940.5	83743.5	26927.6	17051.1	6352.2	137930.4	77910.9
广　西	Guangxi	155.9	9189.8	2388.1	2008.0	756.4	18371.6	11704.5
海　南	Hainan	21.0	1439.9	328.4	233.9	71.5	3285.1	1722.4
重　庆	Chongqing	239.9	9749.2	3512.6	1761.9	697.0	20188.0	11461.1
四　川	Sichuan	244.0	20251.0	5970.4	4015.3	1466.7	47022.1	26220.0
贵　州	Guizhou	181.0	6896.6	1319.7	1375.8	304.2	15521.8	9515.9
云　南	Yunnan	174.4	7946.9	1610.6	2331.0	571.1	21063.0	12147.2
西　藏	Tibet	32.0	444.8	57.8	35.3	9.7	1692.6	888.7
陕　西	Shaanxi	168.3	13231.4	3249.5	2342.0	950.5	35183.3	18937.5
甘　肃	Gansu	131.4	4316.8	1048.8	1150.9	363.8	12153.0	7622.8
青　海	Qinghai	692.5	2097.4	599.2	335.7	112.4	6671.5	4857.3
宁　夏	Ningxia	78.9	3665.7	838.9	761.8	193.0	10682.7	6518.8
新　疆	Xinjiang	269.3	7236.8	1654.4	1324.6	430.7	22824.1	13799.1

21-29 各省(市、区)货运量和货物周转量(2019年)

Freight Traffic and Freight Ton-kilometers of Provinces, Autonomous Regions and Municipalities (2019)

地区	Region	货运量(万吨) Freight Traffic (10 000 tons)	#铁路 Railways	#公路 Highways	#水运 Waterways	货物周转量(亿吨公里) Freight Ton-kilometers (100 million ton-km)	#铁路 Railways	#公路 Highways	#水运 Waterways
全国	**National Total**	**4706493**	**431773**	**3435480**	**747225**	**199287**	**30075**	**59636**	**103963**
北京	Beijing	22808	484	22325		1089	814	276	
天津	Tianjin	50093	9888	31250	8955	2662	517	599	1546
河北	Hebei	242445	26823	211461	4160	13563	4937	8027	599
山西	Shanxi	192192	91321	100847	24	5466	2775	2692	
内蒙古	Inner Mongolia	182702	71828	110874		4587	2632	1955	
辽宁	Liaoning	178253	21199	144556	12498	8921	1232	2663	5027
吉林	Jilin	43193	5962	37217	14	1803	540	1263	
黑龙江	Heilongjiang	50475	12073	37623	780	1615	814	795	6
上海	Shanghai	121124	487	50656	69981	30325	15	839	29471
江苏	Jiangsu	261711	6463	164578	90670	9944	330	3235	6379
浙江	Zhejiang	289011	4450	177683	106878	12392	236	2082	10074
安徽	Anhui	368248	7997	235269	124982	10246	754	3268	6225
福建	Fujian	134419	4840	87317	42263	8292	194	962	7136
江西	**Jiangxi**	**150950**	**5065**	**135554**	**10331**	**3860**	**565**	**3040**	**255**
山东	Shandong	309410	25527	266124	17758	10166	1524	6746	1896
河南	Henan	219024	10905	190883	17235	8659	2146	5300	1212
湖北	Hubei	188133	5480	143549	39105	6132	939	2268	2926
湖南	Hunan	189740	4554	165096	20090	2594	855	1317	422
广东	Guangdong	358288	10172	239744	108371	27373	301	2564	24508
广西	Guangxi	183036	8405	142751	31881	3989	753	1471	1765
海南	Hainan	18456	1133	6770	10552	1648	17	41	1590
重庆	Chongqing	112970	1911	89965	21094	3614	208	953	2453
四川	Sichuan	177283	7718	162668	6896	2711	878	1528	306
贵州	Guizhou	83402	5523	76205	1674	1235	642	548	45
云南	Yunnan	122727	4886	117145	696	1552	519	1015	17
西藏	Tibet	4025	55	3969		154	40	114	
陕西	Shaanxi	154749	44751	109801	197	3482	1750	1731	1
甘肃	Gansu	63610	5366	58228	16	2496	1517	980	
青海	Qinghai	14945	3223	11722		398	272	126	
宁夏	Ningxia	42511	8151	34360		651	214	437	
新疆	Xinjiang	84423	15133	69290		1948	1146	802	

21-30 各省(市、区)入境旅游情况

Development of Overseas Visitor Arrivals of Provinces, Autonomous Regions and Municipalities

地区	Region	入境游客（万人次） Number of Overseas Visitor Arrivals (10 000 Person-times)			外汇收入（万美元） Foreign Exchange Earnings from International Tourism (USD 10 000)		
		2017	2018	2019	2017	2018	2019
北京	Beijing	392.56	400.41	376.90	512981	551639	519247
天津	Tianjin	79.21	58.96	56.10	375147	110985	118254
河北	Hebei	91.01	98.86	97.08	57869	64667	74023
山西	Shanxi	67.00	71.35	76.22	35014	37798	40995
内蒙古	Inner Mongolia	184.83	188.08	195.83	124556	127210	134009
辽宁	Liaoning	278.85	287.70	294.14	177806	173958	173903
吉林	Jilin	148.43	143.75	136.58	76579	68585	61496
黑龙江	Heilongjiang	103.88	109.16	110.69	47958	53706	64593
上海	Shanghai	719.33	742.04	734.69	669865	726139	824351
江苏	Jiangsu	370.10	400.85	399.46	419472	464836	474356
浙江	Zhejiang	589.06	456.76	467.11	358644	259579	266824
安徽	Anhui	351.09	370.75	379.74	288078	318757	338769
福建	Fujian	691.74	513.55	566.03	758803	282821	339845
江西	**Jiangxi**	**174.69**	**191.78**	**197.17**	**62992**	**74538**	**86538**
山东	Shandong	440.52	422.00	404.22	317404	329282	341314
河南	Henan	155.89	167.25	180.35	66155	72323	94696
湖北	Hubei	368.14	405.11	450.02	210474	237969	265416
湖南	Hunan	322.28	365.08	466.95	129537	152041	225087
广东	Guangdong	3654.52	3748.06	3731.39	1996040	2051174	2052131
广西	Guangxi	512.44	562.33	623.96	239563	277773	351128
海南	Hainan	111.95	126.36	143.59	68102	77052	97237
重庆	Chongqing	224.85	279.98	297.11	194759	218989	252483
四川	Sichuan	336.17	369.82	414.78	144654	151165	202379
贵州	Guizhou	32.40	39.69	47.18	28327	31763	34503
云南	Yunnan	667.69	706.08	739.02	355033	441800	514736
西藏	Tibet	34.35	47.62	54.19	19751	24709	27907
陕西	Shaanxi	383.74	437.14	465.72	270440	312666	336765
甘肃	Gansu	7.88	10.01	19.82	2086	2830	5905
青海	Qinghai	7.02	6.92	7.31	3829	3613	3336
宁夏	Ningxia	6.53	8.82	12.66	3763	5587	6932
新疆	Xinjiang	77.41	99.30	34.67	81081	94637	45400

2019年江西统计调查大事记

1月

1月3日 省委常委、常务副省长、省第四次全国经济普查领导小组组长毛伟明赴南昌高新技术产业开发区调研指导江西省第四次全国经济普查现场登记工作，并主持召开座谈会。

1月5日至7日 国家统计局党组成员、副局长盛来运来赣调研经济形势，省委常委、常务副省长毛伟明会见盛来运一行。

1月7日 江西总队报送的《2018年我省粮食减产6亿斤但仍实现"稳产丰产"》获省委常委、副省长胡强批示。

1月10日 江西总队报送的《全省制造业景气度有所减弱》获省委书记刘奇、副省长吴晓军批示。

1月12日 江西总队报送的《政策优惠民企点赞解忧纾困仍需改善》获省委常委、常务副省长毛伟明批示。

1月10-15日 省统计局报送的《2017年我省"三新"经济增加值相当于GDP的比重为14.8%》分别获省委副书记、省长易炼红，省委常委、常务副省长毛伟明批示。

1月18日 江西总队报送的《农村集体经济发展壮大亟需解决五大难题》获副省长胡强批示。

1月21日 江西总队报送的《大病医保普惠百姓 高效保障仍待改进》获省委常委、常务副省长毛伟明批示。

1月21日至23日 全国政协常委、国务院第四次全国经济普查领导小组办公室主任贾楠率调研组来赣调研指导经济普查工作，省委常委、常务副省长毛伟明会见贾楠一行。

1月22日 江西总队报送的《物流用能降本增效成效初显,力度有限需提企业"获得感"》获省委常委、常务副省长毛伟明批示。

1月23日 省统计局、国家统计局江西调查总队与省政府新闻办联合召开2018年全省经济运行情况新闻发布会。

1月23日 江西总队报送的《关于召开全省统计调查工作会议的报告》获省委副书记、省长易炼红及省委常委、常务副省长毛伟明批示。

1月24日 江西总队召开全省统计调查工作会议。

1月26日 省统计局报送的《江西军民融合发展步履坚实》获省委副书记、省长易炼红批示。

1月31日 全省统计工作会议在南昌召开。

1月31日 省统计局举办第二届"最美江西统计人"表彰暨"唱响新时代"全省统计系统文艺汇演活动。

2月

2月1日 江西总队报送的《2018年四季度江西城镇调查失业率数据简析》获省委常委、常务副省长毛伟明批示。

2月2日 省统计局被评为2019年全国物流统计工作先进单位。

2月13日 省统计局报送的《2018年各设区市主要经济指标情况》获省委书记刘奇批示。

2月14-16日 省统计局报送的《2017年我省绿色发展发展指数排全国第十》分别获省委书记刘奇，省委常委、副省长吴晓军批示。

2月18日 江西总队报送的《大病医保普惠百姓 高效保障仍待改进》获省委常委、常务副省长毛伟明批示。

2月19日 省统计局召开2019年全面从严治党工作会议。

2月20日 省经济普查办公室召开全省加强经济普查登记工作视频会议。

2月21日 江西总队印发《关于认真做好统计调查分析研究工作的通知》，要求进一步做好统计调查分析研究工作，提升调查服务水平。

2月21日 江西总队印发《全省调查队系统落实<关于统计机构负责人和统计人员防范和惩治统计造假弄虚作假责任制规定>实施办法》。

2 月 21-25 日 省统计局报送的《1 月份全省主要经济指标运行情况及需要关注的问题》分别获省委书记刘奇，省委常委、常务副省长毛伟明，省委常委、副省长吴晓军，省委常委、副省长吴忠琼批示。

2 月 22 日 江西总队印发《总队机关差旅费管理办法实施细则》，进一步加强差旅费管理。

2 月 24 日 省统计局报送的《江西军民融合发展步履坚实》获省委常委、常务副省长毛伟明批示。

2 月 27 日 江西总队报送的《江西 PPI 同比首现下降 主要行业需求走弱值得关注》获省委常委、常务副省长毛伟明批示。

3 月

3 月 省统计局工业统计处获“全国巾帼文明岗”荣誉称号。

3 月 12 日至 13 日 省统计局党组书记、局长万庆胜赴寻乌县看望国家统计局对口帮扶工作组同志。

3 月 18 日 省统计局召开干部大会，传达学习贯彻全国“两会”精神和全省领导干部会议精神。

3 月 20 日 省统计局、国家统计局江西调查总队联合对外发布《江西省 2018 年国民经济和社会发展统计公报》。

3 月 30 日 省委常委、常务副省长毛伟明对经济普查工作作出指示。

4 月

4 月 我局普查中心获“江西省巾帼建功先进集体”荣誉称号。

4 月 1 日 江西总队报送的《房价运行温和 预期以稳为主 三大问题值得关注》获省委常委、副省长刘强批示。

4 月 16 日 国家统计局党组成员、副局长盛来运赴瑞金调研原中华苏维埃共和国调查统计局旧址改造工程。

4 月 16 日 江西总队报送的《非洲猪瘟对江西生猪产业影响的建议及预测》获省委副书记、省长易炼红批示。

4 月 16—19 日 江西总队报送的《“出实招”营商环境不断优化 “补短板”再促企业增添活力》分别获省委书记刘奇，省委副书记、省长易炼红，省委常委、常务副省长毛伟明批示。

4 月 18 日 省统计局与省政府新闻办联合召开一季度全省经济运行情况新闻发布会。

4 月 19—21 日 江西总队报送的《强化宣传 分类施策 促政策高效落地——江西支持民营企业发展政策落实情况调研报告》分别获省委副书记、省长易炼红，省委常委、常务副省长毛伟明，副省长吴晓军批示。

4 月 24 日 江西总队印发《国家统计局江西调查队系统 2019 年度统计法治工作要点》部署全年法治工作。

4 月 26 日 江西总队出台《江西住户调查工作日常及季度年度绩效考核评分办法》，夯实基层基础。

4 月 29-30 日 省统计局报送的《2019 年江西工业首季实现开门红》分别获省委书记刘奇，省委常委、副省长吴晓军批示。

5 月

5 月 江西省统计局获“第十五届江西省文明单位”荣誉称号。

5 月 5 日 省统计局报送的《企业信心大幅提升 营商环境明显改善》获省委常委、常务副省长毛伟明批示。

5 月 5 日 江西总队报送的《“信用江西”成效初显 全面提升任重道远》获省委常委、常务副省长毛伟明批示。

5 月 8 日 江西省政府召开全省依法统计依法治统工作座谈会，省委常委、常务副省长毛伟明出席并讲话。

5 月 8 日 省统计局印发了《关于学习传达中央有关文件精神的情况报告》。

5 月 8 日 全省依法统计依法治统工作座谈会在南昌召开。省委常委、常务副省长毛伟明出席会议并讲话。

5 月 10 日 江西总队出台《2019 年江西省消费价格调查工作量化评分办法》，加强对消费价格调查工作的管理。

5 月 17-19 日 省统计局报送的《1-4 月全省固定资产投资增速回落》分别获省委书记刘奇，省委副书记、省长易炼红，省委常委、常务副省长毛伟明批示。

5 月 17 日 江西总队出台《江西住户类调查电话回访办法（试行）》，规范住户类调查电话回访工作。

5 月 22 日 江西总队召开写作技能座谈会，表彰写作技能比赛优秀文章。

5 月 23 日 江西总队报送的《粮食趋稳 肉蛋回调 果蔬上涨》获副省长胡强批示。

5 月 23 日 江西总队报送的《农民工落户意愿有多高》获副省长胡强批示。

5 月 23 日 江西总队报送的《种植结构调整加快》分别获省委书记刘奇、省长易炼红和副省长胡强批示。

6 月

6 月 6 日 江西总队报送的《环保改造大势所趋 企业更需引导扶持》获副省长吴晓军批示。

6 月 11 日 江西总队印发《关于对采购经理调查专业开展统计执法检查的通知》，全面动员部署开展统计执法检查“夏季行动”。

6 月 17 日至 23 日 全国第四次经济普查事后质量抽查组来赣开展普查事后质量抽查。

6 月 18 日 省统计局召开“不忘初心、牢记使命”主题教育部署推进会议。

6 月 18 日 江西总队召开“不忘初心，牢记使命”主题教育动员部署视频会，对全省调查队系统主题教育工作进行动员部署。

6 月 24 日 江西总队举行全省调查队系统 33 名新任职领导干部宪法宣誓活动，并开展了任前廉政谈话。

7 月

7 月 1 日 江西总队等部门落实省领导批示精神情况获省委副书记、省长易炼红批示。

7 月 2-5 日 省统计局报送的《关于 2018 年全省生态文明建设年度评价结果的报告》分别获省委书记刘奇，省委副书记、省长易炼红，省委常委、常务副省长毛伟明批示。

7 月 3 日 省统计局报送的《关于金融业增加值核算有关情况的报告》获省委常委、常务副省长毛伟明批示。

7 月 8 日 江西总队印发《关于加强和规范新形势下住户调查基层基础工作的通知》，进一步加强住户调查基层基础工作。

7 月 10 日 江西总队印发《国家统计局江西调查总队机关目标管理考核办法》，强化机关考核。

7 月 15 日 国务院经普办向省经普办发来表扬信，对江西省参与第四次全国经济普查事后质量抽查同志的出色表现表示衷心感谢。

7 月 17 日 省统计局与省政府新闻办联合召开半年经济盘点 · 2019 年上半年全省经济运行情况新闻发布会。

7 月 18 日 江西总队报送的《江西上半年受食品价格变化影响 CPI 呈冲高回落走势》获省委常委、常务副省长毛伟明批示。

7 月 19 日 省统计局召开“不忘初心、牢记使命”主题教育专题党课报告会。

7 月 25 日 省统计局首次组织国家工作人员进行宪法宣誓。

7 月 25 日 省统计局报送的《2018 年江西不同岗位从业人员工资差距扩大值得关注》获省委常委、常务副省长毛伟明批示。

7 月 25 日 省统计局报送的《营商环境持续改善 企业家仍较为乐观》获省委常委、常务副省长毛伟明批示。

7月26日 省委常委、省纪委书记、省监察委员会主任孙新阳赴小蓝经开区和江铃集团开展“入企连心走访”活动，省统计局党组书记、局长万庆胜陪同。

7月26-29日 省统计局报送的《关于2018年度江西省高质量发展考评结果及<2019年度江西省高质量发展考核评价提示意见>修订建议的汇报》分别获省委书记刘奇，省委副书记、省长易炼红批示。

8月

8月 国务院经普办向省经普办发来表扬信，对江西经济普查工作和普查人员辛勤付出的充分肯定和高度赞扬。

8月8日 江西总队印发《CPI手持数据采集器管理（暂行）办法》，对CPI调查采价设备管理提出要求。

8月9日 江西总队报送的《早稻价格持续低迷，粮农期盼托市收购尽早启动》获省委常委、常务副省长毛伟明批示。

8月12日 江西总队报送的《企业创新能力持续提升 祈盼政策助力》获副省长吴晓军批示。

8月13日-15日 全省统计系统干部统计知识培训班在南昌举办。

8月14日 省委常委、常务副省长毛伟明就江西总队报送的《早稻价格持续低迷，粮农期盼托市收购尽早启动》反映的情况，专题召开早稻托市收购启动协调会，听取了各单位就启动早稻托市收购必要性以及仓容、资金准备情况的汇报。

8月14日 省统计局报送的《周密谋划 精心实施 我省第四次全国经济普查工作顺利完成》分别获省委书记刘奇，省委常委、常务副省长毛伟明批示。

8月19日 全国统计法治暨统计行风建设工作会议在南昌召开。

8月19-20日 省统计局报送的《1-7月我省工业继续保持全国领先但下行压力明显加大》分别获省委书记刘奇，省委常委、副省长吴晓军批示。

8月19日至20日 国家发改委副主任兼国家统计局局长、党组书记宁吉喆来赣调研并参加中央苏区调查统计局旧址揭牌活动，国家统计局党组成员、副局长盛来运陪同。

8月19日 中共国家统计局江西调查总队党组召开了“不忘初心、牢记使命”专题民主生活会。国家发展改革委副主任兼国家统计局局长、党组书记、局主题教育第一巡回指导组组长宁吉喆对民主生活会进行全程指导。

8月20日 中央苏区调查统计史陈列馆在瑞金揭牌。国家发展改革委副主任兼国家统计局局长、党组书记宁吉喆，省委常委、常务副省长毛伟明共同为陈列馆揭牌。

8月22日 省统计局印发了《全面推行行政执法公示制度执法全过程记录制度重大执法决定法制审核实施方案》。

8月22日 省统计局出台了《江西省统计局落实防范和惩治统计造假弄虚作假责任制实施办法（试行）》。

8月23日 江西总队印发《总队机关公务接待管理办法》，规范公务接待管理。

8月25日 江西总队报送的《近期我省部分食品价格上涨过快值得关注》获省委常委、常务副省长毛伟明批示。

8月26日 江西总队报送的《财政减收现“阵痛”“三保”问题需关注》获省委常委、常务副省长毛伟明批示。

8月27-28日 省统计局报送的《2018年我省“三新”经济增加值相当于GDP的比重为15.6%》分别获省委书记刘奇，省委常委、常务副省长毛伟明批示。

8月28日 江西总队报送的《有的放矢融资环境持续优化 解忧纾困提振企业发展信心--江西省企业融资难融资贵问题调研报告》获省委常委、常务副省长毛伟明批示。

8月29日 江西总队报送的《2019年江西早稻总产较上年减少13.5亿斤》获省委副书记、省长易炼红，省委常委，副省长毛伟明批示。

8月30日 省统计局报送的《我省探索开展绿色GDP核算》获省委常委、常务副省长毛伟明批示。

9月

9月2日 省统计局报送的《我省探索开展绿色GDP核算》分别获省委书记刘奇，省委副书记、省长易炼红批示。

9月9-14日 省统计局报送的《研发投入形势向好 存在问题应予关注——2018年全省研发投入情况》分别获省委副书记、省长易炼红，省委常委、常务副省长毛伟明，省委常委、副省长吴晓军批示。

9月17日 省统计局报送的《1-8月全省经济保持平稳运行》获省委常委、常务副省长毛伟明批示。

9月18日 江西省统计局、国家统计局江西调查总队在瑞金联合举办第十届“中国统计开放日”现场活动。

9月30日 省统计局报送的《江西房地产企业资金情况分析》获省委常委、常务副省长毛伟明批示。

10月

10月9日 省委常委、常务副省长毛伟明专门听取了江西总队工作汇报，重点对做好遥感测量和粮食畜牧业统计调查数据归口管理工作作出指示。

10月12日 江西总队报送的《更大规模减税降费 更多企业受益获利》获省长易炼红批示；10月13 获省委常委、常务副省长毛伟明批示。

10月18-20日 江西总队举办第三届江西省调查队系统乒乓球羽毛球比赛。

10月21日 省统计局与省政府新闻办联合召开2019年前三季度全省经济运行情况新闻发布会。

10月21日 省统计局报送的《前三季度全省经济稳中向好》获省委常委、常务副省长毛伟明批示。

11月

11月1日 省统计局召开全局干部大会，传达党的十九届四中全会和全省领导干部大会精神。

11月5日 省政府办公厅印发了由国家统计局江西调查总队、省统计局联合起草的《关于做好粮食畜牧业统计调查数据归口管理工作的通知》。

11月5日 江西省人民政府办公厅下发《关于做好粮食畜牧业统计调查数据归口管理工作的通知》（赣府厅明〔2019〕99号），高位推动粮食畜牧业归口管理工作。

11月5日 江西总队报送的《支农功能有效发挥 制约因素有待破除——政策性农业保险实施情况调研报告》获省委常委、常务副省长毛伟明批示。

11月6日 江西总队报送的《食品价格连创新高引领CPI持续上涨》获省委常委、常务副省长毛伟明批示。

11月7-13日 省统计局报送的《稳中有忧，我省消费品市场下行压力加大》分别获省委书记刘奇，省委副书记、省长易炼红，省委常委、副省长吴忠琼批示。

11月12日 省统计局党组书记、局长万庆胜对寻乌县统计局统计信息化建设工作作出批示。

11月12日 省统计局党组书记、局长万庆胜对寻乌县统计局统计信息化建设工作作出批示。

11月15日 省统计局报送的《江西乡村振兴战略实施进程与分析——2018年全省乡村振兴战略实施统计监测评价报告》获省委常委、常务副省长毛伟明批示。

11月15日 省统计局报送的《补短板 勇争先——中部六省研发情况分析》获省委常委、副省长吴晓军批示。

11月15日 江西总队报送的《前三季度江西固定资产投资价格温和上涨》获省委常委、常务副省长毛伟明批示。

11月22日 江西总队报送的《减税降费新政利好 企业期盼再助力--江西企业"减税降费"落实情况调研报告》获省长易炼红批示。

11月25日 全省统计局长座谈会在南昌召开，传达学习国家统计局地区生产总值统一核算改革动员部署会议精神，安排我省重点工作任务。

12月

12月3日 江西总队报送的《风帆正悬立潮头 行稳致远启新程——南昌市VR产业发展现状调查报告》获省委常委、副省长吴晓军，省政协主席、党组书记姚增科，省政协副主席、党组副书记陈俊卿批示。

12月4日 省统计局报送的《乡村振兴战略背景下的江西农村生活污水对村庄地下水污染控制研究》获副省长胡强批示。

12月5日至6日 中央苏区调查统计史陈列馆史料布展评审会和"弘扬苏区调查精神 推动统计改革创新"座谈会在瑞金召开，国家统计专家咨询委员会主任、国家统计局原局长李德水参加会议。

12月6日 国家统计局批复省统计局实施《江西省数字经济统计报表制度（试行）》，省统计局启动全省数字经济统计调查工作。

12月6日 江西省政府下发了《关于成立江西省脱贫攻坚普查领导小组的通知》，为高位推动全省脱贫攻坚普查工作提供了组织保障。

12月10 江西总队和省统计局联合印发《江西省粮食畜牧业统计调查数据归口管理实施方案》，安排部署全省粮食、畜牧业统计调查数据归口管理工作。

12月12日 《中国信息报》发表了省统计局党组书记、局长万庆胜署名的文章《加快构建现代化江西统计调查体系》。

12月17日-18日 全省首届统计法律知识竞赛在南昌举办。

12月19日 《江西日报》全文刊发江西总队党组书记、总队长方正亚和省统计局党组书记、局长万庆胜联合署名统计法治文章的《担当时代使命 谱写法治统计新篇章》。

12月20日 全省第七次全国人口普查准备工作布置会议在南昌召开。

12月24日-26日 国家统计局综合司司长毛盛勇一行来赣调研经济形势并作专题讲座。

12月26日 省统计局报送的《关于召开全省统计工作会议的报告》获省委常委、常务副省长毛伟明批示。

12月31日 省委副书记、省长易炼红听取了省统计局关于第四次全国经济普查工作的汇报，并给予赞扬。

中国统计出版社有限公司最新图书简目

（仅供参考,以实际出版为准）

统计资料

中国统计年鉴　中国统计摘要　中国第三产业统计年鉴
中国第三次全国农业普查综合资料　国际统计年鉴　金砖国家联合统计手册
中国-东盟国家统计手册　中国农村统计年鉴　中国县域统计年鉴
中国农产品价格调查年鉴　中国城市统计年鉴　中国价格统计年鉴
中国贸易外经统计年鉴　中国零售和餐饮连锁企业统计年鉴　中国商品交易市场统计年鉴
大中型批发零售和住宿餐饮企业统计年鉴　中国住户调查年鉴　中国工业统计年鉴
中国环境统计年鉴　中国能源统计年鉴　中国建筑业统计年鉴
中国房地产统计年鉴　投资领域统计年鉴　中国对外直接投资统计公报
中国人口和就业统计年鉴　中国劳动统计年鉴　中国社会统计年鉴
中国科技统计年鉴　中国高技术产业统计年鉴　全国企业创新调查年鉴
中国文化及相关产业统计年鉴　2018年时间利用调查资料　中国妇女儿童状况统计资料
中国基本单位统计年鉴　中国教育统计年鉴　中国教育经费统计年鉴
中国民族统计年鉴　中国残疾人事业统计年鉴　长江经济带发展统计年鉴

省级综合统计年鉴系列

北京 天津 河北 山西 内蒙古 辽宁 吉林 黑龙江 上海 江苏 浙江 安徽 福建 江西 山东 河南 湖北 湖南 广东 广西 海南 重庆 四川 贵州 云南 西藏 陕西 甘肃 青海 宁夏 新疆 新疆生产建设兵团

市(县)级综合统计年鉴系列

滨海新区 石家庄 唐山 邯郸 保定 沧州 邢台 廊坊 承德 衡水 秦皇岛 张家口 太原 大同 阳泉 长治 晋城 朔州 晋中 运城 忻州 临汾 吕梁 呼和浩特 鄂尔多斯 包头 沈阳 大连 长春 延吉 四平 白山 通化 哈尔滨 齐齐哈尔 黑龙江垦区 上海浦东新区 南京 无锡 徐州 常州 苏州 南通 连云港 淮安 盐城 扬州 镇江 泰州 宿迁 江阴 丹阳 海门 张家港 杭州 宁波 温州 嘉兴 湖州 绍兴 金华 衢州 舟山 台州 丽水 合肥 安庆 福州 厦门 宁德 漳州 龙岩 莆田 泉州 三明 南平 南昌 九江 上饶 新余 抚州 赣州 景德镇 济南 青岛 枣庄 潍坊 聊城 郑州 洛阳 平顶山 三门峡 南阳 商丘 信阳 济源 汝州 武汉 十堰 荆州 宜昌 荆门 咸宁 黄冈 长沙 鹰潭 广州 深圳 惠州 东莞 汕尾 湛江 肇庆 南宁 柳州 桂林 贵港 梧州 来宾 河池 防城港 海口 三亚 儋州 成都 内江 贵阳 黔南 毕节 昆明 文山 德宏 西安 延安 安康 铜川 汉中 商洛 银川 兰州 庆阳 乌鲁木齐 昌吉 阿勒泰 兵团一师、二师、三师、四师、六师、七师、八师、十师、十三师、十四师

调查年鉴系列

天津 内蒙古 上海 河南 湖北 湖南 广东 广西 重庆 四川 云南 甘肃 宁夏 南宁 贵港 昆明

统计方法应用/实用手册

Python数据分析基础（第二版）　非参数统计（第五版）　现代金融投资统计分析（第四版）
国民经济核算初级教程（第二版）　国民经济核算教程（第五版）　概率统计基础
全国统计专业技术资格考试系列考试用书: 统计业务知识（第四版修订版）　统计业务知识学习指导与习题
全国统计专业技术资格考试系列考试用书: 统计相关知识（第四版）　统计相关知识学习指导与习题

统计通俗读物/统计科普图书

领导干部统计知识问答　统计公文写作及会议办理实用手册　大数据在统计工作中的应用案例汇编
中国国民经济核算知识问答（修订版）　地区生产总值核算国际比较研究　新中国统计制度方法的发展与改革

重点图书

中国农业统计资料1949-2019　第四次全国经济普查地图集　中国经济普查年鉴2018
新编英汉汉英统计大词典　中国国民经济核算体系2016　国民经济行业分类注释
挑大学选专业2020—考研择校指南　挑大学选专业2020—高考志愿填报指南　中华医学统计百科全书